权威·前沿·原创

皮书系列为
"十二五""十三五"国家重点图书出版规划项目

B

BLUE BOOK

智库成果出版与传播平台

中国省域竞争力蓝皮书

BLUE BOOK OF
CHINA'S PROVINCIAL COMPETITIVENESS

中国省域经济综合竞争力发展报告（2018~2019）

REPORTS ON CHINA'S PROVINCIAL ECONOMIC COMPETITIVENESS DEVELOPMENT (2018-2019)

"十四五"趋势分析与政策展望

Trend Analysis and Policy Outlook during the 14th Five-Year Plan

主　　编／李建平　李闽榕
副 主 编／李建建　苏宏文
执行主编／黄茂兴

社会科学文献出版社
SOCIAL SCIENCES ACADEMIC PRESS (CHINA)

图书在版编目（CIP）数据

中国省域经济综合竞争力发展报告.2018~2019：
"十四五"趋势分析与政策展望／李建平，李闽榕主编
. -- 北京：社会科学文献出版社，2020.6
（中国省域竞争力蓝皮书）
ISBN 978 - 7 - 5201 - 6654 - 6

Ⅰ.①中…　Ⅱ.①李…②李…　Ⅲ.①省 - 区域经济
发展 - 研究报告 - 中国 - 2018 - 2019　Ⅳ.①F127

中国版本图书馆 CIP 数据核字（2020）第 082746 号

中国省域竞争力蓝皮书
中国省域经济综合竞争力发展报告（2018~2019）
——"十四五"趋势分析与政策展望

主　　编／李建平　李闽榕
副 主 编／李建建　苏宏文
执行主编／黄茂兴

出 版 人／谢寿光
责任编辑／曹长香

出　　版／社会科学文献出版社·政法传媒分社（010）59367156
　　　　　地址：北京市北三环中路甲29号院华龙大厦　邮编：100029
　　　　　网址：www.ssap.com.cn
发　　行／市场营销中心（010）59367081　59367083
印　　装／三河市东方印刷有限公司

规　　格／开本：787mm×1092mm　1/16
　　　　　印张：48.25　字数：729千字
版　　次／2020年6月第1版　2020年6月第1次印刷
书　　号／ISBN 978 - 7 - 5201 - 6654 - 6
定　　价／198.00元

本书如有印装质量问题，请与读者服务中心（010 - 59367028）联系

入选 2013 年"中国十大皮书"

全国经济综合竞争力研究中心 2019 年重点项目研究成果

全国中国特色社会主义政治经济学研究中心（福建师范大学）2019 年重点项目研究成果

教育部科技委战略研究基地（福建师范大学世界创新竞争力研究中心）2019 年重点项目研究成果

中智科学技术评价研究中心 2019 年重点项目研究成果

中央组织部首批青年拔尖人才支持计划（组厅字〔2013〕33号）资助的阶段性研究成果

中央组织部第 2 批"万人计划"哲学社会科学领军人才（组厅字〔2016〕37 号）资助的阶段性研究成果

中宣部 2014 年全国文化名家暨"四个一批"人才工程（中宣办发〔2015〕49 号）资助的阶段性研究成果

福建省"双一流"建设学科——福建师范大学理论经济学科 2019 年重大项目研究成果

福建省首批哲学社会科学领军人才、福建省高校领军人才支持计划 2019 年阶段性研究成果

福建省首批高校特色新型智库——福建师范大学综合竞争力与国家发展战略研究院 2019 年研究成果

福建省社会科学研究基地——福建师范大学竞争力研究中心 2019 年资助的研究成果

福建省高校哲学社会科学学科基础理论研究创新团队——福建师范大学竞争力基础理论研究创新团队 2019 年资助的阶段性研究成果

福建师范大学创新团队建设计划（项目编号：IRTW1202）2019 年资助的阶段性研究成果

中国省域竞争力蓝皮书
编 委 会

主要编撰者简介

李建平 男，1946 年出生于福建莆田，浙江温州人。教授，博士生导师。中央马克思主义理论研究与建设工程、国家社科基金重大项目首席专家，国家有突出贡献中青年专家，国务院特殊津贴专家，福建省优秀专家，2009 年被评为福建省第二届杰出人民教师。曾任福建师范大学政教系副主任、主任，经济法律学院院长，福建师范大学副校长、校长。现任全国经济综合竞争力研究中心福建师范大学分中心主任、全国中国特色社会主义政治经济学研究中心（福建师范大学）主任、福建师范大学习近平新时代中国特色社会主义思想研究院院长。兼任福建省人民政府经济顾问、中国《资本论》研究会副会长、中国政治经济学研究会副会长、全国马克思主义经济学说史研究会副会长等社会职务。长期从事马克思主义经济思想发展史、《资本论》和社会主义市场经济、经济学方法论、区域经济发展等问题研究，已发表学术论文 100 多篇，出版著作和教材 100 多部（含主编）。科研成果获得教育部第六届、第七届社科优秀成果二等奖 1 项、三等奖 1 项，八次获得福建省哲学社会科学优秀成果一等奖，两次获得二等奖，还获得全国第七届"五个一"工程优秀理论文章奖，其专著《〈资本论〉第一卷辩证法探索》获世界政治经济学学会颁发的第七届"21 世纪世界政治经济学杰出成果奖"。

李闽榕 男，1955 年生，山西安泽人，经济学博士。原福建省新闻出版广电局党组书记、副局长，现为中智科学技术评价研究中心理事长，福建师范大学兼职教授、博士生导师，中国区域经济学会副理事长。主要从事宏观经济学、区域经济竞争力、现代物流等问题研究，已出版著作《中国省域经济综合竞争力研究报告（1998～2004）》等20多部（含合著），并在《人民日报》《求是》《管理世界》等国家级报纸杂志上发表学术论文200多篇。科研成果曾荣获新疆维吾尔自治区第二届、第三届社会科学优秀成果三等奖，以及福建省科技进步一等奖（排名第三）、福建省第七届至第十届社会科学优秀成果一等奖、福建省第六届社会科学优秀成果二等奖、福建省第七届社会科学优秀成果三等奖等十多项省部级奖励（含合作），并有20多篇论文和主持完成的研究报告荣获其他省厅级奖励。

李建建 男，1954年生，福建仙游人。经济学博士。原福建师范大学经济学院院长，教授、博士生导师，享受国务院特殊津贴专家。主要从事经济思想史、城市土地经济问题等方面的研究，先后主持和参加了国家自然科学基金、福建省社科规划基金、福建省发展改革委、福建省教育厅和国际合作研究课题20余项，已出版专著、合著《中国城市土地市场结构研究》等十多部，主编《〈资本论〉选读课教材》《政治经济学》《发展经济学与中国经济发展策论》等教材，在《经济研究》《当代经济研究》等刊物上发表论文70余篇。曾获福建省高校优秀共产党员、福建省教学名师和学校教学科研先进工作者称号，科研成果荣获国家教委优秀教学成果二等奖（合作）、福建省哲学社会科学优秀成果一等奖（合作）、福建省社会科学优秀成果二等奖、福建省社会科学优秀成果三等奖和福建师范大学优秀教学成果一等奖等多项省部级和厅级奖励。

黄茂兴 男，1976年生，福建莆田人。教授、博士生导师。现为福建师范大学经济学院院长、福建师范大学福建自贸区综合研究院院长、中国（福建）生态文明建设研究院执行院长、全国经济综合竞争力研究中心福建师范大学分中心常务副主任等。主要从事区域经济、技术经济、竞争力问题研究，主持教育部重大招标课题、国家社科基金重点项目等国家、部厅级课题60多项；出版《国家创新竞争力研究》等著作70多部（含合作），在《经济研究》《管理世界》等权威刊物发表论文170多篇，科研成果分别荣获教育部第六届、第七届社科优秀成果二等奖 1 项、三等奖 1 项（合作），福建省第七届至第十二届社会科学优秀成果一等奖 7 项（含合作）、二等奖 4 项等 20 多项省部级科研奖励。入选"国家首批'万人计划'青年拔尖人才""国家第 2 批'万人计划'哲学社会科学领军人才""中宣部全国文化名家暨'四个一批'人才""人社部国家百千万人才工程国家级人选""教育部新世纪优秀人才"等多项人才奖励计划。2015 年荣获人社部授予的"国家有突出贡献的中青年专家"和教育部授予的"全国师德标兵"荣誉称号，2016 年获评为"国务院特殊津贴专家"，并荣获 2014 年团中央授予的第 18 届"中国青年五四奖章"提名奖等多项荣誉称号。他带领的科研团队于 2014 年被人社部、教育部评为"全国教育系统先进集体"，该科研团队所在的党支部 2018 年被教育部确定为首批全国高校"双带头人"教师党支部书记工作室、全国党建工作样板党支部。2018 年 1 月当选为十三届全国人大代表。2018 年 9 月获聘为最高人民法院特约监督员。2019 年 7 月获聘为福建省监察委员会第一届特约监察员。

摘　要

　　省域经济作为中国经济的一个重要组成部分，在中国经济社会发展中发挥了中流砥柱的作用。省域经济综合竞争力是衡量一个省域或地区在激烈的市场经济竞争中能否占据优势的关键因素。在当代中国经济发展中，中国要激发经济发展的内生活力和动力，就必须大力提升省域经济综合竞争力。

　　全书共三大部分。第一部分为总报告，旨在从总体上评价分析 2017～2018 年中国省域经济综合竞争力的发展变化，揭示中国各省域经济综合竞争力的优劣势和变化特征，提出增强省域经济综合竞争力的基本路径、方法和对策，为我国省域经济战略决策提供分析依据。第二部分为分报告，通过对 2017～2018 年中国 31 个省份（不包括港澳台）的经济综合竞争力进行评价和比较分析，明确各自内部的竞争优势和薄弱环节，追踪研究各省份经济综合竞争力的演化轨迹和提升方向。第三部分为专题分析报告，专题报告开辟了"'十四五'趋势分析与政策展望"这个话题，聚焦"十四五"时期中国区域经济高质量发展、中国金融高质量开放、5G 时代中国制造业发展、中国跨国公司对外直接投资、中国平台经济发展和中国绿色发展等六个专题研究内容，深入分析了"十四五"时期这些领域的发展趋势和政策走向，追踪研究了省域经济发展与"十四五"时期中国经济发展的国内外形势的内在关系，为提升中国省域经济综合竞争力提供有价值的决策依据。

　　附录部分收录了本书关于中国省域经济综合竞争力指标评价体系的指标设置情况和各级指标得分及排名情况，以及 2017～2018 年中国 31 个省份主要经济指标的统计数据，可为广大读者进行定量化分析提供数据参考。

　　关键词：省域经济　综合竞争力　高质量发展

Abstract

Provincial economy, as an important part of China's economy, has played a mainstay role in economic and social development. The comprehensive competitiveness of provincial economy is a key factor to measure whether a province or region can take advantage in the fierce market economy competition. In the development of contemporary economy, China should enhance the comprehensive competitiveness of provincial economy to enhance the endogenous vigor and power of economic development.

The book consists of three parts. The first part is the general report, which aims to evaluate and analyze the development and changes of overall competitiveness of China's provincial economy development changes from 2017 – 2018, reveal the strengths, weaknesses and the variation of overall competitiveness in various provinces. The first part also proposes the basic paths, methods and strategies to enhance provincial competitiveness. By this way, it can provide analytical basis for making strategic decisions of China's provincial economy. The second part is sub-reports. It aims to conduct the evaluation and comparative analysis of overall competitiveness among China's 31 provinces (excluding Hong Kong, Macao and Taiwan) from 2017 – 2018 to understand their own competitive advantages and disadvantages, and then track and study the evolution track and promotion direction of each province's comprehensive economic competitiveness. The third part is a special analysis report. It opens up the topic of trend analysis and policy outlook during the 14th Five – Year Plan, focusing on six thematic research contents such as the high-quality development of China's regional economy during the 14th Five – Year Plan period, the high-quality open development of China's finance, the 5G era China's manufacturing industry development, Chinese multinational corporations' foreign direct investment, China's platform economic development, and China's green development. It also makes in-depth analysis of the development trends and policy trends in these areas during the 14th Five – Year Plan period, tracking and researching the provincial internal relationship between economic development and the domestic and international situation of China's economic development during the 14th Five – Year Plan period, providing valuable decision-making basis for enhancing the comprehensive competitiveness of China's provincial economy.

The Appendixes contain the index system of overall competitiveness of Chinese provincial economy as well as the levels of indicators scores and their rankings. Furthermore, the relevant statistical data of the major economic indicators of 31 provinces in China from 2017 to 2018 are also provided, which can be used as a reference for the quantitative analysis of readers.

Keywords: Provincial Economy; Comprehensive Competitiveness; the High-Quality Development

前　言

　　"竞争"是市场经济的自然属性和基本要义。省域经济发展的动力就是省域拥有的经济综合竞争力，任何一个省域要想在激烈的市场竞争中求得生存和发展，就必须具有能够占据优势的经济综合竞争力。党的十九大报告将"不断增强我国经济创新力和竞争力"列为未来我国经济发展的重要目标和方向，并将"培育具有全球竞争力的世界一流企业"作为加快完善社会主义市场经济体制的重要内容。2019 年 12 月 10 日至 12 日在北京举行的 2019 年中央经济工作会议强调指出："以创新驱动和改革开放为两个轮子，全面提高经济整体竞争力，加快现代化经济体系建设。""要健全体制机制，打造一批有国际竞争力的先进制造业集群，提升产业基础能力和产业链现代化水平。"这些论述充分表明，在经济和社会发展中，我们党越来越重视经济竞争力的提升。

　　省域经济是中国社会主义市场经济不可或缺的一个重要组成部分，提升省域经济综合竞争力越来越引起各级政府部门、理论界和学术界的高度重视。省域经济综合竞争力研究是中国社会主义市场经济建设和发展的产物，国际竞争力理论的兴起和发展过程为它提供了深厚的历史和理论背景，中国社会主义市场经济体制的建立和发展为它提供了"沃土"。研究和提升中国省域经济综合竞争力既要借鉴国际竞争力、国家竞争力和区域竞争力的基本原理和方法，又要立足于中国社会主义市场经济发展的具体实际，不能全盘照搬西方竞争力研究的理论和方法；既要搞好中国省域经济综合竞争力的评价，也要加强中国省域经济综合竞争力未来发展变化的预测判断。

　　为适应国际竞争力发展和国内区域经济竞争格局的需要，早在 2006 年元月，福建师范大学就携手国务院发展研究中心管理世界杂志社等单位联合成立了全国经济综合竞争力研究中心。同年，福建师范大学设立了分中心，福建师范大学原校长李建平教授担任分中心主任。十四年来，该分中心主要致力于中国省域经济综合竞争力、环境竞争力、创新竞争力、低碳经济竞争力、创意经济竞争力及其他竞争力问题的研究。本蓝皮书具体由全国经济综合竞争力研究中心福建师范大学分中心负责组织研究。2007 年 3 月，由李建平、李闽榕、高燕京担任主编的第一部"中国省域竞争力蓝皮书"《中国省域经济综合竞争力发展报告（2005～2006)》面世，并在中国社会科学院召开新闻发布会，引起了各级政府、理论界和新闻界的广泛关注，产生了强烈的社会反响。随后在 2008 年至 2019 年，连续出版、发布了 13 部"中国省域竞争力蓝皮书"，国内外新闻媒体持续对该系列蓝皮书的最新研究成果作了深入报道，引起了各级政府、学术界、理论界和新闻媒体的广泛关注，产生了积极的社会反响。

经过十多年的努力，该系列蓝皮书已成为皮书"家族"中很有影响力的蓝皮书。2009 年 8 月 17～19 日，中国社会科学院在辽宁丹东举行中国首届优秀蓝皮书表彰大会，在全国 100 多种蓝皮书中仅评选出 6 种优秀皮书，"中国省域竞争力蓝皮书"荣获首届优秀皮书"最佳影响力奖"。2011 年 9 月，在安徽合肥召开的优秀皮书颁奖大会上，表彰了 10 部优秀皮书，"中国省域竞争力蓝皮书"再次荣获优秀皮书奖，这是入选 10 部获奖皮书中唯一由地方高校承担的研究成果。李闽榕教授、黄茂兴教授被授予"皮书专业化二十年致敬人物"。2018 年 8 月，在山东烟台举行的第九届优秀皮书奖评选中，"中国省域竞争力蓝皮书"荣获优秀皮书奖二等奖。2019 年 8 月，在黑龙江哈尔滨举行的第十届优秀皮书奖评选中，"中国省域竞争力蓝皮书"获评 2018 年版经济类皮书第 10 名。上述一系列对该蓝皮书的科研奖励，充分表明这一研究成果的学术价值和社会价值。

2020 年是全面建成小康社会和"十三五"规划收官之年，要实现第一个百年奋斗目标，为"十四五"发展和实现第二个百年奋斗目标打好基础，这既是决胜期，也是攻坚期，做好经济工作十分重要。要以习近平新时代中国特色社会主义思想为指导，坚持新发展理念，坚持以供给侧结构性改革为主线，坚持以改革开放为动力，推动高质量发展。为此，课题组在中国省域经济综合竞争力评价研究过程中十分重视对经济发展质量的综合性评价，注重对中国经济内外部环境的分析和影响研究。在今后的研究过程中，我们将继续按照经济高质量发展的要求，进一步修改完善中国省域经济综合竞争力评价指标体系，体现全面协调可持续的"包容性增长"，切实把党领导经济工作的制度优势转化为治理效能。只有这样，才能为中国省域经济综合竞争力的提升乃至整个中国经济的又好又快发展，提供有价值的理论和实践指导。

本年度的研究报告是在充分借鉴国内外研究者相关研究成果的基础上，进一步丰富和完善中国省域经济综合竞争力的内涵，紧密跟踪省域经济综合竞争力的最新研究动态，结合当前中国经济进入新常态的新变局、新情况、新挑战，深入分析当前我国省域经济综合竞争力面临的国内外形势、变化特点、发展趋势及动因，同时对"十四五"时期我国区域发展趋势与政策进行展望。全书以课题组对 2017～2018 年中国 31 个省份经济综合竞争力进行全面深入、科学的比较分析和评价为主要内容，深刻揭示不同类型和发展水平的中国省域经济综合竞争力的特点及其相对差异，明确各自内部的竞争优势和薄弱环节，追踪研究中国各省份经济综合竞争力的演化轨迹和提升方向，为提升中国省域经济综合竞争力提供有价值的理论指导和决策借鉴。全书共三大部分，基本框架如下。

第一部分：总报告，即 2017～2018 年全国省域经济综合竞争力总体评价报告。总报告是对 2017～2018 年中国除港澳台外 31 个省份的经济综合竞争力进行评价分析，构建了由 1 个一级指标、9 个二级指标、25 个三级指标和 210 个四级指标组成的评价体系。在进行综合分析的基础上，通过对全国 2017～2018 年中国省域经济综合竞争力变化态势的评价分析，阐述 2017～2018 年全国各省份经济综合竞争力的区域分布情况，明示我国各省域的优劣势和相对地位，分析评价期内省域经济综合竞争力的变化特征及发展启示，提出增强省域经济综合竞争力的基本路径、方法和对策，为我国省域经济战略选择提供有价值的分析依据。

第二部分：分报告，即对 2017～2018 年各省份进行经济综合竞争力评价分析。以专题报告的形式，对 2017～2018 年中国除港澳台外 31 个省份的经济综合竞争力进行全面深入科学的比较分析和评价，深刻揭示 2017～2018 年中国不同类型和发展水平的省域经济综合竞争力的特点及其相对差异，明确各自内部的竞争优势和薄弱环节，追踪研究各省份经济综合竞争力的演化轨迹和提升方向。

第三部分：专题分析报告，即"'十四五'趋势分析与政策展望"专题分析报告，该专题聚焦"十四五"时期中国区域经济高质量发展、中国金融业高质量开放、5G 时代中国制造业发展、中国跨国公司对外直接投资、中国平台经济发展和中国绿色发展等六个专题研究内容，深入分析了"十四五"时期这些领域的发展趋势和政策走向，追踪研究了省域经济发展与"十四五"时期中国经济发展国内外形势的内在关系，为提升中国省域经济综合竞争力提供有价值的决策依据。

最后为附录部分，其中附录一列出了本书所构建的中国省域经济综合竞争力指标评价体系，为读者详细品读本书的各项研究结论提供分析依据；附录二列出了 2018 年中国省域经济综合竞争力各级指标得分和排名情况，为读者提供可量化的分析依据；附录三列出了 2018 年中国 31 个省份主要经济指标的统计数值，为读者进行定量化分析提供分析依据。

本报告是在过去 13 年系列研究成果的基础上，力图在中国省域经济综合竞争力的理论分析、研究方法和实践评价上做一些创新和突破，但受研究能力和占有资料有限等主客观因素的制约，在一些方面的认识和研究仍然不够深入和全面，还有许多需要深入研究的问题未研究。此外，各省份提升省域经济综合竞争力的具体对策，也需要我们在今后继续深入探索和研究。课题组愿与关注这些问题的研究者一起，不断深化对省域经济综合竞争力理论和方法的研究，使省域经济综合竞争力的评价更加符合客观实际，更为有效地指导中国省域经济和区域经济发展。

作　者

2020 年 1 月 5 日

目　录

Ⅰ　总报告

Ⅱ 分报告

Ⅲ　专题分析报告

Ⅳ 附 录

皮书数据库阅读**使用指南**

CONTENTS

I General Report

II   Departmental Reports

CONTENTS

Ⅲ   Special Reports

Ⅳ Appendix

Ⅰ 总报告

General Report

B.1

全国省域经济综合竞争力总体评价报告

中国位于亚欧大陆的东部、太平洋西岸，陆地面积约 960 万平方公里，陆地边界长达 2.28 万公里；海域面积 473 万平方公里，大陆海岸线长约 1.8 万公里。2018 年全国年末总人口为 13.95 亿人，实现国内生产总值 90 万亿元，同比增长 6.6%。世界经济论坛公布的《全球竞争力报告 2019》显示，中国在全球竞争力排名榜上处于第 28 位，与上年相比保持不变，保持最具竞争力新兴市场国家地位。省域是中国最大的行政区划，省域经济是中国经济的重要组成部分，省域经济综合竞争力在一定程度上决定着中国经济及其国际竞争力的发展水平。本部分通过对 2017～2018 年中国省域经济综合竞争力以及各要素竞争力的排名变化分析，从中找出中国省域经济综合竞争力的推动点及影响因素，为进一步提升中国经济综合竞争力提供决策参考。

1 全国省域经济综合竞争力发展评价

1.1 全国省域经济综合竞争力评价结果

根据中国省域经济综合竞争力的指标体系和数学模型，课题组对2017～2018年全国除港澳台外的31个省份的相关指标数据进行统计和分析，表1－1列出了评价期内全国31个省份经济综合竞争力排位和排位变化情况及其下属9个二级指标的评价结果。

1.2 全国省域经济综合竞争力排序分析

2018年全国31个省份经济综合竞争力处于上游区（1～10位）的依次为广东省、江苏省、上海市、北京市、浙江省、山东省、福建省、天津市、湖北省、四川省，排在中游区（11～20位）的依次为河南省、安徽省、重庆市、陕西省、河北省、湖南省、辽宁省、江西省、山西省、内蒙古自治区，处于下游区（21～31位）的依次为海南省、吉林省、广西壮族自治区、贵州省、黑龙江省、云南省、宁夏回族自治区、新疆维吾尔自治区、青海省、甘肃省、西藏自治区。

2017年全国31个省份经济综合竞争力处于上游区（1～10位）的依次为广东省、江苏省、上海市、北京市、浙江省、山东省、天津市、福建省、湖北省、四川省，排在中游区（11～20位）的依次为重庆市、河南省、湖南省、安徽省、陕西省、河北省、辽宁省、江西省、海南省、内蒙古自治区，处于下游区（21～31位）的依次为山西省、吉林省、广西壮族自治区、贵州省、宁夏回族自治区、黑龙江省、新疆维吾尔自治区、云南省、青海省、甘肃省、西藏自治区。

1.3 全国省域经济综合竞争力排序变化比较

2018年与2017年相比，经济综合竞争力排位上升的有8个省份，上升

表1-1 2017~2018年全国31个省份经济综合竞争力评价比较

地区	宏观经济竞争力 (2017)	产业经济竞争力 (2017)	可持续发展竞争力 (2017)	财政金融竞争力 (2017)	知识经济竞争力 (2017)	发展环境竞争力 (2017)	政府作用竞争力 (2017)	发展水平竞争力 (2017)	统筹协调竞争力 (2017)	全国比较综合排名 (2017)	宏观经济竞争力 (2018)	产业经济竞争力 (2018)	可持续发展竞争力 (2018)	财政金融竞争力 (2018)	知识经济竞争力 (2018)	发展环境竞争力 (2018)	政府作用竞争力 (2018)	发展水平竞争力 (2018)	统筹协调竞争力 (2018)	全国比较综合排名 (2018)	综合排名升降
北京	6	6	6	1	3	3	9	4	4	4	8	5	5	1	3	4	7	3	5	4	0
天津	9	13	24	22	7	8	2	7	1	7	12	11	21	19	8	9	1	9	3	8	-1
河北	13	14	20	13	18	15	12	18	16	16	10	13	22	9	19	13	16	18	13	15	1
山西	27	28	3	6	21	24	20	15	12	21	24	21	7	10	22	23	19	21	12	19	2
内蒙古	24	10	1	29	25	18	17	25	22	20	21	14	1	15	25	20	20	23	29	20	0
辽宁	23	22	11	11	16	14	4	19	18	17	19	16	11	13	17	17	8	16	19	17	0
吉林	22	23	29	31	22	21	16	24	9	22	22	27	25	30	21	25	15	25	15	22	0
黑龙江	25	27	2	27	23	29	10	26	24	26	27	23	3	27	23	29	12	26	23	25	1
上海	4	4	17	2	4	1	5	1	2	3	4	4	15	2	2	1	3	1	2	3	0
江苏	2	2	10	5	1	4	7	2	3	2	2	2	20	4	2	3	5	2	1	2	0
浙江	3	5	5	4	6	5	3	5	5	5	3	6	6	5	5	5	4	5	7	5	0
安徽	17	15	16	14	14	13	14	12	21	14	11	10	19	16	14	16	13	10	16	12	2
福建	8	9	4	15	15	6	8	9	8	8	6	7	4	20	15	6	6	7	6	7	1
江西	15	20	27	25	17	28	26	9	20	18	17	18	23	23	16	26	26	11	18	18	0
山东	5	3	9	8	5	7	6	10	6	6	5	3	26	8	6	7	9	8	8	6	0

续表

地区	2017年 宏观经济竞争力	产业经济竞争力	可持续发展竞争力	财政金融竞争力	知识经济竞争力	发展环境竞争力	政府作用竞争力	发展水平竞争力	统筹协调竞争力	全国比较综合排名	2018年 宏观经济竞争力	产业经济竞争力	可持续发展竞争力	财政金融竞争力	知识经济竞争力	发展环境竞争力	政府作用竞争力	发展水平竞争力	统筹协调竞争力	全国比较综合排名	综合排名升降
河南	12	7	18	18	13	12	24	11	11	12	13	9	12	12	13	10	23	13	14	11	1
湖北	11	8	21	16	8	10	19	14	10	9	9	8	17	14	7	12	14	12	9	9	0
湖南	7	11	28	26	11	17	11	17	15	13	14	15	10	28	12	19	11	14	20	16	-3
广东	1	1	8	3	2	2	1	3	7	1	1	1	14	3	1	2	2	4	4	1	0
广西	20	21	15	30	20	25	22	20	26	23	18	22	8	31	20	24	21	19	26	23	0
海南	19	18	7	9	28	20	21	23	19	19	20	20	2	7	29	18	22	24	25	21	-2
重庆	14	17	23	19	12	9	13	6	13	11	16	19	18	18	11	8	18	6	17	13	-2
四川	10	12	12	7	10	16	15	13	14	10	7	12	28	6	10	15	10	17	10	10	0
贵州	21	19	26	17	19	22	25	22	25	24	26	25	27	25	18	21	25	20	24	24	0
云南	26	26	13	23	24	26	27	29	29	28	25	26	16	21	24	27	27	28	27	26	2
西藏	30	24	14	24	31	31	31	31	30	31	31	29	13	29	31	31	31	31	30	31	0
陕西	16	16	19	12	9	19	23	16	17	15	15	17	9	11	9	11	24	15	11	14	1
甘肃	31	31	25	28	26	30	30	28	31	30	30	30	30	22	26	28	30	29	31	30	0
青海	29	30	31	20	30	23	28	30	27	29	23	31	29	24	30	22	29	30	22	29	0
宁夏	18	29	30	21	29	11	18	21	28	25	29	28	31	26	28	14	17	22	28	27	-2
新疆	28	25	22	10	27	27	29	27	23	27	28	24	24	17	27	30	28	27	21	28	-1

幅度最大的是山西省、安徽省、云南省，排位上升了 2 位，河北省、黑龙江省、福建省、河南省和陕西省上升了 1 位；17 个省份排位没有变化；排位下降的有 6 个省份，下降幅度最大的是湖南省，排位下降了 3 位，海南省、重庆市和宁夏回族自治区均下降了 2 位，天津市和新疆维吾尔自治区均下降了 1 位。

1.4 全国省域经济综合竞争力跨区段变化情况及动因分析

在评价期内，山西省的排位出现跨区段变化，由下游区跨入中游区，前进了 2 位。由于一级指标仍属于合成性指标，要真正找准影响省域经济综合竞争力升降的根本原因，还必须对处于基础地位、具有确定值的四级指标进行评价分析，本书第二部分将对每个省份的经济综合竞争力进行具体评价分析。

2 全国省域经济综合竞争力区域分布

2.1 全国省域经济综合竞争力均衡性分析

各省域经济综合竞争力排位，反映的只是排序位差，而按照功效系数法进行无量纲化处理和加权求和后得到的综合得分可以更为准确地反映各省域经济综合竞争力的实际差距，有必要深入分析各级指标得分及分布情况，对得分实际差距及其均衡性进行深入研究和分析。图 2－1 显示了 2017 年和 2018 年全国省域经济综合竞争力评价分值的分布情况。

从图 2－1 可以看出，各省域经济综合竞争力得分的分布很不均衡，全国有超过一半的省份经济综合竞争力得分集中在 30～40 分，整体分布比较分散，而且呈现偏态分布。从 2017～2018 年的对比情况来看，各省份得分的分布情况变化很大。其中，得分在 20～25 分、25～30 分和 40～45 分的省份分别由 2 个减少到 1 个、由 3 个减少到 2 个、由 2 个增加到 4 个。值得一提的是，2017 年和 2018 年，广东省经济综合竞争力得分均保持在 60 分以上。

2017年

2018年

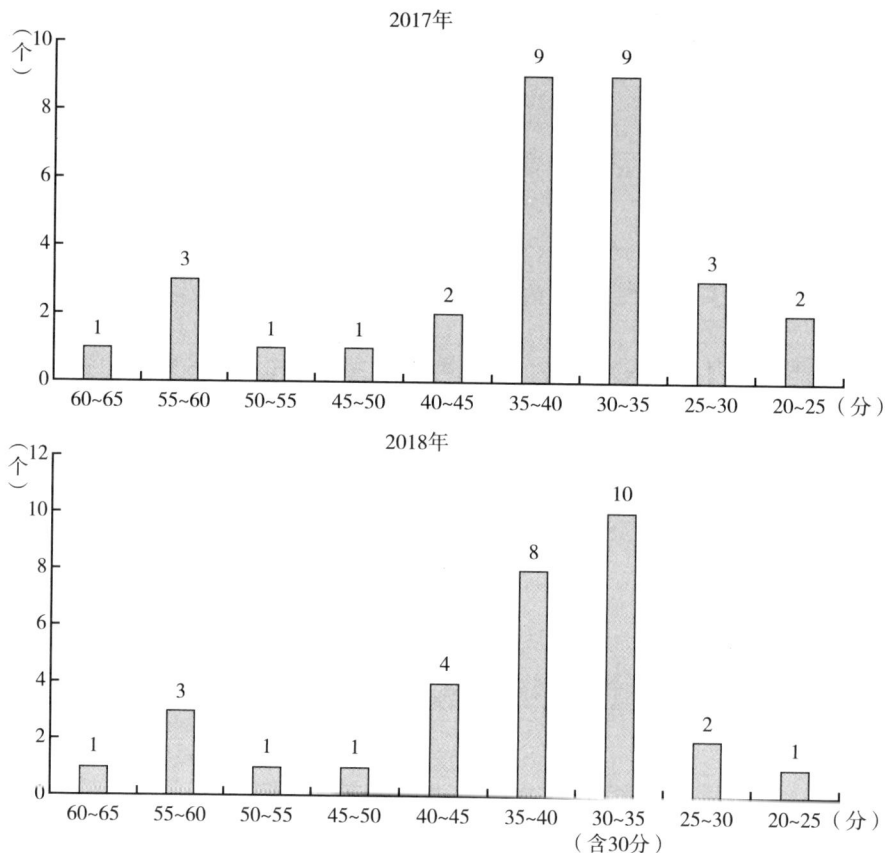

图2-1 2017年和2018年全国省域经济综合竞争力评价分值分布

表2-1 全国省域经济综合竞争力评价分值及分差比较

单位：分

序 号	地 区	2017 年	2018 年	分值升降
1	广 东	62.1	62.1	0.0
2	江 苏	59.3	59.8	0.5
3	上 海	58.8	59.4	0.6
4	北 京	55.7	55.9	0.2
5	浙 江	52.5	53.4	0.9
6	山 东	48.6	48.3	-0.3
7	福 建	42.6	44.4	1.9
8	天 津	44.9	43.5	-1.3

续表

序　号	地　区	2017 年	2018 年	分值升降
9	湖　北	39.5	41.5	2.0
10	四　川	39.2	41.4	2.2
	平　均	50.3	51.0	0.7
11	河　南	38.6	39.8	1.2
12	安　徽	37.5	39.7	2.2
13	重　庆	39.0	39.3	0.3
14	陕　西	36.8	38.8	2.0
15	河　北	36.8	38.5	1.7
16	湖　南	37.8	37.8	0.0
17	辽　宁	36.2	37.3	1.1
18	江　西	34.1	35.8	1.7
19	山　西	33.8	34.8	1.0
20	内蒙古	33.8	34.0	0.2
	平　均	36.4	37.6	1.1
21	海　南	34.0	34.0	0.0
22	吉　林	33.3	33.3	0.0
23	广　西	32.4	33.3	0.8
24	贵　州	32.1	32.4	0.3
25	黑龙江	31.6	31.8	0.2
26	云　南	28.9	30.5	1.6
27	宁　夏	31.7	30.2	−1.5
28	新　疆	29.6	30.0	0.4
29	青　海	26.7	28.4	1.8
30	甘　肃	23.8	26.0	2.2
31	西　藏	22.7	22.8	0.1
	平　均	29.7	30.2	0.5
	全国平均	38.5	39.3	0.8

从表 2－1 可以看出，不同省份经济综合竞争力得分差距悬殊。2018年，得分最低的西藏自治区只有 22.8 分，不到第一名广东省得分的一半。另外，相同区位内部各省份综合得分差距也比较明显。同样是处于上游区，排在第 10 位的四川省与排在第 1 位的广东省总分相差了 20.7 分；但是处于中下游区的省份综合得分比较接近，排在第 11 位的河南省得分为 39.8 分，

比第 20 位的内蒙古自治区仅多出 5.8 分；同样是处于下游区，排在第 21 位的海南省比排在第 31 位的西藏自治区超出 11.2 分。2018 年处于上游区的 10 个省份平均分值为 51 分，处于中游区的 10 个省份平均分值为 37.6 分，处于下游区的 11 个省份平均分值为 30.2 分。

从 2017~2018 年得分升降来看，全国 24 个省份的经济综合竞争力得分有所上升，上升幅度最大的是四川省、安徽省和甘肃省，均增加了 2.2 分，其次是湖北省和陕西省，增加了 2 分，福建省、河南省、河北省、辽宁省、江西省、山西省、云南省和青海省都增加了 1 分及以上。共有 3 个省份得分下降，下降幅度最大的是宁夏回族自治区，下降了 1.5 分。从全国平均分值来看，2018 年为 39.3 分，与 2017 年相比，提高了 0.8 分。

2.2 全国省域经济综合竞争力区域评价分析

表 2-2 列出了评价期内全国四大区域经济综合竞争力评价分值及其分差情况。2017 年全国四大区域经济综合竞争力的评价分值依次为：东部地区 49.5 分、中部地区 36.9 分、西部地区 31.4 分、东北地区 33.7 分，西部地区经济综合竞争力分值与东部地区的差距较大。2018 年全国四大区域经济综合竞争力的评价分值依次为：东部地区 49.9 分、中部地区 38.2 分、西部地区 32.3 分、东北地区 34.1 分，西部地区经济综合竞争力得分与东部地区的差距有所缩小。与 2017 年相比，西部地区与东部地区的差距缩小了 0.5 分，表明西部地区与东部地区的差距在缩小。

表 2-2 全国四大区域经济综合竞争力评价分值及分差比较

地　区	2017 年	2018 年	分值升降
东部地区	49.5	49.9	0.4
中部地区	36.9	38.2	1.3
西部地区	31.4	32.3	0.9
东北地区	33.7	34.1	0.4

从 2017~2018 年区域经济综合竞争力平均分值变化情况看，四个地区平均分值各有变化，其中中部地区平均分值上升最多，增加了 1.3 分；东部

地区平均得分提高了 0.4 分，而西部地区平均得分增加了 0.9 分，东北地区平均得分提高了 0.4 分。这表明各板块经济综合竞争力出现分化现象，四大区域经济综合竞争力发展的协调性还有待提高。

2.3 全国省域经济综合竞争力区域内部差异分析

省域经济综合竞争力不仅在全国四大区域之间有明显差距，各区域内部省份也存在差距，下文进一步分析我国四大区域内部省份的经济综合竞争力排位差异情况。表 2 – 3、表 2 – 4、表 2 – 5 和表 2 – 6 分别列出了评价期内东部地区、中部地区、西部地区和东北地区各省份在全国的排位情况。

表 2 – 3 东部地区经济综合竞争力排位比较

地 区	东部地区排位			全国排位		
	2017 年	2018 年	排位升降	2017 年	2018 年	排位升降
广　东	1	1	0	1	1	0
江　苏	2	2	0	2	2	0
上　海	3	3	0	3	3	0
北　京	4	4	0	4	4	0
浙　江	5	5	0	5	5	0
山　东	6	6	0	6	6	0
福　建	8	7	1	8	7	1
天　津	7	8	– 1	7	8	– 1
河　北	9	9	0	16	15	1
海　南	10	10	0	19	21	– 2

从表 2 – 3 可以看出，东部 10 个省份经济综合竞争力排位绝大部分处在上游区，仅河北省处于中游区、海南省处于下游区。上游区的 8 个省份经济综合竞争力排位比较稳定。这也说明东部地区各省份在全国处于绝对优势地位。但东部地区 10 个省份的竞争格局也是不平衡的，最明显的差距体现在海南省与其他省份之间。另外，同样处在上游区的省份，也存在较大差距。表 2 – 1 的竞争力得分显示：广东省、江苏省、上海市、北京市、浙江省得分都在 50 分以上，其他 5 个省份低于 50 分。

表2-4　中部地区经济综合竞争力排位比较

地　区	中部地区排位			全国排位		
	2017 年	2018 年	排位升降	2017 年	2018 年	排位升降
湖　北	1	1	0	9	9	0
河　南	2	2	0	12	11	1
安　徽	4	3	1	14	12	2
湖　南	3	4	-1	13	16	-3
江　西	5	5	0	18	18	0
山　西	6	6	0	21	19	2

从表2-4可以看出，中部地区6个省份经济综合竞争力排位分布很不均衡，湖北省处于上游区，其他5个省都处在中游区。与2017年相比，2018年湖南省的综合排位下降了3位，安徽省和山西省上升了2位，河南省上升了1位，其他省份排位没有变化。从表2-2的竞争力得分来看，中部地区与东部地区得分差距较大，与西部地区得分差距较小。这说明，整体而言中部地区尚不具备明显的竞争优势。从地区内部的排位变化来看，中部地区各省份竞争力相对变化不明显。

表2-5　西部地区经济综合竞争力排位比较

地　区	西部地区排位			全国排位		
	2017 年	2018 年	排位升降	2017 年	2018 年	排位升降
四　川	1	1	0	10	10	0
重　庆	2	2	0	11	13	-2
陕　西	3	3	0	15	14	1
内蒙古	4	4	0	20	20	0
广　西	5	5	0	23	23	0
贵　州	6	6	0	24	24	0
云　南	9	7	2	28	26	2
宁　夏	7	8	-1	25	27	-2
新　疆	8	9	-1	27	28	-1
青　海	10	10	0	29	29	0
甘　肃	11	11	0	30	30	0
西　藏	12	12	0	31	31	0

从表2-5可以看出,西部地区12个省份经济综合竞争力排位多数处在下游区,但也有四川省处在上游区,重庆市、陕西省和内蒙古自治区处于中游区,其他各省份处于明显的劣势地位。从表2-2的竞争力得分来看,2018年,西部地区平均得分只有东部地区得分的64.7%,表明其与东部地区有很大差距,但西部地区与中部地区相比,多个省份的竞争力得分差距很小,其劣势就不太明显。从2017~2018年得分变化来看,西部地区平均得分变化不大,但延续了往年的变化趋势,与东部地区的差距有所缩小,说明西部地区的竞争力在逐步提升。从西部地区12个省份的内部排位来看,各省份综合竞争力排位相对稳定,除了少数省份排位有所调整外,多数没有太大变化。

表2-6　东北地区经济综合竞争力排位比较

地　区	东北地区排位			全国排位		
	2017年	2018年	排位升降	2017年	2018年	排位升降
辽　宁	1	1	0	17	17	0
吉　林	2	2	0	22	22	0
黑龙江	3	3	0	26	25	1

从表2-6可以看出,相对于其他地区,东北地区2018年竞争力变化不大,辽宁省仍然处于中游区,吉林省和黑龙江省仍然处于下游区。从东北地区内部来看,三个省的排位相对稳定。

3　全国省域宏观经济竞争力评价分析

3.1　全国省域宏观经济竞争力评价结果

根据宏观经济竞争力指标体系和数学模型,课题组对采集到的2017~2018年全国31个省份的相关统计资料进行整理和合成,表3-1列出了这两个年份宏观经济竞争力排位和排位变化情况以及其下属3个三级指标的评价结果。

表 3－1　全国各省份宏观经济竞争力评价比较

项目 地区	2017 年				2018 年				综合 排名 升降
	经济实力 竞争力	经济结构 竞争力	经济外向度 竞争力	全国比较 综合排名	经济实力 竞争力	经济结构 竞争力	经济外向度 竞争力	全国比较 综合排名	
北 京	6	8	7	6	10	7	7	8	-2
天 津	16	4	6	9	20	4	12	12	-3
河 北	15	7	22	13	12	8	23	10	3
山 西	29	24	27	27	23	24	20	24	3
内蒙古	26	21	24	24	24	20	21	21	3
辽 宁	28	23	11	23	22	22	10	19	4
吉 林	23	10	29	22	25	17	28	22	0
黑龙江	25	25	25	25	27	25	18	27	-2
上 海	5	5	2	4	6	6	2	4	0
江 苏	1	1	3	2	1	1	3	2	0
浙 江	4	2	4	3	4	2	4	3	0
安 徽	17	12	15	17	15	11	15	11	6
福 建	7	16	14	8	5	12	11	6	2
江 西	13	15	28	15	14	13	27	17	-2
山 东	3	11	5	5	3	15	5	5	0
河 南	9	19	16	12	9	19	25	13	-1
湖 北	10	13	19	11	7	10	24	9	2
湖 南	8	14	9	7	13	14	17	14	-7
广 东	2	3	1	1	2	3	1	1	0
广 西	18	20	18	20	16	21	19	18	2
海 南	21	6	26	19	30	5	14	20	-1
重 庆	14	17	21	14	17	16	9	16	-2
四 川	11	9	13	10	8	9	6	7	3
贵 州	20	28	12	21	19	28	29	26	-5
云 南	19	30	23	26	18	30	16	25	1
西 藏	31	22	30	30	31	23	30	31	-1
陕 西	12	27	10	16	11	26	8	15	1
甘 肃	30	31	20	31	29	31	13	30	1
青 海	27	26	31	29	21	27	26	23	6
宁 夏	22	18	8	18	28	18	31	29	-11
新 疆	24	29	17	28	26	29	22	28	0

3.2 全国省域宏观经济竞争力排序分析

2017 年全国各省份宏观经济竞争力处于上游区（1～10 位）的依次排序是广东省、江苏省、浙江省、上海市、山东省、北京市、湖南省、福建省、天津市、四川省，处于中游区（11～20 位）的依次排序为湖北省、河南省、河北省、重庆市、江西省、陕西省、安徽省、宁夏回族自治区、海南省、广西壮族自治区，处于下游区（21～31 位）的依次排序为贵州省、吉林省、辽宁省、内蒙古自治区、黑龙江省、云南省、山西省、新疆维吾尔自治区、青海省、西藏自治区、甘肃省。

2018 年全国各省份宏观经济竞争力处于上游区（1～10 位）的依次排序是广东省、江苏省、浙江省、上海市、山东省、福建省、四川省、北京市、湖北省、河北省，处于中游区（11～20 位）的依次排序为安徽省、天津市、河南省、湖南省、陕西省、重庆市、江西省、广西壮族自治区、辽宁省、海南省，处于下游区（21～31 位）的依次排序为内蒙古自治区、吉林省、青海省、山西省、云南省、贵州省、黑龙江省、新疆维吾尔自治区、宁夏回族自治区、甘肃省、西藏自治区。

3.3 全国省域宏观经济竞争力排序变化比较

2018 年与 2017 年相比，排位上升的有 13 个省份，上升幅度最大的是安徽省（6 位）和青海省（6 位），其他依次为辽宁省（4 位）、四川省（3 位）、内蒙古自治区（3 位）、山西省（3 位）、河北省（3 位）、广西壮族自治区（2 位）、湖北省（2 位）、福建省（2 位）、甘肃省（1 位）、陕西省（1 位）、云南省（1 位），排位下降的有 11 个省份，下降幅度最大的是宁夏回族自治区（11 位），其他依次为湖南省（7 位）、贵州省（5 位）、天津市（3 位）、北京市（2 位）、黑龙江省（2 位）、江西省（2 位）、重庆市（2 位）、河南省（1 位）、海南省（1 位）、西藏自治区（1 位），有 7 个省份排位没有变化。

3.4 全国省域宏观经济竞争力跨区段变化情况

不同区段是衡量竞争力优劣水平的重要标志，在评价期内，一些省份宏观经济竞争力排位出现了跨区段变化。在跨区段上升方面，湖北省、河北省由中游区升入上游区，辽宁省由下游区升入中游区。在跨区段下降方面，天津市、湖南省由上游区降入中游区，宁夏回族自治区由中游区降入下游区。

3.5 全国省域宏观经济竞争力动因分析

作为省域经济综合竞争力的二级指标，省域宏观经济竞争力的变化是三级指标变化综合作用的结果，表3-1还列出了3个三级指标的变化情况。

经济实力竞争力方面，2017年排在前10位的省份依次为江苏省、广东省、山东省、浙江省、上海市、北京市、福建省、湖南省、河南省、湖北省，2018年排在前10位的省份依次为江苏省、广东省、山东省、浙江省、福建省、上海市、湖北省、四川省、河南省、北京市。

经济结构竞争力方面，2017年排在前10位的省份依次为江苏省、浙江省、广东省、天津市、上海市、海南省、河北省、北京市、四川省、吉林省，2018年排在前10位的省份依次为江苏省、浙江省、广东省、天津市、海南省、上海市、北京市、河北省、四川省、湖北省。

经济外向度竞争力方面，2017年排在前10位的省份依次为广东省、上海市、江苏省、浙江省、山东省、天津市、北京市、宁夏回族自治区、湖南省、陕西省，2018年排在前10位的省份依次为广东省、上海市、江苏省、浙江省、山东省、四川省、北京市、陕西省、重庆市、辽宁省。

从上述宏观经济竞争力排位跨区段升降的省份来看，安徽省和青海省的宏观经济竞争力排位上升了6位，是经济实力竞争力等指标整体排位上升推动的结果。其中，安徽省经济实力竞争力上升了2位，经济结构竞争力上升了1位；青海省经济实力竞争力上升了6位，经济外向度竞争力上升了5位。宁夏回族自治区的宏观经济竞争力排位下降11位，是由经济实力竞争力排位下降6位、经济外向度竞争力排位下降23位共同导致的。此外，从宏观经济竞争力排位在评价期内均处于上游区的省份来看，要保持竞争优势地位，都需要 3 个三级指标的良好表现来支撑。

4 全国省域产业经济竞争力评价分析

4.1 全国省域产业经济竞争力评价结果

根据产业经济竞争力指标体系和数学模型，课题组对采集到的 2017 ~ 2018 年全国 31 个省份的相关统计资料进行了整理和合成，表 4 - 1 显示了这两个年份产业经济竞争力排位和排位变化情况，以及其下属 4 个三级指标的评价结果。

表 4 - 1　全国各省份产业经济竞争力评价比较

项目 地区	2017 年					2018 年					综合排名升降
	农业竞争力	工业竞争力	服务业竞争力	企业竞争力	全国比较综合排名	农业竞争力	工业竞争力	服务业竞争力	企业竞争力	全国比较综合排名	
北　京	30	19	3	1	6	29	12	4	1	5	1
天　津	29	17	15	7	13	30	6	17	7	11	2
河　北	8	15	11	16	14	8	13	12	15	13	1
山　西	31	24	27	19	28	31	19	20	16	21	7
内蒙古	4	10	28	8	10	3	16	24	9	14	-4
辽　宁	22	26	24	11	22	22	17	23	8	16	6
吉　林	17	25	22	21	23	21	26	27	28	27	-4
黑龙江	1	30	26	27	27	1	30	22	29	23	4
上　海	6	6	2	2	4	17	5	2	2	4	0
江　苏	5	1	4	4	2	4	1	3	4	2	0
浙　江	10	4	5	6	5	11	8	6	5	6	-1
安　徽	13	16	13	15	15	14	9	10	13	10	5
福　建	11	8	9	14	9	12	4	11	11	7	2
江　西	21	22	16	26	20	23	15	14	23	18	2
山　东	2	3	6	3	3	2	3	5	6	3	0
河　南	3	7	10	20	7	5	11	8	18	9	-2

续表

项目地区	2017年					2018年					综合排名升降
	农业竞争力	工业竞争力	服务业竞争力	企业竞争力	全国比较综合排名	农业竞争力	工业竞争力	服务业竞争力	企业竞争力	全国比较综合排名	
湖 北	7	9	7	9	8	7	7	7	14	8	0
湖 南	12	14	12	10	11	9	18	13	17	15	-4
广 东	19	2	1	5	1	18	2	1	3	1	0
广 西	14	23	20	23	21	10	21	18	24	22	-1
海 南	15	28	14	13	18	16	29	19	12	20	-2
重 庆	27	20	18	12	17	27	22	15	10	19	-2
四 川	9	11	8	18	12	6	14	9	20	12	0
贵 州	20	13	17	29	19	19	23	16	30	25	-6
云 南	16	18	23	31	26	15	25	25	27	26	0
西 藏	23	12	19	30	24	20	24	28	31	29	-5
陕 西	24	5	25	17	16	24	10	21	19	17	-1
甘 肃	26	31	31	24	31	26	31	29	22	30	1
青 海	28	29	30	25	30	28	28	31	26	31	-1
宁 夏	25	27	29	22	29	25	27	30	21	28	1
新 疆	18	21	21	28	25	13	20	26	25	24	1

4.2 全国省域产业经济竞争力排序分析

2017年全国各省份产业经济竞争力处于上游区（1～10位）的依次是广东省、江苏省、山东省、上海市、浙江省、北京市、河南省、湖北省、福建省、内蒙古自治区，处于中游区（11～20位）的依次排序为湖南省、四川省、天津市、河北省、安徽省、陕西省、重庆市、海南省、贵州省、江西省，处于下游区（21～31位）的依次排序为广西壮族自治区、辽宁省、吉林省、西藏自治区、新疆维吾尔自治区、云南省、黑龙江省、山西省、宁夏回族自治区、青海省、甘肃省。

2018年全国各省份产业经济竞争力处于上游区（1～10位）的依次是广东省、江苏省、山东省、上海市、北京市、浙江省、福建省、湖北省、河南省、安徽省，排在中游区（11～20位）的依次为天津市、四川省、河北省、内蒙古自治区、湖南省、辽宁省、陕西省、江西省、重庆市、海南省，处于下游区（21～31位）的依次排序为山西省、广西壮族自治区、黑龙江省、新疆维吾尔自治区、贵州省、云南省、吉林省、宁夏回族自治区、西藏自治区、甘肃省、青海省。

4.3 全国省域产业经济竞争力排序变化比较

2018年与2017年相比较，排位上升的有12个省份，上升幅度最大的是山西省（7位），其他依次为辽宁省（6位）、安徽省（5位）、黑龙江省（4位）、江西省（2位）、福建省（2位）、天津市（2位）、新疆维吾尔自治区（1位）、宁夏回族自治区（1位）、甘肃省（1位）、河北省（1位）、北京市（1位），排位下降的有12个省份，下降幅度最大的是贵州省（6位），其他依次为西藏自治区（5位）、内蒙古自治区（4位）、吉林省（4位）、湖南省（4位）、河南省（2位）、海南省（2位）、重庆市（2位）、浙江省（1位）、广西壮族自治区（1位）、陕西省（1位）、青海省（1位），其他7个省份排位没有变化。

4.4 全国省域产业经济竞争力跨区段变化情况

在评价期内，一些省份产业经济竞争力排位出现了跨区段变化。在跨区段上升方面，安徽省由中游区升入上游区，辽宁省由下游区升入中游区；在跨区段下降方面，内蒙古自治区由上游区降入中游区，贵州省由中游区降入下游区。

4.5 全国省域产业经济竞争力动因分析

在农业竞争力方面，2017年排在前10位的省份依次为黑龙江省、山东省、河南省、内蒙古自治区、江苏省、上海市、湖北省、河北省、四川省、浙江省，2018年排在前10位的省份依次为黑龙江省、山东省、内蒙古自治区、江苏省、河南省、四川省、湖北省、河北省、湖南省、广西壮族自治区。

在工业竞争力方面，2017年排在前10位的省份依次为江苏省、广东省、山东省、浙江省、陕西省、上海市、河南省、福建省、湖北省、内蒙古自治区，2018年排在前10位的省份依次为江苏省、广东省、山东省、福建省、上海市、天津市、湖北省、浙江省、安徽省、陕西省。

在服务业竞争力方面，2017年排在前10位的省份依次为广东省、上海市、北京市、江苏省、浙江省、山东省、湖北省、四川省、福建省、河南省，2018年排在前10位的省份依次为广东省、上海市、江苏省、北京市、山东省、浙江省、湖北省、河南省、四川省、安徽省。

在企业竞争力方面，2017年排在前10位的省份依次为北京市、上海市、山东省、江苏省、广东省、浙江省、天津市、内蒙古自治区、湖北省、湖南省，2018年排在前10位的省份依次为北京市、上海市、广东省、江苏省、浙江省、山东省、天津市、辽宁省、内蒙古自治区、重庆市。

从上述产业经济竞争力排位跨区段升降的省份看，山西省产业经济竞争力排位上升7位，是工业竞争力、服务业竞争力和企业竞争力排位上升共同作用的结果，特别是服务业竞争力排位有较大幅度上升。所以，要不断提升一个地区的产业经济竞争力，就必须全面提升三级指标的排位。产业经济竞争力排位在评价期内均处于上游区的省份，也都是由于有多数三级指标的良好表现来支撑的。

5 全国省域可持续发展竞争力评价分析

5.1 全国省域可持续发展竞争力评价结果

根据可持续发展竞争力指标体系和数学模型，课题组对采集到的2017～2018年全国31个省份的相关统计资料进行了整理和合成，表5-1显示了这两个年份可持续发展竞争力排位和排位变化情况，以及其下属3个三级指标的评价结果。

表5-1　全国各省份可持续发展竞争力评价比较

项目 地区	2017 年				2018 年				综合 排名 升降
	资源 竞争力	环境 竞争力	人力资源 竞争力	全国比较 综合排名	资源 竞争力	环境 竞争力	人力资源 竞争力	全国比较 综合排名	
北　京	31	5	1	6	30	5	1	5	1
天　津	29	18	8	24	29	17	3	21	3
河　北	17	16	15	20	17	15	19	22	-2
山　西	4	22	10	3	4	20	18	7	-4
内蒙古	1	27	13	1	1	26	11	1	0
辽　宁	8	24	7	11	9	21	6	11	0
吉　林	7	30	27	29	7	24	25	25	4
黑龙江	3	21	11	2	3	23	20	3	-1
上　海	30	8	4	17	31	8	4	15	2
江　苏	19	17	5	10	19	18	7	20	-10
浙　江	25	2	3	5	25	4	5	6	-1
安　徽	22	6	22	16	22	13	12	19	-3
福　建	13	1	12	4	13	3	16	4	0
江　西	26	7	30	27	26	7	27	23	4
山　东	10	13	9	9	11	27	21	26	-17
河　南	20	10	20	18	21	11	9	12	6
湖　北	23	12	18	21	23	10	14	17	4
湖　南	27	26	14	28	27	6	15	10	18
广　东	24	20	2	8	24	19	2	14	-6
广　西	21	4	24	15	20	1	24	8	7
海　南	11	3	21	7	10	2	17	2	5
重　庆	28	9	19	23	28	9	13	18	5
四　川	14	19	6	12	14	28	10	28	-16
贵　州	16	14	28	26	16	14	30	27	-1
云　南	9	11	23	13	8	16	23	16	-3
西　藏	2	25	31	14	2	22	31	13	1
陕　西	15	15	17	19	15	12	8	9	10
甘　肃	12	23	25	25	12	29	28	30	-5
青　海	6	31	29	31	6	31	26	29	2
宁　夏	18	28	26	30	18	25	29	31	-1
新　疆	5	29	16	22	5	30	22	24	-2

5.2 全国省域可持续发展竞争力排序分析

2017 年全国各省份可持续发展竞争力处于上游区（1~10 位）的依次排序是内蒙古自治区、黑龙江省、山西省、福建省、浙江省、北京市、海南省、广东省、山东省、江苏省，排在中游区（11~20 位）的依次为辽宁省、四川省、云南省、西藏自治区、广西壮族自治区、安徽省、上海市、河南省、陕西省、河北省，处于下游区（21~31 位）的依次排序为湖北省、新疆维吾尔自治区、重庆市、天津市、甘肃省、贵州省、江西省、湖南省、吉林省、宁夏回族自治区、青海省。

2018 年全国各省份可持续发展竞争力处于上游区（1~10 位）的依次排序是内蒙古自治区、海南省、黑龙江省、福建省、北京市、浙江省、山西省、广西壮族自治区、陕西省、湖南省，排在中游区（11~20 位）的依次为辽宁省、河南省、西藏自治区、广东省、上海市、云南省、湖北省、重庆市、安徽省、江苏省，处于下游区（21~31 位）的依次排序为天津市、河北省、江西省、新疆维吾尔自治区、吉林省、山东省、贵州省、四川省、青海省、甘肃省、宁夏回族自治区。

5.3 全国省域可持续发展竞争力排序变化比较

2018 年与 2017 年相比较，排位上升的有 14 个省份，上升幅度最大的是湖南省（18 位），其他依次为陕西省（10 位）、广西壮族自治区（7 位）、河南省（6 位）、重庆市（5 位）、海南省（5 位）、湖北省（4 位）、江西省（4 位）、吉林省（4 位）、天津市（3 位）、青海省（2 位）、上海市（2 位）、西藏自治区（1 位）、北京市（1 位），3 个省份排位没有变化，排位下降的有 14 个省份，下降幅度最大的是山东省（17 位），其他依次为四川省（16 位）、江苏省（10 位）、广东省（6 位）、甘肃省（5 位）、山西省（4 位）、安徽省（3 位）、云南省（3 位）、河北省（2 位）、新疆维吾尔自治区（2 位）、黑龙江省（1 位）、浙江省（1 位）、贵州省（1 位）、宁夏回族自治区（1 位）。

5.4 全国省域可持续发展竞争力跨区段变化情况

在评价期内，一些省份可持续发展竞争力排位出现了跨区段变化。在跨区段上升方面，陕西省和广西壮族自治区由中游区升入上游区，湖北省和重庆市由下游区升入中游区，湖南省由下游区升入上游区。在跨区段下降方面，广东省和江苏省由上游区跌入中游区，山东省由上游区跌入下游区，四川省和河北省由中游区跌入下游区。

5.5 全国省域可持续发展竞争力动因分析

在资源竞争力方面，2017 年排在前 10 位的省份依次为内蒙古自治区、西藏自治区、黑龙江省、山西省、新疆维吾尔自治区、青海省、吉林省、辽宁省、云南省、山东省，2018 年排在前 10 位的省份依次为内蒙古自治区、西藏自治区、黑龙江省、山西省、新疆维吾尔自治区、青海省、吉林省、云南省、辽宁省、海南省。

在环境竞争力方面，2017 年排在前 10 位的省份依次为福建省、浙江省、海南省、广西壮族自治区、北京市、安徽省、江西省、上海市、重庆市、河南省，2018 年排在前 10 位的省份依次为广西壮族自治区、海南省、福建省、浙江省、北京市、湖南省、江西省、上海市、重庆市、湖北省。

在人力资源竞争力方面，2017 年排在前 10 位的省份依次为北京市、广东省、浙江省、上海市、江苏省、四川省、辽宁省、天津市、山东省、山西省，2018 年排在前 10 位的省份依次为北京市、广东省、天津市、上海市、浙江省、辽宁省、江苏省、陕西省、河南省、四川省。

从可持续发展竞争力 3 个三级指标的变化可以看出，可持续发展竞争力排位上升幅度最大的湖南省，主要是由于环境竞争力排位上升 20 位。可持续发展竞争力排位下降幅度最大的山东省，则是由资源竞争力、环境竞争力和人力资源竞争力排位下降导致的，尤其是环境竞争力排位下降了 14 位。

6 全国省域财政金融竞争力评价分析

6.1 全国省域财政金融竞争力评价结果

根据财政金融竞争力指标体系和数学模型，课题组对采集到的2017～2018年全国31个省份的相关统计资料进行了整理和合成，表6－1显示了这两个年份财政金融竞争力排位和排位变化情况，以及其下属2个三级指标的评价结果。

表6－1 全国各省份财政金融竞争力评价比较

项目 地区	2017年			2018年			综合排名升降
	财政竞争力	金融竞争力	全国比较综合排名	财政竞争力	金融竞争力	全国比较综合排名	
北 京	2	1	1	2	1	1	0
天 津	28	11	22	27	11	19	3
河 北	16	9	13	9	9	9	4
山 西	5	18	6	7	17	10	－4
内蒙古	27	27	29	12	19	15	14
辽 宁	14	8	11	15	16	13	－2
吉 林	31	29	31	31	23	30	1
黑龙江	21	28	27	29	20	27	0
上 海	1	3	2	1	3	2	0
江 苏	8	4	5	6	4	4	1
浙 江	4	5	4	3	5	5	－1
安 徽	15	16	14	21	14	16	－2
福 建	22	13	15	24	15	20	－5
江 西	20	23	25	20	21	23	2
山 东	18	7	8	11	6	8	0
河 南	26	12	18	17	8	12	6
湖 北	25	10	16	22	10	14	2
湖 南	29	17	26	26	27	28	－2
广 东	3	2	3	4	2	3	0

项目 地区	2017 年			2018 年			综合排名 升降
	财政 竞争力	金融 竞争力	全国比较 综合排名	财政 竞争力	金融 竞争力	全国比较 综合排名	
广 西	30	26	30	30	31	31	−1
海 南	7	19	9	5	22	7	2
重 庆	23	14	19	23	12	18	1
四 川	17	6	7	10	7	6	1
贵 州	12	20	17	16	28	25	−8
云 南	13	22	23	18	25	21	2
西 藏	19	24	24	28	29	29	−5
陕 西	10	15	12	8	13	11	1
甘 肃	24	25	28	19	24	22	6
青 海	9	31	20	13	30	24	−4
宁 夏	11	30	21	25	26	26	−5
新 疆	6	21	10	14	18	17	−7

6.2 全国省域财政金融竞争力排序分析

2017 年全国各省份财政金融竞争力处于上游区（1～10 位）的依次是北京市、上海市、广东省、浙江省、江苏省、山西省、四川省、山东省、海南省、新疆维吾尔自治区，排在中游区（11～20 位）的依次为辽宁省、陕西省、河北省、安徽省、福建省、湖北省、贵州省、河南省、重庆市、青海省，处于下游区（21～31 位）的依次排序为宁夏回族自治区、天津市、云南省、西藏自治区、江西省、湖南省、黑龙江省、甘肃省、内蒙古自治区、广西壮族自治区、吉林省。

2018 年全国各省份财政金融竞争力处于上游区（1～10 位）的依次是北京市、上海市、广东省、江苏省、浙江省、四川省、海南省、山东省、河北省、山西省，排在中游区（11～20 位）的依次为陕西省、河南省、辽宁省、湖北省、内蒙古自治区、安徽省、新疆维吾尔自治区、重庆市、天津市、福建省，处于下游区（21～31 位）的依次为云南省、甘肃省、江西省、青海省、贵州省、宁夏回族自治区、黑龙江省、湖南省、西藏自治区、吉林省、广西壮族自治区。

6.3 全国省域财政金融竞争力排序变化比较

2018 年与 2017 年相比较，排位上升的有 14 个省份，上升幅度最大的是内蒙古自治区（14 位），其后依次为甘肃省（6 位）、河南省（6 位）、河北省（4 位）、天津市（3 位）、湖北省（2 位）、江西省（2 位）、海南省（2 位）、云南省（2 位）、吉林省（1 位）、江苏省（1 位）、重庆市（1 位）、四川省（1 位）、陕西省（1 位），5 个省份排位没有变化，排位下降的有 12 个省份，下降幅度最大的是贵州省（8 位），其他依次为新疆维吾尔自治区（7 位）、福建省（5 位）、西藏自治区（5 位）、宁夏回族自治区（5 位）、山西省（4 位）、青海省（4 位）、辽宁省（2 位）、安徽省（2 位）、湖南省（2 位）、浙江省（1 位）、广西壮族自治区（1 位）。

6.4 全国省域财政金融竞争力跨区段变化情况

在评价期内，一些省份财政金融竞争力排位出现了跨区段变化。在跨区段上升方面，如河北省由中游区升入上游区，内蒙古自治区由下游区升入中游区；在跨区段下降方面，贵州省由中游区跌入下游区，青海省由中游区跌入下游区。

6.5 全国省域财政金融竞争力动因分析

在财政竞争力方面，2017 年排在前 10 位的省份依次为上海市、北京市、广东省、浙江省、山西省、新疆维吾尔自治区、海南省、江苏省、青海省、陕西省，2018 年排在前 10 位的省份依次为上海市、北京市、浙江省、广东省、海南省、江苏省、山西省、陕西省、河北省、四川省。

在金融竞争力方面，2017 年排在前 10 位的省份依次为北京市、广东省、上海市、江苏省、浙江省、四川省、山东省、辽宁省、河北省、湖北省，2018 年排在前 10 位的省份依次为北京市、广东省、上海市、江苏省、浙江省、山东省、四川省、河南省、河北省、湖北省。

从省域财政金融竞争力 2 个三级指标的变化情况可以看出，在评价期内，财政金融竞争力排位居前的省份 2 个三级指标大部分都处于上游区，表明财政、金融的关系密不可分，财政金融竞争力优势的形成需要财政竞争力、金融竞争力的共同支撑。

7 全国省域知识经济竞争力评价分析

7.1 全国省域知识经济竞争力评价结果

根据知识经济竞争力指标体系和数学模型，课题组对采集到的 2017 ～ 2018 年全国 31 个省份的相关统计资料进行整理和合成，表 7 - 1 显示了这两个年份知识经济竞争力排位和排位变化情况，以及其下属 3 个三级指标的评价结果。

表 7 - 1 全国各省份知识经济竞争力评价比较

项目 地区	2017 年				2018 年				综合排名升降
	科技竞争力	教育竞争力	文化竞争力	全国比较综合排名	科技竞争力	教育竞争力	文化竞争力	全国比较综合排名	
北 京	3	1	6	3	3	1	5	3	0
天 津	7	7	13	7	12	7	22	8	-1
河 北	19	18	16	18	21	18	12	19	-1
山 西	18	27	19	21	19	27	23	22	-1
内蒙古	27	25	18	25	27	25	20	25	0
辽 宁	17	14	8	16	17	14	9	17	-1
吉 林	22	21	11	22	22	21	11	21	1
黑龙江	24	19	24	23	26	19	25	23	0
上 海	4	3	2	4	4	3	2	4	0
江 苏	2	2	1	1	2	2	3	2	-1
浙 江	5	6	5	6	5	6	4	5	1
安 徽	8	23	12	14	9	23	13	14	0

续表

项目 地区	2017 年				2018 年				综合排名升降
	科技竞争力	教育竞争力	文化竞争力	全国比较综合排名	科技竞争力	教育竞争力	文化竞争力	全国比较综合排名	
福 建	14	13	25	15	14	13	18	15	0
江 西	16	15	23	17	16	15	19	16	1
山 东	6	5	4	5	6	5	6	6	-1
河 南	11	20	10	13	10	20	10	13	0
湖 北	10	9	9	8	8	9	8	7	1
湖 南	15	11	7	11	15	11	7	12	-1
广 东	1	4	3	2	1	4	1	1	1
广 西	20	22	14	20	20	22	15	20	0
海 南	28	29	28	28	28	29	24	29	-1
重 庆	9	16	15	12	7	16	17	11	1
四 川	12	10	21	10	11	10	14	10	0
贵 州	21	12	20	19	18	12	28	18	1
云 南	25	24	22	24	24	24	21	24	0
西 藏	31	31	31	31	31	31	31	31	0
陕 西	13	8	17	9	13	8	16	9	0
甘 肃	23	26	27	26	25	26	27	26	0
青 海	29	28	30	30	29	28	30	30	0
宁 夏	26	30	26	29	23	30	26	28	1
新 疆	30	17	29	27	30	17	29	27	0

7.2 全国省域知识经济竞争力排序分析

2017 年全国各省份知识经济竞争力处于上游区（1～10 位）的依次是江苏省、广东省、北京市、上海市、山东省、浙江省、天津市、湖北省、陕西省、四川省，排在中游区（11～20 位）的依次为湖南省、重庆市、河南省、安徽省、福建省、辽宁省、江西省、河北省、贵州省、广西壮族自治区，处于下游区（21～31 位）的依次为山西省、吉林省、黑龙江省、云南省、内蒙古自治区、甘肃省、新疆维吾尔自治区、海南省、宁夏回族自治区、青海省、西藏自治区。

2018年全国各省份知识经济竞争力处于上游区（1~10位）的依次为广东省、江苏省、北京市、上海市、浙江省、山东省、湖北省、天津市、陕西省、四川省，排在中游区（11~20位）的依次为重庆市、湖南省、河南省、安徽省、福建省、江西省、辽宁省、贵州省、河北省、广西壮族自治区，处于下游区（21~31位）的依次为吉林省、山西省、黑龙江省、云南省、内蒙古自治区、甘肃省、新疆维吾尔自治区、宁夏回族自治区、海南省、青海省、西藏自治区。

7.3　全国省域知识经济竞争力排序变化比较

2018年与2017年相比，排位上升的有8个省份，上升幅度都不大，依次为吉林省、浙江省、江西省、湖北省、广东省、重庆市、贵州省和宁夏回族自治区（1位）；15个省份的排位没有变化；排位下降的有8个省份，下降幅度都不大，依次为天津市、河北省、山西省、辽宁省、江苏省、山东省、湖南省和海南省（1位）。

7.4　全国省域知识经济竞争力跨区段变化情况

在评价期内，各省份知识经济竞争力排位没有出现跨区段变化。

7.5　全国省域知识经济竞争力动因分析

在科技竞争力方面，2017年排在前10位的省份依次为广东省、江苏省、北京市、上海市、浙江省、山东省、天津市、安徽省、重庆市、湖北省，2018年排在前10位的省份依次为广东省、江苏省、北京市、上海市、浙江省、山东省、重庆市、湖北省、安徽省、河南省。

在教育竞争力方面，2017年排在前10位的省份依次为北京市、江苏省、上海市、广东省、山东省、天津市、陕西省、湖北省、四川省，2018年排在前10位的省份依次为北京市、江苏省、上海市、广东省、山东省、浙江省、天津市、陕西省、湖北省、四川省。

在文化竞争力方面，2017年排在前10位的省份依次为江苏省、上海市、广东省、山东省、浙江省、北京市、湖南省、辽宁省、湖北省、河南省,2018年排在前10位的省份依次为广东省、上海市、江苏省、浙江省、北京市、山东省、湖南省、湖北省、辽宁省、河南省。

从省域知识经济竞争力3个三级指标的变化可以看出,经济发达省份多数表现为科技竞争力、教育竞争力和文化竞争力比较均衡、协调提升的态势,一些中西部省份3个三级指标也保持了比较均衡、协调提升的态势,如湖南省、湖北省。

8 全国省域发展环境竞争力评价分析

8.1 全国省域发展环境竞争力评价结果

根据发展环境竞争力指标体系和数学模型,课题组对采集到的2017~2018年全国31个省份的相关统计资料进行了整理和合成,表8-1显示了这两个年份发展环境竞争力排位和排位变化情况,以及其下属2个三级指标的评价结果。

表8-1 全国各省份发展环境竞争力评价比较

项目 地区	2017年			2018年			综合排名 升降
	基础设施 竞争力	软环境 竞争力	全国比较 综合排名	基础设施 竞争力	软环境 竞争力	全国比较 综合排名	
北　京	5	2	3	5	4	4	-1
天　津	8	8	8	8	13	9	-1
河　北	10	24	15	11	18	13	2
山　西	22	27	24	24	23	23	1
内蒙古	21	16	18	19	17	20	-2
辽　宁	12	22	14	14	27	17	-3
吉　林	26	15	21	26	15	25	-4
黑龙江	28	29	29	29	26	29	0
上　海	2	1	1	2	1	1	0
江　苏	4	3	4	4	3	3	1

项目 地区	2017年			2018年			综合排名升降
	基础设施竞争力	软环境竞争力	全国比较综合排名	基础设施竞争力	软环境竞争力	全国比较综合排名	
浙 江	3	5	5	3	5	5	0
安 徽	13	20	13	13	22	16	−3
福 建	9	6	6	9	6	6	0
江 西	18	31	28	21	31	26	2
山 东	6	11	7	6	8	7	0
河 南	7	28	12	7	20	10	2
湖 北	11	14	10	12	16	12	−2
湖 南	15	25	17	15	25	19	−2
广 东	1	4	2	1	2	2	0
广 西	25	23	25	25	24	24	1
海 南	23	13	20	23	12	18	2
重 庆	14	7	9	10	7	8	1
四 川	20	10	16	20	10	15	1
贵 州	19	26	22	17	28	21	1
云 南	27	21	26	27	21	27	−1
西 藏	31	12	31	31	11	31	0
陕 西	17	18	19	18	9	11	8
甘 肃	29	30	30	28	30	28	2
青 海	24	19	23	22	19	22	1
宁 夏	16	9	11	16	14	14	−3
新 疆	30	17	27	30	29	30	−3

8.2 全国省域发展环境竞争力排序分析

2017年全国各省份发展环境竞争力处于上游区（1～10位）的依次是上海市、广东省、北京市、江苏省、浙江省、福建省、山东省、天津市、重庆市、湖北省，排在中游区（11～20位）的依次为宁夏回族自治区、河南省、安徽省、辽宁省、河北省、四川省、湖南省、内蒙古自治区、陕西省、海南省，处于下游区（21～31位）的依次排序为吉林省、贵州省、青海省、山西省、广西壮族自治区、云南省、新疆维吾尔自治区、江西省、黑龙江省、甘肃省、西藏自治区。

2018 年全国各省份发展环境竞争力处于上游区（1～10 位）的依次是上海市、广东省、江苏省、北京市、浙江省、福建省、山东省、重庆市、天津市、河南省，排在中游区（11～20 位）的依次为陕西省、湖北省、河北省、宁夏回族自治区、四川省、安徽省、辽宁省、海南省、湖南省、内蒙古自治区，处于下游区（21～31 位）的依次排序为贵州省、青海省、山西省、广西壮族自治区、吉林省、江西省、云南省、甘肃省、黑龙江省、新疆维吾尔自治区、西藏自治区。

8.3 全国省域发展环境竞争力排序变化比较

2018 年与 2017 年相比较，排位上升的有 13 个省份，上升幅度最大的是陕西省（8 位），其他依次为河北省、江西省、河南省、海南省和甘肃省（2 位），山西省、江苏省、广西壮族自治区、重庆市、四川省、贵州省和青海省（1 位）；7 个省份排位没有变化；排位下降的有 11 个省份，下降幅度最大的是吉林省（4 位），其他依次为辽宁省、安徽省、宁夏回族自治区和新疆维吾尔自治区（3 位），内蒙古自治区、湖北省和湖南省（2 位），北京市、天津市和云南省（1 位）。

8.4 全国省域发展环境竞争力跨区段变化情况

在评价期内，一些省份发展环境竞争力排位出现了跨区段变化。在跨区段上升方面，河南省由中游区升入上游区；在跨区段下降方面，湖北省由上游区跌入中游区。

8.5 全国省域发展环境竞争力动因分析

在基础设施竞争力方面，2017 年排在前 10 位的省份依次为广东省、上海市、浙江省、江苏省、北京市、山东省、河南省、天津市、福建省、河北省，2018 年排在前 10 位的省份依次为广东省、上海市、浙江省、江苏省、北京市、山东省、河南省、天津市、福建省、重庆市。

在软环境竞争力方面，2017 年排在前 10 位的省份依次为上海市、北京市、江苏省、广东省、浙江省、福建省、重庆市、天津市、宁夏回族自治区、四川省，2018 年排在前 10 位的省份依次为上海市、广东省、江苏省、北京市、浙江省、福建省、重庆市、青海省、山东省、陕西省、四川省。

从省域发展环境竞争力 2 个三级指标的变化可以看出，经济综合竞争力排位处于上游区的省份，基础设施竞争力和软环境竞争力基本在同一区段内比较协调地变化，那些排位差距呈拉大趋势的地区，发展环境竞争力的综合排位也呈现下降趋势，表明基础设施竞争力和软环境竞争力都是经济综合竞争力的重要组成部分，需要协调发展、同步提升。

9 全国省域政府作用竞争力评价分析

9.1 全国省域政府作用竞争力评价结果

根据政府作用竞争力指标体系和数学模型，课题组对采集到的 2017 ～ 2018 年全国 31 个省份的相关统计资料进行了整理和合成，表 9 - 1 显示了这两个年份政府作用竞争力排位和排位变化情况，以及其下属 3 个三级指标的评价结果。

表 9 - 1 全国各省份政府作用竞争力评价比较

项目 地区	2017 年				2018 年				综合排名升降
	政府发展经济竞争力	政府规调经济竞争力	政府保障经济竞争力	全国比较综合排名	政府发展经济竞争力	政府规调经济竞争力	政府保障经济竞争力	全国比较综合排名	
北 京	24	1	4	9	25	5	2	7	2
天 津	3	4	6	2	4	2	9	1	1
河 北	12	23	10	12	14	22	14	16	- 4
山 西	21	12	18	20	22	6	19	19	1
内蒙古	22	13	14	17	24	11	16	20	- 3
辽 宁	15	6	3	4	17	17	3	8	- 4

续表

项目 地区	2017年				2018年				综合排名升降
	政府发展经济竞争力	政府规调经济竞争力	政府保障经济竞争力	全国比较综合排名	政府发展经济竞争力	政府规调经济竞争力	政府保障经济竞争力	全国比较综合排名	
吉　林	19	17	13	16	19	24	11	15	1
黑龙江	25	2	11	10	23	3	13	12	-2
上　海	9	18	2	5	9	4	4	3	2
江　苏	1	19	15	7	1	19	12	5	2
浙　江	5	7	5	3	5	9	5	4	-1
安　徽	6	10	21	14	6	7	27	13	1
福　建	4	3	20	8	3	1	22	6	2
江　西	13	29	26	26	13	25	23	26	0
山　东	2	14	12	6	2	30	10	9	-3
河　南	10	24	27	24	11	21	26	23	1
湖　北	8	25	22	19	8	13	20	14	5
湖　南	14	9	16	11	12	12	15	11	0
广　东	7	5	1	1	7	8	1	2	-1
广　西	17	8	28	22	18	14	24	21	1
海　南	26	26	8	21	27	29	6	22	-1
重　庆	11	15	17	13	10	26	17	18	-5
四　川	18	27	9	15	16	15	8	10	5
贵　州	20	20	23	25	20	18	21	25	0
云　南	23	11	30	27	21	10	29	27	0
西　藏	31	31	31	31	31	31	31	31	0
陕　西	16	16	25	23	15	20	25	24	-1
甘　肃	28	30	29	30	29	27	30	30	0
青　海	29	22	24	28	26	28	28	29	-1
宁　夏	27	21	7	18	28	16	7	17	1
新　疆	30	28	19	29	30	23	18	28	1

9.2　全国省域政府作用竞争力排序分析

2017年全国各省份政府作用竞争力处于上游区（1~10位）的依次是广东省、天津市、浙江省、辽宁省、上海市、山东省、江苏省、福建省、北京市、黑龙江省，排在中游区（11～20 位）的依次为湖南省、河北省、重庆市、安徽省、四川省、吉林省、内蒙古自治区、宁夏回族自治区、湖北省、山西省，处于下游区（21～31 位）的依次排序为海南省、广西壮族自治区、陕西省、河南省、贵州省、江西省、云南省、青海省、新疆维吾尔自治区、甘肃省、西藏自治区。

2018 年全国各省份政府作用竞争力处于上游区（1～10 位）的依次是天津市、广东省、上海市、浙江省、江苏省、福建省、北京市、辽宁省、山东省、四川省，排在中游区（11～20 位）的依次为湖南省、黑龙江省、安徽省、湖北省、吉林省、河北省、宁夏回族自治区、重庆市、山西省、内蒙古自治区，处于下游区（21～31 位）的依次排序为广西壮族自治区、海南省、河南省、陕西省、贵州省、江西省、云南省、新疆维吾尔自治区、青海省、甘肃省、西藏自治区。

9.3 全国省域政府作用竞争力排序变化比较

2018 年与 2017 年相比较，排位上升的有 14 个省份，上升幅度最大的为湖北省（5 位）、四川省（5 位），其他依次为北京市（2 位）、上海市（2 位）、江苏省（2 位）、福建省（2 位）、天津市（1 位）、山西省（1 位）、吉林省（1 位）、安徽省（1 位）、河南省（1 位）、广西壮族自治区（1 位）、宁夏回族自治区（1 位）、新疆维吾尔自治区（1 位）；排位没有变化的有 6 个省份；排位下降的有 11 个省份，下降幅度最大的是重庆市（5 位），其他依次为河北省（4 位）、辽宁省（4 位）、内蒙古自治区（3 位）、山东省（3 位）、黑龙江省（2 位）、浙江省（1 位）、广东省（1 位）、海南省（1 位）、陕西省（1 位）、青海省（1 位）。

9.4 全国省域政府作用竞争力跨区段变化情况

在评价期内，一些省份政府作用竞争力排位出现了跨区段变化。在跨区段上升方面，四川省由中游区跨入上游区，前进了 5 位；在跨区段下降方面，黑龙江省由上游区降入中游区，下降了 2 位。

9.5 全国省域政府作用竞争力动因分析

在政府发展经济竞争力方面，2017 年排在前 10 位的省份依次为江苏省、山东省、天津市、福建省、浙江省、安徽省、广东省、湖北省、上海市、河南省，2018 年排在前 10 位的省份依次为江苏省、山东省、福建省、天津市、浙江省、安徽省、广东省、湖北省、上海市、重庆市。

在政府规调经济竞争力方面，2017 年排在前 10 位的省份依次为北京市、黑龙江省、福建省、天津市、广东省、辽宁省、浙江省、广西壮族自治区、湖南省、安徽省，2018 年排在前 10 位的省份依次为福建省、天津市、黑龙江省、上海市、北京市、山西省、安徽省、广东省、浙江省、云南省。

在政府保障经济竞争力方面，2017 年排在前 10 位的省份依次为广东省、上海市、辽宁省、北京市、浙江省、天津市、宁夏回族自治区、海南省、四川省、河北省，2018 年排在前 10 位的省份依次为广东省、北京市、辽宁省、上海市、浙江省、海南省、宁夏回族自治区、四川省、天津市、山东省。

从省域政府作用竞争力 3 个三级指标的变化可以看出，经济比较活跃和发达的省份，这 3 个指标多数表现较好，而表现欠佳的省份多数位于中西部经济欠发达地区。这表明，在经济体制转轨时期，政府作用对经济增长有直接影响，提升省域经济综合竞争力必须全面提升政府作用竞争力。

10 全国省域发展水平竞争力评价分析

10.1 全国省域发展水平竞争力评价结果

根据发展水平竞争力指标体系和数学模型，课题组对采集到的 2017 ~ 2018 年全国 31 个省份的相关资料进行了整理和合成，表 10 - 1 显示了这两个年份发展水平竞争力排位和排位变化情况，以及其下属 3 个三级指标的评价结果。

表 10-1　全国各省份发展水平竞争力评价比较

项目 地区	2017 年				2018 年				综合 排名 升降
	工业化进 程竞争力	城市化进 程竞争力	市场化进 程竞争力	全国比较 综合排名	工业化进 程竞争力	城市化进 程竞争力	市场化进 程竞争力	全国比较 综合排名	
北　京	5	1	10	4	2	1	21	3	1
天　津	6	3	20	7	4	7	24	9	-2
河　北	22	25	9	18	22	20	6	18	0
山　西	8	26	23	15	14	25	22	21	-6
内蒙古	29	9	24	25	24	10	23	23	2
辽　宁	21	18	13	19	18	19	14	16	3
吉　林	20	29	22	24	21	30	20	25	-1
黑龙江	30	11	25	26	29	11	26	26	0
上　海	1	2	3	1	1	2	5	1	0
江　苏	3	5	1	2	5	4	1	2	0
浙　江	16	6	2	5	17	5	2	5	0
安　徽	12	13	12	12	9	12	10	10	2
福　建	14	7	7	8	12	6	7	7	1
江　西	11	8	8	9	19	8	9	11	-2
山　东	15	10	4	10	13	9	4	8	2
河　南	7	23	11	11	8	22	13	13	-2
湖　北	13	17	14	14	10	18	11	12	2
湖　南	17	20	15	17	15	17	12	14	3
广　东	2	4	6	3	3	3	8	4	-1
广　西	18	22	18	20	20	21	15	19	1
海　南	28	14	17	23	30	23	16	24	-1
重　庆	4	19	5	6	6	16	3	6	0
四　川	9	24	16	13	11	24	18	17	-4
贵　州	19	28	21	22	16	27	17	20	2
云　南	25	30	28	29	23	29	27	28	1
西　藏	31	31	31	31	31	31	31	31	0
陕　西	10	12	26	16	7	14	25	15	1
甘　肃	23	21	29	28	27	26	29	29	-1
青　海	27	27	30	30	28	28	30	30	0
宁　夏	24	15	19	21	25	13	19	22	-1
新　疆	26	16	27	27	26	15	28	27	0

10.2 全国省域发展水平竞争力排序分析

2017 年全国各省份发展水平竞争力处于上游区（1～10 位）的依次是上海市、江苏省、广东省、北京市、浙江省、重庆市、天津市、福建省、江西省、山东省，排在中游区（11～20 位）的依次为河南省、安徽省、四川省、湖北省、山西省、陕西省、湖南省、河北省、辽宁省、广西壮族自治区，处于下游区（21～31 位）的依次排序为宁夏回族自治区、贵州省、海南省、吉林省、内蒙古自治区、黑龙江省、新疆维吾尔自治区、甘肃省、云南省、青海省、西藏自治区。

2018 年全国各省份发展水平竞争力处于上游区（1～10 位）的依次是上海市、江苏省、北京市、广东省、浙江省、重庆市、福建省、山东省、天津市、安徽省，排在中游区（11～20 位）的依次为江西省、湖北省、河南省、湖南省、陕西省、辽宁省、四川省、河北省、广西壮族自治区、贵州省，处于下游区（21～31 位）的依次排序为山西省、宁夏回族自治区、内蒙古自治区、海南省、吉林省、黑龙江省、新疆维吾尔自治区、云南省、甘肃省、青海省、西藏自治区。

10.3 全国省域发展水平竞争力排序变化比较

2018 年与 2017 年相比较，排位上升的有 12 个省份，上升幅度最大的是辽宁省（3 位）、湖南省（3 位），其他依次为内蒙古自治区（2 位）、安徽省（2 位）、山东省（2 位）、湖北省（2 位）、贵州省（2 位）、北京市（1 位）、福建省（1 位）、广西壮族自治区（1 位）、云南省（1 位）、陕西省（1 位）；有 9 个省份排位没有变化；排位下降的有 10 个省份，下降幅度最大的是山西省（6 位），其他依次为四川省（4 位）、河南省（2 位）、江西省（2 位）、天津市（2 位）、宁夏回族自治区（1 位）、甘肃省（1 位）、海南省（1 位）、广东省（1 位）、吉林省（1 位）。

10.4 全国省域发展水平竞争力跨区段变化情况

在评价期内，一些省份发展水平竞争力排位出现了跨区段变化。在跨区段上升方面，安徽省由中游区升入上游区，贵州省由下游区升入中游区；在跨区段下降方面，江西省由上游区降入中游区，山西省由中游区降入下游区。

10.5 全国省域发展水平竞争力动因分析

在工业化进程竞争力方面，2017 年排在前 10 位的省份依次为上海市、广东省、江苏省、重庆市、北京市、天津市、河南省、山西省、四川省、陕西省，2018 年排在前 10 位的省份依次为上海市、北京市、广东省、天津市、江苏省、重庆市、陕西省、河南省、安徽省、湖北省。

在城市化进程竞争力方面，2017 年排在前 10 位的省份依次为北京市、上海市、天津市、广东省、江苏省、浙江省、福建省、江西省、内蒙古自治区、山东省，2018 年排在前 10 位的省份依次为北京市、上海市、广东省、江苏省、浙江省、福建省、天津市、江西省、山东省、内蒙古自治区。

在市场化进程竞争力方面，2017 年排在前 10 位的省份依次为江苏省、浙江省、上海市、山东省、重庆市、广东省、福建省、江西省、河北省、北京市，2018 年排在前 10 位的省份依次为江苏省、浙江省、重庆市、山东省、上海市、河北省、福建省、广东省、江西省、安徽省。

从省域发展水平竞争力 3 个三级指标的变化可以看出，排位居于前 10 位的省份大多位于经济比较活跃的东部沿海地区，这些省份多数 3 个指标表现较好。这表明，工业化、城市化、市场化进程在总体上是一个联系密切、相辅相成、互相促进的发展过程，一个省域的发展水平竞争力是工业化、城市化、市场化进程竞争力的综合体现。

11 全国省域统筹协调竞争力评价分析

11.1 全国省域统筹协调竞争力评价结果

根据统筹协调竞争力指标体系和数学模型，课题组对采集到的 2017～2018 年全国 31 个省份的相关统计资料进行了整理和合成，表 11−1 显示了这两个年份统筹协调竞争力排位和排位变化情况，以及其下属 2 个三级指标的评价结果。

表 11-1 全国各省份统筹协调竞争力评价比较

项　目 地　区	2017 年			2018 年			综合排名 升降
	统筹发展 竞争力	协调发展 竞争力	全国比较 综合排名	统筹发展 竞争力	协调发展 竞争力	全国比较 综合排名	
北　京	3	26	4	2	25	5	−1
天　津	1	4	1	4	11	3	−2
河　北	20	8	16	16	9	13	3
山　西	11	19	12	18	6	12	0
内蒙古	15	25	22	31	19	29	−7
辽　宁	19	20	18	21	18	19	−1
吉　林	10	5	9	14	14	15	−6
黑龙江	17	29	24	19	27	23	1
上　海	2	17	2	1	15	2	0
江　苏	4	1	3	3	2	1	2
浙　江	7	2	5	7	5	7	−2
安　徽	24	15	21	20	8	16	5
福　建	8	3	8	6	4	6	2
江　西	23	16	20	22	17	18	2
山　东	6	6	6	8	3	8	−2
河　南	13	12	11	13	12	14	−3
湖　北	12	10	10	9	7	9	1
湖　南	16	18	15	12	23	20	−5
广　东	5	13	7	5	10	4	3
广　西	27	21	26	25	22	26	0
海　南	21	14	19	23	26	25	−6
重　庆	9	22	13	11	21	17	−4
四　川	18	7	14	15	1	10	4
贵　州	22	27	25	17	29	24	1
云　南	28	28	29	26	28	27	2
西　藏	30	30	30	28	30	30	0
陕　西	14	23	17	10	20	11	6
甘　肃	25	31	31	29	31	31	0
青　海	26	24	27	27	13	22	5
宁　夏	31	9	28	30	24	28	0
新　疆	29	11	23	24	16	21	2

11.2　全国省域统筹协调竞争力排序分析

2017 年全国各省份统筹协调竞争力处于上游区（1～10 位）的依次是天津市、上海市、江苏省、北京市、浙江省、山东省、广东省、福建省、吉林省、湖北省，排在中游区（11～20 位）的依次为河南省、山西省、重庆市、四川省、湖南省、河北省、陕西省、辽宁省、海南省、江西省，处于下游区（21～31 位）的依次排序为安徽省、内蒙古自治区、新疆维吾尔自治区、黑龙江省、贵州省、广西壮族自治区、青海省、宁夏回族自治区、云南省、西藏自治区、甘肃省。

2018 年全国各省份统筹协调竞争力处于上游区（1～10 位）的依次是江苏省、上海市、天津市、广东省、北京市、福建省、浙江省、山东省、湖北省、四川省，排在中游区（11～20 位）的依次为陕西省、山西省、河北省、河南省、吉林省、安徽省、重庆市、江西省、辽宁省、湖南省，处于下游区（21～31 位）的依次为新疆维吾尔自治区、青海省、黑龙江省、贵州省、海南省、广西壮族自治区、云南省、宁夏回族自治区、内蒙古自治区、西藏自治区、甘肃省。

11.3　全国省域统筹协调竞争力排序变化比较

2018 年与 2017 年相比较，排位上升的有 14 个省份，上升幅度最大的是陕西省（6 位），其他依次为：安徽省（5 位）、青海省（5 位）、四川省（4 位）、河北省（3 位）、广东省（3 位）、江苏省（2 位）、福建省（2 位）、江西省（2 位）、云南省（2 位）、新疆维吾尔自治区（2 位）、黑龙江省（1 位）、湖北省（1 位）、贵州省（1 位）；有 6 个省份排位没有变化；排位下降的有 11 个省份，下降幅度最大的是内蒙古自治区（7 位），其他依次为：吉林省（6 位）、海南省（6 位）、湖南省（5 位）、重庆市（4 位）、河南省（3 位）、天津市（2 位）、浙江省（2 位）、山东省（2 位）、北京市（1 位）、辽宁省（1 位）。

11.4 全国省域统筹协调竞争力跨区段变化情况

在评价期内，一些省份统筹协调竞争力排位出现了跨区段变化。在跨区段上升方面，四川省由中游区升入上游区，安徽省由下游区升入中游区；在跨区段下降方面，吉林省由上游区降入中游区，海南省由中游区降入下游区。

11.5 全国省域统筹协调竞争力动因分析

在统筹发展竞争力方面，2017年排在前10位的省份依次为天津市、上海市、北京市、江苏省、广东省、山东省、浙江省、福建省、重庆市、吉林省，2018年排在前10位的省份依次为上海市、北京市、江苏省、天津市、广东省、福建省、浙江省、山东省、湖北省、陕西省。

在协调发展竞争力方面，2017年排在前10位的省份依次为江苏省、浙江省、福建省、天津市、吉林省、山东省、四川省、河北省、宁夏回族自治区、湖北省，2018年排在前10位的省份依次为四川省、江苏省、山东省、福建省、浙江省、山西省、湖北省、安徽省、河北省、广东省。

可以看出，大部分省份不管是统筹协调竞争力排位靠前还是靠后，统筹发展竞争力和协调发展竞争力2个三级指标都不太协调，经济较发达的省份也存在不协调发展的情况，这与各地发展基础以及自然状况有关，也与经济发展的路径选择有关。如何在新发展理念下进一步加快发展方式转变，是每一个省份都要重视的问题。

12 2017～2018年全国省域经济综合竞争力变化的基本特征及启示

省域经济综合竞争力是根据1个一级指标、9个二级指标、25个三级指标和210个四级指标综合评价的结果，综合反映了一个区域在经济、产业、财政、金融、科教文化、资源环境、社会民生等各方面的发展能力，及其在全国的优劣势地位。根据省域经济综合竞争力模型，各个方面的发展是相互促进、相互制约的，这些要素共同决定了一个省份的经济综合竞争力水平，体现在全国的排位情况和变化趋势，当然，这些内在驱动因素和外在表现也有一定的规律和特征。省域经济综合竞争力的发展变化有其内在逻辑规律，既有各个省份普遍存在的共性特征，也有不同省情决定的个体特殊性，综合表现就是共性和个性相结合的特征。深刻认识和深入把握这些特征，从而研究和发现提升省域经济综合竞争力的正确路径、方法和对策，有利于提升省域经济综合竞争力。

12.1 竞争力排位整体比较稳定，个别省份排位有较大波动

为全面反映各省份经济综合竞争力的排位变化趋势，总结其变化特征，图12－1显示了2018年经济综合竞争力上游省份2006～2018年排位及变化情况，图12－2显示了2018年经济综合竞争力下游省份2006～2018年排位及变化情况。

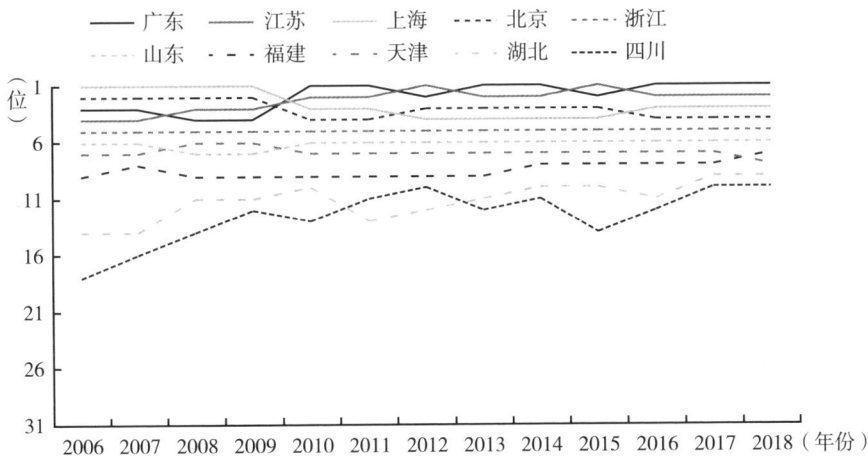

图12－1 2018年经济综合竞争力上游省份2006～2018年排位变化趋势

从图12－1中上游区省份排位变化情况来看，各省份经济综合竞争力排位相对稳定，各省份排位变化不大，只是少数省份有所调整。其中广东和江苏、北京和上海的排名有所波动。另外，湖北和四川的排名上升比较明显，

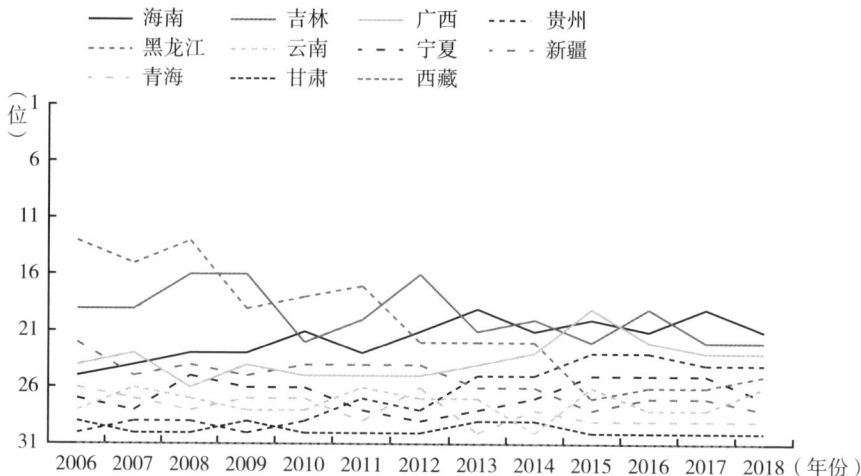

图12-2 2018年经济综合竞争力下游省份的2006~2018年排位变化趋势

特别是四川的排名从中游快速提升到上游。处于上游区的10个省份，大部分在十多年内保持在上游，说明这些省份竞争优势比较明显，相对位置比较稳固。2017年处于中游区的10个省份只有海南省降入下游区。处于下游区的10个省份，基本上也稳定在下游区，竞争弱势非常明显，只有吉林省和黑龙江省出中游区降入下游区。

从竞争力基础理论和各省域综合排名结果来看，尽管各省份的经济综合竞争力排位相对稳定，但由于各指标数据是动态变化的，通过竞争力评价模型得到的各省份得分差距也不断变化，特别是在中游区和下游区的省份，由于得分非常接近，竞争优劣差距不太明显，一个三级指标较小的得分变化就会影响最终综合排位变化。由于上游区各省份得分差距较大，排位比较稳定，但不能否认三级指标得分仍然会发生变化，当得分差距变动累积到一定程度就可能引起综合排位变化，事实也表明，上游区省份排名长期也会发生变化。因此，各省份竞争优劣势是动态变化的，特别是从较长一个时期来看，部分省份的排名发生了较大变化，少数省份的排名变化幅度非常大。这些变化是长期积累的结果，是省域经济发展过程中竞争优劣势从量变到质变的综合结果，也是各方面具体指标综合变动的结果。

12.2　省域经济综合竞争力是多种要素综合作用的体现，各要素发挥的作用不尽相同

表 12 - 1 列出了 2017 年和 2018 年各省份经济综合竞争力得分与 9 个二级指标得分的相关系数及变化情况。

表 12 - 1　全国各省份经济综合竞争力与二级指标得分相关系数

	宏观经济竞争力	产业经济竞争力	可持续发展竞争力	财政金融竞争力	知识经济竞争力	发展环境竞争力	政府作用竞争力	发展水平竞争力	统筹协调竞争力
2017 年	0.945	0.935	0.284	0.806	0.964	0.955	0.833	0.936	0.855
2018 年	0.949	0.951	0.221	0.841	0.967	0.952	0.845	0.929	0.886
变化	0.004	0.016	- 0.063	0.035	0.003	- 0.003	0.012	- 0.007	0.031

从表 12 - 1 来看，与省域经济综合竞争力得分相关程度最高的二级指标是知识经济竞争力，相关系数达到 0.967，其次是发展环境竞争力和产业经济竞争力，相关系数都超过 0.950，高于其他几个二级指标，同时宏观经济竞争力和发展水平竞争力两个二级指标的相关系数也都比较大。相关系数较小的是可持续发展竞争力。通过比较二级指标与省域经济综合竞争力的相关系数大小，可以发现省域经济综合竞争力的最大影响因素就是知识经济竞争力，知识经济是促进经济综合竞争力提升的重要力量。科技创新是省域经济快速健康发展的主要推动力，教育发展为省域经济发展提供人力资源和智力支持，文化产业是经济发展的新方向，所以知识经济是提升省域经济发展质量、优化省域经济结构、提高省域经济效益的最有效途径。省域经济竞争力的重要体现在于宏观经济竞争力和产业经济竞争力，各省份在大力发展经济、促进产业发展、提升经济发展水平的过程中经济综合竞争力会相应提升，因为发展是硬道理，经济实力是竞争力的核心基础。产业发展离不开良好的发展环境，不管是基础设施等硬环境，还是营商环境等软环境，都是保障经济稳定发展、提升经济发展效率的重要基础。从二级指标相关系数的变化来看，系数增幅较大的有发展环境竞争力，表明近年来各省份更多地关注

经济环境改善，营造良好的营商环境，更加注重软实力建设，努力提升服务水平。

总之，省域经济综合竞争力是多种要素综合反映的结果，既是经济总量的竞争，也是增长速度、发展水平、经济结构和效益的综合竞争，是显性优势和潜在优势的综合反映。任何一个省份要提升省域经济综合竞争力，都要从影响综合竞争力的要素出发，全面培养竞争优势，减少竞争劣势，制定竞争力提升的长期战略。

12.3 省域经济综合竞争力的关键动力在于经济发展实力和经济发展水平

经济发展是经济综合竞争力的基础，经济增长的动力在于产业经济发展，而企业更是地区经济竞争力的核心。图 12－3 显示了全国各省份经济综合竞争力得分与经济总量（地区生产总值 GDP）的变动关系。图 12－4 显示了全国各省份经济综合竞争力得分与经济发展水平（人均地区生产总值 GDP）的变动关系。

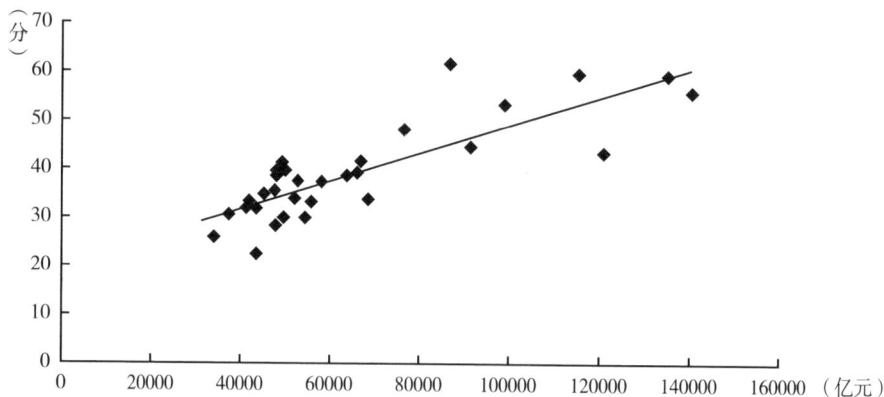

图 12－3　2018 年全国各省份经济总量和经济综合竞争力得分对应关系

从图 12－3 和图 12－4 可以看出，各省份经济综合竞争力得分和经济实力是同方向变化的，大部分省份都聚集在趋势线上，表明经济发展规模、经

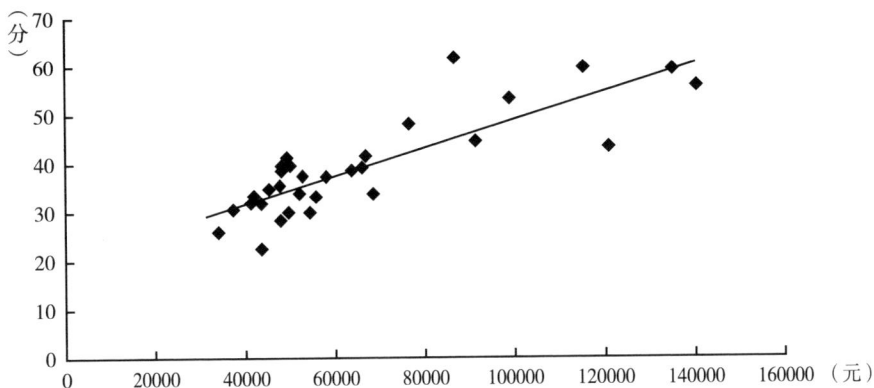

图 12 - 4　2018 年全国各省份经济发展水平和经济综合竞争力得分对应关系

济发展水平和经济综合竞争力具有很强的正向线性关系，经济越发达的省份，其经济综合竞争力得分越高。当然，经济总量和经济发展水平也不是决定省域经济综合竞争力水平高低的唯一因素，一个省份的经济发展水平还有其他很多方面的因素共同决定，所以图中就会有一些省份没有在直线上，而是出现了一些偏差，一些经济总量不是非常高的省份，由于具有其他方面的竞争优势，其经济综合竞争力得分也相对较高，这进一步说明经济综合竞争力是由众多因素共同决定的。

12.4　优劣势指标的数量和构成，决定了省域经济综合竞争力的地位和变化

表 12 - 2 列出了 2018 年全国各省份经济综合竞争力四级指标的竞争态势，以反映指标优劣势及其结构对竞争力排位的影响。

表 12 - 2　全国各省份经济综合竞争力四级指标优劣势结构分析

地　区	强势指标 （个）	优势指标 （个）	中势指标 （个）	劣势指标 （个）	2018 年 排位
广　东	68	60	48	34	1
江　苏	62	72	45	31	2
上　海	72	49	39	50	3

续表

地　区	强势指标 （个）	优势指标 （个）	中势指标 （个）	劣势指标 （个）	2018 年 排位
北　京	63	49	43	55	4
浙　江	43	93	33	41	5
山　东	34	77	49	50	6
福　建	15	77	79	39	7
天　津	30	62	56	62	8
湖　北	4	78	96	32	9
四　川	10	76	83	41	10
河　南	14	54	86	56	11
安　徽	9	56	96	49	12
重　庆	7	58	103	42	13
陕　西	10	42	123	35	14
河　北	10	43	106	51	15
湖　南	8	49	99	54	16
辽　宁	10	56	95	49	17
江　西	6	34	105	65	18
山　西	9	32	80	89	19
内蒙古	21	31	60	98	20
海　南	16	46	47	101	21
吉　林	3	28	79	100	22
广　西	4	37	80	89	23
贵　州	10	30	68	102	24
黑龙江	17	33	37	123	25
云　南	7	32	71	100	26
宁　夏	6	37	44	123	27
新　疆	9	34	61	106	28
青　海	15	19	37	139	29
甘　肃	7	18	49	136	30
西　藏	31	16	24	139	31

　　省域经济综合竞争力是由 210 个基础指标构成，基础指标的优劣势及构成决定了综合排位，总的来说，强势和优势指标越多，经济综合竞争力的优势地位就越明显。从表 12-2 可以看出，一个省份如果拥有较多的强势指标

和优势指标，其经济综合竞争力就可以保持竞争优势地位，取得较好的竞争力排名。排在上游区的省份，都有一大批始终处于上游区的强势指标和优势指标，而且强势指标的数量也是最多的。比如，广东省、江苏省、北京市和上海市等省份，竞争力排位长期处于上游区，排位始终名列前茅。从强势指标的数量来看，前六位省份的数量都很多，超过30个，远远超过其他省份，省域经济综合竞争力的优势地位非常稳固。第7位以后省份拥有的强势指标数量较少，竞争力优势地位也不明显，排位经常发生变化。当然，决定一个省份的全国排位不完全是强势指标数量，特别是处于中游区的省份强势指标个数较少，而部分处于下游区的省份拥有的强势指标个数反而较多，很多排位比较靠前的省份强势指标个数反而比排位靠后的省份少。比如，排在末位的西藏自治区，拥有31个强势指标，不但比中游区和下游区省份的强势指标个数多，甚至比处于上游区的福建省、湖北省和四川省等拥有的强势指标数量还要多。另外，中游区的内蒙古、下游区的黑龙江也拥有较多数量的强势指标。所以，不仅仅是强势指标数量决定一个省份的排位，更重要的是优势指标数量，处于上游区的福建省、湖北省和四川省虽然强势指标不多，但它们拥有的优势指标数量较多，远远超过排在下游区的省份，其他处于上游区的省份也有这个特点。因此，把各省份的强势指标和优势指标个数加总后可以发现，强势和优势指标个数之和越大的，其省域经济综合竞争力排位越靠前。上游区的10个省份中，排在第6位的山东及前面的省份强势和优势指标个数之和都超过100个，进入前10位的福建省、天津市等省份这类指标总数也较多，大都超过中游区和下游区省份。关于强势指标和优势指标数量之和，虽然中游区和下游区省份都比较小，但差别不很明显，区分中游区和下游区主要体现在劣势指标数量上。排在第20位以后的省份劣势指标个数明显增加，下游区省份除广西外劣势指标个数都超过100个，远多于排位在前的省份，特别是排位最后的三个省份，劣势指标个数明显多于其他省份。所以，一个省份经济综合竞争力排位需要有更多的强势指标和优势指标来支撑，反之，劣势指标太多，就会导致省域经济综合竞争力排位靠后。处于下游区的省份强势和优势指标都较少，中势指标和劣势指标数量相对较多，而且劣势指标越多，排位越靠后。

因此，根据指标优劣势结构特点，要保持和提升省域经济综合竞争力优势，关键在于优化指标结构，重点是增加强势指标和优势指标数量，并努力减少劣势指标数量。一个省份指标体系中强势指标、优势指标、中势指标、劣势指标个数及不同结构分布，决定了其在全国的竞争力排位，也为提升省域经济综合竞争力指明了基本路径和方法，需要因地制宜，根据自身特点有针对性地采取措施保持强势指标，强化优势指标，减少劣势指标，不断优化指标结构，才能保持省域经济综合竞争力的优势地位。

12.5 基础指标排位波动及其结构决定了省域经济综合竞争力综合排位的波动变化

表12-3列出了2018年全国各省份经济综合竞争力四级指标的竞争变化趋势，以反映指标排位波动及其结构对竞争力排位的影响。

表12-3 全国各省份经济综合竞争力四级指标竞争变化趋势

地 区	上升指标（个）	保持指标（个）	下降指标（个）	波动趋势	排位波动
山 西	68	87	55	上升	2
安 徽	75	82	53	上升	2
云 南	78	88	44	上升	2
河 北	70	68	72	上升	1
黑龙江	53	79	78	上升	1
福 建	68	82	60	上升	1
河 南	69	80	61	上升	1
陕 西	82	80	48	上升	1
北 京	40	113	57	保持	0
内蒙古	59	91	60	保持	0
辽 宁	58	82	70	保持	0
吉 林	50	68	92	保持	0
上 海	35	116	59	保持	0
江 苏	46	106	58	保持	0

地　区	上升指标（个）	保持指标（个）	下降指标（个）	波动趋势	排位波动
浙　江	55	102	53	保持	0
江　西	77	82	51	保持	0
山　东	43	103	64	保持	0
湖　北	85	73	52	保持	0
广　东	57	108	45	保持	0
广　西	75	78	57	保持	0
四　川	86	77	47	保持	0
贵　州	73	78	59	保持	0
西　藏	47	127	36	保持	0
甘　肃	65	99	46	保持	0
青　海	48	101	61	保持	0
天　津	49	91	70	下降	-1
新　疆	72	82	56	下降	-1
海　南	63	93	54	下降	-2
重　庆	68	80	62	下降	-2
宁　夏	47	98	65	下降	-2
湖　南	60	82	68	下降	-3

从表12－3可以看出，各省份210个四级指标排位波动及其构成变化对省域经济综合竞争力的变化有较大影响。综合排位上升的省份多数上升指标数量显著大于下降指标数量，排位上升幅度较大。比如，山西省、安徽省和云南省上升指标个数超过下降指标较多，排位上升幅度较大。2017～2018年有17个省份排位保持不变，虽然这些省份的上升指标和下降指标个数不完全一样，但没有表现出明显的差别，其中几个省份的上升指标和下降指标数量比较接近，而且多数排位保持的指标个数最多，在所有指标中占据主导地位，只有少数几个省份的上升指标个数与下降指标个数存在较大差距。综合排位下降的6个省份大部分是下降指标个数超过上升指标个数。因此，要保持省域经济综合竞争优势，在竞争中不断提高综合排位，就需要维持各基础指标的竞争优势，不断提升指标排位，避免或减少指标排位下降，特别是

处于劣势地位的指标，更应该努力提升其排位，才能系统有效地促进省域经济综合竞争力整体水平的不断提升。

13 提升省域经济综合竞争力的基本路径、方法和对策

13.1 以新发展理念破解发展难题，推动高质量发展，健全宏观政策，培育发展新动能，全面提升省域宏观经济竞争力

2019 年中央经济工作会议指出，当前经济运行稳中有变、变中有忧，外部环境复杂严峻，经济面临下行压力。当今世界发展面临百年未有之大变局，变局中危和机同生并存，我国发展处于并将长期处于重要战略机遇期，中国经济稳中向好的基本态势没有变，中华民族复兴的脚步不可阻挡。然而，当今世界贸易保护主义与单边主义冲击全球化进程，国际经济形势复杂，对我国整体经济发展和区域竞争力提升带来冲击与不确定性。回顾国内经济从高速换挡到中高速发展，"结构性、体制性、周期性问题相互交织"，"二期叠加"影响持续深化，下行压力加大。要有效应对这些问题，就需要坚持新发展理念，真正实现化危为机、转危为安。在整体宏观经济发展背景下，省域宏观经济竞争力要实现全面提升，就应紧扣重要战略机遇新内涵，以新发展理念为引领，加快经济结构优化升级，提升科技创新能力，深化改革开放，加快绿色发展，参与全球经济治理体系变革，变压力为加快推动经济高质量发展的动力，在不断增强我国整体宏观经济竞争力的同时，提升我国在世界经济中的竞争优势与能力。

创新、协调、绿色、开放、共享的发展理念，是内在联系的集合体，是引领当前发展的重要思路与着力点。各省域应贯彻创新发展理念，不断推进理论创新、制度创新、科技创新、文化创新等各方面创新，使创新成为各区域经济发展的不竭动力，成为经济高质量发展的重要保障。在协调发展方面，加快区域、城乡、经济和社会、物质文明和精神文明等方面的协调统

一，实现整体发展效能提升，全面提升整体经济竞争力。以变革为契机，推动发展动能转换，走新时代绿色发展之路，坚持节约资源和保护环境的基本国策，坚持可持续发展，坚定走生产发展、生活富裕、生态良好的文明发展道路，加快建设资源节约型、环境友好型社会，形成人与自然和谐发展的现代化建设新格局。经济全球化的潮流是不可阻挡的，各区域应主动坚持对外开放，提高对外开放质量，强化发展的内外联动性，发展更高层次的开放型经济。壮大整体经济实力，让广大人民群众共享改革发展成果，是社会主义的本质要求。为此，应坚持以发展解决问题的思路，通过不断做大"蛋糕"，充分调动全体人民推动经济发展的积极性、主动性、创造性。强化宏观经济政策逆周期调节，各省份应推动相关政策与发展规划的实施调整，进一步稳定总需求。财政政策要落实好减税降费，营造良好的发展环境，增强微观经济活力。通过优化营商环境，强化竞争政策的基础性地位，创造公平竞争的制度环境，鼓励中小企业加快成长，最大限度地释放经济发展潜能。

13.2 加强自主创新，提升农业发展质量，确保全面小康，促进先进制造业和现代服务业融合发展，不断增强省域产业经济竞争力

十九大报告提出：加快建设实体经济、科技创新、现代金融、人力资源协同发展的产业体系，是建设现代化经济体系、实现高质量发展的重要内容和关键所在。产业特别是制造业是一个国家经济发展的重要主体，是支撑经济转向高质量发展的重要内容和保障，深入持久地推进产业结构调整和转型升级才能为经济高质量发展提供持续动力。尽管新中国成立70年来，已经积累了丰富的科技、人才、金融等要素资源，为现代化产业体系的构建夯实了基础，但在产业优化升级、产业经济竞争力提升方面还存在困境与不足，主要表现为有效供给不足，自主创新能力有待提升，工业升级"卡脖子"现象仍然存在等。为此，各省域要进一步推进供给侧改革，增加有效供给，加强自主创新，推动先进制造业与现代服务业融合发展，全面提升省域产业经济竞争力。

在农业方面，保障重要农产品有效供给始终是"三农"工作的头等大

事。当前中国农业发展存在不平衡不充分问题，如猪肉供给不足等现象，需要各省份进一步加快农业供给侧结构性改革，稳住农产品市场供给，要加快恢复生猪生产，做到保供稳价。稳住农民收入和消费市场，带动农民增收和乡村振兴，真正实现农业自身快速、健康发展的同时，全面保障国民经济发展的农业有效供给。2020年是我国全面建成小康社会收官之年，是决胜脱贫攻坚之年。需要各省域集中力量全面完成剩余脱贫任务，巩固脱贫攻坚成果，防止返贫。同时还要加快补上农村基础设施和公共服务短板，推动广大农民同步迈入小康社会。农业是当前我国经济发展的潜在增长点，应充分发展富民乡村产业，积极鼓励各类人才返乡下乡创业创新，不断开辟新的收入来源，在不断提升农业竞争力的同时，实现农村经济的长足发展。

实现高质量发展，创新驱动和改革开放是两个轮子。全面提高经济整体竞争力，各区域应加快现代化经济体系建设。要深化科技体制改革，加快科技成果转化应用，加快提升企业技术创新能力，发挥国有企业在技术创新中的积极作用，健全鼓励支持基础研究、原始创新的体制机制，完善科技人才发现、培养、激励机制，实现经济发展与自主创新互动推进。支持战略性产业发展，加大设备更新和技改投入，推进传统制造业优化升级。

先进制造业和现代服务业融合是顺应新一轮科技革命和产业变革、增强制造业核心竞争力、培育现代产业体系、实现高质量发展的重要途径。为此，各区域应重点探索重要领域融合发展的新路径，加快原材料工业和服务业融合步伐，推动消费品工业和服务业深度融合，提升装备制造业和服务业融合水平，完善汽车制造和服务全链条体系，深化制造业、服务业和互联网融合发展，促进现代物流和制造业高效融合，强化研发设计服务和制造业有机融合，加强新能源生产使用和制造业绿色融合，推进消费服务重点领域和制造业创新融合，提高金融服务制造业转型升级质效。推动生产性服务业向专业化和价值链高端延伸，推动生活性服务业向高品质和多样化升级。通过二者的深度融合，打造高层次的服务型制造业，抢占价值链高端，树立竞争新优势，抢占未来制高点。

13.3　推进新时代绿色发展，完善生态文明制度体系，深化人才发展体制机制改革，稳步提升省域可持续发展竞争力

绿色发展是人类的共同追求，也是新时代我们党推动我国发展的重要理念之一。十九届四中全会指出，生态文明建设是关系中华民族永续发展的千年大计。要坚持和完善生态文明制度体系，促进人与自然和谐共生。为此，各省份应贯彻实行最严格的生态环境保护制度，建设生态环境保护责任制度，实现精准治污、科学治污、依法治污，推动生态环境质量持续好转，坚决打好污染防治攻坚战。完善相关治理机制、生态保护和修复制度，实施节约资源和保护环境制度，不断完善生态文明制度体系。坚持节约优先、保护优先、自然恢复为主的方针，坚定走生产发展、生活富裕、生态良好的文明发展道路。推进绿色发展，各省域应加快建立绿色生产和消费的法律制度和政策导向。建立健全绿色低碳循环发展的经济体系，大力发展绿色金融，壮大节能环保产业、清洁生产产业、清洁能源产业，推动新能源汽车、新能源和节能环保等绿色低碳产业成为我国经济发展的支柱产业。要构建市场导向的绿色技术创新体系，通过绿色科技研发和创新政策激励，促进企业同科研机构的绿色科技联合，提高企业绿色技术创新能力，突破绿色技术难题和技术壁垒，重点研发和运用资源高效利用技术、清洁生产技术、循环利用技术、污染治理技术等。要构建绿色能源体系，持续推进能源生产和消费革命步伐，加快建设国家新型能源产业基地，着力推进清洁能源生产供给技术进步，着力发展清洁能源，支持绿色能源体系建设。推进绿色生活，让垃圾分类成为新时尚。实行垃圾分类管理关系广大人民群众生活环境，关系节约使用资源，也是社会文明水平的一个重要体现。各省份应出台相关政策，持续推行垃圾分类，加强科学管理、形成长效机制、推动习惯养成。应加强引导、因地制宜、持续推进。

当前，新一轮科技革命和产业变革蓬勃兴起。科技的未来在青年、在人才。在新时代背景下，我国实施创新驱动发展战略，转变发展方式，需要确立人才优先发展的战略布局，充分发挥人才作为第一资源的引领与支撑作

用。各区域要充分发挥人才作用，不断深化人才发展体制机制改革，最大限度地把广大人才的报国情怀、奋斗精神、创造活力激发出来。要完善人才培养机制，改进人才评价机制，创新人才流动机制，健全人才激励机制。充分发挥人才作用，真正聚天下英才而用之，实现经济社会持续优化快速发展。

13.4 继续实施好积极的财政政策和稳健的货币政策，巩固和拓展减税降费成效，深化金融供给侧结构性改革，切实提升省域财政金融竞争力

在我国面临的总体经济形势没有发生较大变化的情况下，2020 年中央经济工作会议提出，要继续实施积极的财政政策和稳健的货币政策，强调"必须科学稳健把握宏观政策逆周期调节力度，增强微观主体活力，把供给侧结构性改革主线贯穿于宏观调控全过程"，"必须强化风险意识，牢牢守住不发生系统性风险的底线"。实施积极的财政政策要大力提质增效，特别是要更加注重结构调整，做好重点领域保障；实施稳健的货币政策要灵活适度，强调保持流动性合理充裕，货币信贷、社会融资规模增长同经济发展相适应，降低社会融资成本；要深化金融供给侧结构性改革，更好地服务实体经济，尤其是要缓解民营和中小微企业融资难融资贵问题。由此可见，2020年我国的财政货币政策将更加注重稳增长、调结构、惠民生、防风险等方面，着眼于服务经济的高质量发展。为此，进一步做好财政工作，更好地提升省域财政竞争力，必须要大力促进财政政策提质增效，从"质"和"量"两方面协调发力，着力解决区域经济发展不平衡不充分的问题，在推动区域经济高质量发展过程中更好地发挥财政政策的积极作用。首先，要进一步优化财政支出结构，提高财政资金使用绩效。继续引导财政资金在防范化解重大风险、精准脱贫、污染防治三大攻坚战方面加大投入力度，着力防范化解地方政府隐性债务风险，推动小康社会如期全面建成，推动实现污染防治攻坚战阶段性目标。增加财政资金在支持创新发展和产业升级、保障和改善民生、推动乡村振兴等方面的支出。其次，要着力推进财税体制改革，加快建立完善现代财政制度。按照 2019 年全国财政工作会议部署，积极推进省以

下财政体制改革，加快完成主要领域中央与地方财政事权和支出责任划分。进一步建立健全预算管理制度，各个省份要加快构建全方位、全过程、全覆盖的预算绩效管理体系。深化税收制度改革，稳步推进健全地方税体系改革，调整优化关税政策体系，大力推进税收立法工作。着力提升地区间财力均等化水平，促进形成区域财政协调发展新格局。再次，要强化财政管理监督，严控地方债务风险。以财政信息化建设提升监管能力，加强预算执行管理和监督，保证地方债务扩张率要与地方政府的偿债能力、财政收入增长率相协调，确保地方债务风险控制在合理范围内。同时，要提升省域金融竞争力，必须更好地发挥金融工作的"血脉"作用，切实做到为实体经济造血输血活血。首先，坚持稳健的货币政策要灵活适度。要保持货币政策的灵活性，加强逆周期调节，提高货币政策的前瞻性、针对性和有效性，保持流动性合理充裕，让经济平稳健康发展拥有更大回旋余地。其次，要进一步防范和化解金融风险，坚决打赢防范化解重大风险攻坚战。巩固防范化解重大风险攻坚战前期取得的阶段性成果，稳妥处置突出的金融风险点，压实各方责任，狠抓责任落实，把工作做实做细做好，坚决守住不发生重大金融风险底线。进一步完善宏观审慎管理框架，切实加强金融监管。再次，要强化金融服务实体经济的能力。增强金融对微观主体的支持作用，特别是要进一步改善信贷结构，加大金融对制造业和民营中小微企业的支持力度，增加制造业中长期融资，建立较为完善的民营和中小微企业融资支持政策制度体系。健全尽职免责和容错纠错机制，对已尽职但出现风险的项目可不追究责任。最后，要进一步深化金融供给侧结构性改革。着力完善融资结构体系，不断优化金融机构体系，深化中小银行和农村信用社改革，努力提升金融产品和服务质量，实现金融领域的结构优化和动力转换。

13.5　加快实施创新驱动发展战略，全面提升科技创新能力，着力推进教育现代化和教育强国建设，大力发展新时代中国特色社会主义文化，努力提升省域知识经济竞争力

创新是引领经济社会发展的第一动力，也是建设现代化经济体系、提升

省域经济综合竞争力的战略支撑。各个省份都必须加快实施创新驱动发展战略，提升区域科技竞争力，依靠创新推动区域经济高质量发展。习近平总书记在中国科学院第十七次院士大会、中国工程院第十二次院士大会上的讲话中指出："实施创新驱动发展战略，最根本的是要增强自主创新能力、最紧迫的是要破除体制机制障碍……最重要的就是要坚定不移走中国特色自主创新道路。"因此，要着力增强自主创新能力，以提升自主创新能力为主线，充分发挥国家科研机构的骨干与引领作用、研究型大学的基础和生力军作用。依靠自主创新掌握关键核心技术，力争在重要科技领域成为领跑者。进一步完善科技创新体制机制，建立健全鼓励原始创新、集成创新、引进消化吸收再创新的体制机制，建立以企业为主体、市场为导向、产学研深度融合的技术创新体系。进一步强化企业的创新主体地位，加快提升企业技术创新能力，发挥国有企业在技术创新中的积极作用。加快推进科技成果转化应用，打破科技创新供需的"藩篱"，通过产学研用将科技成果的供需双方紧密结合起来，提高科技成果转化效率，降低科技创新的风险和成本。加大科技创新投入力度，建立健全以政府投入为引导、企业投入为主体、社会投入为补充的多元化科技创新投入体系，保障科技创新活动的顺利开展。

在提升教育竞争力方面，各省份要按照十九大报告作出的优先发展教育事业、加快教育现代化、建设教育强国的战略部署，抓紧研究制定各省份推进教育现代化的规划或方案，把党中央的部署转化为实际行动，切实加快教育现代化建设。要落实教育优先发展战略，在财政资金投入上优先保障教育投入，持续稳定增加国家财政性教育经费支出占 GDP 比例。各省份要通过政策设计、制度设计、标准设计带动教育投入，压实财政教育支出责任。除了政府的教育经费支出，还要把全社会的力量和资源都调动起来，扩大社会教育投入。加强教师队伍建设，努力打造一支数量充足、结构合理、素质精良的教师队伍，为教育现代化建设提供坚实的师资保障。特别是要加大对乡村教师队伍建设的倾斜和支持力度，推进城乡教育均等化。积极发展"互联网＋"教育，深入推进教育信息化 2.0 行动计划，促进优质教育资源共享。着力深化教育领域综合改革，破除体制机制障碍。加快破除"唯分数、唯升学、唯文凭、唯论文、唯帽子"的教育评价"顽瘴痼疾",切实建立更加科学、更加全面、更加综合的教育评价导向和评价体系。继续加大力度深化教育管理方式改革,创新教育领域监管和服务方式。加快一流大学和一流学科建设,优化调整高校区域布局、学科结构和专业设置,加强职业教育产教融合、校企合作,培养更多能够适应和引领未来发展的卓越人才,有效提升教育服务经济社会发展能力。进一步扩大教育对外开放,推动教育领域双向开放,既要提高合作办学水平,把质量高、符合需要的世界一流教育资源"引进来",也要支持"走出去",扩大教育领域交流合作,进一步提升中国教育和各个地区优势教育资源的世界地位和影响力。

在提升文化竞争力方面,各个省份要加快推动文化事业全面繁荣和文化产业快速发展。一方面,要加大文化投入力度,加强区域公共文化服务体系建设,促进基本公共文化服务标准化均等化,建立健全政府向社会力量购买公共文化服务机制。要为人民群众提供更多更好的广播影视、新闻出版等公共文化产品,保护好丰厚的中华文化遗产,满足人民日益增长的文化需求。另一方面,要大力发展文化产业,推动各省份文化经济总量增长,促进文化市场繁荣发展,尤其是要加快数字内容、动漫游戏、视频直播、视听载体、手机出版等基于互联网和移动互联网的新兴文化业态发展。加快培育区域文化骨干企业,带动区域文化产业集聚发展。加大文化产业投资,不断提高城乡居民文化消费水平,缩小城乡居民文化消费差距。持续推动文化产业"走出去",提升区域文化贸易水平和文化对外投资规模,增强文化软实力。

13.6 大力补齐基础设施建设短板,全面提升基础设施建设水平,进一步优化区域营商环境,打造优质软环境,着力提升省域发展环境竞争力

发展环境是影响区域经济发展的重要因素,包括基础设施等"硬环境",也包括体制机制等"软环境"。当前我国基础设施的投资需求潜力依然较大,各个省份要大力补齐基础设施建设短板,继续增加投入力度,全面

提升基础设施建设水平。在基础设施建设过程中，交通基础设施是最主要的领域。2019年9月，中共中央、国务院发布了《交通强国建设纲要》，明确了我国交通发展的总体思路，提出要"构建安全、便捷、高效、绿色、经济的现代化综合交通运输体系"，确立了2035年基本建成交通强国、21世纪中叶全面建成交通强国的发展目标。2020年全国交通运输工作会议提出，2020年将完成铁路投资8000亿元，公路水路投资1.8万亿元，民航投资900亿元。提升基础设施建设水平，首先要加快推进交通基础设施建设。构建现代化高质量综合立体交通网络，促进公路、铁路、水路、航空和城市交通深度融合。构建便捷顺畅的城市（群）交通网，优先发展公共交通，破解城市交通拥堵，尤其是大城市应构建以轨道交通为骨干、以公共汽车为主体的综合交通系统，推进绿色交通发展。加快交通领域信息化建设，推广运用人工智能、工业互联网、物联网等新技术，提升智能交通水平。加大农村交通基础设施建设投入，特别是要对老少边穷地区的交通基础设施建设进行倾斜，构建比较完善的农村交通基础设施网，改善农村客运服务，创新农村物流发展模式。其次，要加快构建以物联网、大数据为代表的新一代信息网络，改造提升信息基础设施，建设新一代移动物联网和通信网，不断增强基础设施竞争力。同时，营造区域良好的发展环境，还必须注重提升软环境竞争力。2019年中央经济工作会议提出，"要依靠改革优化营商环境，深化简政放权、放管结合、优化服务。要制定实施国企改革三年行动方案，提升国资国企改革综合成效，优化民营经济发展环境"。因此，要继续深化经济体制改革，构建有利于区域经济持续健康发展的政策体系和制度环境，不断优化区域营商环境。首先，要加快推进建设高标准市场体系。进一步完善国资国企制度体系，深化国资国企改革，调整优化国有资本布局，做大做强做优国有资本，增强国有经济竞争力。要完善产权制度和要素市场化配置，健全支持民营经济发展的法治环境，完善中小企业发展的政策体系。其次，要加快金融体制改革，优化金融体系结构，大力发展普惠金融，让金融更好地服务实体经济发展，完善资本市场基础制度，推动多层次资本市场发展，提高上市公司质量，健全退出机制，稳步推进创业板和新三板改革。再次，要切实转变政府职能，进一步理顺政府与市场的关系，深化简政放权，创新监管方式，强化事中事后监管，提高政府服务效能。深入推进"放管服"改革，加快建立公平、开放、透明的市场规则和法治化营商环境，降低营商成本，推动高质量发展。

13.7 坚持深化对外开放，提高进出口贸易质量，兼顾外资引进和对外投资，不断提升全球价值链，显著提升省域政府作用竞争力

以提升对外开放程度为导向进行战略布局，以高质量发展为目标全面推进对外经济贸易各个领域的协调发展，以外向发展反哺国内经济体制改革和产业升级。在出口促进政策中坚持质量导向，在产业政策中强调生产质量的提高，突出质量优先战略，以高质量产品提升出口竞争力，转变比较优势来源，提高产品出口附加值。加强各省域出口的协调分工，形成生产环节的国内统一链条，发挥规模经济的有效作用，降低生产成本，形成高质量产品的低生产成本优势。发挥进口贸易的竞争促进作用，进一步推动降低整体关税，以进口竞争倒逼国内企业提升产品质量，推动高技术含量中间投入品和设备的进口，带动生产能力和质量的提升。加速高端技术在制造业中的应用，加快制造业高端化进程，以人工智能技术发展缓解劳动力结构对制造业成本的不利影响，维持制造业出口竞争力。加大服务业对外开放程度，推动服务进出口贸易发展，巩固传统服务业竞争优势，培育高端服务业新优势形成，改善服务贸易整体形势。加强知识产权保护，促进技术贸易发展，增强优势技术出口竞争力，加大短期技术进口，进一步开放金融服务、通信服务等领域，提升服务业整体效率。统筹货物贸易和服务贸易发展，以服务贸易开放提升制造业服务化程度，带动制造业生产资源配置结构优化，促进制造业生产效率提升，实现货物贸易和服务贸易竞争力联动发展。以质为主加大外资引进力度，实施负面清单管理，减少外资引进审批环节，为优质外资项目提供配套服务，以优质项目引进提升产业结构，促进省域经济整体竞争力提升。改善营商环境，推广行政审批制度改革成功经验，提高外资服务效率，增加服务基础设施供给，加强契约保障，以优质的营商环境吸引优质外

资。优化外资项目区域布局，加强中西部地区交通基础设施建设，以更高水平完善营商环境，助力中西部地区吸引优质外资，缩小省域差距，促进区域经济均衡发展。加快自贸区建设，完善自贸区政策法规，切实贯彻自贸区开放政策和简化政策，进一步探索自贸区发展模式，发挥自贸区示范作用，鼓励各自贸区以自身特有优势带动全国全方位对外开放。继续推进"走出去"战略，鼓励优势企业开展对外直接投资，进一步实施对外直接投资项目分类管理，为企业增加产能、提升技术的对外直接投资项目提供便捷的审批服务，通过对外直接投资逆向溢出效应反哺省域竞争力提升。加强对外直接投资项目质量监测，增加海外项目实施事中事后监管，切实保障对外直接投资质量，实现项目和东道国当地的有效融合，确保对外直接投资的可持续发展。防范对外直接投资的宏（微）观风险，及时发布东道国风险监测信息，在宏观上设置全方位风险防范网络，减少国际市场风险冲击，在微观上指导企业理性对外直接投资，并加大风险防范储备投入，强化宏（微）观体系保障对外直接投资项目及海外企业资产安全。持续加强境外经贸合作区建设，增加合作区配套设施建设，发挥合作区在对外直接投资项目集群和规模经济中的作用，鼓励中小对外直接投资企业入驻境外经贸合作区，形成抗风险合力。积极参与国际分工合作，协调国际贸易、外资引进和对外投资全面发展，相互促进，在政策上形成统一规范，合理布局资源配置和产业分工，形成对外开放合力，提升全球价值链位置，全方位提升省域经济竞争力。加强中美经贸关系磋商，以互利共赢为原则进行对话谈判，同时降低中美经贸关系反复及美方单方面继续引发纠纷的可能性，切实保障中方的合法权益，为省域经济竞争力提升创造稳定的外部经贸环境。积极应对逆全球化和贸易保护主义，持续推进"一带一路"建设，加强与沿线国家的经贸合作，以双边和多边投资贸易协定对冲逆全球化的不利影响，以构建全球命运共同体为己任推动全球化。加强国际技术交流合作，促进跨国研发分工，以各国技术优势形成技术开发的规模经济，进一步开放技术贸易和技术投资，推动5G、区块链等新技术的产业化，以新技术的推广降低生产成本，为省域竞争力提升提供技术支撑。积极参与国际经贸规则重构，切实保障在国际经济关系中的大国地位，防范西方国家在国际经贸规则制定中蓄意损害新兴国家地位，突出发展中国家在国际经贸中的重要地位，为省域经济竞争力的提升创造公平公正的国际竞争环境。

13.8 坚持完善金融体系，优化金融资源配置结构，创新信贷供给和融资途径，保障金融系统稳定发展，显著提升省域发展水平竞争力

坚持金融为实体经济服务的理念不断完善金融体系，以优化金融资源配置效率为导向深化金融改革，推动金融市场健康有序发展，使之成为经济高质量发展的资金保障来源。继续实施稳健的货币政策，在宏观上保障货币供给充裕性的同时保障增长的可预期性，协调金融体系的活力和稳定性，以总需求稳定增长和货币政策松紧适度为完善金融体系提供宏观环境支撑。缩小金融发展区域差异，加快中西部地区金融体制改革，促进中西部地区金融配置市场化，保障金融资源投入充足性，协调区域间金融发展，为省域经济竞争力平衡性提供融资条件。坚持金融业供给侧结构性改革，加大重点领域融资支持，不断推出金融产品创新，为技术型企业、先进制造业企业、现代服务业企业等良好发展前景企业提供便捷的融资服务，助力高端产业成长，为提升省域经济竞争力提供新鲜血液。推动金融发展，助力落后产业产能升级，鼓励金融机构设立专项业务，为落后产业更新生产方式、引进先进技术等提供融资服务，同时要求金融机构设立落后产业风险防控机制，及时排查防范转型升级中的金融风险，为提升省域经济竞争力提供转型动力。深化农村金融体制改革，继续完善和发展农村政策性金融服务，健全农村信用社服务体系，加大农业信贷投入，形成商业金融机构和政策金融机构在农村的明确分工和互补，为农业供给侧改革和农业生产竞争力提升提供融资保障。持续稳步推动金融资源配置市场化改革，进一步发挥市场在信贷配置中的基础性作用，促进企业根据自身条件选择合理的融资渠道，实现实体经济融资来源的多样化，增加信贷可获得性，加大金融体系对实体经济的支持力度。全方位增加信贷供给途径，鼓励政策性金融机构、大型商业金融机构加大信贷

投入，实现信贷规模稳步提升，更大程度上满足经济单位对信贷资金的需求，减少信贷资源短缺对省域经济竞争力提升的限制。推动小微金融机构全面发展，完善小微金融机构准入和监管政策法规，降低信贷机构设立门槛，充分发挥小微金融机构在信贷资源供求中的中介作用，为中小经济实体提供针对性的融资服务，提升市场经济活力。加大对民营经济的金融服务投入，持续解决中小民营企业融资难、融资贵等问题，运用市场化方式支持金融机构为民营企业提供融资服务，进一步为民营经济定制特色化产品和服务，着重降低中小民营企业的融资成本，推动高质量民营企业发展。缩短金融机构服务民营经济的融资链条，支持民营经济融资周转无缝衔接，激励金融机构减费让利，规范金融机构对中小民营企业信贷的额外收费行为，杜绝不合理的附加收费，切实降低民营企业融资成本。探索民营企业债券融资，支持高效益讲诚信的民营企业发行债券，优化债券质量体系，完善民营企业债券融资工具，同时健全市场化、法治化的债券违约处理机制，促进民营企业债券流通，增加民营企业融资来源途径。鼓励地方性金融机构结合自身业务特点，扎根城镇、服务中小民营企业，坚持以服务地方民营经济为导向，向城镇、农村等金融资源短缺地区延伸服务，扩大对乡镇农村民营企业的融资服务覆盖面。进一步加大金融产品和业务创新，为科创民营企业提供充足的资金服务，扩大区块链、物联网等创新型民营企业研发的融资来源，同时加快金融系统高科技应用，不断推动金融体系效率提升和成本降低，提高金融服务质量。扩大金融开放程度，加强国际金融合作，放宽金融业外资进入门槛，扩大外资金融机构业务范围，鼓励国内高质量金融机构开展对外投资，拓宽中外金融市场合作领域，促进资本项目可兑换，加快人民币国际化进程，完善跨境资本流动管理体系。维护金融外部稳定，建立完善的金融风险防范体系，防范市场过度波动、资本大量无序流出、人民币汇率贬值等金融风险，积极参与国际金融规则制定，防范西方发达国家对我国金融市场的恶意干预，确保省域经济竞争力提升的稳定外部金融环境。创新金融监管政策，以市场化原则从机构监管转向业务监管，在促进区块链金融、互联网金融等发展的同时规范监管政策，防范新型金融业务创新的潜在风险，规范网贷平台等金融业务行为，避免投机行为滋生，以严控投机的措施推动资金流向实体经济，加强金融体系的内在稳定性。

13.9 坚持推动就业增长，增加各个层次就业岗位，以多维度创造就业机会为依托，融合技术进步和劳动需求，显著提升省域统筹协调竞争力

以民生保障和包容性增长为理念推动经济高质量发展，突出就业的基础民生作用，保持就业总量持续增长和就业形势基本稳定，将就业稳定作为宏观经济稳定的主要内容，设置明确的就业目标，实现省域经济竞争力提升的就业兼容性。贯彻就业优先政策，统筹经济转型发展和缓解就业压力，通过经济高质量发展带动就业结构转型，兼顾高端产业就业和劳动密集型产业就业，实现就业增长、消费增长和经济增长的良性互动。尊重市场规律，充分发挥市场机制在促进就业中的作用，消除劳动力市场人为障碍，为劳动力跨区域跨部门流动提供制度保障，让市场成为劳动力要素配置的主导力量，提升劳动力配置效率，保障省域经济竞争力提升的劳动力供给。建立多层次就业推进体系，努力增加和稳定就业岗位。促进高端产业发展，增加高技能就业岗位，维持劳动密集型产业就业岗位稳定，不断优化就业结构，实现就业岗位量和质双维保障。实施积极的就业促进财政政策，加大财政资金投入，设立就业专项资金补贴职业介绍培训、公共就业服务等，对就业岗位增加做出贡献的单位给予减免税收等优惠，全方位保障就业岗位稳定。协调产业政策和就业政策，兼顾产业升级和就业保障，扶持劳动密集型服务业发展，通过服务业带动整体就业，鼓励支持民营企业增加就业岗位，充分发挥重大项目的就业岗位增加作用，拓宽就业渠道。完善灵活就业人员相关劳动及保险政策，建立失业预警机制，对失业进行预防调节和控制，健全失业保险制度，确保失业人员的基本生活保障，多维度扶持失业人员实现再就业，减少就业摩擦。防范和化解企业大规模裁员风险，引导困难企业运用多种手段转型，支持企业通过资产重组、培训转岗等方式拓宽员工内部分流安置渠道，支持困难企业与职工协商薪酬、轮岗轮休等灵活就业方式，保留就业岗位，

稳定劳动关系。持续优化创新创业环境，建设各类创新创业载体和创新创业服务机构，精简创业审批，鼓励重点群体创业，协调创业和就业共同发展，以创业增加灵活就业岗位。制定符合经济发展需求的职业教育规划，加快发展职业教育，加大职业教育财政投入，加强校企合作，鼓励职业教育产学研应用，提升学生的应用能力和技能水平，以职业教育提升就业能力，扩大就业范围。支持在职教育培训发展，进一步完善地方教育附加专项资金补贴企业职工培训政策，完善终身职业技能培训政策和组织实施体系，广泛开展就业技能培训，切实提高在职员工技能，应对技术变迁对劳动需求的冲击，保持就业岗位稳定。健全需求导向的人才培养结构调整体制，进一步对接高等教育就业需求，以市场需求为指导调整专业设置和教育模式，把市场供求比例、就业质量等作为调整教育模式的依据之一，实现高等教育和就业市场的有效对接。优化人才环境，积极引进高技能海外人才，鼓励留学人员归国就业创业，实施国际化人才战略，以人才质量提升全球价值链，促进技术创新，优化人才结构。以技术进步推动现代服务业发展，以产业结构调整减少技术进步对就业的冲击，鼓励劳动密集型现代服务业发展，创造高技能服务业就业岗位，打造技术进步的劳动需求创造效应，保障技术进步型竞争力提升不以损害就业为代价。加快产业跨省域布局优化，引导劳动力跨省域合理流动，消除省域劳动力流动壁垒，完善省域就业信息沟通机制，鼓励东部地区与中西部地区产能对接，及时掌握转移企业信息，促进产业转移中的劳动力流动。完善跨省域劳动力流动配套保障措施，加强跨省域流动就业人员子女教育、住房等的基本民生保障，逐步消除社保跨省域转移的制度性障碍，确保就业因素不成为省域经济竞争力协调提升的阻碍因素。

Ⅱ 分报告

Departmental Reports

B.2

1

北京市经济综合竞争力评价分析报告

北京市简称京，是中华人民共和国的首都，为历史悠久的世界著名古城。位于华北平原西北边缘，东南距渤海约 150 公里，与河北省、天津市相接。全市面积为 16410 平方公里，2018 年全市常住人口为 2154 万人，地区生产总值为 30320 亿元，同比增长 6.6%，人均 GDP 达 140211 元。本部分通过分析 2017~2018 年北京市经济综合竞争力以及各要素竞争力的排名变化，从中找出北京市经济综合竞争力的推动点及影响因素，为进一步提升北京市经济综合竞争力提供决策参考。

1.1 北京市经济综合竞争力总体分析

1.北京市经济综合竞争力一级指标概要分析

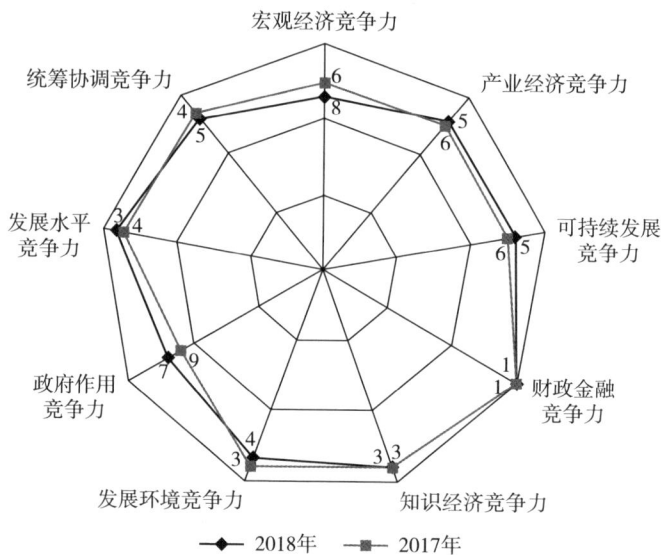

图 1 - 1 2017 ~ 2018 年北京市经济综合竞争力二级指标比较

表 1 - 1 2017 ~ 2018 年北京市经济综合竞争力二级指标表现情况

项目 年份	宏观 经济 竞争力	产业 经济 竞争力	可持续 发展 竞争力	财政 金融 竞争力	知识 经济 竞争力	发展 环境 竞争力	政府 作用 竞争力	发展 水平 竞争力	统筹 协调 竞争力	综合 排位
2017	6	6	6	1	3	3	9	4	4	4
2018	8	5	5	1	3	4	7	3	5	4
升降	-2	1	1	0	0	-1	2	1	-1	0
优劣度	优势	优势	优势	强势	强势	优势	优势	强势	优势	优势

（1）从综合排位看，2018 年北京市经济综合竞争力综合排位在全国居第 4 位，这表明其在全国处于优势地位；与 2017 年相比，综合排位没有发

生变化。

（2）从指标所处区位看，9个指标均处于上游区，其中财政金融竞争力、知识经济竞争力、发展水平竞争力这3个指标为北京市经济综合竞争力的强势指标。

（3）从指标变化趋势看，9个二级指标中，有4个指标处于上升趋势，为产业经济竞争力、可持续发展竞争力、政府作用竞争力和发展水平竞争力，这些是北京市经济综合竞争力的上升动力所在。有2个指标的排位没有发生变化，为财政金融竞争力、知识经济竞争力。有3个指标处于下降趋势，为宏观经济竞争力、发展环境竞争力和统筹协调竞争力，这些是北京市经济综合竞争力的下降拉力所在。

2. 北京市经济综合竞争力各级指标动态变化分析

表1-2　2017~2018年北京市经济综合竞争力各级指标排位变化情况

单位：个，%

二级指标	三级指标	四级指标数	上升		保持		下降		变化趋势
			指标数	比重	指标数	比重	指标数	比重	
宏观经济竞争力	经济实力竞争力	12	2	16.7	5	41.7	5	41.7	下降
	经济结构竞争力	6	2	33.3	4	66.7	0	0.0	上升
	经济外向度竞争力	9	2	22.2	3	33.3	4	44.4	保持
	小　计	27	6	22.2	12	44.4	9	33.3	下降
产业经济竞争力	农业竞争力	10	2	20.0	8	80.0	0	0.0	上升
	工业竞争力	10	4	40.0	3	30.0	3	30.0	上升
	服务业竞争力	10	3	30.0	3	30.0	4	40.0	下降
	企业竞争力	10	1	10.0	5	50.0	4	40.0	保持
	小　计	40	10	25.0	19	47.5	11	27.5	上升
可持续发展竞争力	资源竞争力	9	2	22.2	7	77.8	0	0.0	上升
	环境竞争力	8	1	12.5	6	75.0	1	12.5	保持
	人力资源竞争力	7	2	28.6	3	42.9	2	28.6	保持
	小　计	24	5	20.8	16	66.7	3	12.5	上升

二级指标	三级指标	四级指标数	上升		保持		下降		变化趋势
			指标数	比重	指标数	比重	指标数	比重	
财政金融竞争力	财政竞争力	12	1	8.3	7	58.3	4	33.3	保持
	金融竞争力	10	0	0.0	8	80.0	2	20.0	保持
	小　计	22	1	4.5	15	68.2	6	27.3	保持
知识经济竞争力	科技竞争力	9	1	11.1	4	44.4	4	44.4	保持
	教育竞争力	10	1	10.0	8	80.0	1	10.0	保持
	文化竞争力	10	3	30.0	5	50.0	2	20.0	上升
	小　计	29	5	17.2	17	58.6	7	24.1	保持
发展环境竞争力	基础设施竞争力	9	0	0.0	9	100.0	0	0.0	保持
	软环境竞争力	9	0	0.0	3	33.3	6	66.7	下降
	小　计	18	0	0.0	12	66.7	6	33.3	下降
政府作用竞争力	政府发展经济竞争力	5	3	60.0	2	40.0	0	0.0	下降
	政府规调经济竞争力	5	2	40.0	0	0.0	3	60.0	下降
	政府保障经济竞争力	6	1	16.7	4	66.7	1	16.7	上升
	小　计	16	6	37.5	6	37.5	4	25.0	上升
发展水平竞争力	工业化进程竞争力	6	1	16.7	3	50.0	2	33.3	上升
	城市化进程竞争力	6	1	16.7	5	83.3	0	0.0	保持
	市场化进程竞争力	6	1	16.7	2	33.3	3	50.0	下降
	小　计	18	3	16.7	10	55.6	5	27.8	上升
统筹协调竞争力	统筹发展竞争力	8	1	12.5	5	62.5	2	25.0	上升
	协调发展竞争力	8	3	37.5	1	12.5	4	50.0	上升
	小　计	16	4	25.0	6	37.5	6	37.5	下降
合　计		210	40	19.0	113	53.8	57	27.1	保持

　　从表 1 - 2 可以看出，210 个四级指标中，上升指标有 40 个，占指标总数的 19%；下降指标有 57 个，占指标总数的 27.1%；保持不变的指标有 113 个，占指标总数的 53.8%。综上所述，北京市经济综合竞争力的上升动力略小于下降拉力，同时排位保持不变的指标占较大比重，因此 2017 ~ 2018 年北京市经济综合竞争力排位保持不变。

3. 北京市经济综合竞争力各级指标优劣势结构分析

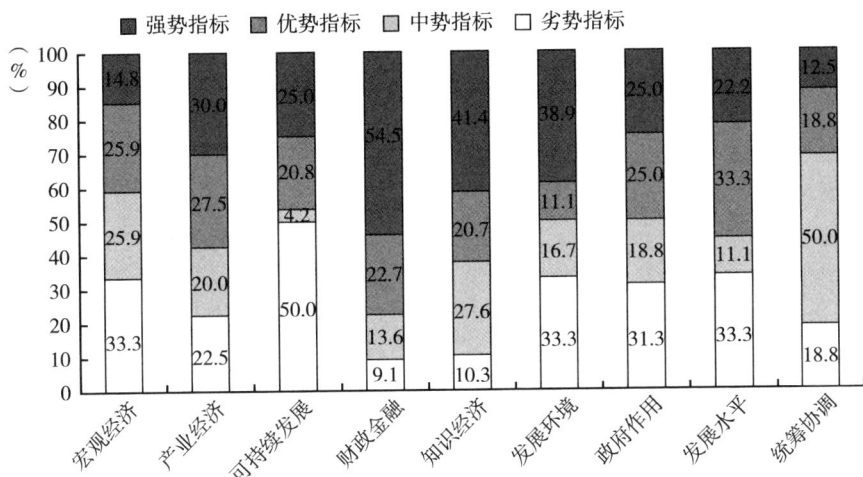

图 1-2 2018 年北京市经济综合竞争力各级指标优劣势比较

表 1-3 2018 年北京市经济综合竞争力各级指标优劣势情况

单位：个，%

二级指标	三级指标	四级指标数	强势指标		优势指标		中势指标		劣势指标		优劣势
			个数	比重	个数	比重	个数	比重	个数	比重	
宏观经济竞争力	经济实力竞争力	12	3	25.0	1	8.3	3	25.0	5	41.7	优势
	经济结构竞争力	6	1	16.7	1	16.7	2	33.3	2	33.3	优势
	经济外向度竞争力	9	0	0.0	5	55.6	2	22.2	2	22.2	优势
	小　计	**27**	4	14.8	7	25.9	7	25.9	9	33.3	优势
产业经济竞争力	农业竞争力	10	2	20.0	1	10.0	1	10.0	6	60.0	劣势
	工业竞争力	10	1	10.0	4	40.0	4	40.0	1	10.0	中势
	服务业竞争力	10	4	40.0	3	30.0	2	20.0	1	10.0	优势
	企业竞争力	10	5	50.0	3	30.0	1	10.0	1	10.0	强势
	小　计	**40**	12	30.0	11	27.5	8	20.0	9	22.5	优势
可持续发展竞争力	资源竞争力	9	0	0.0	0	0.0	1	11.1	8	88.9	劣势
	环境竞争力	8	2	25.0	5	62.5	0	0.0	1	12.5	优势
	人力资源竞争力	7	4	57.1	0	0.0	0	0.0	3	42.9	强势
	小　计	**24**	6	25.0	5	20.8	1	4.2	12	50.0	优势

续表

二级指标	三级指标	四级指标数	强势指标		优势指标		中势指标		劣势指标		优劣势
			个数	比重	个数	比重	个数	比重	个数	比重	
财政金融竞争力	财政竞争力	12	6	50.0	2	16.7	3	25.0	1	8.3	强势
	金融竞争力	10	6	60.0	3	30.0	0	0.0	1	10.0	强势
	小　计	22	12	54.5	5	22.7	3	13.6	2	9.1	强势
知识经济竞争力	科技竞争力	9	4	44.4	1	11.1	4	44.4	0	0.0	强势
	教育竞争力	10	6	60.0	1	10.0	2	20.0	1	10.0	强势
	文化竞争力	10	2	20.0	4	40.0	2	20.0	2	20.0	优势
	小　计	29	12	41.4	6	20.7	8	27.6	3	10.3	强势
发展环境竞争力	基础设施竞争力	9	4	44.4	1	11.1	1	11.1	3	33.3	优势
	软环境竞争力	9	3	33.3	1	11.1	2	22.2	3	33.3	优势
	小　计	18	7	38.9	2	11.1	3	16.7	6	33.3	优势
政府作用竞争力	政府发展经济竞争力	5	0	0.0	1	20.0	1	20.0	3	60.0	劣势
	政府规调经济竞争力	5	2	40.0	1	20.0	1	20.0	1	20.0	优势
	政府保障经济竞争力	6	2	33.3	2	33.3	1	16.7	1	16.7	强势
	小　计	16	4	25.0	4	25.0	3	18.8	5	31.3	优势
发展水平竞争力	工业化进程竞争力	6	2	33.3	2	33.3	1	16.7	1	16.7	强势
	城市化进程竞争力	6	2	33.3	2	33.3	0	0.0	2	33.3	强势
	市场化进程竞争力	6	0	0.0	2	33.3	1	16.7	3	50.0	劣势
	小　计	18	4	22.2	6	33.3	2	11.1	6	33.3	强势
统筹协调竞争力	统筹发展竞争力	8	2	25.0	2	25.0	3	37.5	1	12.5	强势
	协调发展竞争力	8	0	0.0	1	12.5	5	62.5	2	25.0	劣势
	小　计	16	2	12.5	3	18.8	8	50.0	3	18.8	优势
合　计		210	63	30.0	49	23.3	43	20.5	55	26.2	优势

基于图1-2和表1-3，具体到四级指标，强势指标63个，占指标总数的30%；优势指标49个，占指标总数的23.3%；中势指标43个，占指标总数的20.5%；劣势指标55个，占指标总数的26.2%。三级指标中，强势指标10个，占三级指标总数的40%；优势指标9个，占三级指标总数的36%；中势指标1个，占三级指标总数的4%；劣势指标5个，占三级指标总数的20%。从二级指标看，强势指标3个，占二级指标总数的33.3%；优势指标有6个，占二级指标总数的66.7%。综合来看，由于优势指标在指标体系中居于主导地位，2018年北京市经济综合竞争力处于优势地位。

4.北京市经济综合竞争力四级指标优劣势对比分析

表1-4　2018年北京市经济综合竞争力各级指标优劣势情况

二级指标	优劣势	四级指标
宏观经济竞争力 (27个)	强势指标	人均地区生产总值、人均财政收入、人均全社会消费品零售总额、产业结构优化度(4个)
	优势指标	财政总收入、贸易结构优化度、进出口总额、实际FDI、外贸依存度、外资企业数、对外直接投资额(7个)
	劣势指标	财政总收入增长率、固定资产投资额、固定资产投资额增长率、人均固定资产投资额、全社会消费品零售额总增长率、所有制经济结构优化度、资本形成结构优化度、进出口增长率、出口增长率(9个)
产业经济竞争力 (40个)	强势指标	农民人均纯收入、农产品出口占农林牧渔总产值比重、工业成本费用率、人均服务业增加值、限额以上餐饮企业利税率、旅游外汇收入、电子商务销售额、规模以上企业平均资产、规模以上企业平均收入、规模以上企业平均利润、规模以上企业劳动效率、城镇就业人员平均工资(12个)
	优势指标	农村人均用电量、工业资产总额、工业资产总额增长率、工业全员劳动生产率、工业收入利润率、服务业增加值、服务业从业人员数、限额以上批发零售企业主营业务收入、新产品销售收入占主营业务收入比重、工业企业R&D经费投入强度、中国驰名商标持有量(11个)
	劣势指标	农业增加值、农业增加值增长率、人均农业增加值、人均主要农产品产量、农业机械化水平、财政支农资金比重、工业增加值、服务业增加值增长率、规模以上工业企业数(9个)
可持续发展竞争力 (24个)	强势指标	人均工业废气排放量、人均工业固体废物排放量、15~64岁人口比例、文盲率、大专以上教育程度人口比例、平均受教育程度(6个)
	优势指标	森林覆盖率、人均治理工业污染投资额、一般工业固体废物综合利用率、生活垃圾无害化处理率、自然灾害直接经济损失(5个)
	劣势指标	人均国土面积、人均年水资源量、耕地面积、人均耕地面积、人均牧草地面积、主要能源矿产基础储量、人均主要能源矿产基础储量、人均森林储量、人均废水排放量、常住人口增长率、人口健康素质、职业学校毕业生数(12个)
财政金融竞争力 (22个)	强势指标	地方财政收入占GDP比重、税收收入占GDP比重、税收收入占财政总收入比重、人均地方财政收入、人均地方财政支出、人均税收收入、存款余额、人均存款余额、人均贷款余额、保险密度、保险深度、国内上市公司市值(12个)
	优势指标	地方财政收入、地方财政支出、贷款余额、保险费净收入、国内上市公司数(5个)
	劣势指标	税收收入增长率、中长期贷款占贷款余额比重(2个)

续表

二级指标	优劣势	四级指标
知识经济 竞争力 (29个)	强势指标	发明专利授权量、技术市场成交合同金额、财政科技支出占地方财政支出比重、高技术产业收入占工业增加值比重、人均教育经费、人均文化教育支出、万人中小学学校数、万人中小学专任教师数、高等学校数、万人高等学校在校学生数、文化服务业企业营业收入、城镇居民人均文化娱乐支出(12个)
	优势指标	高技术产品出口额占商品出口额比重、高校专任教师数、文化批发零售业营业收入、电子出版物品种、印刷用纸量、农村居民人均文化娱乐支出(6个)
	劣势指标	公共教育经费占财政支出比重、城镇居民人均文化娱乐支出占消费性支出比重、农村居民人均文化娱乐支出占消费性支出比重(3个)
发展环境 竞争力 (18个)	强势指标	铁路网线密度、人均邮电业务总量、电话普及率、网站数、万人外资企业数、万人商标注册件数、罚没收入占财政收入比重(7个)
	优势指标	公路网线密度、万人个体私营企业数(2个)
	劣势指标	人均内河航道里程、全社会旅客周转量、全社会货物周转量、外资企业数增长率、个体私营企业数增长率、查处商标侵权假冒案件(6个)
政府作用 竞争力 (16个)	强势指标	统筹经济社会发展、规范税收、最低工资标准、城镇登记失业率(4个)
	优势指标	政府公务员对经济的贡献、固定资产投资价格指数、医疗保险覆盖率、失业保险覆盖率(4个)
	劣势指标	财政支出用于基本建设投资比重、政府消费对民间消费的拉动、财政投资对社会投资的拉动、物价调控、养老保险覆盖率(5个)
发展水平 竞争力 (18个)	强势指标	信息产业增加值占GDP比重、工农业增加值比值、城镇化率、城镇居民人均可支配收入(4个)
	优势指标	高技术产业占工业增加值比重、高技术产品占商品出口额比重、人均日生活用水量、人均公共绿地面积、亿元以上商品市场成交额、亿元以上商品市场成交额占全社会消费品零售总额比重(6个)
	劣势指标	工业增加值占GDP比重、城市平均建成区面积比重、人均拥有道路面积、非公有制经济产值占全社会总产值比重、私有和个体企业从业人员比重、居民消费支出占总消费支出比重(6个)
统筹协调 竞争力 (16个)	强势指标	社会劳动生产率、二三产业增加值比例(2个)
	优势指标	非农用地产出率、固定资产投资额占GDP比重、全社会消费品零售总额与外贸出口总额比差(3个)
	劣势指标	固定资产投资增长率、资源竞争力与宏观经济竞争力比差、环境竞争力与工业竞争力比差(3个)

1.2 北京市经济综合竞争力各级指标具体分析

1. 北京市宏观经济竞争力指标排名变化情况

表 1-5 2017～2018 年北京市宏观经济竞争力指标组排位及变化趋势

指　　标	2017 年	2018 年	排位升降	优劣势
1 宏观经济竞争力	6	8	-2	优势
1.1 经济实力竞争力	6	10	-4	优势
地区生产总值	12	12	0	中势
地区生产总值增长率	24	19	5	中势
人均地区生产总值	1	1	0	强势
财政总收入	6	7	-1	优势
财政总收入增长率	18	25	-7	劣势
人均财政收入	2	2	0	强势
固定资产投资额	23	23	0	劣势
固定资产投资额增长率	21	26	-5	劣势
人均固定资产投资额	24	25	-1	劣势
全社会消费品零售总额	13	14	-1	中势
全社会消费品零售总额增长率	29	23	6	劣势
人均全社会消费品零售总额	1	1	0	强势
1.2 经济结构竞争力	8	7	1	优势
产业结构优化度	1	1	0	强势
所有制经济结构优化度	27	26	1	劣势
城乡经济结构优化度	18	18	0	中势
就业结构优化度	12	11	1	中势
资本形成结构优化度	28	28	0	劣势
贸易结构优化度	7	7	0	优势
1.3 经济外向度竞争力	7	7	0	优势
进出口总额	8	9	-1	优势
进出口增长率	30	28	2	劣势
出口总额	15	16	-1	中势
出口增长率	24	24	0	劣势
实际 FDI	4	4	0	优势
实际 FDI 增长率	21	18	3	中势
外贸依存度	8	9	-1	优势
外资企业数	5	5	0	优势
对外直接投资额	4	5	-1	优势

2. 北京市产业经济竞争力指标排名变化情况

表1－6　2017～2018年北京市产业经济竞争力指标组排位及变化趋势

指　　标	2017年	2018年	排位升降	优劣势
2　产业经济竞争力	6	5	1	优势
2.1　农业竞争力	30	29	1	劣势
农业增加值	30	30	0	劣势
农业增加值增长率	31	30	1	劣势
人均农业增加值	30	30	0	劣势
农民人均纯收入	3	3	0	强势
农民人均纯收入增长率	19	19	0	中势
农产品出口占农林牧渔总产值比重	2	2	0	强势
人均主要农产品产量	31	31	0	劣势
农业机械化水平	30	30	0	劣势
农村人均用电量	7	6	1	优势
财政支农资金比重	28	28	0	劣势
2.2　工业竞争力	19	12	7	中势
工业增加值	22	24	－2	劣势
工业增加值增长率	23	18	5	中势
人均工业增加值	13	11	2	中势
工业资产总额	6	6	0	优势
工业资产总额增长率	7	9	－2	优势
规模以上工业主营业务收入	18	16	2	中势
工业成本费用率	31	1	30	强势
规模以上工业利润总额	15	15	0	中势
工业全员劳动生产率	10	10	0	优势
工业收入利润率	4	6	－2	优势
2.3　服务业竞争力	3	4	－1	优势
服务业增加值	5	5	0	优势
服务业增加值增长率	27	23	4	劣势
人均服务业增加值	1	1	0	强势
服务业从业人员数	7	8	－1	优势
限额以上批发零售企业主营业务收入	3	5	－2	优势
限额以上批零企业利税率	20	18	2	中势
限额以上餐饮企业利税率	1	2	－1	强势
旅游外汇收入	4	3	1	强势
商品房销售收入	16	20	－4	中势
电子商务销售额	2	2	0	强势

指 标	2017 年	2018 年	排位升降	优劣势
2.4　企业竞争力	1	1	0	强势
规模以上工业企业数	24	24	0	劣势
规模以上企业平均资产	1	1	0	强势
规模以上企业平均收入	1	1	0	强势
规模以上企业平均利润	1	2	-1	强势
规模以上企业劳动效率	1	1	0	强势
城镇就业人员平均工资	1	1	0	强势
新产品销售收入占主营业务收入比重	8	10	-2	优势
产品质量抽查合格率	12	14	-2	中势
工业企业 R&D 经费投入强度	6	9	-3	优势
中国驰名商标持有量	11	10	1	优势

3. 北京市可持续发展竞争力指标排名变化情况

表 1 - 7　2017~2018 年北京市可持续发展竞争力指标组排位及变化趋势

指 标	2017 年	2018 年	排位升降	优劣势
3　可持续发展竞争力	6	5	1	优势
3.1　资源竞争力	31	30	1	劣势
人均国土面积	30	30	0	劣势
人均可使用海域和滩涂面积	12	12	0	中势
人均年水资源量	30	29	1	劣势
耕地面积	30	30	0	劣势
人均耕地面积	30	30	0	劣势
人均牧草地面积	24	24	0	劣势
主要能源矿产基础储量	24	24	0	劣势
人均主要能源矿产基础储量	21	21	0	劣势
人均森林储积量	29	27	2	劣势
3.2　环境竞争力	5	5	0	优势
森林覆盖率	16	10	6	优势
人均废水排放量	26	26	0	劣势
人均工业废气排放量	1	1	0	强势
人均工业固体废物排放量	3	3	0	强势
人均治理工业污染投资额	6	6	0	优势
一般工业固体废物综合利用率	9	9	0	优势
生活垃圾无害化处理率	9	9	0	优势
自然灾害直接经济损失	3	8	-5	优势

指　　标	2017 年	2018 年	排位升降	优劣势
3.3　人力资源竞争力	1	1	0	强势
常住人口增长率	27	31	-4	劣势
15～64 岁人口比例	3	2	1	强势
文盲率	1	3	-2	强势
大专以上教育程度人口比例	1	1	0	强势
平均受教育程度	1	1	0	强势
人口健康素质	25	23	2	劣势
职业学校毕业生数	28	28	0	劣势

4. 北京市财政金融竞争力指标排名变化情况

表 1-8　2017～2018 年北京市财政金融竞争力指标组排位及变化趋势

指　　标	2017 年	2018 年	排位升降	优劣势
4　财政金融竞争力	1	1	0	强势
4.1　财政竞争力	2	2	0	强势
地方财政收入	6	6	0	优势
地方财政支出	9	10	-1	优势
地方财政收入占 GDP 比重	2	2	0	强势
地方财政支出占 GDP 比重	15	16	-1	中势
税收收入占 GDP 比重	2	2	0	强势
税收收入占财政总收入比重	2	2	0	强势
人均地方财政收入	2	2	0	强势
人均地方财政支出	2	2	0	强势
人均税收收入	2	2	0	强势
地方财政收入增长率	12	18	-6	中势
地方财政支出增长率	21	13	8	中势
税收收入增长率	18	28	-10	劣势
4.2　金融竞争力	1	1	0	强势
存款余额	2	2	0	强势
人均存款余额	1	1	0	强势
贷款余额	5	6	-1	优势
人均贷款余额	1	1	0	强势
中长期贷款占贷款余额比重	21	21	0	劣势
保险费净收入	5	8	-3	优势
保险密度	1	1	0	强势
保险深度	1	1	0	强势
国内上市公司数	4	4	0	优势
国内上市公司市值	1	1	0	强势

5. 北京市知识经济竞争力指标排名变化情况

表1-9 2017~2018年北京市知识经济竞争力指标组排位及变化趋势

指 标	2017年	2018年	排位升降	优劣势
5 知识经济竞争力	3	3	0	强势
5.1 科技竞争力	3	3	0	强势
R&D人员	15	17	-2	中势
R&D经费	15	15	0	中势
R&D经费投入强度	16	17	-1	中势
发明专利授权量	1	2	-1	强势
技术市场成交合同金额	1	1	0	强势
财政科技支出占地方财政支出比重	2	2	0	强势
高技术产业主营业务收入	10	11	-1	中势
高技术产业收入占工业增加值比重	2	2	0	强势
高技术产品出口额占商品出口额比重	8	7	1	优势
5.2 教育竞争力	1	1	0	强势
教育经费	11	12	-1	中势
教育经费占GDP比重	19	19	0	中势
人均教育经费	1	1	0	强势
公共教育经费占财政支出比重	25	24	1	劣势
人均文化教育支出	2	2	0	强势
万人中小学学校数	2	2	0	强势
万人中小学专任教师数	2	2	0	强势
高等学校数	1	1	0	强势
高校专任教师数	9	9	0	优势
万人高等学校在校学生数	1	1	0	强势
5.3 文化竞争力	6	5	1	优势
文化制造业营业收入	17	15	2	中势
文化批发零售业营业收入	4	4	0	优势
文化服务业企业营业收入	1	1	0	强势
图书和期刊出版数	14	14	0	中势
电子出版物品种	14	9	5	优势
印刷用纸量	4	5	-1	优势
城镇居民人均文化娱乐支出	2	2	0	强势
农村居民人均文化娱乐支出	8	7	1	优势
城镇居民人均文化娱乐支出占消费性支出比重	26	28	-2	劣势
农村居民人均文化娱乐支出占消费性支出比重	29	29	0	劣势

6. 北京市发展环境竞争力指标排名变化情况

表1-10 2017~2018年北京市发展环境竞争力指标组排位及变化趋势

指 标	2017 年	2018 年	排位升降	优劣势
6 发展环境竞争力	3	4	-1	优势
6.1 基础设施竞争力	5	5	0	优势
铁路网线密度	2	2	0	强势
公路网线密度	9	9	0	优势
人均内河航道里程	28	28	0	劣势
全社会旅客周转量	26	26	0	劣势
全社会货物周转量	27	27	0	劣势
人均邮电业务总量	2	2	0	强势
电话普及率	1	1	0	强势
网站数	2	2	0	强势
人均耗电量	13	13	0	中势
6.2 软环境竞争力	2	4	-2	优势
外资企业数增长率	21	23	-2	劣势
万人外资企业数	2	2	0	强势
个体私营企业数增长率	29	31	-2	劣势
万人个体私营企业数	4	6	-2	优势
万人商标注册件数	1	1	0	强势
查处商标侵权假冒案件	21	21	0	劣势
每十万人交通事故发生数	16	17	-1	中势
罚没收入占财政收入比重	1	2	-1	强势
社会捐赠款物	10	14	-4	中势

7. 北京市政府作用竞争力指标排名变化情况

表1-11 2017~2018年北京市政府作用竞争力指标组排位及变化趋势

指 标	2017 年	2018 年	排位升降	优劣势
7 政府作用竞争力	9	7	2	优势
7.1 政府发展经济竞争力	24	25	-1	劣势
财政支出用于基本建设投资比重	23	22	1	劣势
财政支出对 GDP 增长的拉动	17	16	1	中势
政府公务员对经济的贡献	9	8	1	优势
政府消费对民间消费的拉动	27	27	0	劣势
财政投资对社会投资的拉动	27	27	0	劣势

续表

指　标	2017 年	2018 年	排位升降	优劣势
7.2　政府规调经济竞争力	1	5	-4	优势
物价调控	26	29	-3	劣势
调控城乡消费差距	19	20	-1	中势
统筹经济社会发展	2	3	-1	强势
规范税收	2	1	1	强势
固定资产投资价格指数	8	6	2	优势
7.3　政府保障经济竞争力	4	2	2	强势
城镇职工养老保险收支比	11	11	0	中势
医疗保险覆盖率	5	5	0	优势
养老保险覆盖率	21	24	-3	劣势
失业保险覆盖率	4	4	0	优势
最低工资标准	4	2	2	强势
城镇登记失业率	1	1	0	强势

8. 北京市发展水平竞争力指标排名变化情况

表 1-12　2017~2018 年北京市发展水平竞争力指标组排位及变化趋势

指　标	2017 年	2018 年	排位升降	优劣势
8　发展水平竞争力	4	3	1	强势
8.1　工业化进程竞争力	5	2	3	强势
工业增加值占 GDP 比重	29	29	0	劣势
工业增加值增长率	16	18	-2	中势
高技术产业占工业增加值比重	2	4	-2	优势
高技术产品占商品出口额比重	7	7	0	优势
信息产业增加值占 GDP 比重	9	1	8	强势
工农业增加值比值	3	3	0	强势
8.2　城市化进程竞争力	1	1	0	强势
城镇化率	2	2	0	强势
城镇居民人均可支配收入	2	2	0	强势
城市平均建成区面积比重	31	31	0	劣势
人均拥有道路面积	30	30	0	劣势
人均日生活用水量	12	9	3	优势
人均公共绿地面积	6	6	0	优势

指　标	2017 年	2018 年	排位升降	优劣势
8.3　市场化进程竞争力	10	21	−11	劣势
非公有制经济产值占全社会总产值比重	27	26	1	劣势
社会投资占投资总额比重	11	14	−3	中势
私有和个体企业从业人员比重	2	27	−25	劣势
亿元以上商品市场成交额	9	9	0	优势
亿元以上商品市场成交额占全社会消费品零售总额比重	8	9	−1	优势
居民消费支出占总消费支出比重	27	27	0	劣势

9. 北京市统筹协调竞争力指标排名变化情况

表 1 – 13　2017～2018 年北京市统筹协调竞争力指标组排位及变化趋势

指　标	2017 年	2018 年	排位升降	优劣势
9　统筹协调竞争力	4	5	−1	优势
9.1　统筹发展竞争力	3	2	1	强势
社会劳动生产率	1	1	0	强势
能源使用下降率	14	14	0	中势
万元 GDP 综合能耗下降率	19	15	4	中势
非农用地产出率	5	5	0	优势
居民收入占 GDP 比重	16	16	0	中势
二三产业增加值比例	1	1	0	强势
固定资产投资额占 GDP 比重	6	10	−4	优势
固定资产投资增长率	11	26	−15	劣势
9.2　协调发展竞争力	26	25	1	劣势
资源竞争力与宏观经济竞争力比差	29	30	−1	劣势
环境竞争力与宏观经济竞争力比差	11	12	−1	中势
人力资源竞争力与宏观经济竞争力比差	23	19	4	中势
环境竞争力与工业竞争力比差	29	30	−1	劣势
资源竞争力与工业竞争力比差	24	19	5	中势
城乡居民家庭人均收入比差	18	18	0	中势
城乡居民人均现金消费支出比差	19	20	−1	中势
全社会消费品零售总额与外贸出口总额比差	9	8	1	优势

B.3
2
天津市经济综合竞争力评价分析报告

天津市简称津，位于华北平原东北部，与北京市、河北省相接，是中央四大直辖市之一，也是中国北方最大的沿海开放城市，素有"渤海明珠"之称。全市面积为 11919.7 平方公里。2018 年全市常住人口为 1560 万人，地区生产总值为 18810 亿元，同比增长 3.6%，人均 GDP 达 120711 元。本部分通过分析 2017~2018 年天津市经济综合竞争力以及各要素竞争力的排名变化，从中找出天津市经济综合竞争力的推动点及影响因素，为进一步提升天津市经济综合竞争力提供决策参考。

2.1 天津市经济综合竞争力总体分析

1. 天津市经济综合竞争力一级指标概要分析

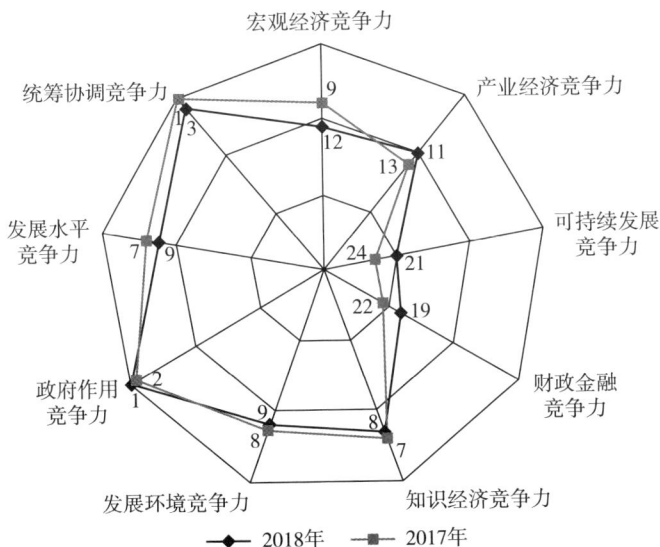

图 2-1　2017~2018 年天津市经济综合竞争力二级指标比较

表 2 - 1　2017～2018 年天津市经济综合竞争力二级指标表现情况

项目 年份	宏观经济竞争力	产业经济竞争力	可持续发展竞争力	财政金融竞争力	知识经济竞争力	发展环境竞争力	政府作用竞争力	发展水平竞争力	统筹协调竞争力	综合排位
2017	9	13	24	22	7	8	2	7	1	7
2018	12	11	21	19	8	9	1	9	3	8
升降	-3	2	3	3	-1	-1	1	-2	-2	-1
优劣度	中势	中势	劣势	中势	优势	优势	强势	优势	强势	优势

（1）从综合排位看，2018 年天津市经济综合竞争力排位在全国居第 8 位，这表明其在全国处于优势地位；与 2017 年相比，综合排位下降了 1 位。

（2）从指标所处区位看，5 个指标处于上游区，分别为知识经济竞争力、发展环境竞争力、政府作用竞争力、发展水平竞争力、统筹协调竞争力；其中，政府作用竞争力和统筹协调竞争力为天津市经济综合竞争力的强势指标；有 3 个指标处于中游区，为宏观经济竞争力、产业经济竞争力和财政金融竞争力；有 1 个指标处于下游区，为可持续发展竞争力。

（3）从指标变化趋势看，9 个二级指标中，有 4 个指标处于上升趋势，分别为产业经济竞争力、可持续发展竞争力、财政金融竞争力和政府作用竞争力，这是天津市经济综合竞争力的上升动力所在；有 5 个指标处于下降趋势，分别为宏观经济竞争力、知识经济竞争力、发展环境竞争力、发展水平竞争力、统筹协调竞争力，这些是天津市经济综合竞争力的下降拉力所在。

2. 天津市经济综合竞争力各级指标动态变化分析

表 2 - 2　2017～2018 年天津市经济综合竞争力各级指标排位变化情况

单位：个，%

二级指标	三级指标	四级指标数	上升		保持		下降		变化趋势
			指标数	比重	指标数	比重	指标数	比重	
宏观经济竞争力	经济实力竞争力	12	3	25.0	2	16.7	7	58.3	下降
	经济结构竞争力	6	1	16.7	4	66.7	1	16.7	保持
	经济外向度竞争力	9	4	44.4	3	33.3	2	22.2	下降
	小　计	27	8	29.6	9	33.3	10	37.0	下降

续表

二级指标	三级指标	四级指标数	上升		保持		下降		变化趋势
			指标数	比重	指标数	比重	指标数	比重	
产业经济竞争力	农业竞争力	10	0	0.0	7	70.0	3	30.0	下降
	工业竞争力	10	5	50.0	4	40.0	1	10.0	上升
	服务业竞争力	10	2	20.0	4	40.0	4	40.0	下降
	企业竞争力	10	3	30.0	5	50.0	2	20.0	保持
	小　计	40	10	25.0	20	50.0	10	25.0	上升
可持续发展竞争力	资源竞争力	9	0	0.0	9	100.0	0	0.0	保持
	环境竞争力	8	1	12.5	6	75.0	1	12.5	上升
	人力资源竞争力	7	5	71.4	2	28.6	0	0.0	上升
	小　计	24	6	25.0	17	70.8	1	4.2	上升
财政金融竞争力	财政竞争力	12	2	16.7	5	41.7	5	41.7	上升
	金融竞争力	10	2	20.0	5	50.0	3	30.0	保持
	小　计	22	4	18.2	10	45.5	8	36.4	上升
知识经济竞争力	科技竞争力	9	1	11.1	2	22.2	6	66.7	下降
	教育竞争力	10	2	20.0	6	60.0	2	20.0	保持
	文化竞争力	10	5	50.0	1	10.0	4	40.0	下降
	小　计	29	8	27.6	9	31.0	12	41.4	下降
发展环境竞争力	基础设施竞争力	9	0	0.0	5	55.6	4	44.4	保持
	软环境竞争力	9	2	22.2	4	44.4	3	33.3	下降
	小　计	18	2	11.1	9	50.0	7	38.9	下降
政府作用竞争力	政府发展经济竞争力	5	1	20.0	3	60.0	1	20.0	下降
	政府规调经济竞争力	5	2	40.0	0	0.0	3	60.0	上升
	政府保障经济竞争力	6	2	33.3	2	33.3	2	33.3	下降
	小　计	16	5	31.3	5	31.3	6	37.5	上升
发展水平竞争力	工业化进程竞争力	6	1	16.7	3	50.0	2	33.3	上升
	城市化进程竞争力	6	0	0.0	2	33.3	4	66.7	下降
	市场化进程竞争力	6	2	33.3	2	33.3	2	33.3	下降
	小　计	18	3	16.7	7	38.9	8	44.4	下降
统筹协调竞争力	统筹发展竞争力	8	1	12.5	4	50.0	3	37.5	下降
	协调发展竞争力	8	2	25.0	1	12.5	5	62.5	下降
	小　计	16	3	18.8	5	31.3	8	50.0	下降
合　计		210	49	23.3	91	43.3	70	33.3	下降

从表 2 - 2 可以看出，210 个四级指标中，上升指标有 49 个，占指标总数的 23.3%；保持指标有 91 个，占指标总数的 43.3%；下降指标有 70 个，占指标总数的 33.3%。综上所述，天津市经济综合竞争力的上升动力小于下降拉力，因此 2017~2018 年天津市经济综合竞争力呈下降趋势。

3. 天津市经济综合竞争力各级指标优劣势结构分析

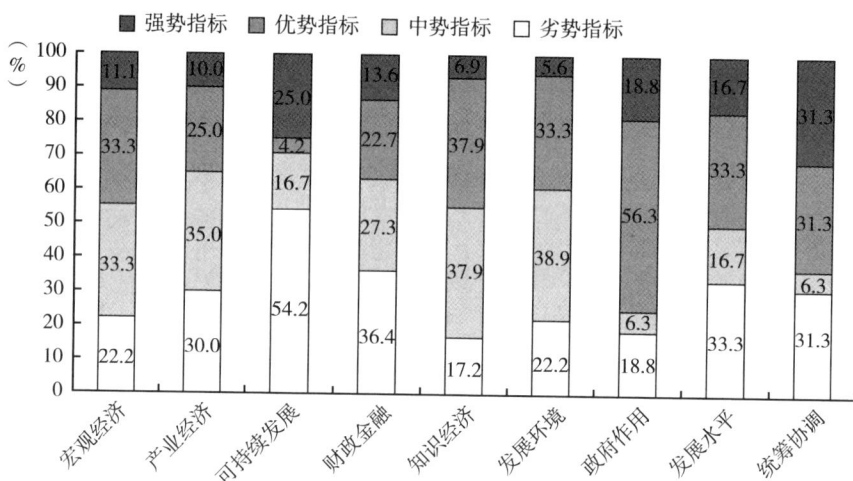

图 2 - 2　2018 年天津市经济综合竞争力各级指标优劣势比较

表 2 - 3　2018 年天津市经济综合竞争力各级指标优劣势情况

单位：个，%

二级指标	三级指标	四级指标数	强势指标		优势指标		中势指标		劣势指标		优劣势
			个数	比重	个数	比重	个数	比重	个数	比重	
宏观经济竞争力	经济实力竞争力	12	1	8.3	3	25.0	3	25.0	5	41.7	中势
	经济结构竞争力	6	2	33.3	1	16.7	3	50.0	0	0.0	优势
	经济外向度竞争力	9	0	0.0	5	55.6	3	33.3	1	11.1	中势
	小　计	**27**	3	11.1	9	33.3	9	33.3	6	22.2	中势
产业经济竞争力	农业竞争力	10	0	0.0	3	30.0	0	0.0	7	70.0	劣势
	工业竞争力	10	2	20.0	0	0.0	7	70.0	1	10.0	优势
	服务业竞争力	10	1	10.0	1	10.0	4	40.0	4	40.0	中势
	企业竞争力	10	1	10.0	6	60.0	3	30.0	0	0.0	优势
	小　计	**40**	4	10.0	10	25.0	14	35.0	12	30.0	中势

二级指标	三级指标	四级指标数	强势指标		优势指标		中势指标		劣势指标		优劣势
			个数	比重	个数	比重	个数	比重	个数	比重	
可持续发展竞争力	资源竞争力	9	0	0.0	1	11.1	1	11.1	7	77.8	劣势
	环境竞争力	8	2	25.0	0	0.0	3	37.5	3	37.5	中势
	人力资源竞争力	7	4	57.1	0	0.0	0	0.0	3	42.9	强势
	小　计	**24**	6	25.0	1	4.2	4	16.7	13	54.2	劣势
财政金融竞争力	财政竞争力	12	2	16.7	3	25.0	2	16.7	5	41.7	劣势
	金融竞争力	10	1	10.0	2	20.0	4	40.0	3	30.0	中势
	小　计	**22**	3	13.6	5	22.7	6	27.3	8	36.4	中势
知识经济竞争力	科技竞争力	9	0	0.0	5	55.6	4	44.4	0	0.0	中势
	教育竞争力	10	2	20.0	4	40.0	1	10.0	3	30.0	优势
	文化竞争力	10	0	0.0	2	20.0	6	60.0	2	20.0	劣势
	小　计	**29**	2	6.9	11	37.9	11	37.9	5	17.2	优势
发展环境竞争力	基础设施竞争力	9	1	11.1	1	11.1	4	44.4	3	33.3	优势
	软环境竞争力	9	0	0.0	5	55.6	3	33.3	1	11.1	中势
	小　计	**18**	1	5.6	6	33.3	7	38.9	4	22.2	优势
政府作用竞争力	政府发展经济竞争力	5	2	40.0	1	20.0	0		2	40.0	优势
	政府规调经济竞争力	5	1	20.0	3	60.0	1	20.0	0	0.0	强势
	政府保障经济竞争力	6	0	0.0	5	83.3	0	0.0	1	16.7	优势
	小　计	**16**	3	18.8	9	56.3	1	6.3	3	18.8	强势
发展水平竞争力	工业化进程竞争力	6	1	16.7	4	66.7	0	0.0	1	16.7	优势
	城市化进程竞争力	6	1	16.7	2	33.3	0	0.0	3	50.0	优势
	市场化进程竞争力	6	1	16.7	0	0.0	3	50.0	2	33.3	劣势
	小　计	**18**	3	16.7	6	33.3	3	16.7	6	33.3	优势
统筹协调竞争力	统筹发展竞争力	8	4	50.0	2	25.0	0	0.0	2	25.0	优势
	协调发展竞争力	8	1	12.5	3	37.5	1	12.5	3	37.5	中势
	小　计	**16**	5	31.3	5	31.3	1	6.3	5	31.3	强势
合　计		**210**	30	14.3	62	29.5	56	26.7	62	29.5	优势

基于图2-2和表2-3，从四级指标来看，强势指标30个，占指标总数的14.3%；优势指标62个，占指标总数的29.5%；中势指标56个，占指标总数的26.7%；劣势指标62个，占指标总数的29.5%。从三级指标来看，强势指标2个，占三级指标总数的8%；优势指标10个，占三级指标总数的40%；中势指标8个，占三级指标总数的32%；劣势指标5个，占

三级指标总数的20%。反映到二级指标上来，强势指标2个，占二级指标总数的22.2%；优势指标有3个，占二级指标总数的33.3%；中势指标有3个，占二级指标总数的33.3%；劣势指标有1个，占二级指标总数的11.1%。综合来看，由于强势指标和优势指标较多，且优势指标在指标体系中居于主导地位，2018年天津市经济综合竞争力处于优势地位。

4. 天津市经济综合竞争力四级指标优劣势对比分析

表2-4 2018年天津市经济综合竞争力各级指标优劣势情况

二级指标	优劣势	四级指标
宏观经济 竞争力 (27个)	强势指标	人均地区生产总值、产业结构优化度、城乡经济结构优化度(3个)
	优势指标	人均财政收入、人均固定资产投资额、人均全社会消费品零售总额、就业结构优化度、进出口总额、实际FDI、外贸依存度、外资企业数、对外直接投资额(9个)
	劣势指标	地区生产总值增长率、财政总收入增长率、固定资产投资额增长率、全社会消费品零售总额、全社会消费品零售总额增长率、出口增长率(6个)
产业经济 竞争力 (40个)	强势指标	人均工业增加值、工业全员劳动生产率、人均服务业增加值、产品质量抽查合格率(4个)
	优势指标	农民人均纯收入、农产品出口占农林牧渔总产值比重、农村人均用电量、限额以上批发零售企业主营业务收入、规模以上企业平均收入、规模以上企业平均利润、规模以上企业劳动效率、城镇就业人员平均工资、新产品销售收入占主营业务收入比重、工业企业R&D经费投入强度(10个)
	劣势指标	农业增加值、农业增加值增长率、人均农业增加值、农民人均纯收入增长率、人均主要农产品产量、农业机械化水平、财政支农资金比重、工业增加值增长率、服务业增加值增长率、服务业从业人员数、限额以上批零企业利税率、商品房销售收入(12个)
可持续发展 竞争力 (24个)	强势指标	一般工业固体废物综合利用率、自然灾害直接经济损失、15~64岁人口比例、文盲率、大专以上教育程度人口比例、平均受教育程度(6个)
	优势指标	人均可使用海域和滩涂面积(1个)
	劣势指标	人均国土面积、人均年水资源量、耕地面积、人均耕地面积、人均牧草地面积、主要能源矿产基础储量、人均森林储积量、森林覆盖率、人均废水排放量、生活垃圾无害化处理率、常住人口增长率、人口健康素质、职业学校毕业生数(13个)
财政金融 竞争力 (22个)	强势指标	人均地方财政收入、人均税收收入、人均贷款余额(3个)
	优势指标	税收收入占GDP比重、税收收入占财政总收入比重、人均地方财政支出、人均存款余额、保险密度(5个)
	劣势指标	地方财政支出、地方财政支出占GDP比重、地方财政收入增长率、地方财政支出增长率、税收收入增长率、中长期贷款占贷款余额比重、保险费净收入、保险深度(8个)

续表

二级指标	优劣势	四级指标
知识经济 竞争力 (29个)	强势指标	万人中小学专任教师数、万人高等学校在校学生数(2个)
	优势指标	R&D经费投入强度、技术市场成交合同金额、财政科技支出占地方财政支出比重、高技术产业收入占工业增加值比重、高技术产品出口额占商品出口额比重、人均教育经费、人均文化教育支出、万人中小学学校数、高等学校数、文化服务业企业营业收入、城镇居民人均文化娱乐支出(11个)
	劣势指标	教育经费、教育经费占GDP比重、高校专任教师数、图书和期刊出版数、农村居民人均文化娱乐支出占消费性支出比重(5个)
发展环境 竞争力 (18个)	强势指标	铁路网线密度(1个)
	优势指标	公路网线密度、万人外资企业数、个体私营企业数增长率、万人商标注册件数、查处商标侵权假冒案件、罚没收入占财政收入比重(6个)
	劣势指标	人均内河航道里程、全社会旅客周转量、全社会货物周转量、每十万人交通事故发生数(4个)
政府作用 竞争力 (16个)	强势指标	政府公务员对经济的贡献、财政投资对社会投资的拉动、统筹经济社会发展(3个)
	优势指标	财政支出对GDP增长的拉动、物价调控、规范税收、固定资产投资价格指数、医疗保险覆盖率、养老保险覆盖率、失业保险覆盖率、最低工资标准、城镇登记失业率(9个)
	劣势指标	财政支出用于基本建设投资比重、政府消费对民间消费的拉动、城镇职工养老保险收支比(3个)
发展水平 竞争力 (18个)	强势指标	工农业增加值比值、城镇化率、社会投资占投资总额比重(3个)
	优势指标	工业增加值占GDP比重、高技术产业占工业增加值比重、高技术产品占商品出口额比重、信息产业增加值占GDP比重、城镇居民人均可支配收入、城市平均建成区面积比重(6个)
	劣势指标	工业增加值增长率、人均拥有道路面积、人均日生活用水量、人均公共绿地面积、私有和个体企业从业人员比重、居民消费支出占总消费支出比重(6个)
统筹协调 竞争力 (16个)	强势指标	社会劳动生产率、非农用地产出率、居民收入占GDP比重、固定资产投资额占GDP比重、城乡居民家庭人均收入比差(5个)
	优势指标	能源使用下降率、二三产业增加值比例、环境竞争力与宏观经济竞争力比差、资源竞争力与工业竞争力比差、全社会消费品零售总额与外贸出口总额比差(5个)
	劣势指标	万元GDP综合能耗下降率、固定资产投资增长率、资源竞争力与宏观经济竞争力比差、人力资源竞争力与宏观经济竞争力比差、环境竞争力与工业竞争力比差(5个)

2.2 天津市经济综合竞争力各级指标具体分析

1.天津市宏观经济竞争力指标排名变化情况

表 2 - 5 2017 ~ 2018 年天津市宏观经济竞争力指标组排位及变化趋势

指　　标	2017 年	2018 年	排位升降	优劣势
1　宏观经济竞争力	9	12	- 3	中势
1.1　经济实力竞争力	16	20	- 4	中势
地区生产总值	18	19	- 1	中势
地区生产总值增长率	30	31	- 1	劣势
人均地区生产总值	3	3	0	强势
财政总收入	17	20	- 3	中势
财政总收入增长率	19	29	- 10	劣势
人均财政收入	3	4	- 1	优势
固定资产投资额	22	20	2	中势
固定资产投资额增长率	29	27	2	劣势
人均固定资产投资额	1	4	- 3	优势
全社会消费品零售总额	24	24	0	劣势
全社会消费品零售总额增长率	31	29	2	劣势
人均全社会消费品零售总额	5	6	- 1	优势
1.2　经济结构竞争力	4	4	0	优势
产业结构优化度	3	3	0	强势
所有制经济结构优化度	18	16	2	中势
城乡经济结构优化度	1	1	0	强势
就业结构优化度	8	9	- 1	优势
资本形成结构优化度	19	19	0	中势
贸易结构优化度	11	11	0	中势
1.3　经济外向度竞争力	6	12	- 6	中势
进出口总额	7	7	0	优势
进出口增长率	16	14	2	中势
出口总额	10	11	- 1	中势
出口增长率	27	23	4	劣势
实际 FDI	9	8	1	优势
实际 FDI 增长率	20	15	5	中势
外贸依存度	5	5	0	优势
外资企业数	9	9	0	优势
对外直接投资额	3	10	- 7	优势

2. 天津市产业经济竞争力指标排名变化情况

表2-6 2017~2018年天津市产业经济竞争力指标组排位及变化趋势

指　标	2017年	2018年	排位升降	优劣势
2　产业经济竞争力	13	11	2	中势
2.1　农业竞争力	29	30	-1	劣势
农业增加值	28	28	0	劣势
农业增加值增长率	27	29	-2	劣势
人均农业增加值	26	27	-1	劣势
农民人均纯收入	4	4	0	优势
农民人均纯收入增长率	24	24	0	劣势
农产品出口占农林牧渔总产值比重	4	4	0	优势
人均主要农产品产量	29	29	0	劣势
农业机械化水平	28	29	-1	劣势
农村人均用电量	9	9	0	优势
财政支农资金比重	31	31	0	劣势
2.2　工业竞争力	17	6	11	优势
工业增加值	16	16	0	中势
工业增加值增长率	30	25	5	劣势
人均工业增加值	1	1	0	强势
工业资产总额	19	20	-1	中势
工业资产总额增长率	31	17	14	中势
规模以上工业主营业务收入	21	20	1	中势
工业成本费用率	21	20	1	中势
规模以上工业利润总额	·20	20	0	中势
工业全员劳动生产率	1	1	0	强势
工业收入利润率	18	12	6	中势
2.3　服务业竞争力	15	17	-2	中势
服务业增加值	15	15	0	中势
服务业增加值增长率	30	28	2	劣势
人均服务业增加值	3	3	0	强势
服务业从业人员数	27	27	0	劣势
限额以上批发零售企业主营业务收入	7	8	-1	优势
限额以上批零企业利税率	31	30	1	劣势
限额以上餐饮企业利税率	5	11	-6	中势
旅游外汇收入	6	18	-12	中势
商品房销售收入	21	22	-1	劣势
电子商务销售额	15	15	0	中势

续表

指　标	2017 年	2018 年	排位升降	优劣势
2.4　企业竞争力	7	7	0	优势
规模以上工业企业数	20	20	0	中势
规模以上企业平均资产	13	13	0	中势
规模以上企业平均收入	8	7	1	优势
规模以上企业平均利润	8	7	1	优势
规模以上企业劳动效率	8	5	3	优势
城镇就业人员平均工资	4	4	0	优势
新产品销售收入占主营业务收入比重	5	7	- 2	优势
产品质量抽查合格率	1	1	0	强势
工业企业 R&D 经费投入强度	2	7	- 5	优势
中国驰名商标持有量	15	15	0	中势

3. 天津市可持续发展竞争力指标排名变化情况

表 2 - 7　2017~2018 年天津市可持续发展竞争力指标组排位及变化趋势

指　标	2017 年	2018 年	排位升降	优劣势
3　可持续发展竞争力	24	21	3	劣势
3.1　资源竞争力	29	29	0	劣势
人均国土面积	29	29	0	劣势
人均可使用海域和滩涂面积	9	9	0	优势
人均年水资源量	31	31	0	劣势
耕地面积	29	29	0	劣势
人均耕地面积	28	28	0	劣势
人均牧草地面积	31	31	0	劣势
主要能源矿产基础储量	25	25	0	劣势
人均主要能源矿产基础储量	20	20	0	中势
人均森林储积量	30	30	0	劣势
3.2　环境竞争力	18	17	1	中势
森林覆盖率	29	28	1	劣势
人均废水排放量	24	24	0	劣势
人均工业废气排放量	14	14	0	中势
人均工业固体废物排放量	17	17	0	中势
人均治理工业污染投资额	11	11	0	中势
一般工业固体废物综合利用率	1	1	0	强势
生活垃圾无害化处理率	27	28	- 1	劣势
自然灾害直接经济损失	2	2	0	强势

指　标	2017 年	2018 年	排位升降	优劣势
3.3　人力资源竞争力	8	3	5	强势
常住人口增长率	30	27	3	劣势
15~64 岁人口比例	2	1	1	强势
文盲率	4	1	3	强势
大专以上教育程度人口比例	3	3	0	强势
平均受教育程度	3	3	0	强势
人口健康素质	27	26	1	劣势
职业学校毕业生数	27	26	1	劣势

4. 天津市财政金融竞争力指标排名变化情况

表 2-8　2017~2018 年天津市财政金融竞争力指标组排位及变化趋势

指　标	2017 年	2018 年	排位升降	优劣势
4　财政金融竞争力	22	19	3	中势
4.1　财政竞争力	28	27	1	劣势
地方财政收入	15	19	-4	中势
地方财政支出	27	27	0	劣势
地方财政收入占 GDP 比重	7	11	-4	中势
地方财政支出占 GDP 比重	26	26	0	劣势
税收收入占 GDP 比重	9	8	1	优势
税收收入占财政总收入比重	18	8	10	优势
人均地方财政收入	3	3	0	强势
人均地方财政支出	5	7	-2	优势
人均税收收入	3	3	0	强势
地方财政收入增长率	30	31	-1	劣势
地方财政支出增长率	31	31	0	劣势
税收收入增长率	29	31	-2	劣势
4.2　金融竞争力	11	11	0	中势
存款余额	19	19	0	中势
人均存款余额	3	4	-1	优势
贷款余额	15	15	0	中势
人均贷款余额	3	3	0	强势
中长期贷款占贷款余额比重	25	24	1	劣势
保险费净收入	21	24	-3	劣势
保险密度	6	4	2	优势
保险深度	29	29	0	劣势
国内上市公司数	15	16	-1	中势
国内上市公司市值	20	20	0	中势

5. 天津市知识经济竞争力指标排名变化情况

表 2 - 9 2017～2018 年天津市知识经济竞争力指标组排位及变化趋势

指　标	2017 年	2018 年	排位升降	优劣势
5　知识经济竞争力	7	8	-1	优势
5.1　科技竞争力	7	12	-5	中势
R&D 人员	13	15	-2	中势
R&D 经费	16	17	-1	中势
R&D 经费投入强度	11	10	1	优势
发明专利授权量	16	16	0	中势
技术市场成交合同金额	7	9	-2	优势
财政科技支出占地方财政支出比重	7	8	-1	优势
高技术产业主营业务收入	13	15	-2	中势
高技术产业收入占工业增加值比重	6	8	-2	优势
高技术产品出口额占商品出口额比重	10	10	0	优势
5.2　教育竞争力	7	7	0	优势
教育经费	27	27	0	劣势
教育经费占 GDP 比重	30	30	0	劣势
人均教育经费	4	5	-1	优势
公共教育经费占财政支出比重	23	20	3	中势
人均文化教育支出	6	5	1	优势
万人中小学学校数	4	5	1	优势
万人中小学专任教师数	3	3	0	强势
高等学校数	10	10	0	优势
高校专任教师数	24	24	0	劣势
万人高等学校在校学生数	2	2	0	强势
5.3　文化竞争力	13	22	-9	劣势
文化制造业营业收入	15	13	2	中势
文化批发零售业营业收入	15	14	1	中势
文化服务业企业营业收入	6	6	0	优势
图书和期刊出版数	25	24	1	劣势
电子出版物品种	12	15	-3	中势
印刷用纸量	5	18	-13	中势
城镇居民人均文化娱乐支出	8	5	3	优势
农村居民人均文化娱乐支出	6	19	-13	中势
城镇居民人均文化娱乐支出占消费性支出比重	29	18	11	中势
农村居民人均文化娱乐支出占消费性支出比重	27	28	-1	劣势

6. 天津市发展环境竞争力指标排名变化情况

表 2 – 10　2017～2018 年天津市发展环境竞争力指标组排位及变化趋势

指　标	2017 年	2018 年	排位升降	优劣势
6　发展环境竞争力	8	9	−1	优势
6.1　基础设施竞争力	8	8	0	优势
铁路网线密度	1	1	0	强势
公路网线密度	6	8	−2	优势
人均内河航道里程	27	27	0	劣势
全社会旅客周转量	25	25	0	劣势
全社会货物周转量	22	22	0	劣势
人均邮电业务总量	10	12	−2	中势
电话普及率	12	16	−4	中势
网站数	16	18	−2	中势
人均耗电量	12	12	0	中势
6.2　软环境竞争力	8	13	−5	中势
外资企业数增长率	19	11	8	中势
万人外资企业数	4	4	0	优势
个体私营企业数增长率	1	8	−7	优势
万人个体私营企业数	18	19	−1	中势
万人商标注册件数	7	7	0	优势
查处商标侵权假冒案件	10	10	0	优势
每十万人交通事故发生数	30	30	0	劣势
罚没收入占财政收入比重	3	6	−3	优势
社会捐赠款物	23	20	3	中势

7. 天津市政府作用竞争力指标排名变化情况

表 2 – 11　2017～2018 年天津市政府作用竞争力指标组排位及变化趋势

指　标	2017 年	2018 年	排位升降	优劣势
7　政府作用竞争力	2	1	1	强势
7.1　政府发展经济竞争力	3	4	−1	优势
财政支出用于基本建设投资比重	31	30	1	劣势
财政支出对 GDP 增长的拉动	6	6	0	优势
政府公务员对经济的贡献	3	3	0	强势
政府消费对民间消费的拉动	22	22	0	劣势
财政投资对社会投资的拉动	1	2	−1	强势

续表

指　标	2017 年	2018 年	排位升降	优劣势
7.2　政府规调经济竞争力	4	2	2	强势
物价调控	28	10	18	优势
调控城乡消费差距	5	11	-6	中势
统筹经济社会发展	1	2	-1	强势
规范税收	29	6	23	优势
固定资产投资价格指数	6	10	-4	优势
7.3　政府保障经济竞争力	6	9	-3	优势
城镇职工养老保险收支比	25	25	0	劣势
医疗保险覆盖率	8	8	0	优势
养老保险覆盖率	12	10	2	优势
失业保险覆盖率	8	9	-1	优势
最低工资标准	2	4	-2	优势
城镇登记失业率	12	9	3	优势

8. 天津市发展水平竞争力指标排名变化情况

表 2 - 12　2017 ～ 2018 年天津市发展水平竞争力指标组排位及变化趋势

指　标	2017 年	2018 年	排位升降	优劣势
8　发展水平竞争力	7	9	-2	优势
8.1　工业化进程竞争力	6	4	2	优势
工业增加值占 GDP 比重	13	9	4	优势
工业增加值增长率	25	25	0	劣势
高技术产业占工业增加值比重	6	10	-4	优势
高技术产品占商品出口额比重	8	10	-2	优势
信息产业增加值占 GDP 比重	6	6	0	优势
工农业增加值比值	2	2	0	强势
8.2　城市化进程竞争力	3	7	-4	优势
城镇化率	3	3	0	强势
城镇居民人均可支配收入	6	6	0	优势
城市平均建成区面积比重	6	7	-1	优势
人均拥有道路面积	11	29	-18	劣势
人均日生活用水量	21	30	-9	劣势
人均公共绿地面积	13	29	-16	劣势

续表

指　　标	2017 年	2018 年	排位升降	优劣势
8.3　市场化进程竞争力	20	24	−4	劣势
非公有制经济产值占全社会总产值比重	18	16	2	中势
社会投资占投资总额比重	2	1	1	强势
私有和个体企业从业人员比重	28	31	−3	劣势
亿元以上商品市场成交额	18	20	−2	中势
亿元以上商品市场成交额占全社会消费品零售总额比重	15	15	0	中势
居民消费支出占总消费支出比重	22	22	0	劣势

9. 天津市统筹协调竞争力指标排名变化情况

表 2－13　2017～2018 年天津市统筹协调竞争力指标组排位及变化趋势

指　　标	2017 年	2018 年	排位升降	优劣势
9　统筹协调竞争力	1	3	−2	强势
9.1　统筹发展竞争力	1	4	−3	优势
社会劳动生产率	3	3	0	强势
能源使用下降率	1	10	−9	优势
万元 GDP 综合能耗下降率	4	26	−22	劣势
非农用地产出率	2	2	0	强势
居民收入占 GDP 比重	1	1	0	强势
二三产业增加值比例	6	6	0	优势
固定资产投资额占 GDP 比重	2	1	1	强势
固定资产投资增长率	3	27	−24	劣势
9.2　协调发展竞争力	4	11	−7	中势
资源竞争力与宏观经济竞争力比差	28	29	−1	劣势
环境竞争力与宏观经济竞争力比差	7	8	−1	优势
人力资源竞争力与宏观经济竞争力比差	10	22	−12	劣势
环境竞争力与工业竞争力比差	28	29	−1	劣势
资源竞争力与工业竞争力比差	18	5	13	优势
城乡居民家庭人均收入比差	1	1	0	强势
城乡居民人均现金消费支出比差	5	11	−6	中势
全社会消费品零售总额与外贸出口总额比差	6	5	1	优势

B.4

3

河北省经济综合竞争力评价分析报告

河北省简称冀，位于黄河下游以北，东部濒临渤海，东南部和南部与山东、河南两省接壤，西部隔太行山与山西省为邻，西北部、北部和东北部同内蒙古自治区、辽宁省相接。河北省面积为18.77万平方公里。2013年全省常住人口为7556万人，地区生产总值为36010亿元，同比增长6.6%，人均GDP达47772元。本部分通过分析2017～2018年河北省经济综合竞争力以及各要素竞争力的排名变化，从中找出河北省经济综合竞争力的推动点及影响因素，为进一步提升河北省经济综合竞争力提供决策参考。

3.1 河北省经济综合竞争力总体分析

1. 河北省经济综合竞争力一级指标概要分析

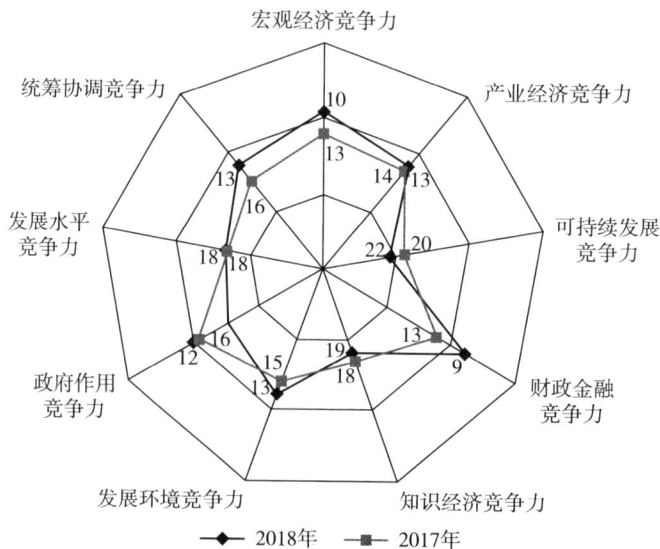

图 3-1 2017～2018 年河北省经济综合竞争力二级指标比较

表 3-1　2017～2018 年河北省经济综合竞争力二级指标表现情况

项目 年份	宏观经济竞争力	产业经济竞争力	可持续发展竞争力	财政金融竞争力	知识经济竞争力	发展环境竞争力	政府作用竞争力	发展水平竞争力	统筹协调竞争力	综合排位
2017	13	14	20	13	18	15	12	18	16	16
2018	10	13	22	9	19	13	16	18	13	15
升降	3	1	-2	4	-1	2	-4	0	3	1
优劣度	优势	中势	劣势	优势	中势	中势	中势	中势	中势	中势

（1）从综合排位看，2018 年河北省经济综合竞争力综合排位在全国居第 15 位，这表明其在全国处于中势地位；与 2017 年相比，综合排位上升了 1 位。

（2）从指标所处区位看，有 2 个指标处于上游区，为宏观经济竞争力和财政金融竞争力；有 6 个指标处于中游区，为产业经济竞争力、知识经济竞争力、发展环境竞争力、政府作用竞争力、发展水平竞争力、统筹协调竞争力；有 1 个指标处于下游区，为可持续发展竞争力。

（3）从指标变化趋势看，9 个二级指标中，有 5 个指标处于上升趋势，分别为宏观经济竞争力、产业经济竞争力、财政金融竞争力、发展环境竞争力和统筹协调竞争力，这些是河北省经济综合竞争力的上升动力所在；有 1 个指标排位没有发生变化，为发展水平竞争力；有 3 个指标处于下降趋势，为可持续发展竞争力、知识经济竞争力和政府作用竞争力，这些是河北省经济综合竞争力的下降拉力所在。

2. 河北省经济综合竞争力各级指标动态变化分析

表 3-2　2017～2018 年河北省经济综合竞争力各级指标排位变化情况

单位：个，%

二级指标	三级指标	四级指标数	上升		保持		下降		变化趋势
			指标数	比重	指标数	比重	指标数	比重	
宏观经济竞争力	经济实力竞争力	12	5	41.7	2	16.7	5	41.7	上升
	经济结构竞争力	6	1	16.7	4	66.7	1	16.7	下降
	经济外向度竞争力	9	2	22.2	2	22.2	5	55.6	下降
	小　计	27	8	29.6	8	29.6	11	40.7	上升

续表

二级指标	三级指标	四级指标数	上升		保持		下降		变化趋势
			指标数	比重	指标数	比重	指标数	比重	
产业经济竞争力	农业竞争力	10	1	10.0	6	60.0	3	30.0	保持
	工业竞争力	10	2	20.0	2	20.0	6	60.0	上升
	服务业竞争力	10	4	40.0	3	30.0	3	30.0	下降
	企业竞争力	10	5	50.0	5	50.0	0	0.0	上升
	小　计	**40**	12	30.0	16	40.0	12	30.0	上升
可持续发展竞争力	资源竞争力	9	0	0.0	9	100.0	0	0.0	保持
	环境竞争力	8	0	0.0	6	75.0	2	25.0	上升
	人力资源竞争力	7	1	14.3	2	28.6	4	57.1	下降
	小　计	**24**	1	4.2	17	70.8	6	25.0	下降
财政金融竞争力	财政竞争力	12	11	91.7	0	0.0	1	8.3	上升
	金融竞争力	10	6	60.0	1	10.0	3	30.0	保持
	小　计	**22**	17	77.3	1	4.5	4	18.2	上升
知识经济竞争力	科技竞争力	9	3	33.3	5	55.6	1	11.1	下降
	教育竞争力	10	3	30.0	3	30.0	4	40.0	保持
	文化竞争力	10	5	50.0	2	20.0	3	30.0	上升
	小　计	**29**	11	37.9	10	34.5	8	27.6	下降
发展环境竞争力	基础设施竞争力	9	1	11.1	2	22.2	6	66.7	下降
	软环境竞争力	9	2	22.2	3	33.3	4	44.4	上升
	小　计	**18**	3	16.7	5	27.8	10	55.6	上升
政府作用竞争力	政府发展经济竞争力	5	1	20.0	1	20.0	3	60.0	下降
	政府规调经济竞争力	5	3	60.0	0	0.0	2	40.0	上升
	政府保障经济竞争力	6	0	0.0	1	16.7	5	83.3	下降
	小　计	**16**	4	25.0	2	12.5	10	62.5	下降
发展水平竞争力	工业化进程竞争力	6	3	50.0	0	0.0	3	50.0	保持
	城市化进程竞争力	6	2	33.3	2	33.3	2	33.3	上升
	市场化进程竞争力	6	1	16.7	3	50.0	2	33.3	上升
	小　计	**18**	6	33.3	5	27.8	7	38.9	保持
统筹协调竞争力	统筹发展竞争力	8	3	37.5	2	25.0	3	37.5	上升
	协调发展竞争力	8	5	62.5	2	25.0	1	12.5	下降
	小　计	**16**	8	50.0	4	25.0	4	25.0	上升
合　计		**210**	70	33.3	68	32.4	72	34.3	上升

从表3-2可以看出，210个四级指标中，上升指标有70个，占指标总数的33.3%；下降指标有72个，占指标总数的34.3%；保持不变的指标有68个，占指标总数的32.4%。综上所述，河北省经济综合竞争力的上升动力和下降拉力大致相当，且排位保持不变的指标占较大比重，受外部因素综合影响，2017~2018年河北省经济综合竞争力排位呈上升趋势。

3. 河北省经济综合竞争力各级指标优劣势结构分析

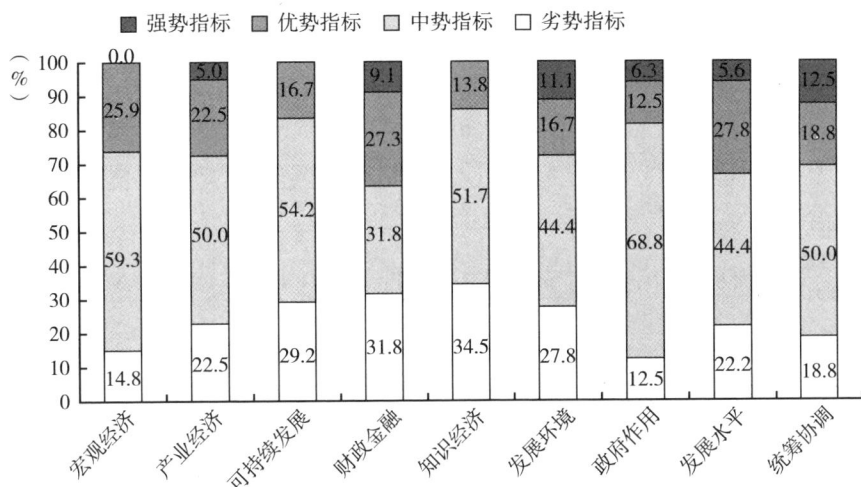

图3-2　2018年河北省经济综合竞争力各级指标优劣势比较

表3-3　2018年河北省经济综合竞争力各级指标优劣势情况

单位：个，%

二级指标	三级指标	四级指标数	强势指标		优势指标		中势指标		劣势指标		优劣势
			个数	比重	个数	比重	个数	比重	个数	比重	
宏观经济竞争力	经济实力竞争力	12	0	0.0	4	33.3	6	50.0	2	16.7	中势
	经济结构竞争力	6	0	0.0	2	33.3	3	50.0	1	16.7	优势
	经济外向度竞争力	9	0	0.0	1	11.1	7	77.8	1	11.1	劣势
	小　计	**27**	0	0.0	7	25.9	16	59.3	4	14.8	优势
产业经济竞争力	农业竞争力	10	1	10.0	2	20.0	5	50.0	2	20.0	优势
	工业竞争力	10	0	0.0	3	30.0	4	40.0	3	30.0	中势
	服务业竞争力	10	1	10.0	1	10.0	6	60.0	2	20.0	中势
	企业竞争力	10	0	0.0	3	30.0	5	50.0	2	20.0	中势
	小　计	**40**	2	5.0	9	22.5	20	50.0	9	22.5	中势

续表

二级指标	三级指标	四级指标数	强势指标 个数	强势指标 比重	优势指标 个数	优势指标 比重	中势指标 个数	中势指标 比重	劣势指标 个数	劣势指标 比重	优劣势
可持续发展竞争力	资源竞争力	9	0	0.0	2	22.2	4	44.4	3	33.3	中势
	环境竞争力	8	0	0.0	1	12.5	5	62.5	2	25.0	中势
	人力资源竞争力	7	0	0.0	1	14.3	4	57.1	2	28.6	中势
	小 计	24	0	0.0	4	16.7	13	54.2	7	29.2	劣势
财政金融竞争力	财政竞争力	12	1	8.3	3	25.0	3	25.0	5	41.7	优势
	金融竞争力	10	1	10.0	3	30.0	4	40.0	2	20.0	优势
	小 计	22	2	9.1	6	27.3	7	31.8	7	31.8	优势
知识经济竞争力	科技竞争力	9	0	0.0	0	0.0	6	66.7	3	33.3	劣势
	教育竞争力	10	0	0.0	3	30.0	3	30.0	4	40.0	中势
	文化竞争力	10	0	0.0	1	10.0	6	60.0	3	30.0	中势
	小 计	29	0	0.0	4	13.8	15	51.7	10	34.5	中势
发展环境竞争力	基础设施竞争力	9	1	11.1	2	22.2	4	44.4	2	22.2	中势
	软环境竞争力	9	1	11.1	1	11.1	4	44.4	3	33.3	中势
	小 计	18	2	11.1	3	16.7	8	44.4	5	27.8	中势
政府作用竞争力	政府发展经济竞争力	5	0	0.0	1	20.0	4	80.0	0	0.0	中势
	政府规调经济竞争力	5	0	0.0	0	0.0	4	80.0	1	20.0	劣势
	政府保障经济竞争力	6	1	16.7	1	16.7	3	50.0	1	16.7	中势
	小 计	16	1	6.3	2	12.5	11	68.8	2	12.5	中势
发展水平竞争力	工业化进程竞争力	6	0	0.0	1	16.7	3	50.0	2	33.3	劣势
	城市化进程竞争力	6	0	0.0	2	33.3	2	33.3	2	33.3	中势
	市场化进程竞争力	6	1	16.7	2	33.3	3	50.0	0	0.0	优势
	小 计	18	1	5.6	5	27.8	8	44.4	4	22.2	中势
统筹协调竞争力	统筹发展竞争力	8	2	25.0	0	0.0	3	37.5	3	37.5	中势
	协调发展竞争力	8	0	0.0	3	37.5	5	62.5	0	0.0	优势
	小 计	16	2	12.5	3	18.8	8	50.0	3	18.8	中势
合 计		210	10	4.8	43	20.5	106	50.5	51	24.3	中势

基于图 3-2 和表 3-3，具体到四级指标，强势指标 10 个，占指标总数的 4.8%；优势指标 43 个，占指标总数的 20.5%；中势指标 106 个，占指标总数的 50.5%；劣势指标 51 个，占指标总数的 24.3%。从三级指标来看，没有强势指标；优势指标 6 个，占三级指标总数的 24%；中势指标 15 个，占三级指标总数的 60%；劣势指标 4 个，占三级指标总数的 16%。反

映到二级指标上来，没有强势指标；优势指标有 2 个，占二级指标总数的
22.2%；中势指标有 6 个，占二级指标总数的66.7%；劣势指标有 1 个，占
二级指标总数的11.1%。综合来看，由于中势指标在指标体系中居于主导
地位，2013 年河北省经济综合竞争力处于中势地位。

4. 河北省经济综合竞争力四级指标优劣势对比分析

表 3 – 4   2018 年河北省经济综合竞争力各级指标优劣势情况

二级指标	优劣势	四级指标
宏观经济 竞争力 (27 个)	强势指标	(0 个)
	优势指标	地区生产总值、财政总收入增长率、固定资产投资额、全社会消费品零售总额、城乡经济结构优化度、资本形成结构优化度、出口总额(7 个)
	劣势指标	人均地区生产总值、人均财政收入、产业结构优化度、进出口增长率(4 个)
产业经济 竞争力 (40 个)	强势指标	农业机械化水平、服务业增加值增长率(2 个)
	优势指标	农业增加值、农村人均用电量、工业增加值、工业资产总额、工业成本费用率、限额以上餐饮企业利税率、规模以上工业企业数、产品质量抽查合格率、中国驰名商标持有量(9 个)
	劣势指标	农业增加值增长率、农民人均纯收入增长率、工业增加值增长率、工业资产总额增长率、工业收入利润率、人均服务业增加值、旅游外汇收入、规模以上企业平均收入、城镇就业人员平均工资(9 个)
可持续发展 竞争力 (24 个)	强势指标	(0 个)
	优势指标	人均可使用海域和滩涂面积、耕地面积、人均废水排放量、职业学校毕业生数(4 个)
	劣势指标	人均国土面积、人均年水资源量、人均森林储积量、人均工业废气排放量、人均工业固体废物排放量、15~64 岁人口比例、大专以上教育程度人口比例(7 个)
财政金融 竞争力 (22 个)	强势指标	地方财政支出增长率、保险深度(2 个)
	优势指标	地方财政收入、地方财政支出、税收收入增长率、存款余额、贷款余额、保险费净收入(6 个)
	劣势指标	地方财政支出占 GDP 比重、税收收入占 GDP 比重、人均地方财政收入、人均地方财政支出、人均税收收入、人均存款余额、人均贷款余额(7 个)
知识经济 竞争力 (29 个)	强势指标	(0 个)
	优势指标	教育经费、公共教育经费占财政支出比重、高校专任教师数、印刷用纸量(4 个)
	劣势指标	财政科技支出占地方财政支出比重、高技术产业收入占工业增加值比重、高技术产品出口额占商品出口额比重、人均教育经费、人均文化教育支出、万人中小学学校数、万人中小学专任教师数、城镇居民人均文化娱乐支出、农村居民人均文化娱乐支出、城镇居民人均文化娱乐支出占消费性支出比重(10 个)

二级指标	优劣势	四级指标
发展环境 竞争力 (18个)	强势指标	全社会货物周转量、每十万人交通事故发生数(2个)
	优势指标	铁路网线密度、全社会旅客周转量、个体私营企业数增长率(3个)
	劣势指标	人均内河航道里程、人均邮电业务总量、外资企业数增长率、万人外资企业数、罚没收入占财政收入比重(5个)
政府作用 竞争力 (16个)	强势指标	城镇职工养老保险收支比(1个)
	优势指标	财政投资对社会投资的拉动、养老保险覆盖率(2个)
	劣势指标	物价调控、最低工资标准(2个)
发展水平 竞争力 (18个)	强势指标	社会投资占投资总额比重(1个)
	优势指标	工业增加值占GDP比重、城市平均建成区面积比重、人均拥有道路面积、亿元以上商品市场成交额、亿元以上商品市场成交额占全社会消费品零售总额比重(5个)
	劣势指标	工业增加值增长率、高技术产品占商品出口额比重、城镇居民人均可支配收入、人均日生活用水量(4个)
统筹协调 竞争力 (16个)	强势指标	能源使用下降率、万元GDP综合能耗下降率(2个)
	优势指标	环境竞争力与宏观经济竞争力比差、人力资源竞争力与宏观经济竞争力比差、城乡居民家庭人均收入比差(3个)
	劣势指标	居民收入占GDP比重、二三产业增加值比例、固定资产投资额占GDP比重(3个)

3.2 河北省经济综合竞争力各级指标具体分析

1. 河北省宏观经济竞争力指标排名变化情况

表 3-5 2017~2018 年河北省宏观经济竞争力指标组排位及变化趋势

指标	2017 年	2018 年	排位升降	优劣势
1 宏观经济竞争力	13	10	3	优势
1.1 经济实力竞争力	15	12	3	中势
地区生产总值	8	9	-1	优势
地区生产总值增长率	25	19	6	中势
人均地区生产总值	19	21	-2	劣势
财政总收入	12	11	1	中势
财政总收入增长率	5	7	-2	优势

指　　标	2017 年	2018 年	排位升降	优劣势
人均财政收入	25	24	1	劣势
固定资产投资额	5	6	− 1	优势
固定资产投资额增长率	22	17	5	中势
人均固定资产投资额	20	17	3	中势
全社会消费品零售总额	8	8	0	优势
全社会消费品零售总额增长率	14	16	− 2	中势
人均全社会消费品零售总额	17	17	0	中势
1.2　经济结构竞争力	7	8	− 1	优势
产业结构优化度	24	24	0	劣势
所有制经济结构优化度	9	13	− 4	中势
城乡经济结构优化度	10	10	0	优势
就业结构优化度	15	14	1	中势
资本形成结构优化度	6	6	0	优势
贸易结构优化度	17	17	0	中势
1.3　经济外向度竞争力	22	23	− 1	劣势
进出口总额	10	12	− 2	中势
进出口增长率	25	27	− 2	劣势
出口总额	9	9	0	优势
出口增长率	28	14	14	中势
实际 FDI	14	16	− 2	中势
实际 FDI 增长率	23	17	6	中势
外贸依存度	14	14	0	中势
外资企业数	12	14	− 2	中势
对外直接投资额	10	14	− 4	中势

2. 河北省产业经济竞争力指标排名变化情况

表 3 − 6　2017 ~ 2018 年河北省产业经济竞争力指标组排位及变化趋势

指　　标	2017 年	2018 年	排位升降	优劣势
2　产业经济竞争力	14	13	1	中势
2.1　农业竞争力	8	8	0	优势
农业增加值	7	7	0	优势
农业增加值增长率	15	22	− 7	劣势
人均农业增加值	18	18	0	中势
农民人均纯收入	15	13	2	中势
农民人均纯收入增长率	27	27	0	劣势

指　标	2017 年	2018 年	排位升降	优劣势
农产品出口占农林牧渔总产值比重	17	18	−1	中势
人均主要农产品产量	11	11	0	中势
农业机械化水平	3	3	0	强势
农村人均用电量	8	8	0	优势
财政支农资金比重	15	17	−2	中势
2.2　工业竞争力	15	13	2	中势
工业增加值	6	8	−2	优势
工业增加值增长率	26	28	−2	劣势
人均工业增加值	15	17	−2	中势
工业资产总额	7	7	0	优势
工业资产总额增长率	23	23	0	劣势
规模以上工业主营业务收入	9	11	−2	中势
工业成本费用率	16	6	10	优势
规模以上工业利润总额	9	12	−3	中势
工业全员劳动生产率	13	11	2	中势
工业收入利润率	19	24	−5	劣势
2.3　服务业竞争力	11	12	−1	中势
服务业增加值	11	11	0	中势
服务业增加值增长率	2	3	−1	强势
人均服务业增加值	25	24	1	劣势
服务业从业人员数	13	12	1	中势
限额以上批发零售企业主营业务收入	17	19	−2	中势
限额以上批零企业利税率	22	15	7	中势
限额以上餐饮企业利税率	12	7	5	优势
旅游外汇收入	24	24	0	劣势
商品房销售收入	10	14	−4	中势
电子商务销售额	17	17	0	中势
2.4　企业竞争力	16	15	1	中势
规模以上工业企业数	10	10	0	优势
规模以上企业平均资产	19	18	1	中势
规模以上企业平均收入	23	22	1	劣势
规模以上企业平均利润	20	20	0	中势
规模以上企业劳动效率	18	16	2	中势
城镇就业人员平均工资	25	25	0	劣势
新产品销售收入占主营业务收入比重	15	15	0	中势
产品质量抽查合格率	7	4	3	优势
工业企业 R&D 经费投入强度	16	15	1	中势
中国驰名商标持有量	8	8	0	优势

3. 河北省可持续发展竞争力指标排名变化情况

表 3 – 7 2017～2018 年河北省可持续发展竞争力指标组排位及变化趋势

指 标	2017 年	2018 年	排位升降	优劣势
3 可持续发展竞争力	20	22	– 2	劣势
3.1 资源竞争力	17	17	0	中势
人均国土面积	22	22	0	劣势
人均可使用海域和滩涂面积	8	8	0	优势
人均年水资源量	27	27	0	劣势
耕地面积	7	7	0	优势
人均耕地面积	17	17	0	中势
人均牧草地面积	11	11	0	中势
主要能源矿产基础储量	11	11	0	中势
人均主要能源矿产基础储量	14	14	0	中势
人均森林储积量	25	25	0	劣势
3.2 环境竞争力	16	15	1	中势
森林覆盖率	19	19	0	中势
人均废水排放量	4	4	0	优势
人均工业废气排放量	24	24	0	劣势
人均工业固体废物排放量	26	26	0	劣势
人均治理工业污染投资额	12	12	0	中势
一般工业固体废物综合利用率	14	14	0	中势
生活垃圾无害化处理率	10	16	– 6	中势
自然灾害直接经济损失	12	13	– 1	中势
3.3 人力资源竞争力	15	19	– 4	中势
常住人口增长率	13	17	– 4	中势
15～64 岁人口比例	22	23	– 1	劣势
文盲率	12	13	– 1	中势
大专以上教育程度人口比例	24	25	– 1	劣势
平均受教育程度	21	18	3	中势
人口健康素质	12	12	0	中势
职业学校毕业生数	6	6	0	优势

4. 河北省财政金融竞争力指标排名变化情况

表3-8 2017~2018年河北省财政金融竞争力指标组排位及变化趋势

指　标	2017年	2018年	排位升降	优劣势
4　财政金融竞争力	13	9	4	优势
4.1　财政竞争力	16	9	7	优势
地方财政收入	10	9	1	优势
地方财政支出	11	8	3	优势
地方财政收入占GDP比重	21	19	2	中势
地方财政支出占GDP比重	23	21	2	劣势
税收收入占GDP比重	23	22	1	劣势
税收收入占财政总收入比重	21	17	4	中势
人均地方财政收入	24	23	1	劣势
人均地方财政支出	30	29	1	劣势
人均税收收入	25	23	2	劣势
地方财政收入增长率	3	11	-8	中势
地方财政支出增长率	10	3	7	强势
税收收入增长率	5	4	1	优势
4.2　金融竞争力	9	9	0	优势
存款余额	8	8	0	优势
人均存款余额	22	21	1	劣势
贷款余额	8	9	-1	优势
人均贷款余额	24	25	-1	劣势
中长期贷款占贷款余额比重	18	14	4	中势
保险费净收入	8	7	1	优势
保险密度	16	14	2	中势
保险深度	7	3	4	强势
国内上市公司数	13	14	-1	中势
国内上市公司市值	14	12	2	中势

5. 河北省知识经济竞争力指标排名变化情况

表3－9　2017～2018年河北省知识经济竞争力指标组排位及变化趋势

指　　标	2017年	2018年	排位升降	优劣势
5　知识经济竞争力	18	19	－1	中势
5.1　科技竞争力	19	21	－2	劣势
R&D人员	11	12	－1	中势
R&D经费	11	11	0	中势
R&D经费投入强度	15	15	0	中势
发明专利授权量	18	17	1	中势
技术市场成交合同金额	19	15	4	中势
财政科技支出占地方财政支出比重	23	23	0	劣势
高技术产业主营业务收入	19	19	0	中势
高技术产业收入占工业增加值比重	26	25	1	劣势
高技术产品出口额占商品出口额比重	26	26	0	劣势
5.2　教育竞争力	18	18	0	中势
教育经费	7	7	0	优势
教育经费占GDP比重	18	13	5	中势
人均教育经费	28	26	2	劣势
公共教育经费占财政支出比重	7	9	－2	优势
人均文化教育支出	26	30	－4	劣势
万人中小学学校数	22	23	－1	劣势
万人中小学专任教师数	22	23	－1	劣势
高等学校数	18	18	0	中势
高校专任教师数	7	7	0	优势
万人高等学校在校学生数	21	16	5	中势
5.3　文化竞争力	16	12	4	中势
文化制造业营业收入	13	14	－1	中势
文化批发零售业营业收入	17	17	0	中势
文化服务业企业营业收入	19	18	1	中势
图书和期刊出版数	12	11	1	中势
电子出版物品种	11	12	－1	中势
印刷用纸量	7	4	3	优势
城镇居民人均文化娱乐支出	29	30	－1	劣势
农村居民人均文化娱乐支出	25	23	2	劣势
城镇居民人均文化娱乐支出占消费性支出比重	27	26	1	劣势
农村居民人均文化娱乐支出占消费性支出比重	20	20	0	中势

6. 河北省发展环境竞争力指标排名变化情况

表 3 – 10 2017～2018 年河北省发展环境竞争力指标组排位及变化趋势

指　标	2017 年	2018 年	排位升降	优劣势
6　发展环境竞争力	15	13	2	中势
6.1　基础设施竞争力	10	11	−1	中势
铁路网线密度	5	6	−1	优势
公路网线密度	14	15	−1	中势
人均内河航道里程	28	28	0	劣势
全社会旅客周转量	5	6	−1	优势
全社会货物周转量	3	3	0	强势
人均邮电业务总量	23	22	1	劣势
电话普及率	17	18	−1	中势
网站数	10	11	−1	中势
人均耗电量	15	16	−1	中势
6.2　软环境竞争力	24	18	6	中势
外资企业数增长率	9	21	−12	劣势
万人外资企业数	21	21	0	劣势
个体私营企业数增长率	6	7	−1	优势
万人个体私营企业数	17	18	−1	中势
万人商标注册件数	17	16	1	中势
查处商标侵权假冒案件	19	19	0	中势
每十万人交通事故发生数	2	2	0	强势
罚没收入占财政收入比重	31	29	2	劣势
社会捐赠款物	16	17	−1	中势

7. 河北省政府作用竞争力指标排名变化情况

表 3 – 11 2017～2018 年河北省政府作用竞争力指标组排位及变化趋势

指　标	2017 年	2018 年	排位升降	优劣势
7　政府作用竞争力	12	16	−4	中势
7.1　政府发展经济竞争力	12	14	−2	中势
财政支出用于基本建设投资比重	21	18	3	中势
财政支出对 GDP 增长的拉动	9	11	−2	中势
政府公务员对经济的贡献	16	18	−2	中势
政府消费对民间消费的拉动	14	14	0	中势
财政投资对社会投资的拉动	5	6	−1	优势

续表

指　标	2017 年	2018 年	排位升降	优劣势
7.2　政府规调经济竞争力	23	22	1	劣势
物价调控	24	26	− 2	劣势
调控城乡消费差距	13	12	1	中势
统筹经济社会发展	13	14	− 1	中势
规范税收	21	18	3	中势
固定资产投资价格指数	27	18	9	中势
7.3　政府保障经济竞争力	10	14	− 4	中势
城镇职工养老保险收支比	3	3	0	强势
医疗保险覆盖率	11	15	− 4	中势
养老保险覆盖率	5	6	− 1	优势
失业保险覆盖率	13	16	− 3	中势
最低工资标准	19	24	− 5	劣势
城镇登记失业率	9	15	− 6	中势

8. 河北省发展水平竞争力指标排名变化情况

表 3 – 12　2017～2018 年河北省发展水平竞争力指标组排位及变化趋势

指　标	2017 年	2018 年	排位升降	优劣势
8　发展水平竞争力	18	18	0	中势
8.1　工业化进程竞争力	22	22	0	劣势
工业增加值占 GDP 比重	3	7	− 4	优势
工业增加值增长率	24	28	− 4	劣势
高技术产业占工业增加值比重	25	18	7	中势
高技术产品占商品出口额比重	28	26	2	劣势
信息产业增加值占 GDP 比重	22	20	2	中势
工农业增加值比值	14	16	− 2	中势
8.2　城市化进程竞争力	23	20	3	中势
城镇化率	19	19	0	中势
城镇居民人均可支配收入	22	21	1	劣势
城市平均建成区面积比重	16	10	6	优势
人均拥有道路面积	7	8	− 1	优势
人均日生活用水量	28	28	0	劣势
人均公共绿地面积	10	13	− 3	中势

续表

指　标	2017 年	2018 年	排位升降	优劣势
8.3　市场化进程竞争力	9	6	3	优势
非公有制经济产值占全社会总产值比重	9	13	−4	中势
社会投资占投资总额比重	1	3	−2	强势
私有和个体企业从业人员比重	27	15	12	中势
亿元以上商品市场成交额	5	5	0	优势
亿元以上商品市场成交额占全社会消费品零售总额比重	7	7	0	优势
居民消费支出占总消费支出比重	14	14	0	中势

9. 河北省统筹协调竞争力指标排名变化情况

表 3－13　2017～2018 年河北省统筹协调竞争力指标组排位及变化趋势

指　标	2017 年	2018 年	排位升降	优劣势
9　统筹协调竞争力	16	13	3	中势
9.1　统筹发展竞争力	20	16	4	中势
社会劳动生产率	20	20	0	中势
能源使用下降率	9	3	6	强势
万元 GDP 综合能耗下降率	16	3	13	强势
非农用地产出率	17	17	0	中势
居民收入占 GDP 比重	23	24	−1	劣势
二三产业增加值比例	27	26	1	劣势
固定资产投资额占 GDP 比重	20	22	−2	劣势
固定资产投资增长率	10	17	−7	中势
9.2　协调发展竞争力	8	9	−1	优势
资源竞争力与宏观经济竞争力比差	16	15	1	中势
环境竞争力与宏观经济竞争力比差	13	10	3	优势
人力资源竞争力与宏观经济竞争力比差	15	7	8	优势
环境竞争力与工业竞争力比差	16	17	−1	中势
资源竞争力与工业竞争力比差	15	14	1	中势
城乡居民家庭人均收入比差	10	10	0	优势
城乡居民人均现金消费支出比差	13	12	1	中势
全社会消费品零售总额与外贸出口总额比差	20	20	0	中势

B.5

4

山西省经济综合竞争力评价分析报告

山西省简称"晋",地处黄河以东、太行山之西,基本地形是中间为盆地,东西侧为山区,北与内蒙古自治区相接,东与河北省相接,南与河南省相连,西隔黄河与陕西省为邻,总面积为15.6万平方公里。2018年总人口为3718万人,地区生产总值为16818亿元,同比增长6.7%,人均GDP达45328元。本部分通过分析2017～2018年山西省经济综合竞争力以及各要素竞争力的排名变化,从中找出山西省经济综合竞争力的推动点及影响因素,为进一步提升山西省经济综合竞争力提供决策参考。

4.1 山西省经济综合竞争力总体分析

1. 山西省经济综合竞争力一级指标概要分析

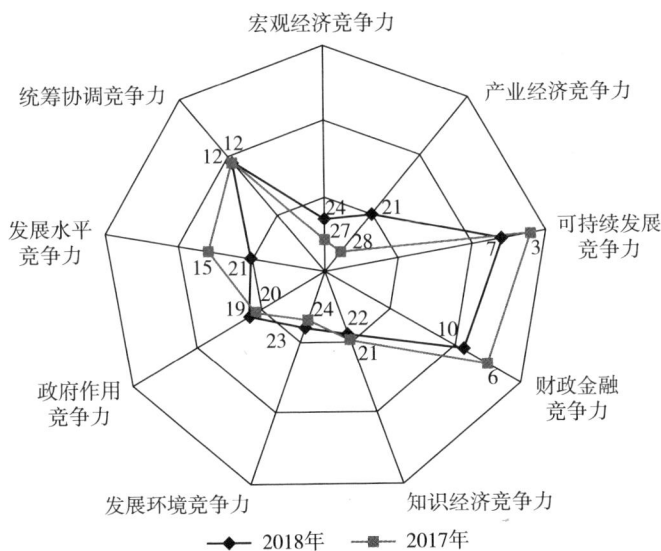

图4-1 2017～2018年山西省经济综合竞争力二级指标比较雷达图

表4-1 2017~2018年山西省经济综合竞争力二级指标比较

项目 年份	宏观经济竞争力	产业经济竞争力	可持续发展竞争力	财政金融竞争力	知识经济竞争力	发展环境竞争力	政府作用竞争力	发展水平竞争力	统筹协调竞争力	综合排位
2017	27	28	3	6	21	24	20	15	12	21
2018	24	21	7	10	22	23	19	21	12	19
升降	3	7	-4	-4	-1	1	1	-6	0	2
优劣度	劣势	劣势	优势	优势	劣势	劣势	中势	劣势	中势	中势

（1）从综合排位看，2018年山西省经济综合竞争力综合排位在全国居第19位，这表明其在全国处于中势地位；与2017年相比，综合排位上升了2位。

（2）从指标所处区位看，2个指标处于上游区，为可持续发展竞争力和财政金融竞争力；2个指标处于中游区，分别为政府作用竞争力和统筹协调竞争力；5个指标处于下游区，分别为宏观经济竞争力、产业经济竞争力、知识经济竞争力、发展环境竞争力和发展水平竞争力。

（3）从指标变化趋势看，9个二级指标中，有4个指标处于上升趋势，分别为宏观经济竞争力、产业经济竞争力、发展环境竞争力和政府作用竞争力，这些是山西省经济综合竞争力上升的动力所在；有1个指标排位没有发生变化，为统筹协调竞争力；有4个指标处于下降趋势，分别为可持续发展竞争力、财政金融竞争力、知识经济竞争力和发展水平竞争力，这些是山西省经济综合竞争力下降的拉力所在。

2. 山西省经济综合竞争力各级指标动态变化分析

表4-2 2017~2018年山西省经济综合竞争力各级指标排位变化态势比较

单位：个，%

二级指标	三级指标	四级指标数	上升		保持		下降		变化趋势
			指标数	比重	指标数	比重	指标数	比重	
宏观经济竞争力	经济实力竞争力	12	5	41.7	5	41.7	2	16.7	上升
	经济结构竞争力	6	2	33.3	4	66.7	0	0.0	保持
	经济外向度竞争力	9	5	55.6	3	33.3	1	11.1	上升
	小　计	27	12	44.4	12	44.4	3	11.1	上升

续表

二级指标	三级指标	四级指标数	上升		保持		下降		变化趋势
			指标数	比重	指标数	比重	指标数	比重	
产业经济竞争力	农业竞争力	10	4	40.0	6	60.0	0	0.0	保持
	工业竞争力	10	6	60.0	1	10.0	3	30.0	上升
	服务业竞争力	10	7	70.0	3	30.0	0	0.0	上升
	企业竞争力	10	3	30.0	5	50.0	2	20.0	上升
	小　计	**40**	20	50.0	15	37.5	5	12.5	上升
可持续发展竞争力	资源竞争力	9	0	0.0	8	88.9	1	11.1	保持
	环境竞争力	8	2	25.0	5	62.5	1	12.5	上升
	人力资源竞争力	7	1	14.3	2	28.6	4	57.1	下降
	小　计	**24**	3	12.5	15	62.5	6	25.0	下降
财政金融竞争力	财政竞争力	12	6	50.0	3	25.0	3	25.0	下降
	金融竞争力	10	2	20.0	4	40.0	4	40.0	上升
	小　计	**22**	8	36.4	7	31.8	7	31.8	下降
知识经济竞争力	科技竞争力	9	0	0.0	4	44.4	5	55.6	下降
	教育竞争力	10	0	0.0	6	60.0	4	40.0	保持
	文化竞争力	10	3	30.0	2	20.0	5	50.0	下降
	小　计	**29**	3	10.3	12	41.4	14	48.3	下降
发展环境竞争力	基础设施竞争力	9	2	22.2	4	44.4	3	33.3	下降
	软环境竞争力	9	4	44.4	4	44.4	1	11.1	上升
	小　计	**18**	6	33.3	8	44.4	4	22.2	上升
政府作用竞争力	政府发展经济竞争力	5	1	20.0	2	40.0	2	40.0	下降
	政府规调经济竞争力	5	2	40.0	2	40.0	1	20.0	上升
	政府保障经济竞争力	6	0	0.0	4	66.7	2	33.3	下降
	小　计	**16**	3	18.8	8	50.0	5	31.3	上升
发展水平竞争力	工业化进程竞争力	6	1	16.7	2	33.3	3	50.0	下降
	城市化进程竞争力	6	3	50.0	1	16.7	2	33.3	上升
	市场化进程竞争力	6	1	16.7	2	33.3	3	50.0	上升
	小　计	**18**	5	27.8	5	27.8	8	44.4	下降
统筹协调竞争力	统筹发展竞争力	8	4	50.0	2	25.0	2	25.0	下降
	协调发展竞争力	8	4	50.0	3	37.5	1	12.5	上升
	小　计	**16**	8	50.0	5	31.3	3	18.8	保持
合　计		**210**	68	32.4	87	41.4	55	26.2	上升

从表4-2可以看出，210个四级指标中，上升指标有68个，占指标总数的32.4%；下降指标有55个，占指标总数的26.2%；保持不变的指标有87个，占指标总数的41.4%。综上所述，山西省经济综合竞争力上升的动力大于下降的拉力，2017~2018年山西省经济综合竞争力排位上升。

3. 山西省经济综合竞争力各级指标优劣势结构分析

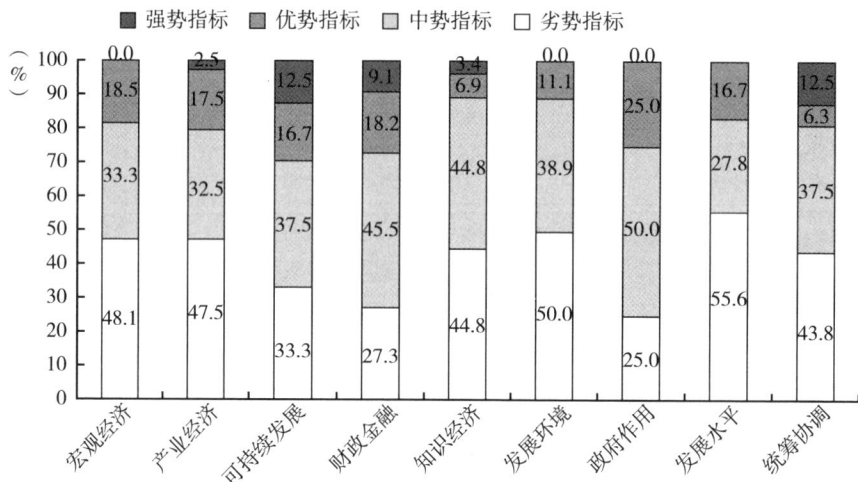

图4-2 2018年山西省经济综合竞争力各级指标优劣势比较

表4-3 2018年山西省经济综合竞争力各级指标优劣势比较

单位：个，%

二级指标	三级指标	四级指标数	强势指标		优势指标		中势指标		劣势指标		优劣势
			个数	比重	个数	比重	个数	比重	个数	比重	
宏观经济竞争力	经济实力竞争力	12	0	0.0	1	8.3	5	41.7	6	50.0	劣势
	经济结构竞争力	6	0	0.0	2	33.3	1	16.7	3	50.0	劣势
	经济外向度竞争力	9	0	0.0	2	22.2	3	33.3	4	44.4	中势
	小　计	27	0	0.0	5	18.5	9	33.3	13	48.1	劣势
产业经济竞争力	农业竞争力	10	0	0.0	1	10.0	2	20.0	7	70.0	劣势
	工业竞争力	10	0	0.0	2	20.0	5	50.0	3	30.0	中势
	服务业竞争力	10	0	0.0	2	20.0	3	30.0	5	50.0	中势
	企业竞争力	10	1	10.0	2	20.0	3	30.0	4	40.0	中势
	小　计	40	1	2.5	7	17.5	13	32.5	19	47.5	劣势

续表

二级指标	三级指标	四级指标数	强势指标		优势指标		中势指标		劣势指标		优劣势
			个数	比重	个数	比重	个数	比重	个数	比重	
可持续发展竞争力	资源竞争力	9	2	22.2	0	0.0	5	55.6	2	22.2	优势
	环境竞争力	8	1	12.5	1	12.5	1	12.5	5	62.5	中势
	人力资源竞争力	7	0	0.0	3	42.9	3	42.9	1	14.3	中势
	小　计	24	3	12.5	4	16.7	9	37.5	8	33.3	优势
财政金融竞争力	财政竞争力	12	2	16.7	3	25.0	5	41.7	2	16.7	优势
	金融竞争力	10	0	0.0	1	10.0	5	50.0	4	40.0	中势
	小　计	22	2	9.1	4	18.2	10	45.5	6	27.3	优势
知识经济竞争力	科技竞争力	9	0	0.0	1	11.1	5	55.6	3	33.3	中势
	教育竞争力	10	0	0.0	0	0.0	6	60.0	4	40.0	劣势
	文化竞争力	10	1	10.0	1	10.0	2	20.0	6	60.0	劣势
	小　计	29	1	3.4	2	6.9	13	44.8	13	44.8	劣势
发展环境竞争力	基础设施竞争力	9	0	0.0	2	22.2	3	33.3	4	44.4	劣势
	软环境竞争力	9	0	0.0	0	0.0	4	44.4	5	55.6	劣势
	小　计	18	0	0.0	2	11.1	7	38.9	9	50.0	劣势
政府作用竞争力	政府发展经济竞争力	5	0	0.0	1	20.0	2	40.0	2	40.0	劣势
	政府规调经济竞争力	5	0	0.0	3	60.0	1	20.0	1	20.0	优势
	政府保障经济竞争力	6	0	0.0	0	0.0	5	83.3	1	16.7	中势
	小　计	16	0	0.0	4	25.0	8	50.0	4	25.0	中势
发展水平竞争力	工业化进程竞争力	6	0	0.0	2	33.3	2	33.3	2	33.3	中势
	城市化进程竞争力	6	0	0.0	0	0.0	3	50.0	3	50.0	劣势
	市场化进程竞争力	6	0	0.0	1	16.7	0	0.0	5	83.3	劣势
	小　计	18	0	0.0	3	16.7	5	27.8	10	55.6	劣势
统筹协调竞争力	统筹发展竞争力	8	0	0.0	1	12.5	5	62.5	2	25.0	中势
	协调发展竞争力	8	2	25.0	0	0.0	1	12.5	5	62.5	优势
	小　计	16	2	12.5	1	6.3	6	37.5	7	43.8	中势
合　计		210	9	4.3	32	15.2	80	38.1	89	42.4	中势

　　基于图 4-2 和表 4-3，从四级指标来看，强势指标 9 个，占指标总数的 4.3%；优势指标 32 个，占指标总数的 15.2%；中势指标 80 个，占指标总数的 38.1%；劣势指标 89 个，占指标总数的 42.4%。从三级指标来看，没有强势指标；优势指标 4 个，占三级指标总数的 16%；中势指标 11 个，占三级指标总数的 44%；劣势指标 10 个，占三级指标总数的 40%。反映到

二级指标上来，没有强势指标；优势指标有 2 个，占二级指标总数的 22.2%；中势指标 2 个，占二级指标总数的22.2%；劣势指标 5 个，占二级指标总数的55.6%。综合来看，由于优势和中势指标数量有所上升，2018 年山西省经济综合竞争力处于中势地位。

4. 山西省经济综合竞争力四级指标优劣势对比分析

表4-4　2018 年山西省经济综合竞争力各级指标优劣势比较

二级指标	优劣势	四级指标
宏观经济 竞争力 (27 个)	强势指标	(0 个)
	优势指标	全社会消费品零售总额增长率、产业结构优化度、就业结构优化度、出口增长率、实际 FDI 增长率(5 个)
	劣势指标	地区生产总值、人均地区生产总值、人均财政收入、固定资产投资额、人均固定资产投资额、全社会消费品零售总额、所有制经济结构优化度、城乡经济结构优化度、资本形成结构优化度、进出口总额、外贸依存度、外资企业数、对外直接投资额(13 个)
产业经济 竞争力 (40 个)	强势指标	规模以上企业平均收入(1 个)
	优势指标	财政支农资金比重、工业资产总额增长率、工业收入利润率、服务业增加值增长率、限额以上餐饮企业利税率、规模以上企业平均资产、规模以上企业平均利润(7 个)
	劣势指标	农业增加值、农业增加值增长率、人均农业增加值、农民人均纯收入、农民人均纯收入增长率、农产品出口占农林牧渔总产值比重、农业机械化水平、人均工业增加值、工业成本费用率、工业全员劳动生产率、服务业增加值、服务业从业人员数、限额以上批零企业利税率、旅游外汇收入、商品房销售收入、规模以上工业企业数、规模以上企业劳动效率、城镇就业人员平均工资、工业企业 R&D 经费投入强度(19 个)
可持续发展 竞争力 (24 个)	强势指标	主要能源矿产基础储量、人均主要能源矿产基础储量、人均治理工业污染投资额(3 个)
	优势指标	人均废水排放量、15～64 岁人口比例、文盲率、平均受教育程度(4 个)
	劣势指标	人均年水资源量、人均森林储积量、森林覆盖率、人均工业废气排放量、人均工业固体废物排放量、一般工业固体废物综合利用率、自然灾害直接经济损失、人口健康素质(8 个)
财政金融 竞争力 (22 个)	强势指标	地方财政收入增长率、税收收入增长率(2 个)
	优势指标	地方财政收入占 GDP 比重、税收收入占 GDP 比重、地方财政支出增长率、保险深度(4 个)
	劣势指标	地方财政支出、人均地方财政支出、贷款余额、人均贷款余额、中长期贷款占贷款余额比重、国内上市公司数(6 个)

二级指标	优劣势	四级指标
知识经济 竞争力 (29个)	强势指标	城镇居民人均文化娱乐支出占消费性支出比重(1个)
	优势指标	高技术产品出口额占商品出口额比重、农村居民人均文化娱乐支出占消费性支出比重(2个)
	劣势指标	发明专利授权量、高技术产业主营业务收入、高技术产业收入占工业增加值比重、教育经费、人均教育经费、万人中小学学校数、万人中小学专任教师数、文化制造业营业收入、文化批发零售业营业收入、文化服务业企业营业收入、图书和期刊出版数、印刷用纸量、农村居民人均文化娱乐支出(13个)
发展环境 竞争力 (18个)	强势指标	(0个)
	优势指标	铁路网线密度、人均耗电量(2个)
	劣势指标	人均内河航道里程、全社会旅客周转量、人均邮电业务总量、电话普及率、外资企业数增长率、万人外资企业数、万人个体私营企业数、万人商标注册件数、社会捐赠款物(9个)
政府作用 竞争力 (16个)	强势指标	(0个)
	优势指标	政府消费对民间消费的拉动、物价调控、规范税收、固定资产投资价格指数(4个)
	劣势指标	财政支出用于基本建设投资比重、政府公务员对经济的贡献、调控城乡消费差距、养老保险覆盖率(4个)
发展水平 竞争力 (18个)	强势指标	(0个)
	优势指标	高技术产品占商品出口额比重、工农业增加值比值、居民消费支出占总消费支出比重(3个)
	劣势指标	高技术产业占工业增加值比重、信息产业增加值占GDP比重、城镇居民人均可支配收入、人均日生活用水量、人均公共绿地面积、非公有制经济产值占全社会总产值比重、社会投资占投资总额比重、私有和个体企业从业人员比重、亿元以上商品市场成交额、亿元以上商品市场成交额占全社会消费品零售总额比重(10个)
统筹协调 竞争力 (16个)	强势指标	资源竞争力与宏观经济竞争力比差、环境竞争力与工业竞争力比差(2个)
	优势指标	固定资产投资额占GDP比重(1个)
	劣势指标	非农用地产出率、居民收入占GDP比重、环境竞争力与宏观经济竞争力比差、人力资源竞争力与宏观经济竞争力比差、城乡居民家庭人均收入比差、城乡居民人均现金消费支出比差、全社会消费品零售总额与外贸出口总额比差(7个)

4.2 山西省经济综合竞争力各级指标具体分析

1. 山西省宏观经济竞争力指标排名变化情况

表 4 - 5 2017~2018 年山西省宏观经济竞争力指标组排位及变化趋势

指　　标	2017 年	2018 年	排位升降	优劣势
1 宏观经济竞争力	27	24	3	劣势
1.1 经济实力竞争力	29	23	6	劣势
地区生产总值	23	22	1	劣势
地区生产总值增长率	20	17	3	中势
人均地区生产总值	25	25	0	劣势
财政总收入	19	19	0	中势
财政总收入增长率	3	20	-17	中势
人均财政收入	22	23	-1	劣势
固定资产投资额	26	26	0	劣势
固定资产投资额增长率	31	18	13	中势
人均固定资产投资额	30	30	0	劣势
全社会消费品零售总额	22	21	1	劣势
全社会消费品零售总额增长率	28	8	20	优势
人均全社会消费品零售总额	20	20	0	中势
1.2 经济结构竞争力	24	24	0	劣势
产业结构优化度	9	9	0	优势
所有制经济结构优化度	24	23	1	劣势
城乡经济结构优化度	22	22	0	劣势
就业结构优化度	11	10	1	优势
资本形成结构优化度	30	30	0	劣势
贸易结构优化度	12	12	0	中势
1.3 经济外向度竞争力	27	20	7	中势
进出口总额	22	22	0	劣势
进出口增长率	22	11	11	中势
出口总额	21	20	1	中势
出口增长率	14	8	6	优势
实际 FDI	21	20	1	中势
实际 FDI 增长率	16	7	9	优势
外贸依存度	20	21	-1	劣势
外资企业数	24	24	0	劣势
对外直接投资	26	26	0	劣势

2. 山西省产业经济竞争力指标排名变化情况

表4－6　2017～2018年山西省产业经济竞争力指标组排位及变化趋势

指　　标	2017 年	2018 年	排位升降	优劣势
2　产业经济竞争力	28	21	7	劣势
2.1　农业竞争力	31	31	0	劣势
农业增加值	25	25	0	劣势
农业增加值增长率	26	25	1	劣势
人均农业增加值	29	29	0	劣势
农民人均纯收入	24	24	0	劣势
农民人均纯收入增长率	29	29	0	劣势
农产品出口占农林牧渔总产值比重	31	29	2	劣势
人均主要农产品产量	22	20	2	中势
农业机械化水平	22	22	0	劣势
农村人均用电量	17	17	0	中势
财政支农资金比重	12	10	2	优势
2.2　工业竞争力	24	19	5	中势
工业增加值	20	18	2	中势
工业增加值增长率	14	20	−6	中势
人均工业增加值	21	21	0	劣势
工业资产总额	12	11	1	中势
工业资产总额增长率	10	7	3	优势
规模以上工业主营业务收入	20	18	2	中势
工业成本费用率	20	23	−3	劣势
规模以上工业利润总额	21	18	3	中势
工业全员劳动生产率	27	29	−2	劣势
工业收入利润率	22	7	15	优势
2.3　服务业竞争力	27	20	7	中势
服务业增加值	22	22	0	劣势
服务业增加值增长率	24	10	14	优势
人均服务业增加值	20	20	0	中势
服务业从业人员数	23	22	1	劣势
限额以上批发零售企业主营业务收入	19	17	2	中势
限额以上批零企业利税率	26	25	1	劣势
限额以上餐饮企业利税率	8	6	2	优势
旅游外汇收入	26	26	0	劣势
商品房销售收入	24	23	1	劣势
电子商务销售额	23	18	5	中势

指　　标	2017 年	2018 年	排位升降	优劣势
2.4　企业竞争力	19	16	3	中势
规模以上工业企业数	22	22	0	劣势
规模以上企业平均资产	5	5	0	优势
规模以上企业平均收入	5	3	2	强势
规模以上企业平均利润	7	6	1	优势
规模以上企业劳动效率	30	30	0	劣势
城镇就业人员平均工资	29	29	0	劣势
新产品销售收入占主营业务收入比重	20	18	2	中势
产品质量抽查合格率	3	13	−10	中势
工业企业 R&D 经费投入强度	22	23	−1	劣势
中国驰名商标持有量	18	18	0	中势

3. 山西省可持续发展竞争力指标排名变化情况

表 4-7　2017~2018 年山西省可持续发展竞争力指标组排位及变化趋势

指　　标	2017 年	2018 年	排位升降	优劣势
3　可持续发展竞争力	3	7	−4	优势
3.1　资源竞争力	4	4	0	优势
人均国土面积	14	14	0	中势
人均可使用海域和滩涂面积	13	13	0	中势
人均年水资源量	25	26	−1	劣势
耕地面积	18	18	0	中势
人均耕地面积	11	11	0	中势
人均牧草地面积	16	16	0	中势
主要能源矿产基础储量	1	1	0	强势
人均主要能源矿产基础储量	1	1	0	强势
人均森林储积量	23	23	0	劣势
3.2　环境竞争力	22	20	2	中势
森林覆盖率	22	22	0	劣势
人均废水排放量	6	5	1	优势
人均工业废气排放量	27	27	0	劣势
人均工业固体废物排放量	29	29	0	劣势
人均治理工业污染投资额	3	3	0	强势
一般工业固体废物综合利用率	29	29	0	劣势
生活垃圾无害化处理率	25	15	10	中势
自然灾害直接经济损失	16	24	−8	劣势

指　标	2017 年	2018 年	排位升降	优劣势
3.3　人力资源竞争力	10	18	−8	中势
常住人口增长率	20	20	0	中势
15~64 岁人口比例	8	10	−2	优势
文盲率	3	6	−3	优势
大专以上教育程度人口比例	13	11	2	中势
平均受教育程度	5	5	0	优势
人口健康素质	24	28	−4	劣势
职业学校毕业生数	15	16	−1	中势

4. 山西省财政金融竞争力指标排名变化情况

表 4 – 8　2017~2018 年山西省财政金融竞争力指标组排位及变化趋势

指　标	2017 年	2018 年	排位升降	优劣势
4　财政金融竞争力	6	10	−4	优势
4.1　财政竞争力	5	7	−2	优势
地方财政收入	20	16	4	中势
地方财政支出	24	24	0	劣势
地方财政收入占 GDP 比重	9	5	4	优势
地方财政支出占 GDP 比重	16	14	2	中势
税收收入占 GDP 比重	7	7	0	优势
税收收入占财政总收入比重	9	20	−11	中势
人均地方财政收入	18	14	4	中势
人均地方财政支出	25	25	0	劣势
人均税收收入	17	15	2	中势
地方财政收入增长率	1	2	−1	强势
地方财政支出增长率	12	6	6	优势
税收收入增长率	1	3	−2	强势
4.2　金融竞争力	18	17	1	中势
存款余额	17	17	0	中势
人均存款余额	16	15	1	中势
贷款余额	21	21	0	劣势
人均贷款余额	21	22	−1	劣势
中长期贷款占贷款余额比重	27	28	−1	劣势
保险费净收入	17	16	1	中势
保险密度	19	19	0	中势
保险深度	4	5	−1	优势
国内上市公司数	20	21	−1	劣势
国内上市公司市值	19	19	0	中势

5. 山西省知识经济竞争力指标排名变化情况

表 4 - 9 2017 ~ 2018 年山西省知识经济竞争力指标组排位及变化趋势

指　　标	2017 年	2018 年	排位升降	优劣势
5　知识经济竞争力	21	22	- 1	劣势
5.1　科技竞争力	18	19	- 1	中势
R&D 人员	19	19	0	中势
R&D 经费	19	19	0	中势
R&D 经费投入强度	20	20	0	中势
发明专利授权量	21	23	- 2	劣势
技术市场成交合同金额	18	20	- 2	中势
财政科技支出占地方财政支出比重	17	20	- 3	中势
高技术产业主营业务收入	22	22	0	劣势
高技术产业收入占工业增加值比重	22	23	- 1	劣势
高技术产品出口额占商品出口额比重	7	9	- 2	优势
5.2　教育竞争力	27	27	0	劣势
教育经费	21	21	0	劣势
教育经费占 GDP 比重	11	11	0	中势
人均教育经费	24	25	- 1	劣势
公共教育经费占财政支出比重	10	16	- 6	中势
人均文化教育支出	17	18	- 1	中势
万人中小学学校数	27	27	0	劣势
万人中小学专任教师数	25	25	0	劣势
高等学校数	18	18	0	中势
高校专任教师数	20	20	0	中势
万人高等学校在校学生数	16	19	- 3	中势
5.3　文化竞争力	19	23	- 4	劣势
文化制造业营业收入	24	26	- 2	劣势
文化批发零售业营业收入	20	21	- 1	劣势
文化服务业企业营业收入	26	25	1	劣势
图书和期刊出版数	23	23	0	劣势
电子出版物品种	17	16	1	中势
印刷用纸量	23	22	1	劣势
城镇居民人均文化娱乐支出	15	18	- 3	中势
农村居民人均文化娱乐支出	20	26	- 6	劣势
城镇居民人均文化娱乐支出占消费性支出比重	2	2	0	强势
农村居民人均文化娱乐支出占消费性支出比重	4	8	- 4	优势

6. 山西省发展环境竞争力指标排名变化情况

表4-10 2017~2018年山西省发展环境竞争力指标组排位及变化趋势

指　标	2017 年	2018 年	排位升降	优劣势
6　发展环境竞争力	24	23	1	劣势
6.1　基础设施竞争力	22	24	-2	劣势
铁路网线密度	7	7	0	优势
公路网线密度	16	17	-1	中势
人均内河航道里程	24	24	0	劣势
全社会旅客周转量	23	23	0	劣势
全社会货物周转量	16	15	1	中势
人均邮电业务总量	25	27	-2	劣势
电话普及率	21	22	-1	劣势
网站数	17	16	1	中势
人均耗电量	10	10	0	优势
6.2　软环境竞争力	27	23	4	劣势
外资企业数增长率	29	31	-2	劣势
万人外资企业数	24	24	0	劣势
个体私营企业数增长率	25	12	13	中势
万人个体私营企业数	26	25	1	劣势
万人商标注册件数	29	29	0	劣势
查处商标侵权假冒案件	14	14	0	中势
每十万人交通事故发生数	15	15	0	中势
罚没收入占财政收入比重	14	13	1	中势
社会捐赠款物	28	26	2	劣势

7. 山西省政府作用竞争力指标排名变化情况

表4-11 2017~2018年山西省政府作用竞争力指标组排位及变化趋势

指　标	2017 年	2018 年	排位升降	优劣势
7　政府作用竞争力	20	19	1	中势
7.1　政府发展经济竞争力	21	22	-1	劣势
财政支出用于基本建设投资比重	29	28	1	劣势
财政支出对 GDP 增长的拉动	16	18	-2	中势
政府公务员对经济的贡献	26	26	0	劣势
政府消费对民间消费的拉动	8	8	0	优势
财政投资对社会投资的拉动	11	16	-5	中势

指　标	2017 年	2018 年	排位升降	优劣势
7.2　政府规调经济竞争力	12	6	6	优势
物价调控	4	7	−3	优势
调控城乡消费差距	21	21	0	劣势
统筹经济社会发展	19	19	0	中势
规范税收	9	8	1	优势
固定资产投资价格指数	25	9	16	优势
7.3　政府保障经济竞争力	18	19	−1	中势
城镇职工养老保险收支比	19	19	0	中势
医疗保险覆盖率	18	18	0	中势
养老保险覆盖率	26	26	0	劣势
失业保险覆盖率	14	15	−1	中势
最低工资标准	12	12	0	中势
城镇登记失业率	13	16	−3	中势

8. 山西省发展水平竞争力指标排名变化情况

表 4 – 12　2017 ～ 2018 年山西省发展水平竞争力指标组排位及变化趋势

指　标	2017 年	2018 年	排位升降	优劣势
8　发展水平竞争力	15	21	−6	劣势
8.1　工业化进程竞争力	8	14	−6	中势
工业增加值占 GDP 比重	12	12	0	中势
工业增加值增长率	1	20	−19	中势
高技术产业占工业增加值比重	21	21	0	劣势
高技术产品占商品出口额比重	4	9	−5	优势
信息产业增加值占 GDP 比重	17	28	−11	劣势
工农业增加值比值	7	6	1	优势
8.2　城市化进程竞争力	26	25	1	劣势
城镇化率	16	16	0	中势
城镇居民人均可支配收入	27	28	−1	劣势
城市平均建成区面积比重	10	12	−2	中势
人均拥有道路面积	16	15	1	中势
人均日生活用水量	25	22	3	劣势
人均公共绿地面积	23	21	2	劣势

续表

指　标	2017 年	2018 年	排位升降	优劣势
8.3　市场化进程竞争力	23	22	1	劣势
非公有制经济产值占全社会总产值比重	24	23	1	劣势
社会投资占投资总额比重	15	21	−6	劣势
私有和个体企业从业人员比重	18	26	−8	劣势
亿元以上商品市场成交额	24	24	0	劣势
亿元以上商品市场成交额占全社会消费品零售总额比重	25	26	−1	劣势
居民消费支出占总消费支出比重	8	8	0	优势

9. 山西省统筹协调竞争力指标排名变化情况

表 4 - 13　2017～2018 年山西省统筹协调竞争力指标组排位及变化趋势

指　标	2017 年	2018 年	排位升降	优劣势
9　统筹协调竞争力	12	12	0	中势
9.1　统筹发展竞争力	11	18	−7	中势
社会劳动生产率	18	18	0	中势
能源使用下降率	21	18	3	中势
万元 GDP 综合能耗下降率	24	19	5	中势
非农用地产出率	22	22	0	劣势
居民收入占 GDP 比重	24	23	1	劣势
二三产业增加值比例	15	14	1	中势
固定资产投资额占 GDP 比重	3	6	−3	优势
固定资产投资增长率	1	18	−17	中势
9.2　协调发展竞争力	19	6	13	优势
资源竞争力与宏观经济竞争力比差	3	1	2	强势
环境竞争力与宏观经济竞争力比差	28	23	5	劣势
人力资源竞争力与宏观经济竞争力比差	30	27	3	劣势
环境竞争力与工业竞争力比差	1	2	−1	强势
资源竞争力与工业竞争力比差	22	18	4	中势
城乡居民家庭人均收入比差	22	22	0	劣势
城乡居民人均现金消费支出比差	21	21	0	劣势
全社会消费品零售总额与外贸出口总额比差	24	24	0	劣势

B.6
5
内蒙古自治区经济综合竞争力评价分析报告

内蒙古自治区位于我国北部边疆,地跨中国东北、西北、华北"三北"地区,西北紧邻蒙古和俄罗斯,内接黑龙江省、吉林省、辽宁省、河北省、山西省、宁夏回族自治区、甘肃省,全区土地总面积118.3万平方公里。2018年总人口为2534万人,地区生产总值为17289亿元,同比增长5.3%,人均GDP达68302元。本部分通过分析2017~2018年内蒙古自治区经济综合竞争力以及各要素竞争力的排名变化,从中找出内蒙古自治区经济综合竞争力的推动点及影响因素,为进一步提升内蒙古自治区经济综合竞争力提供决策参考。

5.1 内蒙古自治区经济综合竞争力总体分析

1. 内蒙古自治区经济综合竞争力一级指标概要分析

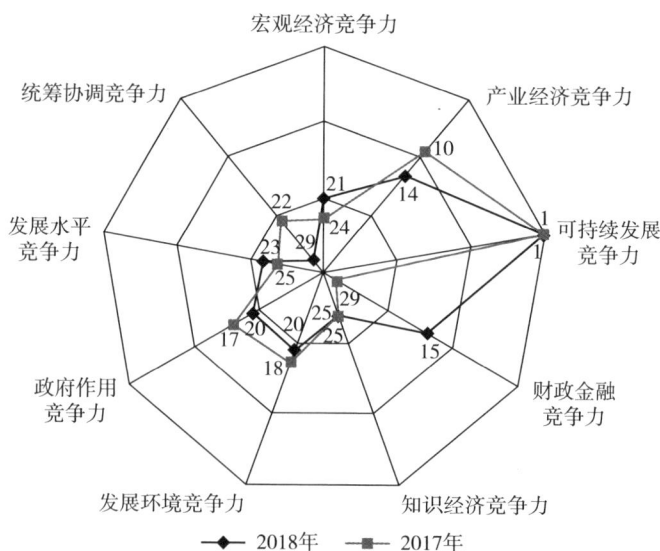

图5-1 2017~2018年内蒙古自治区经济综合竞争力二级指标比较雷达图

表 5-1 2017~2018 年内蒙古自治区经济综合竞争力二级指标比较

项目 年份	宏观 经济 竞争力	产业 经济 竞争力	可持续 发展 竞争力	财政 金融 竞争力	知识 经济 竞争力	发展 环境 竞争力	政府 作用 竞争力	发展 水平 竞争力	统筹 协调 竞争力	综合 排位
2017	24	10	1	29	25	18	17	25	22	20
2018	21	14	1	15	25	20	20	23	29	20
升降	3	-4	0	14	0	-2	-3	2	-7	0
优劣度	劣势	中势	强势	中势	劣势	中势	中势	劣势	劣势	中势

（1）从综合排位看，2018 年内蒙古自治区经济综合竞争力综合排位在全国居第 20 位，这表明其在全国处于中势地位；与 2017 年相比，综合排位没有变化。

（2）从指标所处区位看，1 个指标处于上游区，为可持续发展竞争力；4 个指标处于中游区，分别为产业经济竞争力、财政金融竞争力、发展环境竞争力和政府作用竞争力；4 个指标处于下游区，分别为宏观经济竞争力、知识经济竞争力、发展水平竞争力和统筹协调竞争力。

（3）从指标变化趋势看，9 个二级指标中，有 3 个指标处于上升趋势，为宏观经济竞争力、财政金融竞争力和发展水平竞争力，这是内蒙古自治区经济综合竞争力上升的动力所在；有 2 个指标排位没有发生变化，分别为可持续发展竞争力和知识经济竞争力；有 4 个指标处于下降趋势，分别为产业经济竞争力、发展环境竞争力、政府作用竞争力和统筹协调竞争力，这些是内蒙古自治区经济综合竞争力下降的拉力所在。

2. 内蒙古自治区经济综合竞争力各级指标动态变化分析

表 5-2 2017~2018 年内蒙古自治区经济综合竞争力各级指标排位变化态势比较

单位：个，%

二级指标	三级指标	四级 指标数	上升		保持		下降		变化 趋势
			指标 数	比重	指标 数	比重	指标 数	比重	
宏观经济 竞争力	经济实力竞争力	12	6	50.0	2	16.7	4	33.3	上升
	经济结构竞争力	6	0	0.0	5	83.3	1	16.7	上升
	经济外向度竞争力	9	3	33.3	3	33.3	3	33.3	上升
	小 计	27	9	33.3	10	37.0	8	29.6	上升

二级指标	三级指标	四级指标数	上升		保持		下降		变化趋势
			指标数	比重	指标数	比重	指标数	比重	
产业经济竞争力	农业竞争力	10	3	30.0	7	70.0	0	0.0	上升
	工业竞争力	10	6	60.0	3	30.0	1	10.0	下降
	服务业竞争力	10	3	30.0	5	50.0	2	20.0	上升
	企业竞争力	10	2	20.0	4	40.0	4	40.0	下降
	小　计	**40**	14	35.0	19	47.5	7	17.5	下降
可持续发展竞争力	资源竞争力	9	1	11.1	8	88.9	0	0.0	保持
	环境竞争力	8	0	0.0	5	62.5	3	37.5	上升
	人力资源竞争力	7	1	14.3	5	71.4	1	14.3	上升
	小　计	**24**	2	8.3	18	75.0	4	16.7	保持
财政金融竞争力	财政竞争力	12	6	50.0	5	41.7	1	8.3	上升
	金融竞争力	10	4	40.0	3	30.0	3	30.0	上升
	小　计	**22**	10	45.0	8	36.4	4	18.2	上升
知识经济竞争力	科技竞争力	9	1	11.1	4	44.4	4	44.4	保持
	教育竞争力	10	0	0.0	6	60.0	4	40.0	保持
	文化竞争力	10	4	40.0	2	20.0	4	40.0	下降
	小　计	**29**	5	17.2	12	41.4	12	41.4	保持
发展环境竞争力	基础设施竞争力	9	2	22.2	7	77.8	0	0.0	上升
	软环境竞争力	9	1	11.1	2	22.2	6	66.7	下降
	小　计	**18**	3	16.7	9	50.0	6	33.3	下降
政府作用竞争力	政府发展经济竞争力	5	1	20.0	2	40.0	2	40.0	下降
	政府规调经济竞争力	5	1	20.0	1	20.0	3	60.0	上升
	政府保障经济竞争力	6	3	50.0	1	16.7	2	33.3	下降
	小　计	**16**	5	31.3	4	25.0	7	43.8	下降
发展水平竞争力	工业化进程竞争力	6	5	83.3	0	0.0	1	16.7	上升
	城市化进程竞争力	6	0	0.0	3	50.0	3	50.0	下降
	市场化进程竞争力	6	0	0.0	4	66.7	2	33.3	上升
	小　计	**18**	5	27.8	7	38.9	6	33.3	上升
统筹协调竞争力	统筹发展竞争力	8	2	25.0	3	37.5	3	37.5	下降
	协调发展竞争力	8	4	50.0	1	12.5	3	37.5	上升
	小　计	16	6	37.5	4	25.0	6	37.5	下降
合　计		**210**	59	28.1	91	43.3	60	28.6	保持

从表 5-2 可以看出，210 个四级指标中，上升指标有 59 个，占指标总数的 28.1%；下降指标有 60 个，占指标总数的 28.6%；保持不变的指标有 91 个，占指标总数的 43.3%。综上所述，内蒙古自治区经济综合竞争力上升的动力与下降的拉力基本相当，2017~2018 年内蒙古自治区经济综合竞争力排位仍保持不变。

3. 内蒙古自治区经济综合竞争力各级指标优劣势结构分析

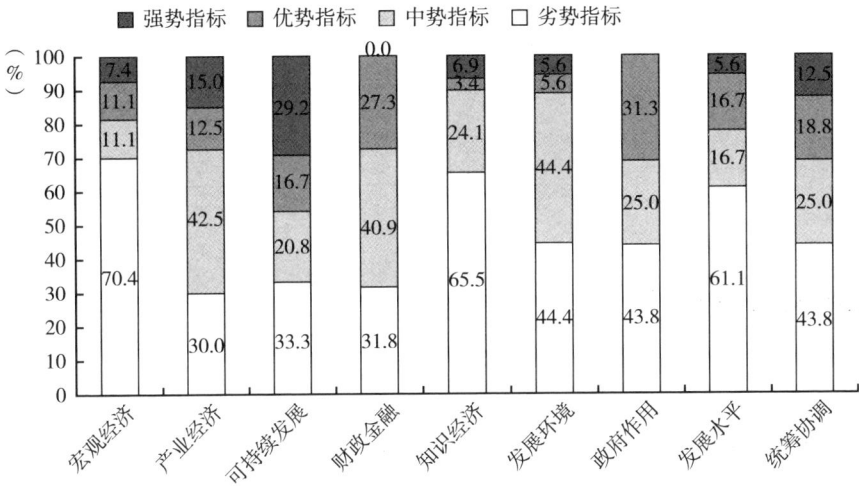

图 5-2 2018 年内蒙古自治区经济综合竞争力各级指标优劣势比较

表 5-3 2018 年内蒙古自治区经济综合竞争力各级指标优劣势比较

单位：个，%

二级指标	三级指标	四级指标数	强势指标		优势指标		中势指标		劣势指标		优劣势
			个数	比重	个数	比重	个数	比重	个数	比重	
宏观经济竞争力	经济实力竞争力	12	0	0.0	2	16.7	2	16.7	8	66.7	劣势
	经济结构竞争力	6	1	16.7	0	0.0	1	16.7	4	66.7	中势
	经济外向度竞争力	9	1	11.1	1	11.1	0	0.0	7	77.8	劣势
	小　计	**27**	2	7.4	3	11.1	3	11.1	19	70.4	劣势
产业经济竞争力	农业竞争力	10	3	30.0	0	0.0	6	60.0	1	10.0	强势
	工业竞争力	10	2	20.0	1	10.0	5	50.0	2	20.0	中势
	服务业竞争力	10	0	0.0	1	10.0	4	40.0	5	50.0	劣势
	企业竞争力	10	1	10.0	3	30.0	2	20.0	4	40.0	优势
	小　计	**40**	6	15.0	5	12.5	17	42.5	12	30.0	中势

续表

二级指标	三级指标	四级指标数	强势指标		优势指标		中势指标		劣势指标		优劣势
			个数	比重	个数	比重	个数	比重	个数	比重	
可持续发展竞争力	资源竞争力	9	6	66.7	1	11.1	2	22.2	0	0.0	强势
	环境竞争力	8	1	12.5	0	0.0	2	25.0	5	62.5	劣势
	人力资源竞争力	7	0	0.0	3	42.9	1	14.3	3	42.9	中势
	小　计	24	7	29.2	4	16.7	5	20.8	8	33.3	强势
财政金融竞争力	财政竞争力	12	0	0.0	5	41.7	3	25.0	4	33.3	中势
	金融竞争力	10	0	0.0	1	10.0	6	60.0	3	30.0	中势
	小　计	22	0	0.0	6	27.3	9	40.9	7	31.8	中势
知识经济竞争力	科技竞争力	9	0	0.0	0	0.0	0	0.0	9	100.0	劣势
	教育竞争力	10	0	0.0	1	10.0	5	50.0	4	40.0	劣势
	文化竞争力	10	2	20.0	0	0.0	2	20.0	6	60.0	中势
	小　计	29	2	6.9	1	3.4	7	24.1	19	65.5	劣势
发展环境竞争力	基础设施竞争力	9	1	11.1	0	0.0	4	44.4	4	44.4	中势
	软环境竞争力	9	0	0.0	1	11.1	4	44.4	4	44.4	中势
	小　计	18	1	5.6	1	5.6	8	44.4	8	44.4	中势
政府作用竞争力	政府发展经济竞争力	5	0	0.0	0	0.0	1	20.0	4	80.0	劣势
	政府规调经济竞争力	5	0	0.0	3	60.0	0	0.0	2	40.0	中势
	政府保障经济竞争力	6	0	0.0	2	33.3	3	50.0	1	16.7	中势
	小　计	16	0	0.0	5	31.3	4	25.0	7	43.8	中势
发展水平竞争力	工业化进程竞争力	6	0	0.0	0	0.0	2	33.3	4	66.7	劣势
	城市化进程竞争力	6	1	16.7	3	50.0	0	0.0	2	33.3	优势
	市场化进程竞争力	6	0	0.0	0	0.0	1	16.7	5	83.3	劣势
	小　计	18	1	5.6	3	16.7	3	16.7	11	61.1	劣势
统筹协调竞争力	统筹发展竞争力	8	1	12.5	1	12.5	2	25.0	4	50.0	劣势
	协调发展竞争力	8	1	12.5	2	25.0	2	25.0	3	37.5	中势
	小　计	16	2	12.5	3	18.8	4	25.0	7	43.8	劣势
合　计		**210**	21	10.0	31	14.8	60	28.6	98	46.7	中势

　　基于图5－2和表5－3，从四级指标来看，强势指标21个，占指标总数的10.0%；优势指标31个，占指标总数的14.8%；中势指标60个，占指标总数的28.6%；劣势指标98个，占指标总数的46.7%。从三级指标来看，强势指标2个，占三级指标总数的8.0%；优势指标2个，占三级指标总数的8.0%；中势指标11个，占三级指标总数的44.0%；劣势指标10个，占三级

指标总数的40.0%。反映到二级指标上来，强势指标1个，占二级指标总数的11.1%；没有优势指标；中势指标4个，占二级指标总数的44.4%；劣势指标4个，占二级指标总数的44.4%。综合来看，由于中势指标在指标体系中居于主导地位，2018年内蒙古自治区经济综合竞争力处于中势地位。

4. 内蒙古自治区经济综合竞争力四级指标优劣势对比分析

表5-4　2018年内蒙古自治区经济综合竞争力各级指标优劣势比较

二级指标	优劣势	四级指标
宏观经济 竞争力 （27个）	强势指标	资本形成结构优化度、出口增长率（2个）
	优势指标	人均地区生产总值、财政总收入增长率、进出口增长率（3个）
	劣势指标	地区生产总值、地区生产总值增长率、财政总收入、固定资产投资额、固定资产投资额增长率、人均固定资产投资额、全社会消费品零售总额、全社会消费品零售总额增长率、所有制经济结构优化度、城乡经济结构优化度、就业结构优化度、贸易结构优化度、进出口总额、出口总额、实际FDI、实际FDI增长率、外贸依存度、外资企业数、对外直接投资额（19个）
产业经济 竞争力 （40个）	强势指标	人均农业增加值、人均主要农产品产量、财政支农资金比重、工业全员劳动生产率、工业收入利润率、规模以上企业平均利润（6个）
	优势指标	人均工业增加值、人均服务业增加值、规模以上企业平均资产、规模以上企业平均收入、规模以上企业劳动效率（5个）
	劣势指标	农民人均纯收入增长率、规模以上工业主营业务收入、工业成本费用率、服务业增加值、服务业增加值增长率、服务业从业人员数、限额以上批发零售企业主营业务收入、商品房销售收入、规模以上工业企业数、新产品销售收入占主营业务收入比重、工业企业R&D经费投入强度、中国驰名商标持有量（12个）
可持续发展 竞争力 （24个）	强势指标	耕地面积、人均耕地面积、人均牧草地面积、主要能源矿产基础储量、人均主要能源矿产基础储量、人均森林储积量、人均治理工业污染投资额（7个）
	优势指标	人均国土面积、15～64岁人口比例、大专以上教育程度人口比例、平均受教育程度（4个）
	劣势指标	森林覆盖率、人均工业废气排放量、人均工业固体废物排放量、一般工业固体废物综合利用率、自然灾害直接经济损失、常住人口增长率、人口健康素质、职业学校毕业生数（8个）
财政金融 竞争力 （22个）	强势指标	（0个）
	优势指标	地方财政支出占GDP比重、人均地方财政收入、人均地方财政支出、人均税收收入、地方财政收入增长率、保险密度（6个）
	劣势指标	地方财政收入、地方财政支出、地方财政支出增长率、税收收入增长率、存款余额、贷款余额、国内上市公司数（7个）

续表

二级指标	优劣势	四级指标
知识经济竞争力(29个)	强势指标	农村居民人均文化娱乐支出、农村居民人均文化娱乐支出占消费性支出比重(2个)
	优势指标	万人中小学学校数(1个)
	劣势指标	R&D人员、R&D经费、R&D经费投入强度、发明专利授权量、技术市场成交合同金额、财政科技支出占地方财政支出比重、高技术产业主营业务收入、高技术产业收入占工业增加值比重、高技术产品出口额占商品出口额比重、教育经费、公共教育经费占财政支出比重、高校专任教师数、万人高等学校在校学生数、文化制造业营业收入、文化批发零售业营业收入、文化服务业企业营业收入、图书和期刊出版数、印刷用纸量、城镇居民人均文化娱乐支出占消费性支出比重(19个)
发展环境竞争力(18个)	强势指标	人均耗电量(1个)
	优势指标	查处商标侵权假冒案件(1个)
	劣势指标	铁路网线密度、公路网线密度、全社会旅客周转量、网站数、外资企业数增长率、个体私营企业数增长率、万人商标注册件数、罚没收入占财政收入比重(8个)
政府作用竞争力(16个)	强势指标	(0个)
	优势指标	物价调控、调控城乡消费差距、固定资产投资价格指数、养老保险覆盖率、城镇登记失业率(5个)
	劣势指标	财政支出用于基本建设投资比重、财政支出对GDP增长的拉动、政府公务员对经济的贡献、政府消费对民间消费的拉动、统筹经济社会发展、规范税收、城镇职工养老保险收支比(7个)
发展水平竞争力(18个)	强势指标	人均公共绿地面积(1个)
	优势指标	城镇化率、城镇居民人均可支配收入、人均拥有道路面积(3个)
	劣势指标	高技术产业占工业增加值比重、高技术产品占商品出口额比重、信息产业增加值占GDP比重、工农业增加值比值、城市平均建成区面积比重、人均日生活用水量、非公有制经济产值占全社会总产值比重、社会投资占投资总额比重、亿元以上商品市场成交额、亿元以上商品市场成交额占全社会消费品零售总额比重、居民消费支出占总消费支出比重(11个)
统筹协调竞争力(16个)	强势指标	固定资产投资额占GDP比重、环境竞争力与工业竞争力比差(2个)
	优势指标	社会劳动生产率、资源竞争力与工业竞争力比差、城乡居民人均现金消费支出比差(3个)
	劣势指标	能源使用下降率、万元GDP综合能耗下降率、非农用地产出率、固定资产投资增长率、人力资源竞争力与宏观经济竞争力比差、城乡居民家庭人均收入比差、全社会消费品零售总额与外贸出口总额比差(7个)

5.2　内蒙古自治区经济综合竞争力各级指标具体分析

1. 内蒙古自治区宏观经济竞争力指标排名变化情况

表5－5　2017～2018年内蒙古自治区宏观经济竞争力指标组排位及变化趋势

指　标	2017年	2018年	排位升降	优劣势
1　宏观经济竞争力	24	21	3	劣势
1.1　经济实力竞争力	26	24	2	劣势
地区生产总值	21	21	0	劣势
地区生产总值增长率	29	28	1	劣势
人均地区生产总值	9	9	0	优势
财政总收入	23	22	1	劣势
财政总收入增长率	29	10	19	优势
人均财政收入	19	18	1	中势
固定资产投资额	18	21	－3	劣势
固定资产投资额增长率	28	31	－3	劣势
人均固定资产投资额	9	23	－14	劣势
全社会消费品零售总额	21	22	－1	劣势
全社会消费品零售总额增长率	27	21	6	劣势
人均全社会消费品零售总额	12	11	1	中势
1.2　经济结构竞争力	21	20	1	中势
产业结构优化度	15	15	0	中势
所有制经济结构优化度	21	21	0	劣势
城乡经济结构优化度	25	25	0	劣势
就业结构优化度	29	30	－1	劣势
资本形成结构优化度	1	1	0	强势
贸易结构优化度	25	25	0	劣势
1.3　经济外向度竞争力	24	21	3	劣势
进出口总额	25	25	0	劣势
进出口增长率	9	8	1	优势
出口总额	23	23	0	劣势
出口增长率	13	3	10	强势
实际FDI	22	25	－3	劣势
实际FDI增长率	24	29	－5	劣势
外贸依存度	26	25	1	劣势
外资企业数	23	23	0	劣势
对外直接投资额	14	23	－9	劣势

2. 内蒙古自治区产业经济竞争力指标排名变化情况

表5-6　2017~2018年内蒙古自治区产业经济竞争力指标组排位及变化趋势

指标	2017年	2018年	排位升降	优劣势
2　产业经济竞争力	10	14	-4	中势
2.1　农业竞争力	4	3	1	强势
农业增加值	19	19	0	中势
农业增加值增长率	24	18	6	中势
人均农业增加值	3	3	0	强势
农民人均纯收入	20	18	2	中势
农民人均纯收入增长率	23	23	0	劣势
农产品出口占农林牧渔总产值比重	15	15	0	中势
人均主要农产品产量	2	2	0	强势
农业机械化水平	12	11	1	中势
农村人均用电量	12	12	0	中势
财政支农资金比重	1	1	0	强势
2.2　工业竞争力	10	16	-6	中势
工业增加值	21	20	1	中势
工业增加值增长率	29	11	18	中势
人均工业增加值	12	10	2	优势
工业资产总额	16	16	0	中势
工业资产总额增长率	27	19	8	中势
规模以上工业主营业务收入	22	21	1	劣势
工业成本费用率	2	28	-26	劣势
规模以上工业利润总额	18	17	1	中势
工业全员劳动生产率	2	2	0	强势
工业收入利润率	2	2	0	强势
2.3　服务业竞争力	28	24	4	劣势
服务业增加值	21	21	0	劣势
服务业增加值增长率	29	27	2	劣势
人均服务业增加值	9	9	0	优势
服务业从业人员数	24	23	1	劣势
限额以上批发零售企业主营业务收入	26	26	0	劣势
限额以上批零企业利税率	13	13	0	中势
限额以上餐饮企业利税率	16	19	-3	中势
旅游外汇收入	18	17	1	中势
商品房销售收入	26	26	0	劣势
电子商务销售额	18	19	-1	中势

指　标	2017 年	2018 年	排位升降	优劣势
2.4　企业竞争力	8	9	-1	优势
规模以上工业企业数	26	26	0	劣势
规模以上企业平均资产	4	4	0	优势
规模以上企业平均收入	3	4	-1	优势
规模以上企业平均利润	2	1	1	强势
规模以上企业劳动效率	7	6	1	优势
城镇就业人员平均工资	18	18	0	中势
新产品销售收入占主营业务收入比重	22	24	-2	劣势
产品质量抽查合格率	9	18	-9	中势
工业企业 R&D 经费投入强度	17	22	-5	劣势
中国驰名商标持有量	23	23	0	劣势

3. 内蒙古自治区可持续发展竞争力指标排名变化情况

表 5-7　2017~2018 年内蒙古自治区可持续发展竞争力指标组排位及变化趋势

指　标	2017 年	2018 年	排位升降	优劣势
3　可持续发展竞争力	1	1	0	强势
3.1　资源竞争力	1	1	0	强势
人均国土面积	4	4	0	优势
人均可使用海域和滩涂面积	13	13	0	中势
人均年水资源量	19	13	6	中势
耕地面积	2	2	0	强势
人均耕地面积	2	2	0	强势
人均牧草地面积	3	3	0	强势
主要能源矿产基础储量	2	2	0	强势
人均主要能源矿产基础储量	2	2	0	强势
人均森林储积量	2	2	0	强势
3.2　环境竞争力	27	26	1	劣势
森林覆盖率	21	21	0	劣势
人均废水排放量	11	12	-1	中势
人均工业废气排放量	30	30	0	劣势
人均工业固体废物排放量	30	30	0	劣势
人均治理工业污染投资额	2	2	0	强势
一般工业固体废物综合利用率	27	27	0	劣势
生活垃圾无害化处理率	14	17	-3	中势
自然灾害直接经济损失	25	26	-1	劣势

指　标	2017 年	2018 年	排位升降	优劣势
3.3　人力资源竞争力	13	11	2	中势
常住人口增长率	23	26	−3	劣势
15～64 岁人口比例	6	4	2	优势
文盲率	16	16	0	中势
大专以上教育程度人口比例	4	4	0	优势
平均受教育程度	7	7	0	优势
人口健康素质	22	22	0	劣势
职业学校毕业生数	22	22	0	劣势

4. 内蒙古自治区财政金融竞争力指标排名变化情况

表 5－8　2017～2018 年内蒙古自治区财政金融竞争力指标组排位及变化趋势

指　标	2017 年	2018 年	排位升降	优劣势
4　财政金融竞争力	29	15	14	中势
4.1　财政竞争力	27	12	15	中势
地方财政收入	21	21	0	劣势
地方财政支出	22	21	1	劣势
地方财政收入占 GDP 比重	16	15	1	中势
地方财政支出占 GDP 比重	10	10	0	优势
税收收入占 GDP 比重	11	11	0	中势
税收收入占财政总收入比重	8	12	−4	中势
人均地方财政收入	10	9	1	优势
人均地方财政支出	8	8	0	优势
人均税收收入	9	9	0	优势
地方财政收入增长率	31	10	21	优势
地方财政支出增长率	29	22	7	劣势
税收收入增长率	31	23	8	劣势
4.2　金融竞争力	27	19	8	中势
存款余额	24	24	0	劣势
人均存款余额	15	18	−3	中势
贷款余额	22	23	−1	劣势
人均贷款余额	14	14	0	中势
中长期贷款占贷款余额比重	20	16	4	中势
保险费净收入	23	20	3	中势
保险密度	18	8	10	优势
保险深度	24	15	9	中势
国内上市公司数	28	28	0	劣势
国内上市公司市值	17	18	−1	中势

5. 内蒙古自治区知识经济竞争力指标排名变化情况

表5－9 2017～2018年内蒙古自治区知识经济竞争力指标组排位及变化趋势

指 标	2017 年	2018 年	排位升降	优劣势
5 知识经济竞争力	25	25	0	劣势
5.1 科技竞争力	27	27	0	劣势
R&D 人员	21	23	－2	劣势
R&D 经费	20	21	－1	劣势
R&D 经费投入强度	21	22	－1	劣势
发明专利授权量	27	27	0	劣势
技术市场成交合同金额	27	27	0	劣势
财政科技支出占地方财政支出比重	30	30	0	劣势
高技术产业主营业务收入	25	24	1	劣势
高技术产业收入占工业增加值比重	30	30	0	劣势
高技术产品出口额占商品出口额比重	21	22	－1	劣势
5.2 教育竞争力	25	25	0	劣势
教育经费	25	25	0	劣势
教育经费占 GDP 比重	15	18	－3	中势
人均教育经费	10	13	－3	中势
公共教育经费占财政支出比重	27	29	－2	劣势
人均文化教育支出	9	19	－10	中势
万人中小学学校数	7	7	0	优势
万人中小学专任教师数	13	13	0	中势
高等学校数	18	18	0	中势
高校专任教师数	26	26	0	劣势
万人高等学校在校学生数	28	28	0	劣势
5.3 文化竞争力	18	20	－2	中势
文化制造业营业收入	28	24	4	劣势
文化批发零售业营业收入	28	27	1	劣势
文化服务业企业营业收入	27	29	－2	劣势
图书和期刊出版数	27	28	－1	劣势
电子出版物品种	19	19	0	中势
印刷用纸量	27	23	4	劣势
城镇居民人均文化娱乐支出	10	19	－9	中势
农村居民人均文化娱乐支出	2	2	0	强势
城镇居民人均文化娱乐支出占消费性支出比重	21	25	－4	劣势
农村居民人均文化娱乐支出占消费性支出比重	3	1	2	强势

6. 内蒙古自治区发展环境竞争力指标排名变化情况

表 5 - 10 2017～2018 年内蒙古自治区发展环境竞争力指标组排位及变化趋势

指　标	2017 年	2018 年	排位升降	优劣势
6　发展环境竞争力	18	20	-2	中势
6.1　基础设施竞争力	21	19	2	中势
铁路网线密度	25	25	0	劣势
公路网线密度	28	28	0	劣势
人均内河航道里程	13	13	0	中势
全社会旅客周转量	24	24	0	劣势
全社会货物周转量	12	12	0	中势
人均邮电业务总量	16	15	1	中势
电话普及率	14	14	0	中势
网站数	26	26	0	劣势
人均耗电量	3	2	1	强势
6.2　软环境竞争力	16	17	-1	中势
外资企业数增长率	23	24	-1	劣势
万人外资企业数	16	16	0	中势
个体私营企业数增长率	27	30	-3	劣势
万人个体私营企业数	13	16	-3	中势
万人商标注册件数	22	24	-2	劣势
查处商标侵权假冒案件	8	8	0	优势
每十万人交通事故发生数	13	14	1	中势
罚没收入占财政收入比重	19	25	-6	劣势
社会捐赠款物	22	19	3	中势

7. 内蒙古自治区政府作用竞争力指标排名变化情况

表 5 - 11 2017～2018 年内蒙古自治区政府作用竞争力指标组排位及变化趋势

指　标	2017 年	2018 年	排位升降	优劣势
7　政府作用竞争力	17	20	-3	中势
7.1　政府发展经济竞争力	22	24	-2	劣势
财政支出用于基本建设投资比重	11	26	-15	劣势
财政支出对 GDP 增长的拉动	22	22	0	劣势
政府公务员对经济的贡献	21	22	-1	劣势
政府消费对民间消费的拉动	23	23	0	劣势
财政投资对社会投资的拉动	21	12	9	中势

指　　标	2017 年	2018 年	排位升降	优劣势
7.2　政府规调经济竞争力	13	11	2	中势
物价调控	23	8	15	优势
调控城乡消费差距	9	10	−1	优势
统筹经济社会发展	30	30	0	劣势
规范税收	27	30	−3	劣势
固定资产投资价格指数	1	4	−3	优势
7.3　政府保障经济竞争力	14	16	−2	中势
城镇职工养老保险收支比	21	21	0	劣势
医疗保险覆盖率	13	14	−1	中势
养老保险覆盖率	9	8	1	优势
失业保险覆盖率	19	18	1	中势
最低工资标准	9	19	−10	中势
城镇登记失业率	10	6	4	优势

8. 内蒙古自治区发展水平竞争力指标排名变化情况

表 5 − 12　2017 ~ 2018 年内蒙古自治区发展水平竞争力指标组排位及变化趋势

指　　标	2017 年	2018 年	排位升降	优劣势
8　发展水平竞争力	25	23	2	劣势
8.1　工业化进程竞争力	29	24	5	劣势
工业增加值占 GDP 比重	18	16	2	中势
工业增加值增长率	31	11	20	中势
高技术产业占工业增加值比重	30	23	7	劣势
高技术产品占商品出口额比重	23	22	1	劣势
信息产业增加值占 GDP 比重	27	29	−2	劣势
工农业增加值比值	22	21	1	劣势
8.2　城市化进程竞争力	9	10	−1	优势
城镇化率	10	10	0	优势
城镇居民人均可支配收入	9	9	0	优势
城市平均建成区面积比重	21	23	−2	劣势
人均拥有道路面积	3	5	−2	优势
人均日生活用水量	31	31	0	劣势
人均公共绿地面积	1	2	−1	强势

指　标	2017 年	2018 年	排位升降	优劣势
8.3　市场化进程竞争力	24	23	1	劣势
非公有制经济产值占全社会总产值比重	21	21	0	劣势
社会投资占投资总额比重	26	26	0	劣势
私有和个体企业从业人员比重	14	17	−3	中势
亿元以上商品市场成交额	23	23	0	劣势
亿元以上商品市场成交额占全社会消费品零售总额比重	24	25	−1	劣势
居民消费支出占总消费支出比重	23	23	0	劣势

9. 内蒙古自治区统筹协调竞争力指标排名变化情况

表5－13　2017～2018 年内蒙古自治区统筹协调竞争力指标组排位及变化趋势

指　标	2017 年	2018 年	排位升降	优劣势
9　统筹协调竞争力	22	29	−7	劣势
9.1　统筹发展竞争力	15	31	−16	劣势
社会劳动生产率	10	8	2	优势
能源使用下降率	13	31	−18	劣势
万元 GDP 综合能耗下降率	27	31	−4	劣势
非农用地产出率	27	27	0	劣势
居民收入占 GDP 比重	12	12	0	中势
二三产业增加值比例	12	12	0	中势
固定资产投资额占 GDP 比重	14	3	11	强势
固定资产投资增长率	4	31	−27	劣势
9.2　协调发展竞争力	25	19	6	中势
资源竞争力与宏观经济竞争力比差	11	12	−1	中势
环境竞争力与宏观经济竞争力比差	22	18	4	中势
人力资源竞争力与宏观经济竞争力比差	25	28	−3	劣势
环境竞争力与工业竞争力比差	8	3	5	强势
资源竞争力与工业竞争力比差	9	7	2	优势
城乡居民家庭人均收入比差	25	25	0	劣势
城乡居民人均现金消费支出比差	9	10	−1	优势
全社会消费品零售总额与外贸出口总额比差	27	26	1	劣势

B.7
6
辽宁省经济综合竞争力评价分析报告

辽宁省简称辽，位于中国东北地区的南部沿海，东隔鸭绿江与朝鲜为邻，内接吉林省、内蒙古自治区、河北省，是中国东北经济区和环渤海经济区的重要结合部。全省陆地面积达 14.59 万平方公里。2018 年总人口为 4359 万人，地区生产总值为 25315 亿元，同比增长 5.7%，人均 GDP 达 58008 元。本部分通过分析 2017～2018 年辽宁省经济综合竞争力以及各要素竞争力的排名变化，从中找出辽宁省经济综合竞争力的推动点及影响因素，为进一步提升辽宁省经济综合竞争力提供决策参考。

6.1 辽宁省经济综合竞争力总体分析

1. 辽宁省经济综合竞争力一级指标概要分析

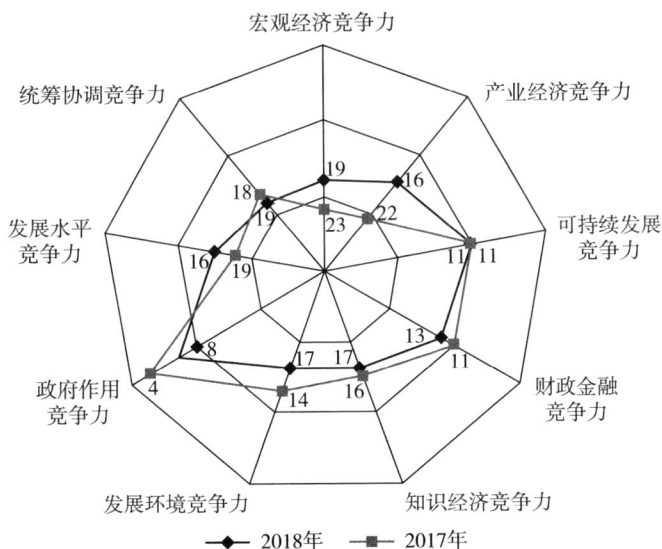

图 6-1 2017～2018 年辽宁省经济综合竞争力二级指标比较雷达图

141

表6-1 2017~2018年辽宁省经济综合竞争力二级指标比较

项目年份	宏观经济竞争力	产业经济竞争力	可持续发展竞争力	财政金融竞争力	知识经济竞争力	发展环境竞争力	政府作用竞争力	发展水平竞争力	统筹协调竞争力	综合排位
2017	23	22	11	11	16	14	4	19	18	17
2018	19	16	11	13	17	17	8	16	19	17
升降	4	6	0	-2	-1	-3	-4	3	-1	0
优劣度	中势	中势	中势	中势	中势	中势	优势	中势	中势	中势

（1）从综合排位看，2018年辽宁省经济综合竞争力综合排位在全国居第17位，这表明其在全国处于中势地位；与2017年相比，综合排位没有改变。

（2）从指标所处区位看，1个指标处于上游区，为政府作用竞争力；8个指标处于中游区，分别为宏观经济竞争力、产业经济竞争力、可持续发展竞争力、财政金融竞争力、知识经济竞争力、发展环境竞争力、发展水平竞争力和统筹协调竞争力；没有指标处于下游区。

（3）从指标变化趋势看，9个二级指标中，有3个指标处于上升趋势，分别为宏观经济竞争力、产业经济竞争力和发展水平竞争力，这些是辽宁省经济综合竞争力上升的动力所在；有1个指标排位没有发生变化，为可持续发展竞争力；有5个指标处于下降趋势，分别为财政金融竞争力、知识经济竞争力、发展环境竞争力、政府作用竞争力和统筹协调竞争力，这些是辽宁省经济综合竞争力下降的拉力所在。

2. 辽宁省经济综合竞争力各级指标动态变化分析

表6-2 2017~2018年辽宁省经济综合竞争力各级指标排位变化态势比较

单位：个，%

二级指标	三级指标	四级指标数	上升		保持		下降		变化趋势
			指标数	比重	指标数	比重	指标数	比重	
宏观经济竞争力	经济实力竞争力	12	6	50.0	4	33.3	2	16.7	上升
	经济结构竞争力	6	1	16.7	3	50.0	2	33.3	上升
	经济外向度竞争力	9	4	44.4	3	33.3	2	22.2	上升
	小 计	27	11	40.7	10	37.0	6	22.2	上升

续表

二级指标	三级指标	四级指标数	上升		保持		下降		变化趋势
			指标数	比重	指标数	比重	指标数	比重	
产业经济竞争力	农业竞争力	10	0	0.0	6	60.0	4	40.0	保持
	工业竞争力	10	8	80.0	1	10.0	1	10.0	上升
	服务业竞争力	10	3	30.0	2	20.0	5	50.0	上升
	企业竞争力	10	4	40.0	5	50.0	1	10.0	上升
	小　计	40	15	37.5	14	35.0	11	27.5	上升
可持续发展竞争力	资源竞争力	9	1	11.1	8	88.9	0	0.0	下降
	环境竞争力	8	0	0.0	6	75.0	2	25.0	上升
	人力资源竞争力	7	1	14.3	4	57.1	2	28.6	上升
	小　计	24	2	8.3	18	75.0	4	16.7	保持
财政金融竞争力	财政竞争力	12	3	25.0	4	33.3	5	41.7	下降
	金融竞争力	10	2	20.0	4	40.0	4	40.0	下降
	小　计	22	5	22.7	8	36.4	9	40.9	下降
知识经济竞争力	科技竞争力	9	2	22.2	3	33.3	4	44.4	保持
	教育竞争力	10	3	30.0	4	40.0	3	30.0	保持
	文化竞争力	10	2	20.0	3	30.0	5	50.0	下降
	小　计	29	7	24.1	10	34.5	12	41.4	下降
发展环境竞争力	基础设施竞争力	9	0	0.0	5	55.6	4	44.4	下降
	软环境竞争力	9	1	11.1	4	44.4	4	44.4	下降
	小　计	18	1	5.6	9	50.0	8	44.4	下降
政府作用竞争力	政府发展经济竞争力	5	1	20.0	1	20.0	3	60.0	下降
	政府规调经济竞争力	5	1	20.0	0	0.0	4	80.0	下降
	政府保障经济竞争力	6	1	16.7	4	66.7	1	16.7	保持
	小　计	16	3	18.8	5	31.3	8	50.0	下降
发展水平竞争力	工业化进程竞争力	6	5	83.3	1	16.7	0	0.0	上升
	城市化进程竞争力	6	2	33.3	3	50.0	1	16.7	下降
	市场化进程竞争力	6	2	33.3	1	16.7	3	50.0	下降
	小　计	18	9	50.0	5	27.8	4	22.2	上升
统筹协调竞争力	统筹发展竞争力	8	2	25.0	1	12.5	5	62.5	下降
	协调发展竞争力	8	3	37.5	2	25.0	3	37.5	上升
	小　计	16	5	31.3	3	18.8	8	50.0	下降
合　计		210	58	27.6	82	39.0	70	33.3	保持

从表 6-2 可以看出，210 个四级指标中，上升指标有 58 个，占指标总数的 27.6%；下降指标有 70 个，占指标总数的 33.3%；保持不变的指标有 82 个，占指标总数的 39.0%。综上所述，辽宁省经济综合竞争力上升的动力小于下降的拉力，但受其他因素的综合影响，2017～2018 年辽宁省经济综合竞争力排位仍保持不变。

3. 辽宁省经济综合竞争力各级指标优劣势结构分析

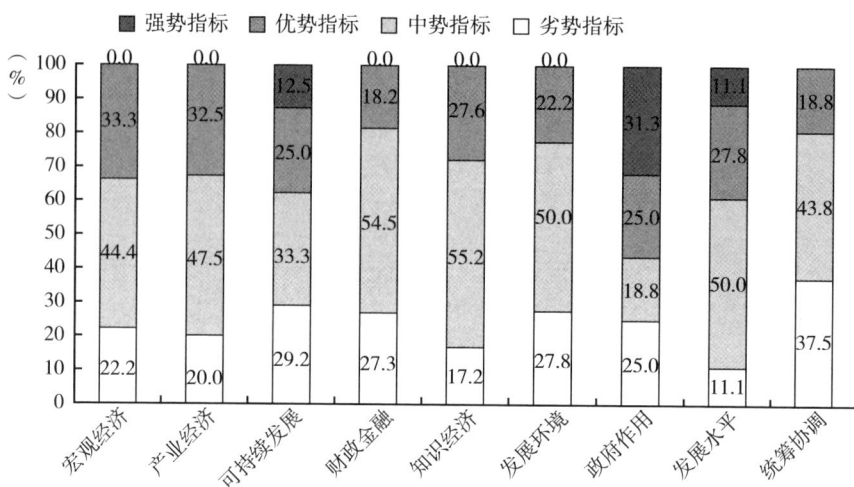

图 6-2 2018 年辽宁省经济综合竞争力各级指标优劣势比较图

表 6-3 2018 年辽宁省经济综合竞争力各级指标优劣势比较

单位：个，%

二级指标	三级指标	四级指标数	强势指标		优势指标		中势指标		劣势指标		优劣势
			个数	比重	个数	比重	个数	比重	个数	比重	
宏观经济竞争力	经济实力竞争力	12	0	0.0	1	8.3	7	58.3	4	33.3	劣势
	经济结构竞争力	6	0	0.0	1	16.7	3	50.0	2	33.3	劣势
	经济外向度竞争力	9	0	0.0	7	77.8	2	22.2	0	0.0	优势
	小　计	**27**	0	0.0	9	33.3	12	44.4	6	22.2	中势
产业经济竞争力	农业竞争力	10	0	0.0	5	50.0	2	20.0	3	30.0	劣势
	工业竞争力	10	0	0.0	1	10.0	7	70.0	2	20.0	中势
	服务业竞争力	10	0	0.0	2	20.0	6	60.0	2	20.0	劣势
	企业竞争力	10	0	0.0	5	50.0	4	40.0	1	10.0	优势
	小　计	**40**	0	0.0	13	32.5	19	47.5	8	20.0	中势

续表

二级指标	三级指标	四级指标数	强势指标		优势指标		中势指标		劣势指标		优劣势
			个数	比重	个数	比重	个数	比重	个数	比重	
可持续发展竞争力	资源竞争力	9	1	11.1	3	33.3	4	44.4	1	11.1	优势
	环境竞争力	8	0	0.0	0	0.0	3	37.5	5	62.5	劣势
	人力资源竞争力	7	2	28.6	3	42.9	1	14.3	1	14.3	优势
	小　计	24	3	12.5	6	25.0	8	33.3	7	29.2	中势
财政金融竞争力	财政竞争力	12	0	0.0	2	16.7	7	58.3	3	25.0	中势
	金融竞争力	10	0	0.0	2	20.0	5	50.0	3	30.0	中势
	小　计	22	0	0.0	4	18.2	12	54.5	6	27.3	中势
知识经济竞争力	科技竞争力	9	0	0.0	0	0.0	7	77.8	2	22.2	中势
	教育竞争力	10	0	0.0	5	50.0	2	20.0	3	30.0	中势
	文化竞争力	10	0	0.0	3	30.0	7	70.0	0	0.0	优势
	小　计	29	0	0.0	8	27.6	16	55.2	5	17.2	中势
发展环境竞争力	基础设施竞争力	9	0	0.0	2	22.2	6	66.7	1	11.1	中势
	软环境竞争力	9	0	0.0	2	22.2	3	33.3	4	44.4	劣势
	小　计	18	0	0.0	4	22.2	9	50.0	5	27.8	中势
政府作用竞争力	政府发展经济竞争力	5	1	20.0	2	40.0	1	20.0	1	20.0	中势
	政府规调经济竞争力	5	1	20.0	1	20.0	1	20.0	2	40.0	中势
	政府保障经济竞争力	6	3	50.0	1	16.7	1	16.7	1	16.7	强势
	小　计	16	5	31.3	4	25.0	3	18.8	4	25.0	优势
发展水平竞争力	工业化进程竞争力	6	0	0.0	1	16.7	5	83.3	0	0.0	中势
	城市化进程竞争力	6	0	0.0	2	33.3	2	33.3	2	33.3	中势
	市场化进程竞争力	6	2	33.3	2	33.3	2	33.3	0	0.0	中势
	小　计	18	2	11.1	5	27.8	9	50.0	2	11.1	中势
统筹协调竞争力	统筹发展竞争力	8	0	0.0	2	25.0	2	25.0	4	50.0	劣势
	协调发展竞争力	8	0	0.0	1	12.5	5	62.5	2	25.0	中势
	小　计	16	0	0.0	3	18.8	7	43.8	6	37.5	中势
合　计		210	10	4.8	56	26.7	95	45.2	49	23.3	中势

　　基于图6-2和表6-3，从四级指标来看，强势指标10个，占指标总数的4.8%；优势指标56个，占指标总数的26.7%；中势指标95个，占指标总数的45.2%；劣势指标49个，占指标总数的23.3%。从三级指标来看，强势指标1个，占三级指标总数的4.0%；优势指标5个，占三级指标总数的20.0%；中势指标12个，占三级指标总数的48.0%；

劣势指标7个，占三级指标总数的28.0%。反映到二级指标上来，没有强势指标；优势指标有1个，占二级指标总数的11.1%；中势指标有8个，占二级指标总数的88.9%；没有劣势指标。综合来看，由于中势指标在指标体系中居于主导地位，2018年辽宁省经济综合竞争力处于中势地位。

4.辽宁省经济综合竞争力四级指标优劣势对比分析

表6-4　2018年辽宁省经济综合竞争力各级指标优劣势比较

二级指标	优劣势	四级指标
宏观经济竞争力（27个）	强势指标	（0个）
	优势指标	人均全社会消费品零售总额、产业结构优化度、进出口总额、进出口增长率、出口总额、出口增长率、实际FDI、外贸依存度、外资企业数（9个）
	劣势指标	地区生产总值增长率、固定资产投资额、固定资产投资额增长率、人均固定资产投资额、就业结构优化度、资本形成结构优化度（6个）
产业经济竞争力（40个）	强势指标	（0个）
	优势指标	人均农业增加值、农民人均纯收入、农产品出口占农林牧渔总产值比重、人均主要农产品产量、农村人均用电量、工业增加值增长率、限额以上批发零售企业主营业务收入、限额以上餐饮企业利税率、规模以上企业平均资产、规模以上企业平均收入、规模以上企业平均利润、产品质量抽查合格率、中国驰名商标持有量（13个）
	劣势指标	农业增加值增长率、农民人均纯收入增长率、财政支农资金比重、工业资产总额增长率、工业收入利润率、服务业增加值增长率、限额以上批零企业利税率、城镇就业人员平均工资（8个）
可持续发展竞争力（24个）	强势指标	人均可使用海域和滩涂面积、文盲率、人口健康素质（3个）
	优势指标	人均耕地面积、主要能源矿产基础储量、人均主要能源矿产基础储量、15～64岁人口比例、大专以上教育程度人口比例、平均受教育程度（6个）
	劣势指标	人均年水资源量、人均废水排放量、人均工业废气排放量、人均工业固体废物排放量、一般工业固体废物综合利用率、自然灾害直接经济损失、常住人口增长率（7个）
财政金融竞争力（22个）	强势指标	（0个）
	优势指标	税收入占财政总收入比重、地方财政收入增长率、存款余额、人均存款余额（4个）
	劣势指标	地方财政支出占GDP比重、人均地方财政支出、税收入增长率、中长期贷款占贷款余额比重、保险密度、保险深度（6个）

续表

二级指标	优劣势	四级指标
知识经济竞争力（29个）	强势指标	（0个）
	优势指标	人均文化教育支出、万人中小学学校数、万人中小学专任教师数、高等学校数、万人高等学校在校学生数、电子出版物品种、城镇居民人均文化娱乐支出、城镇居民人均文化娱乐支出占消费性支出比重（8个）
	劣势指标	高技术产业主营业务收入、高技术产业收入占工业增加值比重、教育经费占GDP比重、人均教育经费、公共教育经费占财政支出比重（5个）
发展环境竞争力（18个）	强势指标	（0个）
	优势指标	铁路网线密度、全社会货物周转量、万人外资企业数、每十万人交通事故发生数（4个）
	劣势指标	人均内河航道里程、外资企业数增长率、个体私营企业数增长率、罚没收入占财政收入比重、社会捐赠款物（5个）
政府作用竞争力（16个）	强势指标	政府消费对民间消费的拉动、固定资产投资价格指数、医疗保险覆盖率、养老保险覆盖率、城镇登记失业率（5个）
	优势指标	财政支出对GDP增长的拉动、财政投资对社会投资的拉动、统筹经济社会发展、失业保险覆盖率（4个）
	劣势指标	财政支出用于基本建设投资比重、物价调控、调控城乡消费差距、最低工资标准（4个）
发展水平竞争力（18个）	强势指标	社会投资占投资总额比重、居民消费支出占总消费支出比重（2个）
	优势指标	工业增加值增长率、城镇化率、城镇居民人均可支配收入、亿元以上商品市场成交额、亿元以上商品市场成交额占全社会消费品零售总额比重（5个）
	劣势指标	城市平均建成区面积比重、人均公共绿地面积（2个）
统筹协调竞争力（16个）	强势指标	（0个）
	优势指标	二三产业增加值比例、固定资产投资额占GDP比重、资源竞争力与宏观经济竞争力比差（3个）
	劣势指标	能源使用下降率、万元GDP综合能耗下降率、居民收入占GDP比重、固定资产投资增长率、人力资源竞争力与宏观经济竞争力比差、城乡居民人均现金消费支出比差（6个）

6.2 辽宁省经济综合竞争力各级指标具体分析

1. 辽宁省宏观经济竞争力指标排名变化情况

表6-5 2017~2018年辽宁省宏观经济竞争力指标组排位及变化趋势

指　标	2017 年	2018 年	排位升降	优劣势
1　宏观经济竞争力	23	19	4	中势
1.1　经济实力竞争力	28	22	6	劣势
地区生产总值	14	14	0	中势
地区生产总值增长率	28	27	1	劣势
人均地区生产总值	14	13	1	中势
财政总收入	16	15	1	中势
财政总收入增长率	25	13	12	中势
人均财政收入	16	17	-1	中势
固定资产投资额	25	25	0	劣势
固定资产投资额增长率	25	22	3	劣势
人均固定资产投资额	31	31	0	劣势
全社会消费品零售总额	10	11	-1	中势
全社会消费品零售总额增长率	30	19	11	中势
人均全社会消费品零售总额	9	9	0	优势
1.2　经济结构竞争力	23	22	1	劣势
产业结构优化度	10	10	0	优势
所有制经济结构优化度	22	20	2	中势
城乡经济结构优化度	16	17	-1	中势
就业结构优化度	27	28	-1	劣势
资本形成结构优化度	27	27	0	劣势
贸易结构优化度	14	14	0	中势
1.3　经济外向度竞争力	11	10	1	优势
进出口总额	9	8	1	优势
进出口增长率	13	10	3	优势
出口总额	8	7	1	优势
出口增长率	16	10	6	优势
实际FDI	6	6	0	优势
实际FDI增长率	5	11	-6	中势
外贸依存度	6	6	0	优势
外资企业数	8	8	0	优势
对外直接投资额	12	19	-7	中势

2. 辽宁省产业经济竞争力指标排名变化情况

表6-6 2017~2018年辽宁省产业经济竞争力指标组排位及变化趋势

指　标	2017年	2018年	排位升降	优劣势
2　产业经济竞争力	22	16	6	中势
2.1　农业竞争力	22	22	0	劣势
农业增加值	15	15	0	中势
农业增加值增长率	20	21	-1	劣势
人均农业增加值	7	7	0	优势
农民人均纯收入	10	10	0	优势
农民人均纯收入增长率	31	31	0	劣势
农产品出口占农林牧渔总产值比重	8	8	0	优势
人均主要农产品产量	8	9	-1	优势
农业机械化水平	18	19	-1	中势
农村人均用电量	5	7	-2	优势
财政支农资金比重	24	24	0	劣势
2.2　工业竞争力	26	17	9	中势
工业增加值	15	15	0	中势
工业增加值增长率	25	6	19	优势
人均工业增加值	19	16	3	中势
工业资产总额	11	14	-3	中势
工业资产总额增长率	25	24	1	劣势
规模以上工业主营业务收入	15	14	1	中势
工业成本费用率	23	17	6	中势
规模以上工业利润总额	19	16	3	中势
工业全员劳动生产率	18	16	2	中势
工业收入利润率	29	25	4	劣势
2.3　服务业竞争力	24	23	1	劣势
服务业增加值	13	13	0	中势
服务业增加值增长率	31	30	1	劣势
人均服务业增加值	11	12	-1	中势
服务业从业人员数	15	16	-1	中势
限额以上批发零售企业主营业务收入	10	10	0	优势
限额以上批零企业利税率	30	31	-1	劣势
限额以上餐饮企业利税率	6	8	-2	优势
旅游外汇收入	15	14	1	中势
商品房销售收入	17	18	-1	中势
电子商务销售额	16	12	4	中势

指　　标	2017 年	2018 年	排位升降	优劣势
2.4　企业竞争力	11	8	3	优势
规模以上工业企业数	15	15	0	中势
规模以上企业平均资产	10	10	0	优势
规模以上企业平均收入	13	8	5	优势
规模以上企业平均利润	25	9	16	优势
规模以上企业劳动效率	23	11	12	中势
城镇就业人员平均工资	28	28	0	劣势
新产品销售收入占主营业务收入比重	11	11	0	中势
产品质量抽查合格率	14	6	8	优势
工业企业 R&D 经费投入强度	9	13	−4	中势
中国驰名商标持有量	7	7	0	优势

3. 辽宁省可持续发展竞争力指标排名变化情况

表 6 - 7　2017～2018 年辽宁省可持续发展竞争力指标组排位及变化趋势

指　　标	2017 年	2018 年	排位升降	优劣势
3　可持续发展竞争力	11	11	0	中势
3.1　资源竞争力	8	9	−1	优势
人均国土面积	17	17	0	中势
人均可使用海域和滩涂面积	3	3	0	强势
人均年水资源量	24	22	2	劣势
耕地面积	13	13	0	中势
人均耕地面积	10	10	0	优势
人均牧草地面积	19	19	0	中势
主要能源矿产基础储量	10	10	0	优势
人均主要能源矿产基础储量	8	8	0	优势
人均森林储积量	16	16	0	中势
3.2　环境竞争力	24	21	3	劣势
森林覆盖率	14	16	−2	中势
人均废水排放量	23	23	0	劣势
人均工业废气排放量	26	26	0	劣势
人均工业固体废物排放量	27	27	0	劣势
人均治理工业污染投资额	19	19	0	中势
一般工业固体废物综合利用率	23	23	0	劣势
生活垃圾无害化处理率	17	20	−3	中势
自然灾害直接经济损失	23	23	0	劣势

指　　标	2017 年	2018 年	排位升降	优劣势
3.3　人力资源竞争力	7	6	1	优势
常住人口增长率	28	28	0	劣势
15～64 岁人口比例	5	7	−2	优势
文盲率	2	2	0	强势
大专以上教育程度人口比例	6	8	−2	优势
平均受教育程度	4	4	0	优势
人口健康素质	8	2	6	强势
职业学校毕业生数	17	17	0	中势

4. 辽宁省财政金融竞争力指标排名变化情况

表 6 - 8　2017～2018 年辽宁省财政金融竞争力指标组排位及变化趋势

指　　标	2017 年	2018 年	排位升降	优劣势
4　财政金融竞争力	11	13	−2	中势
4.1　财政竞争力	14	15	−1	中势
地方财政收入	14	14	0	中势
地方财政支出	16	15	1	中势
地方财政收入占 GDP 比重	18	17	1	中势
地方财政支出占 GDP 比重	21	22	−1	劣势
税收收入占 GDP 比重	13	16	−3	中势
税收收入占财政总收入比重	7	10	−3	优势
人均地方财政收入	16	16	0	中势
人均地方财政支出	22	22	0	劣势
人均税收收入	12	13	−1	中势
地方财政收入增长率	8	8	0	优势
地方财政支出增长率	20	14	6	中势
税收收入增长率	13	21	−8	劣势
4.2　金融竞争力	8	16	−8	中势
存款余额	10	10	0	优势
人均存款余额	8	8	0	优势
贷款余额	11	11	0	中势
人均贷款余额	11	11	0	中势
中长期贷款占贷款余额比重	28	25	3	劣势
保险费净收入	11	17	−6	中势
保险密度	7	22	−15	劣势
保险深度	3	24	−21	劣势
国内上市公司数	12	13	−1	中势
国内上市公司市值	15	13	2	中势

5. 辽宁省知识经济竞争力指标排名变化情况

表6-9　2017~2018年辽宁省知识经济竞争力指标组排位及变化趋势

指　　标	2017年	2018年	排位升降	优劣势
5　知识经济竞争力	16	17	-1	中势
5.1　科技竞争力	17	17	0	中势
R&D人员	16	16	0	中势
R&D经费	14	13	1	中势
R&D经费投入强度	12	13	-1	中势
发明专利授权量	14	14	0	中势
技术市场成交合同金额	10	11	-1	中势
财政科技支出占地方财政支出比重	22	19	3	中势
高技术产业主营业务收入	20	21	-1	劣势
高技术产业收入占工业增加值比重	21	24	-3	劣势
高技术产品出口额占商品出口额比重	20	20	0	中势
5.2　教育竞争力	14	14	0	中势
教育经费	20	20	0	中势
教育经费占GDP比重	24	25	-1	劣势
人均教育经费	30	31	-1	劣势
公共教育经费占财政支出比重	24	26	-2	劣势
人均文化教育支出	8	6	2	优势
万人中小学学校数	9	8	1	优势
万人中小学专任教师数	6	5	1	优势
高等学校数	8	8	0	优势
高校专任教师数	11	11	0	中势
万人高等学校在校学生数	9	9	0	优势
5.3　文化竞争力	8	9	-1	优势
文化制造业营业收入	20	20	0	中势
文化批发零售业营业收入	18	19	-1	中势
文化服务业企业营业收入	15	15	0	中势
图书和期刊出版数	16	16	0	中势
电子出版物品种	6	7	-1	优势
印刷用纸量	9	13	-4	中势
城镇居民人均文化娱乐支出	7	6	1	优势
农村居民人均文化娱乐支出	10	13	-3	中势
城镇居民人均文化娱乐支出占消费性支出比重	6	4	2	优势
农村居民人均文化娱乐支出占消费性支出比重	11	14	-3	中势

6. 辽宁省发展环境竞争力指标排名变化情况

表6-10 2017~2018年辽宁省发展环境竞争力指标组排位及变化趋势

指　　标	2017 年	2018 年	排位升降	优劣势
6 发展环境竞争力	14	17	−3	中势
6.1　基础设施竞争力	12	14	−2	中势
铁路网线密度	4	4	0	优势
公路网线密度	20	20	0	中势
人均内河航道里程	26	26	0	劣势
全社会旅客周转量	11	11	0	中势
全社会货物周转量	4	6	−2	优势
人均邮电业务总量	15	18	−3	中势
电话普及率	7	15	−8	中势
网站数	11	12	−1	中势
人均耗电量	14	14	0	中势
6.2　软环境竞争力	22	27	−5	劣势
外资企业数增长率	25	27	−2	劣势
万人外资企业数	8	8	0	优势
个体私营企业数增长率	26	24	2	劣势
万人个体私营企业数	12	14	−2	中势
万人商标注册件数	13	13	0	中势
查处商标侵权假冒案件	11	11	0	中势
每十万人交通事故发生数	10	10	0	优势
罚没收入占财政收入比重	30	31	−1	劣势
社会捐赠款物	21	28	−7	劣势

7. 辽宁省政府作用竞争力指标排名变化情况

表6-11 2017~2018年辽宁省政府作用竞争力指标组排位及变化趋势

指　　标	2017 年	2018 年	排位升降	优劣势
7 政府作用竞争力	4	8	−4	优势
7.1　政府发展经济竞争力	15	17	−2	中势
财政支出用于基本建设投资比重	30	31	−1	劣势
财政支出对 GDP 增长的拉动	11	10	1	优势
政府公务员对经济的贡献	12	16	−4	中势
政府消费对民间消费的拉动	3	3	0	强势
财政投资对社会投资的拉动	7	9	−2	优势

续表

指　标	2017 年	2018 年	排位升降	优劣势
7.2 政府规调经济竞争力	6	17	−11	中势
物价调控	8	30	−22	劣势
调控城乡消费差距	26	27	−1	劣势
统筹经济社会发展	7	10	−3	优势
规范税收	14	16	−2	中势
固定资产投资价格指数	4	2	2	强势
7.3 政府保障经济竞争力	3	3	0	强势
城镇职工养老保险收支比	15	15	0	中势
医疗保险覆盖率	1	1	0	强势
养老保险覆盖率	1	1	0	强势
失业保险覆盖率	6	6	0	优势
最低工资标准	23	26	−3	劣势
城镇登记失业率	8	3	5	强势

8. 辽宁省发展水平竞争力指标排名变化情况

表 6-12　2017~2018 年辽宁省发展水平竞争力指标组排位及变化趋势

指　标	2017 年	2018 年	排位升降	优劣势
8　发展水平竞争力	19	16	3	中势
8.1　工业化进程竞争力	21	18	3	中势
工业增加值占 GDP 比重	22	15	7	中势
工业增加值增长率	14	6	8	优势
高技术产业占工业增加值比重	22	12	10	中势
高技术产品占商品出口额比重	20	20	0	中势
信息产业增加值占 GDP 比重	21	12	9	中势
工农业增加值比值	19	18	1	中势
8.2　城市化进程竞争力	18	19	−1	中势
城镇化率	7	7	0	优势
城镇居民人均可支配收入	10	10	0	优势
城市平均建成区面积比重	28	28	0	劣势
人均拥有道路面积	25	19	6	中势
人均日生活用水量	22	20	2	中势
人均公共绿地面积	21	22	−1	劣势

续表

指　标	2017 年	2018 年	排位升降	优劣势
8.3　市场化进程竞争力	13	14	-1	中势
非公有制经济产值占全社会总产值比重	22	20	2	中势
社会投资占投资总额比重	5	2	3	强势
私有和个体企业从业人员比重	11	19	-8	中势
亿元以上商品市场成交额	7	8	-1	优势
亿元以上商品市场成交额占全社会消费品零售总额比重	9	10	-1	优势
居民消费支出占总消费支出比重	3	3	0	强势

9. 辽宁省统筹协调竞争力指标排名变化情况

表 6–13　2017~2018 年辽宁省统筹协调竞争力指标组排位及变化趋势

指　标	2017 年	2018 年	排位升降	优劣势
9　统筹协调竞争力	18	19	-1	中势
9.1　统筹发展竞争力	19	21	-2	劣势
社会劳动生产率	12	12	0	中势
能源使用下降率	14	28	-14	劣势
万元 GDP 综合能耗下降率	26	28	-2	劣势
非农用地产出率	18	16	2	中势
居民收入占 GDP 比重	28	27	1	劣势
二三产业增加值比例	7	8	-1	优势
固定资产投资额占 GDP 比重	8	9	-1	优势
固定资产投资增长率	7	22	-15	劣势
9.2　协调发展竞争力	20	18	2	中势
资源竞争力与宏观经济竞争力比差	8	8	0	优势
环境竞争力与宏观经济竞争力比差	23	16	7	中势
人力资源竞争力与宏观经济竞争力比差	27	26	1	劣势
环境竞争力与工业竞争力比差	7	11	-4	中势
资源竞争力与工业竞争力比差	26	15	11	中势
城乡居民家庭人均收入比差	16	17	-1	中势
城乡居民人均现金消费支出比差	26	27	-1	劣势
全社会消费品零售总额与外贸出口总额比差	14	14	0	中势

B.8

7

吉林省经济综合竞争力评价分析报告

吉林省简称吉，位于我国东北地区中部，南隔图们江、鸭绿江与朝鲜为邻，东与俄罗斯接壤，内陆与黑龙江省、内蒙古自治区、辽宁省相接。全省总面积为18.74万平方公里，2018年总人口为2704万人，地区生产总值达15075亿元，同比增长4.5%，人均GDP达55611元。本部分通过分析2017~2018年吉林省经济综合竞争力以及各要素竞争力的排名变化，从中找出吉林省经济综合竞争力的推动点及影响因素，为进一步提升吉林省经济综合竞争力提供决策参考。

7.1 吉林省经济综合竞争力总体分析

1.吉林省经济综合竞争力一级指标概要分析

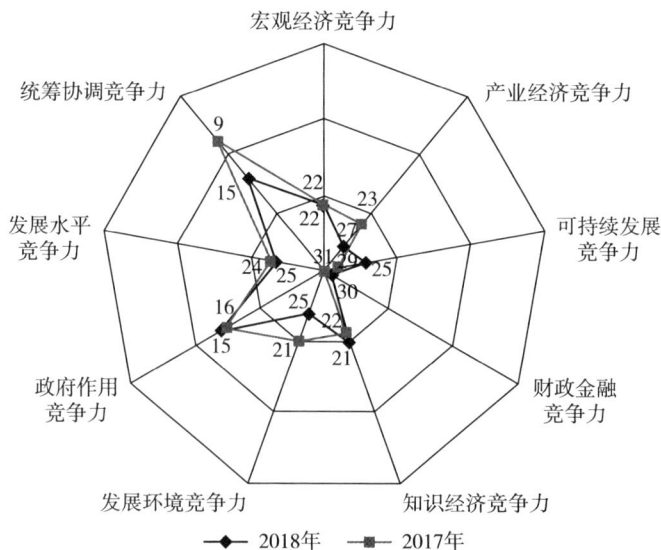

图7-1 2017~2018年吉林省经济综合竞争力二级指标比较雷达图

表 7-1 2017~2018 年吉林省经济综合竞争力二级指标比较

项目 年份	宏观经济竞争力	产业经济竞争力	可持续发展竞争力	财政金融竞争力	知识经济竞争力	发展环境竞争力	政府作用竞争力	发展水平竞争力	统筹协调竞争力	综合排位
2017	22	23	29	31	22	21	16	24	9	22
2018	22	27	25	30	21	25	15	25	15	22
升降	0	-4	4	1	1	-4	1	-1	-6	0
优劣度	劣势	劣势	劣势	劣势	劣势	劣势	中势	劣势	中势	劣势

（1）从综合排位看，2018 年吉林省经济综合竞争力居第 22 位，在全国处于劣势地位；与 2017 年相比，综合排位保持不变。

（2）从指标所处区位看，9 个二级指标中，有 2 个中势指标，即政府作用竞争力和统筹协调竞争力；有 7 个劣势指标，分别为宏观经济竞争力、产业经济竞争力、可持续发展竞争力、财政金融竞争力、知识经济竞争力、发展环境竞争力和发展水平竞争力。

（3）从指标变化趋势看，9 个二级指标中，有 4 个指标处于上升趋势，即可持续发展竞争力、财政金融竞争力、知识经济竞争力和政府作用竞争力；有 1 个指标保持不变，即宏观经济竞争力；有 4 个指标处于下降趋势，分别为产业经济竞争力、发展环境竞争力、发展水平竞争力和统筹协调竞争力。

2.吉林省经济综合竞争力各级指标动态变化分析

表 7-2 2017~2018 年吉林省经济综合竞争力各级指标排位变化态势比较

单位：个，%

二级指标	三级指标	四级指标数	上升		保持		下降		变化趋势
			指标数	比重	指标数	比重	指标数	比重	
宏观经济竞争力	经济实力竞争力	12	2	16.7	1	8.3	9	75.0	下降
	经济结构竞争力	6	0	0.0	5	83.3	1	16.7	下降
	经济外向度竞争力	9	3	33.3	3	33.3	3	33.3	上升
	小　计	27	5	18.5	9	33.3	13	48.1	保持

二级指标	三级指标	四级指标数	上升		保持		下降		变化趋势
			指标数	比重	指标数	比重	指标数	比重	
产业经济竞争力	农业竞争力	10	1	10.0	5	50.0	4	40.0	下降
	工业竞争力	10	2	20.0	1	10.0	7	70.0	下降
	服务业竞争力	10	1	10.0	4	40.0	5	50.0	下降
	企业竞争力	10	2	20.0	1	10.0	7	70.0	下降
	小 计	**40**	6	15.0	11	27.5	23	57.5	下降
可持续发展竞争力	资源竞争力	9	1	11.1	8	88.9	0	0.0	保持
	环境竞争力	8	2	25.0	4	50.0	2	25.0	上升
	人力资源竞争力	7	3	42.9	2	28.6	2	28.6	上升
	小 计	**24**	6	25.0	14	58.3	4	16.7	上升
财政金融竞争力	财政竞争力	12	2	16.7	3	25.0	7	58.3	保持
	金融竞争力	10	2	20.0	3	30.0	5	50.0	上升
	小 计	**22**	4	18.2	6	27.3	12	54.5	上升
知识经济竞争力	科技竞争力	9	2	22.2	4	44.4	3	33.3	保持
	教育竞争力	10	5	50.0	3	30.0	2	20.0	保持
	文化竞争力	10	5	50.0	2	20.0	3	30.0	保持
	小 计	**29**	12	41.4	9	31.0	8	27.6	上升
发展环境竞争力	基础设施竞争力	9	2	22.2	4	44.4	3	33.3	保持
	软环境竞争力	9	2	22.2	3	33.3	4	44.4	保持
	小 计	**18**	4	22.2	7	38.9	7	38.9	下降
政府作用竞争力	政府发展经济竞争力	5	1	20.0	2	40.0	2	40.0	保持
	政府规调经济竞争力	5	1	20.0	0	0.0	4	80.0	下降
	政府保障经济竞争力	6	3	50.0	2	33.3	1	16.7	上升
	小 计	**16**	5	31.3	4	25.0	7	43.8	上升
发展水平竞争力	工业化进程竞争力	6	1	16.7	1	16.7	4	66.7	下降
	城市化进程竞争力	6	2	33.3	2	33.3	2	33.3	下降
	市场化进程竞争力	6	1	16.7	4	66.7	1	16.7	上升
	小 计	**18**	4	22.2	7	38.9	7	38.9	下降
统筹协调竞争力	统筹发展竞争力	8	1	12.5	0	0.0	7	87.5	下降
	协调发展竞争力	8	3	37.5	1	12.5	4	50.0	下降
	小 计	**16**	4	25.0	1	6.3	11	68.8	下降
合 计		**210**	50	23.8	68	32.4	92	43.8	保持

从表 7 - 2 可以看出，210 个四级指标中，排位上升的指标有 50 个，占指标总数的 23.8%；排位保持不变的指标有 68 个，占指标总数的 32.4%；排位下降的指标有 92 个，占指标总数的 43.8%。吉林省经济综合竞争力排位上升的动力小于下降的拉力，但受其他因素的综合影响，2017～2018 年吉林省经济综合竞争力排位保持不变。

3. 吉林省经济综合竞争力各级指标优劣势结构分析

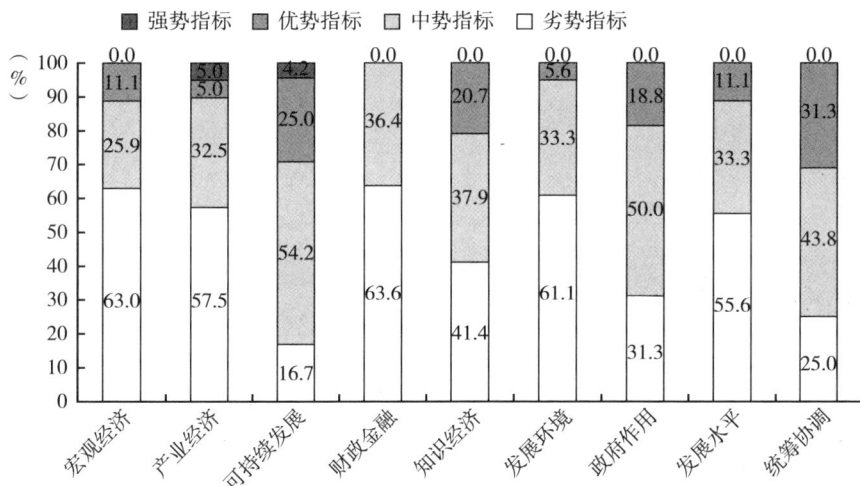

图 7 - 2　2018 年吉林省经济综合竞争力各级指标优劣势比较

表 7 - 3　2018 年吉林省经济综合竞争力各级指标优劣势比较

单位：个，%

| 二级指标 | 三级指标 | 四级指标数 | 强势指标 | | 优势指标 | | 中势指标 | | 劣势指标 | | 优劣势 |
			个数	比重	个数	比重	个数	比重	个数	比重	
宏观经济竞争力	经济实力竞争力	12	0	0.0	0	0.0	5	41.7	7	58.3	劣势
	经济结构竞争力	6	0	0.0	2	33.3	2	33.3	2	33.3	中势
	经济外向度竞争力	9	0	0.0	1	11.1	0	0.0	8	88.9	劣势
	小　计	**27**	0	0.0	3	11.1	7	25.9	17	63.0	劣势
产业经济竞争力	农业竞争力	10	1	10.0	1	10.0	4	40.0	4	40.0	劣势
	工业竞争力	10	0	0.0	1	10.0	1	10.0	8	80.0	劣势
	服务业竞争力	10	0	0.0	0	0.0	3	30.0	7	70.0	劣势
	企业竞争力	10	1	10.0	0	0.0	5	50.0	4	40.0	劣势
	小　计	**40**	2	5.0	2	5.0	13	32.5	23	57.5	劣势

续表

二级指标	三级指标	四级指标数	强势指标		优势指标		中势指标		劣势指标		优劣势
			个数	比重	个数	比重	个数	比重	个数	比重	
可持续发展竞争力	资源竞争力	9	1	11.1	4	44.4	4	44.4	0	0.0	优势
	环境竞争力	8	0	0.0	0	0.0	6	75.0	2	25.0	劣势
	人力资源竞争力	7	0	0.0	2	28.6	3	42.9	2	28.6	劣势
	小　计	**24**	1	4.2	6	25.0	13	54.2	4	16.7	劣势
财政金融竞争力	财政竞争力	12	0	0.0	0	0.0	3	25.0	9	75.0	劣势
	金融竞争力	10	0	0.0	0	0.0	5	50.0	5	50.0	劣势
	小　计	**22**	0	0.0	0	0.0	8	36.4	14	63.6	劣势
知识经济竞争力	科技竞争力	9	0	0.0	0	0.0	4	44.4	5	55.6	劣势
	教育竞争力	10	0	0.0	3	30.0	3	30.0	4	40.0	劣势
	文化竞争力	10	0	0.0	3	30.0	4	40.0	3	30.0	中势
	小　计	**29**	0	0.0	6	20.7	11	37.9	12	41.4	劣势
发展环境竞争力	基础设施竞争力	9	0	0.0	0	0.0	3	33.3	6	66.7	劣势
	软环境竞争力	9	0	0.0	1	11.1	3	33.3	5	55.6	中势
	小　计	**18**	0	0.0	1	5.6	6	33.3	11	61.1	劣势
政府作用竞争力	政府发展经济竞争力	5	0	0.0	1	20.0	2	40.0	2	40.0	中势
	政府规调经济竞争力	5	0	0.0	0	0.0	3	60.0	2	40.0	劣势
	政府保障经济竞争力	6	0	0.0	2	33.3	3	50.0	1	16.7	中势
	小　计	**16**	0	0.0	3	18.8	8	50.0	5	31.3	中势
发展水平竞争力	工业化进程竞争力	6	0	0.0	0	0.0	4	66.7	2	33.3	劣势
	城市化进程竞争力	6	0	0.0	0	0.0	2	33.3	4	66.7	劣势
	市场化进程竞争力	6	0	0.0	2	33.3	0	0.0	4	66.7	优势
	小　计	**18**	0	0.0	2	11.1	6	33.3	10	55.6	劣势
统筹协调竞争力	统筹发展竞争力	8	0	0.0	2	25.0	4	50.0	2	25.0	中势
	协调发展竞争力	8	0	0.0	3	37.5	3	37.5	2	25.0	中势
	小　计	**16**	0	0.0	5	31.3	7	43.8	4	25.0	中势
合　计		210	3	1.4	28	13.3	79	37.6	100	47.6	劣势

基于图7－2和表7－3，从四级指标来看，强势指标有3个，占指标总数的1.4％；优势指标有28个，占指标总数的13.3％；中势指标有79个，占指标总数的37.6％；劣势指标有100个，占指标总数的47.6％。从三级指标来看，没有强势指标；优势指标有2个，占三级指标总数的8％；中势指标有7个，占三级指标总数的28％；劣势指标有

16 个，占三级指标总数的 64%。反映到二级指标上来，没有强势指标和优势指标；中势指标有 2 个，占二级指标总数的 22.2%；劣势指标有 7 个，占二级指标总数的 77.8%。中势指标和劣势指标在指标体系中居于主导地位，综合其他方面的因素影响，2018 年吉林省经济综合竞争力处于劣势地位。

4. 吉林省经济综合竞争力四级指标优劣势对比分析

表 7-4　2018 年吉林省经济综合竞争力各级指标优劣势比较

二级指标	优劣势	四级指标
宏观经济 竞争力 （27 个）	强势指标	（0 个）
	优势指标	城乡经济结构优化度、资本形成结构优化度、实际 FDI 增长率（3 个）
	劣势指标	地区生产总值、地区生产总值增长率、财政总收入、财政总收入增长率、人均财政收入、固定资产投资额增长率、全社会消费品零售总额增长率、所有制经济结构优化度、就业结构优化度、进出口总额、进出口增长率、出口总额、出口增长率、实际 FDI、外贸依存度、外资企业数、对外直接投资额（17 个）
产业经济 竞争力 （40 个）	强势指标	人均主要农产品产量、产品质量抽查合格率（2 个）
	优势指标	财政支农资金比重、工业全员劳动生产率（2 个）
	劣势指标	农业增加值、农业增加值增长率、农民人均纯收入增长率、农村人均用电量、工业增加值、工业增加值增长率、工业资产总额、工业资产总额增长率、规模以上工业主营业务收入、工业成本费用率、规模以上工业利润总额、工业收入利润率、服务业增加值、服务业增加值增长率、服务业从业人员数、限额以上批发零售企业主营业务收入、旅游外汇收入、商品房销售收入、电子商务销售额、规模以上企业平均收入、规模以上企业平均利润、城镇就业人员平均工资、工业企业 R&D 经费投入强度（23 个）
可持续发展 竞争力 （24 个）	强势指标	人均耕地面积（1 个）
	优势指标	人均国土面积、耕地面积、人均牧草地面积、人均森林储积量、15~64 岁人口比例、文盲率（6 个）
	劣势指标	生活垃圾无害化处理率、自然灾害直接经济损失、常住人口增长率、职业学校毕业生数（4 个）
财政金融 竞争力 （22 个）	强势指标	（0 个）
	优势指标	（0 个）
	劣势指标	地方财政收入、地方财政支出、地方财政收入占 GDP 比重、税收收入占 GDP 比重、人均地方财政收入、人均税收收入、地方财政收入增长率、地方财政支出增长率、税收收入增长率、存款余额、人均存款余额、贷款余额、保险费净收入、国内上市公司市值（14 个）

续表

二级指标	优劣势	四级指标
知识经济竞争力(29个)	强势指标	(0个)
	优势指标	万人中小学专任教师数、高等学校数、万人高等学校在校学生数、农村居民人均文化娱乐支出、城镇居民人均文化娱乐支出占消费性支出比重、农村居民人均文化娱乐支出占消费性支出比重(6个)
	劣势指标	R&D人员、R&D经费、R&D经费投入强度、财政科技支出占地方财政支出比重、高技术产品出口额占商品出口额比重、教育经费、公共教育经费占财政支出比重、万人中小学学校数、高校专任教师数、文化制造业营业收入、文化批发零售业营业收入、文化服务业企业营业收入(12个)
发展环境竞争力(18个)	强势指标	(0个)
	优势指标	查处商标侵权假冒案件(1个)
	劣势指标	公路网线密度、全社会旅客周转量、全社会货物周转量、人均邮电业务总量、网站数、人均耗电量、外资企业数增长率、个体私营企业数增长率、万人商标注册件数、每十万人交通事故发生数、社会捐赠款物(11个)
政府作用竞争力(16个)	强势指标	(0个)
	优势指标	财政投资对社会投资的拉动、养老保险覆盖率、最低工资标准(3个)
	劣势指标	财政支出用于基本建设投资比重、政府消费对民间消费的拉动、统筹经济社会发展、规范税收、城镇职工养老保险收支比(5个)
发展水平竞争力(18个)	强势指标	(0个)
	优势指标	非公有制经济产值占全社会总产值比重、社会投资占投资总额比重(2个)
	劣势指标	工业增加值增率、高技术产品占商品出口额比重、城镇居民人均可支配收入、城市平均建成区面积比重、人均拥有道路面积、人均日生活用水量、私有和个体企业从业人员比重、亿元以上商品市场成交额、亿元以上商品市场成交额占全社会消费品零售总额比重、居民消费支出占总消费支出比重(10个)
统筹协调竞争力(16个)	强势指标	(0个)
	优势指标	能源使用下降率、居民收入占GDP比重、资源竞争力与宏观经济竞争力比差、环境竞争力与工业竞争力比差、城乡居民家庭人均收入比差(5个)
	劣势指标	万元GDP综合能耗下降率、固定资产投资增长率、资源竞争力与工业竞争力比差、全社会消费品零售总额与外贸出口总额比差(4个)

7.2 吉林省经济综合竞争力各级指标具体分析

1. 吉林省宏观经济竞争力指标排名变化情况

表7-5 2017~2018年吉林省宏观经济竞争力指标组排位及变化趋势

指 标	2017年	2018年	排位升降	优劣势
1 宏观经济竞争力	22	22	0	劣势
1.1 经济实力竞争力	23	25	-2	劣势
地区生产总值	24	24	0	劣势
地区生产总值增长率	27	30	-3	劣势
人均地区生产总值	13	14	-1	中势
财政总收入	22	25	-3	劣势
财政总收入增长率	23	27	-4	劣势
人均财政收入	20	26	-6	劣势
固定资产投资额	19	18	1	中势
固定资产投资额增长率	27	23	4	劣势
人均固定资产投资额	14	15	-1	中势
全社会消费品零售总额	18	20	-2	中势
全社会消费品零售总额增长率	26	30	-4	劣势
人均全社会消费品零售总额	11	12	-1	中势
1.2 经济结构竞争力	10	17	-7	中势
产业结构优化度	16	16	0	中势
所有制经济结构优化度	20	29	-9	劣势
城乡经济结构优化度	4	4	0	优势
就业结构优化度	26	26	0	劣势
资本形成结构优化度	4	4	0	优势
贸易结构优化度	15	15	0	中势
1.3 经济外向度竞争力	29	28	1	劣势
进出口总额	23	24	-1	劣势
进出口增长率	29	23	6	劣势
出口总额	26	25	1	劣势
出口增长率	19	25	-6	劣势
实际FDI	23	23	0	劣势
实际FDI增长率	26	8	18	优势
外贸依存度	21	23	-2	劣势
外资企业数	22	22	0	劣势
对外直接投资额	28	28	0	劣势

2.吉林省产业经济竞争力指标排名变化情况

表7-6 2017～2018年吉林省产业经济竞争力指标组排位及变化趋势

指　　标	2017 年	2018 年	排位升降	优劣势
2　产业经济竞争力	23	27	-4	劣势
2.1　农业竞争力	17	21	-4	劣势
农业增加值	22	22	0	劣势
农业增加值增长率	24	26	-2	劣势
人均农业增加值	19	19	0	中势
农民人均纯收入	12	20	-8	中势
农民人均纯收入增长率	30	30	0	劣势
农产品出口占农林牧渔总产值比重	10	11	-1	中势
人均主要农产品产量	3	3	0	强势
农业机械化水平	13	12	1	中势
农村人均用电量	24	24	0	劣势
财政支农资金比重	6	8	-2	优势
2.2　工业竞争力	25	26	-1	劣势
工业增加值	18	21	-3	劣势
工业增加值增长率	24	30	-6	劣势
人均工业增加值	9	13	-4	中势
工业资产总额	23	23	0	劣势
工业资产总额增长率	22	30	-8	劣势
规模以上工业主营业务收入	19	22	-3	劣势
工业成本费用率	28	21	7	劣势
规模以上工业利润总额	22	24	-2	劣势
工业全员劳动生产率	6	9	-3	优势
工业收入利润率	26	23	3	劣势
2.3　服务业竞争力	22	27	-5	劣势
服务业增加值	24	24	0	劣势
服务业增加值增长率	25	29	-4	劣势
人均服务业增加值	14	14	0	中势
服务业从业人员数	20	21	-1	劣势
限额以上批发零售企业主营业务收入	27	27	0	劣势
限额以上批零企业利税率	10	11	-1	中势
限额以上餐饮企业利税率	10	15	-5	中势
旅游外汇收入	20	23	-3	劣势
商品房销售收入	25	24	1	劣势
电子商务销售额	27	27	0	劣势

续表

指　标	2017 年	2018 年	排位升降	优劣势
2.4　企业竞争力	21	28	-7	劣势
规模以上工业企业数	17	18	-1	中势
规模以上企业平均资产	16	17	-1	中势
规模以上企业平均收入	14	25	-11	劣势
规模以上企业平均利润	23	25	-2	劣势
规模以上企业劳动效率	5	20	-15	中势
城镇就业人员平均工资	26	27	-1	劣势
新产品销售收入占主营业务收入比重	12	20	-8	中势
产品质量抽查合格率	4	3	1	强势
工业企业 R&D 经费投入强度	30	29	1	劣势
中国驰名商标持有量	16	16	0	中势

3. 吉林省可持续发展竞争力指标排名变化情况

表 7 - 7　2017~2018 年吉林省可持续发展竞争力指标组排位及变化趋势

指　标	2017 年	2018 年	排位升降	优劣势
3　可持续发展竞争力	29	25	4	劣势
3.1　资源竞争力	7	7	0	优势
人均国土面积	9	9	0	优势
人均可使用海域和滩涂面积	13	13	0	中势
人均年水资源量	17	14	3	中势
耕地面积	5	5	0	优势
人均耕地面积	3	3	0	强势
人均牧草地面积	10	10	0	优势
主要能源矿产基础储量	17	17	0	中势
人均主要能源矿产基础储量	17	17	0	中势
人均森林储积量	5	5	0	优势
3.2　环境竞争力	30	24	6	劣势
森林覆盖率	11	14	-3	中势
人均废水排放量	16	17	-1	中势
人均工业废气排放量	20	20	0	中势
人均工业固体废物排放量	13	13	0	中势
人均治理工业污染投资额	18	18	0	中势
一般工业固体废物综合利用率	20	20	0	中势
生活垃圾无害化处理率	31	30	1	劣势
自然灾害直接经济损失	30	22	8	劣势

续表

指 标	2017 年	2018 年	排位升降	优劣势
3.3　人力资源竞争力	27	25	2	劣势
常住人口增长率	31	30	1	劣势
15~64 岁人口比例	9	5	4	优势
文盲率	13	8	5	优势
大专以上教育程度人口比例	14	16	-2	中势
平均受教育程度	8	12	-4	中势
人口健康素质	14	14	0	中势
职业学校毕业生数	24	24	0	劣势

4. 吉林省财政金融竞争力指标排名变化情况

表 7 - 8　2017~2018 年吉林省财政金融竞争力指标组排位及变化趋势

指 标	2017 年	2018 年	排位升降	优劣势
4　财政金融竞争力	31	30	1	劣势
4.1　财政竞争力	31	31	0	劣势
地方财政收入	26	26	0	劣势
地方财政支出	25	25	0	劣势
地方财政收入占 GDP 比重	29	28	1	劣势
地方财政支出占 GDP 比重	13	15	-2	中势
税收收入占 GDP 比重	27	28	-1	劣势
税收收入占财政总收入比重	16	19	-3	中势
人均地方财政收入	22	24	-2	劣势
人均地方财政支出	11	14	-3	中势
人均税收收入	22	25	-3	劣势
地方财政收入增长率	29	28	1	劣势
地方财政支出增长率	28	29	-1	劣势
税收收入增长率	30	30	0	劣势
4.2　金融竞争力	29	23	6	劣势
存款余额	25	25	0	劣势
人均存款余额	21	22	-1	劣势
贷款余额	25	26	-1	劣势
人均贷款余额	20	20	0	中势
中长期贷款占贷款余额比重	26	18	8	中势
保险费净收入	20	21	-1	劣势
保险密度	13	17	-4	中势
保险深度	13	11	2	中势
国内上市公司数	18	20	-2	中势
国内上市公司市值	23	23	0	劣势

5. 吉林省知识经济竞争力指标排名变化情况

表7-9 2017～2018年吉林省知识经济竞争力指标组排位及变化趋势

指 标	2017年	2018年	排位升降	优劣势
5 知识经济竞争力	22	21	1	劣势
5.1 科技竞争力	22	22	0	劣势
R&D人员	23	25	-2	劣势
R&D经费	24	25	-1	劣势
R&D经费投入强度	26	26	0	劣势
发明专利授权量	20	20	0	中势
技术市场成交合同金额	13	12	1	中势
财政科技支出占地方财政支出比重	19	22	-3	劣势
高技术产业主营业务收入比重	18	18	0	中势
高技术产业收入占工业增加值比重	13	11	2	中势
高技术产品出口额占商品出口额比重	25	25	0	劣势
5.2 教育竞争力	21	21	0	劣势
教育经费	26	26	0	劣势
教育经费占GDP比重	17	16	1	中势
人均教育经费	17	20	-3	中势
公共教育经费占财政支出比重	21	22	-1	劣势
人均文化教育支出	15	12	3	中势
万人中小学学校数	25	24	1	劣势
万人中小学专任教师数	10	8	2	优势
高等学校数	10	10	0	优势
高校专任教师数	21	21	0	劣势
万人高等学校在校学生数	7	6	1	优势
5.3 文化竞争力	11	11	0	中势
文化制造业营业收入	22	23	-1	劣势
文化批发零售业营业收入	27	25	2	劣势
文化服务业企业营业收入	24	24	0	劣势
图书和期刊出版数	9	15	-6	中势
电子出版物品种	18	20	-2	中势
印刷用纸量	16	15	1	中势
城镇居民人均文化娱乐支出	19	12	7	中势
农村居民人均文化娱乐支出	9	9	0	优势
城镇居民人均文化娱乐支出占消费性支出比重	8	5	3	优势
农村居民人均文化娱乐支出占消费性支出比重	7	4	3	优势

6. 吉林省发展环境竞争力指标排名变化情况

表 7 – 10   2017～2018 年吉林省发展环境竞争力指标组排位及变化趋势

指 标	2017 年	2018 年	排位升降	优劣势
6 发展环境竞争力	21	25	−4	劣势
6.1 基础设施竞争力	26	26	0	劣势
铁路网线密度	12	15	−3	中势
公路网线密度	23	23	0	劣势
人均内河航道里程	18	18	0	中势
全社会旅客周转量	22	21	1	劣势
全社会货物周转量	26	25	1	劣势
人均邮电业务总量	17	21	−4	劣势
电话普及率	11	13	−2	中势
网站数	22	22	0	劣势
人均耗电量	28	28	0	劣势
6.2 软环境竞争力	15	15	0	中势
外资企业数增长率	17	29	−12	劣势
万人外资企业数	13	13	0	中势
个体私营企业数增长率	19	23	−4	劣势
万人个体私营企业数	11	11	0	中势
万人商标注册件数	21	23	−2	劣势
查处商标侵权假冒案件	7	7	0	优势
每十万人交通事故发生数	23	24	−1	劣势
罚没收入占财政收入比重	21	20	1	中势
社会捐赠款物	24	23	1	劣势

7. 吉林省政府作用竞争力指标排名变化情况

表 7 – 11   2017～2018 年吉林省政府作用竞争力指标组排位及变化趋势

指 标	2017 年	2018 年	排位升降	优劣势
7 政府作用竞争力	16	15	1	中势
7.1 政府发展经济竞争力	19	19	0	中势
财政支出用于基本建设投资比重	25	27	−2	劣势
财政支出对 GDP 增长的拉动	19	17	2	中势
政府公务员对经济的贡献	14	17	−3	中势
政府消费对民间消费的拉动	25	25	0	劣势
财政投资对社会投资的拉动	4	4	0	优势

续表

指 标		2017 年	2018 年	排位升降	优劣势
7.2	政府规调经济竞争力	17	24	−7	劣势
	物价调控	17	19	−2	中势
	调控城乡消费差距	12	18	−6	中势
	统筹经济社会发展	23	22	1	劣势
	规范税收	25	29	−4	劣势
	固定资产投资价格指数	9	12	−3	中势
7.3	政府保障经济竞争力	13	11	2	中势
	城镇职工养老保险收支比	28	28	0	劣势
	医疗保险覆盖率	14	13	1	中势
	养老保险覆盖率	7	5	2	优势
	失业保险覆盖率	20	17	3	中势
	最低工资标准	8	9	−1	优势
	城镇登记失业率	11	11	0	中势

8. 吉林省发展水平竞争力指标排名变化情况

表 7 − 12 2017 ~ 2018 年吉林省发展水平竞争力指标组排位及变化趋势

指 标		2017 年	2018 年	排位升降	优劣势
8	**发展水平竞争力**	24	25	−1	劣势
8.1	工业化进程竞争力	20	21	−1	劣势
	工业增加值占 GDP 比重	2	11	−9	中势
	工业增加值增长率	27	30	−3	劣势
	高技术产业占工业增加值比重	13	14	−1	中势
	高技术产品占商品出口额比重	25	25	0	劣势
	信息产业增加值占 GDP 比重	26	15	11	中势
	工农业增加值比值	10	11	−1	中势
8.2	城市化进程竞争力	29	30	−1	劣势
	城镇化率	18	18	0	中势
	城镇居民人均可支配收入	29	29	0	劣势
	城市平均建成区面积比重	20	25	−5	劣势
	人均拥有道路面积	20	24	−4	劣势
	人均日生活用水量	30	29	1	劣势
	人均公共绿地面积	26	16	10	中势

续表

指 标	2017 年	2018 年	排位升降	优劣势
8.3　市场化进程竞争力	22	20	2	优势
非公有制经济产值占全社会总产值比重	9	9	0	优势
社会投资占投资总额比重	10	5	5	优势
私有和个体企业从业人员比重	26	26	0	劣势
亿元以上商品市场成交额	29	29	0	劣势
亿元以上商品市场成交额占全社会消费品零售总额比重	25	25	0	劣势
居民消费支出占总消费支出比重	24	25	−1	劣势

9. 吉林省统筹协调竞争力指标排名变化情况

表 7−13　2017～2018 年吉林省统筹协调竞争力指标组排位及变化趋势

指 标	2017 年	2018 年	排位升降	优劣势
9　统筹协调竞争力	9	15	−6	中势
9.1　统筹发展竞争力	10	14	−4	中势
社会劳动生产率	13	14	−1	中势
能源使用下降率	4	6	−2	优势
万元 GDP 综合能耗下降率	13	23	−10	劣势
非农用地产出率	16	18	−2	中势
居民收入占 GDP 比重	7	9	−2	优势
二三产业增加值比例	25	17	8	中势
固定资产投资额占 GDP 比重	15	18	−3	中势
固定资产投资增长率	5	23	−18	劣势
9.2　协调发展竞争力	5	14	−9	中势
资源竞争力与宏观经济竞争力比差	7	5	2	优势
环境竞争力与宏观经济竞争力比差	9	19	−10	中势
人力资源竞争力与宏观经济竞争力比差	22	20	2	中势
环境竞争力与工业竞争力比差	4	5	−1	优势
资源竞争力与工业竞争力比差	13	21	−8	劣势
城乡居民家庭人均收入比差	4	4	0	优势
城乡居民人均现金消费支出比差	12	18	−6	中势
全社会消费品零售总额与外贸出口总额比差	29	28	1	劣势

黑龙江省经济综合竞争力评价分析报告

黑龙江省简称黑，位于我国东北部，与俄罗斯为邻，内接内蒙古自治区、吉林省。全省面积46万多平方公里，2018年总人口为3773万人，地区生产总值达16362亿元，同比增长4.7%，人均GDP达43274元。本部分通过分析2017~2018年黑龙江省经济综合竞争力以及各要素竞争力的排名变化，从中找出黑龙江省经济综合竞争力的推动点及影响因素，为进一步提升黑龙江省经济综合竞争力提供决策参考。

8.1 黑龙江省经济综合竞争力总体分析

1. 黑龙江省经济综合竞争力一级指标概要分析

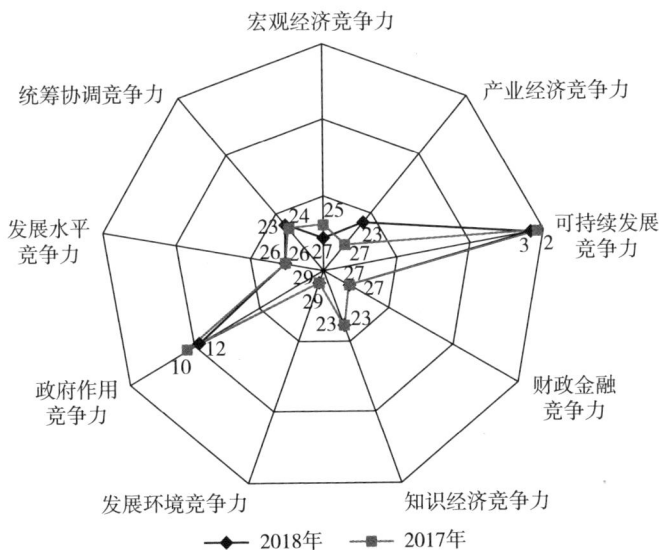

图8-1 2017~2018年黑龙江省经济综合竞争力二级指标比较雷达图

表 8 - 1　2017～2018 年黑龙江省经济综合竞争力二级指标比较

项目　　　年份	宏观经济竞争力	产业经济竞争力	可持续发展竞争力	财政金融竞争力	知识经济竞争力	发展环境竞争力	政府作用竞争力	发展水平竞争力	统筹协调竞争力	综合排位
2017 年	25	27	2	27	23	29	10	26	24	26
2018 年	27	23	3	27	23	29	12	26	23	25
升降	-2	4	-1	0	0	0	-2	0	1	1
优劣度	劣势	劣势	强势	劣势	劣势	劣势	中势	劣势	劣势	劣势

（1）从综合排位看，2018 年黑龙江省经济综合竞争力居第 25 位，在全国处于劣势地位；与 2017 年相比，综合排位上升 1 位。

（2）从指标所处区位看，9 个二级指标中，有 1 个强势指标，即可持续发展竞争力；有 1 个中势指标，即政府作用竞争力；有 7 个劣势指标，分别为宏观经济竞争力、产业经济竞争力、财政金融竞争力、知识经济竞争力、发展环境竞争力、发展水平竞争力和统筹协调竞争力。

（3）从指标变化趋势看，9 个二级指标中，有 2 个指标处于上升趋势，分别为产业经济竞争力和统筹协调竞争力，这是黑龙江省经济综合竞争力上升的动力所在；有 4 个指标排位没有发生变化，分别为财政金融竞争力、知识经济竞争力、发展环境竞争力和发展水平竞争力；有 3 个指标处于下降趋势，分别为宏观经济竞争力、可持续发展竞争力和政府作用竞争力，这些是黑龙江省经济综合竞争力下降的拉力所在。

2. 黑龙江省经济综合竞争力各级指标动态变化分析

表 8 - 2　2017～2018 年黑龙江经济综合竞争力各级指标排位变化态势比较

单位：个，%

二级指标	三级指标	四级指标数	上升		保持		下降		变化趋势
			指标数	比重	指标数	比重	指标数	比重	
宏观经济竞争力	经济实力竞争力	12	3	25.0	4	33.3	5	41.7	下降
	经济结构竞争力	6	1	16.7	5	83.3	0	0.0	保持
	经济外向度竞争力	9	4	44.4	1	11.1	4	44.4	上升
	小　计	27	8	29.6	10	37.0	9	33.3	下降

二级指标	三级指标	四级指标数	上升		保持		下降		变化趋势
			指标数	比重	指标数	比重	指标数	比重	
产业经济竞争力	农业竞争力	10	2	20.0	4	40.0	4	40.0	保持
	工业竞争力	10	3	30.0	3	30.0	4	40.0	保持
	服务业竞争力	10	2	20.0	3	30.0	5	50.0	上升
	企业竞争力	10	3	30.0	4	40.0	3	30.0	下降
	小　计	**40**	10	25.0	14	35.0	16	40.0	上升
可持续发展竞争力	资源竞争力	9	1	11.1	8	88.9	0	0.0	保持
	环境竞争力	8	0	0.0	5	62.5	3	37.5	下降
	人力资源竞争力	7	4	57.1	1	14.3	2	28.6	下降
	小　计	**24**	5	20.8	14	58.3	5	20.8	下降
财政金融竞争力	财政竞争力	12	2	16.7	5	41.7	5	41.7	下降
	金融竞争力	10	4	40.0	4	40.0	2	20.0	上升
	小　计	**22**	6	27.3	9	40.9	7	31.8	保持
知识经济竞争力	科技竞争力	9	0	0.0	1	11.1	8	88.9	下降
	教育竞争力	10	2	20.0	4	40.0	4	40.0	保持
	文化竞争力	10	2	20.0	2	20.0	6	60.0	下降
	小　计	**29**	4	13.8	7	24.1	18	62.1	保持
发展环境竞争力	基础设施竞争力	9	1	11.1	5	55.6	3	33.3	下降
	软环境竞争力	9	2	22.2	3	33.3	4	44.4	上升
	小　计	**18**	3	16.7	8	44.4	7	38.9	保持
政府作用竞争力	政府发展经济竞争力	5	1	20.0	3	60.0	1	20.0	上升
	政府规调经济竞争力	5	1	20.0	1	20.0	3	60.0	下降
	政府保障经济竞争力	6	1	16.7	3	50.0	2	33.3	下降
	小　计	**16**	3	18.8	7	43.8	6	37.5	下降
发展水平竞争力	工业化进程竞争力	6	4	66.7	2	33.3	0	0.0	上升
	城市化进程竞争力	6	3	50.0	2	33.3	1	16.7	保持
	市场化进程竞争力	6	3	50.0	1	16.7	2	33.3	下降
	小　计	**18**	10	55.6	5	27.8	3	16.7	保持
统筹协调竞争力	统筹发展竞争力	8	1	12.5	3	37.5	4	50.0	下降
	协调发展竞争力	8	3	37.5	2	25.0	3	37.5	上升
	小　计	**16**	4	25.0	5	31.3	7	43.8	上升
合　计		**210**	53	25.2	79	37.6	78	37.1	上升

从表 8 - 2 可以看出，210 个四级指标中，排位上升的指标有 53 个，占指标总数的 25.2%；排位保持不变的指标有 79 个，占指标总数的 37.6%；排位下降的指标有 78 个，占指标总数的 37.1%。由此可见，黑龙江省经济综合竞争力排位上升的动力小于下降的拉力，但受其他外部因素的影响，2017～2018 年黑龙江省经济综合竞争力排位上升。

3. 黑龙江省经济综合竞争力各级指标优劣势结构分析

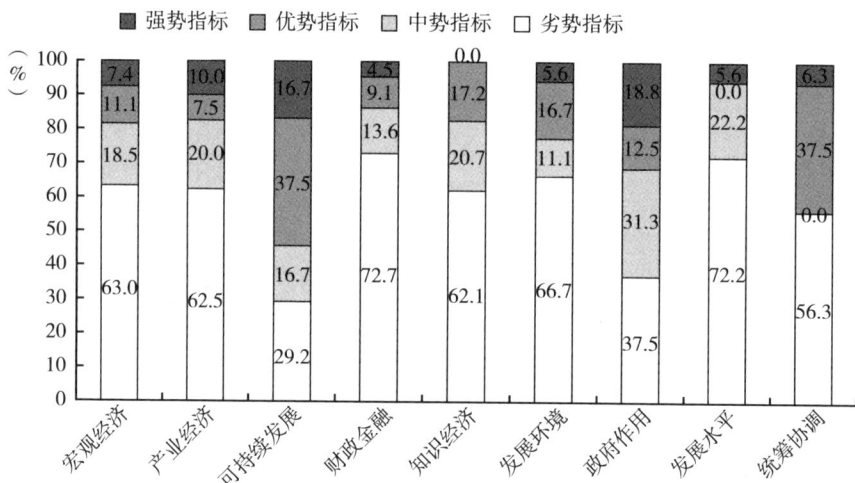

图 8 - 2 2018 年黑龙江省经济综合竞争力各级指标优劣势比较

表 8 - 3 2018 年黑龙江省经济综合竞争力各级指标优劣势比较

单位：个，%

二级指标	三级指标	四级指标数	强势指标		优势指标		中势指标		劣势指标		优劣势
			个数	比重	个数	比重	个数	比重	个数	比重	
宏观经济竞争力	经济实力竞争力	12	0	0.0	0	0.0	4	33.3	8	66.7	劣势
	经济结构竞争力	6	1	16.7	2	33.3	0	0.0	3	50.0	劣势
	经济外向度竞争力	9	1	11.1	1	11.1	1	11.1	6	66.7	中势
	小　计	**27**	2	7.4	3	11.1	5	18.5	17	63.0	劣势
产业经济竞争力	农业竞争力	10	2	20.0	3	30.0	3	30.0	2	20.0	强势
	工业竞争力	10	0	0.0	0	0.0	1	10.0	9	90.0	劣势
	服务业竞争力	10	1	10.0	0	0.0	2	20.0	7	70.0	劣势
	企业竞争力	10	1	10.0	0	0.0	2	20.0	7	70.0	劣势
	小　计	**40**	4	10.0	3	7.5	8	20.0	25	62.5	劣势

续表

二级指标	三级指标	四级指标数	强势指标		优势指标		中势指标		劣势指标		优劣势
			个数	比重	个数	比重	个数	比重	个数	比重	
可持续发展竞争力	资源竞争力	9	3	33.3	4	44.4	2	22.2	0	0.0	强势
	环境竞争力	8	0	0.0	2	25.0	1	12.5	5	62.5	劣势
	人力资源竞争力	7	1	14.3	3	42.9	1	14.3	2	28.6	中势
	小　计	24	4	16.7	9	37.5	4	16.7	7	29.2	强势
财政金融竞争力	财政竞争力	12	0	0.0	2	16.7	1	8.3	9	75.0	劣势
	金融竞争力	10	1	10.0	0	0.0	2	20.0	7	70.0	中势
	小　计	22	1	4.5	2	9.1	3	13.6	16	72.7	劣势
知识经济竞争力	科技竞争力	9	0	0.0	0	0.0	2	22.2	7	77.8	劣势
	教育竞争力	10	0	0.0	3	30.0	3	30.0	4	40.0	中势
	文化竞争力	10	0	0.0	2	20.0	1	10.0	7	70.0	劣势
	小　计	29	0	0.0	5	17.2	6	20.7	18	62.1	劣势
发展环境竞争力	基础设施竞争力	9	0	0.0	1	11.1	1	11.1	7	77.8	劣势
	软环境竞争力	9	1	11.1	2	22.2	1	11.1	5	55.6	劣势
	小　计	18	1	5.6	3	16.7	2	11.1	12	66.7	劣势
政府作用竞争力	政府发展经济竞争力	5	0	0.0	1	20.0	1	20.0	3	60.0	劣势
	政府规调经济竞争力	5	1	20.0	1	20.0	2	40.0	1	20.0	强势
	政府保障经济竞争力	6	2	33.3	0	0.0	2	33.3	2	33.3	中势
	小　计	16	3	18.8	2	12.5	5	31.3	6	37.5	中势
发展水平竞争力	工业化进程竞争力	6	0	0.0	0	0.0	0	0.0	6	100.0	劣势
	城市化进程竞争力	6	1	16.7	0	0.0	3	50.0	2	33.3	中势
	市场化进程竞争力	6	0	0.0	0	0.0	1	16.7	5	83.3	劣势
	小　计	18	1	5.6	0	0.0	4	22.2	13	72.2	劣势
统筹协调竞争力	统筹发展竞争力	8	0	0.0	3	37.5	0	0.0	5	62.5	中势
	协调发展竞争力	8	1	12.5	3	37.5	0	0.0	4	50.0	劣势
	小　计	16	1	6.3	6	37.5	0	0.0	9	56.3	劣势
合　计		210	17	8.1	33	15.7	37	17.6	123	58.6	劣势

　　基于图 8-2 和表 8-3，从四级指标来看，强势指标有 17 个，占指标总数的 8.1%；优势指标有 33 个，占指标总数的 15.7%；中势指标有 37 个，占指标总数的 17.6%；劣势指标有 123 个，占指标总数的 58.6%。从三级指标来看，强势指标有 3 个，占三级指标总数的 12%；中势指标有 7 个，占三级指标总数的 28%；劣势指标有 15 个，占三级指标总数的 60%。

反映到二级指标上来，强势指标有 1 个，占二级指标总数的 11.1%；中势指标有 1 个，占二级指标总数的 11.1%；劣势指标有 7 个，占二级指标总数的 77.8%。综合来看，由于劣势指标在指标体系中居于主导地位，2018年黑龙江省经济综合竞争力处于劣势地位。

4. 黑龙江省经济综合竞争力四级指标优劣势对比分析

表 8-4　2018 年黑龙江省经济综合竞争力各级指标优劣势比较

二级指标	优劣势	四级指标
宏观经济竞争力（27 个）	强势指标	城乡经济结构优化度、进出口增长率（2 个）
	优势指标	产业结构优化度、资本形成结构优化度、实际 FDI 增长率（3 个）
	劣势指标	地区生产总值、地区生产总值增长率、人均地区生产总值、财政总收入、财政总收入增长率、人均财政收入、固定资产投资额增长率、人均固定资产投资额、所有制经济结构优化度、就业结构优化度、贸易结构优化度、进出口总额、出口总额、出口增长率、实际 FDI、外贸依存度、对外直接投资额（17 个）
产业经济竞争力（40 个）	强势指标	人均农业增加值、人均主要农产品产量、限额以上餐饮企业利税率、产品质量抽查合格率（4 个）
	优势指标	农业增加值、农业机械化水平、财政支农资金比重（3 个）
	劣势指标	农民人均纯收入增长率、农产品出口占农林牧渔总产值比重、工业增加值、工业增加值增长率、人均工业增加值、工业资产总额、规模以上工业主营业务收入、工业成本费用率、规模以上工业利润总额、工业全员劳动生产率、工业收入利润率、服务业增加值增长率、服务业从业人员数、限额以上批发零售企业主营业务收入、限额以上批零企业利税率、旅游外汇收入、商品房销售收入、电子商务销售额、规模以上工业企业数、规模以上企业平均收入、规模以上企业平均利润、规模以上企业劳动效率、城镇就业人员平均工资、新产品销售收入占主营业务收入比重、工业企业 R&D 经费投入强度（25 个）
可持续发展竞争力（24 个）	强势指标	耕地面积、人均耕地面积、人均森林储积量、15～64 岁人口比例（4 个）
	优势指标	人均国土面积、人均年水资源量、人均牧草地面积、人均主要能源矿产基础储量、森林覆盖率、人均废水排放量、文盲率、平均受教育程度、人口健康素质（9 个）
	劣势指标	人均工业废气排放量、人均治理工业污染投资额、一般工业固体废物综合利用率、生活垃圾无害化处理率、自然灾害直接经济损失、常住人口增长率、职业学校毕业生数（7 个）
财政金融竞争力（22 个）	强势指标	保险深度（1 个）
	优势指标	地方财政支出占 GDP 比重、税收收入占财政总收入比重（2 个）
	劣势指标	地方财政收入、地方财政支出、地方财政收入占 GDP 比重、税收收入占 GDP 比重、人均地方财政收入、人均税收收入、地方财政收入增长率、地方财政支出增长率、税收收入增长率、存款余额、人均存款余额、贷款余额、人均贷款余额、中长期贷款占贷款余额比重、国内上市公司数、国内上市公司市值（16 个）

续表

二级指标	优劣势	四级指标
知识经济 竞争力 (29个)	强势指标	(0个)
	优势指标	万人中小学学校数、万人中小学专任教师数、高等学校数、农村居民人均文化娱乐支出、农村居民人均文化娱乐支出占消费性支出比重(5个)
	劣势指标	R&D人员、R&D经费、R&D经费投入强度、财政科技支出占地方财政支出比重、高技术产业主营业务收入、高技术产业收入占工业增加值比重、高技术产品出口额占商品出口额比重、教育经费、人均教育经费、公共教育经费占财政支出比重、人均文化教育支出、文化制造业营业收入、文化批发零售业营业收入、文化服务业企业营业收入、图书和期刊出版数、电子出版物品种、印刷用纸量、城镇居民人均文化娱乐支出(18个)
发展环境 竞争力 (18个)	强势指标	查处商标侵权假冒案件(1个)
	优势指标	人均内河航道里程、外资企业数增长率、每十万人交通事故发生数(3个)
	劣势指标	铁路网线密度、公路网线密度、全社会货物周转量、人均邮电业务总量、电话普及率、网站数、人均耗电量、个体私营企业数增长率、万人个体私营企业数、万人商标注册件数、罚没收入占财政收入比重、社会捐赠款物(12个)
政府作用 竞争力 (16个)	强势指标	固定资产投资价格指数、养老保险覆盖率、城镇登记失业率(3个)
	优势指标	财政投资对社会投资的拉动、调控城乡消费差距(2个)
	劣势指标	财政支出用于基本建设投资比重、财政支出对GDP增长的拉动、政府消费对民间消费的拉动、统筹经济社会发展、城镇职工养老保险收支比、失业保险覆盖率(6个)
发展水平 竞争力 (18个)	强势指标	城市平均建成区面积比重(1个)
	优势指标	(0个)
	劣势指标	工业增加值占GDP比重、工业增加值增长率、高技术产业占工业增加值比重、高技术产品占商品出口额比重、信息产业增加值占GDP比重、工农业增加值比值、城镇居民人均可支配收入、人均日生活用水量、非公有制经济产值占全社会总产值比重、私有和个体企业从业人员比重、亿元以上商品市场成交额、亿元以上商品市场成交额占全社会消费品零售总额比重、居民消费支出占总消费支出比重(13个)
统筹协调 竞争力 (16个)	强势指标	城乡居民家庭人均收入比差(1个)
	优势指标	能源使用下降率、二三产业增加值比例、固定资产投资额占GDP比重、资源竞争力与宏观经济竞争力比差、环境竞争力与工业竞争力比差、城乡居民人均现金消费支出比差(6个)
	劣势指标	社会劳动生产率、万元GDP综合能耗下降率、非农用地产出率、居民收入占GDP比重、固定资产投资增长率、环境竞争力与宏观经济竞争力比差、人力资源竞争力与宏观经济竞争力比差、资源竞争力与工业竞争力比差、全社会消费品零售总额与外贸出口总额比差(9个)

8.2 黑龙江省经济综合竞争力各级指标具体分析

1.黑龙江省宏观经济竞争力指标排名变化情况

表 8－5　2017～2018 年黑龙江省宏观经济竞争力指标组排位及变化趋势

指　　标	2017 年	2018 年	排位升降	优劣势
1　宏观经济竞争力	25	27	－2	劣势
1.1　经济实力竞争力	25	27	－2	劣势
地区生产总值	22	23	－1	劣势
地区生产总值增长率	26	29	－3	劣势
人均地区生产总值	26	27	－1	劣势
财政总收入	28	27	1	劣势
财政总收入增长率	15	23	－8	劣势
人均财政收入	31	31	0	劣势
固定资产投资额	21	19	2	中势
固定资产投资额增长率	20	25	－5	劣势
人均固定资产投资额	28	28	0	劣势
全社会消费品零售总额	15	15	0	中势
全社会消费品零售总额增长率	22	20	2	中势
人均全社会消费品零售总额	14	14	0	中势
1.2　经济结构竞争力	25	25	0	劣势
产业结构优化度	4	4	0	优势
所有制经济结构优化度	25	24	1	劣势
城乡经济结构优化度	3	3	0	强势
就业结构优化度	31	31	0	劣势
资本形成结构优化度	8	8	0	优势
贸易结构优化度	28	28	0	劣势
1.3　经济外向度竞争力	25	18	7	中势
进出口总额	24	23	1	劣势
进出口增长率	10	1	9	强势
出口总额	25	26	－1	劣势
出口增长率	20	31	－11	劣势
实际 FDI	25	26	－1	劣势
实际 FDI 增长率	15	6	9	优势
外贸依存度	25	22	3	劣势
外资企业数	20	20	0	中势
对外直接投资额	19	24	－5	劣势

2. 黑龙江省产业经济竞争力指标排名变化情况

表 8-6 2017~2018 年黑龙江省产业经济竞争力指标组排位及变化趋势

指 标	2017 年	2018 年	排位升降	优劣势
2 产业经济竞争力	27	23	4	劣势
2.1 农业竞争力	1	1	0	强势
农业增加值	9	10	-1	优势
农业增加值增长率	4	11	-7	中势
人均农业增加值	2	2	0	强势
农民人均纯收入	18	17	1	中势
农民人均纯收入增长率	28	28	0	劣势
农产品出口占农林牧渔总产值比重	28	26	2	劣势
人均主要农产品产量	1	1	0	强势
农业机械化水平	6	6	0	优势
农村人均用电量	19	20	-1	中势
财政支农资金比重	2	4	-2	优势
2.2 工业竞争力	30	30	0	劣势
工业增加值	25	26	-1	劣势
工业增加值增长率	27	23	4	劣势
人均工业增加值	27	28	-1	劣势
工业资产总额	26	26	0	劣势
工业资产总额增长率	30	11	19	中势
规模以上工业主营业务收入	26	26	0	劣势
工业成本费用率	11	25	-14	劣势
规模以上工业利润总额	26	26	0	劣势
工业全员劳动生产率	21	23	-2	劣势
工业收入利润率	28	26	2	劣势
2.3 服务业竞争力	26	22	4	劣势
服务业增加值	18	18	0	中势
服务业增加值增长率	20	26	-6	劣势
人均服务业增加值	18	19	-1	中势
服务业从业人员数	26	24	2	劣势
限额以上批发零售企业主营业务收入	25	25	0	劣势
限额以上批零企业利税率	16	24	-8	劣势
限额以上餐饮企业利税率	18	1	17	强势
旅游外汇收入	25	25	0	劣势
商品房销售收入	23	25	-2	劣势
电子商务销售额	24	26	-2	劣势

续表

指　　标	2017 年	2018 年	排位升降	优劣势
2.4　企业竞争力	27	29	-2	劣势
规模以上工业企业数	23	23	0	劣势
规模以上企业平均资产	15	15	0	中势
规模以上企业平均收入	27	24	3	劣势
规模以上企业平均利润	31	26	5	劣势
规模以上企业劳动效率	31	29	2	劣势
城镇就业人员平均工资	30	31	-1	劣势
新产品销售收入占主营业务收入比重	23	27	-4	劣势
产品质量抽查合格率	2	2	0	强势
工业企业 R&D 经费投入强度	14	24	-10	劣势
中国驰名商标持有量	20	20	0	中势

3. 黑龙江省可持续发展竞争力指标排名变化情况

表 8 - 7　2017～2018 年黑龙江省可持续发展竞争力指标组排位及变化趋势

指　　标	2017 年	2018 年	排位升降	优劣势
3　可持续发展竞争力	2	3	-1	强势
3.1　资源竞争力	3	3	0	强势
人均国土面积	6	6	0	优势
人均可使用海域和滩涂面积	13	13	0	中势
人均年水资源量	14	9	5	优势
耕地面积	1	1	0	强势
人均耕地面积	1	1	0	强势
人均牧草地面积	9	9	0	优势
主要能源矿产基础储量	12	12	0	中势
人均主要能源矿产基础储量	9	9	0	优势
人均森林储积量	3	3	0	强势
3.2　环境竞争力	21	23	-2	劣势
森林覆盖率	9	9	0	优势
人均废水排放量	5	6	-1	优势
人均工业废气排放量	23	23	0	劣势
人均工业固体废物排放量	12	12	0	中势
人均治理工业污染投资额	23	23	0	劣势
一般工业固体废物综合利用率	21	21	0	劣势
生活垃圾无害化处理率	30	31	-1	劣势
自然灾害直接经济损失	14	21	-7	劣势

续表

指　标	2017 年	2018 年	排位升降	优劣势
3.3　人力资源竞争力	11	20	-9	中势
常住人口增长率	29	29	0	劣势
15~64 岁人口比例	1	3	-2	强势
文盲率	7	4	3	优势
大专以上教育程度人口比例	18	15	3	中势
平均受教育程度	14	9	5	优势
人口健康素质	11	10	1	优势
职业学校毕业生数	20	21	-1	劣势

4. 黑龙江省财政金融竞争力指标排名变化情况

表 8 - 8　2017~2018 年黑龙江省财政金融竞争力指标组排位及变化趋势

指　标	2017 年	2018 年	排位升降	优劣势
4　财政金融竞争力	27	27	0	劣势
4.1　财政竞争力	21	29	-8	劣势
地方财政收入	25	25	0	劣势
地方财政支出	19	22	-3	劣势
地方财政收入占 GDP 比重	30	30	0	劣势
地方财政支出占 GDP 比重	9	9	0	优势
税收收入占 GDP 比重	29	27	2	劣势
税收收入占财政总收入比重	14	9	5	优势
人均地方财政收入	30	30	0	劣势
人均地方财政支出	18	19	-1	中势
人均税收收入	29	29	0	劣势
地方财政收入增长率	9	27	-18	劣势
地方财政支出增长率	9	30	-21	劣势
税收收入增长率	8	24	-16	劣势
4.2　金融竞争力	28	20	8	中势
存款余额	23	23	0	劣势
人均存款余额	29	28	1	劣势
贷款余额	24	24	0	劣势
人均贷款余额	28	29	-1	劣势
中长期贷款占贷款余额比重	31	29	2	劣势
保险费净收入	15	14	1	中势
保险密度	10	13	-3	中势
保险深度	2	2	0	强势
国内上市公司数	23	23	0	劣势
国内上市公司市值	28	24	4	劣势

5. 黑龙江省知识经济竞争力指标排名变化情况

表8-9　2017~2018年黑龙江省知识经济竞争力指标组排位及变化趋势

指　标	2017年	2018年	排位升降	优劣势
5　知识经济竞争力	23	23	0	劣势
5.1　科技竞争力	24	26	-2	劣势
R&D人员	20	24	-4	劣势
R&D经费	23	24	-1	劣势
R&D经费投入强度	24	27	-3	劣势
发明专利授权量	17	19	-2	中势
技术市场成交合同金额	16	19	-3	中势
财政科技支出占地方财政支出比重	24	26	-2	劣势
高技术产业主营业务收入	23	25	-2	劣势
高技术产业收入占工业增加值比重	25	28	-3	劣势
高技术产品出口额占商品出口额比重	27	27	0	劣势
5.2　教育竞争力	19	19	0	中势
教育经费	22	23	-1	劣势
教育经费占GDP比重	12	12	0	中势
人均教育经费	25	29	-4	劣势
公共教育经费占财政支出比重	26	25	1	劣势
人均文化教育支出	16	22	-6	劣势
万人中小学学校数	5	4	1	优势
万人中小学专任教师数	4	4	0	优势
高等学校数	8	8	0	优势
高校专任教师数	15	15	0	中势
万人高等学校在校学生数	15	18	-3	中势
5.3　文化竞争力	24	25	-1	劣势
文化制造业营业收入	25	25	0	劣势
文化批发零售业营业收入	26	26	0	劣势
文化服务业企业营业收入	25	26	-1	劣势
图书和期刊出版数	23	25	-2	劣势
电子出版物品种	25	24	1	劣势
印刷用纸量	22	24	-2	劣势
城镇居民人均文化娱乐支出	24	22	2	劣势
农村居民人均文化娱乐支出	5	8	-3	优势
城镇居民人均文化娱乐支出占消费性支出比重	11	12	-1	中势
农村居民人均文化娱乐支出占消费性支出比重	6	10	-4	优势

6. 黑龙江省发展环境竞争力指标排名变化情况

表 8 – 10　2017～2018 年黑龙江省发展环境竞争力指标组排位及变化趋势

指　标	2017 年	2018 年	排位升降	优劣势
6　发展环境竞争力	29	29	0	劣势
6.1　基础设施竞争力	28	29	– 1	劣势
铁路网线密度	24	24	0	劣势
公路网线密度	26	26	0	劣势
人均内河航道里程	6	6	0	优势
全社会旅客周转量	20	19	1	中势
全社会货物周转量	24	26	– 2	劣势
人均邮电业务总量	24	31	– 7	劣势
电话普及率	20	23	– 3	劣势
网站数	21	21	0	劣势
人均耗电量	29	29	0	劣势
6.2　软环境竞争力	29	26	3	劣势
外资企业数增长率	16	5	11	优势
万人外资企业数	18	18	0	中势
个体私营企业数增长率	22	26	– 4	劣势
万人个体私营企业数	27	27	0	劣势
万人商标注册件数	25	26	– 1	劣势
查处商标侵权假冒案件	3	3	0	强势
每十万人交通事故发生数	7	8	– 1	优势
罚没收入占财政收入比重	28	27	1	劣势
社会捐赠款物	30	31	– 1	劣势

7. 黑龙江省政府作用竞争力指标排名变化情况

表 8 – 11　2017～2018 年黑龙江省政府作用竞争力指标组排位及变化趋势

指　标	2017 年	2018 年	排位升降	优劣势
7　政府作用竞争力	10	12	– 2	中势
7.1　政府发展经济竞争力	25	23	2	劣势
财政支出用于基本建设投资比重	26	24	2	劣势
财政支出对 GDP 增长的拉动	23	23	0	劣势
政府公务员对经济的贡献	20	20	0	中势
政府消费对民间消费的拉动	24	24	0	劣势
财政投资对社会投资的拉动	8	10	– 2	优势

续表

指　标		2017 年	2018 年	排位升降	优劣势
7.2	政府规调经济竞争力	2	3	-1	强势
	物价调控	7	12	-5	中势
	调控城乡消费差距	4	5	-1	优势
	统筹经济社会发展	22	25	-3	劣势
	规范税收	13	12	1	中势
	固定资产投资价格指数	1	1	0	强势
7.3	政府保障经济竞争力	11	13	-2	中势
	城镇职工养老保险收支比	23	23	0	劣势
	医疗保险覆盖率	15	16	-1	中势
	养老保险覆盖率	3	2	1	强势
	失业保险覆盖率	22	24	-2	劣势
	最低工资标准	14	14	0	中势
	城镇登记失业率	1	1	0	强势

8. 黑龙江省发展水平竞争力指标排名变化情况

表 8 - 12　2017～2018 年黑龙江省发展水平竞争力指标组排位及变化趋势

指　标		2017 年	2018 年	排位升降	优劣势
8	**发展水平竞争力**	26	26	0	劣势
8.1	工业化进程竞争力	30	29	1	劣势
	工业增加值占 GDP 比重	28	28	0	劣势
	工业增加值增长率	28	23	5	劣势
	高技术产业占工业增加值比重	26	24	2	劣势
	高技术产品占商品出口额比重	29	27	2	劣势
	信息产业增加值占 GDP 比重	30	27	3	劣势
	工农业增加值比值	29	29	0	劣势
8.2	城市化进程竞争力	11	11	0	中势
	城镇化率	12	13	-1	中势
	城镇居民人均可支配收入	31	31	0	劣势
	城市平均建成区面积比重	1	1	0	强势
	人均拥有道路面积	22	20	2	中势
	人均日生活用水量	29	27	2	劣势
	人均公共绿地面积	24	20	4	中势

续表

指　　标	2017 年	2018 年	排位升降	优劣势
8.3 　市场化进程竞争力	25	26	-1	劣势
非公有制经济产值占全社会总产值比重	25	24	1	劣势
社会投资占投资总额比重	16	11	5	中势
私有和个体企业从业人员比重	31	30	1	劣势
亿元以上商品市场成交额	20	22	-2	劣势
亿元以上商品市场成交额占全社会消费品零售总额比重	21	23	-2	劣势
居民消费支出占总消费支出比重	24	24	0	劣势

9. 黑龙江省统筹协调竞争力指标排名变化情况

表 8 - 13　2017 ~ 2018 年黑龙江省统筹协调竞争力指标组排位及变化趋势

指　　标	2017 年	2018 年	排位升降	优劣势
9　统筹协调竞争力	24	23	1	劣势
9.1 　统筹发展竞争力	17	19	-2	中势
社会劳动生产率	21	23	-2	劣势
能源使用下降率	10	6	4	优势
万元 GDP 综合能耗下降率	18	22	-4	劣势
非农用地产出率	26	26	0	劣势
居民收入占 GDP 比重	26	29	-3	劣势
二三产业增加值比例	4	4	0	优势
固定资产投资额占 GDP 比重	7	7	0	优势
固定资产投资增长率	12	25	-13	劣势
9.2 　协调发展竞争力	29	27	2	劣势
资源竞争力与宏观经济竞争力比差	4	4	0	优势
环境竞争力与宏观经济竞争力比差	27	24	3	劣势
人力资源竞争力与宏观经济竞争力比差	28	30	-2	劣势
环境竞争力与工业竞争力比差	31	6	25	优势
资源竞争力与工业竞争力比差	29	28	1	劣势
城乡居民家庭人均收入比差	3	3	0	强势
城乡居民人均现金消费支出比差	4	5	-1	优势
全社会消费品零售总额与外贸出口总额比差	28	31	-3	劣势

B.10

9

上海市经济综合竞争力评价分析报告

上海市简称沪，地处长江三角洲前缘，东濒东海，南临杭州湾，西接江苏、浙江两省，北接长江入海口，处于我国南北海岸线的中部，交通便利，腹地广阔，地理位置优越，是一个良好的江海港口城市。全市面积为6340.5平方公里，2018年总人口为2424万人，地区生产总值达32680亿元，同比增长6.6%，人均GDP达134982元。本部分通过分析2017～2018年上海市经济综合竞争力以及各要素竞争力的排名变化，从中找出上海市经济综合竞争力的推动点及影响因素，为进一步提升上海市经济综合竞争力提供决策参考。

9.1 上海市经济综合竞争力总体分析

1. 上海市经济综合竞争力一级指标概要分析

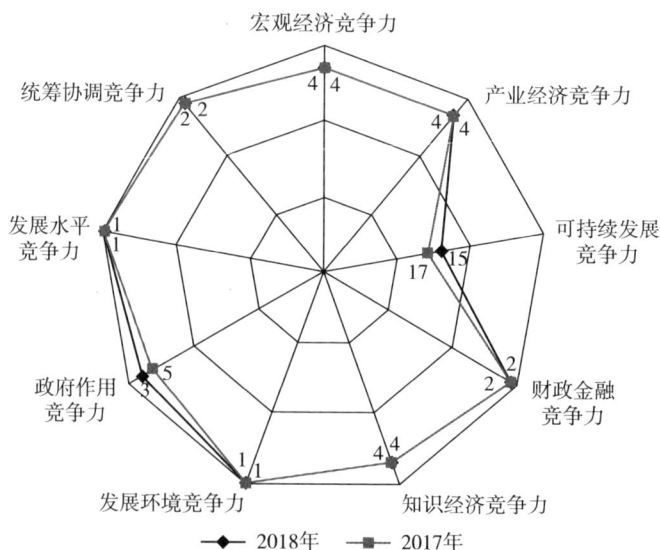

图9-1 2017～2018年上海市经济综合竞争力二级指标比较雷达图

表 9 - 1 2017～2018 年上海市经济综合竞争力二级指标比较

项 目 年 份	宏观 经济 竞争力	产业 经济 竞争力	可持续 发展 竞争力	财政 金融 竞争力	知识 经济 竞争力	发展 环境 竞争力	政府 作用 竞争力	发展 水平 竞争力	统筹 协调 竞争力	综合 排位
2017 年	4	4	17	2	4	1	5	1	2	3
2018 年	4	4	15	2	4	1	3	1	2	3
升降	0	0	2	0	0	0	2	0	0	0
优劣度	优势	优势	中势	强势	优势	强势	强势	强势	强势	强势

（1）从综合排位看，2018 年上海市经济综合竞争力居第 3 位，在全国处于强势地位；与 2017 年相比，综合排位保持不变。

（2）从指标所处区位看，9 个指标中，有 8 个指标处于上游区，其中，财政金融竞争力、发展环境竞争力、政府作用竞争力、发展水平竞争力和统筹协调竞争力等 5 个指标为强势指标；有 1 个中势指标，即可持续发展竞争力。

（3）从指标变化趋势看，9 个二级指标中，有 2 个指标处于上升趋势，分别为可持续发展竞争力和政府作用竞争力，这些是上海市经济综合竞争力上升的动力所在；有 7 个指标排位没有发生变化，分别为宏观经济竞争力、产业经济竞争力、财政金融竞争力、知识经济竞争力、发展环境竞争力、发展水平竞争力和统筹协调竞争力。

2. 上海市经济综合竞争力各级指标动态变化分析

表 9 - 2 2017～2018 年上海市经济综合竞争力各级指标排位变化态势比较

单位：个，%

二级指标	三级指标	四级 指标数	上升		保持		下降		变化 趋势
			指标 数	比重	指标 数	比重	指标 数	比重	
宏观经济 竞争力	经济实力竞争力	12	2	16.7	7	58.3	3	25.0	下降
	经济结构竞争力	6	1	16.7	4	66.7	1	16.7	下降
	经济外向度竞争力	9	1	11.1	6	66.7	2	22.2	保持
	小 计	27	4	14.8	17	63.0	6	22.2	保持

续表

二级指标	三级指标	四级指标数	上升		保持		下降		变化趋势
			指标数	比重	指标数	比重	指标数	比重	
产业经济竞争力	农业竞争力	10	0	0.0	8	80.0	2	20.0	下降
	工业竞争力	10	2	20.0	4	40.0	4	40.0	上升
	服务业竞争力	10	3	30.0	4	40.0	3	30.0	保持
	企业竞争力	10	1	10.0	4	40.0	5	50.0	保持
	小　计	**40**	6	15.0	20	50.0	14	35.0	保持
可持续发展竞争力	资源竞争力	9	0	0.0	8	88.9	1	11.1	下降
	环境竞争力	8	1	12.5	6	75.0	1	12.5	保持
	人力资源竞争力	7	1	14.3	3	42.9	3	42.9	保持
	小　计	**24**	2	8.3	17	70.8	5	20.8	上升
财政金融竞争力	财政竞争力	12	3	25.0	7	58.3	2	16.7	保持
	金融竞争力	10	3	30.0	5	50.0	2	20.0	保持
	小　计	**22**	6	27.3	12	54.5	4	18.2	保持
知识经济竞争力	科技竞争力	9	1	11.1	6	66.7	2	22.2	保持
	教育竞争力	10	0	0.0	7	70.0	3	30.0	保持
	文化竞争力	10	2	20.0	6	60.0	2	20.0	保持
	小　计	**29**	3	10.3	19	65.5	7	24.1	保持
发展环境竞争力	基础设施竞争力	9	0	0.0	7	77.8	2	22.2	保持
	软环境竞争力	9	2	22.2	5	55.6	2	22.2	保持
	小　计	**18**	2	11.1	12	66.7	4	22.2	保持
政府作用竞争力	政府发展经济竞争力	5	1	20.0	3	60.0	1	20.0	保持
	政府规调经济竞争力	5	3	60.0	0	0.0	2	40.0	上升
	政府保障经济竞争力	6	0	0.0	3	50.0	3	50.0	下降
	小　计	**16**	4	25.0	6	37.5	6	37.5	上升
发展水平竞争力	工业化进程竞争力	6	3	50.0	2	33.3	1	16.7	保持
	城市化进程竞争力	6	1	16.7	4	66.7	1	16.7	保持
	市场化进程竞争力	6	2	33.3	2	33.3	2	33.3	下降
	小　计	**18**	6	33.3	8	44.4	4	22.2	保持
统筹协调竞争力	统筹发展竞争力	8	2	25.0	4	50.0	2	25.0	上升
	协调发展竞争力	8	0	0.0	1	12.5	7	87.5	上升
	小　计	**16**	2	12.5	5	31.3	9	56.3	保持
合　计		**210**	35	16.7	116	55.2	59	28.1	保持

　　从表9-2可以看出，210个四级指标中，排位上升的指标有35个，占指标总数的16.7%；排位下降的指标有59个，占指标总数的28.1%；排位保持不变的指标有116个，占指标总数的55.2%。由此可见，上海市经济综合竞争力上升的动力小于下降的拉力，但受其他外部因素的综合影响，2017~2018年上海市经济综合竞争力排位保持不变。

　　3. 上海市经济综合竞争力各级指标优劣势结构分析

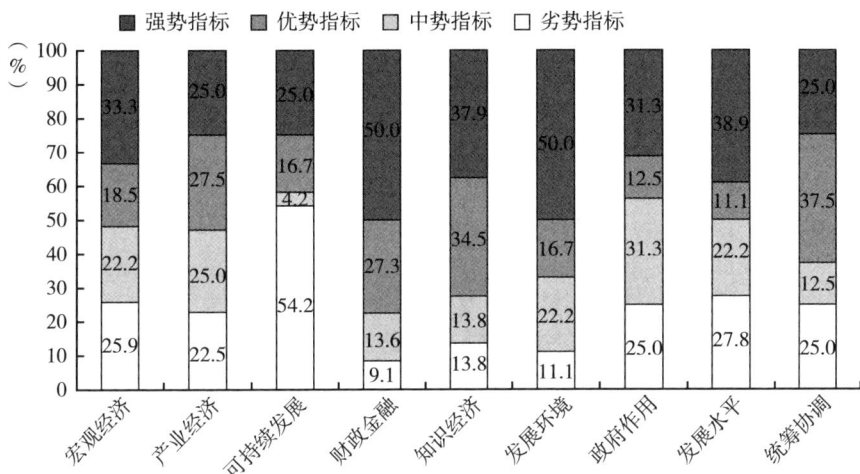

图9-2　2018年上海市经济综合竞争力各级指标优劣势比较

表9-3　2018年上海市经济综合竞争力各级指标优劣势比较

单位：个，%

二级指标	三级指标	四级指标数	强势指标		优势指标		中势指标		劣势指标		优劣势
			个数	比重	个数	比重	个数	比重	个数	比重	
宏观经济竞争力	经济实力竞争力	12	3	25.0	2	16.7	4	33.3	3	25.0	优势
	经济结构竞争力	6	1	16.7	2	33.3	2	33.3	1	16.7	优势
	经济外向度竞争力	9	5	55.6	1	11.1	0	0.0	3	33.3	强势
	小　计	**27**	9	33.3	5	18.5	6	22.2	7	25.9	优势
产业经济竞争力	农业竞争力	10	3	30.0	0	0.0	1	10.0	6	60.0	中势
	工业竞争力	10	0	0.0	5	50.0	3	30.0	2	20.0	优势
	服务业竞争力	10	4	40.0	3	30.0	3	30.0	0	0.0	强势
	企业竞争力	10	3	30.0	3	30.0	3	30.0	1	10.0	强势
	小　计	**40**	10	25.0	11	27.5	10	25.0	9	22.5	优势

二级指标	三级指标	四级指标数	强势指标		优势指标		中势指标		劣势指标		优劣势
			个数	比重	个数	比重	个数	比重	个数	比重	
可持续发展竞争力	资源竞争力	9	0	0.0	0	0.0	1	11.1	8	88.9	劣势
	环境竞争力	8	4	50.0	2	25.0	0	0.0	2	25.0	优势
	人力资源竞争力	7	2	28.6	2	28.6	0	0.0	3	42.9	优势
	小　计	**24**	6	25.0	4	16.7	1	4.2	13	54.2	中势
财政金融竞争力	财政竞争力	12	7	58.3	2	16.7	2	16.7	1	8.3	强势
	金融竞争力	10	4	40.0	4	40.0	1	10.0	1	10.0	强势
	小　计	**22**	11	50.0	6	27.3	3	13.6	2	9.1	强势
知识经济竞争力	科技竞争力	9	2	22.2	7	77.8	0	0.0	0	0.0	优势
	教育竞争力	10	5	50.0	1	10.0	2	20.0	2	20.0	强势
	文化竞争力	10	4	40.0	2	20.0	2	20.0	2	20.0	强势
	小　计	**29**	11	37.9	10	34.5	4	13.8	4	13.8	优势
发展环境竞争力	基础设施竞争力	9	4	44.4	3	33.3	1	11.1	1	11.1	强势
	软环境竞争力	9	5	55.6	0	0.0	3	33.3	1	11.1	强势
	小　计	**18**	9	50.0	3	16.7	4	22.2	2	11.1	强势
政府作用竞争力	政府发展经济竞争力	5	1	20.0	0	0.0	2	40.0	2	40.0	优势
	政府规调经济竞争力	5	2	40.0	0	0.0	1	20.0	2	40.0	优势
	政府保障经济竞争力	6	2	33.3	2	33.3	2	33.3	0	0.0	优势
	小　计	**16**	5	31.3	2	12.5	5	31.3	4	25.0	强势
发展水平竞争力	工业化进程竞争力	6	3	50.0	1	16.7	0	0.0	2	33.3	强势
	城市化进程竞争力	6	2	33.3	1	16.7	0	0.0	3	50.0	强势
	市场化进程竞争力	6	2	33.3	0	0.0	4	66.7	0	0.0	优势
	小　计	**18**	7	38.9	2	11.1	4	22.2	5	27.8	强势
统筹协调竞争力	统筹发展竞争力	8	3	37.5	2	25.0	2	25.0	1	12.5	强势
	协调发展竞争力	8	1	12.5	4	50.0	0	0.0	3	37.5	中势
	小　计	**16**	4	25.0	6	37.5	2	12.5	4	25.0	强势
	合　计	**210**	72	34.3	49	23.3	39	18.6	50	23.8	强势

　　基于图9-2和表9-3，从四级指标来看，强势指标有72个，占指标总数的34.3%；优势指标有49个，占指标总数的23.3%；中势指标有39个，占指标总数的18.6%；劣势指标有50个，占指标总数的23.8%。从三级指标来看，强势指标有12个，占三级指标总数的48%；优势指标有10个，占三级指标总数的40%；中势指标有2个，占三级指标总数的8%；劣

势指标有 1 个,占三级指标总数的 4%。反映到二级指标上来,强势指标有 5 个,占二级指标总数的 55.6%;优势指标有 3 个,占二级指标总数的 33.3%;中势指标 1 个,占二级指标总数的 11.1%。综合来看,由于强势和优势指标在指标体系中居于主导地位,2018 年上海市经济综合竞争力处于强势地位。

4. 上海市经济综合竞争力四级指标优劣势对比分析

表 9 - 4 2018 年上海市经济综合竞争力各级指标优劣势比较

二级指标	优劣势	四级指标
宏观经济 竞争力 (27 个)	强势指标	人均地区生产总值、人均财政收入、人均全社会消费品零售总额、产业结构优化度、进出口总额、实际 FDI、外贸依存度、外资企业数、对外直接投资额(9 个)
	优势指标	财政总收入、全社会消费品零售总额增长率、城乡经济结构优化度、贸易结构优化度、出口总额(5 个)
	劣势指标	财政总收入增长率、固定资产投资额、人均固定资产投资额、资本形成结构优化度、进出口增长率、出口增长率、实际 FDI 增长率(7 个)
产业经济 竞争力 (40 个)	强势指标	农民人均纯收入、农产品出口占农林牧渔总产值比重、农村人均用电量、人均服务业增加值、限额以上批发零售企业主营业务收入、旅游外汇收入、电子商务销售额、规模以上企业劳动效率、城镇就业人员平均工资、新产品销售收入占主营业务收入比重(10 个)
	优势指标	人均工业增加值、工业资产总额、规模以上工业主营业务收入、规模以上工业利润总额、工业收入利润率、服务业增加值、服务业从业人员数、限额以上餐饮企业利税率、规模以上企业平均收入、规模以上企业平均利润、工业企业 R&D 经费投入强度(11 个)
	劣势指标	农业增加值、农业增加值增长率、人均农业增加值、人均主要农产品产量、农业机械化水平、财政支农资金比重、工业增加值增长率、工业成本费用率、产品质量抽查合格率(9 个)
可持续发展 竞争力 (24 个)	强势指标	人均工业废气排放量、人均治理工业污染投资额、生活垃圾无害化处理率、自然灾害直接经济损失、大专以上教育程度人口比例、平均受教育程度(6 个)
	优势指标	人均工业固体废物排放量、一般工业固体废物综合利用率、15 ~ 64 岁人口比例、文盲率(4 个)
	劣势指标	人均国土面积、人均年水资源量、耕地面积、人均耕地面积、人均牧草地面积、主要能源矿产基础储量、人均主要能源矿产基础储量、人均森林蓄积量、森林覆盖率、人均废水排放量、常住人口增长率、人口健康素质、职业学校毕业生数(13 个)

二级指标	优劣势	四级指标
财政金融 竞争力 (22个)	强势指标	地方财政收入、地方财政收入占GDP比重、税收收入占GDP比重、税收收入占财政总收入比重、人均地方财政收入、人均地方财政支出、人均税收收入、人均存款余额、人均贷款余额、保险密度、国内上市公司市值(11个)
	优势指标	地方财政支出、地方财政支出增长率、存款余额、贷款余额、保险深度、国内上市公司数(6个)
	劣势指标	税收收入增长率、中长期贷款占贷款余额比重(2个)
知识经济 竞争力 (29个)	强势指标	技术市场成交合同金额、财政科技支出占地方财政支出比重、人均教育经费、人均文化教育支出、万人中小学学校数、万人中小学专任教师数、高等学校数、文化批发零售业营业收入、图书和期刊出版数、电子出版物品种、城镇居民人均文化娱乐支出(11个)
	优势指标	R&D人员、R&D经费、R&D经费投入强度、发明专利授权量、高技术产业主营业务收入、高技术产业收入占工业增加值比重、高技术产品出口额占商品出口额比重、万人高等学校在校学生数、文化服务业企业营业收入、印刷用纸量(10个)
	劣势指标	教育经费占GDP比重、公共教育经费占财政支出比重、农村居民人均文化娱乐支出、农村居民人均文化娱乐支出占消费性支出比重(4个)
发展环境 竞争力 (18个)	强势指标	铁路网线密度、公路网线密度、全社会货物周转量、电话普及率、万人外资企业数、万人个体私营企业数、万人商标注册件数、每十万人交通事故发生数、罚没收入占财政收入比重(9个)
	优势指标	人均邮电业务总量、网站数、人均耗电量(3个)
	劣势指标	全社会旅客周转量、查处商标侵权假冒案件(2个)
政府作用 竞争力 (16个)	强势指标	政府公务员对经济的贡献、物价调控、规范税收、失业保险覆盖率、最低工资标准(5个)
	优势指标	医疗保险覆盖率、城镇登记失业率(2个)
	劣势指标	财政支出用于基本建设投资比重、财政投资对社会投资的拉动、调控城乡消费差距、固定资产投资价格指数(4个)
发展水平 竞争力 (18个)	强势指标	高技术产业占工业增加值比重、信息产业增加值占GDP比重、工农业增加值比值、城镇化率、城镇居民人均可支配收入、亿元以上商品市场成交额、亿元以上商品市场成交额占全社会消费品零售总额比重(7个)
	优势指标	高技术产品占商品出口额比重、人均日生活用水量(2个)
	劣势指标	工业增加值占GDP比重、工业增加值增长率、城市平均建成区面积比重、人均拥有道路面积、人均公共绿地面积(5个)
统筹协调 竞争力 (16个)	强势指标	社会劳动生产率、非农地产出率、二三产业增加值比例、全社会消费品零售总额与外贸出口总额比差(4个)
	优势指标	能源使用下降率、万元GDP综合能耗下降率、环境竞争力与宏观经济竞争力比差、人力资源竞争力与宏观经济竞争力比差、资源竞争力与工业竞争力比差、城乡居民家庭人均收入比差(6个)
	劣势指标	居民收入占GDP比重、资源竞争力与宏观经济竞争力比差、环境竞争力与工业竞争力比差、城乡居民人均现金消费支出比差(4个)

9.2　上海市经济综合竞争力各级指标具体分析

1. 上海市宏观经济竞争力指标排名变化情况

表9－5　2017～2018年上海市宏观经济竞争力指标组排位及变化趋势

指　标	2017年	2018年	排位升降	优劣势
1　宏观经济竞争力	4	4	0	优势
1.1　经济实力竞争力	5	6	－1	优势
地区生产总值	11	11	0	中势
地区生产总值增长率	23	19	4	中势
人均地区生产总值	2	2	0	强势
财政总收入	5	6	－1	优势
财政总收入增长率	20	26	－6	劣势
人均财政收入	1	1	0	强势
固定资产投资额	24	24	0	劣势
固定资产投资额增长率	19	20	－1	中势
人均固定资产投资额	27	27	0	劣势
全社会消费品零售总额	12	12	0	中势
全社会消费品零售总额增长率	23	5	18	优势
人均全社会消费品零售总额	2	2	0	强势
1.2　经济结构竞争力	5	6	－1	优势
产业结构优化度	2	2	0	强势
所有制经济结构优化度	19	18	1	中势
城乡经济结构优化度	5	5	0	优势
就业结构优化度	9	16	－7	中势
资本形成结构优化度	29	29	0	劣势
贸易结构优化度	5	5	0	优势
1.3　经济外向度竞争力	2	2	0	强势
进出口总额	3	3	0	强势
进出口增长率	21	25	－4	劣势
出口总额	4	4	0	优势
出口增长率	23	28	－5	劣势
实际FDI	3	3	0	强势
实际FDI增长率	27	22	5	劣势
外贸依存度	1	1	0	强势
外资企业数	2	2	0	强势
对外直接投资额	1	1	0	强势

2. 上海市产业经济竞争力指标排名变化情况

表 9 - 6　2017～2018 年上海市产业经济竞争力指标组排位及变化趋势

指　　标	2017 年	2018 年	排位升降	优劣势
2　产业经济竞争力	4	4	0	优势
2.1　农业竞争力	6	17	- 11	中势
农业增加值	31	31	0	劣势
农业增加值增长率	30	31	- 1	劣势
人均农业增加值	31	31	0	劣势
农民人均纯收入	1	1	0	强势
农民人均纯收入增长率	11	11	0	中势
农产品出口占农林牧渔总产值比重	1	1	0	强势
人均主要农产品产量	30	30	0	劣势
农业机械化水平	31	31	0	劣势
农村人均用电量	1	1	0	强势
财政支农资金比重	29	30	- 1	劣势
2.2　工业竞争力	6	5	1	优势
工业增加值	13	13	0	中势
工业增加值增长率	21	22	- 1	劣势
人均工业增加值	3	4	- 1	优势
工业资产总额	9	9	0	优势
工业资产总额增长率	9	18	- 9	中势
规模以上工业主营业务收入	12	10	2	优势
工业成本费用率	8	24	- 16	劣势
规模以上工业利润总额	6	6	0	优势
工业全员劳动生产率	14	14	0	中势
工业收入利润率	5	4	1	优势
2.3　服务业竞争力	2	2	0	强势
服务业增加值	6	6	0	优势
服务业增加值增长率	26	13	13	中势
人均服务业增加值	2	2	0	强势
服务业从业人员数	8	9	- 1	优势
限额以上批发零售企业主营业务收入	1	1	0	强势
限额以上批零企业利税率	15	16	- 1	中势
限额以上餐饮企业利税率	3	4	- 1	优势
旅游外汇收入	3	2	1	强势
商品房销售收入	13	12	1	中势
电子商务销售额	3	3	0	强势

续表

指　　标	2017 年	2018 年	排位升降	优劣势
2.4　企业竞争力	2	2	0	强势
规模以上工业企业数	13	13	0	中势
规模以上企业平均资产	11	11	0	中势
规模以上企业平均收入	4	5	-1	优势
规模以上企业平均利润	3	4	-1	优势
规模以上企业劳动效率	2	3	-1	强势
城镇就业人员平均工资	2	2	0	强势
新产品销售收入占主营业务收入比重	2	3	-1	强势
产品质量抽查合格率	26	24	2	劣势
工业企业 R&D 经费投入强度	3	8	-5	优势
中国驰名商标持有量	12	12	0	中势

3. 上海市可持续发展竞争力指标排名变化情况

表 9 - 7　2017～2018 年上海市可持续发展竞争力指标组排位及变化趋势

指　　标	2017 年	2018 年	排位升降	优劣势
3　可持续发展竞争力	17	15	2	中势
3.1　资源竞争力	30	31	-1	劣势
人均国土面积	31	31	0	劣势
人均可使用海域和滩涂面积	11	11	0	中势
人均年水资源量	29	30	-1	劣势
耕地面积	31	31	0	劣势
人均耕地面积	31	31	0	劣势
人均牧草地面积	30	30	0	劣势
主要能源矿产基础储量	31	31	0	劣势
人均主要能源矿产基础储量	31	31	0	劣势
人均森林储积量	31	31	0	劣势
3.2　环境竞争力	8	8	0	优势
森林覆盖率	28	25	3	劣势
人均废水排放量	31	31	0	劣势
人均工业废气排放量	3	3	0	强势
人均工业固体废物排放量	7	7	0	优势
人均治理工业污染投资额	1	1	0	强势
一般工业固体废物综合利用率	4	4	0	优势
生活垃圾无害化处理率	1	3	-2	强势
自然灾害直接经济损失	1	1	0	强势

续表

指　标	2017 年	2018 年	排位升降	优劣势
3.3　人力资源竞争力	4	4	0	优势
常住人口增长率	26	25	1	劣势
15~64 岁人口比例	4	6	-2	优势
文盲率	5	5	0	优势
大专以上教育程度人口比例	2	2	0	强势
平均受教育程度	2	2	0	强势
人口健康素质	25	27	-2	劣势
职业学校毕业生数	25	27	-2	劣势

4. 上海市财政金融竞争力指标排名变化情况

表 9-8　2017~2018 年上海市财政金融竞争力指标组排位及变化趋势

指　标	2017 年	2018 年	排位升降	优劣势
4　财政金融竞争力	2	2	0	强势
4.1　财政竞争力	1	1	0	强势
地方财政收入	3	3	0	强势
地方财政支出	6	7	-1	优势
地方财政收入占 GDP 比重	1	1	0	强势
地方财政支出占 GDP 比重	14	13	1	中势
税收收入占 GDP 比重	1	1	0	强势
税收收入占财政总收入比重	1	1	0	强势
人均地方财政收入	1	1	0	强势
人均地方财政支出	3	3	0	强势
人均税收收入	1	1	0	强势
地方财政收入增长率	22	14	8	中势
地方财政支出增长率	14	10	4	优势
税收收入增长率	22	27	-5	劣势
4.2　金融竞争力	3	3	0	强势
存款余额	4	4	0	优势
人均存款余额	2	2	0	强势
贷款余额	6	5	1	优势
人均贷款余额	2	2	0	强势
中长期贷款占贷款余额比重	24	22	2	劣势
保险费净收入	9	11	-2	中势
保险密度	2	2	0	强势
保险深度	6	10	-4	优势
国内上市公司数	20	5	15	优势
国内上市公司市值	3	3	0	强势

5. 上海市知识经济竞争力指标排名变化情况

表9-9   2017~2018年上海市知识经济竞争力指标组排位及变化趋势

指标	2017年	2018年	排位升降	优劣势
5 知识经济竞争力	4	4	0	优势
5.1 科技竞争力	4	4	0	优势
R&D人员	10	10	0	优势
R&D经费	5	5	0	优势
R&D经费投入强度	5	5	0	优势
发明专利授权量	5	5	0	优势
技术市场成交合同金额	5	3	2	强势
财政科技支出占地方财政支出比重	3	3	0	强势
高技术产业主营业务收入	5	6	-1	优势
高技术产业收入占工业增加值比重	4	5	-1	优势
高技术产品出口额占商品出口额比重	5	5	0	优势
5.2 教育竞争力	3	3	0	强势
教育经费	16	17	-1	中势
教育经费占GDP比重	25	26	-1	劣势
人均教育经费	2	2	0	强势
公共教育经费占财政支出比重	30	31	-1	劣势
人均文化教育支出	1	1	0	强势
万人中小学学校数	1	1	0	强势
万人中小学专任教师数	1	1	0	强势
高等学校数	3	3	0	强势
高校专任教师数	17	17	0	中势
万人高等学校在校学生数	4	4	0	优势
5.3 文化竞争力	2	2	0	强势
文化制造业营业收入	11	11	0	中势
文化批发零售业营业收入	1	1	0	强势
文化服务业企业营业收入	4	4	0	优势
图书和期刊出版数	4	3	1	强势
电子出版物品种	1	1	0	强势
印刷用纸量	15	7	8	优势
城镇居民人均文化娱乐支出	1	1	0	强势
农村居民人均文化娱乐支出	12	22	-10	劣势
城镇居民人均文化娱乐支出占消费性支出比重	10	11	-1	中势
农村居民人均文化娱乐支出占消费性支出比重	30	30	0	劣势

197

6. 上海市发展环境竞争力指标排名变化情况

表9-10　2017~2018年上海市发展环境竞争力指标组排位及变化趋势

指　　标	2017年	2018年	排位升降	优劣势
6　发展环境竞争力	1	1	0	强势
6.1　基础设施竞争力	2	2	0	强势
铁路网线密度	3	3	0	强势
公路网线密度	1	1	0	强势
人均内河航道里程	15	15	0	中势
全社会旅客周转量	27	27	0	劣势
全社会货物周转量	2	2	0	强势
人均邮电业务总量	3	4	-1	优势
电话普及率	2	2	0	强势
网站数	3	4	-1	优势
人均耗电量	7	7	0	优势
6.2　软环境竞争力	1	1	0	强势
外资企业数增长率	15	20	-5	中势
万人外资企业数	1	1	0	强势
个体私营企业数增长率	17	20	-3	中势
万人个体私营企业数	3	3	0	强势
万人商标注册件数	2	2	0	强势
查处商标侵权假冒案件	24	24	0	劣势
每十万人交通事故发生数	1	1	0	强势
罚没收入占财政收入比重	2	1	1	强势
社会捐赠款物	14	11	3	中势

7. 上海市政府作用竞争力指标排名变化情况

表9-11　2017~2018年上海市政府作用竞争力指标组排位及变化趋势

指　　标	2017年	2018年	排位升降	优劣势
7　政府作用竞争力	5	3	2	强势
7.1　政府发展经济竞争力	9	9	0	优势
财政支出用于基本建设投资比重	27	25	2	劣势
财政支出对GDP增长的拉动	18	19	-1	中势
政府公务员对经济的贡献	1	1	0	强势
政府消费对民间消费的拉动	16	16	0	中势
财政投资对社会投资的拉动	26	26	0	劣势

续表

指　标	2017 年	2018 年	排位升降	优劣势
7.2　政府规调经济竞争力	18	4	14	优势
物价调控	22	3	19	强势
调控城乡消费差距	25	26	−1	劣势
统筹经济社会发展	15	16	−1	中势
规范税收	3	2	1	强势
固定资产投资价格指数	26	22	4	劣势
7.3　政府保障经济竞争力	2	4	−2	优势
城镇职工养老保险收支比	17	17	0	中势
医疗保险覆盖率	4	6	−2	优势
养老保险覆盖率	10	14	−4	中势
失业保险覆盖率	3	3	0	强势
最低工资标准	1	1	0	强势
城镇登记失业率	5	8	−3	优势

8. 上海市发展水平竞争力指标排名变化情况

表 9 – 12　2017～2018 年上海市发展水平竞争力指标组排位及变化趋势

指　标	2017 年	2018 年	排位升降	优劣势
8　发展水平竞争力	1	1	0	强势
8.1　工业化进程竞争力	1	1	0	强势
工业增加值占 GDP 比重	25	24	1	劣势
工业增加值增长率	7	22	−15	劣势
高技术产业占工业增加值比重	4	1	3	强势
高技术产品占商品出口额比重	5	5	0	优势
信息产业增加值占 GDP 比重	4	2	2	强势
工农业增加值比值	1	1	0	强势
8.2　城市化进程竞争力	2	2	0	强势
城镇化率	1	1	0	强势
城镇居民人均可支配收入	1	1	0	强势
城市平均建成区面积比重	30	30	0	劣势
人均拥有道路面积	31	31	0	劣势
人均日生活用水量	8	7	1	优势
人均公共绿地面积	30	31	−1	劣势

指　标	2017 年	2018 年	排位升降	优劣势
8.3　市场化进程竞争力	3	5	−2	优势
非公有制经济产值占全社会总产值比重	19	18	1	中势
社会投资占投资总额比重	14	17	−3	中势
私有和个体企业从业人员比重	1	14	−13	中势
亿元以上商品市场成交额	4	3	1	强势
亿元以上商品市场成交额占全社会消费品零售总额比重	1	1	0	强势
居民消费支出占总消费支出比重	16	16	0	中势

9. 上海市统筹协调竞争力指标排名变化情况

表 9 – 13　2017 ~ 2018 年上海市统筹协调竞争力指标组排位及变化趋势

指　标	2017 年	2018 年	排位升降	优劣势
9　统筹协调竞争力	2	2	0	强势
9.1　统筹发展竞争力	2	1	1	强势
社会劳动生产率	2	2	0	强势
能源使用下降率	7	4	3	优势
万元 GDP 综合能耗下降率	8	4	4	优势
非农用地产出率	1	1	0	强势
居民收入占 GDP 比重	21	21	0	劣势
二三产业增加值比例	3	3	0	强势
固定资产投资额占 GDP 比重	10	13	−3	中势
固定资产投资增长率	13	20	−7	中势
9.2　协调发展竞争力	17	15	2	中势
资源竞争力与宏观经济竞争力比差	30	31	−1	劣势
环境竞争力与宏观经济竞争力比差	4	5	−1	优势
人力资源竞争力与宏观经济竞争力比差	4	6	−2	优势
环境竞争力与工业竞争力比差	30	31	−1	劣势
资源竞争力与工业竞争力比差	7	10	−3	优势
城乡居民家庭人均收入比差	5	5	0	优势
城乡居民人均现金消费支出比差	25	26	−1	劣势
全社会消费品零售总额与外贸出口总额比差	1	2	−1	强势

10

江苏省经济综合竞争力评价分析报告

江苏省简称苏，位于我国大陆东部沿海中心，位居长江、淮河下游，东濒黄海，东南与浙江省和上海市毗邻，西连安徽省，北接山东省。全省面积为107200平方公里，2018年全省常住人口为8051万人，地区生产总值为92595亿元，同比增长6.7%，人均GDP达115168元。本部分通过分析2017~2018年江苏省经济综合竞争力以及各要素竞争力的排名变化，从中找出江苏省经济综合竞争力的推动点及影响因素，为进一步提升江苏省经济综合竞争力提供决策参考。

10.1 江苏省经济综合竞争力总体分析

1. 江苏省经济综合竞争力一级指标概要分析

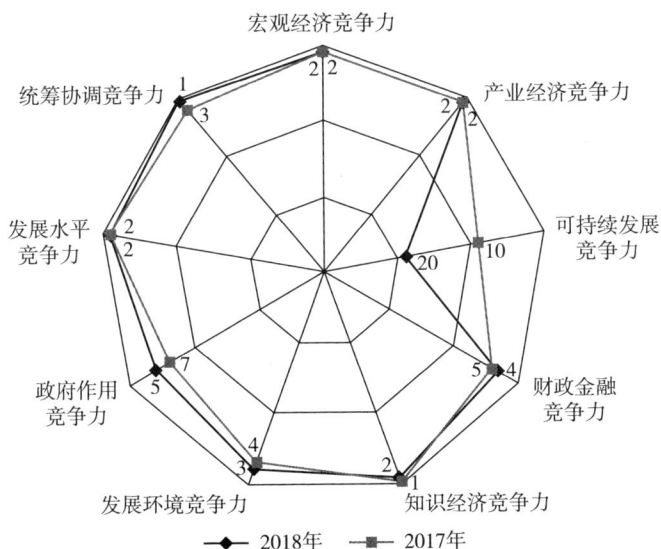

图10-1 2017~2018年江苏省经济综合竞争力二级指标比较

表 10 –1　2017～2018 年江苏省经济综合竞争力二级指标表现情况

项目 年份	宏观经济竞争力	产业经济竞争力	可持续发展竞争力	财政金融竞争力	知识经济竞争力	发展环境竞争力	政府作用竞争力	发展水平竞争力	统筹协调竞争力	综合排位
2017	2	2	10	5	1	4	7	2	3	2
2018	2	2	20	4	2	3	5	2	1	2
升降	0	0	–10	1	–1	1	2	0	2	0
优劣度	强势	强势	中势	优势	强势	强势	优势	强势	强势	强势

（1）从综合排位看，2018 年江苏省经济综合竞争力综合排位在全国居第 2 位，这表明其在全国处于强势地位；与 2017 年相比，综合排位没有发生变化。

（2）从指标所处区位看，除了可持续发展竞争力处于中游区外，其他指标均处于上游区，其中宏观经济竞争力、产业经济竞争力、知识经济竞争力、发展环境竞争力、发展水平竞争力和统筹协调竞争力等 6 个指标为江苏省经济综合竞争力的强势指标。

（3）从指标变化趋势看，9 个二级指标中，财政金融竞争力、发展环境竞争力、政府作用竞争力和统筹协调竞争力均处于上升趋势，这些是江苏省经济综合竞争力的上升动力所在；只有可持续发展竞争力这一指标出现下降趋势，且排名下降显著，其余指标都没有发生变化；虽然上升的指标较多，但由于下降指标下降幅度较大，江苏省 2018 年经济综合竞争力排名没有发生变化。

2. 江苏省经济综合竞争力各级指标动态变化分析

表 10 –2　2017～2018 年江苏省经济综合竞争力各级指标排位变化情况

单位：个，%

二级指标	三级指标	四级指标数	上升		保持		下降		变化趋势
			指标数	比重	指标数	比重	指标数	比重	
宏观经济竞争力	经济实力竞争力	12	3	25.0	6	50.0	3	25.0	保持
	经济结构竞争力	6	0	0.0	4	66.7	2	33.3	保持
	经济外向度竞争力	9	1	11.1	6	66.7	2	22.2	保持
	小　计	27	4	14.8	16	59.3	7	25.9	保持

续表

二级指标	三级指标	四级指标数	上升		保持		下降		变化趋势
			指标数	比重	指标数	比重	指标数	比重	
产业经济竞争力	农业竞争力	10	3	30.0	5	50.0	2	20.0	上升
	工业竞争力	10	3	30.0	3	30.0	4	40.0	保持
	服务业竞争力	10	5	50.0	5	50.0	0	0.0	上升
	企业竞争力	10	3	30.0	4	40.0	3	30.0	保持
	小　计	**40**	14	35.0	17	42.5	9	22.5	保持
可持续发展竞争力	资源竞争力	9	0	0.0	7	77.8	2	22.2	保持
	环境竞争力	8	0	0.0	6	75.0	2	25.0	下降
	人力资源竞争力	7	1	14.3	0	0.0	6	85.7	下降
	小　计	**24**	1	4.2	13	54.2	10	41.7	下降
财政金融竞争力	财政竞争力	12	6	50.0	5	41.7	1	8.3	上升
	金融竞争力	10	1	10.0	8	80.0	1	10.0	保持
	小　计	**22**	7	31.8	13	59.1	2	9.1	上升
知识经济竞争力	科技竞争力	9	1	11.1	6	66.7	2	22.2	保持
	教育竞争力	10	1	10.0	6	60.0	3	30.0	保持
	文化竞争力	10	1	10.0	4	40.0	5	50.0	下降
	小　计	**29**	3	10.3	16	55.2	10	34.5	下降
发展环境竞争力	基础设施竞争力	9	2	22.2	6	66.7	1	11.1	保持
	软环境竞争力	9	1	11.1	6	66.7	2	22.2	保持
	小　计	**18**	3	16.7	12	66.7	3	16.7	上升
政府作用竞争力	政府发展经济竞争力	5	1	20.0	3	60.0	1	20.0	保持
	政府规调经济竞争力	5	4	80.0	0	0.0	1	20.0	保持
	政府保障经济竞争力	6	2	33.3	2	33.3	2	33.3	上升
	小　计	**16**	7	43.8	5	31.3	4	25.0	上升
发展水平竞争力	工业化进程竞争力	6	2	33.3	1	16.7	3	50.0	下降
	城市化进程竞争力	6	1	16.7	3	50.0	2	33.3	上升
	市场化进程竞争力	6	0	0.0	4	66.7	2	33.3	保持
	小　计	**18**	3	16.7	8	44.4	7	38.9	保持
统筹协调竞争力	统筹发展竞争力	8	3	37.5	3	37.5	2	25.0	上升
	协调发展竞争力	8	1	12.5	3	37.5	4	50.0	下降
	小　计	**16**	4	25.0	6	37.5	6	37.5	上升
合　计		**210**	46	21.9	106	50.5	58	27.6	保持

从表 10 - 2 可以看出，210 个四级指标中，上升指标有 46 个，占指标总数的 21.9%；保持不变的指标有 106 个，占指标总数的 50.5%；下降指标有 58 个，占指标总数的 27.6%，在 210 个指标中，超过二分之一的指标保持不变，下降指标虽略多于上升指标。由此可见，江苏省经济综合竞争力的上升动力和下降拉力大致相当，2017~2018 年江苏省经济综合竞争力排位保持不变。

3. 江苏省经济综合竞争力各级指标优劣势结构分析

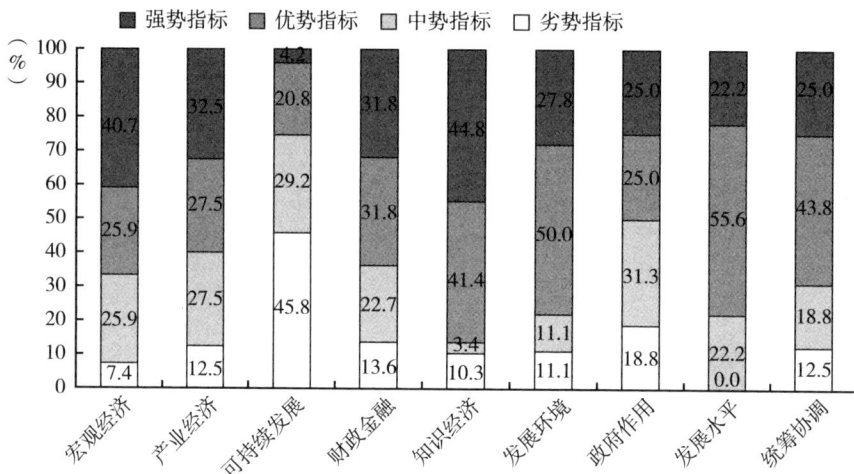

图 10 - 2　2018 年江苏省经济综合竞争力各级指标优劣势比较

表 10 - 3　2018 年江苏省经济综合竞争力各级指标优劣势情况

单位：个，%

二级指标	三级指标	四级指标数	强势指标		优势指标		中势指标		劣势指标		优劣势
			个数	比重	个数	比重	个数	比重	个数	比重	
宏观经济竞争力	经济实力竞争力	12	5	41.7	3	25.0	3	25.0	1	8.3	强势
	经济结构竞争力	6	2	33.3	2	33.3	2	33.3	0	0.0	强势
	经济外向度竞争力	9	4	44.4	2	22.2	2	22.2	1	11.1	强势
	小　计	**27**	11	40.7	7	25.9	7	25.9	2	7.4	强势
产业经济竞争力	农业竞争力	10	1	10.0	5	50.0	2	20.0	2	20.0	优势
	工业竞争力	10	5	50.0	1	10.0	3	30.0	1	10.0	强势
	服务业竞争力	10	4	40.0	3	30.0	3	30.0	0	0.0	强势
	企业竞争力	10	3	30.0	2	20.0	3	30.0	2	20.0	优势
	小　计	**40**	13	32.5	11	27.5	11	27.5	5	12.5	强势

续表

二级指标	三级指标	四级指标数	强势指标		优势指标		中势指标		劣势指标		优劣势
			个数	比重	个数	比重	个数	比重	个数	比重	
可持续发展竞争力	资源竞争力	9	0	0.0	1	11.1	2	22.2	6	66.7	中势
	环境竞争力	8	1	12.5	2	25.0	2	25.0	3	37.5	中势
	人力资源竞争力	7	0	0.0	2	28.6	3	42.9	2	28.6	优势
	小　计	24	1	4.2	5	20.8	7	29.2	11	45.8	中势
财政金融竞争力	财政竞争力	12	2	16.7	4	33.3	3	25.0	3	25.0	优势
	金融竞争力	10	5	50.0	3	30.0	2	20.0	0	0.0	优势
	小　计	22	7	31.8	7	31.8	5	22.7	3	13.6	优势
知识经济竞争力	科技竞争力	9	5	55.6	3	33.3	1	11.1	0	0.0	强势
	教育竞争力	10	4	40.0	5	50.0	0	0.0	1	10.0	强势
	文化竞争力	10	4	40.0	4	40.0	0	0.0	2	20.0	强势
	小　计	29	13	44.8	12	41.4	1	3.4	3	10.3	强势
发展环境竞争力	基础设施竞争力	9	2	22.2	6	66.7	1	11.1	0	0.0	优势
	软环境竞争力	9	3	33.3	3	33.3	1	11.1	2	22.2	强势
	小　计	18	5	27.8	9	50.0	2	11.1	2	11.1	强势
政府作用竞争力	政府发展经济竞争力	5	3	60.0	0	0.0	1	20.0	1	20.0	强势
	政府规调经济竞争力	5	0	0.0	3	60.0	0	0.0	2	40.0	中势
	政府保障经济竞争力	6	1	16.7	1	16.7	4	66.7	0	0.0	中势
	小　计	16	4	25.0	4	25.0	5	31.3	3	18.8	优势
发展水平竞争力	工业化进程竞争力	6	0	0.0	4	66.7	2	33.3	0	0.0	优势
	城市化进程竞争力	6	2	33.3	3	50.0	1	16.7	0	0.0	优势
	市场化进程竞争力	6	2	33.3	3	50.0	1	16.7	0	0.0	强势
	小　计	18	4	22.2	10	55.6	4	22.2	0	0.0	强势
统筹协调竞争力	统筹发展竞争力	8	3	37.5	3	37.5	2	25.0	0	0.0	强势
	协调发展竞争力	8	1	12.5	4	50.0	1	12.5	2	25.0	强势
	小　计	16	4	25.0	7	43.8	3	18.8	2	12.5	强势
合　计		210	62	29.5	72	34.3	45	21.4	31	14.8	强势

基于图 10-2 和表 10-3,具体到四级指标,强势指标 62 个,占指标总数的 29.5%;优势指标 72 个,占指标总数的 34.3%;中势指标 45 个,占指标总数的 21.4%;劣势指标 31 个,占指标总数的 14.8%。三级指标中,强势指标 13 个,占三级指标总数的 52%,超过三级指标总数的一半;优势指标 8 个,占三级指标总数的 32%;中势指标 4 个,占三级指标总数

的16%；没有劣势指标。从二级指标看，强势指标6个，占二级指标总数的66.7%；优势指标有2个，占二级指标总数的22.3%；中势指标有1个，占二级指标总数的11%。综合来看，由于强势指标在指标体系中居主导地位，2018年江苏省经济综合竞争力处于强势地位。

4. 江苏省经济综合竞争力四级指标优劣势对比分析

表10－4　2018年江苏省经济综合竞争力各级指标优劣势情况

二级指标	优劣势	四级指标
宏观经济 竞争力 （27个）	强势指标	地区生产总值、财政总收入、固定资产投资额、人均固定资产投资额、全社会消费品零售总额、所有制经济结构优化度、贸易结构优化度、进出口总额、出口总额、实际FDI、外资企业数（11个）
	优势指标	人均地区生产总值、人均财政收入、人均全社会消费品零售总额、城乡经济结构优化度、就业结构优化度、外贸依存度、对外直接投资（7个）
	劣势指标	财政总收入增长率、实际FDI增长率（2个）
产业经济 竞争力 （40个）	强势指标	农村人均用电量、工业增加值、人均工业增加值、工业资产总额、规模以上工业主营业务收入、规模以上工业利润总额、服务业增加值、服务业从业人员数、限额以上批发零售企业主营业务收入、商品房销售收入、规模以上工业企业数、工业企业R&D经费投入强度、中国驰名商标持有量（13个）
	优势指标	农业增加值、人均农业增加值、农民人均纯收入、农产品出口占农林牧渔总产值比重、农业机械化水平、工业成本费用率、人均服务业增加值、旅游外汇收入、电子商务销售额、城镇就业人员平均工资、新产品销售收入占主营业务收入比重（11个）
	劣势指标	农业增加值增长率、财政支农资金比重、工业全员劳动生产率、规模以上企业平均资产、产品质量抽查合格率（5个）
可持续发展 竞争力 （24个）	强势指标	一般工业固体废物综合利用率（1个）
	优势指标	人均可使用海域和滩涂面积、人均治理工业污染投资额、生活垃圾无害化处理率、人口健康素质、职业学校毕业生数（5个）
	劣势指标	人均国土面积、人均年水资源量、人均耕地面积、人均牧草地面积、人均主要能源矿产基础储量、人均森林储积量、森林覆盖率、人均废水排放量、人均工业固体废物排放量、常住人口增长率、文盲率（11个）
财政金融 竞争力 （22个）	强势指标	地方财政收入、地方财政支出、存款余额、贷款余额、保险费净收入、保险密度、国内上市公司数（7个）
	优势指标	税收收入占财政总收入比重、人均地方财政收入、人均税收收入、税收收入增长率、人均存款余额、人均贷款余额、国内上市公司市值（7个）
	劣势指标	地方财政收入占GDP比重、地方财政支出占GDP比重、地方财政收入增长率（3个）

二级指标	优劣势	四级指标
知识经济竞争力（29个）	强势指标	R&D人员、R&D经费、R&D经费投入强度、发明专利授权量、高技术产业主营业务收入、教育经费、万人中小学学校数、高等学校数、高校专任教师数、文化制造业营业收入、文化批发零售业营业收入、图书和期刊出版数、电子出版物品种（13个）
	优势指标	技术市场成交合同金额、财政科技支出占地方财政支出比重、高技术产业收入占工业增加值比重、人均教育经费、公共教育经费占财政支出比重、人均文化教育支出、万人中小学专任教师数、万人高等学校在校学生数、文化服务业企业营业收入、印刷用纸量、城镇居民人均文化娱乐支出、农村居民人均文化娱乐支出（12个）
	劣势指标	教育经费占GDP比重、城镇居民人均文化娱乐支出占消费性支出比重、农村居民人均文化娱乐支出占消费性支出比重（3个）
发展环境竞争力（18个）	强势指标	人均内河航道里程、全社会旅客周转量、万人个体私营企业数、罚没收入占财政收入比重、社会捐赠款物（5个）
	优势指标	公路网线密度、全社会货物周转量、人均邮电业务总量、电话普及率、网站数、人均耗电量、万人外资企业数、个体私营企业数增长率、万人商标注册件数（9个）
	劣势指标	外资企业数增长率、查处商标侵权假冒案件（2个）
政府作用竞争力（16个）	强势指标	财政支出对GDP增长的拉动、政府公务员对经济的贡献、财政投资对社会投资的拉动、城镇职工养老保险收支比（4个）
	优势指标	调控城乡消费差距、统筹经济社会发展、规范税收、最低工资标准（4个）
	劣势指标	财政支出用于基本建设投资比重、物价调控、固定资产投资价格指数（3个）
发展水平竞争力（18个）	强势指标	人均拥有道路面积、人均日生活用水量、非公有制经济产值占全社会总产值比重、亿元以上商品市场成交额（4个）
	优势指标	工业增加值占GDP比重、高技术产业占工业增加值比重、信息产业增加值占GDP比重、工农业增加值比值、城镇化率、城镇居民人均可支配收入、人均公共绿地面积、社会投资占投资总额比重、私有和个体企业从业人员比重、亿元以上商品市场成交额占全社会消费品零售总额比重（10个）
	劣势指标	（0个）
统筹协调竞争力（16个）	强势指标	能源使用下降率、万元GDP综合能耗下降率、居民收入占GDP比重、环境竞争力与宏观经济竞争力比差（4个）
	优势指标	社会劳动生产率、非农用地产出率、固定资产投资额占GDP比重、资源竞争力与工业竞争力比差、城乡居民家庭人均收入比差、城乡居民人均现金消费支出比差、全社会消费品零售总额与外贸出口总额比差（7个）
	劣势指标	资源竞争力与宏观经济竞争力比差、环境竞争力与工业竞争力比差（2个）

10.2 江苏省经济综合竞争力各级指标具体分析

1. 江苏省宏观经济竞争力指标排名变化情况

表 10 - 5 2017～2018 年江苏省宏观经济竞争力指标组排位及变化趋势

指　　标	2017 年	2018 年	排位升降	优劣势
1　宏观经济竞争力	2	2	0	强势
1.1　经济实力竞争力	1	1	0	强势
地区生产总值	2	2	0	强势
地区生产总值增长率	19	17	2	中势
人均地区生产总值	4	4	0	优势
财政总收入	1	3	− 2	强势
财政总收入增长率	16	28	− 12	劣势
人均财政收入	5	5	0	优势
固定资产投资额	2	2	0	强势
固定资产投资额增长率	18	19	− 1	中势
人均固定资产投资额	3	2	1	强势
全社会消费品零售总额	3	3	0	强势
全社会消费品零售总额增长率	17	13	4	中势
人均全社会消费品零售总额	4	4	0	优势
1.2　经济结构竞争力	1	1	0	强势
产业结构优化度	14	14	0	中势
所有制经济结构优化度	1	2	− 1	强势
城乡经济结构优化度	6	6	0	优势
就业结构优化度	6	7	− 1	优势
资本形成结构优化度	16	16	0	中势
贸易结构优化度	1	1	0	强势
1.3　经济外向度竞争力	3	3	0	强势
进出口总额	2	2	0	强势
进出口增长率	14	20	− 6	中势
出口总额	2	2	0	强势
出口增长率	11	16	− 5	中势
实际 FDI	2	2	0	强势
实际 FDI 增长率	25	23	2	劣势
外贸依存度	4	4	0	优势
外资企业数	3	3	0	强势
对外直接投资额	7	7	0	优势

2. 江苏省产业经济竞争力指标排名变化情况

表 10 - 6 2017～2018 年江苏省产业经济竞争力指标组排位及变化趋势

指　标	2017 年	2018 年	排位升降	优劣势
2　产业经济竞争力	2	2	0	强势
2.1　农业竞争力	5	4	1	优势
农业增加值	3	4	-1	优势
农业增加值增长率	29	28	1	劣势
人均农业增加值	4	5	-1	优势
农民人均纯收入	5	5	0	优势
农民人均纯收入增长率	16	16	0	中势
农产品出口占农林牧渔总产值比重	11	10	1	优势
人均主要农产品产量	14	14	0	中势
农业机械化水平	7	7	0	优势
农村人均用电量	2	2	0	强势
财政支农资金比重	26	25	1	劣势
2.2　工业竞争力	1	1	0	强势
工业增加值	2	2	0	强势
工业增加值增长率	18	16	2	中势
人均工业增加值	2	2	0	强势
工业资产总额	1	2	-1	强势
工业资产总额增长率	20	13	7	中势
规模以上工业主营业务收入	1	2	-1	强势
工业成本费用率	18	9	9	优势
规模以上工业利润总额	1	1	0	强势
工业全员劳动生产率	24	25	-1	劣势
工业收入利润率	14	16	-2	中势
2.3　服务业竞争力	4	3	1	强势
服务业增加值	2	2	0	强势
服务业增加值增长率	22	18	4	中势
人均服务业增加值	4	4	0	优势
服务业从业人员数	3	3	0	强势
限额以上批发零售企业主营业务收入	5	3	2	强势
限额以上批零企业利税率	19	17	2	中势
限额以上餐饮企业利税率	15	12	3	中势
旅游外汇收入	5	4	1	优势
商品房销售收入	2	2	0	强势
电子商务销售额	6	6	0	优势

续表

指　　标	2017 年	2018 年	排位升降	优劣势
2.4　企业竞争力	4	4	0	优势
规模以上工业企业数	2	2	0	强势
规模以上企业平均资产	24	24	0	劣势
规模以上企业平均收入	17	19	-2	中势
规模以上企业平均利润	13	13	0	中势
规模以上企业劳动效率	9	13	-4	中势
城镇就业人员平均工资	7	8	-1	优势
新产品销售收入占主营业务收入比重	9	5	4	优势
产品质量抽查合格率	28	25	3	劣势
工业企业 R&D 经费投入强度	7	2	5	强势
中国驰名商标持有量	3	3	0	强势

3. 江苏省可持续发展竞争力指标排名变化情况

表 10－7　2017～2018 年江苏省可持续发展竞争力指标组排位及变化趋势

指　　标	2017 年	2018 年	排位升降	优劣势
3　可持续发展竞争力	10	20	-10	中势
3.1　资源竞争力	19	19	0	中势
人均国土面积	28	28	0	劣势
人均可使用海域和滩涂面积	5	5	0	优势
人均年水资源量	22	23	-1	劣势
耕地面积	14	14	0	中势
人均耕地面积	25	25	0	劣势
人均牧草地面积	29	29	0	劣势
主要能源矿产基础储量	19	19	0	中势
人均主要能源矿产基础储量	23	23	0	劣势
人均森林储积量	28	29	-1	劣势
3.2　环境竞争力	17	18	-1	中势
森林覆盖率	24	24	0	劣势
人均废水排放量	28	28	0	劣势
人均工业废气排放量	18	18	0	中势
人均工业固体废物排放量	21	21	0	劣势
人均治理工业污染投资额	8	8	0	优势
一般工业固体废物综合利用率	3	3	0	强势
生活垃圾无害化处理率	1	4	-3	优势
自然灾害直接经济损失	5	13	-8	中势

指　　标	2017 年	2018 年	排位升降	优劣势
3.3　人力资源竞争力	5	7	－2	优势
常住人口增长率	22	23	－1	劣势
15～64 岁人口比例	14	17	－3	中势
文盲率	22	21	1	劣势
大专以上教育程度人口比例	7	13	－6	中势
平均受教育程度	10	14	－4	中势
人口健康素质	4	5	－1	优势
职业学校毕业生数	7	9	－2	优势

4. 江苏省财政金融竞争力指标排名变化情况

表 10－8　2017～2018 年江苏省财政金融竞争力指标组排位及变化趋势

指　　标	2017 年	2018 年	排位升降	优劣势
4　财政金融竞争力	5	4	1	优势
4.1　财政竞争力	8	6	2	优势
地方财政收入	2	2	0	强势
地方财政支出	2	2	0	强势
地方财政收入占 GDP 比重	20	22	－2	劣势
地方财政支出占 GDP 比重	31	31	0	劣势
税收收入占 GDP 比重	16	15	1	中势
税收收入占财政总收入比重	5	4	1	优势
人均地方财政收入	5	5	0	优势
人均地方财政支出	14	12	2	中势
人均税收收入	5	5	0	优势
地方财政收入增长率	28	21	7	劣势
地方财政支出增长率	22	11	11	中势
税收收入增长率	28	10	18	优势
4.2　金融竞争力	4	4	0	优势
存款余额	3	3	0	强势
人均存款余额	6	6	0	优势
贷款余额	2	2	0	强势
人均贷款余额	5	5	0	优势
中长期贷款占贷款余额比重	16	15	1	中势
保险费净收入	2	2	0	强势
保险密度	3	3	0	强势
保险深度	16	19	－3	中势
国内上市公司数	3	3	0	强势
国内上市公司市值	5	5	0	优势

5. 江苏省知识经济竞争力指标排名变化情况

表 10 - 9　2017～2018 年江苏省知识经济竞争力指标组排位及变化趋势

指　标	2017 年	2018 年	排位升降	优劣势
5　知识经济竞争力	1	2	- 1	强势
5.1　科技竞争力	2	2	0	强势
R&D 人员	2	2	0	强势
R&D 经费	2	2	0	强势
R&D 经费投入强度	2	1	1	强势
发明专利授权量	3	3	0	强势
技术市场成交合同金额	6	7	- 1	优势
财政科技支出占地方财政支出比重	6	6	0	优势
高技术产业主营业务收入	2	2	0	强势
高技术产业收入占工业增加值比重	3	4	- 1	优势
高技术产品出口额占商品出口额比重	11	11	0	中势
5.2　教育竞争力	2	2	0	强势
教育经费	2	2	0	强势
教育经费占 GDP 比重	31	31	0	劣势
人均教育经费	8	8	0	优势
公共教育经费占财政支出比重	4	5	- 1	优势
人均文化教育支出	5	8	- 3	优势
万人中小学学校数	3	3	0	强势
万人中小学专任教师数	8	9	- 1	优势
高等学校数	2	2	0	强势
高校专任教师数	1	1	0	强势
万人高等学校在校学生数	6	5	1	优势
5.3　文化竞争力	1	3	- 2	强势
文化制造业营业收入	2	2	0	强势
文化批发零售业营业收入	2	3	- 1	强势
文化服务业企业营业收入	5	5	0	优势
图书和期刊出版数	1	1	0	强势
电子出版物品种	5	2	3	强势
印刷用纸量	6	6	0	优势
城镇居民人均文化娱乐支出	5	8	- 3	优势
农村居民人均文化娱乐支出	4	5	- 1	优势
城镇居民人均文化娱乐支出占消费性支出比重	7	24	- 17	劣势
农村居民人均文化娱乐支出占消费性支出比重	21	23	- 2	劣势

6. 江苏省发展环境竞争力指标排名变化情况

表 10 – 10   2017～2018 年江苏省发展环境竞争力指标组排位及变化趋势

指　标	2017 年	2018 年	排位升降	优劣势
6　发展环境竞争力	4	3	1	强势
6.1　基础设施竞争力	4	4	0	优势
铁路网线密度	11	11	0	中势
公路网线密度	5	5	0	优势
人均内河航道里程	1	1	0	强势
全社会旅客周转量	3	3	0	强势
全社会货物周转量	8	9	−1	优势
人均邮电业务总量	5	5	0	优势
电话普及率	6	5	1	优势
网站数	7	6	1	优势
人均耗电量	6	6	0	优势
6.2　软环境竞争力	3	3	0	强势
外资企业数增长率	18	26	−8	劣势
万人外资企业数	5	5	0	优势
个体私营企业数增长率	7	10	−3	优势
万人个体私营企业数	2	2	0	强势
万人商标注册件数	6	6	0	优势
查处商标侵权假冒案件	27	27	0	劣势
每十万人交通事故发生数	19	19	0	中势
罚没收入占财政收入比重	5	3	2	强势
社会捐赠款物	2	2	0	强势

7. 江苏省政府作用竞争力指标排名变化情况

表 10 – 11   2017～2018 年江苏省政府作用竞争力指标组排位及变化趋势

指　标	2017 年	2018 年	排位升降	优劣势
7　政府作用竞争力	7	5	2	优势
7.1　政府发展经济竞争力	1	1	0	强势
财政支出用于基本建设投资比重	28	29	−1	劣势
财政支出对 GDP 增长的拉动	1	1	0	强势
政府公务员对经济的贡献	2	2	0	强势
政府消费对民间消费的拉动	15	15	0	中势
财政投资对社会投资的拉动	2	1	1	强势

续表

指　标		2017 年	2018 年	排位升降	优劣势
7.2	政府规调经济竞争力	19	19	0	中势
	物价调控	25	23	2	劣势
	调控城乡消费差距	2	4	−2	优势
	统筹经济社会发展	9	8	1	优势
	规范税收	17	9	8	优势
	固定资产投资价格指数	30	25	5	劣势
7.3	政府保障经济竞争力	15	12	3	中势
	城镇职工养老保险收支比	2	2	0	强势
	医疗保险覆盖率	9	11	−2	中势
	养老保险覆盖率	20	20	0	中势
	失业保险覆盖率	10	11	−1	中势
	最低工资标准	6	5	1	优势
	城镇登记失业率	21	20	1	中势

8. 江苏省发展水平竞争力指标排名变化情况

表 10 - 12　2017～2018 年江苏省发展水平竞争力指标组排位及变化趋势

指　标		2017 年	2018 年	排位升降	优劣势
8	**发展水平竞争力**	2	2	0	强势
8.1	工业化进程竞争力	3	5	−2	优势
	工业增加值占 GDP 比重	6	5	1	优势
	工业增加值增长率	6	16	−10	中势
	高技术产业占工业增加值比重	3	5	−2	优势
	高技术产品占商品出口额比重	11	11	0	中势
	信息产业增加值占 GDP 比重	2	4	−2	优势
	工农业增加值比值	6	5	1	优势
8.2	城市化进程竞争力	5	4	1	优势
	城镇化率	5	5	0	优势
	城镇居民人均可支配收入	4	4	0	优势
	城市平均建成区面积比重	19	19	0	中势
	人均拥有道路面积	1	2	−1	强势
	人均日生活用水量	5	3	2	强势
	人均公共绿地面积	8	10	−2	优势

续表

指　　标	2017 年	2018 年	排位升降	优劣势
8.3　市场化进程竞争力	1	1	0	强势
非公有制经济产值占全社会总产值比重	1	2	−1	强势
社会投资占投资总额比重	4	4	0	优势
私有和个体企业从业人员比重	4	8	−4	优势
亿元以上商品市场成交额	1	1	0	强势
亿元以上商品市场成交额占全社会消费品零售总额比重	4	4	0	优势
居民消费支出占总消费支出比重	15	15	0	中势

9. 江苏省统筹协调竞争力指标排名变化情况

表 10 - 13　2017 ~ 2018 年江苏省统筹协调竞争力指标组排位及变化趋势

指　　标	2017 年	2018 年	排位升降	优劣势
9　统筹协调竞争力	3	1	2	强势
9.1　统筹发展竞争力	4	3	1	强势
社会劳动生产率	4	4	0	优势
能源使用下降率	6	2	4	强势
万元 GDP 综合能耗下降率	5	2	3	强势
非农用地产出率	7	6	1	优势
居民收入占 GDP 比重	2	2	0	强势
二三产业增加值比例	18	19	−1	中势
固定资产投资额占 GDP 比重	5	5	0	优势
固定资产投资增长率	14	19	−5	中势
9.2　协调发展竞争力	1	2	−1	强势
资源竞争力与宏观经济竞争力比差	22	22	0	劣势
环境竞争力与宏观经济竞争力比差	1	2	−1	强势
人力资源竞争力与宏观经济竞争力比差	19	18	1	中势
环境竞争力与工业竞争力比差	25	27	−2	劣势
资源竞争力与工业竞争力比差	3	4	−1	优势
城乡居民家庭人均收入比差	6	6	0	优势
城乡居民人均现金消费支出比差	2	4	−2	优势
全社会消费品零售总额与外贸出口总额比差	4	4	0	优势

B.12

11

浙江省经济综合竞争力评价分析报告

　　浙江省简称浙，位于我国东南沿海，地处长江三角洲南翼，东临东海，南邻福建，西接安徽、江西，北连上海、江苏。浙江山清水秀，物产丰饶，人杰地灵，素有"鱼米之乡、丝茶之府、文物之邦、旅游胜地"的美誉。全省面积为105500平方公里，2018年全省常住人口为5737万人，地区生产总值为56197亿元，同比增长7.1%，人均GDP达98643元。本部分通过分析2017~2018年浙江省经济综合竞争力以及各要素竞争力的排名变化，从中找出浙江省经济综合竞争力的推动点及影响因素，为进一步提升浙江省经济综合竞争力提供决策参考。

11.1 浙江省经济综合竞争力总体分析

1. 浙江省经济综合竞争力一级指标概要分析

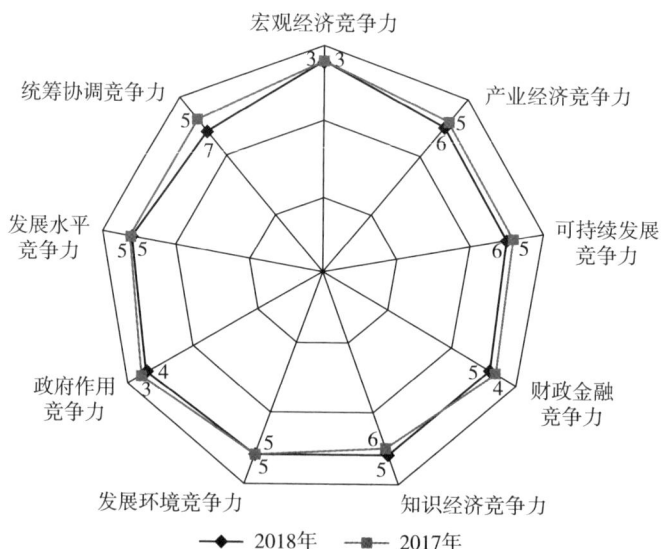

图11-1 2017~2018年浙江省经济综合竞争力二级指标比较

表 11-1 2017~2018 年浙江省经济综合竞争力二级指标表现情况

项目 年份	宏观经济竞争力	产业经济竞争力	可持续发展竞争力	财政金融竞争力	知识经济竞争力	发展环境竞争力	政府作用竞争力	发展水平竞争力	统筹协调竞争力	综合排位
2017	3	5	5	4	6	5	3	5	5	5
2018	3	6	6	5	5	5	4	5	7	5
升降	0	-1	-1	-1	1	0	-1	0	-2	0
优劣度	强势	优势	优势	优势	优势	优势	优势	优势	优势	优势

（1）从综合排位看，2018 年浙江省经济综合竞争力综合排位在全国居第 5 位，这表明其在全国处于优势地位；与 2017 年相比，综合排位没有发生变化。

（2）从指标所处区位看，9 个二级指标均处于上游区，但只有宏观经济竞争力为强势指标；其余 8 个指标为优势指标。

（3）从指标变化趋势看，9 个二级指标中，只有知识经济竞争力处于上升趋势，且只上升了一个名次；产业经济竞争力、可持续发展竞争力、财政金融竞争力、政府作用竞争力和统筹协调竞争力均下降 1~2 个名次，其余指标排名没有发生变化。因此，浙江省经济综合竞争力的排名在 2018 年没有发生变化。

2. 浙江省经济综合竞争力各级指标动态变化分析

表 11-2 2017~2018 年浙江省经济综合竞争力各级指标排位变化情况

单位：个，%

二级指标	三级指标	四级指标数	上升		保持		下降		变化趋势
			指标数	比重	指标数	比重	指标数	比重	
宏观经济竞争力	经济实力竞争力	12	2	16.7	5	41.7	5	41.7	保持
	经济结构竞争力	6	1	16.7	5	83.3	0	0.0	保持
	经济外向度竞争力	9	4	44.4	5	55.6	0	0.0	保持
	小　计	27	7	25.9	15	55.6	5	18.5	保持

二级指标	三级指标	四级指标数	上升		保持		下降		变化趋势
			指标数	比重	指标数	比重	指标数	比重	
产业经济竞争力	农业竞争力	10	1	10.0	6	60.0	3	30.0	下降
	工业竞争力	10	4	40.0	1	10.0	5	50.0	下降
	服务业竞争力	10	1	10.0	6	60.0	3	30.0	下降
	企业竞争力	10	5	50.0	5	50.0	0	0.0	上升
	小　计	**40**	11	27.5	18	45.0	11	27.5	下降
可持续发展竞争力	资源竞争力	9	0	0.0	8	88.9	1	11.1	保持
	环境竞争力	8	1	12.5	5	62.5	2	25.0	下降
	人力资源竞争力	7	3	42.9	2	28.6	2	28.6	下降
	小　计	**24**	4	16.7	15	62.5	5	20.8	下降
财政金融竞争力	财政竞争力	12	7	58.3	4	33.3	1	8.3	上升
	金融竞争力	10	2	20.0	6	60.0	2	20.0	保持
	小　计	**22**	9	40.9	10	45.5	3	13.6	下降
知识经济竞争力	科技竞争力	9	3	33.3	5	55.6	1	11.1	保持
	教育竞争力	10	0	0.0	4	40.0	6	60.0	保持
	文化竞争力	10	2	20.0	7	70.0	1	10.0	上升
	小　计	**29**	5	17.2	16	55.2	8	27.6	上升
发展环境竞争力	基础设施竞争力	9	3	33.3	6	66.7	0	0.0	保持
	软坏境竞争力	9	1	11.1	5	55.6	3	33.3	保持
	小　计	**18**	4	22.2	11	61.1	3	16.7	保持
政府作用竞争力	政府发展经济竞争力	5	2	40.0	1	20.0	2	40.0	保持
	政府规调经济竞争力	5	1	20.0	0	0.0	4	80.0	下降
	政府保障经济竞争力	6	1	16.7	3	50.0	2	33.3	保持
	小　计	**16**	4	25.0	4	25.0	8	50.0	下降
发展水平竞争力	工业化进程竞争力	6	2	33.3	1	16.7	3	50.0	下降
	城市化进程竞争力	6	3	50.0	3	50.0	0	0.0	上升
	市场化进程竞争力	6	3	50.0	2	33.3	1	16.7	保持
	小　计	**18**	8	44.4	6	33.3	4	22.2	保持
统筹协调竞争力	统筹发展竞争力	8	3	37.5	2	25.0	3	37.5	保持
	协调发展竞争力	8	0	0.0	5	62.5	3	37.5	下降
	小　计	**16**	3	18.8	7	43.8	6	37.5	下降
合　计		**210**	55	26.2	102	48.6	53	25.2	保持

从表11-2可以看出，210个四级指标中，上升指标有55个，占指标总数的26.2%；下降指标有53个，占指标总数的25.2%；保持不变的指标有102个，占指标总数的48.6%，上升指标和下降指标接近。浙江省经济综合竞争力的上升动力和下降拉力大致相当，且排位保持不变的指标占较大比重，2017～2018年浙江省经济综合竞争力排位保持不变。

3. 浙江省经济综合竞争力各级指标优劣势结构分析

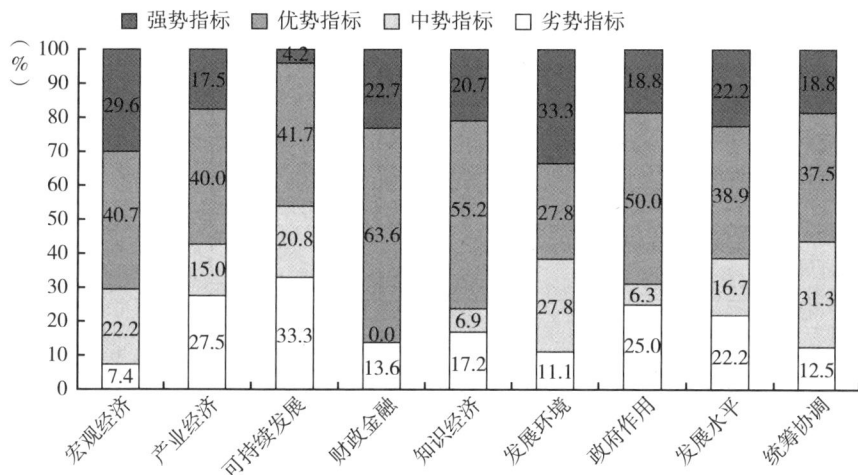

图11-2　2018年浙江省经济综合竞争力各级指标优劣势比较

表11-3　2018年浙江省经济综合竞争力各级指标优劣势情况

单位：个，%

二级指标	三级指标	四级指标数	强势指标		优势指标		中势指标		劣势指标		优劣势
			个数	比重	个数	比重	个数	比重	个数	比重	
宏观经济竞争力	经济实力竞争力	12	2	16.7	6	50.0	3	25.0	1	8.3	优势
	经济结构竞争力	6	3	50.0	2	33.3	0	0.0	1	16.7	强势
	经济外向度竞争力	9	3	33.3	3	33.3	3	33.3	0	0.0	优势
	小　计	**27**	8	29.6	11	40.7	6	22.2	2	7.4	强势
产业经济竞争力	农业竞争力	10	2	20.0	2	20.0	2	20.0	4	40.0	中势
	工业竞争力	10	1	10.0	6	60.0	1	10.0	2	20.0	优势
	服务业竞争力	10	1	10.0	5	50.0	3	30.0	1	10.0	优势
	企业竞争力	10	3	30.0	3	30.0	0	0.0	4	40.0	优势
	小　计	**40**	7	17.5	16	40.0	6	15.0	11	27.5	优势

二级指标	三级指标	四级指标数	强势指标		优势指标		中势指标		劣势指标		优劣势
			个数	比重	个数	比重	个数	比重	个数	比重	
可持续发展竞争力	资源竞争力	9	0	0.0	1	11.1	2	22.2	6	66.7	劣势
	环境竞争力	8	1	12.5	6	75.0	0	0.0	1	12.5	优势
	人力资源竞争力	7	0	0.0	3	42.9	3	42.9	1	14.3	优势
	小　计	**24**	1	4.2	10	41.7	5	20.8	8	33.3	优势
财政金融竞争力	财政竞争力	12	2	16.7	9	75.0	0	0.0	1	8.3	强势
	金融竞争力	10	3	30.0	5	50.0	0	0.0	2	20.0	优势
	小　计	**22**	5	22.7	14	63.6	0	0.0	3	13.6	优势
知识经济竞争力	科技竞争力	9	2	22.2	6	66.7	0	0.0	1	11.1	优势
	教育竞争力	10	0	0.0	6	60.0	2	20.0	2	20.0	优势
	文化竞争力	10	4	40.0	4	40.0	0	0.0	2	20.0	优势
	小　计	**29**	6	20.7	16	55.2	2	6.9	5	17.2	优势
发展环境竞争力	基础设施竞争力	9	3	33.3	4	44.4	2	22.2	0	0.0	强势
	软环境竞争力	9	3	33.3	1	11.1	3	33.3	2	22.2	强势
	小　计	**18**	6	33.3	5	27.8	5	27.8	2	11.1	优势
政府作用竞争力	政府发展经济竞争力	5	0	0.0	3	60.0	1	20.0	1	20.0	优势
	政府规调经济竞争力	5	2	40.0	1	20.0	0	0.0	2	40.0	优势
	政府保障经济竞争力	6	1	16.7	4	66.7	0	0.0	1	16.7	优势
	小　计	**16**	3	18.8	8	50.0	1	6.3	4	25.0	优势
发展水平竞争力	工业化进程竞争力	6	1	16.7	2	33.3	0	0.0	3	50.0	中势
	城市化进程竞争力	6	1	16.7	2	33.3	2	33.3	1	16.7	优势
	市场化进程竞争力	6	2	33.3	3	50.0	1	16.7	0	0.0	强势
	小　计	**18**	4	22.2	7	38.9	3	16.7	4	22.2	优势
统筹协调竞争力	统筹发展竞争力	8	0	0.0	4	50.0	4	50.0	0	0.0	优势
	协调发展竞争力	8	3	37.5	2	25.0	1	12.5	2	25.0	优势
	小　计	**16**	3	18.8	6	37.5	5	31.3	2	12.5	优势
	合　计	**210**	43	20.5	93	44.3	33	15.7	41	19.5	优势

基于图 11-2 和表 11-3，具体到四级指标，强势指标 43 个，占指标总数的 20.5%；优势指标 93 个，占指标总数的 44.3%；中势指标 33 个，占指标总数的 15.7%；劣势指标 41 个，占指标总数的 19.5%，优势指标占四级指标比重最大，强势指标和劣势指标基本持平。三级指标中，强势指标 4 个，占三级指标总数的 16%；优势指标 18 个，占三级指标总数的 72%；

中势指标2个,占三级指标总数的8%;劣势指标1个,占三级指标总数的4%。从二级指标看,强势指标1个,占二级指标总数的11.1%;优势指标有8个,占二级指标总数的88.9%;没有中势指标和劣势指标。综合来看,由于优势指标在指标体系中居于主导地位,2018年浙江省经济综合竞争力处于优势地位。

4. 浙江省经济综合竞争力四级指标优劣势对比分析

表11-4　2018年浙江省经济综合竞争力各级指标优劣势情况

二级指标	优劣势	四级指标
宏观经济竞争力(27个)	强势指标	人均财政收入、人均全社会消费品零售总额、城乡经济结构优化度、就业结构优化度、贸易结构优化度、出口总额、外贸依存度、对外直接投资额(8个)
	优势指标	地区生产总值、人均地区生产总值、财政总收入、固定资产投资额、人均固定资产投资额、全社会消费品零售总额、产业结构优化度、所有制经济结构优化度、进出口总额、实际FDI、外资企业数(11个)
	劣势指标	财政总收入增长率、资本形成结构优化度(2个)
产业经济竞争力(40个)	强势指标	农民人均纯收入、农村人均用电量、工业资产总额增长率、商品房销售收入、规模以上工业企业数、新产品销售收入占主营业务收入比重、工业企业R&D经费投入强度(7个)
	优势指标	农民人均纯收入增长率、农产品出口占农林牧渔总产值比重、工业增加值、人均工业增加值、工业资产总额、规模以上工业主营业务收入、工业成本费用率、规模以上工业利润总额、服务业增加值、人均服务业增加值、服务业从业人员数、限额以上批发零售企业主营业务收入、电子商务销售额、城镇就业人员平均工资、产品质量抽查合格率、中国驰名商标持有量(16个)
	劣势指标	农业增加值增长率、人均主要农产品产量、农业机械化水平、财政支农资金比重、工业增加值增长率、工业全员劳动生产率、限额以上批零企业利税率、规模以上企业平均资产、规模以上企业平均收入、规模以上企业平均利润、规模以上企业劳动效率(11个)
可持续发展竞争力(24个)	强势指标	一般工业固体废物综合利用率(1个)
	优势指标	人均可使用海域和滩涂面积、森林覆盖率、人均工业废气排放量、人均工业固体废物排放量、人均治理工业污染投资额、生活垃圾无害化处理率、自然灾害直接经济损失、常住人口增长率、大专以上教育程度人口比例、职业学校毕业生数(10个)
	劣势指标	人均国土面积、耕地面积、人均耕地面积、人均牧草地面积、主要能源矿产基础储量、人均主要能源矿产基础储量、人均废水排放量、人口健康素质(8个)

续表

二级指标	优劣势	四级指标
财政金融竞争力（22 个）	强势指标	税收收入占财政总收入比重、地方财政收入增长率、人均存款余额、贷款余额、国内上市公司数（5 个）
	优势指标	地方财政收入、地方财政支出、地方财政收入占 GDP 比重、税收收入占 GDP 比重、人均地方财政收入、人均地方财政支出、人均税收收入、地方财政支出增长率、税收收入增长率、存款余额、人均贷款余额、保险费净收入、保险密度、国内上市公司市值（14 个）
	劣势指标	地方财政支出占 GDP 比重、中长期贷款占贷款余额比重、保险深度（3 个）
知识经济竞争力（29 个）	强势指标	R&D 人员、R&D 经费投入强度、文化服务业企业营业收入、电子出版物品种、印刷用纸量、农村居民人均文化娱乐支出（6 个）
	优势指标	R&D 经费、发明专利授权量、技术市场成交合同金额、财政科技支出占地方财政支出比重、高技术产业主营业务收入、高技术产业收入占工业增加值比重、教育经费、人均教育经费、公共教育经费占财政支出比重、人均文化教育支出、万人中小学学校数、万人中小学专任教师数、文化制造业营业收入、文化批发零售业营业收入、图书和期刊出版数、城镇居民人均文化娱乐支出（16 个）
	劣势指标	高技术产品出口额占商品出口额比重、教育经费占 GDP 比重、万人高等学校在校学生数、城镇居民人均文化娱乐支出占消费性支出比重、农村居民人均文化娱乐支出占消费性支出比重（5 个）
发展环境竞争力（18 个）	强势指标	人均内河航道里程、人均邮电业务总量、网站数、万人个体私营企业数、万人商标注册件数、社会捐赠款物（6 个）
	优势指标	全社会旅客周转量、全社会货物周转量、电话普及率、人均耗电量、万人外资企业数（5 个）
	劣势指标	查处商标侵权假冒案件、每十万人交通事故发生数（2 个）
政府作用竞争力（16 个）	强势指标	调控城乡消费差距、规范税收、医疗保险覆盖率（3 个）
	优势指标	财政支出用于基本建设投资比重、财政支出对 GDP 增长的拉动、政府公务员对经济的贡献、统筹经济社会发展、城镇职工养老保险收支比、养老保险覆盖率、失业保险覆盖率、最低工资标准（8 个）
	劣势指标	财政投资对社会投资的拉动、物价调控、固定资产投资价格指数、城镇登记失业率（4 个）
发展水平竞争力（18 个）	强势指标	高技术产业占工业增加值比重、城镇居民人均可支配收入、亿元以上商品市场成交额、亿元以上商品市场成交额占全社会消费品零售总额比重（4 个）
	优势指标	信息产业增加值占 GDP 比重、工农业增加值比值、城镇化率、人均日生活用水量、非公有制经济产值占全社会总产值比重、社会投资占投资总额比重、私有和个体企业从业人员比重（7 个）
	劣势指标	工业增加值占 GDP 比重、工业增加值增长率、高技术产品占商品出口额比重、城市平均建成区面积比重（4 个）

二级指标	优劣势	四级指标
统筹协调 竞争力 (16 个)	强势指标	城乡居民家庭人均收入比差、城乡居民人均现金消费支出比差、全社会消费品零售总额与外贸出口总额比差(3 个)
	优势指标	社会劳动生产率、非农用地产出率、二三产业增加值比例、固定资产投资额占GDP 比重、环境竞争力与宏观经济竞争力比差、人力资源竞争力与宏观经济竞争力比差(6 个)
	劣势指标	资源竞争力与宏观经济竞争力比差、环境竞争力与工业竞争力比差(2 个)

11.2 浙江省经济综合竞争力各级指标具体分析

1. 浙江省宏观经济竞争力指标排名变化情况

表 11 - 5 2017 ~ 2018 年浙江省宏观经济竞争力指标组排位及变化趋势

指 标	2017 年	2018 年	排位升降	优劣势
1 宏观经济竞争力	3	3	0	强势
1.1 经济实力竞争力	4	4	0	优势
地区生产总值	4	4	0	优势
地区生产总值增长率	11	13	- 2	中势
人均地区生产总值	5	5	0	优势
财政总收入	3	4	- 1	优势
财政总收入增长率	9	24	- 15	劣势
人均财政收入	4	3	1	强势
固定资产投资额	9	9	0	优势
固定资产投资额增长率	23	15	8	中势
人均固定资产投资额	8	9	- 1	优势
全社会消费品零售总额	4	4	0	优势
全社会消费品零售总额增长率	15	18	- 3	中势
人均全社会消费品零售总额	3	3	0	强势
1.2 经济结构竞争力	2	2	0	强势
产业结构优化度	7	7	0	优势
所有制经济结构优化度	5	4	1	优势
城乡经济结构优化度	2	2	0	强势
就业结构优化度	1	1	0	强势
资本形成结构优化度	22	22	0	劣势
贸易结构优化度	3	3	0	强势

指　　标	2017 年	2018 年	排位升降	优劣势
1.3　经济外向度竞争力	4	4	0	优势
进出口总额	4	4	0	优势
进出口增长率	20	17	3	中势
出口总额	3	3	0	强势
出口增长率	21	15	6	中势
实际 FDI	5	5	0	优势
实际 FDI 增长率	17	12	5	中势
外贸依存度	3	3	0	强势
外资企业数	4	4	0	优势
对外直接投资额	6	3	3	强势

2. 浙江省产业经济竞争力指标排名变化情况

表 11 - 6　2017～2018 年浙江省产业经济竞争力指标组排位及变化趋势

指　　标	2017 年	2018 年	排位升降	优劣势
2　产业经济竞争力	5	6	- 1	优势
2.1　农业竞争力	10	11	- 1	中势
农业增加值	16	16	0	中势
农业增加值增长率	28	27	1	劣势
人均农业增加值	15	16	- 1	中势
农民人均纯收入	2	2	0	强势
农民人均纯收入增长率	8	8	0	优势
农产品出口占农林牧渔总产值比重	6	6	0	优势
人均主要农产品产量	27	27	0	劣势
农业机械化水平	20	21	- 1	劣势
农村人均用电量	3	3	0	强势
财政支农资金比重	25	26	- 1	劣势
2.2　工业竞争力	4	8	- 4	优势
工业增加值	4	5	- 1	优势
工业增加值增长率	16	31	- 15	劣势
人均工业增加值	4	7	- 3	优势
工业资产总额	4	4	0	优势
工业资产总额增长率	19	3	16	强势
规模以上工业主营业务收入	5	4	1	优势
工业成本费用率	22	5	17	优势
规模以上工业利润总额	5	4	1	优势
工业全员劳动生产率	28	31	- 3	劣势
工业收入利润率	10	18	- 8	中势

指　标	2017 年	2018 年	排位升降	优劣势
2.3　服务业竞争力	5	6	−1	优势
服务业增加值	4	4	0	优势
服务业增加值增长率	16	19	−3	中势
人均服务业增加值	5	5	0	优势
服务业从业人员数	4	4	0	优势
限额以上批发零售企业主营业务收入	4	4	0	优势
限额以上批零企业利税率	29	28	1	劣势
限额以上餐饮企业利税率	13	16	−3	中势
旅游外汇收入	7	11	−4	中势
商品房销售收入	3	3	0	强势
电子商务销售额	5	5	0	优势
2.4　企业竞争力	6	6	1	优势
规模以上工业企业数	3	3	0	强势
规模以上企业平均资产	31	30	1	劣势
规模以上企业平均收入	31	30	1	劣势
规模以上企业平均利润	30	29	1	劣势
规模以上企业劳动效率	28	27	1	劣势
城镇就业人员平均工资	5	5	0	优势
新产品销售收入占主营业务收入比重	1	1	0	强势
产品质量抽查合格率	22	10	12	优势
工业企业 R&D 经费投入强度	1	1	0	强势
中国驰名商标持有量	4	4	0	优势

3. 浙江省可持续发展竞争力指标排名变化情况

表 11 – 7　2017～2018 年浙江省可持续发展竞争力指标组排位及变化趋势

指　标	2017 年	2018 年	排位升降	优劣势
3　可持续发展竞争力	5	6	−1	优势
3.1　资源竞争力	25	25	0	劣势
人均国土面积	24	24	0	劣势
人均可使用海域和滩涂面积	7	7	0	优势
人均年水资源量	16	17	−1	中势
耕地面积	23	23	0	劣势
人均耕地面积	26	26	0	劣势
人均牧草地面积	27	27	0	劣势
主要能源矿产基础储量	29	29	0	劣势
人均主要能源矿产基础储量	29	29	0	劣势
人均森林储积量	20	20	0	中势

指　　标	2017 年	2018 年	排位升降	优劣势
3.2　环境竞争力	2	4	-2	优势
森林覆盖率	3	4	-1	优势
人均废水排放量	30	30	0	劣势
人均工业废气排放量	10	10	0	优势
人均工业固体废物排放量	9	9	0	优势
人均治理工业污染投资额	7	7	0	优势
一般工业固体废物综合利用率	2	2	0	强势
生活垃圾无害化处理率	1	6	-5	优势
自然灾害直接经济损失	13	10	3	优势
3.3　人力资源竞争力	3	5	-2	优势
常住人口增长率	4	4	0	优势
15~64 岁人口比例	10	12	-2	中势
文盲率	18	19	-1	中势
大专以上教育程度人口比例	10	9	1	优势
平均受教育程度	17	16	1	中势
人口健康素质	23	23	0	劣势
职业学校毕业生数	11	10	1	优势

4. 浙江省财政金融竞争力指标排名变化情况

表 11 -8　2017 ~ 2018 年浙江省财政金融竞争力指标组排位及变化趋势

指　　标	2017 年	2018 年	排位升降	优劣势
4　财政金融竞争力	4	5	-1	优势
4.1　财政竞争力	4	3	1	强势
地方财政收入	5	4	1	优势
地方财政支出	7	6	1	优势
地方财政收入占 GDP 比重	14	9	5	优势
地方财政支出占 GDP 比重	29	28	1	劣势
税收收入占 GDP 比重	5	6	-1	优势
税收收入占财政总收入比重	3	3	0	强势
人均地方财政收入	4	4	0	优势
人均地方财政支出	13	10	3	优势
人均税收收入	4	4	0	优势
地方财政收入增长率	5	3	2	强势
地方财政支出增长率	19	4	15	优势
税收收入增长率	9	9	0	优势

指 标	2017 年	2018 年	排位升降	优劣势
4.2 金融竞争力	5	5	0	优势
存款余额	5	5	0	优势
人均存款余额	4	3	1	强势
贷款余额	3	3	0	强势
人均贷款余额	4	4	0	优势
中长期贷款占贷款余额比重	30	27	3	劣势
保险费净收入	4	6	−2	优势
保险密度	5	5	0	优势
保险深度	14	21	−7	劣势
国内上市公司数	2	2	0	强势
国内上市公司市值	4	4	0	优势

5. 浙江省知识经济竞争力指标排名变化情况

表 11－9 2017~2018 年浙江省知识经济竞争力指标组排位及变化趋势

指 标	2017 年	2018 年	排位升降	优劣势
5 知识经济竞争力	6	5	1	优势
5.1 科技竞争力	5	5	0	优势
R&D 人员	3	3	0	强势
R&D 经费	4	4	0	优势
R&D 经费投入强度	4	3	1	强势
发明专利授权量	4	4	0	优势
技术市场成交合同金额	11	10	1	优势
财政科技支出占地方财政支出比重	5	5	0	优势
高技术产业主营业务收入	7	7	0	优势
高技术产业收入占工业增加值比重	18	10	8	优势
高技术产品出口额占商品出口额比重	23	24	−1	劣势
5.2 教育竞争力	6	6	0	优势
教育经费	4	5	−1	优势
教育经费占 GDP 比重	26	27	−1	劣势
人均教育经费	6	7	−1	优势
公共教育经费占财政支出比重	3	7	−4	优势
人均文化教育支出	3	4	−1	优势

指标	2017 年	2018 年	排位升降	优劣势
万人中小学学校数	6	6	0	优势
万人中小学专任教师数	7	7	0	优势
高等学校数	18	18	0	中势
高校专任教师数	12	12	0	中势
万人高等学校在校学生数	19	21	-2	劣势
5.3 文化竞争力	5	4	1	优势
文化制造业营业收入	6	5	1	优势
文化批发零售业营业收入	6	6	0	优势
文化服务业企业营业收入	3	3	0	强势
图书和期刊出版数	5	5	0	优势
电子出版物品种	3	3	0	强势
印刷用纸量	3	3	0	强势
城镇居民人均文化娱乐支出	4	4	0	优势
农村居民人均文化娱乐支出	3	1	2	强势
城镇居民人均文化娱乐支出占消费性支出比重	23	23	0	劣势
农村居民人均文化娱乐支出占消费性支出比重	24	26	-2	劣势

6. 浙江省发展环境竞争力指标排名变化情况

表 11 - 10　2017 ~ 2018 年浙江省发展环境竞争力指标组排位及变化趋势

指标	2017 年	2018 年	排位升降	优劣势
6　发展环境竞争力	5	5	0	优势
6.1　基础设施竞争力	3	3	0	强势
铁路网线密度	15	14	1	中势
公路网线密度	11	11	0	中势
人均内河航道里程	2	2	0	强势
全社会旅客周转量	9	9	0	优势
全社会货物周转量	6	5	1	优势
人均邮电业务总量	1	1	0	强势
电话普及率	4	4	0	优势
网站数	4	3	1	强势
人均耗电量	5	5	0	优势

续表

指　　标	2017 年	2018 年	排位升降	优劣势
6.2　软环境竞争力	5	5	0	优势
外资企业数增长率	10	13	−3	中势
万人外资企业数	7	7	0	优势
个体私营企业数增长率	16	19	−3	中势
万人个体私营企业数	1	1	0	强势
万人商标注册件数	3	3	0	强势
查处商标侵权假冒案件	31	31	0	劣势
每十万人交通事故发生数	28	28	0	劣势
罚没收入占财政收入比重	10	14	−4	中势
社会捐赠款物	5	3	2	强势

7. 浙江省政府作用竞争力指标排名变化情况

表 11−11　2017~2018 年浙江省政府作用竞争力指标组排位及变化趋势

指　　标	2017 年	2018 年	排位升降	优劣势
7　政府作用竞争力	3	4	−1	优势
7.1　政府发展经济竞争力	5	5	0	优势
财政支出用于基本建设投资比重	6	9	−3	优势
财政支出对 GDP 增长的拉动	3	4	−1	优势
政府公务员对经济的贡献	6	5	1	优势
政府消费对民间消费的拉动	11	11	0	中势
财政投资对社会投资的拉动	23	22	1	劣势
7.2　政府规调经济竞争力	7	9	−2	优势
物价调控	29	22	7	劣势
调控城乡消费差距	1	3	−2	强势
统筹经济社会发展	8	9	−1	优势
规范税收	1	3	−2	强势
固定资产投资价格指数	18	23	−5	劣势
7.3　政府保障经济竞争力	5	5	0	优势
城镇职工养老保险收支比	4	4	0	优势
医疗保险覆盖率	3	3	0	强势
养老保险覆盖率	8	7	1	优势
失业保险覆盖率	5	5	0	优势
最低工资标准	3	6	−3	优势
城镇登记失业率	24	26	−2	劣势

8. 浙江省发展水平竞争力指标排名变化情况

表 11 – 12　2017～2018 年浙江省发展水平竞争力指标组排位及变化趋势

指　　标	2017 年	2018 年	排位升降	优劣势
8　发展水平竞争力	5	5	0	优势
8.1　工业化进程竞争力	16	17	– 1	中势
工业增加值占 GDP 比重	11	25	– 14	劣势
工业增加值增长率	20	31	– 11	劣势
高技术产业占工业增加值比重	17	2	15	强势
高技术产品占商品出口额比重	24	24	0	劣势
信息产业增加值占 GDP 比重	14	5	9	优势
工农业增加值比值	4	7	– 3	优势
8.2　城市化进程竞争力	6	5	1	优势
城镇化率	6	6	0	优势
城镇居民人均可支配收入	3	3	0	强势
城市平均建成区面积比重	24	24	0	劣势
人均拥有道路面积	13	11	2	中势
人均日生活用水量	9	6	3	优势
人均公共绿地面积	15	14	1	中势
8.3　市场化进程竞争力	2	2	0	强势
非公有制经济产值占全社会总产值比重	5	4	1	优势
社会投资占投资总额比重	12	6	6	优势
私有和个体企业从业人员比重	3	7	– 4	优势
亿元以上商品市场成交额	2	2	0	强势
亿元以上商品市场成交额占全社会消费品零售总额比重	3	2	1	强势
居民消费支出占总消费支出比重	11	11	0	中势

9. 浙江省统筹协调竞争力指标排名变化情况

表 11 – 13　2017～2018 年浙江省统筹协调竞争力指标组排位及变化趋势

指　　标	2017 年	2018 年	排位升降	优劣势
9　统筹协调竞争力	5	7	– 2	优势
9.1　统筹发展竞争力	7	7	0	优势
社会劳动生产率	6	6	0	优势
能源使用下降率	25	16	9	中势

指　标	2017 年	2018 年	排位升降	优劣势
万元 GDP 综合能耗下降率	20	16	4	中势
非农用地产出率	4	7	−3	优势
居民收入占 GDP 比重	18	19	−1	中势
二三产业增加值比例	13	9	4	优势
固定资产投资额占 GDP 比重	4	4	0	优势
固定资产投资增长率	9	15	−6	中势
9.2　协调发展竞争力	2	5	−3	优势
资源竞争力与宏观经济竞争力比差	26	26	0	劣势
环境竞争力与宏观经济竞争力比差	6	6	0	优势
人力资源竞争力与宏观经济竞争力比差	5	8	−3	优势
环境竞争力与工业竞争力比差	26	26	0	劣势
资源竞争力与工业竞争力比差	6	17	−11	中势
城乡居民家庭人均收入比差	2	2	0	强势
城乡居民人均现金消费支出比差	1	3	−2	强势
全社会消费品零售总额与外贸出口总额比差	3	3	0	强势

B.13

12

安徽省经济综合竞争力评价分析报告

安徽省简称皖,位于华东腹地,地跨长江、淮河中下游,东连江苏、浙江,西接湖北、河南,南邻江西,北靠山东。全省面积为140100平方公里,2018年全省常住人口为6324万人,地区生产总值为30007亿元,同比增长8.0%,人均GDP达47712元。本部分通过分析2017～2018年安徽省经济综合竞争力以及各要素竞争力的排名变化,从中找出安徽省经济综合竞争力的推动点及影响因素,为进一步提升安徽省经济综合竞争力提供决策参考。

12.1 安徽省经济综合竞争力总体分析

1. 安徽省经济综合竞争力一级指标概要分析

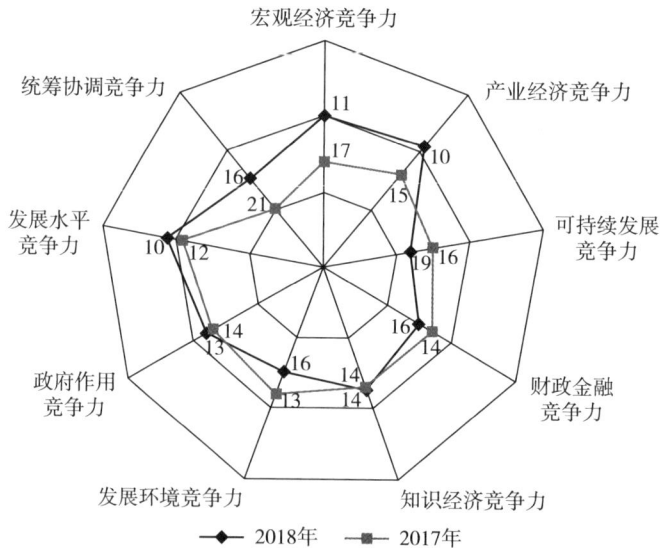

图 12-1 2017～2018年安徽省经济综合竞争力二级指标比较

232

表12-1　2017~2018年安徽省经济综合竞争力二级指标表现情况

项目\年份	宏观经济竞争力	产业经济竞争力	可持续发展竞争力	财政金融竞争力	知识经济竞争力	发展环境竞争力	政府作用竞争力	发展水平竞争力	统筹协调竞争力	综合排位
2017	17	15	16	14	14	13	14	12	21	14
2018	11	10	19	16	14	16	13	10	16	12
升降	6	5	-3	-2	0	-3	1	2	5	2
优劣度	中势	优势	中势	中势	中势	中势	中势	优势	中势	中势

（1）从综合排位看，2018年安徽省经济综合竞争力综合排位在全国居第12位，这表明其在全国处于中势地位；与2017年相比，综合排位上升了2位。

（2）从指标所处区位看，安徽省只有产业经济竞争力和发展水平竞争力为优势指标，其余指标全为中势指标，综合排名处于中势地位。

（3）从指标变化趋势看，9个二级指标中，宏观经济竞争力、产业经济竞争力、政府作用竞争力、发展水平竞争力和统筹协调竞争力这5个指标表现为上升趋势，其中宏观经济竞争力排名上升了6位，这些是安徽省经济综合竞争力的上升动力所在；但是可持续发展竞争力、财政金融竞争力和发展环境竞争力呈现下降趋势，只有知识经济竞争力这1个指标排名没有发生变化。综合来看，安徽省的二级指标基本处于中势地位，而且上升指标较多，因此其经济综合竞争力排位从2017年到2018年表现为上升趋势。

2. 安徽省经济综合竞争力各级指标动态变化分析

表12-2　2017~2018年安徽省经济综合竞争力各级指标排位变化情况

单位：个，%

二级指标	三级指标	四级指标数	上升		保持		下降		变化趋势
			指标数	比重	指标数	比重	指标数	比重	
宏观经济竞争力	经济实力竞争力	12	7	58.3	4	33.3	1	8.3	上升
	经济结构竞争力	6	0	0.0	5	83.3	1	16.7	上升
	经济外向度竞争力	9	4	44.4	3	33.3	2	22.2	保持
	小　计	27	11	40.7	12	44.4	4	14.8	上升

二级指标	三级指标	四级指标数	上升		保持		下降		变化趋势
			指标数	比重	指标数	比重	指标数	比重	
产业经济竞争力	农业竞争力	10	2	20.0	6	60.0	2	20.0	下降
	工业竞争力	10	8	80.0	0	0.0	2	20.0	上升
	服务业竞争力	10	4	40.0	4	40.0	2	20.0	上升
	企业竞争力	10	3	30.0	4	40.0	3	30.0	上升
	小　计	40	17	42.5	14	35.0	9	22.5	上升
可持续发展竞争力	资源竞争力	9	0	0.0	8	88.9	1	11.1	保持
	环境竞争力	8	0	0.0	6	75.0	2	25.0	下降
	人力资源竞争力	7	7	100.0	0	0.0	0	0.0	上升
	小　计	24	7	29.2	14	58.3	3	12.5	下降
财政金融竞争力	财政竞争力	12	2	16.7	5	41.7	5	41.7	下降
	金融竞争力	10	4	40.0	4	40.0	2	20.0	上升
	小　计	22	6	27.3	9	40.9	7	31.8	下降
知识经济竞争力	科技竞争力	9	1	11.1	6	66.7	2	22.2	下降
	教育竞争力	10	3	30.0	5	50.0	2	20.0	保持
	文化竞争力	10	2	20.0	2	20.0	6	60.0	下降
	小　计	29	6	20.7	13	44.8	10	34.5	保持
发展环境竞争力	基础设施竞争力	9	3	33.3	4	44.4	2	22.2	保持
	软环境竞争力	9	2	22.2	3	33.3	4	44.4	下降
	小　计	18	5	27.8	7	38.9	6	33.3	下降
政府作用竞争力	政府发展经济竞争力	5	2	40.0	2	40.0	1	20.0	保持
	政府规调经济竞争力	5	3	60.0	1	20.0	1	20.0	上升
	政府保障经济竞争力	6	0	0.0	1	16.7	5	83.3	下降
	小　计	16	5	31.3	4	25.0	7	43.8	上升
发展水平竞争力	工业化进程竞争力	6	4	66.7	1	16.7	1	16.7	上升
	城市化进程竞争力	6	2	33.3	3	50.0	1	16.7	上升
	市场化进程竞争力	6	2	33.3	2	33.3	2	33.3	上升
	小　计	18	8	44.4	6	33.3	4	22.2	上升
统筹协调竞争力	统筹发展竞争力	8	5	62.5	2	25.0	1	12.5	上升
	协调发展竞争力	8	5	62.5	1	12.5	2	25.0	上升
	小　计	16	10	62.5	3	18.8	3	18.8	上升
合　计		210	75	35.7	82	39.0	53	25.2	上升

从表12-2可以看出，210个四级指标中，上升指标有75个，占指标总数的35.7%；下降指标有53个，占指标总数的25.2%；保持不变的指标有82个，占指标总数的39.0%。从上述指标数据来看，安徽省经济综合竞争力中排位保持不变的指标占比略高，2017~2018年安徽省经济综合竞争力排位保持不变。

3. 安徽省经济综合竞争力各级指标优劣势结构分析

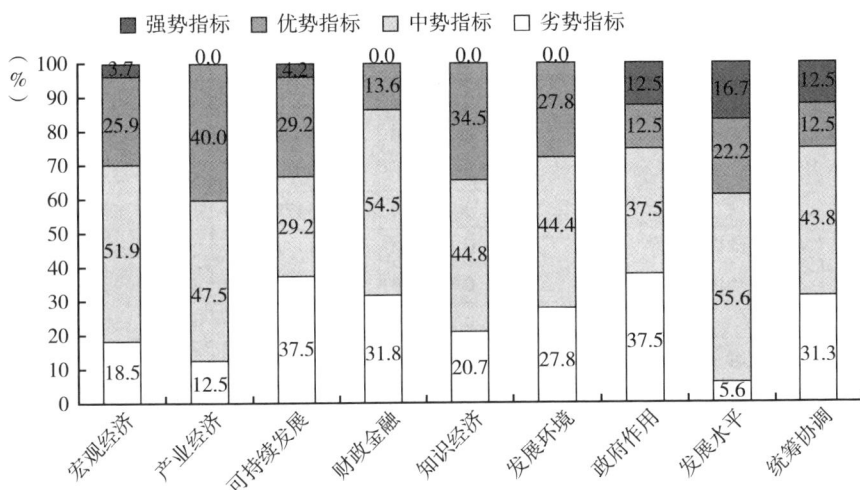

图12-2 2018年安徽省经济综合竞争力各级指标优劣势比较

表12-3 2018年安徽省经济综合竞争力各级指标优劣势情况

单位：个，%

二级指标	三级指标	四级指标数	强势指标		优势指标		中势指标		劣势指标		优劣势
			个数	比重	个数	比重	个数	比重	个数	比重	
宏观经济竞争力	经济实力竞争力	12	1	8.3	3	25.0	4	33.3	4	33.3	中势
	经济结构竞争力	6	0	0.0	2	33.3	3	50.0	1	16.7	中势
	经济外向度竞争力	9	0	0.0	2	22.2	7	77.8	0	0.0	中势
	小　计	**27**	1	3.7	7	25.9	14	51.9	5	18.5	中势
产业经济竞争力	农业竞争力	10	0	0.0	2	20.0	7	70.0	1	10.0	中势
	工业竞争力	10	0	0.0	6	60.0	4	40.0	0	0.0	优势
	服务业竞争力	10	0	0.0	4	40.0	5	50.0	1	10.0	优势
	企业竞争力	10	0	0.0	4	40.0	3	30.0	3	30.0	中势
	小　计	**40**	0	0.0	16	40.0	19	47.5	5	12.5	优势

续表

二级指标	三级指标	四级指标数	强势指标		优势指标		中势指标		劣势指标		优劣势
			个数	比重	个数	比重	个数	比重	个数	比重	
可持续发展竞争力	资源竞争力	9	0	0.0	3	33.3	3	33.3	3	33.3	劣势
	环境竞争力	8	0	0.0	3	37.5	3	37.5	2	25.0	中势
	人力资源竞争力	7	1	14.3	1	14.3	1	14.3	4	57.1	中势
	小　计	24	1	4.2	7	29.2	7	29.2	9	37.5	中势
财政金融竞争力	财政竞争力	12	0	0.0	0	0.0	8	66.7	4	33.3	劣势
	金融竞争力	10	0	0.0	3	30.0	4	40.0	3	30.0	中势
	小　计	22	0	0.0	3	13.6	12	54.5	7	31.8	中势
知识经济竞争力	科技竞争力	9	0	0.0	5	55.6	4	44.4	0	0.0	优势
	教育竞争力	10	0	0.0	2	20.0	5	50.0	3	30.0	劣势
	文化竞争力	10	0	0.0	3	30.0	4	40.0	3	30.0	中势
	小　计	29	0	0.0	10	34.5	13	44.8	6	20.7	中势
发展环境竞争力	基础设施竞争力	9	0	0.0	4	44.4	2	22.2	3	33.3	中势
	软环境竞争力	9	0	0.0	1	11.1	6	66.7	2	22.2	劣势
	小　计	18	0	0.0	5	27.8	8	44.4	5	27.8	中势
政府作用竞争力	政府发展经济竞争力	5	1	20.0	1	20.0	2	40.0	1	20.0	优势
	政府规调经济竞争力	5	1	20.0	1	20.0	2	40.0	1	20.0	优势
	政府保障经济竞争力	6	0	0.0	0	0.0	2	33.3	4	66.7	劣势
	小　计	16	2	12.5	2	12.5	6	37.5	6	37.5	中势
发展水平竞争力	工业化进程竞争力	6	1	16.7	2	33.3	3	50.0	0	0.0	优势
	城市化进程竞争力	6	1	16.7	1	16.7	3	50.0	1	16.7	中势
	市场化进程竞争力	6	1	16.7	1	16.7	4	66.7	0	0.0	优势
	小　计	18	3	16.7	4	22.2	10	55.6	1	5.6	优势
统筹协调竞争力	统筹发展竞争力	8	1	12.5	1	12.5	2	25.0	4	50.0	中势
	协调发展竞争力	8	1	12.5	1	12.5	5	62.5	1	12.5	优势
	小　计	16	2	12.5	2	12.5	7	43.8	5	31.3	中势
合　计		210	9	4.3	56	26.7	96	45.7	49	23.3	中势

　　基于图 12-2 和表 12-3，具体到四级指标，强势指标只有 9 个，占指标总数的 4.3%；优势指标 56 个，占指标总数的 26.7%；中势指标 96 个，占指标总数的 45.7%；劣势指标 49 个，占指标总数的 23.3%，中势指标占比最高。三级指标中，没有强势指标；优势指标 8 个，占三

级指标总数的32%；中势指标12个，占三级指标总数的48%；劣势指标5个，占三级指标总数的20%。从二级指标看，没有强势指标和劣势指标；优势指标有2个，占二级指标总数的22.2%；中势指标有7个，占二级指标总数的77.8%。由于中势指标在指标体系中居于主导地位，强势指标和优势指标较少，2018年安徽省经济综合竞争力处于中势地位。

4. 安徽省经济综合竞争力四级指标优劣势对比分析

表12－4　2018年安徽省经济综合竞争力各级指标优劣势情况

二级指标	优劣势	四级指标
宏观经济竞争力（27个）	强势指标	固定资产投资额增长率(1个)
	优势指标	地区生产总值增长率、固定资产投资额、全社会消费品零售总额增长率、资本形成结构优化度、贸易结构优化度、出口增长率、实际FDI增长率(7个)
	劣势指标	人均地区生产总值、财政总收入、人均财政收入、人均全社会消费品零售总额、产业结构优化度(5个)
产业经济竞争力（40个）	强势指标	(0个)
	优势指标	人均主要农产品产量、农业机械化水平、工业增加值、工业增加值增长率、工业资产总额增长率、规模以上工业主营业务收入、工业成本费用率、规模以上工业利润总额、限额以上批零企业利税率、旅游外汇收入、商品房销售收入、电子商务销售额、规模以上工业企业数、新产品销售收入占主营业务收入比重、产品质量抽查合格率、工业企业R&D经费投入强度(16个)
	劣势指标	人均农业增加值、人均服务业增加值、规模以上企业平均资产、规模以上企业平均收入、规模以上企业平均利润(5个)
可持续发展竞争力（24个）	强势指标	职业学校毕业生数(1个)
	优势指标	耕地面积、主要能源矿产基础储量、人均主要能源矿产基础储量、人均废水排放量、一般工业固体废物综合利用率、生活垃圾无害化处理率、常住人口增长率(7个)
	劣势指标	人均国土面积、人均牧草地面积、人均森林储积量、人均工业固体废物排放量、自然灾害直接经济损失、15~64岁人口比例、文盲率、大专以上教育程度人口比例、平均受教育程度(9个)

续表

二级指标	优劣势	四级指标
财政金融竞争力（22 个）	强势指标	（0 个）
	优势指标	中长期贷款占贷款余额比重、国内上市公司数、国内上市公司市值（3 个）
	劣势指标	税收收入占财政总收入比重、人均地方财政支出、人均税收收入、地方财政支出增长率、人均存款余额、人均贷款余额、保险密度（7 个）
知识经济竞争力（29 个）	强势指标	（0 个）
	优势指标	R&D 人员、R&D 经费、R&D 经费投入强度、发明专利授权量、财政科技支出占地方财政支出比重、教育经费、高等学校数、文化制造业营业收入、文化批发零售业营业收入、图书和期刊出版数（10 个）
	劣势指标	人均教育经费、人均文化教育支出、万人高等学校在校学生数、电子出版物品种、城镇居民人均文化娱乐支出、农村居民人均文化娱乐支出占消费性支出比重（6 个）
发展环境竞争力（18 个）	强势指标	（0 个）
	优势指标	铁路网线密度、公路网线密度、全社会旅客周转量、全社会货物周转量、个体私营企业数增长率（5 个）
	劣势指标	人均邮电业务总量、电话普及率、人均耗电量、万人外资企业数、查处商标侵权假冒案件（5 个）
政府作用竞争力（16 个）	强势指标	政府消费对民间消费的拉动、调控城乡消费差距（2 个）
	优势指标	财政支出用于基本建设投资比重、统筹经济社会发展（2 个）
	劣势指标	财政投资对社会投资的拉动、固定资产投资价格指数、医疗保险覆盖率、养老保险覆盖率、最低工资标准、城镇登记失业率（6 个）
发展水平竞争力（18 个）	强势指标	工业增加值占 GDP 比重、人均拥有道路面积、居民消费支出占总消费支出比重（3 个）
	优势指标	工业增加值增长率、高技术产业占工业增加值比重、人均公共绿地面积、私有和个体企业从业人员比重（4 个）
	劣势指标	城镇化率（1 个）
统筹协调竞争力（16 个）	强势指标	固定资产投资增长率、城乡居民人均现金消费支出比差（2 个）
	优势指标	万元 GDP 综合能耗下降率、人力资源竞争力与宏观经济竞争力比差（2 个）
	劣势指标	社会劳动生产率、居民收入占 GDP 比重、二三产业增加值比例、固定资产投资额占 GDP 比重、环境竞争力与工业竞争力比差（5 个）

12.2 安徽省经济综合竞争力各级指标具体分析

1. 安徽省宏观经济竞争力指标排名变化情况

表 12 - 5 2017 ~ 2018 年安徽省宏观经济竞争力指标组排位及变化趋势

指 标	2017 年	2018 年	排位升降	优劣势
1 宏观经济竞争力	17	11	6	中势
1.1 经济实力竞争力	17	15	2	中势
地区生产总值	13	13	0	中势
地区生产总值增长率	6	7	-1	优势
人均地区生产总值	24	22	2	劣势
财政总收入	24	23	1	劣势
财政总收入增长率	28	14	14	中势
人均财政收入	30	30	0	劣势
固定资产投资额	10	10	0	优势
固定资产投资额增长率	16	2	14	强势
人均固定资产投资额	16	12	4	中势
全社会消费品零售总额	14	13	1	中势
全社会消费品零售总额增长率	6	4	2	优势
人均全社会消费品零售总额	21	21	0	劣势
1.2 经济结构竞争力	12	11	1	中势
产业结构优化度	29	29	0	劣势
所有制经济结构优化度	11	14	-3	中势
城乡经济结构优化度	14	14	0	中势
就业结构优化度	17	17	0	中势
资本形成结构优化度	9	9	0	优势
贸易结构优化度	8	8	0	优势
1.3 经济外向度竞争力	15	15	0	中势
进出口总额	15	15	0	中势
进出口增长率	6	13	-7	中势
出口总额	13	13	0	中势
出口增长率	9	6	3	优势
实际 FDI	16	14	2	中势
实际 FDI 增长率	10	5	5	优势
外贸依存度	15	17	-2	中势
外资企业数	15	15	0	中势
对外直接投资额	21	11	10	中势

2.安徽省产业经济竞争力指标排名变化情况

表12-6 2017~2018年安徽省产业经济竞争力指标组排位及变化趋势

指标	2017年	2018年	排位升降	优劣势
2 产业经济竞争力	15	10	5	优势
2.1 农业竞争力	13	14	-1	中势
农业增加值	11	11	0	中势
农业增加值增长率	13	18	-5	中势
人均农业增加值	21	24	-3	劣势
农民人均纯收入	16	14	2	中势
农民人均纯收入增长率	15	15	0	中势
农产品出口占农林牧渔总产值比重	18	17	1	中势
人均主要农产品产量	7	7	0	优势
农业机械化水平	4	4	0	优势
农村人均用电量	18	18	0	中势
财政支农资金比重	20	20	0	中势
2.2 工业竞争力	16	9	7	优势
工业增加值	11	10	1	优势
工业增加值增长率	5	7	-2	优势
人均工业增加值	16	15	1	中势
工业资产总额	13	12	1	中势
工业资产总额增长率	13	6	7	优势
规模以上工业主营业务收入	8	9	-1	优势
工业成本费用率	25	10	15	优势
规模以上工业利润总额	12	10	2	优势
工业全员劳动生产率	20	18	2	中势
工业收入利润率	24	19	5	中势
2.3 服务业竞争力	13	10	3	优势
服务业增加值	14	14	0	中势
服务业增加值增长率	7	14	-7	中势
人均服务业增加值	26	25	1	劣势
服务业从业人员数	11	11	0	中势
限额以上批发零售企业主营业务收入	15	15	0	中势
限额以上批零企业利税率	7	8	-1	优势
限额以上餐饮企业利税率	20	17	3	中势
旅游外汇收入	10	7	3	优势
商品房销售收入	8	8	0	优势
电子商务销售额	11	8	3	优势

指 标	2017 年	2018 年	排位升降	优劣势
2.4 企业竞争力	15	13	2	中势
规模以上工业企业数	6	6	0	优势
规模以上企业平均资产	29	29	0	劣势
规模以上企业平均收入	28	29	−1	劣势
规模以上企业平均利润	28	28	0	劣势
规模以上企业劳动效率	10	17	−7	中势
城镇就业人员平均工资	21	16	5	中势
新产品销售收入占主营业务收入比重	7	4	3	优势
产品质量抽查合格率	8	9	−1	优势
工业企业 R&D 经费投入强度	12	10	2	优势
中国驰名商标持有量	14	14	0	中势

3. 安徽省可持续发展竞争力指标排名变化情况

表 12 – 7 2017～2018 年安徽省可持续发展竞争力指标组排位及变化趋势

指 标	2017 年	2018 年	排位升降	优劣势
3 可持续发展竞争力	16	19	−3	中势
3.1 资源竞争力	22	22	0	劣势
人均国土面积	23	23	0	劣势
人均可使用海域和滩涂面积	13	13	0	中势
人均年水资源量	18	19	−1	中势
耕地面积	9	9	0	优势
人均耕地面积	14	14	0	中势
人均牧草地面积	25	25	0	劣势
主要能源矿产基础储量	6	6	0	优势
人均主要能源矿产基础储量	10	10	0	优势
人均森林储积量	22	22	0	劣势
3.2 环境竞争力	6	13	−7	中势
森林覆盖率	18	18	0	中势
人均废水排放量	7	7	0	优势
人均工业废气排放量	13	13	0	中势
人均工业固体废物排放量	24	24	0	劣势
人均治理工业污染投资额	14	14	0	中势
一般工业固体废物综合利用率	5	5	0	优势
生活垃圾无害化处理率	6	8	−2	优势
自然灾害直接经济损失	10	25	−15	劣势

续表

指　标	2017 年	2018 年	排位升降	优劣势
3.3　人力资源竞争力	22	12	10	中势
常住人口增长率	9	5	4	优势
15～64 岁人口比例	31	26	5	劣势
文盲率	24	23	1	劣势
大专以上教育程度人口比例	26	23	3	劣势
平均受教育程度	26	23	3	劣势
人口健康素质	21	20	1	中势
职业学校毕业生数	4	3	1	强势

4. 安徽省财政金融竞争力指标排名变化情况

表 12 - 8　2017～2018 年安徽省财政金融竞争力指标组排位及变化趋势

指　标	2017 年	2018 年	排位升降	优劣势
4　财政金融竞争力	14	16	-2	中势
4.1　财政竞争力	15	21	-6	劣势
地方财政收入	11	11	0	中势
地方财政支出	12	12	0	中势
地方财政收入占 GDP 比重	17	18	-1	中势
地方财政支出占 GDP 比重	18	19	-1	中势
税收收入占 GDP 比重	19	19	0	中势
税收收入占财政总收入比重	17	21	-4	劣势
人均地方财政收入	21	20	1	中势
人均地方财政支出	28	28	0	劣势
人均税收收入	21	21	0	劣势
地方财政收入增长率	16	12	4	中势
地方财政支出增长率	2	24	-22	劣势
税收收入增长率	14	16	-2	中势
4.2　金融竞争力	16	14	2	中势
存款余额	13	12	1	中势
人均存款余额	23	23	0	劣势
贷款余额	13	13	0	中势
人均贷款余额	26	26	0	劣势
中长期贷款占贷款余额比重	12	10	2	优势
保险费净收入	13	12	1	中势
保险密度	23	23	0	劣势
保险深度	15	12	3	中势
国内上市公司数	8	10	-2	优势
国内上市公司市值	9	10	-1	优势

5. 安徽省知识经济竞争力指标排名变化情况

表 12－9 2017～2018 年安徽省知识经济竞争力指标组排位及变化趋势

指　标	2017 年	2018 年	排位升降	优劣势
5　知识经济竞争力	14	14	0	中势
5.1　科技竞争力	8	9	−1	优势
R&D 人员	7	7	0	优势
R&D 经费	10	10	0	优势
R&D 经费投入强度	6	6	0	优势
发明专利授权量	7	7	0	优势
技术市场成交合同金额	12	13	−1	中势
财政科技支出占地方财政支出比重	4	4	0	优势
高技术产业主营业务收入	15	13	2	中势
高技术产业收入占工业增加值比重	14	15	−1	中势
高技术产品出口额占商品出口额比重	14	14	0	中势
5.2　教育竞争力	23	23	0	劣势
教育经费	10	10	0	优势
教育经费占 GDP 比重	16	15	1	中势
人均教育经费	29	28	1	劣势
公共教育经费占财政支出比重	18	12	6	中势
人均文化教育支出	21	29	−8	劣势
万人中小学学校数	20	20	0	中势
万人中小学专任教师数	12	12	0	中势
高等学校数	10	10	0	优势
高校专任教师数	13	13	0	中势
万人高等学校在校学生数	24	26	−2	劣势
5.3　文化竞争力	12	13	−1	中势
文化制造业营业收入	9	8	1	优势
文化批发零售业营业收入	8	8	0	优势
文化服务业企业营业收入	13	14	−1	中势
图书和期刊出版数	9	10	−1	优势
电子出版物品种	22	24	−2	劣势
印刷用纸量	10	11	−1	中势
城镇居民人均文化娱乐支出	21	29	−8	劣势
农村居民人均文化娱乐支出	22	15	7	中势
城镇居民人均文化娱乐支出占消费性支出比重	17	17	0	中势
农村居民人均文化娱乐支出占消费性支出比重	19	21	−2	劣势

6. 安徽省发展环境竞争力指标排名变化情况

表 12 – 10　2017～2018 年安徽省发展环境竞争力指标组排位及变化趋势

指　标	2017 年	2018 年	排位升降	优劣势
6　发展环境竞争力	13	16	−3	中势
6.1　基础设施竞争力	13	13	0	中势
铁路网线密度	9	9	0	优势
公路网线密度	7	6	1	优势
人均内河航道里程	14	14	0	中势
全社会旅客周转量	8	8	0	优势
全社会货物周转量	5	4	1	优势
人均邮电业务总量	26	24	2	劣势
电话普及率	30	31	−1	劣势
网站数	14	14	0	中势
人均耗电量	24	25	−1	劣势
6.2　软环境竞争力	20	22	−2	劣势
外资企业数增长率	7	12	−5	中势
万人外资企业数	23	23	0	劣势
个体私营企业数增长率	4	5	−1	优势
万人个体私营企业数	21	20	1	中势
万人商标注册件数	16	15	1	中势
查处商标侵权假冒案件	29	29	0	劣势
每十万人交通事故发生数	20	20	0	中势
罚没收入占财政收入比重	11	12	−1	中势
社会捐赠款物	11	12	−1	中势

7. 安徽省政府作用竞争力指标排名变化情况

表 12 – 11　2017～2018 年安徽省政府作用竞争力指标组排位及变化趋势

指　标	2017 年	2018 年	排位升降	优劣势
7　政府作用竞争力	14	13	1	中势
7.1　政府发展经济竞争力	6	6	0	优势
财政支出用于基本建设投资比重	10	4	6	优势
财政支出对 GDP 增长的拉动	14	13	1	中势
政府公务员对经济的贡献	11	11	0	中势
政府消费对民间消费的拉动	2	2	0	强势
财政投资对社会投资的拉动	13	21	−8	劣势

续表

指　　标	2017 年	2018 年	排位升降	优劣势
7.2　政府规调经济竞争力	10	7	3	优势
物价调控	6	13	－7	中势
调控城乡消费差距	7	1	6	强势
统筹经济社会发展	5	4	1	优势
规范税收	20	20	0	中势
固定资产投资价格指数	29	24	5	劣势
7.3　政府保障经济竞争力	21	27	－6	劣势
城镇职工养老保险收支比	13	13	0	中势
医疗保险覆盖率	19	23	－4	劣势
养老保险覆盖率	19	27	－8	劣势
失业保险覆盖率	17	20	－3	中势
最低工资标准	25	29	－4	劣势
城镇登记失业率	22	23	－1	劣势

8. 安徽省发展水平竞争力指标排名变化情况

表 12 - 12　2017～2018 年安徽省发展水平竞争力指标组排位及变化趋势

指　　标	2017 年	2018 年	排位升降	优劣势
8　发展水平竞争力	12	10	2	优势
8.1　工业化进程竞争力	12	9	3	优势
工业增加值占 GDP 比重	4	2	2	强势
工业增加值增长率	10	7	3	优势
高技术产业占工业增加值比重	12	6	6	优势
高技术产品占商品出口额比重	14	14	0	中势
信息产业增加值占 GDP 比重	8	16	－8	中势
工农业增加值比值	17	13	4	中势
8.2　城市化进程竞争力	13	12	1	中势
城镇化率	22	22	0	劣势
城镇居民人均可支配收入	14	14	0	中势
城市平均建成区面积比重	14	14	0	中势
人均拥有道路面积	4	3	1	强势
人均日生活用水量	11	12	－1	中势
人均公共绿地面积	12	8	4	优势

指 标	2017 年	2018 年	排位升降	优劣势
8.3　市场化进程竞争力	12	10	2	优势
非公有制经济产值全社会总产值比重	11	14	-3	中势
社会投资占投资总额比重	17	16	1	中势
私有和个体企业从业人员比重	26	10	16	优势
亿元以上商品市场成交额	12	12	0	中势
亿元以上商品市场成交额占全社会消费品零售总额比重	11	14	-3	中势
居民消费支出占总消费支出比重	2	2	0	强势

9. 安徽省统筹协调竞争力指标排名变化情况

表 12 – 13　2017 ~ 2018 年安徽省统筹协调竞争力指标组排位及变化趋势

指 标	2017 年	2018 年	排位升降	优劣势
9　统筹协调竞争力	21	16	5	中势
9.1　统筹发展竞争力	24	20	4	中势
社会劳动生产率	28	28	0	劣势
能源使用下降率	18	11	7	中势
万元 GDP 综合能耗下降率	8	5	3	优势
非农用地产出率	14	13	1	中势
居民收入占 GDP 比重	25	25	0	劣势
二三产业增加值比例	29	28	1	劣势
固定资产投资额占 GDP 比重	23	25	-2	劣势
固定资产投资增长率	16	2	14	强势
9.2　协调发展竞争力	15	8	7	优势
资源竞争力与宏观经济竞争力比差	19	20	-1	中势
环境竞争力与宏观经济竞争力比差	21	13	8	中势
人力资源竞争力与宏观经济竞争力比差	13	10	3	优势
环境竞争力与工业竞争力比差	17	21	-4	劣势
资源竞争力与工业竞争力比差	20	11	9	中势
城乡居民家庭人均收入比差	14	14	0	中势
城乡居民人均现金消费支出比差	7	1	6	强势
全社会消费品零售总额与外贸出口总额比差	16	15	1	中势

B.14
13
福建省经济综合竞争力评价分析报告

福建省简称闽，地处中国东南沿海，毗邻浙江、江西、广东，与台湾隔海相望。全省土地面积 12.14 万平方公里，2018 年全省常住人口为 3941 万人，地区生产总值为 35804 亿元，同比增长 8.3%，人均 GDP 达 91197 元。本部分通过分析 2017～2018 年福建省经济综合竞争力以及各要素竞争力的排名变化，从中找出福建省经济综合竞争力的推动点及影响因素，为进一步提升福建省经济综合竞争力提供决策参考。

13.1 福建省经济综合竞争力总体分析

1. 福建省经济综合竞争力一级指标概要分析

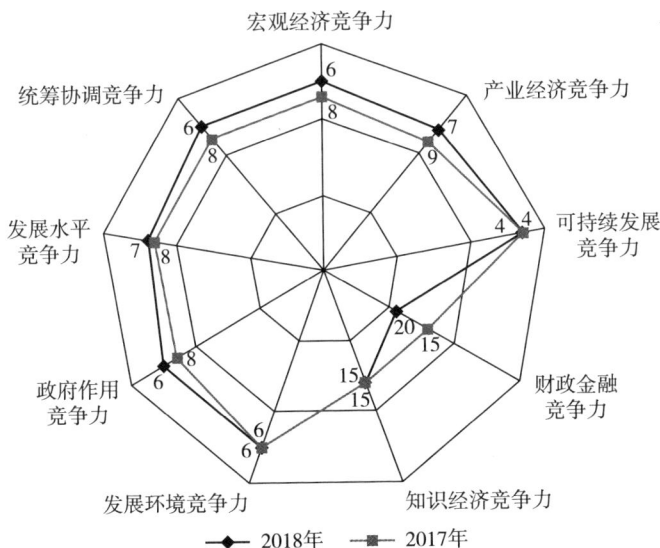

图 13-1 2017～2018 年福建省经济综合竞争力二级指标比较

表13－1　2017～2018年福建省经济综合竞争力二级指标表现情况

年份项目	宏观经济竞争力	产业经济竞争力	可持续发展竞争力	财政金融竞争力	知识经济竞争力	发展环境竞争力	政府作用竞争力	发展水平竞争力	统筹协调竞争力	综合排位
2017	8	9	4	15	15	6	8	8	8	8
2018	6	7	4	20	15	6	6	7	6	7
升降	2	2	0	-5	0	0	2	1	2	1
优劣度	优势	优势	优势	中势	中势	优势	优势	优势	优势	优势

（1）从综合排位看，2018年福建省经济综合竞争力综合排位在全国居第7位，这表明其在全国处于优势地位；与2017年相比，综合排位上升1位。

（2）从指标所处区位看，有7个指标处于上游区，为宏观经济竞争力、产业经济竞争力、可持续发展竞争力、发展环境竞争力、政府作用竞争力、发展水平竞争力和统筹协调竞争力，皆为优势指标。财政金融竞争力和知识经济竞争力为中势指标。

（3）从指标变化趋势看，9个二级指标中，有5个指标处于上升趋势，分别为宏观经济竞争力、产业经济竞争力、政府作用竞争力、发展水平竞争力和统筹协调竞争力，这些是福建省经济综合竞争力的上升动力所在；有3个指标排位没有发生变化，分别为可持续发展竞争力、知识经济竞争力和发展环境竞争力；有1个指标处于下降趋势，为财政金融竞争力，是福建省经济综合竞争力的下降拉力所在。

2. 福建省经济综合竞争力各级指标动态变化分析

表13－2　2017～2018年福建省经济综合竞争力各级指标排位变化情况

单位：个，%

二级指标	三级指标	四级指标数	上升		保持		下降		变化趋势
			指标数	比重	指标数	比重	指标数	比重	
宏观经济竞争力	经济实力竞争力	12	8	66.7	3	25.0	1	8.3	上升
	经济结构竞争力	6	2	33.3	4	66.7	0	0.0	上升
	经济外向度竞争力	9	1	11.1	5	55.6	3	33.3	上升
	小　计	27	11	40.7	12	44.4	4	14.8	上升

续表

二级指标	三级指标	四级指标数	上升		保持		下降		变化趋势
			指标数	比重	指标数	比重	指标数	比重	
产业经济竞争力	农业竞争力	10	3	30.0	7	70.0	0	0.0	下降
	工业竞争力	10	8	80.0	0	0.0	2	20.0	上升
	服务业竞争力	10	4	40.0	3	30.0	3	30.0	下降
	企业竞争力	10	3	30.0	4	40.0	3	30.0	上升
	小　计	**40**	18	45.0	14	35.0	8	20.0	上升
可持续发展竞争力	资源竞争力	9	0	0.0	9	100.0	0	0.0	保持
	环境竞争力	8	1	12.5	6	75.0	1	12.5	下降
	人力资源竞争力	7	1	14.3	1	14.3	5	71.4	下降
	小　计	**24**	2	8.3	16	66.7	6	25.0	保持
财政金融竞争力	财政竞争力	12	1	8.3	3	25.0	8	66.7	下降
	金融竞争力	10	1	10.0	4	40.0	5	50.0	下降
	小　计	**22**	2	9.1	7	31.8	13	59.1	下降
知识经济竞争力	科技竞争力	9	3	33.3	3	33.3	3	33.3	保持
	教育竞争力	10	3	30.0	4	40.0	3	30.0	保持
	文化竞争力	10	5	50.0	5	50.0	0	0.0	上升
	小　计	**29**	11	37.9	12	41.4	6	20.7	保持
发展环境竞争力	基础设施竞争力	9	1	11.1	4	44.4	4	44.4	保持
	软环境竞争力	9	3	33.3	4	44.4	2	22.2	保持
	小　计	**18**	4	22.2	8	44.4	6	33.3	保持
政府作用竞争力	政府发展经济竞争力	5	2	40.0	1	20.0	2	40.0	上升
	政府规调经济竞争力	5	2	40.0	0	0.0	3	60.0	上升
	政府保障经济竞争力	6	1	16.7	3	50.0	2	33.3	下降
	小　计	**16**	5	31.3	4	25.0	7	43.8	上升
发展水平竞争力	工业化进程竞争力	6	4	66.7	0	0.0	2	33.3	上升
	城市化进程竞争力	6	4	66.7	2	33.3	0	0.0	上升
	市场化进程竞争力	6	2	33.3	4	66.7	0	0.0	保持
	小　计	**18**	10	55.6	6	33.3	2	11.1	上升
统筹协调竞争力	统筹发展竞争力	8	3	37.5	2	25.0	3	37.5	上升
	协调发展竞争力	8	2	25.0	1	12.5	5	62.5	下降
	小　计	**16**	5	31.3	3	18.8	8	50.0	上升
合　计		**210**	68	32.4	82	39.0	60	28.6	上升

从表 13 - 2 可以看出，210 个四级指标中，上升指标有 68 个，占指标总数的 32.4%；下降指标有 60 个，占指标总数的 28.6%；保持不变的指标有 82 个，占指标总数的 39.0%。综上所述，福建省经济综合竞争力的上升动力略大于下降拉力，2017～2018 年福建省经济综合竞争力排位上升 1 位。

3. 福建省经济综合竞争力各级指标优劣势结构分析

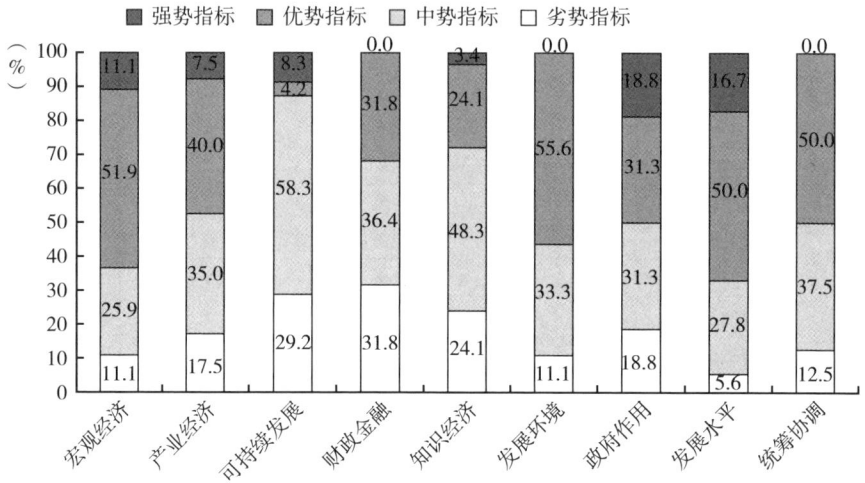

图 13 - 2　2018 年福建省经济综合竞争力各级指标优劣势比较

表 13 - 3　2018 年福建省经济综合竞争力各级指标优劣势情况

单位：个，%

二级指标	三级指标	四级指标数	强势指标 个数	强势指标 比重	优势指标 个数	优势指标 比重	中势指标 个数	中势指标 比重	劣势指标 个数	劣势指标 比重	优劣势
宏观经济竞争力	经济实力竞争力	12	2	16.7	7	58.3	3	25.0	0	0.0	优势
	经济结构竞争力	6	1	16.7	1	16.7	2	33.3	2	33.3	中势
	经济外向度竞争力	9	0	0.0	6	66.7	2	22.2	1	11.1	中势
	小　计	27	3	11.1	14	51.9	7	25.9	3	11.1	优势
产业经济竞争力	农业竞争力	10	1	10.0	3	30.0	3	30.0	3	30.0	中势
	工业竞争力	10	2	20.0	5	50.0	2	20.0	1	10.0	优势
	服务业竞争力	10	0	0.0	6	60.0	3	30.0	1	10.0	中势
	企业竞争力	10	0	0.0	2	20.0	6	60.0	2	20.0	中势
	小　计	40	3	7.5	16	40.0	14	35.0	7	17.5	优势

二级指标	三级指标	四级指标数	强势指标		优势指标		中势指标		劣势指标		优劣势
			个数	比重	个数	比重	个数	比重	个数	比重	
可持续发展竞争力	资源竞争力	9	1	11.1	1	11.1	2	22.2	5	55.6	中势
	环境竞争力	8	1	12.5	0	0.0	6	75.0	1	12.5	强势
	人力资源竞争力	7	0	0.0	0	0.0	6	85.7	1	14.3	中势
	小　计	**24**	2	8.3	1	4.2	14	58.3	7	29.2	优势
财政金融竞争力	财政竞争力	12	0	0.0	2	16.7	4	33.3	6	50.0	劣势
	金融竞争力	10	0	0.0	5	50.0	4	40.0	1	10.0	中势
	小　计	**22**	0	0.0	7	31.8	8	36.4	7	31.8	中势
知识经济竞争力	科技竞争力	9	0	0.0	5	55.6	3	33.3	1	11.1	优势
	教育竞争力	10	1	10.0	0	0.0	7	70.0	2	20.0	中势
	文化竞争力	10	0	0.0	2	20.0	4	40.0	4	40.0	中势
	小　计	**29**	1	3.4	7	24.1	14	48.3	7	24.1	中势
发展环境竞争力	基础设施竞争力	9	0	0.0	5	55.6	4	44.4	0	0.0	优势
	软环境竞争力	9	0	0.0	5	55.6	2	22.2	2	22.2	优势
	小　计	**18**	0	0.0	10	55.6	6	33.3	2	11.1	优势
政府作用竞争力	政府发展经济竞争力	5	2	40.0	2	40.0	1	20.0	0	0.0	强势
	政府规调经济竞争力	5	1	20.0	2	40.0	2	40.0	0	0.0	强势
	政府保障经济竞争力	6	0	0.0	1	16.7	2	33.3	3	50.0	劣势
	小　计	**16**	3	18.8	5	31.3	5	31.3	3	18.8	优势
发展水平竞争力	工业化进程竞争力	6	2	33.3	2	33.3	2	33.3	0	0.0	中势
	城市化进程竞争力	6	0	0.0	5	83.3	1	16.7	0	0.0	优势
	市场化进程竞争力	6	1	16.7	2	33.3	2	33.3	1	16.7	优势
	小　计	**18**	3	16.7	9	50.0	5	27.8	1	5.6	优势
统筹协调竞争力	统筹发展竞争力	8	0	0.0	4	50.0	2	25.0	2	25.0	优势
	协调发展竞争力	8	0	0.0	4	50.0	4	50.0	0	0.0	优势
	小　计	**16**	0	0.0	8	50.0	6	37.5	2	12.5	优势
合　计		**210**	15	7.1	77	36.7	79	37.6	39	18.6	优势

基于图 13-2 和表 13-3，具体到四级指标，强势指标 15 个，占指标总数的 7.1%；优势指标 77 个，占指标总数的 36.7%；中势指标 79 个，占指标总数的 37.6%；劣势指标 39 个，占指标总数的 18.6%。三级指标中，强势指标 3 个，占三级指标总数的 12.0%；优势指标 8 个，占三级指标总数的 32.0%；中势指标 12 个，占三级指标总数的 48%；劣势指标 2 个，占

三级指标总数的 8.0%。从二级指标看，优势指标有 7 个，占二级指标总数的 77.8%；中势指标有 2 个，占二级指标总数的 22.2%；没有强势指标和劣势指标。综合来看，由于优势指标在指标体系中居于主导地位，2018 年福建省经济综合竞争力处于优势地位。

4. 福建省经济综合竞争力四级指标优劣势对比分析

表 13－4　2018 年福建省经济综合竞争力各级指标优劣势情况

二级指标	优劣势	四级指标
宏观经济 竞争力 (27 个)	强势指标	人均固定资产投资额、全社会消费品零售总额增长率、所有制经济结构优化度(3 个)
	优势指标	地区生产总值、地区生产总值增长率、人均地区生产总值、人均财政收入、固定资产投资额增长率、全社会消费品零售总额、人均全社会消费品零售总额、贸易结构优化度、进出口总额、出口总额、实际 FDI、外贸依存度、外资企业数、对外直接投资额(14 个)
	劣势指标	产业结构优化度、资本形成结构优化度、实际 FDI 增长率(3 个)
产业经济 竞争力 (40 个)	强势指标	农产品出口占农林牧渔总产值比重、工业增加值增长率、人均工业增加值(3 个)
	优势指标	人均农业增加值、农民人均纯收入、农村人均用电量、工业增加值、工业资产总额增长率、规模以上工业主营业务收入、规模以上工业利润总额、工业收入利润率、服务业增加值增长率、人均服务业增加值、服务业从业人员数、限额以上批发零售企业主营业务收入、旅游外汇收入、商品房销售收入、规模以上工业企业数、中国驰名商标持有量(16 个)
	劣势指标	人均主要农产品产量、农业机械化水平、财政支农资金比重、工业全员劳动生产率、限额以上餐饮企业利税率、规模以上企业平均资产、规模以上企业劳动效率(7 个)
可持续发展 竞争力 (24 个)	强势指标	人均可使用海域和滩涂面积、森林覆盖率(2 个)
	优势指标	人均森林储积量(1 个)
	劣势指标	耕地面积、人均耕地面积、人均牧草地面积、主要能源矿产基础储量、人均主要能源矿产基础储量、人均废水排放量、文盲率(7 个)

二级指标	优劣势	四级指标
财政金融竞争力(22个)	强势指标	(0个)
	优势指标	人均地方财政收入、人均税收收入、人均存款余额、贷款余额、人均贷款余额、国内上市公司数、国内上市公司市值(7个)
	劣势指标	地方财政收入占GDP比重、地方财政支出占GDP比重、税收收入占GDP比重、人均地方财政支出、地方财政支出增长率、税收收入增长率、保险深度(7个)
知识经济竞争力(29个)	强势指标	公共教育经费占财政支出比重(1个)
	优势指标	R&D人员、R&D经费、R&D经费投入强度、发明专利授权量、高技术产业主营业务收入、文化制造业营业收入、文化批发零售业营业收入(7个)
	劣势指标	技术市场成交合同金额、教育经费占GDP比重、万人高等学校在校学生数、图书和期刊出版数、电子出版物品种、城镇居民人均文化娱乐支出占消费性支出比重、农村居民人均文化娱乐支出占消费性支出比重(7个)
发展环境竞争力(18个)	强势指标	(0个)
	优势指标	全社会货物周转量、人均邮电业务总量、电话普及率、网站数、人均耗电量、万人外资企业数、个体私营企业数增长率、万人个体私营企业数、万人商标注册件数、社会捐赠款物(10个)
	劣势指标	查处商标侵权假冒案件、每十万人交通事故发生数(2个)
政府作用竞争力(16个)	强势指标	财政支出用于基本建设投资比重、财政支出对GDP增长的拉动、物价调控(3个)
	优势指标	政府公务员对经济的贡献、政府消费对民间消费的拉动、调控城乡消费差距、规范税收、城镇登记失业率(5个)
	劣势指标	医疗保险覆盖率、养老保险覆盖率、失业保险覆盖率(3个)
发展水平竞争力(18个)	强势指标	工业增加值占GDP比重、工业增加值增长率、非公有制经济产值占全社会总产值比重(3个)
	优势指标	信息产业增加值占GDP比重、工农业增加值比值、城镇化率、城镇居民人均可支配收入、城市平均建成区面积比重、人均拥有道路面积、人均日生活用水量、私有和个体企业从业人员比重、居民消费支出占总消费支出比重(9个)
	劣势指标	亿元以上商品市场成交额占全社会消费品零售总额比重(1个)
统筹协调竞争力(16个)	强势指标	(0个)
	优势指标	社会劳动生产率、非农用地产出率、居民收入占GDP比重、固定资产投资增长率、人力资源竞争力与宏观经济竞争力比差、资源竞争力与工业竞争力比差、城乡居民人均现金消费支出比差、全社会消费品零售总额与外贸出口总额比差(8个)
	劣势指标	能源使用下降率、二三产业增加值比例(2个)

13.2 福建省经济综合竞争力各级指标具体分析

1. 福建省宏观经济竞争力指标排名变化情况

表 13 - 5 2017～2018 年福建省宏观经济竞争力指标组排位及变化趋势

指 标	2017 年	2018 年	排位升降	优劣势
1 宏观经济竞争力	8	6	2	优势
1.1 经济实力竞争力	7	5	2	优势
地区生产总值	10	10	0	优势
地区生产总值增长率	7	5	2	优势
人均地区生产总值	6	6	0	优势
财政总收入	11	12	- 1	中势
财政总收入增长率	13	12	1	中势
人均财政收入	7	6	1	优势
固定资产投资额	11	11	0	中势
固定资产投资额增长率	6	4	2	优势
人均固定资产投资额	2	1	1	强势
全社会消费品零售总额	11	10	1	优势
全社会消费品零售总额增长率	9	2	7	强势
人均全社会消费品零售总额	8	5	3	优势
1.2 经济结构竞争力	16	12	4	中势
产业结构优化度	27	27	0	劣势
所有制经济结构优化度	2	1	1	强势
城乡经济结构优化度	11	11	0	中势
就业结构优化度	16	12	4	中势
资本形成结构优化度	25	25	0	劣势
贸易结构优化度	6	6	0	优势
1.3 经济外向度竞争力	14	11	3	中势
进出口总额	6	6	0	优势
进出口增长率	18	19	- 1	中势
出口总额	6	6	0	优势
出口增长率	22	13	9	中势
实际 FDI	8	9	- 1	优势
实际 FDI 增长率	19	26	- 7	劣势
外贸依存度	7	7	0	优势
外资企业数	7	7	0	优势
对外直接投资额	9	9	0	优势

2. 福建省产业经济竞争力指标排名变化情况

表 13 – 6　2017 ~ 2018 年福建省产业经济竞争力指标组排位及变化趋势

指　　标	2017 年	2018 年	排位升降	优劣势
2　产业经济竞争力	9	7	2	优势
2.1　农业竞争力	11	12	−1	中势
农业增加值	13	13	0	中势
农业增加值增长率	17	13	4	中势
人均农业增加值	5	4	1	优势
农民人均纯收入	6	6	0	优势
农民人均纯收入增长率	14	14	0	中势
农产品出口占农林牧渔总产值比重	3	3	0	强势
人均主要农产品产量	25	25	0	劣势
农业机械化水平	24	24	0	劣势
农村人均用电量	6	5	1	优势
财政支农资金比重	23	23	0	劣势
2.2　工业竞争力	8	4	4	优势
工业增加值	8	6	2	优势
工业增加值增长率	13	3	10	强势
人均工业增加值	5	3	2	强势
工业资产总额	14	13	1	中势
工业资产总额增长率	6	8	−2	优势
规模以上工业主营业务收入	6	5	1	优势
工业成本费用率	14	12	2	中势
规模以上工业利润总额	7	5	2	优势
工业全员劳动生产率	26	27	−1	劣势
工业收入利润率	9	8	1	优势
2.3　服务业竞争力	9	11	−2	中势
服务业增加值	12	12	0	中势
服务业增加值增长率	6	10	−4	优势
人均服务业增加值	7	7	0	优势
服务业从业人员数	10	6	4	优势
限额以上批发零售企业主营业务收入	8	7	1	优势
限额以上批零企业利税率	24	20	4	中势
限额以上餐饮企业利税率	28	27	1	劣势
旅游外汇收入	2	9	−7	优势
商品房销售收入	9	9	0	优势
电子商务销售额	12	13	−1	中势

续表

指　标	2017 年	2018 年	排位升降	优劣势
2.4　企业竞争力	14	11	3	中势
规模以上工业企业数	7	7	0	优势
规模以上企业平均资产	27	27	0	劣势
规模以上企业平均收入	25	15	10	中势
规模以上企业平均利润	19	11	8	中势
规模以上企业劳动效率	26	23	3	劣势
城镇就业人员平均工资	17	17	0	中势
新产品销售收入占主营业务收入比重	16	17	−1	中势
产品质量抽查合格率	5	12	−7	中势
工业企业 R&D 经费投入强度	13	14	−1	中势
中国驰名商标持有量	5	5	0	优势

3. 福建省可持续发展竞争力指标排名变化情况

表 13 −7　2017～2018 年福建省可持续发展竞争力指标组排位及变化趋势

指　标	2017 年	2018 年	排位升降	优劣势
3　可持续发展竞争力	4	4	0	优势
3.1　资源竞争力	13	13	0	中势
人均国土面积	18	18	0	中势
人均可使用海域和滩涂面积	2	2	0	强势
人均年水资源量	11	11	0	中势
耕地面积	24	24	0	劣势
人均耕地面积	27	27	0	劣势
人均牧草地面积	26	26	0	劣势
主要能源矿产基础储量	22	22	0	劣势
人均主要能源矿产基础储量	22	22	0	劣势
人均森林储积量	7	7	0	优势
3.2　环境竞争力	1	3	−2	强势
森林覆盖率	1	1	0	强势
人均废水排放量	25	25	0	劣势
人均工业废气排放量	11	11	0	中势
人均工业固体废物排放量	14	14	0	中势
人均治理工业污染投资额	15	15	0	中势
一般工业固体废物综合利用率	12	12	0	中势
生活垃圾无害化处理率	15	13	2	中势
自然灾害直接经济损失	7	11	−4	中势

指　标	2017 年	2018 年	排位升降	优劣势
3.3　人力资源竞争力	12	16	−4	中势
常住人口增长率	8	11	−3	中势
15~64 岁人口比例	17	11	6	中势
文盲率	20	22	−2	劣势
大专以上教育程度人口比例	12	17	−5	中势
平均受教育程度	19	20	−1	中势
人口健康素质	17	17	0	中势
职业学校毕业生数	13	14	−1	中势

4. 福建省财政金融竞争力指标排名变化情况

表 13－8　2017~2018 年福建省财政金融竞争力指标组排位及变化趋势

指　标	2017 年	2018 年	排位升降	优劣势
4　财政金融竞争力	15	20	−5	中势
4.1　财政竞争力	22	24	−2	劣势
地方财政收入	12	12	0	中势
地方财政支出	18	20	−2	中势
地方财政收入占 GDP 比重	25	26	−1	劣势
地方财政支出占 GDP 比重	28	29	−1	劣势
税收收入占 GDP 比重	24	26	−2	劣势
税收收入占财政总收入比重	13	15	−2	中势
人均地方财政收入	9	8	1	优势
人均地方财政支出	19	21	−2	劣势
人均税收收入	8	8	0	优势
地方财政收入增长率	13	13	0	中势
地方财政支出增长率	11	28	−17	劣势
税收收入增长率	20	22	−2	劣势
4.2　金融竞争力	13	15	−2	中势
存款余额	14	14	0	中势
人均存款余额	10	10	0	优势
贷款余额	9	10	−1	优势
人均贷款余额	8	8	0	优势
中长期贷款占贷款余额比重	19	17	2	中势
保险费净收入	14	15	−1	中势
保险密度	9	20	−11	中势
保险深度	26	30	−4	劣势
国内上市公司数	6	7	−1	优势
国内上市公司市值	7	7	0	优势

5. 福建省知识经济竞争力指标排名变化情况

表 13 – 9　2017～2018 年福建省知识经济竞争力指标组排位及变化趋势

指　　标	2017 年	2018 年	排位升降	优劣势
5　知识经济竞争力	15	15	0	中势
5.1　科技竞争力	14	14	0	中势
R&D 人员	6	6	0	优势
R&D 经费	9	8	1	优势
R&D 经费投入强度	8	8	0	优势
发明专利授权量	11	10	1	优势
技术市场成交合同金额	23	24	– 1	劣势
财政科技支出占地方财政支出比重	10	11	– 1	中势
高技术产业主营业务收入	9	9	0	优势
高技术产业收入占工业增加值比重	12	14	– 2	中势
高技术产品出口额占商品出口额比重	19	18	1	中势
5.2　教育竞争力	13	13	0	中势
教育经费	17	16	1	中势
教育经费占 GDP 比重	29	29	0	劣势
人均教育经费	14	12	2	中势
公共教育经费占财政支出比重	6	3	3	强势
人均文化教育支出	11	14	– 3	中势
万人中小学学校数	18	18	0	中势
万人中小学专任教师数	15	16	– 1	中势
高等学校数	15	15	0	中势
高校专任教师数	16	16	0	中势
万人高等学校在校学生数	18	22	– 4	劣势
5.3　文化竞争力	25	18	7	中势
文化制造业营业收入	4	4	0	优势
文化批发零售业营业收入	7	7	0	优势
文化服务业企业营业收入	14	13	1	中势
图书和期刊出版数	22	22	0	劣势
电子出版物品种	21	21	0	劣势
印刷用纸量	19	17	2	中势
城镇居民人均文化娱乐支出	18	14	4	中势
农村居民人均文化娱乐支出	17	11	6	中势
城镇居民人均文化娱乐支出占消费性支出比重	30	30	0	劣势
农村居民人均文化娱乐支出占消费性支出比重	26	25	1	劣势

6. 福建省发展环境竞争力指标排名变化情况

表 13-10 2017~2018 年福建省发展环境竞争力指标组排位及变化趋势

指 标	2017 年	2018 年	排位升降	优劣势
6 发展环境竞争力	6	6	0	优势
6.1 基础设施竞争力	9	9	0	优势
铁路网线密度	14	12	2	中势
公路网线密度	18	18	0	中势
人均内河航道里程	16	17	-1	中势
全社会旅客周转量	17	17	0	中势
全社会货物周转量	10	10	0	优势
人均邮电业务总量	6	8	-2	优势
电话普及率	5	9	-4	优势
网站数	6	7	-1	优势
人均耗电量	9	9	0	优势
6.2 软环境竞争力	6	6	0	优势
外资企业数增长率	24	15	9	中势
万人外资企业数	6	6	0	优势
个体私营企业数增长率	5	4	1	优势
万人个体私营企业数	6	5	1	优势
万人商标注册件数	5	5	0	优势
查处商标侵权假冒案件	23	23	0	劣势
每十万人交通事故发生数	27	27	0	劣势
罚没收入占财政收入比重	13	15	-2	中势
社会捐赠款物	3	5	-2	优势

7. 福建省政府作用竞争力指标排名变化情况

表 13-11 2017~2018 年福建省政府作用竞争力指标组排位及变化趋势

指 标	2017 年	2018 年	排位升降	优劣势
7 政府作用竞争力	8	6	2	优势
7.1 政府发展经济竞争力	4	3	1	强势
财政支出用于基本建设投资比重	5	2	3	强势
财政支出对 GDP 增长的拉动	4	3	1	强势
政府公务员对经济的贡献	5	6	-1	优势
政府消费对民间消费的拉动	6	6	0	优势
财政投资对社会投资的拉动	17	18	-1	中势

指　标	2017 年	2018 年	排位升降	优劣势
7.2　政府规调经济竞争力	3	1	2	强势
物价调控	5	1	4	强势
调控城乡消费差距	6	7	−1	优势
统筹经济社会发展	12	13	−1	中势
规范税收	6	7	−1	优势
固定资产投资价格指数	15	14	1	中势
7.3　政府保障经济竞争力	20	22	−2	劣势
城镇职工养老保险收支比	18	18	0	中势
医疗保险覆盖率	23	25	−2	劣势
养老保险覆盖率	29	29	0	劣势
失业保险覆盖率	18	25	−7	劣势
最低工资标准	12	12	0	中势
城镇登记失业率	6	5	1	优势

8. 福建省发展水平竞争力指标排名变化情况

表 13 - 12　2017 ～ 2018 年福建省发展水平竞争力指标组排位及变化趋势

指　标	2017 年	2018 年	排位升降	优劣势
8　发展水平竞争力	8	7	1	优势
8.1　工业化进程竞争力	14	12	2	中势
工业增加值占 GDP 比重	8	3	5	强势
工业增加值增长率	9	3	6	强势
高技术产业占工业增加值比重	11	17	−6	中势
高技术产品占商品出口额比重	19	18	1	中势
信息产业增加值占 GDP 比重	7	8	−1	优势
工农业增加值比值	9	8	1	优势
8.2　城市化进程竞争力	7	6	1	优势
城镇化率	8	8	0	优势
城镇居民人均可支配收入	7	7	0	优势
城市平均建成区面积比重	12	8	4	优势
人均拥有道路面积	11	6	5	优势
人均日生活用水量	6	5	1	优势
人均公共绿地面积	14	11	3	中势

指　标	2017 年	2018 年	排位升降	优劣势
8.3　市场化进程竞争力	7	7	0	优势
非公有制经济产值占全社会总产值比重	2	1	1	强势
社会投资占投资总额比重	19	19	0	中势
私有和个体企业从业人员比重	5	4	1	优势
亿元以上商品市场成交额	17	17	0	中势
亿元以上商品市场成交额占全社会消费品零售总额比重	22	22	0	劣势
居民消费支出占总消费支出比重	6	6	0	优势

9. 福建省统筹协调竞争力指标排名变化情况

表 13-13　2017~2018 年福建省统筹协调竞争力指标组排位及变化趋势

指　标	2017 年	2018 年	排位升降	优劣势
9　统筹协调竞争力	8	6	2	优势
9.1　统筹发展竞争力	8	6	2	优势
社会劳动生产率	7	7	0	优势
能源使用下降率	28	29	-1	劣势
万元 GDP 综合能耗下降率	22	17	5	中势
非农用地产出率	6	4	2	优势
居民收入占 GDP 比重	4	4	0	优势
二三产业增加值比例	26	30	-4	劣势
固定资产投资额占 GDP 比重	12	15	-3	中势
固定资产投资增长率	26	4	22	优势
9.2　协调发展竞争力	3	4	-1	优势
资源竞争力与宏观经济竞争力比差	13	14	-1	中势
环境竞争力与宏观经济竞争力比差	16	11	5	中势
人力资源竞争力与宏观经济竞争力比差	2	4	-2	优势
环境竞争力与工业竞争力比差	14	18	-4	中势
资源竞争力与工业竞争力比差	17	9	8	优势
城乡居民家庭人均收入比差	11	11	0	中势
城乡居民人均现金消费支出比差	6	7	-1	优势
全社会消费品零售总额与外贸出口总额比差	5	6	-1	优势

B.15

14

江西省经济综合竞争力评价分析报告

江西省简称赣,地处中国东南偏中部长江中下游南岸,东邻浙江、福建,南连广东,西靠湖南,北毗湖北、安徽而共接长江。全省总面积16.69万平方公里,2018年全省常住人口为4648万人,地区生产总值为21985亿元,同比增长8.7%,人均GDP达47434元。本部分通过分析2017~2018年江西省经济综合竞争力以及各要素竞争力的排名变化,从中找出江西省经济综合竞争力的推动点及影响因素,为进一步提升江西省经济综合竞争力提供决策参考。

14.1 江西省经济综合竞争力总体分析

1. 江西省经济综合竞争力一级指标概要分析

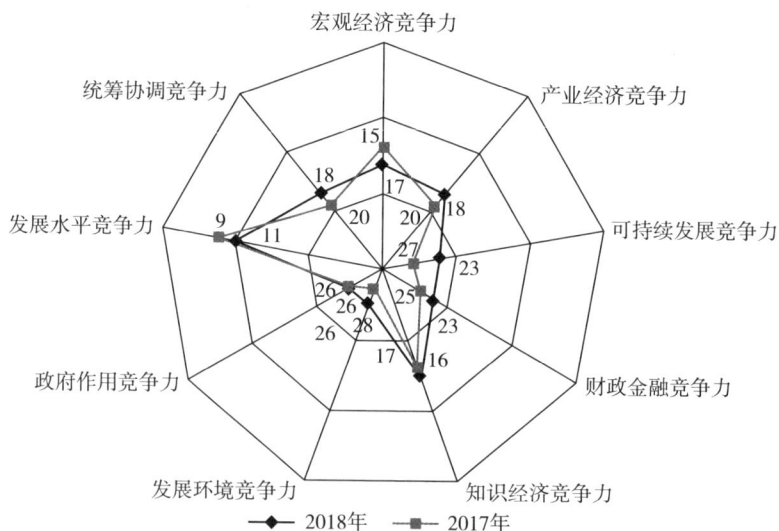

图14-1 2017~2018年江西省经济综合竞争力二级指标比较

表 14-1 2017~2018 年江西省经济综合竞争力二级指标表现情况

项目\年份	宏观经济竞争力	产业经济竞争力	可持续发展竞争力	财政金融竞争力	知识经济竞争力	发展环境竞争力	政府作用竞争力	发展水平竞争力	统筹协调竞争力	综合排位
2017	15	20	27	25	17	28	26	9	20	18
2018	17	18	23	23	16	26	26	11	18	18
升降	-2	2	4	2	1	2	0	-2	2	0
优劣度	中势	中势	劣势	劣势	中势	劣势	劣势	中势	中势	中势

（1）从综合排位看，2018 年江西省经济综合竞争力综合排位在全国居第 18 位，这表明其在全国处于中势地位；与 2017 年相比，综合排位没有发生变化。

（2）从指标所处区位看，有 5 个指标处于中游区，为宏观经济竞争力、产业经济竞争力、知识经济竞争力、发展水平竞争力和统筹协调竞争力，其余为劣势指标。

（3）从指标变化趋势看，9 个二级指标中，有 6 个指标处于上升趋势，分别为产业经济竞争力、可持续发展竞争力、财政金融竞争力、知识经济竞争、发展环境竞争力和统筹协调竞争力，这些是江西省经济综合竞争力的上升动力所在；仅有 1 个指标排位没有发生变化，为政府作用竞争力；有 2 个指标处于下降趋势，为宏观经济竞争力和发展水平竞争力，是江西省经济综合竞争力的下降拉力所在。

2. 江西省经济综合竞争力各级指标动态变化分析

表 14-2 2017~2018 年江西省经济综合竞争力各级指标排位变化情况

单位：个，%

二级指标	三级指标	四级指标数	上升		保持		下降		变化趋势
			指标数	比重	指标数	比重	指标数	比重	
宏观经济竞争力	经济实力竞争力	12	5	41.7	3	25.0	4	33.3	下降
	经济结构竞争力	6	1	16.7	5	83.3	0	0.0	上升
	经济外向度竞争力	9	3	33.3	2	22.2	4	44.4	上升
	小 计	**27**	9	33.3	10	37.0	8	29.6	下降

续表

二级指标	三级指标	四级指标数	上升		保持		下降		变化趋势
			指标数	比重	指标数	比重	指标数	比重	
产业经济竞争力	农业竞争力	10	2	20.0	5	50.0	3	30.0	下降
	工业竞争力	10	2	20.0	5	50.0	3	30.0	上升
	服务业竞争力	10	4	40.0	2	20.0	4	40.0	上升
	企业竞争力	10	4	40.0	5	50.0	1	10.0	上升
	小　计	**40**	12	30.0	17	42.5	11	27.5	上升
可持续发展竞争力	资源竞争力	9	0	0.0	8	88.9	1	11.1	保持
	环境竞争力	8	2	25.0	5	62.5	1	12.5	保持
	人力资源竞争力	7	5	71.4	1	14.3	1	14.3	上升
	小　计	**24**	7	29.2	14	58.3	3	12.5	上升
财政金融竞争力	财政竞争力	12	3	25.0	4	33.3	5	41.7	保持
	金融竞争力	10	4	40.0	5	50.0	1	10.0	上升
	小　计	**22**	7	31.8	9	40.9	6	27.3	上升
知识经济竞争力	科技竞争力	9	6	66.7	2	22.2	1	11.1	保持
	教育竞争力	10	4	40.0	5	50.0	1	10.0	保持
	文化竞争力	10	5	50.0	2	20.0	3	30.0	上升
	小　计	**29**	15	51.7	9	31.0	5	17.2	上升
发展环境竞争力	基础设施竞争力	9	2	22.2	5	55.6	2	22.2	下降
	软环境竞争力	9	3	33.3	3	33.3	3	33.3	保持
	小　计	**18**	5	27.8	8	44.4	5	27.8	上升
政府作用竞争力	政府发展经济竞争力	5	1	20.0	2	40.0	2	40.0	保持
	政府规调经济竞争力	5	3	60.0	1	20.0	1	20.0	上升
	政府保障经济竞争力	6	3	50.0	3	50.0	0	0.0	上升
	小　计	**16**	7	43.8	6	37.5	3	18.8	保持
发展水平竞争力	工业化进程竞争力	6	1	16.7	1	16.7	4	66.7	下降
	城市化进程竞争力	6	3	50.0	2	33.3	1	16.7	保持
	市场化进程竞争力	6	4	66.7	2	33.3	0	0.0	下降
	小　计	**18**	8	44.4	5	27.8	5	27.8	下降
统筹协调竞争力	统筹发展竞争力	8	4	50.0	1	12.5	3	37.5	上升
	协调发展竞争力	8	3	37.5	3	37.5	2	25.0	下降
	小　计	**16**	7	43.8	4	25.0	5	31.3	上升
合　计		**210**	77	36.7	82	39.0	51	24.3	保持

从表14-2可以看出，210个四级指标中，上升指标有77个，占指标总数的36.7%；下降指标有51个，占指标总数的24.3%；保持不变的指标有82个，占指标总数的39.0%。综上所述，虽然江西省经济综合竞争力的上升动力大于下降拉力，但排位保持不变的指标占较大比重，2017~2018年江西省经济综合竞争力排位保持不变。

3. 江西省经济综合竞争力各级指标优劣势结构分析

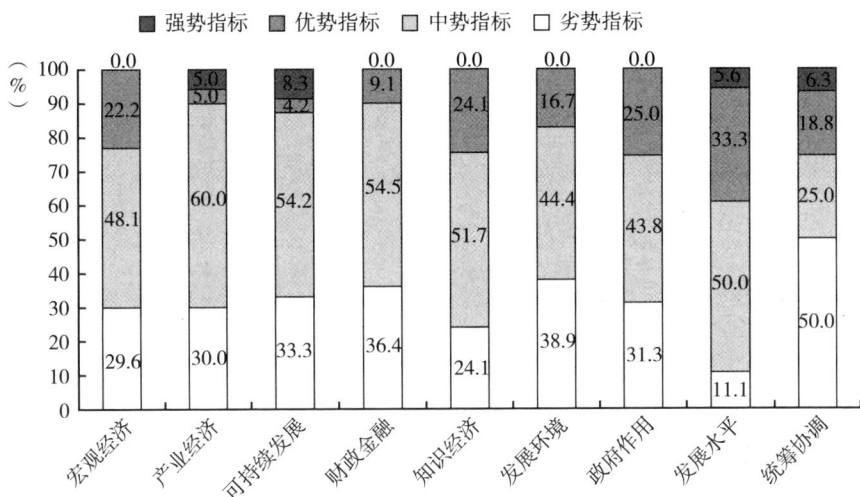

图14-2 2018年江西省经济综合竞争力各级指标优劣势比较

表14-3 2018年江西省经济综合竞争力各级指标优劣势情况

单位：个，%

二级指标	三级指标	四级指标数	强势指标		优势指标		中势指标		劣势指标		优劣势
			个数	比重	个数	比重	个数	比重	个数	比重	
宏观经济竞争力	经济实力竞争力	12	0	0.0	3	25.0	6	50.0	3	25.0	中势
	经济结构竞争力	6	0	0.0	3	50.0	2	33.3	1	16.7	中势
	经济外向度竞争力	9	0	0.0	0	0.0	5	55.6	4	44.4	劣势
	小　计	**27**	0	0.0	6	22.2	13	48.1	8	29.6	中势
产业经济竞争力	农业竞争力	10	0	0.0	1	10.0	6	60.0	3	30.0	劣势
	工业竞争力	10	1	10.0	0	0.0	7	70.0	2	20.0	中势
	服务业竞争力	10	1	10.0	1	10.0	4	40.0	4	40.0	中势
	企业竞争力	10	0	0.0	0	0.0	7	70.0	3	30.0	劣势
	小　计	**40**	2	5.0	2	5.0	24	60.0	12	30.0	中势

续表

二级指标	三级指标	四级指标数	强势指标		优势指标		中势指标		劣势指标		优劣势
			个数	比重	个数	比重	个数	比重	个数	比重	
可持续发展竞争力	资源竞争力	9	0	0.0	1	11.1	4	44.4	4	44.4	劣势
	环境竞争力	8	2	25.0	0	0.0	4	50.0	2	25.0	优势
	人力资源竞争力	7	0	0.0	0	0.0	5	71.4	2	28.6	劣势
	小　计	**24**	2	8.3	1	4.2	13	54.2	8	33.3	劣势
财政金融竞争力	财政竞争力	12	0	0.0	1	8.3	8	66.7	3	25.0	中势
	金融竞争力	10	0	0.0	1	10.0	4	40.0	5	50.0	劣势
	小　计	**22**	0	0.0	2	9.1	12	54.5	8	36.4	劣势
知识经济竞争力	科技竞争力	9	0	0.0	2	22.2	5	55.6	2	22.2	中势
	教育竞争力	10	0	0.0	3	30.0	4	40.0	3	30.0	中势
	文化竞争力	10	0	0.0	2	20.0	6	60.0	2	20.0	中势
	小　计	**29**	0	0.0	7	24.1	15	51.7	7	24.1	中势
发展环境竞争力	基础设施竞争力	9	0	0.0	2	22.2	4	44.4	3	33.3	劣势
	软环境竞争力	9	0	0.0	1	11.1	4	44.4	4	44.4	劣势
	小　计	**18**	0	0.0	3	16.7	8	44.4	7	38.9	劣势
政府作用竞争力	政府发展经济竞争力	5	0	0.0	2	40.0	3	60.0	0	0.0	中势
	政府规调经济竞争力	5	0	0.0	2	40.0	1	20.0	2	40.0	劣势
	政府保障经济竞争力	6	0	0.0	0	0.0	3	50.0	3	50.0	劣势
	小　计	**16**	0	0.0	4	25.0	7	43.8	5	31.3	劣势
发展水平竞争力	工业化进程竞争力	6	0	0.0	1	16.7	3	50.0	2	33.3	中势
	城市化进程竞争力	6	1	16.7	2	33.3	3	50.0	0	0.0	优势
	市场化进程竞争力	6	0	0.0	3	50.0	3	50.0	0	0.0	优势
	小　计	**18**	1	5.6	6	33.3	9	50.0	2	11.1	中势
统筹协调竞争力	统筹发展竞争力	8	0	0.0	1	12.5	2	25.0	5	62.5	劣势
	协调发展竞争力	8	1	12.5	2	25.0	2	25.0	3	37.5	中势
	小　计	**16**	1	6.3	3	18.8	4	25.0	8	50.0	中势
合　计		**210**	6	2.9	34	16.2	105	50.0	65	31.0	中势

　　基于图14－2和表14－3，具体到四级指标，强势指标6个，占指标总数的2.9%；优势指标34个，占指标总数的16.2%；中势指标105个，占指标总数的50.0%；劣势指标65个，占指标总数的31.0%。三级指标中，没有强势指标；优势指标3个，占三级指标总数的12.0%；中势指标11个，占三级指标总数的44.0%；劣势指标11个，占三级指标总数的44.0%。从二级指标

看，没有强势指标和优势指标；中势指标有 5 个，占二级指标总数的 55.6%；劣势指标有 4 个，占二级指标总数的 44.4%。综合来看，由于中势指标在指标体系中居于主导地位，2018 年江西省经济综合竞争力处于中势地位。

4. 江西省经济综合竞争力四级指标优劣势对比分析

表 14 - 4　2018 年江西省经济综合竞争力各级指标优劣势情况

二级指标	优劣势	四级指标
宏观经济竞争力（27 个）	强势指标	（0 个）
	优势指标	地区生产总值增长率、财政总收入增长率、固定资产投资额增长率、所有制经济结构优化度、城乡经济结构优化度、贸易结构优化度（6 个）
	劣势指标	人均地区生产总值、全社会消费品零售总额增长率、人均全社会消费品零售总额、产业结构优化度、进出口增长率、出口增长率、实际 FDI 增长率、对外直接投资额（8 个）
产业经济竞争力（40 个）	强势指标	工业资产总额增长率、服务业增加值增长率（2 个）
	优势指标	农民人均纯收入增长率、限额以上批零企业利税率（2 个）
	劣势指标	人均农业增加值、农产品出口占农林牧渔总产值比重、财政支农资金比重、工业增加值增长率、工业全员劳动生产率、人均服务业增加值、限额以上批发零售企业主营业务收入、限额以上餐饮企业利税率、旅游外汇收入、规模以上企业平均资产、城镇就业人员平均工资、产品质量抽查合格率（12 个）
可持续发展竞争力（24 个）	强势指标	森林覆盖率、生活垃圾无害化处理率（2 个）
	优势指标	人均年水资源量（1 个）
	劣势指标	人均耕地面积、人均牧草地面积、主要能源矿产基础储量、人均主要能源矿产基础储量、人均治理工业污染投资额、一般工业固体废物综合利用率、15～64 岁人口比例、大专以上教育程度人口比例（8 个）
财政金融竞争力（22 个）	强势指标	（0 个）
	优势指标	地方财政支出增长率、中长期贷款占贷款余额比重（2 个）
	劣势指标	税收收入占财政总收入比重、人均地方财政支出、地方财政收入增长率、人均存款余额、人均贷款余额、保险密度、保险深度、国内上市公司市值（8 个）
知识经济竞争力（29 个）	强势指标	（0 个）
	优势指标	财政科技支出占地方财政支出比重、高技术产业收入占工业增加值比重、教育经费占 GDP 比重、公共教育经费占财政支出比重、万人高等学校在校学生数、文化制造业营业收入、城镇居民人均文化娱乐支出占消费性支出比重（7 个）
	劣势指标	发明专利授权量、技术市场成交合同金额、人均文化教育支出、万人中小学校数、万人中小学专任教师数、城镇居民人均文化娱乐支出、农村居民人均文化娱乐支出（7 个）

续表

二级指标	优劣势	四级指标
发展环境 竞争力 (18个)	强势指标	(0个)
	优势指标	人均内河航道里程、全社会旅客周转量、社会捐赠款物(3个)
	劣势指标	人均邮电业务总量、电话普及率、人均耗电量、外资企业数增长率、个体私营企业数增长率、万人个体私营企业数、罚没收入占财政收入比重(7个)
政府作用 竞争力 (16个)	强势指标	(0个)
	优势指标	政府消费对民间消费的拉动、财政投资对社会投资的拉动、调控城乡消费差距、统筹经济社会发展(4个)
	劣势指标	规范税收、固定资产投资价格指数、城镇职工养老保险收支比、医疗保险覆盖率、失业保险覆盖率(5个)
发展水平 竞争力 (18个)	强势指标	城市平均建成区面积比重(1个)
	优势指标	工业增加值占GDP比重、人均拥有道路面积、人均公共绿地面积、非公有制经济产值占全社会总产值比重、社会投资占投资总额比重、居民消费支出占总消费支出比重(6个)
	劣势指标	工业增加值增长率、信息产业增加值占GDP比重(2个)
统筹协调 竞争力 (16个)	强势指标	人力资源竞争力与宏观经济竞争力比差(1个)
	优势指标	固定资产投资增长率、城乡居民家庭人均收入比差、城乡居民人均现金消费支出比差(3个)
	劣势指标	社会劳动生产率、能源使用下降率、居民收入占GDP比重、二三产业增加值比例、固定资产投资额占GDP比重、资源竞争力与宏观经济竞争力比差、环境竞争力与宏观经济竞争力比差、环境竞争力与工业竞争力比差(8个)

14.2 江西省经济综合竞争力各级指标具体分析

1. 江西省宏观经济竞争力指标排名变化情况

表14-5 2017~2018年江西省宏观经济竞争力指标组排位及变化趋势

指　　标	2017年	2018年	排位升降	优劣势
1　宏观经济竞争力	15	17	-2	中势
1.1　经济实力竞争力	13	14	-1	中势
地区生产总值	16	16	0	中势
地区生产总值增长率	5	4	1	优势
人均地区生产总值	23	24	-1	劣势

续表

指　标	2017 年	2018 年	排位升降	优劣势
财政总收入	14	14	0	中势
财政总收入增长率	2	8	－6	优势
人均财政收入	13	12	1	中势
固定资产投资额	13	13	0	中势
固定资产投资额增长率	10	5	5	优势
人均固定资产投资额	15	11	4	中势
全社会消费品零售总额	20	19	1	中势
全社会消费品零售总额增长率	2	22	－20	劣势
人均全社会消费品零售总额	23	25	－2	劣势
1.2　经济结构竞争力	15	13	2	中势
产业结构优化度	30	30	0	劣势
所有制经济结构优化度	8	7	1	优势
城乡经济结构优化度	9	9	0	优势
就业结构优化度	19	19	0	中势
资本形成结构优化度	17	17	0	中势
贸易结构优化度	9	9	0	优势
1.3　经济外向度竞争力	28	27	1	劣势
进出口总额	18	18	0	中势
进出口增长率	27	21	6	劣势
出口总额	16	17	－1	中势
出口增长率	26	21	5	劣势
实际 FDI	17	19	－2	中势
实际 FDI 增长率	29	25	4	劣势
外贸依存度	17	18	－1	中势
外资企业数	16	17	－1	中势
对外直接投资额	22	22	0	劣势

2. 江西省产业经济竞争力指标排名变化情况

表 14－6　2017～2018 年江西省产业经济竞争力指标组排位及变化趋势

指　标	2017 年	2018 年	排位升降	优劣势
2　产业经济竞争力	20	18	2	中势
2.1　农业竞争力	21	23	－2	劣势
农业增加值	17	17	0	中势
农业增加值增长率	8	15	－7	中势
人均农业增加值	24	25	－1	劣势

续表

指　　标	2017 年	2018 年	排位升降	优劣势
农民人均纯收入	11	11	0	中势
农民人均纯收入增长率	10	10	0	优势
农产品出口占农林牧渔总产值比重	25	23	2	劣势
人均主要农产品产量	12	12	0	中势
农业机械化水平	16	16	0	中势
农村人均用电量	20	19	1	中势
财政支农资金比重	13	21	− 8	劣势
2.2　工业竞争力	22	15	7	中势
工业增加值	14	14	0	中势
工业增加值增长率	6	21	− 15	劣势
人均工业增加值	18	18	0	中势
工业资产总额	18	18	0	中势
工业资产总额增长率	28	2	26	强势
规模以上工业主营业务收入	13	13	0	中势
工业成本费用率	13	14	− 1	中势
规模以上工业利润总额	11	13	− 2	中势
工业全员劳动生产率	29	28	1	劣势
工业收入利润率	11	11	0	中势
2.3　服务业竞争力	16	14	2	中势
服务业增加值	19	19	0	中势
服务业增加值增长率	3	1	2	强势
人均服务业增加值	27	26	1	劣势
服务业从业人员数	16	17	− 1	中势
限额以上批发零售企业主营业务收入	23	23	0	劣势
限额以上批零企业利税率	3	4	− 1	优势
限额以上餐饮企业利税率	23	25	− 2	劣势
旅游外汇收入	23	21	2	劣势
商品房销售收入	14	13	1	中势
电子商务销售额	13	16	− 3	中势
2.4　企业竞争力	26	23	3	劣势
规模以上工业企业数	12	12	0	中势
规模以上企业平均资产	28	28	0	劣势
规模以上企业平均收入	19	20	− 1	中势
规模以上企业平均利润	14	14	0	中势
规模以上企业劳动效率	19	18	1	中势
城镇就业人员平均工资	27	26	1	劣势
新产品销售收入占主营业务收入比重	14	14	0	中势
产品质量抽查合格率	23	22	1	劣势
工业企业 R&D 经费投入强度	21	19	2	中势
中国驰名商标持有量	19	19	0	中势

3. 江西省可持续发展竞争力指标排名变化情况

表 14 - 7 2017 ~ 2018 年江西省可持续发展竞争力指标组排位及变化趋势

指 标	2017 年	2018 年	排位升降	优劣势
3 可持续发展竞争力	27	23	4	劣势
3.1 资源竞争力	26	26	0	劣势
人均国土面积	16	16	0	中势
人均可使用海域和滩涂面积	13	13	0	中势
人均年水资源量	7	10	− 3	优势
耕地面积	20	20	0	中势
人均耕地面积	23	23	0	劣势
人均牧草地面积	23	23	0	劣势
主要能源矿产基础储量	23	23	0	劣势
人均主要能源矿产基础储量	26	26	0	劣势
人均森林储积量	12	12	0	中势
3.2 环境竞争力	7	7	0	优势
森林覆盖率	2	2	0	强势
人均废水排放量	10	11	− 1	中势
人均工业废气排放量	17	17	0	中势
人均工业固体废物排放量	18	18	0	中势
人均治理工业污染投资额	24	24	0	劣势
一般工业固体废物综合利用率	28	28	0	劣势
生活垃圾无害化处理率	22	1	21	强势
自然灾害直接经济损失	24	16	8	中势
3.3 人力资源竞争力	30	27	3	劣势
常住人口增长率	14	15	− 1	中势
15 ~ 64 岁人口比例	28	22	6	劣势
文盲率	15	15	0	中势
大专以上教育程度人口比例	29	27	2	劣势
平均受教育程度	23	20	3	中势
人口健康素质	19	18	1	中势
职业学校毕业生数	16	15	1	中势

4. 江西省财政金融竞争力指标排名变化情况

表 14 - 8　2017～2018 年江西省财政金融竞争力指标组排位及变化趋势

指标	2017 年	2018 年	排位升降	优劣势
4　财政金融竞争力	25	23	2	劣势
4.1　财政竞争力	20	20	0	中势
地方财政收入	17	15	2	中势
地方财政支出	14	14	0	中势
地方财政收入占 GDP 比重	13	14	-1	中势
地方财政支出占 GDP 比重	12	12	0	中势
税收收入占 GDP 比重	15	17	-2	中势
税收收入占财政总收入比重	23	25	-2	劣势
人均地方财政收入	19	19	0	中势
人均地方财政支出	23	23	0	劣势
人均税收收入	20	19	1	中势
地方财政收入增长率	18	22	-4	劣势
地方财政支出增长率	5	9	-4	优势
税收收入增长率	25	18	7	中势
4.2　金融竞争力	23	21	2	劣势
存款余额	18	18	0	中势
人均存款余额	25	24	1	劣势
贷款余额	18	18	0	中势
人均贷款余额	25	23	2	劣势
中长期贷款占贷款余额比重	14	9	5	优势
保险费净收入	18	19	-1	中势
保险密度	25	25	0	劣势
保险深度	23	23	0	劣势
国内上市公司数	19	19	0	中势
国内上市公司市值	24	22	2	劣势

5. 江西省知识经济竞争力指标排名变化情况

表 14 - 9　2017～2018 年江西省知识经济竞争力指标组排位及变化趋势

指标	2017 年	2018 年	排位升降	优劣势
5　知识经济竞争力	17	16	1	中势
5.1　科技竞争力	16	16	0	中势
R&D 人员	17	13	4	中势
R&D 经费	17	16	1	中势
R&D 经费投入强度	13	12	1	中势

指　标	2017 年	2018 年	排位升降	优劣势
发明专利授权量	23	21	2	劣势
技术市场成交合同金额	17	22	−5	劣势
财政科技支出占地方财政支出比重	9	9	0	优势
高技术产业主营业务收入	12	12	0	中势
高技术产业收入占工业增加值比重	8	7	1	优势
高技术产品出口额占商品出口额比重	18	17	1	中势
5.2　教育竞争力	15	15	0	中势
教育经费	15	13	2	中势
教育经费占 GDP 比重	10	10	0	优势
人均教育经费	19	17	2	中势
公共教育经费占财政支出比重	9	6	3	优势
人均文化教育支出	23	21	2	劣势
万人中小学学校数	28	28	0	劣势
万人中小学专任教师数	19	21	−2	劣势
高等学校数	18	18	0	中势
高校专任教师数	14	14	0	中势
万人高等学校在校学生数	10	10	0	优势
5.3　文化竞争力	23	19	4	中势
文化制造业营业收入	10	10	0	优势
文化批发零售业营业收入	19	18	1	中势
文化服务业企业营业收入	17	17	0	中势
图书和期刊出版数	14	13	1	优势
电子出版物品种	15	17	−2	中势
印刷用纸量	18	16	2	中势
城镇居民人均文化娱乐支出	26	21	5	劣势
农村居民人均文化娱乐支出	26	27	−1	劣势
城镇居民人均文化娱乐支出占消费性支出比重	14	10	4	优势
农村居民人均文化娱乐支出占消费性支出比重	18	19	−1	中势

6. 江西省发展环境竞争力指标排名变化情况

表 14 - 10　2017～2018 年江西省发展环境竞争力指标组排位及变化趋势

指　标	2017 年	2018 年	排位升降	优劣势
6　发展环境竞争力	28	26	2	劣势
6.1　基础设施竞争力	18	21	−3	劣势
铁路网线密度	16	16	0	中势
公路网线密度	15	16	−1	中势
人均内河航道里程	8	8	0	优势

指标	2017 年	2018 年	排位升降	优劣势
全社会旅客周转量	10	10	0	优势
全社会货物周转量	15	14	1	中势
人均邮电业务总量	27	28	−1	劣势
电话普及率	31	30	1	劣势
网站数	20	20	0	中势
人均耗电量	26	26	0	劣势
6.2 软环境竞争力	31	31	0	劣势
外资企业数增长率	31	25	6	劣势
万人外资企业数	17	17	0	中势
个体私营企业数增长率	30	22	8	劣势
万人个体私营企业数	29	31	−2	劣势
万人商标注册件数	24	19	5	中势
查处商标侵权假冒案件	12	12	0	中势
每十万人交通事故发生数	12	12	0	中势
罚没收入占财政收入比重	29	30	−1	劣势
社会捐赠款物	8	10	−2	优势

7. 江西省政府作用竞争力指标排名变化情况

表 14 - 11　2017～2018 年江西省政府作用竞争力指标组排位及变化趋势

指标	2017 年	2018 年	排位升降	优劣势
7　政府作用竞争力	26	26	0	劣势
7.1 政府发展经济竞争力	13	13	0	中势
财政支出用于基本建设投资比重	18	20	−2	中势
财政支出对 GDP 增长的拉动	20	20	0	中势
政府公务员对经济的贡献	18	19	−1	中势
政府消费对民间消费的拉动	4	4	0	优势
财政投资对社会投资的拉动	10	7	3	优势
7.2 政府规调经济竞争力	29	25	4	劣势
物价调控	27	18	9	中势
调控城乡消费差距	11	9	2	优势
统筹经济社会发展	16	7	9	优势
规范税收	28	28	0	劣势
固定资产投资价格指数	24	30	−6	劣势

指　　标	2017 年	2018 年	排位升降	优劣势
7.3　政府保障经济竞争力	26	23	3	劣势
城镇职工养老保险收支比	22	22	0	劣势
医疗保险覆盖率	30	30	0	劣势
养老保险覆盖率	18	17	1	中势
失业保险覆盖率	29	29	0	劣势
最低工资标准	23	14	9	中势
城镇登记失业率	16	12	4	中势

8. 江西省发展水平竞争力指标排名变化情况

表 14 - 12　2017～2018 年江西省发展水平竞争力指标组排位及变化趋势

指　　标	2017 年	2018 年	排位升降	优劣势
8　发展水平竞争力	9	11	-2	中势
8.1　工业化进程竞争力	11	19	-8	中势
工业增加值占 GDP 比重	10	10	0	优势
工业增加值增长率	13	21	-8	劣势
高技术产业占工业增加值比重	7	13	-6	中势
高技术产品占商品出口额比重	16	17	-1	中势
信息产业增加值占 GDP 比重	5	22	-17	劣势
工农业增加值比值	16	15	1	中势
8.2　城市化进程竞争力	8	8	0	优势
城镇化率	21	20	1	中势
城镇居民人均可支配收入	15	15	0	中势
城市平均建成区面积比重	2	2	0	强势
人均拥有道路面积	9	10	-1	优势
人均日生活用水量	18	16	2	中势
人均公共绿地面积	11	9	2	优势
8.3　市场化进程竞争力	8	9	-1	优势
非公有制经济产值占全社会总产值比重	8	7	1	优势
社会投资占投资总额比重	8	8	0	优势
私有和个体企业从业人员比重	15	12	3	中势
亿元以上商品市场成交额	16	15	1	中势
亿元以上商品市场成交额占全社会消费品零售总额比重	12	11	1	中势
居民消费支出占总消费支出比重	4	4	0	优势

9.江西省统筹协调竞争力指标排名变化情况

表 14 - 13　2017～2018 年江西省统筹协调竞争力指标组排位及变化趋势

指　标	2017 年	2018 年	排位升降	优劣势
9　统筹协调竞争力	20	18	2	中势
9.1　统筹发展竞争力	23	22	1	劣势
社会劳动生产率	24	22	2	劣势
能源使用下降率	18	21	- 3	劣势
万元 GDP 综合能耗下降率	5	11	- 6	中势
非农用地产出率	15	15	0	中势
居民收入占 GDP 比重	27	26	1	劣势
二三产业增加值比例	30	29	1	劣势
固定资产投资额占 GDP 比重	25	27	- 2	劣势
固定资产投资增长率	22	5	17	优势
9.2　协调发展竞争力	16	17	- 1	中势
资源竞争力与宏观经济竞争力比差	23	23	0	劣势
环境竞争力与宏观经济竞争力比差	19	22	- 3	劣势
人力资源竞争力与宏观经济竞争力比差	3	2	1	强势
环境竞争力与工业竞争力比差	21	25	- 4	劣势
资源竞争力与工业竞争力比差	25	20	5	中势
城乡居民家庭人均收入比差	9	9	0	优势
城乡居民人均现金消费支出比差	11	9	2	优势
全社会消费品零售总额与外贸出口总额比差	11	11	0	中势

B.16

15

山东省经济综合竞争力评价分析报告

山东省简称鲁，地处中国东部、黄河下游，东临海洋、西部自北而南依次与河北、河南、安徽、江苏4省相邻，是中国主要沿海省份之一。全省陆地总面积15.67万平方公里，2018年全省常住人口为10047万人，地区生产总值为76470亿元，同比增长6.4%，人均GDP达76267元。本部分通过分析2017~2018年山东省经济综合竞争力以及各要素竞争力的排名变化，从中找出山东省经济综合竞争力的推动点及影响因素，为进一步提升山东省经济综合竞争力提供决策参考。

15.1 山东省经济综合竞争力总体分析

1. 山东省经济综合竞争力一级指标概要分析

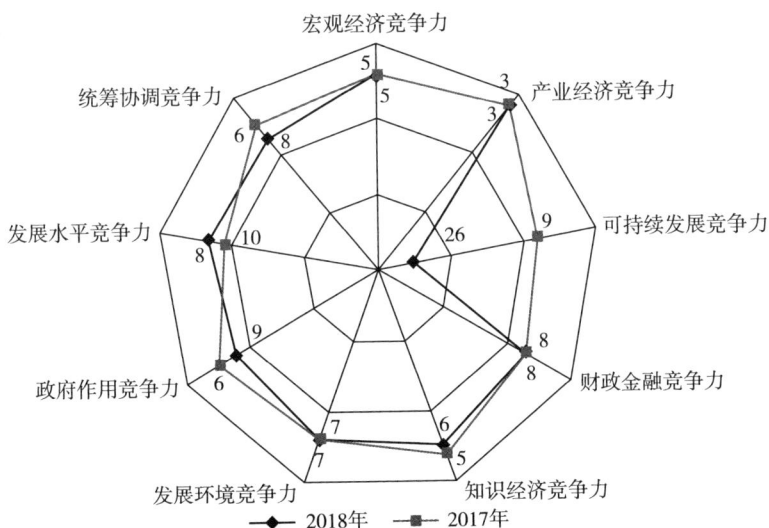

图15-1 2017~2018年山东省经济综合竞争力二级指标比较

表 15－1　2017～2018 年山东省经济综合竞争力二级指标表现情况

项目 年份	宏观经济竞争力	产业经济竞争力	可持续发展竞争力	财政金融竞争力	知识经济竞争力	发展环境竞争力	政府作用竞争力	发展水平竞争力	统筹协调竞争力	综合排位
2017	5	3	9	8	5	7	6	10	6	6
2018	5	3	26	8	6	7	9	8	8	6
升降	0	0	－17	0	－1	0	－3	2	－2	0
优劣度	优势	强势	劣势	优势	优势	优势	优势	优势	优势	优势

（1）从综合排位看，2018 年山东省经济综合竞争力综合排位在全国居第 6 位，这表明其在全国处于优势地位；与 2017 年相比，综合排位没有发生变化。

（2）从指标所处区位看，有 8 个指标处于上游区，其中宏观经济竞争力、财政金融竞争力、知识经济竞争力、发展环境竞争力、政府作用竞争力、发展水平竞争力和统筹协调竞争力为优势指标，产业经济竞争力为强势指标；可持续发展竞争力为劣势指标，处于下游区。

（3）从指标变化趋势看，9 个二级指标中，仅有 1 个指标处于上升趋势，为发展水平竞争力，这些是山东省经济综合竞争力的上升动力所在；有 4 个指标排位没有发生变化，分别为宏观经济竞争力、产业经济竞争力、财政金融竞争力和发展环境竞争力；有 4 个指标处于下降趋势，分别为可持续发展竞争力、知识经济竞争力、政府作用竞争力和统筹协调竞争力，这些是山东省经济综合竞争力的下降拉力所在。

2. 山东省经济综合竞争力各级指标动态变化分析

表 15－2　2017～2018 年山东省经济综合竞争力各级指标排位变化情况

单位：个，%

二级指标	三级指标	四级指标数	上升		保持		下降		变化趋势
			指标数	比重	指标数	比重	指标数	比重	
宏观经济竞争力	经济实力竞争力	12	4	33.3	5	41.7	3	25.0	保持
	经济结构竞争力	6	0	0.0	5	83.3	1	16.7	下降
	经济外向度竞争力	9	3	33.3	4	44.4	2	22.2	保持
	小　计	27	7	25.9	14	51.9	6	22.2	保持

续表

二级指标	三级指标	四级指标数	上升		保持		下降		变化趋势
			指标数	比重	指标数	比重	指标数	比重	
产业经济竞争力	农业竞争力	10	1	10.0	7	70.0	2	20.0	保持
	工业竞争力	10	3	30.0	3	30.0	4	40.0	保持
	服务业竞争力	10	3	30.0	6	60.0	1	10.0	上升
	企业竞争力	10	1	10.0	4	40.0	5	50.0	下降
	小　计	**40**	8	20.0	20	50.0	12	30.0	保持
可持续发展竞争力	资源竞争力	9	1	11.1	7	77.8	1	11.1	下降
	环境竞争力	8	0	0.0	6	75.0	2	25.0	下降
	人力资源竞争力	7	1	14.3	1	14.3	5	71.4	下降
	小　计	**24**	2	8.3	14	58.3	8	33.3	下降
财政金融竞争力	财政竞争力	12	6	50.0	4	33.3	2	16.7	上升
	金融竞争力	10	2	20.0	4	40.0	4	40.0	上升
	小　计	**22**	8	36.4	8	36.4	6	27.3	保持
知识经济竞争力	科技竞争力	9	1	11.1	6	66.7	2	22.2	保持
	教育竞争力	10	1	10.0	5	50.0	4	40.0	保持
	文化竞争力	10	4	40.0	3	30.0	3	30.0	下降
	小　计	**29**	6	20.7	14	48.3	9	31.0	下降
发展环境竞争力	基础设施竞争力	9	2	22.2	5	55.6	2	22.2	保持
	软环境竞争力	9	3	33.3	4	44.4	2	22.2	上升
	小　计	**18**	5	27.8	9	50.0	4	22.2	保持
政府作用竞争力	政府发展经济竞争力	5	1	20.0	4	80.0	0	0.0	保持
	政府规调经济竞争力	5	0	0.0	1	20.0	4	80.0	下降
	政府保障经济竞争力	6	1	16.7	4	66.7	1	16.7	上升
	小　计	**16**	2	12.5	9	56.3	5	31.3	下降
发展水平竞争力	工业化进程竞争力	6	0	0.0	2	33.3	4	66.7	上升
	城市化进程竞争力	6	1	16.7	5	83.3	0	0.0	上升
	市场化进程竞争力	6	1	16.7	1	16.7	4	66.7	保持
	小　计	**18**	2	11.1	8	44.4	8	44.4	上升
统筹协调竞争力	统筹发展竞争力	8	0	0.0	3	37.5	5	62.5	下降
	协调发展竞争力	8	3	37.5	4	50.0	1	12.5	上升
	小　计	**16**	3	18.8	7	43.8	6	37.5	下降
合　计		**210**	43	20.5	103	49.0	64	30.5	保持

从表 15 - 2 可以看出，210 个四级指标中，上升指标有 43 个，占指标总数的 20.5%；下降指标有 64 个，占指标总数的 30.5%；保持不变的指标有 103 个，占指标总数的 49.0%。综上所述，虽然山东省经济综合竞争力的下降拉力大于上动动力，但排位保持不变的指标占较大比重，2017～2018年山东省经济综合竞争力排位保持不变。

3. 山东省经济综合竞争力各级指标优劣势结构分析

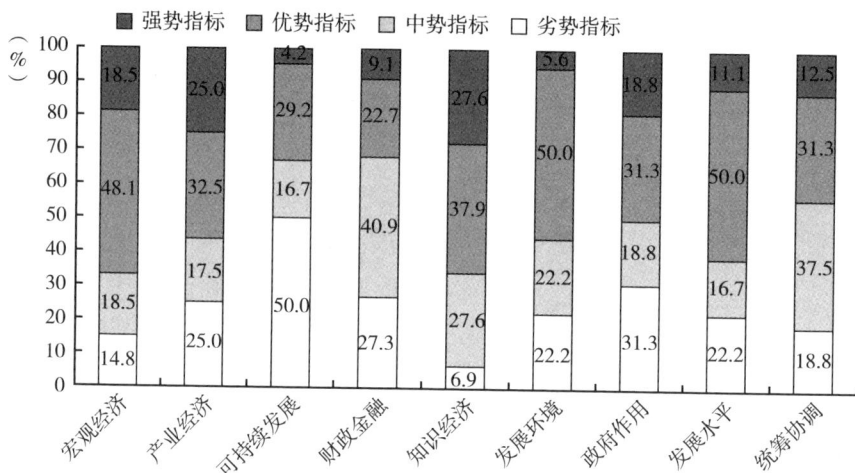

图 15 - 2　2018 年山东省经济综合竞争力各级指标优劣势比较

表 15 - 3　2018 年山东省经济综合竞争力各级指标优劣势情况

单位：个，%

二级指标	三级指标	四级指标数	强势指标		优势指标		中势指标		劣势指标		优劣势
			个数	比重	个数	比重	个数	比重	个数	比重	
宏观经济竞争力	经济实力竞争力	12	4	33.3	5	41.7	0	0.0	3	25.0	强势
	经济结构竞争力	6	1	16.7	2	33.3	2	33.3	1	16.7	中势
	经济外向度竞争力	9	0	0.0	6	66.7	3	33.3	0	0.0	优势
	小　计	27	5	18.5	13	48.1	5	18.5	4	14.8	优势
产业经济竞争力	农业竞争力	10	2	20.0	5	50.0	0	0.0	3	30.0	强势
	工业竞争力	10	5	50.0	1	10.0	1	10.0	3	30.0	强势
	服务业竞争力	10	2	20.0	5	50.0	2	20.0	1	10.0	优势
	企业竞争力	10	1	10.0	2	20.0	4	40.0	3	30.0	优势
	小　计	40	10	25.0	13	32.5	7	17.5	10	25.0	强势

续表

二级指标	三级指标	四级指标数	强势指标		优势指标		中势指标		劣势指标		优劣势
			个数	比重	个数	比重	个数	比重	个数	比重	
可持续发展竞争力	资源竞争力	9	0	0.0	3	33.3	2	22.2	4	44.4	中势
	环境竞争力	8	0	0.0	3	37.5	0	0.0	5	62.5	劣势
	人力资源竞争力	7	1	14.3	1	14.3	2	28.6	3	42.9	劣势
	小 计	24	1	4.2	7	29.2	4	16.7	12	50.0	劣势
财政金融竞争力	财政竞争力	12	1	8.3	1	8.3	6	50.0	4	33.3	中势
	金融竞争力	10	1	10.0	4	40.0	3	30.0	2	20.0	优势
	小 计	22	2	9.1	5	22.7	9	40.9	6	27.3	优势
知识经济竞争力	科技竞争力	9	2	22.2	5	55.6	1	11.1	1	11.1	优势
	教育竞争力	10	3	30.0	2	20.0	4	40.0	1	10.0	优势
	文化竞争力	10	3	30.0	4	40.0	3	30.0	0	0.0	优势
	小 计	29	8	27.6	11	37.9	8	27.6	2	6.9	优势
发展环境竞争力	基础设施竞争力	9	1	11.1	5	55.6	0	0.0	3	33.3	优势
	软环境竞争力	9	0	0.0	4	44.4	4	44.4	1	11.1	优势
	小 计	18	1	5.6	9	50.0	4	22.2	4	22.2	优势
政府作用竞争力	政府发展经济竞争力	5	3	60.0	1	20.0	0	0.0	1	20.0	强势
	政府规调经济竞争力	5	0	0.0	0	0.0	1	20.0	4	80.0	劣势
	政府保障经济竞争力	6	0	0.0	4	66.7	2	33.3	0	0.0	优势
	小 计	16	3	18.8	5	31.3	3	18.8	5	31.3	优势
发展水平竞争力	工业化进程竞争力	6	0	0.0	3	50.0	1	16.7	2	33.3	中势
	城市化进程竞争力	6	1	16.7	2	33.3	1	16.7	2	33.3	优势
	市场化进程竞争力	6	1	16.7	4	66.7	1	16.7	0	0.0	优势
	小 计	18	2	11.1	9	50.0	3	16.7	4	22.2	优势
统筹协调竞争力	统筹发展竞争力	8	0	0.0	4	50.0	2	25.0	2	25.0	优势
	协调发展竞争力	8	2	25.0	1	12.5	4	50.0	1	12.5	强势
	小 计	16	2	12.5	5	31.3	6	37.5	3	18.8	优势
合 计		210	34	16.2	77	36.7	49	23.3	50	23.8	优势

基于图 15-2 和表 15-3，具体到四级指标，强势指标 34 个，占指标总数的 16.2%；优势指标 77 个，占指标总数的 36.7%；中势指标 49 个，占指标总数的 23.3%；劣势指标 50 个，占指标总数的 23.8%。三级指标中，强势指标 5 个，占三级指标总数的 20.0%；优势指标 13 个，占三级指标总数的 52.0%；中势指标 4 个，占三级指标总数的 16.0%；劣势指标

3 个，占三级指标总数的 12.0%。从二级指标看，强势指标有 1 个，占二级指标总数的 11.1%；优势指标有 7 个，占二级指标总数的 77.8%；劣势指标有 1 个，占二级指标总数的 11.1%；没有中势指标。综合来看，由于优势指标在指标体系中居于主导地位，2018 年山东省经济综合竞争力处于优势地位。

4. 山东省经济综合竞争力四级指标优劣势对比分析

表 15 - 4　2018 年山东省经济综合竞争力各级指标优劣势情况

二级指标	优劣势	四级指标
宏观经济竞争力（27 个）	强势指标	地区生产总值、财政总收入、固定资产投资额、全社会消费品零售总额、就业结构优化度（5 个）
	优势指标	人均地区生产总值、财政总收入增长率、人均财政收入、人均固定资产投资额、人均全社会消费品零售总额、所有制经济结构优化度、贸易结构优化度、进出口总额、出口总额、实际 FDI、外贸依存度、外资企业数、对外直接投资额（13 个）
	劣势指标	地区生产总值增长率、固定资产投资额增长率、全社会消费品零售总额增长率、资本形成结构优化度（4 个）
产业经济竞争力（40 个）	强势指标	农业增加值、农业机械化水平、工业增加值、工业资产总额、规模以上工业主营业务收入、工业成本费用率、规模以上工业利润总额、服务业增加值、服务业从业人员数、中国驰名商标持有量（10 个）
	优势指标	人均农业增加值、农民人均纯收入、农产品出口占农林牧渔总产值比重、人均主要农产品产量、农村人均用电量、人均工业增加值、人均服务业增加值、限额以上批发零售企业主营业务收入、旅游外汇收入、商品房销售收入、电子商务销售额、规模以上工业企业数、工业企业 R&D 经费投入强度（13 个）
	劣势指标	农业增加值增长率、农民人均纯收入增长率、财政支农资金比重、工业增加值增长率、工业资产总额增长率、工业收入利润率、限额以上批零企业利税率、规模以上企业平均资产、规模以上企业平均收入、规模以上企业平均利润（10 个）
可持续发展竞争力（24 个）	强势指标	人口健康素质（1 个）
	优势指标	人均可使用海域和滩涂面积、耕地面积、主要能源矿产基础储量、人均治理工业污染投资额、一般工业固体废物综合利用率、生活垃圾无害化处理率、职业学校毕业生数（7 个）
	劣势指标	人均国土面积、人均年水资源量、人均耕地面积、人均森林储积量、森林覆盖率、人均废水排放量、人均工业废气排放量、人均工业固体废物排放量、自然灾害直接经济损失、常住人口增长率、15～64 岁人口比例、文盲率（12 个）

二级指标	优劣势	四级指标
财政金融竞争力（22个）	强势指标	地方财政支出、保险费净收入（2个）
	优势指标	地方财政收入、存款余额、贷款余额、国内上市公司数、国内上市公司市值（5个）
	劣势指标	地方财政收入占GDP比重、地方财政支出占GDP比重、税收收入占GDP比重、人均地方财政支出、中长期贷款占贷款余额比重、保险深度（6个）
知识经济竞争力（29个）	强势指标	R&D经费、高技术产业主营业务收入、教育经费、公共教育经费占财政支出比重、高校专任教师数、文化制造业营业收入、图书和期刊出版数、印刷用纸量（8个）
	优势指标	R&D人员、R&D经费投入强度、发明专利授权量、技术市场成交合同金额、高技术产业收入占工业增加值比重、人均文化教育支出、高等学校数、文化批发零售业营业收入、文化服务业企业营业收入、电子出版物品种、城镇居民人均文化娱乐支出（11个）
	劣势指标	高技术产品出口额占商品出口额比重、教育经费占GDP比重（2个）
发展环境竞争力（18个）	强势指标	公路网线密度（1个）
	优势指标	铁路网线密度、全社会旅客周转量、全社会货物周转量、网站数、人均耗电量、万人外资企业数、万人个体私营企业数、万人商标注册件数、社会捐赠款物（9个）
	劣势指标	人均内河航道里程、人均邮电业务总量、电话普及率、查处商标侵权假冒案件（4个）
政府作用竞争力（16个）	强势指标	财政支出对GDP增长的拉动、政府消费对民间消费的拉动、财政投资对社会投资的拉动（3个）
	优势指标	政府公务员对经济的贡献、城镇职工养老保险收支比、医疗保险覆盖率、失业保险覆盖率、最低工资标准（5个）
	劣势指标	财政支出用于基本建设投资比重、物价调控、调控城乡消费差距、规范税收、固定资产投资价格指数（5个）
发展水平竞争力（18个）	强势指标	人均拥有道路面积、居民消费支出占总消费支出比重（2个）
	优势指标	工业增加值占GDP比重、高技术产业占工业增加值比重、工农业增加值比值、城镇居民人均可支配收入、人均公共绿地面积、非公有制经济产值占全社会总产值比重、社会投资占投资总额比重、私有和个体企业从业人员比重、亿元以上商品市场成交额（9个）
	劣势指标	工业增加值增长率、高技术产品占商品出口额比重、城市平均建成区面积比重、人均日生活用水量（4个）
统筹协调竞争力（16个）	强势指标	环境竞争力与宏观经济竞争力比差、资源竞争力与工业竞争力比差（2个）
	优势指标	能源使用下降率、万元GDP综合能耗下降率、非农用地产出率、居民收入占GDP比重、全社会消费品零售总额与外贸出口总额比值（5个）
	劣势指标	二三产业增加值比例、固定资产投资增长率、城乡居民人均现金消费支出比差（3个）

15.2 山东省经济综合竞争力各级指标具体分析

1. 山东省宏观经济竞争力指标排名变化情况

表 15 - 5   2017 ~ 2018 年山东省宏观经济竞争力指标组排位及变化趋势

指　标		2017 年	2018 年	排位升降	优劣势
1　宏观经济竞争力		5	5	0	优势
1.1	经济实力竞争力	3	3	0	强势
	地区生产总值	3	3	0	强势
	地区生产总值增长率	17	22	-5	劣势
	人均地区生产总值	8	8	0	优势
	财政总收入	4	2	2	强势
	财政总收入增长率	14	6	8	优势
	人均财政收入	10	7	3	优势
	固定资产投资额	1	1	0	强势
	固定资产投资额增长率	24	21	3	劣势
	人均固定资产投资额	10	10	0	优势
	全社会消费品零售总额	2	2	0	强势
	全社会消费品零售总额增长率	19	26	-7	劣势
	人均全社会消费品零售总额	7	8	-1	优势
1.2	经济结构竞争力	11	15	-4	中势
	产业结构优化度	17	17	0	中势
	所有制经济结构优化度	6	10	-4	优势
	城乡经济结构优化度	13	13	0	中势
	就业结构优化度	2	2	0	强势
	资本形成结构优化度	25	25	0	劣势
	贸易结构优化度	4	4	0	优势
1.3	经济外向度竞争力	5	5	0	优势
	进出口总额	5	5	0	优势
	进出口增长率	15	16	-1	中势
	出口总额	5	5	0	优势
	出口增长率	18	17	1	中势
	实际 FDI	7	7	0	优势
	实际 FDI 增长率	13	16	-3	中势
	外贸依存度	9	8	1	优势
	外资企业数	6	6	0	优势
	对外直接投资额	5	4	1	优势

2. 山东省产业经济竞争力指标排名变化情况

表 15 - 6 2017 ~ 2018 年山东省产业经济竞争力指标组排位及变化趋势

指 标	2017 年	2018 年	排位升降	优劣势
2 产业经济竞争力	3	3	0	强势
2.1 农业竞争力	2	2	0	强势
农业增加值	1	1	0	强势
农业增加值增长率	23	24	- 1	劣势
人均农业增加值	9	10	- 1	优势
农民人均纯收入	8	8	0	优势
农民人均纯收入增长率	25	25	0	劣势
农产品出口占农林牧渔总产值比重	5	5	0	优势
人均主要农产品产量	9	8	1	优势
农业机械化水平	1	1	0	强势
农村人均用电量	10	10	0	优势
财政支农资金比重	22	22	0	劣势
2.2 工业竞争力	3	3	0	强势
工业增加值	3	3	0	强势
工业增加值增长率	20	26	- 6	劣势
人均工业增加值	7	6	1	优势
工业资产总额	3	3	0	强势
工业资产总额增长率	18	29	- 11	劣势
规模以上工业主营业务收入	2	3	- 1	强势
工业成本费用率	27	3	24	强势
规模以上工业利润总额	3	3	0	强势
工业全员劳动生产率	22	17	5	中势
工业收入利润率	23	27	- 4	劣势
2.3 服务业竞争力	6	5	1	优势
服务业增加值	3	3	0	强势
服务业增加值增长率	18	16	2	中势
人均服务业增加值	8	8	0	优势
服务业从业人员数	2	2	0	强势
限额以上批发零售企业主营业务收入	6	6	0	优势
限额以上批零企业利税率	17	22	- 5	劣势
限额以上餐饮企业利税率	25	20	5	中势
旅游外汇收入	9	6	3	优势
商品房销售收入	4	4	0	优势
电子商务销售额	4	4	0	优势

指　标	2017 年	2018 年	排位升降	优劣势
2.4　企业竞争力	3	6	−3	优势
规模以上工业企业数	4	4	0	优势
规模以上企业平均资产	22	22	0	劣势
规模以上企业平均收入	9	23	−14	劣势
规模以上企业平均利润	15	27	−12	劣势
规模以上企业劳动效率	4	15	−11	中势
城镇就业人员平均工资	14	20	−6	中势
新产品销售收入占主营业务收入比重	13	13	0	中势
产品质量抽查合格率	10	11	−1	中势
工业企业 R&D 经费投入强度	10	5	5	优势
中国驰名商标持有量	2	2	0	强势

3. 山东省可持续发展竞争力指标排名变化情况

表 15 −7　2017 ～ 2018 年山东省可持续发展竞争力指标组排位及变化趋势

指　标	2017 年	2018 年	排位升降	优劣势
3　可持续发展竞争力	9	26	−17	劣势
3.1　资源竞争力	10	11	−1	中势
人均国土面积	27	27	0	劣势
人均可使用海域和滩涂面积	4	4	0	优势
人均年水资源量	26	25	1	劣势
耕地面积	4	4	0	优势
人均耕地面积	22	22	0	劣势
人均牧草地面积	20	20	0	中势
主要能源矿产基础储量	7	7	0	优势
人均主要能源矿产基础储量	16	16	0	中势
人均森林储积量	27	28	−1	劣势
3.2　环境竞争力	13	27	−14	劣势
森林覆盖率	23	23	0	劣势
人均废水排放量	22	22	0	劣势
人均工业废气排放量	21	21	0	劣势
人均工业固体废物排放量	25	25	0	劣势
人均治理工业污染投资额	5	5	0	优势
一般工业固体废物综合利用率	8	8	0	优势
生活垃圾无害化处理率	1	7	−6	优势
自然灾害直接经济损失	19	30	−11	劣势

指　标	2017 年	2018 年	排位升降	优劣势
3.3　人力资源竞争力	9	21	−12	劣势
常住人口增长率	17	22	−5	劣势
15~64 岁人口比例	25	30	−5	劣势
文盲率	23	24	−1	劣势
大专以上教育程度人口比例	19	20	−1	中势
平均受教育程度	20	19	1	中势
人口健康素质	1	3	−2	强势
职业学校毕业生数	5	5	0	优势

4. 山东省财政金融竞争力指标排名变化情况

表 15 − 8　2017~2018 年山东省财政金融竞争力指标组排位及变化趋势

指　标	2017 年	2018 年	排位升降	优劣势
4　财政金融竞争力	8	8	0	优势
4.1　财政竞争力	18	11	7	中势
地方财政收入	4	5	−1	优势
地方财政支出	3	3	0	强势
地方财政收入占 GDP 比重	27	24	3	劣势
地方财政支出占 GDP 比重	30	30	0	劣势
税收收入占 GDP 比重	26	24	2	劣势
税收收入占财政总收入比重	15	11	4	中势
人均地方财政收入	12	12	0	中势
人均地方财政支出	29	30	−1	劣势
人均税收收入	11	11	0	中势
地方财政收入增长率	20	19	1	中势
地方财政支出增长率	25	15	10	中势
税收收入增长率	19	15	4	中势
4.2　金融竞争力	7	6	1	优势
存款余额	6	6	0	优势
人均存款余额	14	13	1	中势
贷款余额	4	4	0	优势
人均贷款余额	15	16	−1	中势
中长期贷款占贷款余额比重	29	26	3	劣势
保险费净收入	3	3	0	强势
保险密度	8	11	−3	中势
保险深度	20	25	−5	劣势
国内上市公司数	5	6	−1	优势
国内上市公司市值	6	6	0	优势

5. 山东省知识经济竞争力指标排名变化情况

表15－9　2017～2018年山东省知识经济竞争力指标组排位及变化趋势

指　标	2017 年	2018 年	排位升降	优劣势
5　知识经济竞争力	5	6	−1	优势
5.1　科技竞争力	6	6	0	优势
R&D 人员	4	4	0	优势
R&D 经费	3	3	0	强势
R&D 经费投入强度	1	4	−3	优势
发明专利授权量	6	6	0	优势
技术市场成交合同金额	8	8	0	优势
财政科技支出占地方财政支出比重	11	12	−1	中势
高技术产业主营业务收入	3	3	0	强势
高技术产业收入占工业增加值比重	9	9	0	优势
高技术产品出口额占商品出口额比重	22	21	1	劣势
5.2　教育竞争力	5	5	0	优势
教育经费	3	3	0	强势
教育经费占 GDP 比重	27	28	−1	劣势
人均教育经费	18	19	−1	中势
公共教育经费占财政支出比重	1	1	0	强势
人均文化教育支出	13	9	4	优势
万人中小学学校数	12	12	0	中势
万人中小学专任教师数	17	18	−1	中势
高等学校数	10	10	0	优势
高校专任教师数	2	2	0	强势
万人高等学校在校学生数	11	14	−3	中势
5.3　文化竞争力	4	6	−2	优势
文化制造业营业收入	3	3	0	强势
文化批发零售业营业收入	5	5	0	优势
文化服务业企业营业收入	9	10	−1	优势
图书和期刊出版数	2	2	0	强势
电子出版物品种	2	4	−2	优势
印刷用纸量	1	2	−1	强势
城镇居民人均文化娱乐支出	13	9	4	优势
农村居民人均文化娱乐支出	18	16	2	中势
城镇居民人均文化娱乐支出占消费性支出比重	19	13	6	中势
农村居民人均文化娱乐支出占消费性支出比重	17	16	1	中势

6. 山东省发展环境竞争力指标排名变化情况

表 15 – 10 2017～2018 年山东省发展环境竞争力指标组排位及变化趋势

指 标	2017 年	2018 年	排位升降	优劣势
6 发展环境竞争力	7	7	0	优势
6.1 基础设施竞争力	6	6	0	优势
铁路网线密度	6	5	1	优势
公路网线密度	3	3	0	强势
人均内河航道里程	25	25	0	劣势
全社会旅客周转量	7	5	2	优势
全社会货物周转量	7	7	0	优势
人均邮电业务总量	20	23	−3	劣势
电话普及率	19	21	−2	劣势
网站数	5	5	0	优势
人均耗电量	8	8	0	优势
6.2 软环境竞争力	11	8	3	优势
外资企业数增长率	20	18	2	中势
万人外资企业数	9	9	0	优势
个体私营企业数增长率	12	14	−2	中势
万人个体私营企业数	7	7	0	优势
万人商标注册件数	9	9	0	优势
查处商标侵权假冒案件	25	25	0	劣势
每十万人交通事故发生数	14	13	1	中势
罚没收入占财政收入比重	22	18	4	中势
社会捐赠款物	7	9	−2	优势

7. 山东省政府作用竞争力指标排名变化情况

表 15 – 11 2017～2018 年山东省政府作用竞争力指标组排位及变化趋势

指 标	2017 年	2018 年	排位升降	优劣势
7 政府作用竞争力	6	9	−3	优势
7.1 政府发展经济竞争力	2	2	0	强势
财政支出用于基本建设投资比重	24	23	1	劣势
财政支出对 GDP 增长的拉动	2	2	0	强势
政府公务员对经济的贡献	7	7	0	优势
政府消费对民间消费的拉动	1	1	0	强势
财政投资对社会投资的拉动	3	3	0	强势

续表

指　标	2017 年	2018 年	排位升降	优劣势
7.2　政府规调经济竞争力	14	30	− 16	劣势
物价调控	15	27	− 12	劣势
调控城乡消费差距	23	23	0	劣势
统筹经济社会发展	10	12	− 2	中势
规范税收	18	21	− 3	劣势
固定资产投资价格指数	17	26	− 9	劣势
7.3　政府保障经济竞争力	12	10	2	优势
城镇职工养老保险收支比	5	5	0	优势
医疗保险覆盖率	10	10	0	优势
养老保险覆盖率	15	16	− 1	中势
失业保险覆盖率	11	10	1	优势
最低工资标准	7	7	0	优势
城镇登记失业率	14	14	0	中势

8. 山东省发展水平竞争力指标排名变化情况

表 15 - 12　2017～2018 年山东省发展水平竞争力指标组排位及变化趋势

指　标	2017 年	2018 年	排位升降	优劣势
8　发展水平竞争力	10	8	2	优势
8.1　工业化进程竞争力	15	13	2	中势
工业增加值占 GDP 比重	7	8	− 1	优势
工业增加值增长率	22	26	− 4	劣势
高技术产业占工业增加值比重	9	9	0	优势
高技术产品占商品出口额比重	21	21	0	劣势
信息产业增加值占 GDP 比重	10	11	− 1	中势
工农业增加值比值	8	9	− 1	优势
8.2　城市化进程竞争力	10	9	1	优势
城镇化率	11	11	0	中势
城镇居民人均可支配收入	8	8	0	优势
城市平均建成区面积比重	26	26	0	劣势
人均拥有道路面积	2	1	1	强势
人均日生活用水量	26	26	0	劣势
人均公共绿地面积	4	4	0	优势

续表

指　　标	2017 年	2018 年	排位升降	优劣势
8.3　市场化进程竞争力	4	4	0	优势
非公有制经济产值占全社会总产值比重	6	10	-4	优势
社会投资占投资总额比重	7	10	-3	优势
私有和个体企业从业人员比重	13	6	7	优势
亿元以上商品市场成交额	3	4	-1	优势
亿元以上商品市场成交额占全社会消费品零售总额比重	10	13	-3	中势
居民消费支出占总消费支出比重	1	1	0	强势

9. 山东省统筹协调竞争力指标排名变化情况

表 15 - 13　2017 ~ 2018 年山东省统筹协调竞争力指标组排位及变化趋势

指　　标	2017 年	2018 年	排位升降	优劣势
9　统筹协调竞争力	6	8	-2	优势
9.1　统筹发展竞争力	6	8	-2	优势
社会劳动生产率	9	11	-2	中势
能源使用下降率	3	5	-2	优势
万元 GDP 综合能耗下降率	3	9	-6	优势
非农用地产出率	8	8	0	优势
居民收入占 GDP 比重	5	5	0	优势
二三产业增加值比例	22	22	0	劣势
固定资产投资额占 GDP 比重	9	12	-3	中势
固定资产投资增长率	8	21	-13	劣势
9.2　协调发展竞争力	6	3	3	强势
资源竞争力与宏观经济竞争力比差	18	16	2	中势
环境竞争力与宏观经济竞争力比差	3	1	2	强势
人力资源竞争力与宏观经济竞争力比差	8	12	-4	中势
环境竞争力与工业竞争力比差	19	19	0	中势
资源竞争力与工业竞争力比差	2	1	1	强势
城乡居民家庭人均收入比差	13	13	0	中势
城乡居民人均现金消费支出比差	23	23	0	劣势
全社会消费品零售总额与外贸出口总额比差	10	10	0	优势

B.17

16

河南省经济综合竞争力评价分析报告

河南省简称豫,位于中国中东部,黄河中下游,黄淮海平原西南部,大部分地区在黄河以南,北承河北省、山西省,东接山东省、安徽省,南连湖北省,西邻陕西省。全省总面积约 16.7 万平方公里,2018 年总人口为 9605 万人,全省地区生产总值达 48056 亿元,同比增长 7.6%,人均 GDP 达 50152 元。本部分通过分析 2017~2018 年河南省经济综合竞争力以及各要素竞争力的排名变化,从中找出河南省经济综合竞争力的推动点及影响因素,为进一步提升河南省经济综合竞争力提供决策参考。

16.1 河南省经济综合竞争力总体分析

1. 河南省经济综合竞争力一级指标概要分析

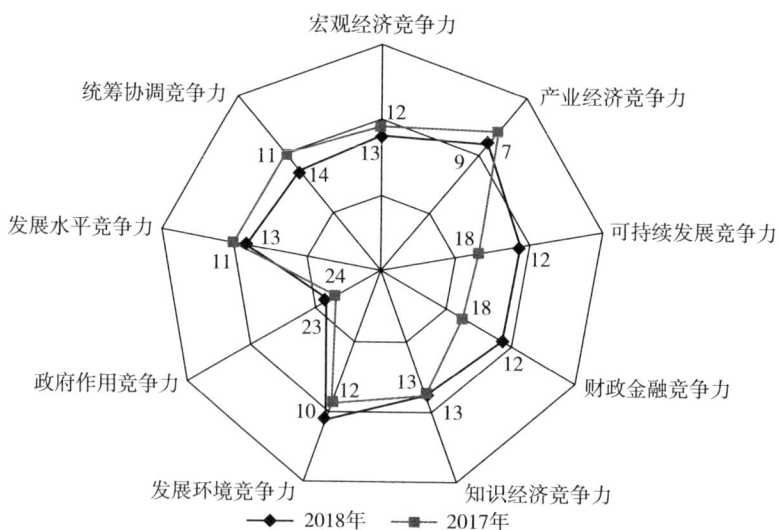

图 16-1 2017~2018 年河南省经济综合竞争力二级指标比较

表16-1 2017～2018年河南省经济综合竞争力二级指标比较

项目 年份	宏观经济竞争力	产业经济竞争力	可持续发展竞争力	财政金融竞争力	知识经济竞争力	发展环境竞争力	政府作用竞争力	发展水平竞争力	统筹协调竞争力	综合排位
2017年	12	7	18	18	13	12	24	11	11	12
2018年	13	9	12	12	13	10	23	13	14	11
升降	-1	-2	6	6	0	2	1	-2	-3	1
优劣度	中势	优势	中势	中势	中势	优势	劣势	中势	中势	中势

（1）从综合排位变化看，2018年河南省经济综合竞争力综合排位在全国处于第11位，表明其在全国处于中势地位；与2017年相比，综合排位上升1位。

（2）从指标所处区位看，处于上游区的指标有2个，分别为产业经济竞争力和发展环境竞争力；有一个劣势指标处于下游区，即政府作用竞争力；其他指标均处于中游区。

（3）从指标变化趋势看，9个二级指标中，有4个指标处于上升趋势，为可持续发展竞争力、财政金融竞争力、发展环境竞争力和政府作用竞争力，这些是河南省经济综合竞争力的上升动力所在；有1个指标排位没有发生变化，为知识经济竞争力；有4个指标处于下降趋势，为宏观经济竞争力、产业经济竞争力、发展水平竞争力和统筹协调竞争力，这些是河南省经济综合竞争力中的下降拉力所在。

2. 河南省经济综合竞争力各级指标动态变化分析

表16-2 2017～2018年河南省经济综合竞争力各级指标排位变化态势比较

单位：个，%

二级指标	三级指标	四级指标数	上升		保持		下降		变化趋势
			指标数	比重	指标数	比重	指标数	比重	
宏观经济竞争力	经济实力竞争力	12	3	25.0	7	58.3	2	16.7	保持
	经济结构竞争力	6	0	0.0	5	83.3	1	16.7	保持
	经济外向度竞争力	9	1	11.1	2	22.2	6	66.7	下降
	小　计	27	4	14.8	14	51.9	9	33.3	下降

续表

二级指标	三级指标	四级指标数	上升		保持		下降		变化趋势
			指标数	比重	指标数	比重	指标数	比重	
产业经济竞争力	农业竞争力	10	4	40.0	5	50.0	1	10.0	下降
	工业竞争力	10	5	50.0	2	20.0	3	30.0	下降
	服务业竞争力	10	4	40.0	2	20.0	4	40.0	上升
	企业竞争力	10	4	40.0	2	20.0	4	40.0	上升
	小　计	**40**	17	42.5	11	27.5	12	30.0	下降
可持续发展竞争力	资源竞争力	9	0	0.0	8	88.9	1	11.1	下降
	环境竞争力	8	0	0.0	7	87.5	1	12.5	下降
	人力资源竞争力	7	3	42.9	1	14.3	3	42.9	上升
	小　计	**24**	3	12.5	16	66.7	5	20.8	上升
财政金融竞争力	财政竞争力	12	4	33.3	7	58.3	1	8.3	上升
	金融竞争力	10	6	60.0	2	20.0	2	20.0	上升
	小　计	**22**	10	45.5	9	40.9	3	13.6	上升
知识经济竞争力	科技竞争力	9	2	22.2	5	55.6	2	22.2	上升
	教育竞争力	10	5	50.0	4	40.0	1	10.0	保持
	文化竞争力	10	6	60.0	0	0.0	4	40.0	保持
	小　计	**29**	13	44.8	9	31.0	7	24.1	保持
发展环境竞争力	基础设施竞争力	9	2	22.2	6	66.7	1	11.1	保持
	软环境竞争力	9	4	44.4	5	55.6	0	0.0	上升
	小　计	**18**	6	33.3	11	61.1	1	5.6	上升
政府作用竞争力	政府发展经济竞争力	5	1	20.0	2	40.0	2	40.0	下降
	政府规调经济竞争力	5	2	40.0	0	0.0	3	60.0	上升
	政府保障经济竞争力	6	4	66.7	1	16.7	1	16.7	上升
	小　计	**16**	7	43.8	3	18.8	6	37.5	上升
发展水平竞争力	工业化进程竞争力	6	2	33.3	1	16.7	3	50.0	下降
	城市化进程竞争力	6	2	33.3	1	16.7	3	50.0	上升
	市场化进程竞争力	6	1	16.7	1	16.7	4	66.7	下降
	小　计	**18**	5	27.8	3	16.7	10	55.6	下降
统筹协调竞争力	统筹发展竞争力	8	2	25.0	1	12.5	5	62.5	保持
	协调发展竞争力	8	2	25.0	3	37.5	3	37.5	保持
	小　计	**16**	4	25.0	4	25.0	8	50.0	下降
合　计		**210**	69	32.9	80	38.1	61	29.0	上升

从表 16-2 可以看出，210 个四级指标中，上升指标有 69 个，占指标总数的 32.9%；下降指标有 61 个，占指标总数的 29.0%；保持指标有 80 个，占指标总数的 38.1%。指标上升的动力大于下降的拉力，2017~2018 年河南省经济综合竞争力排位有所上升，在全国处于第 11 位。

3. 河南省经济综合竞争力各级指标优劣势结构分析

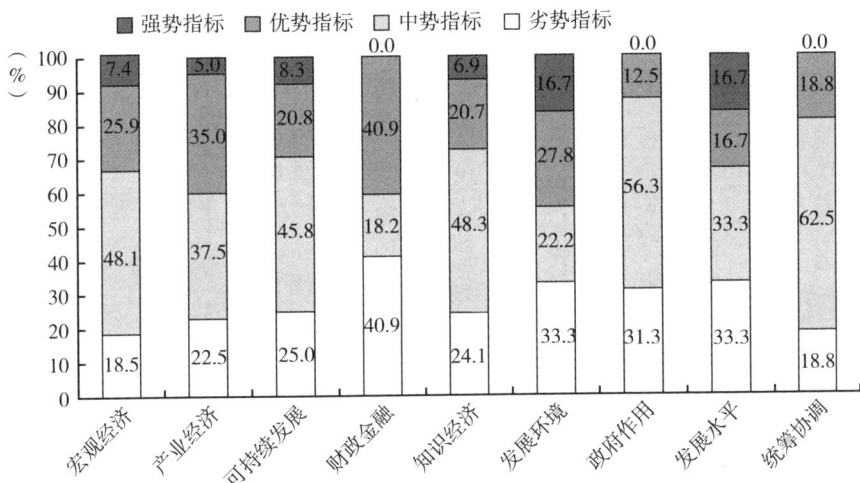

图 16-2 2018 年河南省经济综合竞争力各级指标优劣势比较

表 16-3 2018 年河南省经济综合竞争力各级指标优劣势比较

单位：个，%

二级指标	三级指标	四级指标数	强势指标		优势指标		中势指标		劣势指标		优劣势
			个数	比重	个数	比重	个数	比重	个数	比重	
宏观经济竞争力	经济实力竞争力	12	1	8.3	4	33.3	6	50.0	1	8.3	优势
	经济结构竞争力	6	1	16.7	2	33.3	1	16.7	2	33.3	中势
	经济外向度竞争力	9	0	0.0	1	11.1	6	66.7	2	22.2	劣势
	小　计	**27**	2	7.4	7	25.9	13	48.1	5	18.5	中势
产业经济竞争力	农业竞争力	10	2	20.0	1	10.0	6	60.0	1	10.0	优势
	工业竞争力	10	0	0.0	5	50.0	4	40.0	1	10.0	中势
	服务业竞争力	10	0	0.0	6	60.0	2	20.0	2	20.0	优势
	企业竞争力	10	0	0.0	2	20.0	3	30.0	5	50.0	中势
	小　计	**40**	2	5.0	14	35.0	15	37.5	9	22.5	优势

续表

二级指标	三级指标	四级指标数	强势指标		优势指标		中势指标		劣势指标		优劣势
			个数	比重	个数	比重	个数	比重	个数	比重	
可持续发展竞争力	资源竞争力	9	1	11.1	1	11.1	3	33.3	4	44.4	劣势
	环境竞争力	8	0	0.0	3	37.5	5	62.5	0	0.0	中势
	人力资源竞争力	7	1	14.3	1	14.3	3	42.9	2	28.6	优势
	小　计	24	2	8.3	5	20.8	11	45.8	6	25.0	中势
财政金融竞争力	财政竞争力	12	0	0.0	5	41.7	0	0.0	7	58.3	中势
	金融竞争力	10	0	0.0	4	40.0	4	40.0	2	20.0	优势
	小　计	22	0	0.0	9	40.9	4	18.2	9	40.9	中势
知识经济竞争力	科技竞争力	9	1	11.1	3	33.3	4	44.4	1	11.1	优势
	教育竞争力	10	1	10.0	1	10.0	3	30.0	5	50.0	中势
	文化竞争力	10	0	0.0	2	20.0	7	70.0	1	10.0	优势
	小　计	29	2	6.9	6	20.7	14	48.3	7	24.1	中势
发展环境竞争力	基础设施竞争力	9	1	11.1	4	44.4	2	22.2	2	22.2	优势
	软环境竞争力	9	2	22.2	1	11.1	2	22.2	4	44.4	中势
	小　计	18	3	16.7	5	27.8	4	22.2	6	33.3	优势
政府作用竞争力	政府发展经济竞争力	5	0	0.0	1	20.0	4	80.0	0	0.0	中势
	政府规调经济竞争力	5	0	0.0	1	20.0	2	40.0	2	40.0	劣势
	政府保障经济竞争力	6	0	0.0	0	0.0	3	50.0	3	50.0	劣势
	小　计	16	0	0.0		12.5	9	56.3	5	31.3	劣势
发展水平竞争力	工业化进程竞争力	6	2	33.3	1	16.7	2	33.3	1	16.7	优势
	城市化进程竞争力	6	1	16.7	0	0.0	1	16.7	4	66.7	劣势
	市场化进程竞争力	6	0	0.0	2	33.3	3	50.0	1	16.7	中势
	小　计	18	3	16.7	3	16.7	6	33.3	6	33.3	中势
统筹协调竞争力	统筹发展竞争力	8	0	0.0	2	25.0	3	37.5	3	37.5	中势
	协调发展竞争力	8	0	0.0	1	12.5	7	87.5	0	0.0	中势
	小　计	16	0	0.0	3	18.8	10	62.5	3	18.8	中势
合　计		210	14	6.7	54	25.7	86	41.0	56	26.7	中势

基于图 16-2 和表 16-3，从四级指标来看，强势指标 14 个，占指标总数的 6.7%；优势指标 54 个，占指标总数的 25.7%；中势指标 86 个，占指标总数的 41.0%；劣势指标 56 个，占指标总数的 26.7%。从三级指标来看，没有强势指标；优势指标 9 个，占三级指标总数的 36%；中势指标 11 个，占三级指标总数的 44%；劣势指标 5 个，占三级指标总数的 20%。反映到二级指标上来，没有强势指标；优势指标有 2 个，占二级指标总数的

22.2%；中势指标有 6 个，占二级指标总数的 66.7%；劣势指标有 1 个，占二级指标总数的 11.1%。综合来看，由于中势指标在指标体系中居于主导地位，2018 年河南省经济综合竞争力处于中势地位。

4. 河南省经济综合竞争力四级指标优劣势对比分析

表 16－4 2018 年河南省经济综合竞争力各级指标优劣势比较

二级指标	优劣势	四级指标
宏观经济竞争力（27 个）	强势指标	固定资产投资额、就业结构优化度（2 个）
	优势指标	地区生产总值、财政总收入、财政总收入增长率、全社会消费品零售总额、所有制经济结构优化度、城乡经济结构优化度、出口总额（7 个）
	劣势指标	人均财政收入、产业结构优化度、贸易结构优化度、进出口增长率、实际 FDI 增长率（5 个）
产业经济竞争力（40 个）	强势指标	农业增加值、农业机械化水平（2 个）
	优势指标	人均主要农产品产量、工业增加值、工业增加值增长率、工业资产总额、规模以上工业主营业务收入、规模以上工业利润总额、服务业增加值、服务业增加值增长率、服务业从业人员数、限额以上批零企业利税率、商品房销售收入、电子商务销售额、规模以上工业企业数、产品质量抽查合格率（14 个）
	劣势指标	人均农业增加值、工业资产总额增长率、人均服务业增加值、旅游外汇收入、规模以上企业平均资产、规模以上企业平均收入、规模以上企业平均利润、规模以上企业劳动效率、城镇就业人员平均工资（9）
可持续发展竞争力（24 个）	强势指标	耕地面积、职业学校毕业生数（2 个）
	优势指标	主要能源矿产基础储量、人均工业废气排放量、人均治理工业污染投资额、一般工业固体废物综合利用率、人口健康素质（5 个）
	劣势指标	人均国土面积、人均年水资源量、人均牧草地面积、人均森林储积量、15～64 岁人口比例、大专以上教育程度人口比例（6 个）
财政金融竞争力（22 个）	强势指标	（0 个）
	优势指标	地方财政收入、地方财政支出、地方财政收入增长率、地方财政支出增长率、税收入增长率、存款余额、贷款余额、保险费净收入、保险深度（9 个）
	劣势指标	地方财政收入占 GDP 比重、地方财政支出占 GDP 比重、税收入占 GDP 比重、税收入占财政总收入比重、人均地方财政收入、人均地方财政支出、人均税收入、人均存款余额、人均贷款余额（9 个）
知识经济竞争力（29 个）	强势指标	高技术产品出口额占商品出口额比重、高校专任教师数（2 个）
	优势指标	R&D 人员、R&D 经费、高技术产业主营业务收入、教育经费、图书和期刊出版数、电子出版物品种（6 个）
	劣势指标	技术市场成交合同金额、教育经费占 GDP 比重、人均教育经费、人均文化教育支出、万人中小学学校数、万人中小学专任教师数、城镇居民人均文化娱乐支出（7 个）

续表

二级指标	优劣势	四级指标
发展环境 竞争力 (18个)	强势指标	全社会旅客周转量、个体私营企业数增长率、每十万人交通事故发生数(3个)
	优势指标	铁路网线密度、公路网线密度、全社会货物周转量、网站数、社会捐赠款物(5个)
	劣势指标	人均内河航道里程、电话普及率、万人外资企业数、万人个体私营企业数、查处商标侵权假冒案件、罚没收入占财政收入比重(6个)
政府作用 竞争力 (16个)	强势指标	(0个)
	优势指标	财政支出对GDP增长的拉动、统筹经济社会发展(2个)
	劣势指标	物价调控、规范税收、医疗保险覆盖率、养老保险覆盖率、失业保险覆盖率(5个)
发展水平 竞争力 (18个)	强势指标	工业增加值占GDP比重、高技术产品占商品出口额比重、城市平均建成区面积比重(3个)
	优势指标	工业增加值增长率、非公有制经济产值占全社会总产值比重、社会投资占投资总额比重(3个)
	劣势指标	信息产业增加值占GDP比重、城镇化率、城镇居民人均可支配收入、人均拥有道路面积、人均日生活用水量、私有和个体企业从业人员比重(6个)
统筹协调 竞争力 (16个)	强势指标	(0个)
	优势指标	万元GDP综合能耗下降率、非农用地产出率、城乡居民家庭人均收入比差(3个)
	劣势指标	社会劳动生产率、二三产业增加值比例、固定资产投资额占GDP比重(3个)

16.2　河南省经济综合竞争力各级指标具体分析

1. 河南省宏观经济竞争力指标排名变化情况

表16-5　2017～2018年河南省宏观经济竞争力指标组排位及变化趋势

指标	2017年	2018年	排位升降	优劣势
1　宏观经济竞争力	12	13	-1	中势
1.1　经济实力竞争力	9	9	0	优势
地区生产总值	5	5	0	优势
地区生产总值增长率	11	11	0	中势

指　　标	2017 年	2018 年	排位升降	优劣势
人均地区生产总值	18	18	0	中势
财政总收入	9	8	1	优势
财政总收入增长率	4	4	0	优势
人均财政收入	28	27	1	劣势
固定资产投资额	3	3	0	强势
固定资产投资额增长率	12	13	−1	中势
人均固定资产投资额	18	14	4	中势
全社会消费品零售总额	5	5	0	优势
全社会消费品零售总额增长率	8	12	−4	中势
人均全社会消费品零售总额	19	19	0	中势
1.2　经济结构竞争力	19	19	0	中势
产业结构优化度	27	27	0	劣势
所有制经济结构优化度	3	5	−2	优势
城乡经济结构优化度	8	8	0	优势
就业结构优化度	3	3	0	强势
资本形成结构优化度	14	14	0	中势
贸易结构优化度	31	31	0	劣势
1.3　经济外向度竞争力	16	25	−9	劣势
进出口总额	11	11	0	中势
进出口增长率	23	26	−3	劣势
出口总额	7	8	−1	优势
出口增长率	15	12	3	中势
实际 FDI	13	17	−4	中势
实际 FDI 增长率	12	28	−16	劣势
外贸依存度	18	19	−1	中势
外资企业数	13	13	0	中势
对外直接投资额	8	12	−4	中势

2. 河南省产业经济竞争力指标排名变化情况

表 16 − 6　2017 ~ 2018 年河南省产业经济竞争力指标组排位及变化趋势

指　　标	2017 年	2018 年	排位升降	优劣势
2　产业经济竞争力	7	9	−2	优势
2.1　农业竞争力	3	5	−2	优势
农业增加值	4	3	1	强势
农业增加值增长率	10	17	−7	中势

续表

指　　标	2017 年	2018 年	排位升降	优劣势
人均农业增加值	23	23	0	劣势
农民人均纯收入	17	16	1	中势
农民人均纯收入增长率	17	17	0	中势
农产品出口占农林牧渔总产值比重	16	13	3	中势
人均主要农产品产量	6	6	0	优势
农业机械化水平	2	2	0	强势
农村人均用电量	15	15	0	中势
财政支农资金比重	19	18	1	中势
2.2　工业竞争力	7	11	−4	中势
工业增加值	5	4	1	优势
工业增加值增长率	9	9	0	优势
人均工业增加值	14	12	2	中势
工业资产总额	5	5	0	优势
工业资产总额增长率	24	31	−7	劣势
规模以上工业主营业务收入	4	6	−2	优势
工业成本费用率	15	13	2	中势
规模以上工业利润总额	4	7	−3	优势
工业全员劳动生产率	30	20	10	中势
工业收入利润率	16	15	1	中势
2.3　服务业竞争力	10	8	2	优势
服务业增加值	7	7	0	优势
服务业增加值增长率	15	7	8	优势
人均服务业增加值	23	21	2	劣势
服务业从业人员数	6	7	−1	优势
限额以上批发零售企业主营业务收入	11	12	−1	中势
限额以上批零企业利税率	5	6	−1	优势
限额以上餐饮企业利税率	26	13	13	中势
旅游外汇收入	22	22	0	劣势
商品房销售收入	5	6	−1	优势
电子商务销售额	8	7	1	优势
2.4　企业竞争力	20	18	2	中势
规模以上工业企业数	5	5	0	优势
规模以上企业平均资产	23	26	−3	劣势
规模以上企业平均收入	12	27	−15	劣势
规模以上企业平均利润	10	24	−14	劣势
规模以上企业劳动效率	20	31	−11	劣势
城镇就业人员平均工资	31	30	1	劣势
新产品销售收入占主营业务收入比重	18	12	6	中势
产品质量抽查合格率	11	5	6	优势
工业企业 R&D 经费投入强度	24	12	12	中势
中国驰名商标持有量	13	13	0	中势

3. 河南省可持续发展竞争力指标排名变化情况

表 16 - 7 2017～2018 年河南省可持续发展竞争力指标组排位及变化趋势

指　标	2017 年	2018 年	排位升降	优劣势
3　可持续发展竞争力	18	12	6	中势
3.1　资源竞争力	20	21	-1	劣势
人均国土面积	25	25	0	劣势
人均可使用海域和滩涂面积	13	13	0	中势
人均年水资源量	23	24	-1	劣势
耕地面积	3	3	0	强势
人均耕地面积	18	18	0	中势
人均牧草地面积	28	28	0	劣势
主要能源矿产基础储量	8	8	0	优势
人均主要能源矿产基础储量	15	15	0	中势
人均森林储积量	24	24	0	劣势
3.2　环境竞争力	10	11	-1	中势
森林覆盖率	20	20	0	中势
人均废水排放量	13	13	0	中势
人均工业废气排放量	7	7	0	优势
人均工业固体废物排放量	20	20	0	中势
人均治理工业污染投资额	10	10	0	优势
一般工业固体废物综合利用率	10	10	0	优势
生活垃圾无害化处理率	12	19	-7	中势
自然灾害直接经济损失	17	17	0	中势
3.3　人力资源竞争力	20	9	11	优势
常住人口增长率	25	18	7	中势
15～64 岁人口比例	29	29	0	劣势
文盲率	17	18	-1	中势
大专以上教育程度人口比例	27	28	-1	劣势
平均受教育程度	22	20	2	中势
人口健康素质	7	9	-2	优势
职业学校毕业生数	3	1	2	强势

4. 河南省财政金融竞争力指标排名变化情况

表16－8 2017～2018年河南省财政金融竞争力指标组排位及变化趋势

指　标	2017年	2018年	排位升降	优劣势
4 财政金融竞争力	18	12	6	中势
4.1 财政竞争力	26	17	9	中势
地方财政收入	8	8	0	优势
地方财政支出	5	5	0	优势
地方财政收入占GDP比重	31	31	0	劣势
地方财政支出占GDP比重	25	24	1	劣势
税收收入占GDP比重	30	29	1	劣势
税收收入占财政总收入比重	20	24	－4	劣势
人均地方财政收入	28	28	0	劣势
人均地方财政支出	31	31	0	劣势
人均税收收入	28	28	0	劣势
地方财政收入增长率	10	7	3	优势
地方财政支出增长率	7	7	0	优势
税收收入增长率	11	8	3	优势
4.2 金融竞争力	12	8	4	优势
存款余额	9	9	0	优势
人均存款余额	30	29	1	劣势
贷款余额	10	8	2	优势
人均贷款余额	31	31	0	劣势
中长期贷款占贷款余额比重	17	13	4	中势
保险费净收入	6	4	2	优势
保险密度	21	15	6	中势
保险深度	12	9	3	优势
国内上市公司数	11	12	－1	中势
国内上市公司市值	12	15	－3	中势

5. 河南省知识经济竞争力指标排名变化情况

表 16-9　2017～2018 年河南省知识经济竞争力指标组排位及变化趋势

指　标	2017 年	2018 年	排位升降	优劣势
5　知识经济竞争力	13	13	0	中势
5.1　科技竞争力	11	10	1	优势
R&D 人员	5	5	0	优势
R&D 经费	6	6	0	优势
R&D 经费投入强度	14	14	0	中势
发明专利授权量	12	12	0	中势
技术市场成交合同金额	22	21	1	劣势
财政科技支出占地方财政支出比重	14	15	-1	中势
高技术产业主营业务收入	4	4	0	优势
高技术产业收入占工业增加值比重	10	12	-2	中势
高技术产品出口额占商品出口额比重	4	3	1	强势
5.2　教育竞争力	20	20	0	中势
教育经费	6	4	2	优势
教育经费占 GDP 比重	22	22	0	劣势
人均教育经费	31	30	1	劣势
公共教育经费占财政支出比重	12	11	1	中势
人均文化教育支出	28	25	3	劣势
万人中小学学校数	30	30	0	劣势
万人中小学专任教师数	28	29	-1	劣势
高等学校数	18	18	0	中势
高校专任教师数	3	3	0	强势
万人高等学校在校学生数	12	11	1	中势
5.3　文化竞争力	10	10	0	优势
文化制造业营业收入	5	12	-7	中势
文化批发零售业营业收入	9	12	-3	中势
文化服务业企业营业收入	11	12	-1	中势
图书和期刊出版数	8	7	1	优势
电子出版物品种	10	8	2	优势
印刷用纸量	12	14	-2	中势
城镇居民人均文化娱乐支出	27	25	2	劣势
农村居民人均文化娱乐支出	24	20	4	中势
城镇居民人均文化娱乐支出占消费性支出比重	16	15	1	中势
农村居民人均文化娱乐支出占消费性支出比重	16	12	4	中势

6. 河南省发展环境竞争力指标排名变化情况

表 16 - 10　2017～2018 年河南省发展环境竞争力指标组排位及变化趋势

指　标	2017 年	2018 年	排位升降	优劣势
6　发展环境竞争力	12	10	2	优势
6.1　基础设施竞争力	7	7	0	优势
铁路网线密度	8	8	0	优势
公路网线密度	4	4	0	优势
人均内河航道里程	23	23	0	劣势
全社会旅客周转量	2	2	0	强势
全社会货物周转量	9	8	1	优势
人均邮电业务总量	19	17	2	中势
电话普及率	26	26	0	劣势
网站数	8	8	0	优势
人均耗电量	19	20	-1	中势
6.2　软环境竞争力	28	20	8	中势
外资企业数增长率	27	17	10	中势
万人外资企业数	26	26	0	劣势
个体私营企业数增长率	3	3	0	强势
万人个体私营企业数	28	26	2	劣势
万人商标注册件数	19	17	2	中势
查处商标侵权假冒案件	26	26	0	劣势
每十万人交通事故发生数	3	3	0	强势
罚没收入占财政收入比重	26	26	0	劣势
社会捐赠款物	20	6	14	优势

7. 河南省政府作用竞争力指标排名变化情况

表 16 - 11　2017～2018 年河南省政府作用竞争力指标组排位及变化趋势

指　标	2017 年	2018 年	排位升降	优劣势
7　政府作用竞争力	24	23	1	劣势
7.1　政府发展经济竞争力	10	11	-1	中势
财政支出用于基本建设投资比重	19	11	8	中势
财政支出对 GDP 增长的拉动	7	8	-1	优势
政府公务员对经济的贡献	15	15	0	中势
政府消费对民间消费的拉动	17	17	0	中势
财政投资对社会投资的拉动	6	11	-5	中势

续表

指　标	2017 年	2018 年	排位升降	优劣势
7.2　政府规调经济竞争力	24	21	3	劣势
物价调控	9	21	−12	劣势
调控城乡消费差距	17	16	1	中势
统筹经济社会发展	4	5	−1	优势
规范税收	26	27	−1	劣势
固定资产投资价格指数	28	20	8	中势
7.3　政府保障经济竞争力	27	26	1	劣势
城镇职工养老保险收支比	20	20	0	中势
医疗保险覆盖率	31	27	4	劣势
养老保险覆盖率	27	22	5	劣势
失业保险覆盖率	25	21	4	劣势
最低工资标准	11	19	−8	中势
城镇登记失业率	23	19	4	中势

8. 河南省发展水平竞争力指标排名变化情况

表 16 − 12　2017 ～ 2018 年河南省发展水平竞争力指标组排位及变化趋势

指　标	2017 年	2018 年	排位升降	优劣势
8　发展水平竞争力	11	13	−2	中势
8.1　工业化进程竞争力	7	8	−1	优势
工业增加值占 GDP 比重	1	1	0	强势
工业增加值增长率	11	9	2	优势
高技术产业占工业增加值比重	10	16	−6	中势
高技术产品占商品出口额比重	2	3	−1	强势
信息产业增加值占 GDP 比重	11	21	−10	劣势
工农业增加值比值	13	12	1	中势
8.2　城市化进程竞争力	23	22	1	劣势
城镇化率	25	25	0	劣势
城镇居民人均可支配收入	24	25	−1	劣势
城市平均建成区面积比重	4	3	1	强势
人均拥有道路面积	21	22	−1	劣势
人均日生活用水量	24	25	−1	劣势
人均公共绿地面积	22	19	3	中势

指　　标	2017 年	2018 年	排位升降	优劣势
8.3　市场化进程竞争力	11	13	-2	中势
非公有制经济产值占全社会总产值比重	3	5	-2	优势
社会投资占投资总额比重	3	7	-4	优势
私有和个体企业从业人员比重	30	24	6	劣势
亿元以上商品市场成交额	10	11	-1	中势
亿元以上商品市场成交额占全社会消费品零售总额比重	16	17	-1	中势
居民消费支出占总消费支出比重	17	17	0	中势

9. 河南省统筹协调竞争力指标排名变化情况

表 16 -13　2017~2018 年河南省统筹协调竞争力指标组排位及变化趋势

指　　标	2017 年	2018 年	排位升降	优劣势
9　统筹协调竞争力	11	14	-3	中势
9.1　统筹发展竞争力	13	13	0	中势
社会劳动生产率	26	27	-1	劣势
能源使用下降率	2	12	-10	中势
万元 GDP 综合能耗下降率	1	7	-6	优势
非农用地产出率	10	10	0	优势
居民收入占 GDP 比重	14	15	-1	中势
二三产业增加值比例	28	27	1	劣势
固定资产投资额占 GDP 比重	21	23	-2	劣势
固定资产投资增长率	20	13	7	中势
9.2　协调发展竞争力	12	12	0	中势
资源竞争力与宏观经济竞争力比差	20	19	1	中势
环境竞争力与宏观经济竞争力比差	14	14	0	中势
人力资源竞争力与宏观经济竞争力比差	9	14	-5	中势
环境竞争力与工业竞争力比差	20	20	0	中势
资源竞争力与工业竞争力比差	5	13	-8	中势
城乡居民家庭人均收入比差	8	8	0	优势
城乡居民人均现金消费支出比差	17	16	1	中势
全社会消费品零售总额与外贸出口总额比差	18	19	-1	中势

B.18

17

湖北省经济综合竞争力评价分析报告

湖北省简称鄂，位于长江中游，周边分别与河南省、安徽省、江西省、湖南省、重庆市、陕西省为邻。省域内多湖泊，有"千湖之省"之称。全省面积 18 万平方公里，2018 年总人口为 5917 万人，全省地区生产总值达39367 亿元，同比增长 7.8%，人均 GDP 达 66616 元。本部分通过分析2017～2018 年湖北省经济综合竞争力以及各要素竞争力的排名变化，从中找出湖北省经济综合竞争力的推动点及影响因素，为进一步提升湖北省经济综合竞争力提供决策参考。

17.1 湖北省经济综合竞争力总体分析

1. 湖北省经济综合竞争力一级指标概要分析

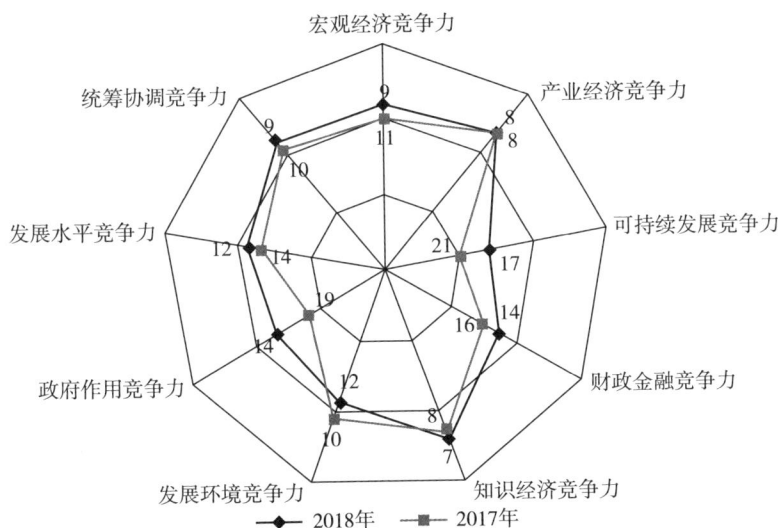

图 17-1 2017～2018 年湖北省经济综合竞争力二级指标比较雷达图

表 17 - 1　2017 ~ 2018 年湖北省经济综合竞争力二级指标比较

项目 年份	宏观 经济 竞争力	产业 经济 竞争力	可持续 发展 竞争力	财政 金融 竞争力	知识 经济 竞争力	发展 环境 竞争力	政府 作用 竞争力	发展 水平 竞争力	统筹 协调 竞争力	综合 排位
2017	11	8	21	16	8	10	19	14	10	9
2018	9	8	17	14	7	12	14	12	9	9
升降	2	0	4	2	1	-2	5	2	1	0
优劣度	优势	优势	中势	中势	优势	中势	中势	中势	优势	优势

（1）从综合排位变化比较看，2018 年湖北省经济综合竞争力综合排位在全国处于第 9 位，表明其在全国处于优势地位；与 2017 年相比，综合排位保持不变。

（2）从指标所处区位看，处于上游区的指标有 4 个，为宏观经济竞争力、产业经济竞争力、知识经济竞争力和统筹协调竞争力，其他 5 个指标均处于中游区，没有下游区的指标。

（3）从指标变化趋势看，9 个二级指标中，有 7 个指标处于上升趋势，为宏观经济竞争力、可持续发展竞争力、财政金融竞争力、知识经济竞争力、政府作用竞争力、发展水平竞争力和统筹协调竞争力，这些是湖北省经济综合竞争力的上升动力所在；有 1 个指标排位没有发生变化，为产业经济竞争力；有 1 个指标处于下降趋势，为发展环境竞争力，这些是湖北省经济综合竞争力的下降拉力所在。

2. 湖北省经济综合竞争力各级指标动态变化分析

表 17 - 2　2017 ~ 2018 年湖北省经济综合竞争力各级指标排位变化态势比较

单位：个，%

二级指标	三级指标	四级 指标数	上升		保持		下降		变化 趋势
			指标 数	比重	指标 数	比重	指标 数	比重	
宏观经济 竞争力	经济实力竞争力	12	7	58.3	3	25.0	2	16.7	上升
	经济结构竞争力	6	1	16.7	4	66.7	1	16.7	上升
	经济外向度竞争力	9	2	22.2	3	33.3	4	44.4	下降
	小　计	**27**	10	37.0	10	37.0	7	25.9	上升

续表

二级指标	三级指标	四级指标数	上升		保持		下降		变化趋势
			指标数	比重	指标数	比重	指标数	比重	
产业经济竞争力	农业竞争力	10	1	10.0	7	70.0	2	20.0	保持
	工业竞争力	10	6	60.0	4	40.0	0	0.0	上升
	服务业竞争力	10	4	40.0	4	40.0	2	20.0	保持
	企业竞争力	10	3	30.0	5	50.0	2	20.0	下降
	小　计	**40**	14	35.0	20	50.0	6	15.0	保持
可持续发展竞争力	资源竞争力	9	0	0.0	7	77.8	2	22.2	保持
	环境竞争力	8	1	12.5	5	62.5	2	25.0	上升
	人力资源竞争力	7	4	57.1	1	14.3	2	28.6	上升
	小　计	**24**	5	20.8	13	54.2	6	25.0	上升
财政金融竞争力	财政竞争力	12	3	25.0	1	8.3	8	66.7	上升
	金融竞争力	10	7	70.0	2	20.0	1	10.0	保持
	小　计	**22**	10	45.5	3	13.6	9	40.9	上升
知识经济竞争力	科技竞争力	9	3	33.3	3	33.3	3	33.3	上升
	教育竞争力	10	1	10.0	7	70.0	2	20.0	保持
	文化竞争力	10	6	60.0	1	10.0	3	30.0	上升
	小　计	**29**	10	34.5	11	37.9	8	27.6	上升
发展环境竞争力	基础设施竞争力	9	3	33.3	2	22.2	4	44.4	下降
	软环境竞争力	9	4	44.4	3	33.3	2	22.2	下降
	小　计	**18**	7	38.9	5	27.8	6	33.3	下降
政府作用竞争力	政府发展经济竞争力	5	3	60.0	2	40.0	0	0.0	保持
	政府规调经济竞争力	5	3	60.0	1	20.0	1	20.0	上升
	政府保障经济竞争力	6	3	50.0	2	33.3	1	16.7	上升
	小　计	**16**	9	56.3	5	31.3	2	12.5	上升
发展水平竞争力	工业化进程竞争力	6	6	100.0	0	0.0	0	0.0	上升
	城市化进程竞争力	6	5	83.3	1	16.7	0	0.0	保持
	市场化进程竞争力	6	2	33.3	2	33.3	2	33.3	上升
	小　计	**18**	13	72.2	3	16.7	2	11.1	上升
统筹协调竞争力	统筹发展竞争力	8	3	37.5	1	12.5	4	50.0	上升
	协调发展竞争力	8	4	50.0	2	25.0	2	25.0	上升
	小　计	**16**	7	43.8	3	18.8	6	37.5	上升
合　计		**210**	85	40.5	73	34.8	52	24.8	保持

从表 17-2 可以看出，210 个四级指标中，上升指标有 85 个，占指标总数的 40.5%；下降指标有 52 个，占指标总数的 24.8%；保持指标有 73 个，占指标总数的 34.8%。指标上升的动力大于下降的拉力，但受其他因素的综合影响，2017~2018 年湖北省经济综合竞争力排位保持不变。

3. 湖北省经济综合竞争力各级指标优劣势结构分析

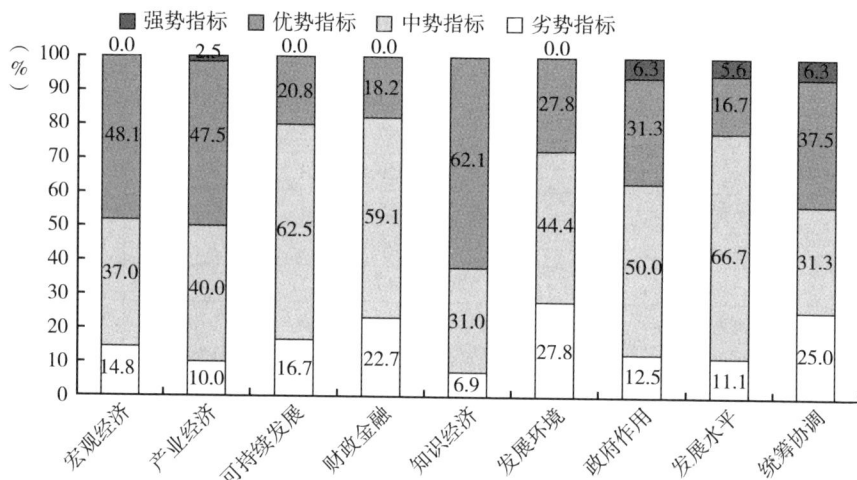

图 17-2　2018 年湖北省经济综合竞争力各级指标优劣势比较

表 17-3　2018 年湖北省经济综合竞争力各级指标优劣势比较

单位：个，%

二级指标	三级指标	四级指标数	强势指标		优势指标		中势指标		劣势指标		优劣势
			个数	比重	个数	比重	个数	比重	个数	比重	
宏观经济竞争力	经济实力竞争力	12	0	0.0	10	83.3	2	16.7	0	0.0	优势
	经济结构竞争力	6	0	0.0	2	33.3	2	33.3	2	33.3	优势
	经济外向度竞争力	9	0	0.0	1	11.1	6	66.7	2	22.2	劣势
	小　计	27	0	0.0	13	48.1	10	37.0	4	14.8	优势
产业经济竞争力	农业竞争力	10	0	0.0	5	50.0	4	40.0	1	10.0	优势
	工业竞争力	10	0	0.0	7	70.0	3	30.0	0	0.0	优势
	服务业竞争力	10	1	10.0	5	50.0	3	30.0	1	10.0	优势
	企业竞争力	10	0	0.0	2	20.0	6	60.0	2	20.0	中势
	小　计	40	1	2.5	19	47.5	16	40.0	4	10.0	优势

二级指标	三级指标	四级指标数	强势指标		优势指标		中势指标		劣势指标		优劣势
			个数	比重	个数	比重	个数	比重	个数	比重	
可持续发展竞争力	资源竞争力	9	0	0.0	0	0.0	6	66.7	3	33.3	劣势
	环境竞争力	8	0	0.0	2	25.0	6	75.0	0	0.0	优势
	人力资源竞争力	7	0	0.0	3	42.9	3	42.9	1	14.3	中势
	小　计	24	0	0.0	5	20.8	15	62.5	4	16.7	中势
财政金融竞争力	财政竞争力	12	0	0.0	1	8.3	6	50.0	5	41.7	劣势
	金融竞争力	10	0	0.0	3	30.0	7	70.0	0	0.0	优势
	小　计	22	0	0.0	4	18.2	13	59.1	5	22.7	中势
知识经济竞争力	科技竞争力	9	0	0.0	7	77.8	2	22.2	0	0.0	优势
	教育竞争力	10	0	0.0	5	50.0	3	30.0	2	20.0	优势
	文化竞争力	10	0	0.0	6	60.0	4	40.0	0	0.0	优势
	小　计	29	0	0.0	18	62.1	9	31.0	2	6.9	优势
发展环境竞争力	基础设施竞争力	9	0	0.0	4	44.4	2	22.2	3	33.3	中势
	软环境竞争力	9	0	0.0	1	11.1	6	66.7	2	22.2	中势
	小　计	18	0	0.0	5	27.8	8	44.4	5	27.8	中势
政府作用竞争力	政府发展经济竞争力	5	0	0.0	3	60.0	2	40.0	0	0.0	优势
	政府规调经济竞争力	5	1	20.0	1	20.0	2	40.0	1	20.0	中势
	政府保障经济竞争力	6	0	0.0	1	16.7	4	66.7	1	16.7	中势
	小　计	16	1	6.3	5	31.3	8	50.0	2	12.5	中势
发展水平竞争力	工业化进程竞争力	6	0	0.0	2	33.3	4	66.7	0	0.0	优势
	城市化进程竞争力	6	0	0.0	1	16.7	4	66.7	1	16.7	中势
	市场化进程竞争力	6	1	16.7	0	0.0	4	66.7	1	16.7	中势
	小　计	18	1	5.6	3	16.7	12	66.7	2	11.1	中势
统筹协调竞争力	统筹发展竞争力	8	0	0.0	2	25.0	5	62.5	1	12.5	优势
	协调发展竞争力	8	1	12.5	4	50.0	0	0.0	3	37.5	优势
	小　计	16	1	6.3	6	37.5	5	31.3	4	25.0	优势
合　计		210	4	1.9	78	37.1	96	45.7	32	15.2	优势

基于图 17-2 和表 17-3，从四级指标来看，强势指标 4 个，占指标总数的 1.9%；优势指标 78 个，占指标总数的 37.1%；中势指标 96 个，占指标总数的 45.7%；劣势指标 32 个，占指标总数的 15.2%。从三级指标来看，没有强势指标；优势指标 14 个，占三级指标总数的 56%；中势指标 8 个，占三级指标总数的 32%；劣势指标 3 个，占三级指标总数的

12%。反映到二级指标上来，没有强势指标和劣势指标；优势指标有4个，占二级指标总数的44.4%；中势指标有5个，占二级指标总数的55.6%。综合来看，由于中势指标在指标体系中居于主导地位，2018年湖北省经济综合竞争力处于优势地位。

4. 湖北省经济综合竞争力四级指标优劣势对比分析

表17-4　2018年湖北省经济综合竞争力各级指标优劣势比较

二级指标	优劣势	四级指标
宏观经济竞争力（27个）	强势指标	（0个）
	优势指标	地区生产总值、地区生产总值增长率、人均地区生产总值、财政总收入、固定资产投资额、固定资产投资额增长率、人均固定资产投资额、全社会消费品零售总额、全社会消费品零售总额增长率、人均全社会消费品零售总额、城乡经济结构优化度、资本形成结构优化度、实际FDI增长率（13个）
	劣势指标	就业结构优化度、贸易结构优化度、进出口增长率、外贸依存度（4个）
产业经济竞争力（40个）	强势指标	服务业增加值增长率（1个）
	优势指标	农业增加值、人均农业增加值、农民人均纯收入、人均主要农产品产量、农业机械化水平、工业增加值、工业增加值增长率、人均工业增加值、工业资产总额、工业资产总额增长率、规模以上工业主营业务收入、规模以上工业利润总额、服务业增加值、服务业从业人员数、限额以上批发零售企业主营业务收入、限额以上批零企业利税率、商品房销售收入、规模以上工业企业数、新产品销售收入占主营业务收入比重（19个）
	劣势指标	农业增加值增长率、限额以上餐饮企业利税率、规模以上企业平均资产、规模以上企业平均收入（4个）
可持续发展竞争力（24个）	强势指标	（0个）
	优势指标	人均工业废气排放量、生活垃圾无害化处理率、大专以上教育程度人口比例、平均受教育程度、人口健康素质（5个）
	劣势指标	人均牧草地面积、主要能源矿产基础储量、人均主要能源矿产基础储量、常住人口增长率（4个）
财政金融竞争力（22个）	强势指标	（0个）
	优势指标	地方财政收入、中长期贷款占贷款余额比重、保险费净收入、国内上市公司市值（4个）
	劣势指标	地方财政收入占GDP比重、地方财政支出占GDP比重、税收收入占GDP比重、地方财政收入增长率、地方财政支出增长率（5个）

续表

二级指标	优劣势	四级指标
知识经济 竞争力 (29个)	强势指标	(0个)
	优势指标	R&D人员、R&D经费、发明专利授权量、技术市场成交合同金额、财政科技支出占地方财政支出比重、高技术产业主营业务收入、高技术产品出口额占商品出口额比重、教育经费、万人中小学专任教师数、高等学校数、高校专任教师数、万人高等学校在校学生数、文化制造业营业收入、文化批发零售业营业收入、文化服务业企业营业收入、图书和期刊出版数、印刷用纸量、农村居民人均文化娱乐支出(18个)
	劣势指标	教育经费占GDP比重、人均教育经费(2个)
发展环境 竞争力 (18个)	强势指标	(0个)
	优势指标	公路网线密度、人均内河航道里程、全社会旅客周转量、网站数、万人个体私营企业数(5个)
	劣势指标	人均邮电业务总量、电话普及率、人均耗电量、查处商标侵权假冒案件、每十万人交通事故发生数(5个)
政府作用 竞争力 (16个)	强势指标	调控城乡消费差距(1个)
	优势指标	财政支出用于基本建设投资比重、财政支出对GDP增长的拉动、政府公务员对经济的贡献、物价调控、城镇职工养老保险收支比(5个)
	劣势指标	固定资产投资价格指数、城镇登记失业率(2个)
发展水平 竞争力 (18个)	强势指标	私有和个体企业从业人员比重(1个)
	优势指标	工业增加值增长率、高技术产品占商品出口额比重、人均日生活用水量(3个)
	劣势指标	人均公共绿地面积、亿元以上商品市场成交额占全社会消费品零售总额比重(2个)
统筹协调 竞争力 (16个)	强势指标	城乡居民人均现金消费支出比差(1个)
	优势指标	居民收入占GDP比重、固定资产投资增长率、环境竞争力与宏观经济竞争力比差、人力资源竞争力与宏观经济竞争力比差、资源竞争力与工业竞争力比差、城乡居民家庭人均收入比差(6个)
	劣势指标	二三产业增加值比例、资源竞争力与宏观经济竞争力比差、环境竞争力与工业竞争力比差、全社会消费品零售总额与外贸出口总额比差(4个)

17.2 湖北省经济综合竞争力各级指标具体分析

1. 湖北省宏观经济竞争力指标排名变化情况

表17-5 2017~2018年湖北省宏观经济竞争力指标组排位及变化趋势

指　　标	2017年	2018年	排位升降	优劣势
1　宏观经济竞争力	11	9	2	优势
1.1　经济实力竞争力	10	7	3	优势
地区生产总值	7	7	0	优势
地区生产总值增长率	11	9	2	优势
人均地区生产总值	11	10	1	优势
财政总收入	10	10	0	优势
财政总收入增长率	6	11	−5	中势
人均财政收入	14	15	−1	中势
固定资产投资额	6	5	1	优势
固定资产投资额增长率	17	6	11	优势
人均固定资产投资额	11	7	4	优势
全社会消费品零售总额	7	6	1	优势
全社会消费品零售总额增长率	12	10	2	优势
人均全社会消费品零售总额	10	10	0	优势
1.2　经济结构竞争力	13	10	3	优势
产业结构优化度	20	20	0	中势
所有制经济结构优化度	14	12	2	中势
城乡经济结构优化度	7	7	0	优势
就业结构优化度	20	21	−1	劣势
资本形成结构优化度	10	10	0	优势
贸易结构优化度	24	24	0	劣势
1.3　经济外向度竞争力	19	24	−5	劣势
进出口总额	16	17	−1	中势
进出口增长率	12	22	−10	劣势
出口总额	14	14	0	中势
出口增长率	7	18	−11	中势
实际FDI	11	11	0	中势
实际FDI增长率	18	9	9	优势
外贸依存度	23	24	−1	劣势
外资企业数	11	11	0	中势
对外直接投资额	18	17	1	中势

2. 湖北省产业经济竞争力指标排名变化情况

表 17 - 6 2017 ~ 2018 年湖北省产业经济竞争力指标组排位及变化趋势

指　标	2017 年	2018 年	排位升降	优劣势
2　产业经济竞争力	8	8	0	优势
2.1　农业竞争力	7	7	0	优势
农业增加值	6	6	0	优势
农业增加值增长率	17	23	- 6	劣势
人均农业增加值	6	6	0	优势
农民人均纯收入	9	9	0	优势
农民人均纯收入增长率	20	20	0	中势
农产品出口占农林牧渔总产值比重	14	16	- 2	中势
人均主要农产品产量	10	10	0	优势
农业机械化水平	9	9	0	优势
农村人均用电量	16	16	0	中势
财政支农资金比重	21	19	2	中势
2.2　工业竞争力	9	7	2	优势
工业增加值	7	7	0	优势
工业增加值增长率	11	10	1	优势
人均工业增加值	10	9	1	优势
工业资产总额	10	10	0	优势
工业资产总额增长率	21	10	11	优势
规模以上工业主营业务收入	7	7	0	优势
工业成本费用率	19	18	1	中势
规模以上工业利润总额	10	8	2	优势
工业全员劳动生产率	12	12	0	中势
工业收入利润率	21	17	4	中势
2.3　服务业竞争力	7	7	0	优势
服务业增加值	10	10	0	优势
服务业增加值增长率	12	2	10	强势
人均服务业增加值	12	11	1	中势
服务业从业人员数	5	5	0	优势
限额以上批发零售企业主营业务收入	9	9	0	优势
限额以上批零企业利税率	9	7	2	优势
限额以上餐饮企业利税率	19	21	- 2	劣势
旅游外汇收入	13	12	1	中势
商品房销售收入	7	7	0	优势
电子商务销售额	7	11	- 4	中势

指　标	2017 年	2018 年	排位升降	优劣势
2.4　企业竞争力	9	14	− 5	中势
规模以上工业企业数	9	9	0	优势
规模以上企业平均资产	25	25	0	劣势
规模以上企业平均收入	21	21	0	劣势
规模以上企业平均利润	22	17	5	中势
规模以上企业劳动效率	13	12	1	中势
城镇就业人员平均工资	19	19	0	中势
新产品销售收入占主营业务收入比重	10	9	1	优势
产品质量抽查合格率	6	20	− 14	中势
工业企业 R&D 经费投入强度	11	11	0	中势
中国驰名商标持有量	8	11	− 3	中势

3. 湖北省可持续发展竞争力指标排名变化情况

表 17 - 7　2017～2018 年湖北省可持续发展竞争力指标组排位及变化趋势

指　标	2017 年	2018 年	排位升降	优劣势
3　可持续发展竞争力	21	17	4	中势
3.1　资源竞争力	23	23	0	劣势
人均国土面积	19	19	0	中势
人均可使用海域和滩涂面积	13	13	0	中势
人均年水资源量	13	18	− 5	中势
耕地面积	12	12	0	中势
人均耕地面积	16	16	0	中势
人均牧草地面积	21	21	0	劣势
主要能源矿产基础储量	21	21	0	劣势
人均主要能源矿产基础储量	24	24	0	劣势
人均森林储积量	17	18	− 1	中势
3.2　环境竞争力	12	10	2	优势
森林覆盖率	13	15	− 2	中势
人均废水排放量	20	20	0	中势
人均工业废气排放量	9	9	0	优势
人均工业固体废物排放量	11	11	0	中势
人均治理工业污染投资额	20	20	0	中势
一般工业固体废物综合利用率	13	13	0	中势
生活垃圾无害化处理率	8	10	− 2	优势
自然灾害直接经济损失	26	20	6	中势

续表

指　标	2017 年	2018 年	排位升降	优劣势
3.3　人力资源竞争力	18	14	4	中势
常住人口增长率	24	24	0	劣势
15～64 岁人口比例	19	16	3	中势
文盲率	21	17	4	中势
大专以上教育程度人口比例	8	10	－2	优势
平均受教育程度	13	9	4	优势
人口健康素质	6	7	－1	优势
职业学校毕业生数	14	13	1	中势

4. 湖北省财政金融竞争力指标排名变化情况

表 17 – 8　2017～2018 年湖北省财政金融竞争力指标组排位及变化趋势

指　标	2017 年	2018 年	排位升降	优劣势
4　财政金融竞争力	16	14	2	中势
4.1　财政竞争力	25	22	3	劣势
地方财政收入	9	10	－1	优势
地方财政支出	10	11	－1	中势
地方财政收入占 GDP 比重	24	25	－1	劣势
地方财政支出占 GDP 比重	24	25	－1	劣势
税收收入占 GDP 比重	25	25	0	劣势
税收收入占财政总收入比重	19	14	5	中势
人均地方财政收入	15	18	－3	中势
人均地方财政支出	21	20	1	中势
人均税收收入	16	18	－2	中势
地方财政收入增长率	17	29	－12	劣势
地方财政支出增长率	24	21	3	劣势
税收收入增长率	15	20	－5	中势
4.2　金融竞争力	10	10	0	优势
存款余额	11	11	0	中势
人均存款余额	17	16	1	中势
贷款余额	12	12	0	中势
人均贷款余额	19	17	2	中势
中长期贷款占贷款余额比重	9	5	4	优势
保险费净收入	10	9	1	优势
保险密度	15	12	3	中势
保险深度	19	17	2	中势
国内上市公司数	10	11	－1	中势
国内上市公司市值	10	9	1	优势

5. 湖北省知识经济竞争力指标排名变化情况

表 17 - 9　2017 ~ 2018 年湖北省知识经济竞争力指标组排位及变化趋势

指　标	2017 年	2018 年	排位升降	优劣势
5　知识经济竞争力	8	7	1	优势
5.1　科技竞争力	10	8	2	优势
R&D 人员	8	8	0	优势
R&D 经费	7	7	0	优势
R&D 经费投入强度	10	11	-1	中势
发明专利授权量	9	9	0	优势
技术市场成交合同金额	2	4	-2	优势
财政科技支出占地方财政支出比重	8	7	1	优势
高技术产业主营业务收入	11	10	1	优势
高技术产业收入占工业增加值比重	15	16	-1	中势
高技术产品出口额占商品出口额比重	9	8	1	优势
5.2　教育竞争力	9	9	0	优势
教育经费	9	9	0	优势
教育经费占 GDP 比重	23	23	0	劣势
人均教育经费	23	23	0	劣势
公共教育经费占财政支出比重	19	19	0	中势
人均文化教育支出	14	15	-1	中势
万人中小学学校数	13	13	0	中势
万人中小学专任教师数	5	6	-1	优势
高等学校数	4	4	0	优势
高校专任教师数	6	6	0	优势
万人高等学校在校学生数	8	7	1	优势
5.3　文化竞争力	9	8	1	优势
文化制造业营业收入	12	9	3	优势
文化批发零售业营业收入	12	10	2	优势
文化服务业企业营业收入	7	7	0	优势
图书和期刊出版数	7	8	-1	优势
电子出版物品种	9	11	-2	中势
印刷用纸量	13	8	5	优势
城镇居民人均文化娱乐支出	20	15	5	中势
农村居民人均文化娱乐支出	7	4	3	优势
城镇居民人均文化娱乐支出占消费性支出比重	18	16	2	中势
农村居民人均文化娱乐支出占消费性支出比重	14	17	-3	中势

6. 湖北省发展环境竞争力指标排名变化情况

表 17－10 2017～2018 年湖北省发展环境竞争力指标组排位及变化趋势

指　标	2017 年	2018 年	排位升降	优劣势
6　发展环境竞争力	10	12	－2	中势
6.1　基础设施竞争力	11	12	－1	中势
铁路网线密度	19	20	－1	中势
公路网线密度	8	7	1	优势
人均内河航道里程	4	4	0	优势
全社会旅客周转量	6	7	－1	优势
全社会货物周转量	11	11	0	中势
人均邮电业务总量	18	25	－7	劣势
电话普及率	25	27	－2	劣势
网站数	12	10	2	优势
人均耗电量	23	21	2	劣势
6.2　软环境竞争力	14	16	－2	中势
外资企业数增长率	1	14	－13	中势
万人外资企业数	12	11	1	中势
个体私营企业数增长率	21	18	3	中势
万人个体私营企业数	10	9	1	优势
万人商标注册件数	15	14	1	中势
查处商标侵权假冒案件	28	28	0	劣势
每十万人交通事故发生数	22	22	0	劣势
罚没收入占财政收入比重	17	19	－2	中势
社会捐赠款物	18	18	0	中势

7. 湖北省政府作用竞争力指标排名变化情况

表 17－11 2017～2018 年湖北省政府作用竞争力指标组排位及变化趋势

指　标	2017 年	2018 年	排位升降	优劣势
7　政府作用竞争力	19	14	5	中势
7.1　政府发展经济竞争力	8	8	0	优势
财政支出用于基本建设投资比重	8	7	1	优势
财政支出对 GDP 增长的拉动	8	7	1	优势
政府公务员对经济的贡献	10	10	0	优势
政府消费对民间消费的拉动	13	13	0	中势
财政投资对社会投资的拉动	19	15	4	中势

指　标	2017 年	2018 年	排位升降	优劣势
7.2　政府规调经济竞争力	25	13	12	中势
物价调控	16	9	7	优势
调控城乡消费差距	3	2	1	强势
统筹经济社会发展	11	11	0	中势
规范税收	30	19	11	中势
固定资产投资价格指数	19	31	−12	劣势
7.3　政府保障经济竞争力	22	20	2	中势
城镇职工养老保险收支比	8	8	0	优势
医疗保险覆盖率	21	19	2	中势
养老保险覆盖率	16	15	1	中势
失业保险覆盖率	21	19	2	中势
最低工资标准	10	11	−1	中势
城镇登记失业率	27	27	0	劣势

8. 湖北省发展水平竞争力指标排名变化情况

表 17 – 12　2017～2018 年湖北省发展水平竞争力指标组排位及变化趋势

指　标	2017 年	2018 年	排位升降	优劣势
8　发展水平竞争力	14	12	2	中势
8.1　工业化进程竞争力	13	10	3	优势
工业增加值占 GDP 比重	14	13	1	中势
工业增加值增长率	21	10	11	优势
高技术产业占工业增加值比重	15	11	4	中势
高技术产品占商品出口额比重	9	8	1	优势
信息产业增加值占 GDP 比重	15	14	1	中势
工农业增加值比值	20	19	1	中势
8.2　城市化进程竞争力	17	18	−1	中势
城镇化率	13	12	1	中势
城镇居民人均可支配收入	13	13	0	中势
城市平均建成区面积比重	18	17	1	中势
人均拥有道路面积	17	13	4	中势
人均日生活用水量	10	8	2	优势
人均公共绿地面积	28	25	3	劣势

续表

指　标	2017 年	2018 年	排位升降	优劣势
8.3 市场化进程竞争力	14	11	3	中势
非公有制经济产值占全社会总产值比重	14	12	2	中势
社会投资占投资总额比重	20	20	0	中势
私有和个体企业从业人员比重	8	3	5	强势
亿元以上商品市场成交额	14	16	−2	中势
亿元以上商品市场成交额占全社会消费品零售总额比重	20	21	−1	劣势
居民消费支出占总消费支出比重	13	13	0	中势

9. 湖北省统筹协调竞争力指标排名变化情况

表 17 – 13　2017 ~ 2018 年湖北省统筹协调竞争力指标组排位及变化趋势

指　标	2017 年	2018 年	排位升降	优劣势
9　统筹协调竞争力	10	9	1	优势
9.1　统筹发展竞争力	12	9	3	优势
社会劳动生产率	14	13	1	中势
能源使用下降率	8	16	−8	中势
万元 GDP 综合能耗下降率	5	12	−7	中势
非农用地产出率	11	11	0	中势
居民收入占 GDP 比重	9	6	3	优势
二三产业增加值比例	21	23	−2	劣势
固定资产投资额占 GDP 比重	17	19	−2	中势
固定资产投资增长率	15	6	9	优势
9.2　协调发展竞争力	10	7	3	优势
资源竞争力与宏观经济竞争力比差	21	21	0	劣势
环境竞争力与宏观经济竞争力比差	12	9	3	优势
人力资源竞争力与宏观经济竞争力比差	7	5	2	优势
环境竞争力与工业竞争力比差	22	24	−2	劣势
资源竞争力与工业竞争力比差	14	8	6	优势
城乡居民家庭人均收入比差	7	7	0	优势
城乡居民人均现金消费支出比差	3	2	1	强势
全社会消费品零售总额与外贸出口总额比差	22	23	−1	劣势

B.19

18

湖南省经济综合竞争力评价分析报告

　　湖南省简称湘，位于长江中下游南岸，东与江西为邻，北和湖北为界，西连四川、贵州，南接广东、广西，是我国东南部地区腹地。全省面积21万平方公里，2018年总人口为6899万人，全省地区生产总值达36426亿元，同比增长7.8%，人均GDP达52949元。本部分通过分析2017～2018年湖南省经济综合竞争力以及各要素竞争力的排名变化，从中找出湖南省经济综合竞争力的推动点及影响因素，为进一步提升湖南省经济综合竞争力提供决策参考。

18.1　湖南省经济综合竞争力总体分析

1. 湖南省经济综合竞争力一级指标概要分析

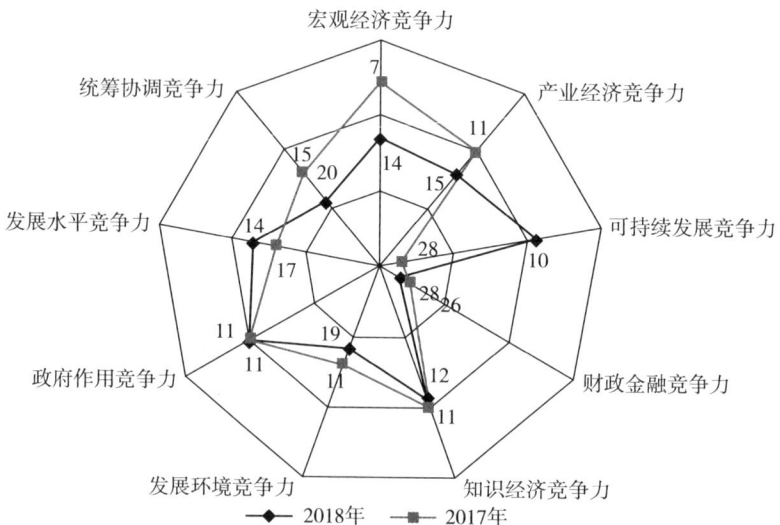

图 18-1　2017～2018 年湖南省经济综合竞争力二级指标比较雷达图

表18-1 2017~2018年湖南省经济综合竞争力二级指标比较

项目 年份	宏观经济竞争力	产业经济竞争力	可持续发展竞争力	财政金融竞争力	知识经济竞争力	发展环境竞争力	政府作用竞争力	发展水平竞争力	统筹协调竞争力	综合排位
2017	7	11	28	26	11	17	11	17	15	13
2018	14	15	10	28	12	19	11	14	20	16
升降	-7	-4	18	-2	-1	-2	0	3	-5	-3
优劣度	中势	中势	优势	劣势	中势	中势	中势	中势	中势	中势

（1）从综合排位变化比较看，2018年湖南省经济综合竞争力综合排位在全国处于第16位，表明其在全国处于中势地位；与2017年相比，综合排位下降3位。

（2）从指标所处区位看，有一个上游区的指标，即可持续发展竞争力，有1个下游区的指标，为财政金融竞争力，其他指标均处于中游区。

（3）从指标变化趋势看，9个二级指标中，有2个指标处于上升趋势，为可持续发展竞争力、发展水平竞争力，这些是湖南省经济综合竞争力的上升动力所在；有1个指标排位没有发生变化，为政府作用竞争力；有6个指标处于下降趋势，为宏观经济竞争力、产业经济竞争力、财政金融竞争力、知识经济竞争力、发展环境竞争力和统筹协调竞争力，这些是湖南省经济综合竞争力的下降拉力所在。

2. 湖南省经济综合竞争力各级指标动态变化分析

表18-2 2017~2018年湖南省经济综合竞争力各级指标排位变化态势比较

单位：个，%

二级指标	三级指标	四级指标数	上升		保持		下降		变化趋势
			指标数	比重	指标数	比重	指标数	比重	
宏观经济竞争力	经济实力竞争力	12	3	25.0	3	25.0	6	50.0	下降
	经济结构竞争力	6	1	16.7	4	66.7	1	16.7	保持
	经济外向度竞争力	9	2	22.2	3	33.3	4	44.4	下降
	小 计	27	6	22.2	10	37.0	11	40.7	下降

二级指标	三级指标	四级指标数	上升		保持		下降		变化趋势
			指标数	比重	指标数	比重	指标数	比重	
产业经济竞争力	农业竞争力	10	4	40.0	5	50.0	1	10.0	上升
	工业竞争力	10	0	0.0	2	20.0	8	80.0	下降
	服务业竞争力	10	3	30.0	5	50.0	2	20.0	下降
	企业竞争力	10	1	10.0	4	40.0	5	50.0	下降
	小　计	**40**	8	20.0	16	40.0	16	40.0	下降
可持续发展竞争力	资源竞争力	9	0	0.0	7	77.8	2	22.2	保持
	环境竞争力	8	1	12.5	6	75.0	1	12.5	上升
	人力资源竞争力	7	2	28.6	1	14.3	4	57.1	下降
	小　计	**24**	3	12.5	14	58.3	7	29.2	上升
财政金融竞争力	财政竞争力	12	2	16.7	5	41.7	5	41.7	上升
	金融竞争力	10	3	30.0	5	50.0	2	20.0	下降
	小　计	**22**	5	22.7	10	45.5	7	31.8	下降
知识经济竞争力	科技竞争力	9	2	22.2	5	55.6	2	22.2	保持
	教育竞争力	10	2	20.0	6	60.0	2	20.0	保持
	文化竞争力	10	3	30.0	3	30.0	4	40.0	保持
	小　计	**29**	7	24.1	14	48.3	8	27.6	下降
发展环境竞争力	基础设施竞争力	9	2	22.2	6	66.7	1	11.1	保持
	软环境竞争力	9	4	44.4	3	33.3	2	22.2	保持
	小　计	**18**	6	33.3	9	50.0	3	16.7	下降
政府作用竞争力	政府发展经济竞争力	5	3	60.0	1	20.0	1	20.0	上升
	政府规调经济竞争力	5	3	60.0	0	0.0	2	40.0	下降
	政府保障经济竞争力	6	1	16.7	2	33.3	3	50.0	上升
	小　计	**16**	7	43.8	3	18.8	6	37.5	保持
发展水平竞争力	工业化进程竞争力	6	3	50.0	0	0.0	3	50.0	上升
	城市化进程竞争力	6	3	50.0	2	33.3	1	16.7	上升
	市场化进程竞争力	6	5	83.3	1	16.7	0	0.0	上升
	小　计	**18**	11	61.1	3	16.7	4	22.2	上升
统筹协调竞争力	统筹发展竞争力	8	3	37.5	2	25.0	3	37.5	上升
	协调发展竞争力	8	4	50.0	1	12.5	3	37.5	下降
	小　计	**16**	7	43.8	3	18.8	6	37.5	下降
合　计		**210**	60	28.6	82	39.0	68	32.4	下降

从表 18-2 可以看出，210 个四级指标中，上升指标有 60 个，占指标总数的 28.6%；下降指标有 68 个，占指标总数的 32.4%；保持指标有 82 个，占指标总数的 39.0%。指标下降的拉力大于上升的动力，2017~2018 年湖南省经济综合竞争力排位处于下降趋势。

3. 湖南省经济综合竞争力各级指标优劣势结构分析

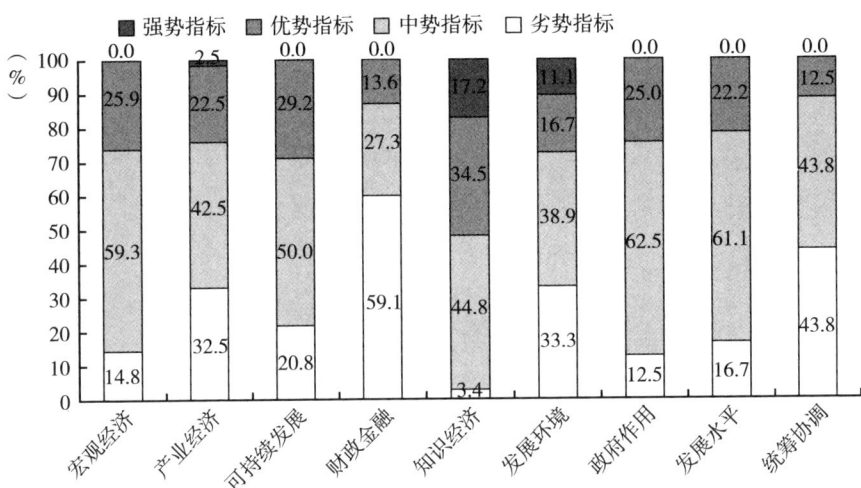

图 18-2 2018 年湖南省经济综合竞争力各级指标优劣势比较

表 18-3 2018 年湖南省经济综合竞争力各级指标优劣势比较

单位：个，%

二级指标	三级指标	四级指标数	强势指标		优势指标		中势指标		劣势指标		优劣势
			个数	比重	个数	比重	个数	比重	个数	比重	
宏观经济竞争力	经济实力竞争力	12	0	0.0	4	33.3	6	50.0	2	16.7	中势
	经济结构竞争力	6	0	0.0	1	16.7	4	66.7	1	16.7	中势
	经济外向度竞争力	9	0	0.0	2	22.2	6	66.7	1	11.1	中势
	小 计	27	0	0.0	7	25.9	16	59.3	4	14.8	中势
产业经济竞争力	农业竞争力	10	0	0.0	2	20.0	6	60.0	2	20.0	优势
	工业竞争力	10	0	0.0	0	0.0	6	60.0	4	40.0	中势
	服务业竞争力	10	1	10.0	3	30.0	5	50.0	1	10.0	中势
	企业竞争力	10	0	0.0	4	40.0	0	0.0	6	60.0	中势
	小 计	40	1	2.5	9	22.5	17	42.5	13	32.5	中势

续表

二级指标	三级指标	四级指标数	强势指标		优势指标		中势指标		劣势指标		优劣势
			个数	比重	个数	比重	个数	比重	个数	比重	
可持续发展竞争力	资源竞争力	9	0	0.0	0	0.0	7	77.8	2	22.2	劣势
	环境竞争力	8	0	0.0	4	50.0	3	37.5	1	12.5	优势
	人力资源竞争力	7	0	0.0	3	42.9	2	28.6	2	28.6	中势
	小　计	**24**	0	0.0	7	29.2	12	50.0	5	20.8	优势
财政金融竞争力	财政竞争力	12	0	0.0	1	8.3	3	25.0	8	66.7	劣势
	金融竞争力	10	0	0.0	2	20.0	3	30.0	5	50.0	劣势
	小　计	**22**	0	0.0	3	13.6	6	27.3	13	59.1	劣势
知识经济竞争力	科技竞争力	9	0	0.0	3	33.3	6	66.7	0	0.0	中势
	教育竞争力	10	1	10.0	3	30.0	5	50.0	1	10.0	中势
	文化竞争力	10	4	40.0	4	40.0	2	20.0	0	0.0	优势
	小　计	**29**	5	17.2	10	34.5	13	44.8	1	3.4	中势
发展环境竞争力	基础设施竞争力	9	1	11.1	1	11.1	4	44.4	3	33.3	中势
	软环境竞争力	9	1	11.1	2	22.2	3	33.3	3	33.3	劣势
	小　计	**18**	2	11.1	3	16.7	7	38.9	6	33.3	中势
政府作用竞争力	政府发展经济竞争力	5	0	0.0	2	40.0	3	60.0	0	0.0	中势
	政府规调经济竞争力	5	0	0.0	0	0.0	4	80.0	1	20.0	中势
	政府保障经济竞争力	6	0	0.0	2	33.3	3	50.0	1	16.7	中势
	小　计	**16**	0	0.0	4	25.0	10	62.5	2	12.5	中势
发展水平竞争力	工业化进程竞争力	6	0	0.0	1	16.7	4	66.7	1	16.7	中势
	城市化进程竞争力	6	0	0.0	1	16.7	4	66.7	1	16.7	中势
	市场化进程竞争力	6	0	0.0	2	33.3	3	50.0	1	16.7	中势
	小　计	**18**	0	0.0	4	22.2	11	61.1	3	16.7	中势
统筹协调竞争力	统筹发展竞争力	8	0	0.0	2	25.0	4	50.0	2	25.0	中势
	协调发展竞争力	8	0	0.0	0	0.0	3	37.5	5	62.5	劣势
	小　计	**16**	0	0.0	2	12.5	7	43.8	7	43.8	中势
合　计		**210**	8	3.8	49	23.3	99	47.1	54	25.7	中势

　　基于图18-2和表18-3，从四级指标来看，强势指标8个，占指标总数的3.8%；优势指标49个，占指标总数的23.3%；中势指标99个，占指标总数的47.1%；劣势指标54个，占指标总数的25.7%。从三级指标来看，没有强势指标；优势指标3个，占三级指标总数的12%；中势指标17个，占三级指标总数的68%；劣势指标5个，占三级指标总数的20%。反

映到二级指标上来，没有强势指标，优势指标和劣势指标各有一个，其余为中势指标。综合来看，由于中势指标在指标体系中居于主导地位，2018年湖南省经济综合竞争力处于中势地位。

4. 湖南省经济综合竞争力四级指标优劣势对比分析

表18-4　2018年湖南省经济综合竞争力各级指标优劣势比较

二级指标	优劣势	四级指标
宏观经济竞争力（27个）	强势指标	（0个）
	优势指标	地区生产总值、地区生产总值增长率、固定资产投资额、全社会消费品零售总额、所有制经济结构优化度、出口增长率、实际FDI（7个）
	劣势指标	财政总收入增长率、人均财政收入、贸易结构优化度、外贸依存度（4个）
产业经济竞争力（40个）	强势指标	限额以上批零企业利税率（1个）
	优势指标	农业增加值、农业机械化水平、服务业增加值、服务业增加值增长率、商品房销售收入、规模以上工业企业数、新产品销售收入占主营业务收入比重、工业企业R&D经费投入强度、中国驰名商标持有量（9个）
	劣势指标	农民人均纯收入增长率、农村人均用电量、工业增加值增长率、工业资产总额增长率、工业全员劳动生产率、工业收入利润率、限额以上餐饮企业利税率、规模以上企业平均资产、规模以上企业平均收入、规模以上企业平均利润、规模以上企业劳动效率、城镇就业人员平均工资、产品质量抽查合格率（13个）
可持续发展竞争力（24个）	强势指标	（0个）
	优势指标	森林覆盖率、人均工业废气排放量、人均工业固体废物排放量、一般工业固体废物综合利用率、文盲率、人口健康素质、职业学校毕业生数（7个）
	劣势指标	人均耕地面积、人均主要能源矿产基础储量、人均治理工业污染投资额、15～64岁人口比例、大专以上教育程度人口比例（5个）
财政金融竞争力（22个）	强势指标	（0个）
	优势指标	地方财政支出、保险费净收入、国内上市公司数（3个）
	劣势指标	地方财政收入占GDP比重、地方财政支出占GDP比重、税收收入占GDP比重、税收收入占财政总收入比重、人均地方财政收入、人均地方财政支出、人均税收收入、地方财政收入增长率、人均存款余额、人均贷款余额、中长期贷款占贷款余额比重、保险密度、保险深度（13个）
知识经济竞争力（29个）	强势指标	人均文化教育支出、城镇居民人均文化娱乐支出、农村居民人均文化娱乐支出、城镇居民人均文化娱乐支出占消费性支出比重、农村居民人均文化娱乐支出占消费性支出比重（5个）
	优势指标	R&D人员、R&D经费、R&D经费投入强度、教育经费、高等学校数、高校专任教师数、文化制造业营业收入、文化服务业企业营业收入、图书和期刊出版数、印刷用纸量（10个）
	劣势指标	人均教育经费（1个）

续表

二级指标	优劣势	四级指标
发展环境竞争力(18个)	强势指标	人均内河航道里程、外资企业数增长率(2个)
	优势指标	全社会旅客周转量、个体私营企业数增长率、每十万人交通事故发生数(3个)
	劣势指标	人均邮电业务总量、电话普及率、人均耗电量、万人个体私营企业数、查处商标侵权假冒案件、罚没收入占财政收入比重(6个)
政府作用竞争力(16个)	强势指标	(0个)
	优势指标	财政支出对GDP增长的拉动、财政投资对社会投资的拉动、城镇职工养老保险收支比、城镇登记失业率(4个)
	劣势指标	规范税收、最低工资标准(2个)
发展水平竞争力(18个)	强势指标	(0个)
	优势指标	高技术产业占工业增加值比重、人均日生活用水量、非公有制经济产值占全社会总产值比重、亿元以上商品市场成交额(4个)
	劣势指标	工业增加值增长率、人均公共绿地面积、私有和个体企业从业人员比重(3个)
统筹协调竞争力(16个)	强势指标	(0个)
	优势指标	万元GDP综合能耗下降率、二三产业增加值比例(2个)
	劣势指标	居民收入占GDP比重、固定资产投资额占GDP比重、资源竞争力与宏观经济竞争力比差、环境竞争力与宏观经济竞争力比差、环境竞争力与工业竞争力比差、资源竞争力与工业竞争力比差、全社会消费品零售总额与外贸出口总额比差(7个)

18.2 湖南省经济综合竞争力各级指标具体分析

1. 湖南省宏观经济竞争力指标排名变化情况

表18-5 2017～2018年湖南省宏观经济竞争力指标组排位及变化趋势

指　标	2017年	2018年	排位升降	优劣势
1 宏观经济竞争力	7	14	-7	中势
1.1 经济实力竞争力	8	13	-5	中势
地区生产总值	9	8	1	优势
地区生产总值增长率	9	9	0	优势
人均地区生产总值	16	16	0	中势

指 标	2017 年	2018 年	排位升降	优劣势
财政总收入	7	13	-6	中势
财政总收入增长率	1	30	-29	劣势
人均财政收入	11	22	-11	劣势
固定资产投资额	7	8	-1	优势
固定资产投资额增长率	8	11	-3	中势
人均固定资产投资额	17	13	4	中势
全社会消费品零售总额	9	9	0	优势
全社会消费品零售总额增长率	16	11	5	中势
人均全社会消费品零售总额	15	16	-1	中势
1.2 经济结构竞争力	14	14	0	中势
产业结构优化度	12	12	0	中势
所有制经济结构优化度	7	6	1	优势
城乡经济结构优化度	20	20	0	中势
就业结构优化度	13	15	-2	中势
资本形成结构优化度	15	15	0	中势
贸易结构优化度	21	21	0	劣势
1.3 经济外向度竞争力	9	17	-8	中势
进出口总额	20	19	1	中势
进出口增长率	5	12	-7	中势
出口总额	18	18	0	中势
出口增长率	6	9	-3	优势
实际 FDI	10	10	0	优势
实际 FDI 增长率	2	19	-17	中势
外贸依存度	27	27	0	劣势
外资企业数	14	12	2	中势
对外直接投资额	11	15	-4	中势

2. 湖南省产业经济竞争力指标排名变化情况

表 18-6 2017~2018 年湖南省产业经济竞争力指标组排位及变化趋势

指 标	2017 年	2018 年	排位升降	优劣势
2 产业经济竞争力	11	15	-4	中势
2.1 农业竞争力	12	9	3	优势
农业增加值	8	8	0	优势
农业增加值增长率	20	13	7	中势
人均农业增加值	17	17	0	中势

指　　标	2017 年	2018 年	排位升降	优劣势
农民人均纯收入	13	12	1	中势
农民人均纯收入增长率	22	22	0	劣势
农产品出口占农林牧渔总产值比重	22	20	2	中势
人均主要农产品产量	13	13	0	中势
农业机械化水平	5	5	0	优势
农村人均用电量	26	27	−1	劣势
财政支农资金比重	17	14	3	中势
2.2　工业竞争力	14	18	−4	中势
工业增加值	9	11	−2	中势
工业增加值增长率	14	27	−13	劣势
人均工业增加值	17	19	−2	中势
工业资产总额	17	17	0	中势
工业资产总额增长率	5	26	−21	劣势
规模以上工业主营业务收入	11	12	−1	中势
工业成本费用率	9	15	−6	中势
规模以上工业利润总额	14	14	0	中势
工业全员劳动生产率	19	21	−2	劣势
工业收入利润率	25	28	−3	劣势
2.3　服务业竞争力	12	13	−1	中势
服务业增加值	9	9	0	优势
服务业增加值增长率	4	7	−3	优势
人均服务业增加值	15	15	0	中势
服务业从业人员数	14	14	0	中势
限额以上批发零售企业主营业务收入	16	16	0	中势
限额以上批零企业利税率	4	3	1	强势
限额以上餐饮企业利税率	24	26	−2	劣势
旅游外汇收入	17	15	2	中势
商品房销售收入	12	10	2	优势
电子商务销售额	14	14	0	中势
2.4　企业竞争力	10	17	−7	中势
规模以上工业企业数	8	8	0	优势
规模以上企业平均资产	30	31	−1	劣势
规模以上企业平均收入	26	26	0	劣势
规模以上企业平均利润	26	30	−4	劣势
规模以上企业劳动效率	22	25	−3	劣势
城镇就业人员平均工资	23	24	−1	劣势
新产品销售收入占主营业务收入比重	6	6	0	优势
产品质量抽查合格率	17	28	−11	劣势
工业企业 R&D 经费投入强度	8	6	2	优势
中国驰名商标持有量	6	6	0	优势

3. 湖南省可持续发展竞争力指标排名变化情况

表18-7　2017～2018年湖南省可持续发展竞争力指标组排位及变化趋势

指　　标	2017年	2018年	排位升降	优劣势
3　可持续发展竞争力	28	10	18	优势
3.1　资源竞争力	27	27	0	劣势
人均国土面积	20	20	0	中势
人均可使用海域和滩涂面积	13	13	0	中势
人均年水资源量	10	12	-2	中势
耕地面积	17	17	0	中势
人均耕地面积	24	24	0	劣势
人均牧草地面积	17	17	0	中势
主要能源矿产基础储量	20	20	0	中势
人均主要能源矿产基础储量	25	25	0	劣势
人均森林储积量	18	19	-1	中势
3.2　环境竞争力	26	6	20	优势
森林覆盖率	8	8	0	优势
人均废水排放量	15	15	0	中势
人均工业废气排放量	4	4	0	优势
人均工业固体废物排放量	6	6	0	优势
人均治理工业污染投资额	29	29	0	劣势
一般工业固体废物综合利用率	7	7	0	优势
生活垃圾无害化处理率	11	12	-1	中势
自然灾害直接经济损失	31	19	12	中势
3.3　人力资源竞争力	14	15	-1	中势
常住人口增长率	19	14	5	中势
15～64岁人口比例	24	28	-4	劣势
文盲率	9	9	0	优势
大专以上教育程度人口比例	21	24	-3	劣势
平均受教育程度	12	14	-2	中势
人口健康素质	3	4	-1	优势
职业学校毕业生数	9	8	1	优势

4. 湖南省财政金融竞争力指标排名变化情况

表 18 – 8 2017～2018 年湖南省财政金融竞争力指标组排位及变化趋势

指标	2017 年	2018 年	排位升降	优劣势
4 财政金融竞争力	26	28	− 2	劣势
4.1 财政竞争力	29	26	3	劣势
地方财政收入	13	13	0	中势
地方财政支出	8	9	− 1	优势
地方财政收入占 GDP 比重	28	29	− 1	劣势
地方财政支出占 GDP 比重	22	23	− 1	劣势
税收收入占 GDP 比重	31	31	0	劣势
税收收入占财政总收入比重	31	28	3	劣势
人均地方财政收入	26	26	0	劣势
人均地方财政支出	27	26	1	劣势
人均税收收入	27	27	0	劣势
地方财政收入增长率	26	26	0	劣势
地方财政支出增长率	16	17	− 1	中势
税收收入增长率	4	13	− 9	中势
4.2 金融竞争力	17	27	− 10	劣势
存款余额	12	13	− 1	中势
人均存款余额	26	26	0	劣势
贷款余额	14	14	0	中势
人均贷款余额	30	30	0	劣势
中长期贷款占贷款余额比重	6	31	− 25	劣势
保险费净收入	12	10	2	优势
保险密度	24	24	0	劣势
保险深度	25	22	3	劣势
国内上市公司数	9	9	0	优势
国内上市公司市值	13	11	2	中势

5. 湖南省知识经济竞争力指标排名变化情况

表 18 – 9 2017～2018 年湖南省知识经济竞争力指标组排位及变化趋势

指标	2017 年	2018 年	排位升降	优劣势
5 知识经济竞争力	11	12	− 1	中势
5.1 科技竞争力	15	15	0	中势
R&D 人员	9	9	0	优势
R&D 经费	8	9	− 1	优势

续表

指　标	2017 年	2018 年	排位升降	优劣势
R&D 经费投入强度	9	9	0	优势
发明专利授权量	13	13	0	中势
技术市场成交合同金额	14	14	0	中势
财政科技支出占地方财政支出比重	18	14	4	中势
高技术产业主营业务收入	14	14	0	中势
高技术产业收入占工业增加值比重	16	17	−1	中势
高技术产品出口额占商品出口额比重	16	15	1	中势
5.2 教育竞争力	11	11	0	中势
教育经费	8	8	0	优势
教育经费占 GDP 比重	20	20	0	中势
人均教育经费	27	27	0	劣势
公共教育经费占财政支出比重	14	15	−1	中势
人均文化教育支出	4	3	1	强势
万人中小学学校数	15	15	0	中势
万人中小学专任教师数	9	11	−2	中势
高等学校数	10	10	0	优势
高校专任教师数	8	8	0	优势
万人高等学校在校学生数	14	12	2	中势
5.3 文化竞争力	7	7	0	优势
文化制造业营业收入	7	6	1	优势
文化批发零售业营业收入	11	11	0	中势
文化服务业企业营业收入	10	9	1	优势
图书和期刊出版数	3	4	−1	优势
电子出版物品种	12	13	−1	中势
印刷用纸量	11	9	2	优势
城镇居民人均文化娱乐支出	3	3	0	强势
农村居民人均文化娱乐支出	1	3	−2	强势
城镇居民人均文化娱乐支出占消费性支出比重	1	1	0	强势
农村居民人均文化娱乐支出占消费性支出比重	1	3	−2	强势

6. 湖南省发展环境竞争力指标排名变化情况

表 18 - 10　2017～2018 年湖南省发展环境竞争力指标组排位及变化趋势

指　标		2017 年	2018 年	排位升降	优劣势
6　发展环境竞争力		17	19	-2	中势
6.1	基础设施竞争力	15	15	0	中势
	铁路网线密度	20	19	1	中势
	公路网线密度	12	12	0	中势
	人均内河航道里程	3	3	0	强势
	全社会旅客周转量	4	4	0	优势
	全社会货物周转量	14	16	-2	中势
	人均邮电业务总量	29	26	3	劣势
	电话普及率	29	29	0	劣势
	网站数	13	13	0	中势
	人均耗电量	30	30	0	劣势
6.2	软环境竞争力	25	25	0	劣势
	外资企业数增长率	2	3	-1	强势
	万人外资企业数	19	19	0	中势
	个体私营企业数增长率	9	6	3	优势
	万人个体私营企业数	31	29	2	劣势
	万人商标注册件数	20	18	2	中势
	查处商标侵权假冒案件	22	22	0	劣势
	每十万人交通事故发生数	5	5	0	优势
	罚没收入占财政收入比重	27	28	-1	劣势
	社会捐赠款物	17	15	2	中势

7. 湖南省政府作用竞争力指标排名变化情况

表 18 - 11　2017～2018 年湖南省政府作用竞争力指标组排位及变化趋势

指　标		2017 年	2018 年	排位升降	优劣势
7　政府作用竞争力		11	11	0	中势
7.1	政府发展经济竞争力	14	12	2	中势
	财政支出用于基本建设投资比重	16	19	-3	中势
	财政支出对 GDP 增长的拉动	10	9	1	优势
	政府公务员对经济的贡献	13	12	1	中势
	政府消费对民间消费的拉动	18	18	0	中势
	财政投资对社会投资的拉动	9	5	4	优势

续表

指 标	2017 年	2018 年	排位升降	优劣势
7.2 政府规调经济竞争力	9	12	−3	中势
物价调控	12	11	1	中势
调控城乡消费差距	14	13	1	中势
统筹经济社会发展	17	18	−1	中势
规范税收	12	24	−12	劣势
固定资产投资价格指数	16	13	3	中势
7.3 政府保障经济竞争力	16	15	1	中势
城镇职工养老保险收支比	10	10	0	优势
医疗保险覆盖率	20	20	0	中势
养老保险覆盖率	14	12	2	中势
失业保险覆盖率	12	14	−2	中势
最低工资标准	21	28	−7	劣势
城镇登记失业率	3	6	−3	优势

8. 湖南省发展水平竞争力指标排名变化情况

表 18−12 2017~2018 年湖南省发展水平竞争力指标组排位及变化趋势

指 标	2017 年	2018 年	排位升降	优劣势
8 发展水平竞争力	17	14	3	中势
8.1 工业化进程竞争力	17	15	2	中势
工业增加值占 GDP 比重	15	14	1	中势
工业增加值增长率	18	27	−9	劣势
高技术产业占工业增加值比重	16	8	8	优势
高技术产品占商品出口额比重	18	15	3	中势
信息产业增加值占 GDP 比重	16	17	−1	中势
工农业增加值比值	18	20	−2	中势
8.2 城市化进程竞争力	20	17	3	中势
城镇化率	20	20	0	中势
城镇居民人均可支配收入	11	11	0	中势
城市平均建成区面积比重	8	15	−7	中势
人均拥有道路面积	23	14	9	中势
人均日生活用水量	15	4	11	优势
人均公共绿地面积	29	27	2	劣势

指　　标	2017 年	2018 年	排位升降	优劣势
8.3　市场化进程竞争力	15	12	3	中势
非公有制经济产值占全社会总产值比重	7	6	1	优势
社会投资占投资总额比重	21	15	6	中势
私有和个体企业从业人员比重	29	23	6	劣势
亿元以上商品市场成交额	8	7	1	优势
亿元以上商品市场成交额占全社会消费品零售总额比重	13	12	1	中势
居民消费支出占总消费支出比重	18	18	0	中势

9. 湖南省统筹协调竞争力指标排名变化情况

表 18 - 13　2017～2018 年湖南省统筹协调竞争力指标组排位及变化趋势

指　　标	2017 年	2018 年	排位升降	优劣势
9　统筹协调竞争力	15	20	-5	中势
9.1　统筹发展竞争力	16	12	4	中势
社会劳动生产率	16	16	0	中势
能源使用下降率	12	13	-1	中势
万元 GDP 综合能耗下降率	10	6	4	优势
非农用地产出率	13	14	-1	中势
居民收入占 GDP 比重	22	22	0	劣势
二三产业增加值比例	14	10	4	优势
固定资产投资额占 GDP 比重	18	21	-3	劣势
固定资产投资增长率	24	11	13	中势
9.2　协调发展竞争力	18	23	-5	劣势
资源竞争力与宏观经济竞争力比差	25	24	1	劣势
环境竞争力与宏观经济竞争力比差	5	21	-16	劣势
人力资源竞争力与宏观经济竞争力比差	1	11	-10	中势
环境竞争力与工业竞争力比差	24	23	1	劣势
资源竞争力与工业竞争力比差	11	24	-13	劣势
城乡居民家庭人均收入比差	20	20	0	中势
城乡居民人均现金消费支出比差	14	13	1	中势
全社会消费品零售总额与外贸出口总额比差	23	21	2	劣势

广东省经济综合竞争力评价分析报告

广东省简称粤，北接湖南省、江西省，东连福建省，西邻广西壮族自治区，南隔琼州海峡与海南省相望。全省土地总面积 17.8 万平方公里，2018 年总人口为 11346 万人，全省地区生产总值达 97278 亿元，同比增长 6.8%，人均 GDP 达 86412 元。本部分通过分析 2017～2018 年广东省经济综合竞争力以及各要素竞争力的排名变化，从中找出广东省经济综合竞争力的推动点及影响因素，为进一步提升广东省经济综合竞争力提供决策参考。

19.1 广东省经济综合竞争力总体分析

1. 广东省经济综合竞争力一级指标概要分析

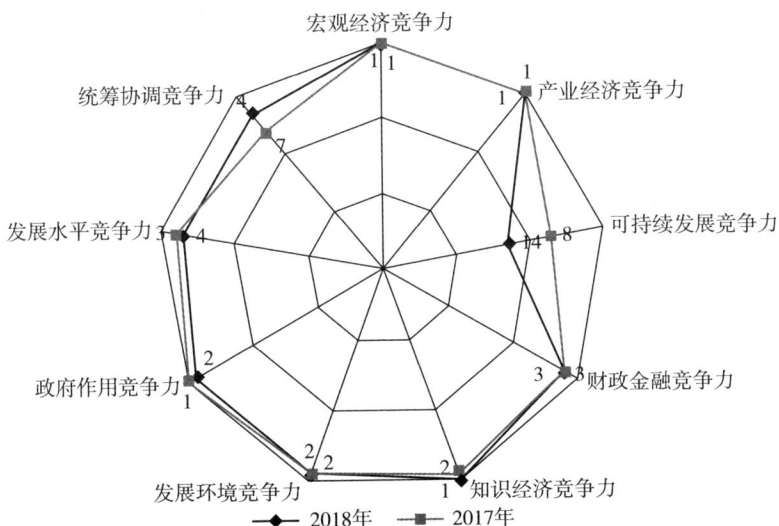

图 19 – 1　2017～2018 年广东省经济综合竞争力二级指标比较

表 19 - 1   2017～2018 年广东省经济综合竞争力二级指标表现情况

项目 年份	宏观经济竞争力	产业经济竞争力	可持续发展竞争力	财政金融竞争力	知识经济竞争力	发展环境竞争力	政府作用竞争力	发展水平竞争力	统筹协调竞争力	综合排位
2017	1	1	8	3	2	2	1	3	7	1
2018	1	1	14	3	1	2	2	4	4	1
升降	0	0	-6	0	1	0	-1	-1	3	0
优劣度	强势	强势	中势	强势	强势	强势	强势	优势	优势	强势

（1）从综合排位看，2018 年广东省经济综合竞争力综合排位在全国居第 1 位，这表明其在全国处于强势地位；近两年来，综合排位稳居第 1 位。

（2）从指标所处区位看，有 8 个指标处于上游区，其中宏观经济竞争力、产业经济竞争力、财政金融竞争力、知识经济竞争力、发展环境竞争力、政府作用竞争力 6 个指标为广东省经济综合竞争力的强势指标，发展水平竞争力和统筹协调竞争力为广东省经济综合竞争力的优势指标；而可持续发展竞争力则处于中游区。

（3）从指标变化趋势看，9 个二级指标中，有 2 个指标处于上升趋势，分别为知识经济竞争力和统筹协调竞争力，这些是广东省经济综合竞争力的上升动力所在；有 3 个指标处于下降趋势，分别为可持续发展竞争力、政府作用竞争力、发展水平竞争力，这些是广东省经济综合竞争力的下降拉力所在；其余 4 个指标排位没有发生变化，其中宏观经济竞争力和产业经济竞争力 2 个二级指标排位保持在第 1 位。

2. 广东省经济综合竞争力各级指标动态变化分析

表 19 - 2   2017～2018 年广东省经济综合竞争力各级指标排位变化情况

单位：个，%

二级指标	三级指标	四级指标数	上升		保持		下降		变化趋势
			指标数	比重	指标数	比重	指标数	比重	
宏观经济竞争力	经济实力竞争力	12	4	33.3	5	41.7	3	25.0	保持
	经济结构竞争力	6	1	16.7	5	83.3	0	0.0	保持
	经济外向度竞争力	9	1	11.1	6	66.7	2	22.2	保持
	小　计	27	6	22.2	16	59.3	5	18.5	保持

续表

二级指标	三级指标	四级指标数	上升		保持		下降		变化趋势
			指标数	比重	指标数	比重	指标数	比重	
产业经济竞争力	农业竞争力	10	3	30.0	7	70.0	0	0.0	上升
	工业竞争力	10	6	60.0	2	20.0	2	20.0	保持
	服务业竞争力	10	2	20.0	8	80.0	0	0.0	保持
	企业竞争力	10	6	60.0	3	30.0	1	10.0	上升
	小　计	40	17	42.5	20	50.0	3	7.5	保持
可持续发展竞争力	资源竞争力	9	0	0.0	8	88.9	1	11.1	保持
	环境竞争力	8	1	12.5	6	75.0	1	12.5	上升
	人力资源竞争力	7	0	0.0	1	14.3	6	85.7	保持
	小　计	24	1	4.2	15	62.5	8	33.3	下降
财政金融竞争力	财政竞争力	12	0	0.0	6	50.0	6	50.0	下降
	金融竞争力	10	1	10.0	7	70.0	2	20.0	保持
	小　计	22	1	4.5	13	59.1	8	36.4	保持
知识经济竞争力	科技竞争力	9	4	44.4	5	55.6	0	0.0	保持
	教育竞争力	10	4	40.0	5	50.0	1	10.0	保持
	文化竞争力	10	5	50.0	3	30.0	2	20.0	上升
	小　计	29	13	44.8	13	44.8	3	10.3	上升
发展环境竞争力	基础设施竞争力	9	2	22.2	7	77.8	0	0.0	保持
	软环境竞争力	9	3	33.3	5	55.6	1	11.1	上升
	小　计	18	5	27.8	12	66.7	1	5.6	保持
政府作用竞争力	政府发展经济竞争力	5	1	20.0	3	60.0	1	20.0	保持
	政府规调经济竞争力	5	2	40.0	1	20.0	2	40.0	下降
	政府保障经济竞争力	6	2	33.3	3	50.0	1	16.7	保持
	小　计	16	5	31.3	7	43.8	4	25.0	下降
发展水平竞争力	工业化进程竞争力	6	2	33.3	1	16.7	3	50.0	下降
	城市化进程竞争力	6	1	16.7	4	66.7	1	16.7	上升
	市场化进程竞争力	6	1	16.7	2	33.3	3	50.0	下降
	小　计	18	4	22.2	7	38.9	7	38.9	下降
统筹协调竞争力	统筹发展竞争力	8	3	37.5	3	37.5	2	25.0	保持
	协调发展竞争力	8	2	25.0	2	25.0	4	50.0	上升
	小　计	16	5	31.3	5	31.3	6	37.5	上升
合　计		210	57	27.1	108	51.4	45	21.4	保持

从表 19 - 2 可以看出，210 个四级指标中，上升指标有 57 个，占指标总数的 27.1%；下降指标有 45 个，占指标总数的 21.4%；保持不变的指标

有108个，占指标总数的51.4%。综上所述，广东省经济综合竞争力的上升动力大于下降拉力，且排位保持不变的指标占较大比重，2017～2018年广东省经济综合竞争力排位稳定保持第1位。

3. 广东省经济综合竞争力各级指标优劣势结构分析

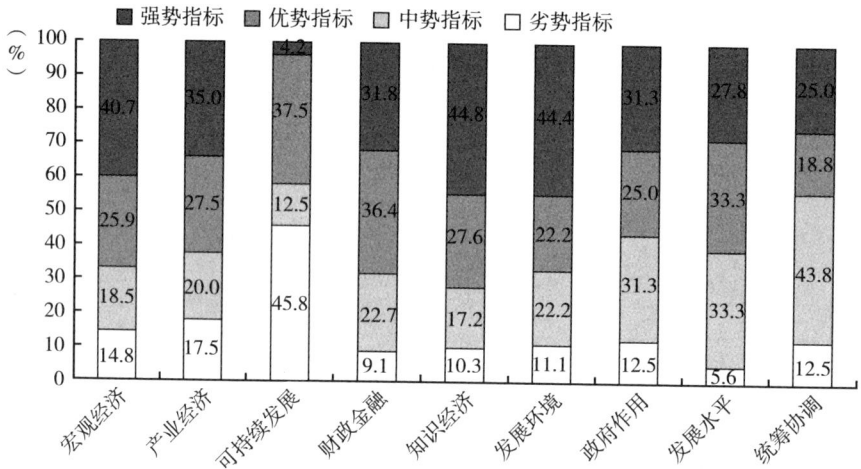

图19-2 2018年广东省经济综合竞争力各级指标优劣势比较

表19-3 2018年广东省经济综合竞争力各级指标优劣势情况

单位：个，%

二级指标	三级指标	四级指标数	强势指标		优势指标		中势指标		劣势指标		优劣势
			个数	比重	个数	比重	个数	比重	个数	比重	
宏观经济竞争力	经济实力竞争力	12	3	25.0	5	41.7	3	25.0	1	8.3	强势
	经济结构竞争力	6	2	33.3	2	33.3	2	33.3	0	0.0	强势
	经济外向度竞争力	9	6	66.7	0	0.0	0	0.0	3	33.3	强势
	小　计	27	11	40.7	7	25.9	5	18.5	4	14.8	强势
产业经济竞争力	农业竞争力	10	0	0.0	5	50.0	3	30.0	2	20.0	中势
	工业竞争力	10	4	40.0	3	30.0	1	10.0	2	20.0	强势
	服务业竞争力	10	6	60.0	2	20.0	1	10.0	1	10.0	强势
	企业竞争力	10	4	40.0	1	10.0	3	30.0	2	20.0	强势
	小　计	40	14	35.0	11	27.5	8	20.0	7	17.5	强势

续表

二级指标	三级指标	四级指标数	强势指标		优势指标		中势指标		劣势指标		优劣势
			个数	比重	个数	比重	个数	比重	个数	比重	
可持续发展竞争力	资源竞争力	9	0	0.0	1	11.1	1	11.1	7	77.8	劣势
	环境竞争力	8	0	0.0	4	50.0	2	25.0	2	25.0	中势
	人力资源竞争力	7	1	14.3	4	57.1	0	0.0	2	28.6	强势
	小　计	24	1	4.2	9	37.5	3	12.5	11	45.8	中势
财政金融竞争力	财政竞争力	12	2	16.7	5	41.7	3	25.0	2	16.7	优势
	金融竞争力	10	5	50.0	3	30.0	2	20.0	0	0.0	强势
	小　计	22	7	31.8	8	36.4	5	22.7	2	9.1	强势
知识经济竞争力	科技竞争力	9	8	88.9	0	0.0	1	11.1	0	0.0	强势
	教育竞争力	10	1	10.0	4	40.0	4	40.0	1	10.0	优势
	文化竞争力	10	4	40.0	4	40.0	0	0.0	2	20.0	强势
	小　计	29	13	44.8	8	27.6	5	17.2	3	10.3	强势
发展环境竞争力	基础设施竞争力	9	5	55.6	1	11.1	3	33.3	0	0.0	强势
	软环境竞争力	9	3	33.3	3	33.3	1	11.1	2	22.2	强势
	小　计	18	8	44.4	4	22.2	4	22.2	2	11.1	强势
政府作用竞争力	政府发展经济竞争力	5	0	0.0	3	60.0	2	40.0	0	0.0	优势
	政府规调经济竞争力	5	1	20.0	1	20.0	2	40.0	1	20.0	优势
	政府保障经济竞争力	6	4	66.7	0	0.0	1	16.7	1	16.7	强势
	小　计	16	5	31.3	4	25.0	5	31.3	2	12.5	强势
发展水平竞争力	工业化进程竞争力	6	2	33.3	2	33.3	2	33.3	0	0.0	强势
	城市化进程竞争力	6	2	33.3	2	33.3	1	16.7	1	16.7	强势
	市场化进程竞争力	6	1	16.7	2	33.3	3	50.0	0	0.0	优势
	小　计	18	5	27.8	6	33.3	6	33.3	1	5.6	优势
统筹协调竞争力	统筹发展竞争力	8	2	25.0	2	25.0	4	50.0	0	0.0	优势
	协调发展竞争力	8	2	25.0	1	12.5	3	37.5	2	25.0	优势
	小　计	16	4	25.0	3	18.8	7	43.8	2	12.5	优势
合　计		210	68	32.4	60	28.6	48	22.9	34	16.2	强势

基于图 19 - 2 和表 19 - 3，具体到四级指标，强势指标 68 个，占指标总数的 32.4%；优势指标 60 个，占指标总数的 28.6%；中势指标 48 个，占指标总数的 22.9%；劣势指标 34 个，占指标总数的 16.2%。三级指标中，强势指标 15 个，占三级指标总数的 60%；优势指标 7 个，占三级指标总数的 28%；中势指标 2 个，占三级指标总数的 8%；劣势指标 1 个，占三

级指标总数的4%。从二级指标看，强势指标6个，占二级指标总数的66.7%；优势指标有2个，占二级指标总数的22.2%；中势指标有1个，占二级指标总数的11.1%。综合来看，由于强势指标在指标体系中居主导地位，2018年广东省经济综合竞争力处于强势地位。

4. 广东省经济综合竞争力四级指标优劣势对比分析

表19-4 2018年广东省经济综合竞争力各级指标优劣势情况

二级指标	优劣势	四级指标
宏观经济竞争力（27个）	强势指标	地区生产总值、财政总收入、全社会消费品零售总额、所有制经济结构优化度、贸易结构优化度、进出口总额、出口总额、实际FDI、外贸依存度、外资企业数、对外直接投资额（11个）
	优势指标	人均地区生产总值、人均财政收入、固定资产投资额、固定资产投资额增长率、人均全社会消费品零售总额、产业结构优化度、就业结构优化度（7个）
	劣势指标	人均固定资产投资额、进出口增长率、出口增长率、实际FDI增长率（4个）
产业经济竞争力（40个）	强势指标	工业增加值、工业资产总额、规模以上工业主营业务收入、规模以上工业利润总额、服务业增加值、服务业从业人员数、限额以上批发零售企业主营业务收入、旅游外汇收入、商品房销售收入、电子商务销售额、规模以上工业企业数、新产品销售收入占主营业务收入比重、工业企业R&D经费投入强度、中国驰名商标持有量（14个）
	优势指标	农业增加值、农业增加值增长率、农民人均纯收入、农产品出口占农林牧渔总产值比重、农村人均用电量、人均工业增加值、工业资产总额增长率、工业成本费用率、人均服务业增加值、限额以上餐饮企业利税率、城镇就业人员平均工资（11个）
	劣势指标	人均主要农产品产量、财政支农资金比重、工业全员劳动生产率、工业收入利润率、限额以上批零企业利税率、规模以上企业平均资产、规模以上企业劳动效率（7个）
可持续发展竞争力（24个）	强势指标	常住人口增长率（1个）
	优势指标	人均可使用海域和滩涂面积、森林覆盖率、人均工业废气排放量、人均工业固体废物排放量、一般工业固体废物综合利用率、15~64岁人口比例、文盲率、平均受教育程度、职业学校毕业生数（9个）
	劣势指标	人均国土面积、耕地面积、人均耕地面积、人均牧草地面积、主要能源矿产基础储量、人均主要能源矿产基础储量、人均森林储积量、人均废水排放量、自然灾害直接经济损失、大专以上教育程度人口比例、人口健康素质（11个）

续表

二级指标	优劣势	四级指标
财政金融 竞争力 (22 个)	强势指标	地方财政收入、地方财政支出、存款余额、贷款余额、保险费净收入、国内上市公司数、国内上市公司市值(7 个)
	优势指标	地方财政收入占 GDP 比重、税收收入占 GDP 比重、税收收入占财政总收入比重、人均地方财政收入、人均税收收入、人均存款余额、人均贷款余额、保险密度(8 个)
	劣势指标	地方财政支出占 GDP 比重、地方财政支出增长率(2 个)
知识经济 竞争力 (29 个)	强势指标	R&D 人员、R&D 经费、R&D 经费投入强度、发明专利授权量、技术市场成交合同金额、财政科技支出占地方财政支出比重、高技术产业主营业务收入、高技术产业收入占工业增加值比重、教育经费、文化制造业营业收入、文化批发零售业营业收入、文化服务业企业营业收入、印刷用纸量(13 个)
	优势指标	公共教育经费占财政支出比重、人均文化教育支出、高等学校数、高校专任教师数、图书和期刊出版数、电子出版物品种、城镇居民人均文化娱乐支出、农村居民人均文化娱乐支出(8 个)
	劣势指标	教育经费占 GDP 比重、城镇居民人均文化娱乐支出占消费性支出比重、农村居民人均文化娱乐支出占消费性支出比重(3 个)
发展环境 竞争力 (18 个)	强势指标	全社会旅客周转量、全社会货物周转量、人均邮电业务总量、电话普及率、网站数、外资企业数增长率、万人外资企业数、社会捐赠款物(8 个)
	优势指标	公路网线密度、万人个体私营企业数、万人商标注册件数、罚没收入占财政收入比重(4 个)
	劣势指标	查处商标侵权假冒案件、每十万人交通事故发生数(2 个)
政府作用 竞争力 (16 个)	强势指标	统筹经济社会发展、城镇职工养老保险收支比、医疗保险覆盖率、失业保险覆盖率、最低工资标准(5 个)
	优势指标	财政支出对 GDP 增长的拉动、政府公务员对经济的贡献、政府消费对民间消费的拉动、规范税收(4 个)
	劣势指标	固定资产投资价格指数、城镇登记失业率(2 个)
发展水平 竞争力 (18 个)	强势指标	高技术产业占工业增加值比重、信息产业增加值占 GDP 比重、人均日生活用水量、人均公共绿地面积、非公有制经济产值占全社会总产值比重(5 个)
	优势指标	工业增加值占 GDP 比重、工农业增加值比值、城镇化率、城镇居民人均可支配收入、亿元以上商品市场成交额、居民消费支出占总消费支出比重(6 个)
	劣势指标	人均拥有道路面积(1 个)
统筹协调 竞争力 (16 个)	强势指标	非农用地产出率、固定资产投资额占 GDP 比重、资源竞争力与工业竞争力比差、全社会消费品零售总额与外贸出口总额比差(4 个)
	优势指标	社会劳动生产率、固定资产投资增长率、环境竞争力与宏观经济竞争力比差(3 个)
	劣势指标	资源竞争力与宏观经济竞争力比差、环境竞争力与工业竞争力比差(2 个)

19.2 广东省经济综合竞争力各级指标具体分析

1. 广东省宏观经济竞争力指标排名变化情况

表 19－5　2017～2018 年广东省宏观经济竞争力指标组排位及变化趋势

指　标	2017 年	2018 年	排位升降	优劣势
1　宏观经济竞争力	1	1	0	强势
1.1　经济实力竞争力	2	2	0	强势
地区生产总值	1	1	0	强势
地区生产总值增长率	16	15	1	中势
人均地区生产总值	7	7	0	优势
财政总收入	2	1	1	强势
财政总收入增长率	8	19	－ 11	中势
人均财政收入	8	8	0	优势
固定资产投资额	4	4	0	优势
固定资产投资额增长率	7	8	－ 1	优势
人均固定资产投资额	26	24	2	劣势
全社会消费品零售总额	1	1	0	强势
全社会消费品零售总额增长率	18	17	1	中势
人均全社会消费品零售总额	6	7	－ 1	优势
1.2　经济结构竞争力	3	3	0	强势
产业结构优化度	8	8	0	优势
所有制经济结构优化度	4	3	1	强势
城乡经济结构优化度	19	19	0	中势
就业结构优化度	5	5	0	优势
资本形成结构优化度	19	19	0	中势
贸易结构优化度	2	2	0	强势
1.3　经济外向度竞争力	1	1	0	强势
进出口总额	1	1	0	强势
进出口增长率	26	24	2	劣势
出口总额	1	1	0	强势
出口增长率	25	26	－ 1	劣势
实际 FDI	1	1	0	强势
实际 FDI 增长率	4	24	－ 20	劣势
外贸依存度	2	2	0	强势
外资企业数	1	1	0	强势
对外直接投资额	2	2	0	强势

2. 广东省产业经济竞争力指标排名变化情况

表 19 - 6 2017～2018 年广东省产业经济竞争力指标组排位及变化趋势

指　标	2017 年	2018 年	排位升降	优劣势
2 产业经济竞争力	1	1	0	强势
2.1 农业竞争力	19	18	1	中势
农业增加值	5	5	0	优势
农业增加值增长率	19	8	11	优势
人均农业增加值	14	12	2	中势
农民人均纯收入	7	7	0	优势
农民人均纯收入增长率	18	18	0	中势
农产品出口占农林牧渔总产值比重	7	7	0	优势
人均主要农产品产量	28	28	0	劣势
农业机械化水平	15	15	0	中势
农村人均用电量	4	4	0	优势
财政支农资金比重	30	29	1	劣势
2.2 工业竞争力	2	2	0	强势
工业增加值	1	1	0	强势
工业增加值增长率	17	13	4	中势
人均工业增加值	6	5	1	优势
工业资产总额	2	1	1	强势
工业资产总额增长率	4	5	- 1	优势
规模以上工业主营业务收入	3	1	2	强势
工业成本费用率	26	4	22	优势
规模以上工业利润总额	2	2	0	强势
工业全员劳动生产率	31	30	1	劣势
工业收入利润率	17	21	- 4	劣势
2.3 服务业竞争力	1	1	0	强势
服务业增加值	1	1	0	强势
服务业增加值增长率	21	19	2	中势
人均服务业增加值	6	6	0	优势
服务业从业人员数	1	1	0	强势
限额以上批发零售企业主营业务收入	2	2	0	强势
限额以上批零企业利税率	21	21	0	劣势
限额以上餐饮企业利税率	7	5	2	优势
旅游外汇收入	1	1	0	强势
商品房销售收入	1	1	0	强势
电子商务销售额	1	1	0	强势

指 标	2017 年	2018 年	排位升降	优劣势
2.4　企业竞争力	5	3	2	强势
规模以上工业企业数	1	1	0	强势
规模以上企业平均资产	26	23	3	劣势
规模以上企业平均收入	22	17	5	中势
规模以上企业平均利润	17	18	−1	中势
规模以上企业劳动效率	29	28	1	劣势
城镇就业人员平均工资	6	6	0	优势
新产品销售收入占主营业务收入比重	3	2	1	强势
产品质量抽查合格率	29	19	10	中势
工业企业 R&D 经费投入强度	4	3	1	强势
中国驰名商标持有量	1	1	0	强势

3. 广东省可持续发展竞争力指标排名变化情况

表 19 - 7　2017～2018 年广东省可持续发展竞争力指标组排位及变化趋势

指 标	2017 年	2018 年	排位升降	优劣势
3　可持续发展竞争力	8	14	−6	中势
3.1　资源竞争力	24	24	0	劣势
人均国土面积	26	26	0	劣势
人均可使用海域和滩涂面积	6	6	0	优势
人均年水资源量	15	16	−1	中势
耕地面积	21	21	0	劣势
人均耕地面积	29	29	0	劣势
人均牧草地面积	22	22	0	劣势
主要能源矿产基础储量	28	28	0	劣势
人均主要能源矿产基础储量	30	30	0	劣势
人均森林储积量	21	21	0	劣势
3.2　环境竞争力	20	19	1	中势
森林覆盖率	6	7	−1	优势
人均废水排放量	29	29	0	劣势
人均工业废气排放量	6	6	0	优势
人均工业固体废物排放量	5	5	0	优势
人均治理工业污染投资额	16	16	0	中势
一般工业固体废物综合利用率	6	6	0	优势
生活垃圾无害化处理率	21	14	7	中势
自然灾害直接经济损失	29	29	0	劣势

续表

指　标	2017 年	2018 年	排位升降	优劣势
3.3　人力资源竞争力	2	2	0	强势
常住人口增长率	3	3	0	强势
15～64 岁人口比例	7	8	−1	优势
文盲率	6	7	−1	优势
大专以上教育程度人口比例	15	22	−7	劣势
平均受教育程度	6	7	−1	优势
人口健康素质	30	31	−1	劣势
职业学校毕业生数	2	4	−2	优势

4. 广东省财政金融竞争力指标排名变化情况

表 19 − 8　2017～2018 年广东省财政金融竞争力指标组排位及变化趋势

指　标	2017 年	2018 年	排位升降	优劣势
4　财政金融竞争力	3	3	0	强势
4.1　财政竞争力	3	4	−1	优势
地方财政收入	1	1	0	强势
地方财政支出	1	1	0	强势
地方财政收入占 GDP 比重	6	7	−1	优势
地方财政支出占 GDP 比重	27	27	0	劣势
税收收入占 GDP 比重	4	5	−1	优势
税收收入占财政总收入比重	6	6	0	优势
人均地方财政收入	6	6	0	优势
人均地方财政支出	12	16	−4	中势
人均税收收入	6	6	0	优势
地方财政收入增长率	7	16	−9	中势
地方财政支出增长率	4	26	−22	劣势
税收收入增长率	7	19	−12	中势
4.2　金融竞争力	2	2	0	强势
存款余额	1	1	0	强势
人均存款余额	5	5	0	优势
贷款余额	1	1	0	强势
人均贷款余额	7	7	0	优势
中长期贷款占贷款余额比重	13	11	2	中势
保险费净收入	1	1	0	强势
保险密度	4	6	−2	优势
保险深度	11	20	−9	中势
国内上市公司数	1	1	0	强势
国内上市公司市值	2	2	0	强势

5. 广东省知识经济竞争力指标排名变化情况

表 19－9　2017～2018 年广东省知识经济竞争力指标组排位及变化趋势

指　标	2017 年	2018 年	排位升降	优劣势
5　知识经济竞争力	2	1	1	强势
5.1　科技竞争力	1	1	0	强势
R&D 人员	1	1	0	强势
R&D 经费	1	1	0	强势
R&D 经费投入强度	3	2	1	强势
发明专利授权量	2	1	1	强势
技术市场成交合同金额	3	2	1	强势
财政科技支出占地方财政支出比重	1	1	0	强势
高技术产业主营业务收入	1	1	0	强势
高技术产业收入占工业增加值比重	1	1	0	强势
高技术产品出口额占商品出口额比重	13	12	1	中势
5.2　教育竞争力	4	4	0	优势
教育经费	1	1	0	强势
教育经费占 GDP 比重	28	24	4	劣势
人均教育经费	15	11	4	中势
公共教育经费占财政支出比重	15	10	5	优势
人均文化教育支出	7	7	0	优势
万人中小学学校数	11	11	0	中势
万人中小学专任教师数	18	17	1	中势
高等学校数	6	6	0	优势
高校专任教师数	4	4	0	优势
万人高等学校在校学生数	13	15	－2	中势
5.3　文化竞争力	3	1	2	强势
文化制造业营业收入	1	1	0	强势
文化批发零售业营业收入	3	2	1	强势
文化服务业企业营业收入	2	2	0	强势
图书和期刊出版数	6	6	0	优势
电子出版物品种	4	5	－1	优势
印刷用纸量	2	1	1	强势
城镇居民人均文化娱乐支出	6	7	－1	优势
农村居民人均文化娱乐支出	15	6	9	优势
城镇居民人均文化娱乐支出占消费性支出比重	25	21	4	劣势
农村居民人均文化娱乐支出占消费性支出比重	23	22	1	劣势

6. 广东省发展环境竞争力指标排名变化情况

表 19－10　2017～2018 年广东省发展环境竞争力指标组排位及变化趋势

指　　标	2017 年	2018 年	排位升降	优劣势
6　发展环境竞争力	2	2	0	强势
6.1　基础设施竞争力	1	1	0	强势
铁路网线密度	18	17	1	中势
公路网线密度	10	10	0	优势
人均内河航道里程	11	11	0	中势
全社会旅客周转量	1	1	0	强势
全社会货物周转量	1	1	0	强势
人均邮电业务总量	4	3	1	强势
电话普及率	3	3	0	强势
网站数	1	1	0	强势
人均耗电量	11	11	0	中势
6.2　软环境竞争力	4	2	2	强势
外资企业数增长率	4	1	3	强势
万人外资企业数	3	3	0	强势
个体私营企业数增长率	11	16	－5	中势
万人个体私营企业数	5	4	1	优势
万人商标注册件数	4	4	0	优势
查处商标侵权假冒案件	30	30	0	劣势
每十万人交通事故发生数	25	25	0	劣势
罚没收入占财政收入比重	7	5	2	优势
社会捐赠款物	1	1	0	强势

7. 广东省政府作用竞争力指标排名变化情况

表 19－11　2017～2018 年广东省政府作用竞争力指标组排位及变化趋势

指　　标	2017 年	2018 年	排位升降	优劣势
7　政府作用竞争力	1	2	－1	强势
7.1　政府发展经济竞争力	7	7	0	优势
财政支出用于基本建设投资比重	22	16	6	中势
财政支出对 GDP 增长的拉动	5	5	0	优势
政府公务员对经济的贡献	4	4	0	优势
政府消费对民间消费的拉动	10	10	0	优势
财政投资对社会投资的拉动	14	20	－6	中势

指　　标	2017 年	2018 年	排位升降	优劣势
7.2　政府规调经济竞争力	5	8	-3	优势
物价调控	14	20	-6	中势
调控城乡消费差距	24	14	10	中势
统筹经济社会发展	3	1	2	强势
规范税收	4	4	0	优势
固定资产投资价格指数	11	28	-17	劣势
7.3　政府保障经济竞争力	1	1	0	强势
城镇职工养老保险收支比	1	1	0	强势
医疗保险覆盖率	2	2	0	强势
养老保险覆盖率	6	13	-7	中势
失业保险覆盖率	2	2	0	强势
最低工资标准	5	3	2	强势
城镇登记失业率	29	28	1	劣势

8. 广东省发展水平竞争力指标排名变化情况

表 19－12　2017～2018 年广东省发展水平竞争力指标组排位及变化趋势

指　　标	2017 年	2018 年	排位升降	优劣势
8　发展水平竞争力	3	4	-1	优势
8.1　工业化进程竞争力	2	3	-1	强势
工业增加值占 GDP 比重	9	6	3	优势
工业增加值增长率	12	12	0	中势
高技术产业占工业增加值比重	1	3	-2	强势
高技术产品占商品出口额比重	10	12	-2	中势
信息产业增加值占 GDP 比重	1	3	-2	强势
工农业增加值比值	5	4	1	优势
8.2　城市化进程竞争力	4	3	1	强势
城镇化率	4	4	0	优势
城镇居民人均可支配收入	5	5	0	优势
城市平均建成区面积比重	11	11	0	中势
人均拥有道路面积	26	27	-1	劣势
人均日生活用水量	4	2	2	强势
人均公共绿地面积	3	3	0	强势

指　　标	2017 年	2018 年	排位升降	优劣势
8.3　市场化进程竞争力	6	8	-2	优势
非公有制经济产值占全社会总产值比重	4	3	1	强势
社会投资占投资总额比重	10	13	-3	中势
私有和个体企业从业人员比重	7	13	-6	中势
亿元以上商品市场成交额	6	6	0	优势
亿元以上商品市场成交额占全社会消费品零售总额比重	18	19	-1	中势
居民消费支出占总消费支出比重	10	10	0	优势

9. 广东省统筹协调竞争力指标排名变化情况

表 19－13　2017～2018 年广东省统筹协调竞争力指标组排位及变化趋势

指　　标	2017 年	2018 年	排位升降	优劣势
9　统筹协调竞争力	7	4	3	优势
9.1　统筹发展竞争力	5	5	0	优势
社会劳动生产率	5	5	0	优势
能源使用下降率	23	18	5	中势
万元 GDP 综合能耗下降率	20	18	2	中势
非农用地产出率	3	3	0	强势
居民收入占 GDP 比重	11	11	0	中势
二三产业增加值比例	10	11	-1	中势
固定资产投资额占 GDP 比重	1	2	-1	强势
固定资产投资增长率	25	8	17	优势
9.2　协调发展竞争力	13	10	3	优势
资源竞争力与宏观经济竞争力比差	27	27	0	劣势
环境竞争力与宏观经济竞争力比差	2	4	-2	优势
人力资源竞争力与宏观经济竞争力比差	12	16	-4	中势
环境竞争力与工业竞争力比差	27	28	-1	劣势
资源竞争力与工业竞争力比差	1	3	-2	强势
城乡居民家庭人均收入比差	19	19	0	中势
城乡居民人均现金消费支出比差	24	14	10	中势
全社会消费品零售总额与外贸出口总额比差	2	1	1	强势

B.21

20

广西壮族自治区经济综合竞争力评价分析报告

广西壮族自治区简称桂，地处华南地区西部，北靠贵州省、湖南省，东接广东省，西连云南省并与越南交界，南濒南海。全区土地面积 23.67 万平方公里，北部湾海域面积 12.93 万平方公里，2018 年总人口为 4926 万人，全区地区生产总值达 20353 亿元，同比增长 6.8%，人均 GDP 达 41489 元。本部分通过分析 2017～2018 年广西壮族自治区经济综合竞争力以及各要素竞争力的排名变化，从中找出广西壮族自治区经济综合竞争力的推动点及影响因素，为进一步提升广西壮族自治区经济综合竞争力提供决策参考。

20.1 广西壮族自治区经济综合竞争力总体分析

1. 广西壮族自治区经济综合竞争力一级指标概要分析

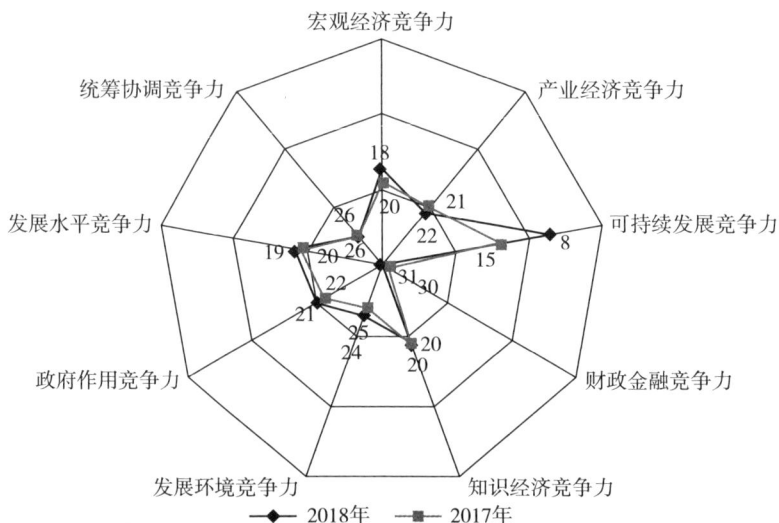

图 20 - 1   2017～2018 年广西壮族自治区经济综合竞争力二级指标比较雷达图

表 20-1　2017～2018 年广西壮族自治区经济综合竞争力二级指标比较

项目 年份	宏观 经济 竞争力	产业 经济 竞争力	可持续 发展 竞争力	财政 金融 竞争力	知识 经济 竞争力	发展 环境 竞争力	政府 作用 竞争力	发展 水平 竞争力	统筹 协调 竞争力	综合 排位
2017	20	21	15	30	20	25	22	20	26	23
2018	18	22	8	31	20	24	21	19	26	23
升降	2	-1	7	-1	0	1	1	1	0	0
优劣度	中势	劣势	优势	劣势	中势	劣势	劣势	中势	劣势	劣势

（1）从综合排位看，2018 年广西壮族自治区经济综合竞争力综合排位在全国居第 23 位，这表明其在全国处于劣势地位；与 2017 年相比，综合排位保持不变。

（2）从指标所处区位看，处于上游区的二级指标有 1 个，为可持续发展竞争力；处于中游区的二级指标有 3 个，分别为宏观经济竞争力、知识经济竞争力、发展水平竞争力；处于下游区的二级指标有 5 个，分别为产业经济竞争力、财政金融竞争力、发展环境竞争力、政府作用竞争力、统筹协调竞争力。

（3）从指标变化趋势看，9 个二级指标中，有 5 个指标处于上升趋势，为宏观经济竞争力、可持续发展竞争力、发展环境竞争力、政府作用竞争力、发展水平竞争力，这些是广西壮族自治区经济综合竞争力的上升动力所在；有 2 个指标处于下降趋势，为产业经济竞争力和财政金融竞争力，这些是广西壮族自治区经济综合竞争力的下降拉力所在；有 2 个指标排位没有发生变化，为知识经济竞争力和统筹协调竞争力。

2. 广西壮族自治区经济综合竞争力各级指标动态变化分析

表 20-2　2017～2018 年广西壮族自治区经济综合竞争力各级指标排位变化态势比较

单位：个，%

二级指标	三级指标	四级 指标数	上升		保持		下降		变化 趋势
			指标数	比重	指标数	比重	指标数	比重	
宏观经济 竞争力	经济实力竞争力	12	9	75.0	3	25.0	0	0.0	上升
	经济结构竞争力	6	1	16.7	5	83.3	0	0.0	下降
	经济外向度竞争力	9	2	22.2	3	33.3	4	44.4	下降
	小　计	27	12	44.4	11	40.7	4	14.8	上升

二级指标	三级指标	四级指标数	上升		保持		下降		变化趋势
			指标数	比重	指标数	比重	指标数	比重	
产业经济竞争力	农业竞争力	10	2	20.0	5	50.0	3	30.0	上升
	工业竞争力	10	3	30.0	1	10.0	6	60.0	上升
	服务业竞争力	10	3	30.0	5	50.0	2	20.0	上升
	企业竞争力	10	3	30.0	1	10.0	6	60.0	下降
	小　计	**40**	11	27.5	12	30.0	17	42.5	下降
可持续发展竞争力	资源竞争力	9	0	0.0	7	77.8	2	22.2	上升
	环境竞争力	8	3	37.5	5	62.5	0	0.0	上升
	人力资源竞争力	7	3	42.9	2	28.6	2	28.6	保持
	小　计	**24**	6	25.0	14	58.3	4	16.7	上升
财政金融竞争力	财政竞争力	12	0	0.0	2	16.7	10	83.3	保持
	金融竞争力	10	4	40.0	5	50.0	1	10.0	下降
	小　计	**22**	4	18.2	7	31.8	11	50.0	下降
知识经济竞争力	科技竞争力	9	2	22.2	4	44.4	3	33.3	保持
	教育竞争力	10	4	40.0	3	30.0	3	30.0	上升
	文化竞争力	10	4	40.0	3	30.0	3	30.0	下降
	小　计	**29**	10	34.5	10	34.5	9	31.0	保持
发展环境竞争力	基础设施竞争力	9	3	33.3	5	55.6	1	11.1	保持
	软环境竞争力	9	2	22.2	5	55.6	2	22.2	下降
	小　计	**18**	5	27.8	10	55.6	3	16.7	上升
政府作用竞争力	政府发展经济竞争力	5	2	40.0	2	40.0	1	20.0	下降
	政府规调经济竞争力	5	1	20.0	0	0.0	4	80.0	下降
	政府保障经济竞争力	6	5	83.3	1	16.7	0	0.0	上升
	小　计	**16**	8	50.0	3	18.8	5	31.3	上升
发展水平竞争力	工业化进程竞争力	6	3	50.0	1	16.7	2	33.3	下降
	城市化进程竞争力	6	4	66.7	2	33.3	0	0.0	保持
	市场化进程竞争力	6	3	50.0	3	50.0	0	0.0	上升
	小　计	**18**	10	55.6	6	33.3	2	11.1	上升
统筹协调竞争力	统筹发展竞争力	8	6	75.0	2	25.0	0	0.0	上升
	协调发展竞争力	8	3	37.5	3	37.5	2	25.0	下降
	小　计	**16**	9	56.3	5	31.3	2	12.5	保持
合　计		**210**	75	35.7	78	37.1	57	27.1	保持

从表 20 - 2 可以看出，210 个四级指标中，上升指标有 75 个，占指标总数的 35.7%；下降指标有 57 个，占指标总数的 27.1%；保持不变

的指标有 78 个，占指标总数的 37.1% 。综上所述，广西壮族自治区经济综合竞争力上升的动力大于下降的拉力，但受其他因素的综合影响，2017～2018 年广西壮族自治区经济综合竞争力排位保持不变。

3. 广西壮族自治区经济综合竞争力各级指标优劣势结构分析

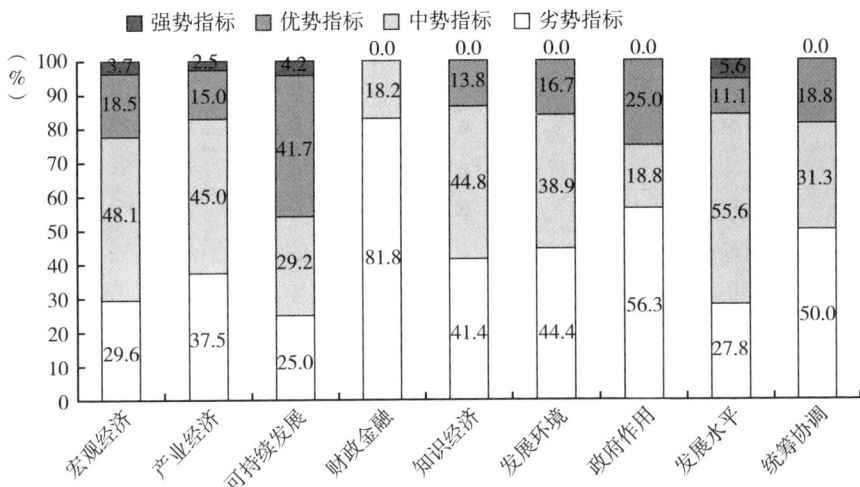

图 20-2　2018 年广西壮族自治区经济综合竞争力各级指标优劣势比较

表 20-3　2018 年广西壮族自治区经济综合竞争力各级指标优劣势比较

单位：个，%

二级指标	三级指标	四级指标数	强势指标		优势指标		中势指标		劣势指标		优劣势
			个数	比重	个数	比重	个数	比重	个数	比重	
宏观经济竞争力	经济实力竞争力	12	1	8.3	4	33.3	5	41.7	2	16.7	中势
	经济结构竞争力	6	0	0.0	0	0.0	2	33.3	4	66.7	劣势
	经济外向度竞争力	9	0	0.0	1	11.1	6	66.7	2	22.2	中势
	小　计	27	1	3.7	5	18.5	13	48.1	8	29.6	中势
产业经济竞争力	农业竞争力	10	1	10.0	3	30.0	3	30.0	3	30.0	优势
	工业竞争力	10	0	0.0	0	0.0	5	50.0	5	50.0	劣势
	服务业竞争力	10	0	0.0	2	20.0	4	40.0	4	40.0	中势
	企业竞争力	10	0	0.0	1	10.0	6	60.0	3	30.0	劣势
	小　计	40	1	2.5	6	15.0	18	45.0	15	37.5	劣势

续表

二级指标	三级指标	四级指标数	强势指标		优势指标		中势指标		劣势指标		优劣势
			个数	比重	个数	比重	个数	比重	个数	比重	
可持续发展竞争力	资源竞争力	9	0	0.0	3	33.3	4	44.4	2	22.2	中势
	环境竞争力	8	1	12.5	4	50.0	2	25.0	1	12.5	强势
	人力资源竞争力	7	0	0.0	3	42.9	1	14.3	3	42.9	劣势
	小　计	**24**	1	4.2	10	41.7	7	29.2	6	25.0	优势
财政金融竞争力	财政竞争力	12	0	0.0	0	0.0	3	25.0	9	75.0	劣势
	金融竞争力	10	0	0.0	0	0.0	1	10.0	9	90.0	劣势
	小　计	**22**	0	0.0	0	0.0	4	18.2	18	81.8	劣势
知识经济竞争力	科技竞争力	9	0	0.0	0	0.0	4	44.4	5	55.6	中势
	教育竞争力	10	0	0.0	2	20.0	4	40.0	4	40.0	劣势
	文化竞争力	10	0	0.0	2	20.0	5	50.0	3	30.0	中势
	小　计	**29**	0	0.0	4	13.8	13	44.8	12	41.4	中势
发展环境竞争力	基础设施竞争力	9	0	0.0	1	11.1	4	44.4	4	44.4	劣势
	软环境竞争力	9	0	0.0	2	22.2	3	33.3	4	44.4	劣势
	小　计	**18**	0	0.0	3	16.7	7	38.9	8	44.4	劣势
政府作用竞争力	政府发展经济竞争力	5	0	0.0	1	20.0	1	20.0	3	60.0	中势
	政府规调经济竞争力	5	0	0.0	2	40.0	1	20.0	2	40.0	中势
	政府保障经济竞争力	6	0	0.0	1	16.7	1	16.7	4	66.7	劣势
	小　计	**16**	0	0.0	4	25.0	3	18.8	9	56.3	劣势
发展水平竞争力	工业化进程竞争力	6	0	0.0	0	0.0	4	66.7	2	33.3	中势
	城市化进程竞争力	6	1	16.7	1	16.7	1	16.7	3	50.0	劣势
	市场化进程竞争力	6	0	0.0	1	16.7	5	83.3	0	0.0	中势
	小　计	**18**	1	5.6	2	11.1	10	55.6	5	27.8	中势
统筹协调竞争力	统筹发展竞争力	8	0	0.0	1	12.5	2	25.0	5	62.5	劣势
	协调发展竞争力	8	0	0.0	2	25.0	3	37.5	3	37.5	劣势
	小　计	**16**	0	0.0	3	18.8	5	31.3	8	50.0	劣势
合　计		**210**	4	1.9	37	17.6	80	38.1	89	42.4	劣势

　　基于图 20 - 2 和表 20 - 3，从四级指标来看，强势指标 4 个，占指标总数的 1.9%；优势指标 37 个，占指标总数的 17.6%；中势指标 80 个，

占指标总数的 38.1%；劣势指标 89 个，占指标总数的 42.4%。从三级指标来看，强势指标和优势指标各有 1 个，分别占三级指标总数的 4%；中势指标 10 个，占三级指标总数的 40%；劣势指标 13 个，占三级指标总数的 52%。从二级指标看，没有强势指标；优势指标 1 个，占二级指标总数的 11.1%；中势指标有 3 个，占二级指标总数的 33.3%；劣势指标有 5 个，占二级指标总数的 55.6%。综合来看，由于劣势和中势指标在指标体系中居于主导地位，2018 年广西壮族自治区经济综合竞争力处于劣势地位。

4.广西壮族自治区经济综合竞争力四级指标优劣势对比分析

表 20 - 4　2018 年广西壮族自治区经济综合竞争力各级指标优劣势比较

二级指标	优劣势	四级指标
宏观经济 竞争力 (27 个)	强势指标	财政总收入增长率(1 个)
	优势指标	财政总收入、人均财政收入、固定资产投资额增长率、全社会消费品零售总额增长率、出口增长率(5 个)
	劣势指标	人均地区生产总值、人均全社会消费品零售总额、产业结构优化度、城乡经济结构优化度、就业结构优化度、资本形成结构优化度、实际 FDI、对外直接投资额(8 个)
产业经济 竞争力 (40 个)	强势指标	农业增加值增长率(1 个)
	优势指标	农业增加值、农民人均纯收入增长率、农业机械化水平、服务业增加值增长率、旅游外汇收入、产品质量抽查合格率(6 个)
	劣势指标	农民人均纯收入、人均主要农产品产量、农村人均用电量、人均工业增加值、工业资产总额、工业资产总额增长率、规模以上工业利润总额、工业收入利润率、人均服务业增加值、限额以上批发零售企业主营业务收入、限额以上批零企业利税率、电子商务销售额、城镇就业人员平均工资、工业企业 R&D 经费投入强度、中国驰名商标持有量(15 个)
可持续发展 竞争力 (24 个)	强势指标	森林覆盖率(1 个)
	优势指标	人均可使用海域和滩涂面积、人均年水资源量、人均森林储积量、人均废水排放量、人均工业固体废物排放量、生活垃圾无害化处理率、自然灾害直接经济损失、常住人口增长率、文盲率、职业学校毕业生数(10 个)
	劣势指标	主要能源矿产基础储量、人均主要能源矿产基础储量、人均治理工业污染投资额、15~64 岁人口比例、大专以上教育程度人口比例、平均受教育程度(6 个)

续表

二级指标	优劣势	四级指标
财政金融竞争力 (22个)	强势指标	(0个)
	优势指标	(0个)
	劣势指标	地方财政收入、地方财政收入占 GDP 比重、税收收入占 GDP 比重、税收收入占财政总收入比重、人均地方财政收入、人均地方财政支出、人均税收收入、地方财政收入增长率、税收收入增长率、存款余额、人均存款余额、人均贷款余额、中长期贷款占贷款余额比重、保险费净收入、保险密度、保险深度、国内上市公司数、国内上市公司市值(18个)
知识经济竞争力 (29个)	强势指标	(0个)
	优势指标	教育经费占 GDP 比重、公共教育经费占财政支出比重、印刷用纸量、城镇居民人均文化娱乐支出占消费性支出比重(4个)
	劣势指标	R&D 人员、R&D 经费、R&D 经费投入强度、技术市场成交合同金额、财政科技支出占地方财政支出比重、人均教育经费、人均文化教育支出、万人中小学学校数、万人中小学专任教师数、文化服务业企业营业收入、电子出版物品种、城镇居民人均文化娱乐支出(12个)
发展环境竞争力 (18个)	强势指标	(0个)
	优势指标	人均内河航道里程、外资企业数增长率、每十万人交通事故发生数(3个)
	劣势指标	铁路网线密度、公路网线密度、电话普及率、人均耗电量、万人外资企业数、万人个体私营企业数、万人商标注册件数、罚没收入占财政收入比重(8个)
政府作用竞争力 (16个)	强势指标	(0个)
	优势指标	财政支出用于基本建设投资比重、调控城乡消费差距、固定资产投资价格指数、城镇职工养老保险收支比(4个)
	劣势指标	财政支出对 GDP 增长的拉动、政府公务员对经济的贡献、财政投资对社会投资的拉动、物价调控、规范税收、医疗保险覆盖率、养老保险覆盖率、失业保险覆盖率、城镇登记失业率(9个)
发展水平竞争力 (18个)	强势指标	人均日生活用水量(1个)
	优势指标	人均拥有道路面积、私有和个体企业从业人员比重(2个)
	劣势指标	工业增加值占 GDP 比重、工农业增加值比值、城镇化率、城镇居民人均可支配收入、城市平均建成区面积比重(5个)
统筹协调竞争力 (16个)	强势指标	(0个)
	优势指标	固定资产投资额增长率、人力资源竞争力与宏观经济竞争力比差、城乡居民人均现金消费支出比差(3个)
	劣势指标	社会劳动生产率、能源使用下降率、非农用地产出率、居民收入占 GDP 比重、固定资产投资额占 GDP 比重、环境竞争力与宏观经济竞争力比差、资源竞争力与工业竞争力比差、城乡居民家庭人均收入比差(8个)

20.2　广西壮族自治区经济综合竞争力各级指标具体分析

1. 广西壮族自治区宏观经济竞争力指标排名变化情况

表 20－5　2017~2018 年广西壮族自治区宏观经济竞争力指标组排位及变化趋势

指　　标	2017 年	2018 年	排位升降	优劣势
1　宏观经济竞争力	20	18	2	中势
1.1　经济实力竞争力	18	16	2	中势
地区生产总值	19	18	1	中势
地区生产总值增长率	20	15	5	中势
人均地区生产总值	28	28	0	劣势
财政总收入	13	9	4	优势
财政总收入增长率	21	3	18	强势
人均财政收入	12	10	2	优势
固定资产投资额	14	14	0	中势
固定资产投资额增长率	9	7	2	优势
人均固定资产投资额	22	18	4	中势
全社会消费品零售总额	19	17	2	中势
全社会消费品零售总额增长率	11	7	4	优势
人均全社会消费品零售总额	24	24	0	劣势
1.2　经济结构竞争力	20	21	－1	劣势
产业结构优化度	26	26	0	劣势
所有制经济结构优化度	15	15	0	中势
城乡经济结构优化度	21	21	0	劣势
就业结构优化度	24	23	1	劣势
资本形成结构优化度	21	21	0	劣势
贸易结构优化度	19	19	0	中势
1.3　经济外向度竞争力	18	19	－1	中势
进出口总额	14	14	0	中势
进出口增长率	11	15	－4	中势
出口总额	20	19	1	中势
出口增长率	10	5	5	优势
实际 FDI	20	21	－1	劣势
实际 FDI 增长率	11	20	－9	中势
外贸依存度	12	12	0	中势
外资企业数	19	19	0	中势
对外直接投资额	16	21	－5	劣势

2. 广西壮族自治区产业经济竞争力指标排名变化情况

表 20 - 6　2017～2018 年广西壮族自治区产业经济竞争力指标组排位及变化趋势

指　标	2017 年	2018 年	排位升降	优劣势
2　产业经济竞争力	21	22	-1	劣势
2.1　农业竞争力	14	10	4	优势
农业增加值	10	9	1	优势
农业增加值增长率	11	3	8	强势
人均农业增加值	10	11	-1	中势
农民人均纯收入	22	22	0	劣势
农民人均纯收入增长率	5	5	0	优势
农产品出口占农林牧渔总产值比重	12	12	0	中势
人均主要农产品产量	21	21	0	劣势
农业机械化水平	10	10	0	优势
农村人均用电量	25	26	-1	劣势
财政支农资金比重	11	15	-4	中势
2.2　工业竞争力	23	21	2	劣势
工业增加值	19	17	2	中势
工业增加值增长率	22	17	5	中势
人均工业增加值	25	26	-1	劣势
工业资产总额	24	24	0	劣势
工业资产总额增长率	3	27	-24	劣势
规模以上工业主营业务收入	14	19	-5	中势
工业成本费用率	10	16	-6	中势
规模以上工业利润总额	16	21	-5	劣势
工业全员劳动生产率	23	15	8	中势
工业收入利润率	13	22	-9	劣势
2.3　服务业竞争力	20	18	2	中势
服务业增加值	20	20	0	中势
服务业增加值增长率	11	5	6	优势
人均服务业增加值	29	29	0	劣势
服务业从业人员数	17	15	2	中势
限额以上批发零售企业主营业务收入	21	21	0	劣势
限额以上批零企业利税率	23	23	0	劣势
限额以上餐饮企业利税率	14	18	-4	中势
旅游外汇收入	12	10	2	优势
商品房销售收入	15	15	0	中势
电子商务销售额	22	23	-1	劣势

指　　标	2017 年	2018 年	排位升降	优劣势
2.4　企业竞争力	23	24	-1	劣势
规模以上工业企业数	18	17	1	中势
规模以上企业平均资产	18	19	-1	中势
规模以上企业平均收入	7	14	-7	中势
规模以上企业平均利润	6	15	-9	中势
规模以上企业劳动效率	11	19	-8	中势
城镇就业人员平均工资	22	23	-1	劣势
新产品销售收入占主营业务收入比重	17	19	-2	中势
产品质量抽查合格率	13	8	5	优势
工业企业 R&D 经费投入强度	29	27	2	劣势
中国驰名商标持有量	30	30	0	劣势

3. 广西壮族自治区可持续发展竞争力指标排名变化情况

表 20 - 7　2017～2018 年广西壮族自治区可持续发展竞争力指标组排位及变化趋势

指　　标	2017 年	2018 年	排位升降	优劣势
3　可持续发展竞争力	15	8	7	优势
3.1　资源竞争力	21	20	1	中势
人均国土面积	13	13	0	中势
人均可使用海域和滩涂面积	10	10	0	优势
人均年水资源量	3	5	-2	优势
耕地面积	16	16	0	中势
人均耕地面积	15	15	0	中势
人均牧草地面积	18	18	0	中势
主要能源矿产基础储量	26	26	0	劣势
人均主要能源矿产基础储量	28	28	0	劣势
人均森林储积量	9	10	-1	优势
3.2　环境竞争力	4	1	3	强势
森林覆盖率	4	3	1	强势
人均废水排放量	9	9	0	优势
人均工业废气排放量	12	12	0	中势
人均工业固体废物排放量	10	10	0	优势
人均治理工业污染投资额	26	26	0	劣势
一般工业固体废物综合利用率	15	15	0	中势
生活垃圾无害化处理率	7	5	2	优势
自然灾害直接经济损失	21	6	15	优势

指　标	2017 年	2018 年	排位升降	优劣势
3.3　人力资源竞争力	24	24	0	劣势
常住人口增长率	7	9	−2	优势
15~64 岁人口比例	30	27	3	劣势
文盲率	11	10	1	优势
大专以上教育程度人口比例	31	31	0	劣势
平均受教育程度	24	24	0	劣势
人口健康素质	16	20	−4	中势
职业学校毕业生数	8	7	1	优势

4. 广西壮族自治区财政金融竞争力指标排名变化情况

表 20 – 8　2017~2018 年广西壮族自治区财政金融竞争力指标组排位及变化趋势

指　标	2017 年	2018 年	排位升降	优劣势
4　财政金融竞争力	30	31	−1	劣势
4.1　财政竞争力	30	30	0	劣势
地方财政收入	22	23	−1	劣势
地方财政支出	15	16	−1	中势
地方财政收入占 GDP 比重	26	27	−1	劣势
地方财政支出占 GDP 比重	11	11	0	中势
税收收入占 GDP 比重	28	30	−2	劣势
税收收入占财政总收入比重	27	31	−4	劣势
人均地方财政收入	29	29	0	劣势
人均地方财政支出	26	27	−1	劣势
人均税收收入	30	31	−1	劣势
地方财政收入增长率	21	25	−4	劣势
地方财政支出增长率	6	18	−12	中势
税收收入增长率	27	29	−2	劣势
4.2　金融竞争力	26	31	−5	劣势
存款余额	21	21	0	劣势
人均存款余额	31	31	0	劣势
贷款余额	20	20	0	中势
人均贷款余额	29	28	1	劣势
中长期贷款占贷款余额比重	5	30	−25	劣势
保险费净收入	24	23	1	劣势
保险密度	29	29	0	劣势
保险深度	28	26	2	劣势
国内上市公司数	23	22	1	劣势
国内上市公司市值	25	25	0	劣势

5. 广西壮族自治区知识经济竞争力指标排名变化情况

表 20 – 9　2017～2018 年广西壮族自治区知识经济竞争力指标组排位及变化趋势

指　标	2017 年	2018 年	排位升降	优劣势
5　知识经济竞争力	20	20	0	中势
5.1　科技竞争力	20	20	0	中势
R&D 人员	25	22	3	劣势
R&D 经费	21	22	– 1	劣势
R&D 经费投入强度	25	25	0	劣势
发明专利授权量	19	18	1	中势
技术市场成交合同金额	26	26	0	劣势
财政科技支出占地方财政支出比重	21	21	0	劣势
高技术产业主营业务收入	17	17	0	中势
高技术产业收入占工业增加值比重	11	13	– 2	中势
高技术产品出口额占商品出口额比重	12	13	– 1	中势
5.2　教育竞争力	22	21	1	劣势
教育经费	13	14	– 1	中势
教育经费占 GDP 比重	8	9	– 1	优势
人均教育经费	22	21	1	劣势
公共教育经费占财政支出比重	5	4	1	优势
人均文化教育支出	25	23	2	劣势
万人中小学学校数	26	26	0	劣势
万人中小学专任教师数	23	24	– 1	劣势
高等学校数	18	18	0	中势
高校专任教师数	18	18	0	中势
万人高等学校在校学生数	17	13	4	中势
5.3　文化竞争力	14	15	– 1	中势
文化制造业营业收入	14	16	– 2	中势
文化批发零售业营业收入	21	20	1	中势
文化服务业企业营业收入	22	22	0	劣势
图书和期刊出版数	12	12	0	中势
电子出版物品种	23	23	0	劣势
印刷用纸量	8	10	– 2	优势
城镇居民人均文化娱乐支出	30	23	7	劣势
农村居民人均文化娱乐支出	19	18	1	中势
城镇居民人均文化娱乐支出占消费性支出比重	13	9	4	优势
农村居民人均文化娱乐支出占消费性支出比重	12	13	– 1	中势

6. 广西壮族自治区发展环境竞争力指标排名变化情况

表 20 – 10　2017～2018 年广西壮族自治区发展环境竞争力指标组排位及变化趋势

指　标	2017 年	2018 年	排位升降	优劣势
6　发展环境竞争力	25	24	1	劣势
6.1　基础设施竞争力	25	25	0	劣势
铁路网线密度	21	21	0	劣势
公路网线密度	24	25	− 1	劣势
人均内河航道里程	9	9	0	优势
全社会旅客周转量	13	13	0	中势
全社会货物周转量	13	13	0	中势
人均邮电业务总量	28	19	9	中势
电话普及率	28	24	4	劣势
网站数	19	19	0	中势
人均耗电量	25	24	1	劣势
6.2　软环境竞争力	23	24	− 1	劣势
外资企业数增长率	11	9	2	优势
万人外资企业数	22	22	0	劣势
个体私营企业数增长率	20	13	7	中势
万人个体私营企业数	30	30	0	劣势
万人商标注册件数	30	30	0	劣势
查处商标侵权假冒案件	16	16	0	中势
每十万人交通事故发生数	4	4	0	优势
罚没收入占财政收入比重	20	23	− 3	劣势
社会捐赠款物	12	13	− 1	中势

7. 广西壮族自治区政府作用竞争力指标排名变化情况

表 20 – 11　2017～2018 年广西壮族自治区政府作用竞争力指标组排位及变化趋势

指　标	2017 年	2018 年	排位升降	优劣势
7　政府作用竞争力	22	21	1	劣势
7.1　政府发展经济竞争力	17	18	− 1	中势
财政支出用于基本建设投资比重	3	5	− 2	优势
财政支出对 GDP 增长的拉动	21	21	0	劣势
政府公务员对经济的贡献	22	21	1	劣势
政府消费对民间消费的拉动	12	12	0	中势
财政投资对社会投资的拉动	25	23	2	劣势

续表

指　标	2017 年	2018 年	排位升降	优劣势
7.2　政府规调经济竞争力	8	14	−6	中势
物价调控	19	24	−5	劣势
调控城乡消费差距	10	8	2	优势
统筹经济社会发展	14	15	−1	中势
规范税收	23	26	−3	劣势
固定资产投资价格指数	7	8	−1	优势
7.3　政府保障经济竞争力	28	24	4	劣势
城镇职工养老保险收支比	9	9	0	优势
医疗保险覆盖率	22	21	1	劣势
养老保险覆盖率	22	21	1	劣势
失业保险覆盖率	23	22	1	劣势
最低工资标准	30	14	16	中势
城镇登记失业率	31	30	1	劣势

8. 广西壮族自治区发展水平竞争力指标排名变化情况

表 20−12　2017～2018 年广西壮族自治区发展水平竞争力指标组排位及变化趋势

指　标	2017 年	2018 年	排位升降	优劣势
8　发展水平竞争力	20	19	1	中势
8.1　工业化进程竞争力	18	20	−2	中势
工业增加值占 GDP 比重	20	21	−1	劣势
工业增加值增长率	30	17	13	中势
高技术产业占工业增加值比重	19	15	4	中势
高技术产品占商品出口额比重	13	13	0	中势
信息产业增加值占 GDP 比重	13	19	−6	中势
工农业增加值比值	27	26	1	劣势
8.2　城市化进程竞争力	21	21	0	劣势
城镇化率	27	27	0	劣势
城镇居民人均可支配收入	23	23	0	劣势
城市平均建成区面积比重	23	22	1	劣势
人均拥有道路面积	10	9	1	优势
人均日生活用水量	3	1	2	强势
人均公共绿地面积	19	17	2	中势

续表

指　标	2017 年	2018 年	排位升降	优劣势
8.3　市场化进程竞争力	18	15	3	中势
非公有制经济产值占全社会总产值比重	15	15	0	中势
社会投资占投资总额比重	18	18	0	中势
私有和个体企业从业人员比重	25	9	16	优势
亿元以上商品市场成交额	21	19	2	中势
亿元以上商品市场成交额占全社会消费品零售总额比重	19	18	1	中势
居民消费支出占总消费支出比重	12	12	0	中势

9. 广西壮族自治区统筹协调竞争力指标排名变化情况

表 20 – 13　2017~2018 年广西壮族自治区统筹协调竞争力指标组排位及变化趋势

指　标	2017 年	2018 年	排位升降	优劣势
9　统筹协调竞争力	26	26	0	劣势
9.1　统筹发展竞争力	27	25	2	劣势
社会劳动生产率	27	26	1	劣势
能源使用下降率	24	21	3	劣势
万元 GDP 综合能耗下降率	23	20	3	中势
非农用地产出率	21	21	0	劣势
居民收入占 GDP 比重	29	28	1	劣势
二三产业增加值比例	20	18	2	中势
固定资产投资额占 GDP 比重	26	26	0	劣势
固定资产投资增长率	23	7	16	优势
9.2　协调发展竞争力	21	22	– 1	劣势
资源竞争力与宏观经济竞争力比差	17	17	0	中势
环境竞争力与宏观经济竞争力比差	26	26	0	劣势
人力资源竞争力与宏观经济竞争力比差	18	9	9	优势
环境竞争力与工业竞争力比差	12	14	– 2	中势
资源竞争力与工业竞争力比差	28	30	– 2	劣势
城乡居民家庭人均收入比差	21	21	0	劣势
城乡居民人均现金消费支出比差	10	8	2	优势
全社会消费品零售总额与外贸出口总额比差	13	12	1	中势

B.22
21
海南省经济综合竞争力评价分析报告

海南省简称琼，位于中国南部海域，北隔琼州海峡与广东省相望。全省陆地（主要包括海南岛和西沙、中沙、南沙群岛和南海诸岛）总面积 3.5 万平方公里，海域面积约 200 万平方公里。2018 年总人口为 934 万人，全省地区生产总值达 4832 亿元，同比增长 5.8%，人均 GDP 达 51955 元。本部分通过分析 2017～2018 年海南省经济综合竞争力以及各要素竞争力的排名变化，从中找出海南省经济综合竞争力的推动点及影响因素，为进一步提升海南省经济综合竞争力提供决策参考。

21.1 海南省经济综合竞争力总体分析

1. 海南省经济综合竞争力一级指标概要分析

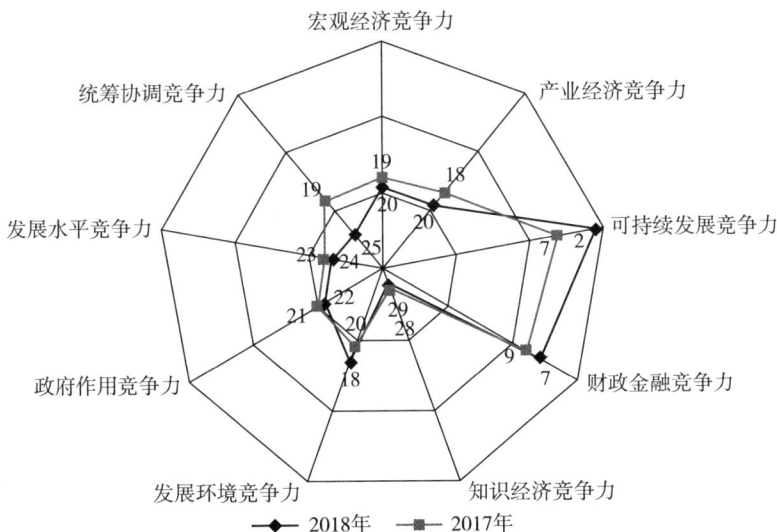

图 21-1 2017～2018 年海南省经济综合竞争力二级指标比较

367

表 21-1 2017~2018 年海南省经济综合竞争力二级指标表现情况

项目 年份	宏观 经济 竞争力	产业 经济 竞争力	可持续 发展 竞争力	财政 金融 竞争力	知识 经济 竞争力	发展 环境 竞争力	政府 作用 竞争力	发展 水平 竞争力	统筹 协调 竞争力	综合 排位
2017	19	18	7	9	28	20	21	23	19	19
2018	20	20	2	7	29	18	22	24	25	21
升降	-1	-2	5	2	-1	2	-1	-1	-6	-2
优劣度	中势	中势	强势	优势	劣势	中势	劣势	劣势	劣势	劣势

（1）从综合排位看，2018 年海南省经济综合竞争力综合排位在全国居第 21 位，这表明其在全国处于劣势地位；与 2017 年相比，综合排位下降了 2 位。

（2）从指标所处区位看，处于上游区的指标有 2 个，为可持续发展竞争力和财政金融竞争力；处于中游区的指标有 3 个，为宏观经济竞争力、产业经济竞争力、发展环境竞争力；处于下游区的指标有 4 个，为知识经济竞争力、政府作用竞争力、发展水平竞争力、统筹协调竞争力。

（3）从指标变化趋势看，9 个二级指标中，有 3 个指标处于上升趋势，分别为可持续发展竞争力、财政金融竞争力、发展环境竞争力，这些是海南省经济综合竞争力的上升动力所在；有 6 个指标处于下降趋势，为宏观经济竞争力、产业经济竞争力、知识经济竞争力、政府作用竞争力、发展水平竞争力、统筹协调竞争力，是海南省经济综合竞争力的下降拉力所在。

2. 海南省经济综合竞争力各级指标动态变化分析

表 21-2 2017~2018 年海南省经济综合竞争力各级指标排位变化情况

单位：个，%

二级指标	三级指标	四级 指标数	上升		保持		下降		变化 趋势
			指标 数	比重	指标 数	比重	指标 数	比重	
宏观经济 竞争力	经济实力竞争力	12	1	8.3	4	33.3	7	58.3	下降
	经济结构竞争力	6	2	33.3	4	66.7	0	0.0	上升
	经济外向度竞争力	9	4	44.4	4	44.4	1	11.1	上升
	小 计	27	7	25.9	12	44.4	8	29.6	下降

二级指标	三级指标	四级指标数	上升		保持		下降		变化趋势
			指标数	比重	指标数	比重	指标数	比重	
产业经济竞争力	农业竞争力	10	3	30.0	4	40.0	3	30.0	下降
	工业竞争力	10	3	30.0	5	50.0	2	20.0	下降
	服务业竞争力	10	3	30.0	4	40.0	3	30.0	下降
	企业竞争力	10	3	30.0	5	50.0	2	20.0	上升
	小 计	40	12	30.0	18	45.0	10	25.0	下降
可持续发展竞争力	资源竞争力	9	2	22.2	7	77.8	0	0.0	上升
	环境竞争力	8	2	25.0	6	75.0	0	0.0	上升
	人力资源竞争力	7	5	71.4	1	14.3	1	14.3	上升
	小 计	24	9	37.5	14	58.3	1	4.2	上升
财政金融竞争力	财政竞争力	12	6	50.0	4	33.3	2	16.7	上升
	金融竞争力	10	3	30.0	6	60.0	1	10.0	下降
	小 计	22	9	40.9	10	45.5	3	13.6	上升
知识经济竞争力	科技竞争力	9	3	33.3	5	55.6	1	11.1	保持
	教育竞争力	10	1	10.0	6	60.0	3	30.0	保持
	文化竞争力	10	7	70.0	2	20.0	1	10.0	上升
	小 计	29	11	37.9	13	44.8	5	17.2	下降
发展环境竞争力	基础设施竞争力	9	1	11.1	5	55.6	3	33.3	保持
	软环境竞争力	9	3	33.3	3	33.3	3	33.3	上升
	小 计	18	4	22.2	8	44.4	6	33.3	上升
政府作用竞争力	政府发展经济竞争力	5	0	0.0	3	60.0	2	40.0	下降
	政府规调经济竞争力	5	2	40.0	1	20.0	2	40.0	下降
	政府保障经济竞争力	6	3	50.0	2	33.3	1	16.7	上升
	小 计	16	5	31.3	6	37.5	5	31.3	下降
发展水平竞争力	工业化进程竞争力	6	1	16.7	2	33.3	3	50.0	下降
	城市化进程竞争力	6	1	16.7	1	16.7	4	66.7	下降
	市场化进程竞争力	6	2	33.3	4	66.7	0	0.0	上升
	小 计	18	4	22.2	7	38.9	7	38.9	下降
统筹协调竞争力	统筹发展竞争力	8	2	25.0	3	37.5	3	37.5	下降
	协调发展竞争力	8	0	0.0	2	25.0	6	75.0	下降
	小 计	16	2	12.5	5	31.3	9	56.3	下降
合 计		210	63	30.0	93	44.3	54	25.7	下降

从表 21-2 可以看出，210 个四级指标中，上升指标有 63 个，占指标总数的 30%；下降指标有 54 个，占指标总数的 25.7%；保持不变的指标有

93 个，占指标总数的 44.3%。综上所述，海南省经济综合竞争力的上升动力略大于下降拉力，但受其他外部因素的综合影响，2017～2018 年海南省经济综合竞争力排位处于下降趋势。

3. 海南省经济综合竞争力各级指标优劣势结构分析

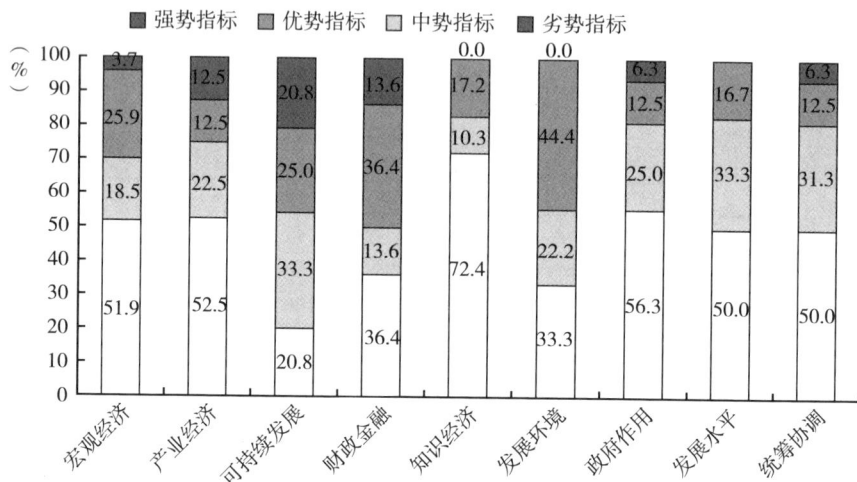

图 21-2　2018 年海南省经济综合竞争力各级指标优劣势比较

表 21-3　2018 年海南省经济综合竞争力各级指标优劣势情况

单位：个，%

二级指标	三级指标	四级指标数	强势指标		优势指标		中势指标		劣势指标		优劣势
			个数	比重	个数	比重	个数	比重	个数	比重	
宏观经济竞争力	经济实力竞争力	12	0	0.0	1	8.3	2	16.7	9	75.0	劣势
	经济结构竞争力	6	0	0.0	3	50.0	2	33.3	1	16.7	优势
	经济外向度竞争力	9	1	11.1	3	33.3	1	11.1	4	44.4	中势
	小　计	**27**	1	3.7	7	25.9	5	18.5	14	51.9	中势
产业经济竞争力	农业竞争力	10	1	10.0	1	10.0	4	40.0	4	40.0	中势
	工业竞争力	10	0	0.0	2	20.0	2	20.0	6	60.0	劣势
	服务业竞争力	10	1	10.0	1	10.0	2	20.0	6	60.0	中势
	企业竞争力	10	3	30.0	1	10.0	1	10.0	5	50.0	中势
	小　计	**40**	5	12.5	5	12.5	9	22.5	21	52.5	中势

续表

二级指标	三级指标	四级指标数	强势指标		优势指标		中势指标		劣势指标		优劣势
			个数	比重	个数	比重	个数	比重	个数	比重	
可持续发展竞争力	资源竞争力	9	1	11.1	2	22.2	4	44.4	2	22.2	优势
	环境竞争力	8	4	50.0	1	12.5	1	12.5	2	25.0	强势
	人力资源竞争力	7	0	0.0	3	42.9	3	42.9	1	14.3	中势
	小　计	24	5	20.8	6	25.0	8	33.3	5	20.8	强势
财政金融竞争力	财政竞争力	12	2	16.7	8	66.7	0	0.0	2	16.7	优势
	金融竞争力	10	1	10.0	0	0.0	3	30.0	6	60.0	劣势
	小　计	22	3	13.6	8	36.4	3	13.6	8	36.4	优势
知识经济竞争力	科技竞争力	9	0	0.0	0	0.0	1	11.1	8	88.9	劣势
	教育竞争力	10	0	0.0	2	20.0	1	10.0	7	70.0	劣势
	文化竞争力	10	0	0.0	3	30.0	1	10.0	6	60.0	劣势
	小　计	29	0	0.0	5	17.2	3	10.3	21	72.4	劣势
发展环境竞争力	基础设施竞争力	9	0	0.0	3	33.3	2	22.2	4	44.4	劣势
	软环境竞争力	9	0	0.0	5	55.6	2	22.2	2	22.2	中势
	小　计	18	0	0.0	8	44.4	4	22.2	6	33.3	中势
政府作用竞争力	政府发展经济竞争力	5	0	0.0	0	0.0	1	20.0	4	80.0	劣势
	政府规调经济竞争力	5	0	0.0	1	20.0	1	20.0	3	60.0	劣势
	政府保障经济竞争力	6	1	16.7	1	16.7	2	33.3	2	33.3	优势
	小　计	16	1	6.3	2	12.5	4	25.0	9	56.3	劣势
发展水平竞争力	工业化进程竞争力	6	0	0.0	0	0.0	2	33.3	4	66.7	劣势
	城市化进程竞争力	6	0	0.0	1	16.7	3	50.0	2	33.3	劣势
	市场化进程竞争力	6	0	0.0	2	33.3	1	16.7	3	50.0	中势
	小　计	18	0	0.0	3	16.7	6	33.3	9	50.0	劣势
统筹协调竞争力	统筹发展竞争力	8	1	12.5	0	0.0	2	25.0	5	62.5	劣势
	协调发展竞争力	8	0	0.0	2	25.0	3	37.5	3	37.5	劣势
	小　计	16	1	6.3	2	12.5	5	31.3	8	50.0	劣势
合　计		210	16	7.6	46	21.9	47	22.4	101	48.1	劣势

基于图 21 - 2 和表 21 - 3，具体到四级指标，强势指标 16 个，占指标总数的 7.6%；优势指标 46 个，占指标总数的 21.9%；中势指标 47 个，占指标总数的 22.4%；劣势指标 101 个，占指标总数的 48.1%。三级指标中，强势指标 1 个，占三级指标总数的 4%；优势指标 4 个，占三级指标总数的 16%；中势指标 7 个，占三级指标总数的 28%；劣势指标 13 个，占三级指标总数的 52%。从二级指标看，强势指标和优势指标各 1 个，分别占二级

指标总数的 11.1%；中势指标有 3 个，占二级指标总数的 33.3%；劣势指标有 4 个，占二级指标总数的 44.4%。综合来看，由于劣势指标在指标体系中居于主导地位，2018 年海南省经济综合竞争力处于劣势地位。

4. 海南省经济综合竞争力四级指标优劣势对比分析

表 21-4　2018 年海南省经济综合竞争力各级指标优劣势情况

二级指标	优劣势	四级指标
宏观经济竞争力（27 个）	强势指标	进出口增长率(1 个)
	优势指标	全社会消费品零售总额增长率、产业结构优化度、所有制经济结构优化度、资本形成结构优化度、实际 FDI 增长率、外贸依存度、对外直接投资额(7 个)
	劣势指标	地区生产总值、地区生产总值增长率、财政总收入、财政总收入增长率、固定资产投资额、固定资产投资额增长率、人均固定资产投资额、全社会消费品零售总额、人均全社会消费品零售总额、就业结构优化度、进出口总额、出口总额、出口增长率、外资企业数(14 个)
产业经济竞争力（40 个）	强势指标	人均农业增加值、限额以上餐饮企业利税率、规模以上企业平均收入、规模以上企业平均利润、规模以上企业劳动效率(5 个)
	优势指标	农业增加值增长率、工业资产总额增长率、工业全员劳动生产率、限额以上批零企业利税率、规模以上企业平均资产(5 个)
	劣势指标	农业增加值、人均主要农产品产量、农业机械化水平、农村人均用电量、工业增加值、人均工业增加值、工业资产总额、规模以上工业主营业务收入、工业成本费用率、规模以上工业利润总额、服务业增加值、服务业增加值增长率、服务业从业人员数、限额以上批发零售企业主营业务收入、商品房销售收入、电子商务销售额、规模以上工业企业数、新产品销售收入占主营业务收入比重、产品质量抽查合格率、工业企业 R&D 经费投入强度、中国驰名商标持有量(21 个)
可持续发展竞争力（24 个）	强势指标	人均可使用海域和滩涂面积、人均工业废气排放量、人均工业固体废物排放量、生活垃圾无害化处理率、自然灾害直接经济损失(5 个)
	优势指标	人均年水资源量、人均森林储积量、森林覆盖率、常住人口增长率、大专以上教育程度人口比例、平均受教育程度(6 个)
	劣势指标	耕地面积、主要能源矿产基础储量、人均废水排放量、一般工业固体废物综合利用率、职业学校毕业生数(5 个)
财政金融竞争力（22 个）	强势指标	税收收入占 GDP 比重、地方财政支出增长率、中长期贷款占贷款余额比重(3 个)
	优势指标	地方财政收入占 GDP 比重、地方财政支出占 GDP 比重、税收收入占财政总收入比重、人均地方财政收入、人均地方财政支出、人均税收收入、地方财政收入增长率、税收收入增长率(8 个)
	劣势指标	地方财政收入、地方财政支出、存款余额、贷款余额、保险费净收入、保险密度、国内上市公司数、国内上市公司市值(8 个)

续表

二级指标	优劣势	四级指标
知识经济 竞争力 (29个)	强势指标	(0个)
	优势指标	教育经费占GDP比重、人均教育经费、农村居民人均文化娱乐支出、城镇居民人均文化娱乐支出占消费性支出比重、农村居民人均文化娱乐支出占消费性支出比重(5个)
	劣势指标	R&D人员、R&D经费、R&D经费投入强度、发明专利授权量、技术市场成交合同金额、财政科技支出占地方财政支出比重、高技术产业主营业务收入、高技术产品出口额占商品出口额比重、教育经费、公共教育经费占财政支出比重、万人中小学学校数、万人中小学专任教师数、高等学校数、高校专任教师数、万人高等学校在校学生数、文化制造业营业收入、文化批发零售业营业收入、文化服务业企业营业收入、图书和期刊出版数、电子出版物品种、印刷用纸量(21个)
发展环境 竞争力 (18个)	强势指标	(0个)
	优势指标	铁路网线密度、人均邮电业务总量、电话普及率、外资企业数增长率、万人外资企业数、个体私营企业数增长率、查处商标侵权假冒案件、罚没收入占财政收入比重(8个)
	劣势指标	全社会旅客周转量、全社会货物周转量、网站数、人均耗电量、每十万人交通事故发生数、社会捐赠款物(6个)
政府作用 竞争力 (16个)	强势指标	失业保险覆盖率(1个)
	优势指标	规范税收、医疗保险覆盖率(2个)
	劣势指标	财政支出对GDP增长的拉动、政府公务员对经济的贡献、政府消费对民间消费的拉动、财政投资对社会投资的拉动、物价调控、统筹经济社会发展、固定资产投资价格指数、城镇职工养老保险收支比、城镇登记失业率(9个)
发展水平 竞争力 (18个)	强势指标	(0个)
	优势指标	人均日生活用水量、非公有制经济产值占全社会总产值比重、社会投资占投资总额比重(3个)
	劣势指标	工业增加值占GDP比重、高技术产业占工业增加值比重、高技术产品占商品出口额比重、工农业增加值比值、城市平均建成区面积比重、人均公共绿地面积、亿元以上商品市场成交额、亿元以上商品市场成交额占全社会消费品零售总额比重、居民消费支出占总消费支出比重(9个)
统筹协调 竞争力 (16个)	强势指标	二三产业增加值比例(1个)
	优势指标	资源竞争力与宏观经济竞争力比差、环境竞争力与工业竞争力比差(2个)
	劣势指标	社会劳动生产率、能源使用下降率、万元GDP综合能耗下降率、非农用地产出率、固定资产投资增长率、环境竞争力与宏观经济竞争力比差、人力资源竞争力与宏观经济竞争力比差、资源竞争力与工业竞争力比差(8个)

21.2 海南省经济综合竞争力各级指标具体分析

1. 海南省宏观经济竞争力指标排名变化情况

表 21－5　2017～2018 年海南省宏观经济竞争力指标组排位及变化趋势

指　标	2017 年	2018 年	排位升降	优劣势
1　宏观经济竞争力	19	20	－1	中势
1.1　经济实力竞争力	21	30	－9	劣势
地区生产总值	28	28	0	劣势
地区生产总值增长率	22	26	－4	劣势
人均地区生产总值	17	17	0	中势
财政总收入	26	28	－2	劣势
财政总收入增长率	17	31	－14	劣势
人均财政收入	6	13	－7	中势
固定资产投资额	28	29	－1	劣势
固定资产投资额增长率	15	28	－13	劣势
人均固定资产投资额	19	22	－3	劣势
全社会消费品零售总额	28	28	0	劣势
全社会消费品零售总额增长率	10	9	1	优势
人均全社会消费品零售总额	22	22	0	劣势
1.2　经济结构竞争力	6	5	1	优势
产业结构优化度	5	5	0	优势
所有制经济结构优化度	12	8	4	优势
城乡经济结构优化度	12	12	0	中势
就业结构优化度	28	27	1	劣势
资本形成结构优化度	6	6	0	优势
贸易结构优化度	18	18	0	中势
1.3　经济外向度竞争力	26	14	12	中势
进出口总额	26	26	0	劣势
进出口增长率	17	3	14	强势
出口总额	27	27	0	劣势
出口增长率	5	22	－17	劣势
实际 FDI	19	18	1	中势
实际 FDI 增长率	31	10	21	优势
外贸依存度	10	10	0	优势
外资企业数	25	25	0	劣势
对外直接投资额	27	8	19	优势

2. 海南省产业经济竞争力指标排名变化情况

表 21 – 6　2017 ~ 2018 年海南省产业经济竞争力指标组排位及变化趋势

指　标	2017 年	2018 年	排位升降	优劣势
2　产业经济竞争力	18	20	– 2	中势
2.1　农业竞争力	15	16	– 1	中势
农业增加值	23	23	0	劣势
农业增加值增长率	20	10	10	优势
人均农业增加值	1	1	0	强势
农民人均纯收入	14	15	– 1	中势
农民人均纯收入增长率	13	13	0	中势
农产品出口占农林牧渔总产值比重	13	14	– 1	中势
人均主要农产品产量	23	22	1	劣势
农业机械化水平	26	26	0	劣势
农村人均用电量	28	25	3	劣势
财政支农资金比重	8	12	– 4	中势
2.2　工业竞争力	28	29	– 1	劣势
工业增加值	30	30	0	劣势
工业增加值增长率	28	12	16	中势
人均工业增加值	30	30	0	劣势
工业资产总额	30	30	0	劣势
工业资产总额增长率	17	4	13	优势
规模以上工业主营业务收入	30	30	0	劣势
工业成本费用率	7	26	– 19	劣势
规模以上工业利润总额	29	29	0	劣势
工业全员劳动生产率	3	7	– 4	优势
工业收入利润率	20	14	6	中势
2.3　服务业竞争力	14	19	– 5	中势
服务业增加值	28	28	0	劣势
服务业增加值增长率	4	25	– 21	劣势
人均服务业增加值	13	13	0	中势
服务业从业人员数	28	28	0	劣势
限额以上批发零售企业主营业务收入	28	28	0	劣势
限额以上批零企业利税率	6	5	1	优势
限额以上餐饮企业利税率	2	3	– 1	强势
旅游外汇收入	21	20	1	中势
商品房销售收入	18	21	– 3	劣势
电子商务销售额	26	25	1	劣势

指　　标	2017 年	2018 年	排位升降	优劣势
2.4　企业竞争力	13	12	1	中势
规模以上工业企业数	30	30	0	劣势
规模以上企业平均资产	6	6	0	优势
规模以上企业平均收入	2	2	0	强势
规模以上企业平均利润	5	3	2	强势
规模以上企业劳动效率	3	2	1	强势
城镇就业人员平均工资	16	13	3	中势
新产品销售收入占主营业务收入比重	25	29	-4	劣势
产品质量抽查合格率	21	29	-8	劣势
工业企业 R&D 经费投入强度	26	26	0	劣势
中国驰名商标持有量	29	29	0	劣势

3. 海南省可持续发展竞争力指标排名变化情况

表 21 - 7　2017 ~ 2018 年海南省可持续发展竞争力指标组排位及变化趋势

指　　标	2017 年	2018 年	排位升降	优劣势
3　可持续发展竞争力	7	2	5	强势
3.1　资源竞争力	11	10	1	优势
人均国土面积	15	15	0	中势
人均可使用海域和滩涂面积	1	1	0	强势
人均年水资源量	6	4	2	优势
耕地面积	26	26	0	劣势
人均耕地面积	20	20	0	中势
人均牧草地面积	13	13	0	中势
主要能源矿产基础储量	27	27	0	劣势
人均主要能源矿产基础储量	19	19	0	中势
人均森林储积量	11	8	3	优势
3.2　环境竞争力	3	2	1	强势
森林覆盖率	5	5	0	优势
人均废水排放量	21	21	0	劣势
人均工业废气排放量	2	2	0	强势
人均工业固体废物排放量	2	2	0	强势
人均治理工业污染投资额	17	17	0	中势
一般工业固体废物综合利用率	22	22	0	劣势
生活垃圾无害化处理率	5	2	3	强势
自然灾害直接经济损失	4	3	1	强势

指 标	2017 年	2018 年	排位升降	优劣势
3.3 人力资源竞争力	21	17	4	中势
常住人口增长率	6	8	- 2	优势
15 ~ 64 岁人口比例	18	14	4	中势
文盲率	14	14	0	中势
大专以上教育程度人口比例	20	7	13	优势
平均受教育程度	11	6	5	优势
人口健康素质	20	19	1	中势
职业学校毕业生数	26	25	1	劣势

4. 海南省财政金融竞争力指标排名变化情况

表 21 - 8　2017 ~ 2018 年海南省财政金融竞争力指标组排位及变化趋势

指 标	2017 年	2018 年	排位升降	优劣势
4　财政金融竞争力	9	7	2	优势
4.1 财政竞争力	7	5	2	优势
地方财政收入	28	28	0	劣势
地方财政支出	30	29	1	劣势
地方财政收入占 GDP 比重	3	4	- 1	优势
地方财政支出占 GDP 比重	8	6	2	优势
税收收入占 GDP 比重	3	3	0	强势
税收收入占财政总收入比重	4	5	- 1	优势
人均地方财政收入	8	7	1	优势
人均地方财政支出	9	9	0	优势
人均税收收入	7	7	0	优势
地方财政收入增长率	14	5	9	优势
地方财政支出增长率	26	2	24	强势
税收收入增长率	12	6	6	优势
4.2 金融竞争力	19	22	- 3	劣势
存款余额	28	28	0	劣势
人均存款余额	11	12	- 1	中势
贷款余额	28	28	0	劣势
人均贷款余额	13	13	0	中势
中长期贷款占贷款余额比重	2	2	0	强势
保险费净收入	28	28	0	劣势
保险密度	22	21	1	劣势
保险深度	22	16	6	中势
国内上市公司数	27	26	1	劣势
国内上市公司市值	26	26	0	劣势

5. 海南省知识经济竞争力指标排名变化情况

表 21 - 9   2017 ~ 2018 年海南省知识经济竞争力指标组排位及变化趋势

指 标	2017 年	2018 年	排位升降	优劣势
5 知识经济竞争力	28	29	-1	劣势
5.1 科技竞争力	28	28	0	劣势
R&D 人员	29	29	0	劣势
R&D 经费	30	29	1	劣势
R&D 经费投入强度	30	30	0	劣势
发明专利授权量	29	29	0	劣势
技术市场成交合同金额	30	29	1	劣势
财政科技支出占地方财政支出比重	27	25	2	劣势
高技术产业主营业务收入	28	28	0	劣势
高技术产业收入占工业增加值比重	17	19	-2	中势
高技术产品出口额占商品出口额比重	29	29	0	劣势
5.2 教育竞争力	29	29	0	劣势
教育经费	28	28	0	劣势
教育经费占 GDP 比重	7	7	0	优势
人均教育经费	7	10	-3	优势
公共教育经费占财政支出比重	16	23	-7	劣势
人均文化教育支出	20	11	9	中势
万人中小学学校数	24	25	-1	劣势
万人中小学专任教师数	27	27	0	劣势
高等学校数	31	31	0	劣势
高校专任教师数	28	28	0	劣势
万人高等学校在校学生数	23	23	0	劣势
5.3 文化竞争力	28	24	4	劣势
文化制造业营业收入	23	22	1	劣势
文化批发零售业营业收入	29	29	0	劣势
文化服务业企业营业收入	23	21	2	劣势
图书和期刊出版数	27	29	-2	劣势
电子出版物品种	26	24	2	劣势
印刷用纸量	28	28	0	劣势
城镇居民人均文化娱乐支出	25	11	14	中势
农村居民人均文化娱乐支出	14	10	4	优势
城镇居民人均文化娱乐支出占消费性支出比重	24	6	18	优势
农村居民人均文化娱乐支出占消费性支出比重	8	7	1	优势

6. 海南省发展环境竞争力指标排名变化情况

表 21 - 10　2017～2018 年海南省发展环境竞争力指标组排位及变化趋势

指　标	2017 年	2018 年	排位升降	优劣势
6　发展环境竞争力	20	18	2	中势
6.1　基础设施竞争力	23	23	0	劣势
铁路网线密度	10	10	0	优势
公路网线密度	17	14	3	中势
人均内河航道里程	19	19	0	中势
全社会旅客周转量	29	29	0	劣势
全社会货物周转量	28	28	0	劣势
人均邮电业务总量	8	9	-1	优势
电话普及率	8	10	-2	优势
网站数	24	24	0	劣势
人均耗电量	20	22	-2	劣势
6.2　软环境竞争力	13	12	1	中势
外资企业数增长率	30	6	24	优势
万人外资企业数	10	10	0	优势
个体私营企业数增长率	24	9	15	优势
万人个体私营企业数	14	12	2	中势
万人商标注册件数	10	11	-1	中势
查处商标侵权假冒案件	4	4	0	优势
每十万人交通事故发生数	26	26	0	劣势
罚没收入占财政收入比重	4	7	-3	优势
社会捐赠款物	26	30	-4	劣势

7. 海南省政府作用竞争力指标排名变化情况

表 21 - 11　2017～2018 年海南省政府作用竞争力指标组排位及变化趋势

指　标	2017 年	2018 年	排位升降	优劣势
7　政府作用竞争力	21	22	-1	劣势
7.1　政府发展经济竞争力	26	27	-1	劣势
财政支出用于基本建设投资比重	13	13	0	中势
财政支出对 GDP 增长的拉动	24	26	-2	劣势
政府公务员对经济的贡献	24	24	0	劣势
政府消费对民间消费的拉动	26	26	0	劣势
财政投资对社会投资的拉动	22	25	-3	劣势

续表

指　标	2017 年	2018 年	排位升降	优劣势
7.2　政府规调经济竞争力	26	29	-3	劣势
物价调控	31	28	3	劣势
调控城乡消费差距	18	19	-1	中势
统筹经济社会发展	26	23	3	劣势
规范税收	5	5	0	优势
固定资产投资价格指数	5	27	-22	劣势
7.3　政府保障经济竞争力	8	6	2	优势
城镇职工养老保险收支比	27	27	0	劣势
医疗保险覆盖率	6	4	2	优势
养老保险覆盖率	13	11	2	中势
失业保险覆盖率	1	1	0	强势
最低工资标准	29	19	10	中势
城镇登记失业率	30	31	-1	劣势

8. 海南省发展水平竞争力指标排名变化情况

表 21 -12　2017～2018 年海南省发展水平竞争力指标组排位及变化趋势

指　标	2017 年	2018 年	排位升降	优劣势
8　发展水平竞争力	23	24	-1	劣势
8.1　工业化进程竞争力	28	30	-2	劣势
工业增加值占 GDP 比重	30	30	0	劣势
工业增加值增长率	8	12	-4	中势
高技术产业占工业增加值比重	14	22	-8	劣势
高技术产品占商品出口额比重	27	29	-2	劣势
信息产业增加值占 GDP 比重	28	13	15	中势
工农业增加值比值	31	31	0	劣势
8.2　城市化进程竞争力	14	23	-9	劣势
城镇化率	14	14	0	中势
城镇居民人均可支配收入	17	18	-1	中势
城市平均建成区面积比重	25	21	4	劣势
人均拥有道路面积	8	16	-8	中势
人均日生活用水量	1	10	-9	优势
人均公共绿地面积	20	28	-8	劣势

指 标	2017 年	2018 年	排位升降	优劣势
8.3 市场化进程竞争力	17	16	1	中势
非公有制经济产值占全社会总产值比重	12	8	4	优势
社会投资占投资总额比重	6	5	1	优势
私有和个体企业从业人员比重	16	16	0	中势
亿元以上商品市场成交额	30	30	0	劣势
亿元以上商品市场成交额占全社会消费品零售总额比重	31	31	0	劣势
居民消费支出占总消费支出比重	26	26	0	劣势

9. 海南省统筹协调竞争力指标排名变化情况

表 21 - 13　2017～2018 年海南省统筹协调竞争力指标组排位及变化趋势

指 标	2017 年	2018 年	排位升降	优劣势
9　统筹协调竞争力	19	25	- 6	劣势
9.1 统筹发展竞争力	21	23	- 2	劣势
社会劳动生产率	22	24	- 2	劣势
能源使用下降率	29	27	2	劣势
万元 GDP 综合能耗下降率	25	27	- 2	劣势
非农用地产出率	23	23	0	劣势
居民收入占 GDP 比重	20	20	0	中势
二三产业增加值比例	2	2	0	强势
固定资产投资额占 GDP 比重	19	14	5	中势
固定资产投资增长率	17	28	- 11	劣势
9.2 协调发展竞争力	14	26	- 12	劣势
资源竞争力与宏观经济竞争力比差	9	9	0	优势
环境竞争力与宏观经济竞争力比差	25	30	- 5	劣势
人力资源竞争力与宏观经济竞争力比差	20	23	- 3	劣势
环境竞争力与工业竞争力比差	6	7	- 1	优势
资源竞争力与工业竞争力比差	30	31	- 1	劣势
城乡居民家庭人均收入比差	12	12	0	中势
城乡居民人均现金消费支出比差	18	19	- 1	中势
全社会消费品零售总额与外贸出口总额比差	17	18	- 1	中势

B.23

22

重庆市经济综合竞争力评价分析报告

重庆市简称渝，位于青藏高原与长江中下游平原的过渡地带，北与四川省、陕西省相连，东与湖北省、湖南省相接，南与贵州省相邻，西与云南省交界。全市面积8.5万平方公里，2018年全市常住人口为3102万人，地区生产总值为20363亿元，同比增长6.0%，人均GDP达65933元。本部分通过分析2017~2018年重庆市经济综合竞争力以及各要素竞争力的排名变化，从中找出重庆市经济综合竞争力的推动点及影响因素，为进一步提升重庆市经济综合竞争力提供决策参考。

22.1 重庆市经济综合竞争力总体分析

1.重庆市经济综合竞争力一级指标概要分析

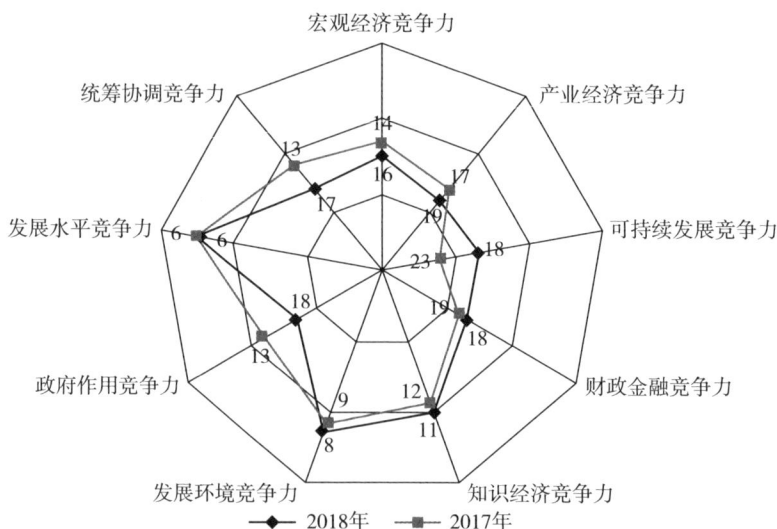

图 22-1　2017~2018年重庆市经济综合竞争力二级指标比较

表 22 - 1　2017～2018 年重庆市经济综合竞争力二级指标表现情况

项目年份	宏观经济竞争力	产业经济竞争力	可持续发展竞争力	财政金融竞争力	知识经济竞争力	发展环境竞争力	政府作用竞争力	发展水平竞争力	统筹协调竞争力	综合排位
2017	14	17	23	19	12	9	13	6	13	11
2018	16	19	18	18	11	8	18	6	17	13
升降	-2	-2	5	1	1	1	-5	0	-4	-2
优劣度	中势	中势	中势	中势	中势	优势	中势	优势	中势	中势

（1）从综合排位看，2018 年重庆市经济综合竞争力综合排位在全国居第 13 位，这表明其在全国处于中势地位；与 2017 年相比，综合排位下降了 2 位。

（2）从指标所处区位看，有 2 个指标处于上游区，为发展环境竞争力和发展水平竞争力，其余 7 个指标宏观经济竞争力、产业经济竞争力、可持续发展竞争力、财政金融竞争力、知识经济竞争力、政府作用竞争力和统筹协调竞争力均处于中游区。

（3）从指标变化趋势看，9 个二级指标中，有 4 个指标处于上升趋势，分别为可持续发展竞争力、财政金融竞争力、知识经济竞争力和发展环境竞争力，这些是重庆市经济综合竞争力的上升动力所在；发展水平竞争力指标排位没有发生变化；有 4 个指标处于下降趋势，为宏观经济竞争力、产业经济竞争力、政府作用竞争力和统筹协调竞争力，这些指标是重庆市经济综合竞争力的下降拉力所在。

2. 重庆市经济综合竞争力各级指标动态变化分析

表 22 - 2　2017～2018 年重庆市经济综合竞争力各级指标排位变化情况

单位：个，%

二级指标	三级指标	四级指标数	上升		保持		下降		变化趋势
			指标数	比重	指标数	比重	指标数	比重	
宏观经济竞争力	经济实力竞争力	12	1	8.3	4	33.3	7	58.3	下降
	经济结构竞争力	6	2	33.3	4	66.7	0	0.0	上升
	经济外向度竞争力	9	5	55.6	3	33.3	1	11.1	上升
	小　计	27	8	29.6	11	40.7	8	29.6	下降

续表

二级指标	三级指标	四级指标数	上升		保持		下降		变化趋势
			指标数	比重	指标数	比重	指标数	比重	
产业经济竞争力	农业竞争力	10	3	30.0	6	60.0	1	10.0	保持
	工业竞争力	10	2	20.0	2	20.0	6	60.0	下降
	服务业竞争力	10	2	20.0	5	50.0	3	30.0	上升
	企业竞争力	10	4	40.0	3	30.0	3	30.0	上升
	小　计	**40**	11	27.5	16	40.0	13	32.5	下降
可持续发展竞争力	资源竞争力	9	1	11.1	7	77.8	1	11.1	保持
	环境竞争力	8	2	25.0	6	75.0	0	0.0	保持
	人力资源竞争力	7	6	85.7	0	0.0	1	14.3	上升
	小　计	**24**	9	37.5	13	54.2	2	8.3	上升
财政金融竞争力	财政竞争力	12	3	25.0	3	25.0	6	50.0	保持
	金融竞争力	10	6	60.0	3	30.0	1	10.0	上升
	小　计	**22**	9	40.9	6	27.3	7	31.8	上升
知识经济竞争力	科技竞争力	9	2	22.2	5	55.6	2	22.2	保持
	教育竞争力	10	2	20.0	5	50.0	3	30.0	保持
	文化竞争力	10	2	20.0	3	30.0	5	50.0	下降
	小　计	**29**	6	20.7	13	44.8	10	34.5	上升
发展环境竞争力	基础设施竞争力	9	4	44.4	5	55.6	0	0.0	上升
	软环境竞争力	9	3	33.3	2	22.2	4	44.4	保持
	小　计	**18**	7	38.9	7	38.9	4	22.2	上升
政府作用竞争力	政府发展经济竞争力	5	1	20.0	2	40.0	2	40.0	上升
	政府规调经济竞争力	5	1	20.0	2	40.0	2	40.0	下降
	政府保障经济竞争力	6	2	33.3	2	33.3	2	33.3	保持
	小　计	**16**	4	25.0	6	37.5	6	37.5	下降
发展水平竞争力	工业化进程竞争力	6	0	0.0	0	0.0	6	100.0	下降
	城市化进程竞争力	6	2	33.3	4	66.7	0	0.0	上升
	市场化进程竞争力	6	4	66.7	2	33.3	0	0.0	上升
	小　计	**18**	6	33.3	6	33.3	6	33.3	保持
统筹协调竞争力	统筹发展竞争力	8	3	37.5	1	12.5	4	50.0	下降
	协调发展竞争力	8	5	62.5	1	12.5	2	25.0	上升
	小　计	**16**	8	50.0	2	12.5	6	37.5	下降
合　计		**210**	68	32.4	80	38.1	62	29.5	下降

从表 22 - 2 可以看出，210 个四级指标中，上升指标有 68 个，占指标总数的 32.4%；下降指标有 62 个，占指标总数的 29.5%；保持不变的指标

有 80 个，占指标总数的 38.1%。综上所述，重庆市经济综合竞争力的上升动力与下降拉力大致相当，但受其他外部因素的综合影响，2017～2018 年重庆市经济综合竞争力排位呈下降态势。

3. 重庆市经济综合竞争力各级指标优劣势结构分析

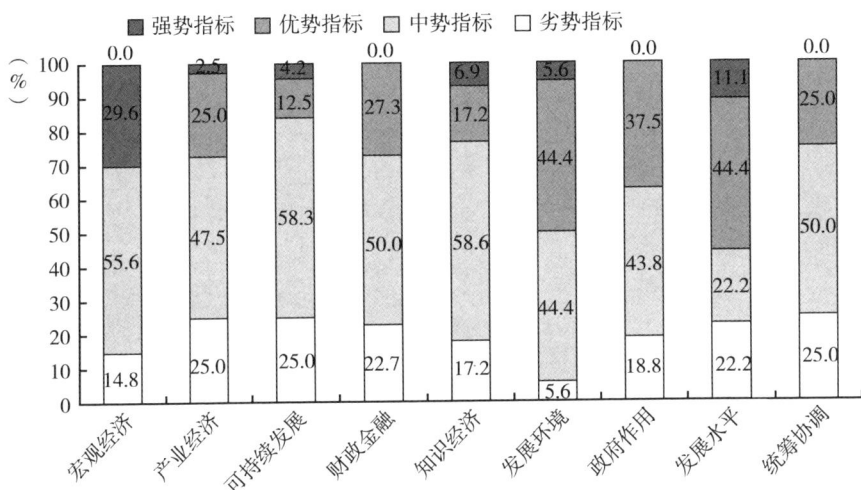

图 22 - 2　2018 年重庆市经济综合竞争力各级指标优劣势比较

表 22 - 3　2018 年重庆市经济综合竞争力各级指标优劣势情况

单位：个，%

二级指标	三级指标	四级指标数	强势指标		优势指标		中势指标		劣势指标		优劣势
			个数	比重	个数	比重	个数	比重	个数	比重	
宏观经济竞争力	经济实力竞争力	12	0	0.0	2	16.7	7	58.3	3	25.0	中势
	经济结构竞争力	6	0	0.0	3	50.0	2	33.3	1	16.7	中势
	经济外向度竞争力	9	0	0.0	3	33.3	6	66.7	0	0.0	优势
	小　计	**27**	0	0.0	8	29.6	15	55.6	4	14.8	中势
产业经济竞争力	农业竞争力	10	1	10.0	2	20.0	3	30.0	4	40.0	劣势
	工业竞争力	10	0	0.0	1	10.0	5	50.0	4	40.0	劣势
	服务业竞争力	10	0	0.0	3	30.0	6	60.0	1	10.0	中势
	企业竞争力	10	0	0.0	4	40.0	5	50.0	1	10.0	优势
	小　计	**40**	1	2.5	10	25.0	19	47.5	10	25.0	中势

续表

二级指标	三级指标	四级指标数	强势指标		优势指标		中势指标		劣势指标		优劣势
			个数	比重	个数	比重	个数	比重	个数	比重	
可持续发展竞争力	资源竞争力	9	0	0.0	0	0.0	6	66.7	3	33.3	劣势
	环境竞争力	8	0	0.0	2	25.0	4	50.0	2	25.0	优势
	人力资源竞争力	7	1	14.3	1	14.3	4	57.1	1	14.3	中势
	小　计	24	1	4.2	3	12.5	14	58.3	6	25.0	中势
财政金融竞争力	财政竞争力	12	0	0.0	2	16.7	5	41.7	5	41.7	劣势
	金融竞争力	10	0	0.0	4	40.0	6	60.0	0	0.0	中势
	小　计	22	0	0.0	6	27.3	11	50.0	5	22.7	中势
知识经济竞争力	科技竞争力	9	2	22.2	2	22.2	5	55.6	0	0.0	优势
	教育竞争力	10	0	0.0	2	20.0	5	50.0	3	30.0	中势
	文化竞争力	10	0	0.0	1	10.0	7	70.0	2	20.0	中势
	小　计	29	2	6.9	5	17.2	17	58.6	5	17.2	中势
发展环境竞争力	基础设施竞争力	9	1	11.1	2	22.2	6	66.7	0	0.0	优势
	软环境竞争力	9	0	0.0	6	66.7	2	22.2	1	11.1	优势
	小　计	18	1	5.6	8	44.4	8	44.4	1	5.6	优势
政府作用竞争力	政府发展经济竞争力	5	0	0.0	3	60.0	2	40.0	0	0.0	优势
	政府规调经济竞争力	5	0	0.0	1	20.0	3	60.0	1	20.0	劣势
	政府保障经济竞争力	6	0	0.0	2	33.3	2	33.3	2	33.3	中势
	小　计	16	0	0.0	6	37.5	7	43.8	3	18.8	中势
发展水平竞争力	工业化进程竞争力	6	1	16.7	2	33.3	1	16.7	2	33.3	优势
	城市化进程竞争力	6	0	0.0	2	33.3	2	33.3	2	33.3	中势
	市场化进程竞争力	6	1	16.7	4	66.7	1	16.7	0	0.0	强势
	小　计	18	2	11.1	8	44.4	4	22.2	4	22.2	优势
统筹协调竞争力	统筹发展竞争力	8	0	0.0	3	37.5	4	50.0	1	12.5	中势
	协调发展竞争力	8	0	0.0	1	12.5	4	50.0	3	37.5	劣势
	小　计	16	0	0.0	4	25.0	8	50.0	4	25.0	中势
合　计		210	7	3.3	58	27.6	103	49.0	42	20.0	中势

基于图22-2和表22-3，具体到四级指标，强势指标7个，占指标总数的3.3%；优势指标58个，占指标总数的27.6%；中势指标103个，占指标总数的49.0%；劣势指标42个，占指标总数的20.0%。三级指标中，强势指标1个，占三级指标总数的4.0%；优势指标8个，占三级指标总数的32.0%；中势指标10个，占三级指标总数的40.0%；劣势指标6个，占

三级指标总数的 24.0%。从二级指标看，优势指标 2 个，占二级指标总数的 22.2%；中势指标有 7 个，占二级指标总数的 77.8%；没有强势指标和劣势指标。综合来看，中势指标在指标体系中居于主导地位，2018 年重庆市经济综合竞争力处于中势地位。

4. 重庆市经济综合竞争力四级指标优劣势对比分析

表 22 - 4　2018 年重庆市经济综合竞争力各级指标优劣势情况

二级指标	优劣势	四级指标
宏观经济竞争力（27 个）	强势指标	（0 个）
	优势指标	人均财政收入、人均固定资产投资额、所有制经济结构优化度、就业结构优化度、贸易结构优化度、进出口增长率、出口增长率、对外直接投资额（8 个）
	劣势指标	地区生产总值增长率、财政总收入增长率、全社会消费品零售总额增长率、资本形成结构优化度（4 个）
产业经济竞争力（40 个）	强势指标	农民人均纯收入增长率（1 个）
	优势指标	农业增加值增长率、人均农业增加值、工业成本费用率、服务业增加值增长率、人均服务业增加值、电子商务销售额、城镇就业人员平均工资、新产品销售收入占主营业务收入比重、产品质量抽合合格率、工业企业 R&D 经费投入强度（10 个）
	劣势指标	农业增加值、农产品出口占农林牧渔总产值比重、农业机械化水平、财政支农资金比重、工业增加值增长率、工业资产总额、工业资产总额增长率、工业全员劳动生产率、限额以上餐饮企业利税率、规模以上企业劳动效率（10 个）
可持续发展竞争力（24 个）	强势指标	人口健康素质（1 个）
	优势指标	人均工业固体废物排放量、自然灾害直接经济损失、常住人口增长率（3 个）
	劣势指标	人均国土面积、耕地面积、人均耕地面积、人均废水排放量、人均治理工业污染投资额、15～64 岁人口比例（6 个）
财政金融竞争力（22 个）	强势指标	（0 个）
	优势指标	人均地方财政收入、人均税收收入、人均存款余额、人均贷款余额、中长期贷款占贷款余额比重、保险密度（6 个）
	劣势指标	地方财政支出、税收收入占财政总收入比重、地方财政收入增长率、地方财政支出增长率、税收收入增长率（5 个）
知识经济竞争力（29 个）	强势指标	高技术产业收入占工业增加值比重、高技术产品出口额占商品出口额比重（2 个）
	优势指标	R&D 经费投入强度、高技术产业主营业务收入、万人中小学校数、万人高等学校在校学生数、电子出版物品种（5 个）
	劣势指标	教育经费、教育经费占 GDP 比重、公共教育经费占财政支出比重、印刷用纸量、城镇居民人均文化娱乐支出占消费性支出比重（5 个）

续表

二级指标	优劣势	四级指标
发展环境 竞争力 (18个)	强势指标	公路网线密度(1个)
	优势指标	人均内河航道里程、电话普及率、外资企业数增长率、万人个体私营企业数、万人商标注册件数、查处商标侵权假冒案件、罚没收入占财政收入比重、社会捐赠款物(8个)
	劣势指标	个体私营企业数增长率(1个)
政府作用 竞争力 (16个)	强势指标	(0个)
	优势指标	政府公务员对经济的贡献、政府消费对民间消费的拉动、财政投资对社会投资的拉动、统筹经济社会发展、养老保险覆盖率、失业保险覆盖率(6个)
	劣势指标	规范税收、最低工资标准、城镇登记失业率(3个)
发展水平 竞争力 (18个)	强势指标	高技术产品占商品出口额比重、私有和个体企业从业人员比重(2个)
	优势指标	高技术产业占工业增加值比重、信息产业增加值占GDP比重、城镇化率、人均公共绿地面积、非公有制经济产值占全社会总产值比重、亿元以上商品市场成交额、亿元以上商品市场成交额占全社会消费品零售总额比重、居民消费支出占总消费支出比重(8个)
	劣势指标	工业增加值占GDP比重、工业增加值增长率、城市平均建成区面积比重、人均拥有道路面积(4个)
统筹协调 竞争力 (16个)	强势指标	(0个)
	优势指标	社会劳动生产率、非农用地产出率、居民收入占GDP比重、全社会消费品零售总额与外贸出口总额比差(4个)
	劣势指标	万元GDP综合能耗下降率、资源竞争力与宏观经济竞争力比差、环境竞争力与工业竞争力比差、资源竞争力与工业竞争力比差(4个)

22.2 重庆市经济综合竞争力各级指标具体分析

1. 重庆市宏观经济竞争力指标排名变化情况

表 22-5 2017~2018 年重庆市宏观经济竞争力指标组排位及变化趋势

指 标	2017年	2018年	排位升降	优劣势
1 宏观经济竞争力	14	16	-2	中势
1.1 经济实力竞争力	14	17	-3	中势
地区生产总值	17	17	0	中势
地区生产总值增长率	4	25	-21	劣势

指　　标	2017 年	2018 年	排位升降	优劣势
人均地区生产总值	10	11	− 1	中势
财政总收入	15	16	− 1	中势
财政总收入增长率	22	21	1	劣势
人均财政收入	9	9	0	优势
固定资产投资额	16	16	0	中势
固定资产投资额增长率	14	16	− 2	中势
人均固定资产投资额	7	8	− 1	优势
全社会消费品零售总额	17	18	− 1	中势
全社会消费品零售总额增长率	13	28	− 15	劣势
人均全社会消费品零售总额	13	13	0	中势
1.2　经济结构竞争力	17	16	1	中势
产业结构优化度	11	11	0	中势
所有制经济结构优化度	13	9	4	优势
城乡经济结构优化度	17	16	1	中势
就业结构优化度	4	4	0	优势
资本形成结构优化度	24	24	0	劣势
贸易结构优化度	10	10	0	优势
1.3　经济外向度竞争力	21	9	12	优势
进出口总额	13	13	0	中势
进出口增长率	24	9	15	优势
出口总额	11	12	− 1	中势
出口增长率	12	7	5	优势
实际 FDI	15	15	0	中势
实际 FDI 增长率	28	13	15	中势
外贸依存度	11	11	0	中势
外资企业数	17	16	1	中势
对外直接投资额	13	6	7	优势

2. 重庆市产业经济竞争力指标排名变化情况

表 22 - 6　2017 ~ 2018 年重庆市产业经济竞争力指标组排位及变化趋势

指　　标	2017 年	2018 年	排位升降	优劣势
2　产业经济竞争力	17	19	− 2	中势
2.1　农业竞争力	27	27	0	劣势
农业增加值	21	21	0	劣势

续表

指　　标	2017 年	2018 年	排位升降	优劣势
农业增加值增长率	14	7	7	优势
人均农业增加值	11	9	2	优势
农民人均纯收入	19	19	0	中势
农民人均纯收入增长率	3	3	0	强势
农产品出口占农林牧渔总产值比重	26	28	−2	劣势
人均主要农产品产量	20	19	1	中势
农业机械化水平	23	23	0	劣势
农村人均用电量	14	14	0	中势
财政支农资金比重	27	27	0	劣势
2.2　工业竞争力	20	22	−2	劣势
工业增加值	17	19	−2	中势
工业增加值增长率	4	29	−25	劣势
人均工业增加值	11	14	−3	中势
工业资产总额	22	22	0	劣势
工业资产总额增长率	29	28	1	劣势
规模以上工业主营业务收入	17	17	0	中势
工业成本费用率	17	8	9	优势
规模以上工业利润总额	17	19	−2	中势
工业全员劳动生产率	15	24	−9	劣势
工业收入利润率	8	20	−12	中势
2.3　服务业竞争力	18	15	3	中势
服务业增加值	16	16	0	中势
服务业增加值增长率	7	9	−2	优势
人均服务业增加值	10	10	0	优势
服务业从业人员数	12	13	−1	中势
限额以上批发零售企业主营业务收入	14	14	0	中势
限额以上批零企业利税率	11	12	−1	中势
限额以上餐饮企业利税率	31	29	2	劣势
旅游外汇收入	14	13	1	中势
商品房销售收入	11	11	0	中势
电子商务销售额	10	10	0	优势

续表

指　　标	2017 年	2018 年	排位升降	优劣势
2.4　企业竞争力	12	10	2	优势
规模以上工业企业数	14	14	0	中势
规模以上企业平均资产	20	20	0	中势
规模以上企业平均收入	18	16	2	中势
规模以上企业平均利润	12	16	− 4	中势
规模以上企业劳动效率	21	24	− 3	劣势
城镇就业人员平均工资	10	9	1	优势
新产品销售收入占主营业务收入比重	4	8	− 4	优势
产品质量抽查合格率	24	7	17	优势
工业企业 R&D 经费投入强度	5	4	1	优势
中国驰名商标持有量	17	17	0	中势

3. 重庆市可持续发展竞争力指标排名变化情况

表 22 - 7　2017 ~ 2018 年重庆市可持续发展竞争力指标组排位及变化趋势

指　　标	2017 年	2018 年	排位升降	优劣势
3　可持续发展竞争力	23	18	5	中势
3.1　资源竞争力	28	28	0	劣势
人均国土面积	21	21	0	劣势
人均可使用海域和滩涂面积	13	13	0	中势
人均年水资源量	12	15	− 3	中势
耕地面积	22	22	0	劣势
人均耕地面积	21	21	0	劣势
人均牧草地面积	15	15	0	中势
主要能源矿产基础储量	16	16	0	中势
人均主要能源矿产基础储量	18	18	0	中势
人均森林储积量	19	17	2	中势
3.2　环境竞争力	9	9	0	优势
森林覆盖率	12	12	0	中势
人均废水排放量	27	27	0	劣势
人均工业废气排放量	15	15	0	中势
人均工业固体废物排放量	4	4	0	优势
人均治理工业污染投资额	25	25	0	劣势
一般工业固体废物综合利用率	11	11	0	中势
生活垃圾无害化处理率	13	11	2	中势
自然灾害直接经济损失	11	7	4	优势

续表

指标	2017年	2018年	排位升降	优劣势
3.3　人力资源竞争力	19	13	6	中势
常住人口增长率	10	7	3	优势
15~64岁人口比例	26	25	1	劣势
文盲率	8	12	-4	中势
大专以上教育程度人口比例	17	12	5	中势
平均受教育程度	18	16	2	中势
人口健康素质	2	1	1	强势
职业学校毕业生数	19	18	1	中势

4. 重庆市财政金融竞争力指标排名变化情况

表22-8　2017~2018年重庆市财政金融竞争力指标组排位及变化趋势

指标	2017年	2018年	排位升降	优劣势
4　财政金融竞争力	19	18	1	中势
4.1　财政竞争力	23	23	0	劣势
地方财政收入	16	17	-1	中势
地方财政支出	23	23	0	劣势
地方财政收入占GDP比重	11	13	-2	中势
地方财政支出占GDP比重	19	18	1	中势
税收收入占GDP比重	14	14	0	中势
税收收入占财政总收入比重	26	23	3	劣势
人均地方财政收入	7	10	-3	优势
人均地方财政支出	10	11	-1	中势
人均税收收入	10	10	0	优势
地方财政收入增长率	27	30	-3	劣势
地方财政支出增长率	17	25	-8	劣势
税收收入增长率	26	25	1	劣势
4.2　金融竞争力	14	12	2	中势
存款余额	16	16	0	中势
人均存款余额	9	9	0	优势
贷款余额	16	16	0	中势
人均贷款余额	12	10	2	优势
中长期贷款占贷款余额比重	8	4	4	优势
保险费净收入	19	18	1	中势
保险密度	12	9	3	优势
保险深度	18	14	4	中势
国内上市公司数	15	16	-1	中势
国内上市公司市值	21	17	4	中势

5. 重庆市知识经济竞争力指标排名变化情况

表 22 - 9 2017～2018 年重庆市知识经济竞争力指标组排位及变化趋势

指　标	2017 年	2018 年	排位升降	优劣势
5　知识经济竞争力	12	11	1	中势
5.1　科技竞争力	9	7	0	优势
R&D 人员	14	14	0	中势
R&D 经费	13	14	- 1	中势
R&D 经费投入强度	7	7	0	优势
发明专利授权量	15	15	0	中势
技术市场成交合同金额	25	16	9	中势
财政科技支出占地方财政支出比重	16	18	- 2	中势
高技术产业主营业务收入	8	8	0	优势
高技术产业收入占工业增加值比重	5	3	2	强势
高技术产品出口额占商品出口额比重	2	2	0	强势
5.2　教育竞争力	16	16	0	中势
教育经费	23	22	1	劣势
教育经费占 GDP 比重	21	21	0	劣势
人均教育经费	16	18	- 2	中势
公共教育经费占财政支出比重	22	21	1	劣势
人均文化教育支出	10	20	- 10	中势
万人中小学学校数	10	10	0	优势
万人中小学专任教师数	14	14	0	中势
高等学校数	15	15	0	中势
高校专任教师数	19	19	0	中势
万人高等学校在校学生数	5	8	- 3	优势
5.3　文化竞争力	15	17	- 2	中势
文化制造业营业收入	16	18	- 2	中势
文化批发零售业营业收入	10	13	- 3	中势
文化服务业企业营业收入	12	11	1	中势
图书和期刊出版数	20	19	1	中势
电子出版物品种	8	10	- 2	优势
印刷用纸量	21	21	0	劣势
城镇居民人均文化娱乐支出	16	20	- 4	中势
农村居民人均文化娱乐支出	11	12	- 1	中势
城镇居民人均文化娱乐支出占消费性支出比重	22	22	0	劣势
农村居民人均文化娱乐支出占消费性支出比重	15	15	0	中势

6. 重庆市发展环境竞争力指标排名变化情况

表 22 - 10　2017~2018 年重庆市发展环境竞争力指标组排位及变化趋势

指　标	2017 年	2018 年	排位升降	优劣势
6　发展环境竞争力	9	8	1	优势
6.1　基础设施竞争力	14	10	4	优势
铁路网线密度	13	13	0	中势
公路网线密度	2	2	0	强势
人均内河航道里程	5	5	0	优势
全社会旅客周转量	18	18	0	中势
全社会货物周转量	18	18	0	中势
人均邮电业务总量	14	13	1	中势
电话普及率	13	7	6	优势
网站数	18	17	1	中势
人均耗电量	21	19	2	中势
6.2　软环境竞争力	7	7	0	优势
外资企业数增长率	22	8	14	优势
万人外资企业数	11	12	− 1	中势
个体私营企业数增长率	23	25	− 2	劣势
万人个体私营企业数	9	10	− 1	优势
万人商标注册件数	8	8	0	优势
查处商标侵权假冒案件	9	9	0	优势
每十万人交通事故发生数	17	16	1	中势
罚没收入占财政收入比重	6	9	− 3	优势
社会捐赠款物	9	7	2	优势

7. 重庆市政府作用竞争力指标排名变化情况

表 22 - 11　2017~2018 年重庆市政府作用竞争力指标组排位及变化趋势

指　标	2017 年	2018 年	排位升降	优劣势
7　政府作用竞争力	13	18	− 5	中势
7.1　政府发展经济竞争力	11	10	1	优势
财政支出用于基本建设投资比重	17	17	0	中势
财政支出对 GDP 增长的拉动	13	14	− 1	中势
政府公务员对经济的贡献	8	9	− 1	优势
政府消费对民间消费的拉动	9	9	0	优势
财政投资对社会投资的拉动	12	8	4	优势

续表

指　标	2017 年	2018 年	排位升降	优劣势
7.2　政府规调经济竞争力	15	26	-11	劣势
物价调控	3	16	-13	中势
调控城乡消费差距	16	15	1	中势
统筹经济社会发展	6	6	0	优势
规范税收	31	31	0	劣势
固定资产投资价格指数	12	16	-4	中势
7.3　政府保障经济竞争力	17	17	0	中势
城镇职工养老保险收支比	14	14	0	中势
医疗保险覆盖率	17	17	0	中势
养老保险覆盖率	11	9	2	优势
失业保险覆盖率	9	8	1	优势
最低工资标准	26	30	-4	劣势
城镇登记失业率	15	22	-7	劣势

8. 重庆市发展水平竞争力指标排名变化情况

表 22 - 12　2017～2018 年重庆市发展水平竞争力指标组排位及变化趋势

指　标	2017 年	2018 年	排位升降	优劣势
8　发展水平竞争力	6	6	0	优势
8.1　工业化进程竞争力	4	6	-2	优势
工业增加值占 GDP 比重	16	22	-6	劣势
工业增加值增长率	15	29	-14	劣势
高技术产业占工业增加值比重	5	7	-2	优势
高技术产品占商品出口额比重	1	2	-1	强势
信息产业增加值占 GDP 比重	3	10	-7	优势
工农业增加值比值	11	14	-3	中势
8.2　城市化进程竞争力	19	16	3	中势
城镇化率	9	9	0	优势
城镇居民人均可支配收入	12	12	0	中势
城市平均建成区面积比重	29	29	0	劣势
人均拥有道路面积	27	25	2	劣势
人均日生活用水量	20	17	3	中势
人均公共绿地面积	5	5	0	优势

指 标		2017 年	2018 年	排位升降	优劣势
8.3	市场化进程竞争力	5	3	2	强势
	非公有制经济产值占全社会总产值比重	13	9	4	优势
	社会投资占投资总额比重	13	12	1	中势
	私有和个体企业从业人员比重	6	1	5	强势
	亿元以上商品市场成交额	11	10	1	优势
	亿元以上商品市场成交额占全社会消费品零售总额比重	5	5	0	优势
	居民消费支出占总消费支出比重	9	9	0	优势

9. 重庆市统筹协调竞争力指标排名变化情况

表 22 - 13 2017～2018 年重庆市统筹协调竞争力指标组排位及变化趋势

指 标		2017 年	2018 年	排位升降	优劣势
9	**统筹协调竞争力**	13	17	-4	中势
9.1	统筹发展竞争力	9	11	-2	中势
	社会劳动生产率	8	9	-1	优势
	能源使用下降率	25	20	5	中势
	万元 GDP 综合能耗下降率	12	24	-12	劣势
	非农用地产出率	9	9	0	优势
	居民收入占 GDP 比重	6	8	-2	优势
	二三产业增加值比例	19	13	6	中势
	固定资产投资额占 GDP 比重	16	20	-4	中势
	固定资产投资增长率	18	16	2	中势
9.2	协调发展竞争力	22	21	1	劣势
	资源竞争力与宏观经济竞争力比差	24	25	-1	劣势
	环境竞争力与宏观经济竞争力比差	17	17	0	中势
	人力资源竞争力与宏观经济竞争力比差	17	13	4	中势
	环境竞争力与工业竞争力比差	23	22	1	劣势
	资源竞争力与工业竞争力比差	21	29	-8	劣势
	城乡居民家庭人均收入比差	17	16	1	中势
	城乡居民人均现金消费支出比差	16	15	1	中势
	全社会消费品零售总额与外贸出口总额比差	8	7	1	优势

B.24

23

四川省经济综合竞争力评价分析报告

四川省简称川或蜀，地处长江上游，北与青海省、甘肃省、陕西省相接，东与重庆市相连，南与贵州省、云南省为邻，西与西藏自治区交界。全省面积为 48.5 万平方公里，四川省物产丰富，素有"天府之国"美称。2018 年全省常住人口为 8341 万人，地区生产总值为 40678 亿元，同比增长8.0%，人均 GDP 达 48883 元。本部分通过分析 2017～2018 年四川省经济综合竞争力以及各要素竞争力的排名变化，从中找出四川省经济综合竞争力的推动点及影响因素，为进一步提升四川省经济综合竞争力提供决策参考。

23.1 四川省经济综合竞争力总体分析

1. 四川省经济综合竞争力一级指标概要分析

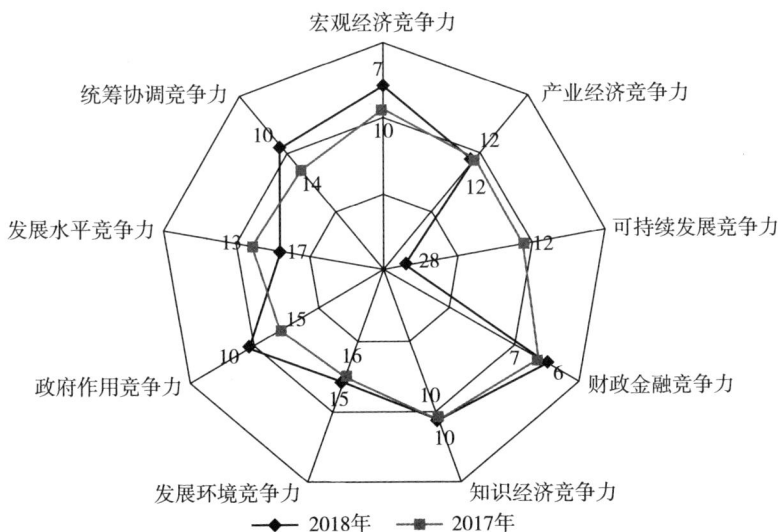

图 23-1   2017～2018 年四川省经济综合竞争力二级指标比较

397

表23-1　2017～2018年四川省经济综合竞争力二级指标表现情况

项目 年份	宏观 经济 竞争力	产业 经济 竞争力	可持续 发展 竞争力	财政 金融 竞争力	知识 经济 竞争力	发展 环境 竞争力	政府 作用 竞争力	发展 水平 竞争力	统筹 协调 竞争力	综合 排位
2017	10	12	12	7	10	16	15	13	14	10
2018	7	12	28	6	10	15	10	17	10	10
升降	3	0	-16	1	0	1	5	-4	4	0
优劣度	优势	中势	劣势	优势	优势	中势	优势	中势	优势	优势

（1）从综合排位看，2018年四川省经济综合竞争力综合排位在全国居第10位，这表明其在全国处于优势地位；与2017年相比，综合排位没有发生变化。

（2）从指标所处区位看，有5个指标处于上游区，其中宏观经济竞争力、财政金融竞争力、知识经济竞争力、政府作用竞争力和统筹协调竞争力等为四川省经济综合竞争力的优势指标。

（3）从指标变化趋势看，9个二级指标中，有5个指标处于上升趋势，分别为宏观经济竞争力、财政金融竞争力、发展环境竞争力、政府作用竞争力和统筹协调竞争力，这些是四川省经济综合竞争力的上升动力所在；有2个指标排位没有发生变化，分别为产业经济竞争力和知识经济竞争力；有2个指标处于下降趋势，分别为可持续发展竞争力和发展水平竞争力，是四川省经济综合竞争力的下降拉力所在。

2. 四川省经济综合竞争力各级指标动态变化分析

表23-2　2017～2018年四川省经济综合竞争力各级指标排位变化情况

单位：个，%

二级指标	三级指标	四级 指标数	上升		保持		下降		变化 趋势
			指标 数	比重	指标 数	比重	指标 数	比重	
宏观经济 竞争力	经济实力竞争力	12	7	58.3	3	25.0	2	16.7	上升
	经济结构竞争力	6	1	16.7	4	66.7	1	16.7	保持
	经济外向度竞争力	9	6	66.7	2	22.2	1	11.1	上升
	小　计	27	14	51.9	9	33.3	4	14.8	上升

二级指标	三级指标	四级指标数	上升		保持		下降		变化趋势
			指标数	比重	指标数	比重	指标数	比重	
产业经济竞争力	农业竞争力	10	4	40.0	6	60.0	0	0.0	上升
	工业竞争力	10	3	30.0	1	10.0	6	60.0	下降
	服务业竞争力	10	4	40.0	3	30.0	3	30.0	下降
	企业竞争力	10	6	60.0	2	20.0	2	20.0	下降
	小　计	40	17	42.5	12	30.0	11	27.5	保持
可持续发展竞争力	资源竞争力	9	1	11.1	8	88.9	0	0.0	保持
	环境竞争力	8	0	0.0	6	75.0	2	25.0	下降
	人力资源竞争力	7	3	42.9	1	14.3	3	42.9	下降
	小　计	24	4	16.7	15	62.5	5	20.8	下降
财政金融竞争力	财政竞争力	12	5	41.7	5	41.7	2	16.7	上升
	金融竞争力	10	3	30.0	2	20.0	5	50.0	下降
	小　计	22	8	36.4	7	31.8	7	31.8	上升
知识经济竞争力	科技竞争力	9	5	55.6	3	33.3	1	11.1	上升
	教育竞争力	10	4	40.0	3	30.0	3	30.0	保持
	文化竞争力	10	6	60.0	2	20.0	2	20.0	上升
	小　计	29	15	51.7	8	27.6	6	20.7	保持
发展环境竞争力	基础设施竞争力	9	3	33.3	6	66.7	0	0.0	保持
	软环境竞争力	9	1	11.1	6	66.7	2	22.2	保持
	小　计	18	4	22.2	12	66.7	2	11.1	上升
政府作用竞争力	政府发展经济竞争力	5	2	40.0	3	60.0	0	0.0	上升
	政府规调经济竞争力	5	4	80.0	0	0.0	1	20.0	上升
	政府保障经济竞争力	6	2	33.3	2	33.3	2	33.3	上升
	小　计	16	8	50.0	5	31.3	3	18.8	上升
发展水平竞争力	工业化进程竞争力	6	4	66.7	1	16.7	1	16.7	下降
	城市化进程竞争力	6	1	16.7	4	66.7	1	16.7	保持
	市场化进程竞争力	6	2	33.3	2	33.3	2	33.3	下降
	小　计	18	7	38.9	7	38.9	4	22.2	下降
统筹协调竞争力	统筹发展竞争力	8	4	50.0	1	12.5	3	37.5	上升
	协调发展竞争力	8	5	62.5	1	12.5	2	25.0	上升
	小　计	16	9	56.3	2	12.5	5	31.3	上升
合　计		210	86	41.0	77	36.7	47	22.4	保持

从表 23 - 2 可以看出，210 个四级指标中，上升指标有 86 个，占指标总数的 41.0%；下降指标有 47 个，占指标总数的 22.4%；保持不变的指标

有 77 个，占指标总数的 36.7%。综上所述，虽然四川省经济综合竞争力的上升动力大于下降拉力，但受外部因素影响，且排位保持不变的指标占较大比重，2017～2018 年四川省经济综合竞争力排位保持不变。

3. 四川省经济综合竞争力各级指标优劣势结构分析

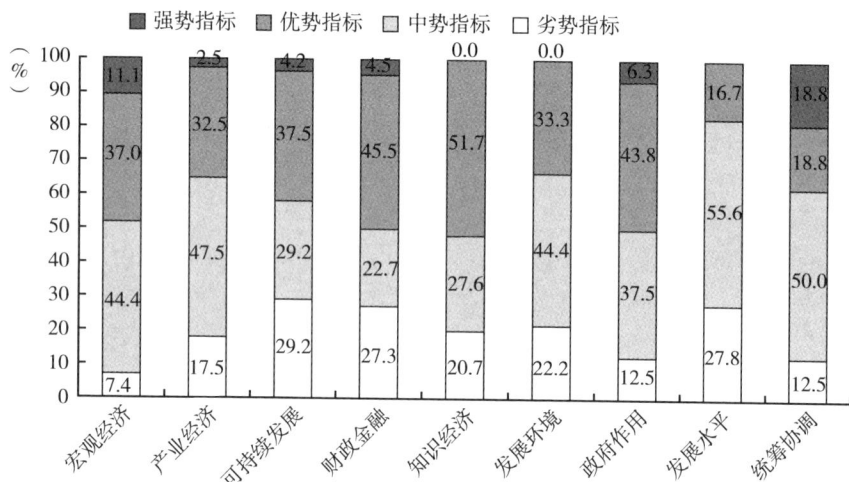

图 23 - 2　2018 年四川省经济综合竞争力各级指标优劣势比较

表 23 - 3　2018 年四川省经济综合竞争力各级指标优劣势情况

单位：个，%

二级指标	三级指标	四级指标数	强势指标		优势指标		中势指标		劣势指标		优劣势
			个数	比重	个数	比重	个数	比重	个数	比重	
宏观经济竞争力	经济实力竞争力	12	1	8.3	6	50.0	4	33.3	1	8.3	优势
	经济结构竞争力	6	0	0.0	1	16.7	5	83.3	0	0.0	优势
	经济外向度竞争力	9	2	22.2	3	33.3	3	33.3	1	11.1	优势
	小　计	**27**	3	11.1	10	37.0	12	44.4	2	7.4	优势
产业经济竞争力	农业竞争力	10	1	10.0	2	20.0	4	40.0	3	30.0	优势
	工业竞争力	10	0	0.0	4	40.0	5	50.0	1	10.0	中势
	服务业竞争力	10	0	0.0	6	60.0	3	30.0	1	10.0	优势
	企业竞争力	10	0	0.0	1	10.0	7	70.0	2	20.0	中势
	小　计	**40**	1	2.5	13	32.5	19	47.5	7	17.5	中势

续表

二级指标	三级指标	四级指标数	强势指标		优势指标		中势指标		劣势指标		优劣势
			个数	比重	个数	比重	个数	比重	个数	比重	
可持续发展竞争力	资源竞争力	9	0	0.0	6	66.7	3	33.3	0	0.0	中势
	环境竞争力	8	0	0.0	2	25.0	2	25.0	4	50.0	劣势
	人力资源竞争力	7	1	14.3	1	14.3	2	28.6	3	42.9	优势
	小　计	24	1	4.2	9	37.5	7	29.2	7	29.2	劣势
财政金融竞争力	财政竞争力	12	0	0.0	5	41.7	3	25.0	4	33.3	优势
	金融竞争力	10	1	10.0	5	50.0	2	20.0	2	20.0	优势
	小　计	22	1	4.5	10	45.5	5	22.7	6	27.3	优势
知识经济竞争力	科技竞争力	9	0	0.0	5	55.6	4	44.4	0	0.0	中势
	教育竞争力	10	0	0.0	5	50.0	3	30.0	2	20.0	优势
	文化竞争力	10	0	0.0	5	50.0	1	10.0	4	40.0	中势
	小　计	29	0	0.0	15	51.7	8	27.6	6	20.7	优势
发展环境竞争力	基础设施竞争力	9	0	0.0	2	22.2	4	44.4	3	33.3	中势
	软环境竞争力	9	0	0.0	4	44.4	4	44.4	1	11.1	优势
	小　计	18	0	0.0	6	33.3	8	44.4	4	22.2	中势
政府作用竞争力	政府发展经济竞争力	5	0	0.0	1	20.0	4	80.0	0	0.0	中势
	政府规调经济竞争力	5	0	0.0	2	40.0	1	20.0	2	40.0	中势
	政府保障经济竞争力	6	1	16.7	4	66.7	1	16.7	0	0.0	优势
	小　计	16	1	6.3	7	43.8	6	37.5	2	12.5	优势
发展水平竞争力	工业化进程竞争力	6	0	0.0	2	33.3	3	50.0	1	16.7	中势
	城市化进程竞争力	6	0	0.0	0	0.0	4	66.7	2	33.3	劣势
	市场化进程竞争力	6	0	0.0	1	16.7	3	50.0	2	33.3	中势
	小　计	18	0	0.0	3	16.7	10	55.6	5	27.8	中势
统筹协调竞争力	统筹发展竞争力	8	0	0.0	2	25.0	4	50.0	2	25.0	中势
	协调发展竞争力	8	3	37.5	1	12.5	4	50.0	0	0.0	强势
	小　计	16	3	18.8	3	18.8	8	50.0	2	12.5	优势
合　计		210	10	4.8	76	36.2	83	39.5	41	19.5	优势

基于图 23-2 和表 23-3，具体到四级指标，强势指标 10 个，占指标总数的 4.8%；优势指标 76 个，占指标总数的 36.2%；中势指标 83 个，占

指标总数的 39.5%；劣势指标 41 个，占指标总数的 19.5%。三级指标中，强势指标 1 个，占三级指标总数的 4.0%；优势指标 11 个，占三级指标总数的 44.0%；中势指标 11 个，占三级指标总数的 44.0%；劣势指标 2 个，占三级指标总数的 8.0%。从二级指标看，没有强势指标；优势指标有 5 个，占二级指标总数的 55.6%；中势指标有 3 个，占二级指标总数的 33.3%；劣势指标 1 个，占二级指标总数的 11.1%。综合来看，由于优势指标在指标体系中居主导地位，2018 年四川省经济综合竞争力处于优势地位。

4. 四川省经济综合竞争力四级指标优劣势对比分析

表 23 - 4　2018 年四川省经济综合竞争力各级指标优劣势情况

二级指标	优劣势	四级指标
宏观经济竞争力（27 个）	强势指标	财政总收入增长率、进出口增长率、出口增长率（3 个）
	优势指标	地区生产总值、地区生产总值增长率、财政总收入、固定资产投资额、固定资产投资额增长率、全社会消费品零售总额、就业结构优化度、进出口总额、出口总额、外资企业数（10 个）
	劣势指标	人均固定资产投资额、实际 FDI 增长率（2 个）
产业经济竞争力（40 个）	强势指标	农业增加值（1 个）
	优势指标	农民人均纯收入增长率、农业机械化水平、工业增加值、工业资产总额、规模以上工业主营业务收入、规模以上工业利润总额、服务业增加值、服务业增加值增长率、服务业从业人员数、限额以上批零企业利税率、商品房销售收入、电子商务销售额、中国驰名商标持有量（13 个）
	劣势指标	农民人均纯收入、农产品出口占农林牧渔总产值比重、农村人均用电量、人均工业增加值、限额以上餐饮企业利税率、新产品销售收入占主营业务收入比重、产品质量抽查合格率（7 个）
可持续发展竞争力（24 个）	强势指标	职业学校毕业生数（1 个）
	优势指标	人均国土面积、人均年水资源量、耕地面积、人均牧草地面积、主要能源矿产基础储量、人均森林储积量、人均工业废气排放量、人均工业固体废物排放量、人口健康素质（9 个）
	劣势指标	人均治理工业污染投资额、一般工业固体废物综合利用率、生活垃圾无害化处理率、自然灾害直接经济损失、15～64 岁人口比例、文盲率、平均受教育程度（7 个）

二级指标	优劣势	四级指标
财政金融竞争力（22个）	强势指标	中长期贷款占贷款余额比重（1个）
	优势指标	地方财政收入、地方财政支出、地方财政收入增长率、地方财政支出增长率、税收收入增长率、存款余额、贷款余额、保险费净收入、保险深度、国内上市公司数（10个）
	劣势指标	税收收入占GDP比重、人均地方财政收入、人均地方财政支出、人均税收收入、人均贷款余额、国内上市公司市值（6个）
知识经济竞争力（29个）	强势指标	（0个）
	优势指标	发明专利授权量、技术市场成交合同金额、高技术产业主营业务收入、高技术产业收入占工业增加值比重、高技术产品出口额占商品出口额比重、教育经费、万人中小学学校数、万人中小学专任教师数、高等学校数、高校专任教师数、文化制造业营业收入、文化批发零售业营业收入、文化服务业企业营业收入、图书和期刊出版数、电子出版物品种（15个）
	劣势指标	人均教育经费、人均文化教育支出、城镇居民人均文化娱乐支出、农村居民人均文化娱乐支出、城镇居民人均文化娱乐支出占消费性支出比重、农村居民人均文化娱乐支出占消费性支出比重（6个）
发展环境竞争力（18个）	强势指标	（0个）
	优势指标	人均内河航道里程、网站数、外资企业数增长率、每十万人交通事故发生数、罚没收入占财政收入比重、社会捐赠款物（6个）
	劣势指标	铁路网线密度、公路网线密度、人均耗电量、万人个体私营企业数（4个）
政府作用竞争力（16个）	强势指标	养老保险覆盖率（1个）
	优势指标	政府消费对民间消费的拉动、物价调控、调控城乡消费差距、城镇职工养老保险收支比、医疗保险覆盖率、最低工资标准、城镇登记失业率（7个）
	劣势指标	统筹经济社会发展、固定资产投资价格指数（2个）
发展水平竞争力（18个）	强势指标	（0个）
	优势指标	高技术产品占商品出口额比重、信息产业增加值占GDP比重、居民消费支出占总消费支出比重（3个）
	劣势指标	工农业增加值比值、城镇化率、人均拥有道路面积、社会投资占投资总额比重、私有和个体企业从业人员比重（5个）
统筹协调竞争力（16个）	强势指标	环境竞争力与宏观经济竞争力比差、人力资源竞争力与宏观经济竞争力比差、资源竞争力与工业竞争力比差（3个）
	优势指标	二三产业增加值比例、固定资产投资增长率、城乡居民人均现金消费支出比差（3个）
	劣势指标	社会劳动生产率、能源使用下降率（2个）

403

23.2 四川省经济综合竞争力各级指标具体分析

1. 四川省宏观经济竞争力指标排名变化情况

表 23 - 5 2017～2018 年四川省宏观经济竞争力指标组排位及变化趋势

指　　标	2017 年	2018 年	排位升降	优劣势
1　宏观经济竞争力	10	7	3	优势
1.1　经济实力竞争力	11	8	3	优势
地区生产总值	6	6	0	优势
地区生产总值增长率	7	7	0	优势
人均地区生产总值	21	20	1	中势
财政总收入	8	5	3	优势
财政总收入增长率	12	1	11	强势
人均财政收入	24	14	10	中势
固定资产投资额	8	7	1	优势
固定资产投资额增长率	11	10	1	优势
人均固定资产投资额	25	21	4	劣势
全社会消费品零售总额	6	7	-1	优势
全社会消费品零售总额增长率	4	15	-11	中势
人均全社会消费品零售总额	18	18	0	中势
1.2　经济结构竞争力	9	9	0	优势
产业结构优化度	13	13	0	中势
所有制经济结构优化度	10	11	-1	中势
城乡经济结构优化度	15	15	0	中势
就业结构优化度	10	8	2	优势
资本形成结构优化度	12	12	0	中势
贸易结构优化度	13	13	0	中势
1.3　经济外向度竞争力	13	6	7	优势
进出口总额	12	10	2	优势
进出口增长率	3	2	1	强势
出口总额	12	10	2	优势
出口增长率	3	2	1	强势
实际FDI	12	12	0	中势
实际FDI增长率	14	21	-7	劣势
外贸依存度	19	15	4	中势
外资企业数	10	10	0	优势
对外直接投资额	17	13	4	中势

2. 四川省产业经济竞争力指标排名变化情况

表23-6 2017~2018年四川省产业经济竞争力指标组排位及变化趋势

指 标	2017 年	2018 年	排位升降	优劣势
2 产业经济竞争力	12	12	0	中势
2.1 农业竞争力	9	6	3	优势
农业增加值	2	2	0	强势
农业增加值增长率	16	12	4	中势
人均农业增加值	16	15	1	中势
农民人均纯收入	21	21	0	劣势
农民人均纯收入增长率	9	9	0	优势
农产品出口占农林牧渔总产值比重	29	27	2	劣势
人均主要农产品产量	15	15	0	中势
农业机械化水平	8	8	0	优势
农村人均用电量	23	23	0	劣势
财政支农资金比重	16	11	5	中势
2.2 工业竞争力	11	14	-3	中势
工业增加值	10	9	1	优势
工业增加值增长率	8	14	-6	中势
人均工业增加值	22	23	-1	劣势
工业资产总额	8	8	0	优势
工业资产总额增长率	15	14	1	中势
规模以上工业主营业务收入	10	8	2	优势
工业成本费用率	12	19	-7	中势
规模以上工业利润总额	8	9	-1	优势
工业全员劳动生产率	17	19	-2	中势
工业收入利润率	12	13	-1	中势
2.3 服务业竞争力	8	9	-1	优势
服务业增加值	8	8	0	优势
服务业增加值增长率	10	5	5	优势
人均服务业增加值	19	18	1	中势
服务业从业人员数	9	10	-1	优势
限额以上批发零售企业主营业务收入	12	11	1	中势
限额以上批零企业利税率	8	9	-1	优势
限额以上餐饮企业利税率	22	24	-2	劣势
旅游外汇收入	16	16	0	中势
商品房销售收入	6	5	1	优势
电子商务销售额	9	9	0	优势

指　标	2017 年	2018 年	排位升降	优劣势
2.4　企业竞争力	18	20	-2	中势
规模以上工业企业数	11	11	0	中势
规模以上企业平均资产	17	16	1	中势
规模以上企业平均收入	20	18	2	中势
规模以上企业平均利润	16	12	4	中势
规模以上企业劳动效率	16	14	2	中势
城镇就业人员平均工资	12	12	0	中势
新产品销售收入占主营业务收入比重	19	21	-2	劣势
产品质量抽查合格率	16	21	-5	劣势
工业企业 R&D 经费投入强度	19	18	1	中势
中国驰名商标持有量	10	9	1	优势

3. 四川省可持续发展竞争力指标排名变化情况

表 23 - 7　2017 ～ 2018 年四川省可持续发展竞争力指标组排位及变化趋势

指　标	2017 年	2018 年	排位升降	优劣势
3　可持续发展竞争力	12	28	-16	劣势
3.1　资源竞争力	14	14	0	中势
人均国土面积	10	10	0	优势
人均可使用海域和滩涂面积	13	13	0	中势
人均年水资源量	8	6	2	优势
耕地面积	6	6	0	优势
人均耕地面积	19	19	0	中势
人均牧草地面积	7	7	0	优势
主要能源矿产基础储量	9	9	0	优势
人均主要能源矿产基础储量	13	13	0	中势
人均森林储积量	6	6	0	优势
3.2　环境竞争力	19	28	-9	劣势
森林覆盖率	17	17	0	中势
人均废水排放量	14	14	0	中势
人均工业废气排放量	8	8	0	优势
人均工业固体废物排放量	8	8	0	优势
人均治理工业污染投资额	27	27	0	劣势
一般工业固体废物综合利用率	24	24	0	劣势
生活垃圾无害化处理率	19	22	-3	劣势
自然灾害直接经济损失	27	31	-4	劣势

指　标	2017 年	2018 年	排位升降	优劣势
3.3　人力资源竞争力	6	10	-4	优势
常住人口增长率	21	19	2	中势
15～64 岁人口比例	21	24	-3	劣势
文盲率	25	25	0	中势
大专以上教育程度人口比例	23	19	4	中势
平均受教育程度	27	26	1	劣势
人口健康素质	4	6	-2	优势
职业学校毕业生数	1	2	-1	强势

4. 四川省财政金融竞争力指标排名变化情况

表 23-8　2017～2018 年四川省财政金融竞争力指标组排位及变化趋势

指　标	2017 年	2018 年	排位升降	优劣势
4　财政金融竞争力	7	6	1	优势
4.1　财政竞争力	17	10	7	优势
地方财政收入	7	7	0	优势
地方财政支出	4	4	0	优势
地方财政收入占 GDP 比重	19	20	-1	中势
地方财政支出占 GDP 比重	17	17	0	中势
税收收入占 GDP 比重	22	23	-1	劣势
税收收入占财政总收入比重	22	18	4	中势
人均地方财政收入	23	22	1	劣势
人均地方财政支出	24	24	0	劣势
人均税收收入	24	24	0	劣势
地方财政收入增长率	15	9	6	优势
地方财政支出增长率	15	8	7	优势
税收收入增长率	21	5	16	优势
4.2　金融竞争力	6	7	-1	优势
存款余额	7	7	0	优势
人均存款余额	19	17	2	中势
贷款余额	7	7	0	优势
人均贷款余额	23	24	-1	劣势
中长期贷款占贷款余额比重	4	1	3	强势
保险费净收入	7	5	2	优势
保险密度	14	16	-2	中势
保险深度	5	7	-2	优势
国内上市公司数	7	8	-1	优势
国内上市公司市值	8	31	-23	劣势

5. 四川省知识经济竞争力指标排名变化情况

表 23－9 2017～2018 年四川省知识经济竞争力指标组排位及变化趋势

指　　标	2017 年	2018 年	排位升降	优劣势
5 知识经济竞争力	10	10	0	优势
5.1　科技竞争力	12	11	1	中势
R&D 人员	12	11	1	中势
R&D 经费	12	12	0	中势
R&D 经费投入强度	19	19	0	中势
发明专利授权量	8	8	0	优势
技术市场成交合同金额	9	6	3	优势
财政科技支出占地方财政支出比重	20	17	3	中势
高技术产业主营业务收入	6	5	1	优势
高技术产业收入占工业增加值比重	7	6	1	优势
高技术产品出口额占商品出口额比重	3	4	−1	优势
5.2　教育竞争力	10	10	0	优势
教育经费	5	6	−1	优势
教育经费占 GDP 比重	14	14	0	中势
人均教育经费	26	24	2	劣势
公共教育经费占财政支出比重	17	18	−1	中势
人均文化教育支出	30	28	2	劣势
万人中小学学校数	8	9	−1	优势
万人中小学专任教师数	11	10	1	优势
高等学校数	6	6	0	优势
高校专任教师数	5	5	0	优势
万人高等学校在校学生数	20	17	3	中势
5.3　文化竞争力	21	14	7	中势
文化制造业营业收入	8	7	1	优势
文化批发零售业营业收入	13	9	4	优势
文化服务业企业营业收入	8	8	0	优势
图书和期刊出版数	11	9	2	优势
电子出版物品种	7	6	1	优势
印刷用纸量	14	12	2	中势
城镇居民人均文化娱乐支出	28	28	0	劣势
农村居民人均文化娱乐支出	29	30	−1	劣势
城镇居民人均文化娱乐支出占消费性支出比重	28	29	−1	劣势
农村居民人均文化娱乐支出占消费性支出比重	28	27	1	劣势

6. 四川省发展环境竞争力指标排名变化情况

表23-10 2017~2018年四川省发展环境竞争力指标组排位及变化趋势

指　标	2017年	2018年	排位升降	优劣势
6　发展环境竞争力	16	15	1	中势
6.1　基础设施竞争力	20	20	0	中势
铁路网线密度	27	26	1	劣势
公路网线密度	21	21	0	劣势
人均内河航道里程	7	7	0	优势
全社会旅客周转量	12	12	0	中势
全社会货物周转量	19	19	0	中势
人均邮电业务总量	22	20	2	中势
电话普及率	18	12	6	中势
网站数	9	9	0	优势
人均耗电量	27	27	0	劣势
6.2　软环境竞争力	10	10	0	优势
外资企业数增长率	8	10	-2	优势
万人外资企业数	15	15	0	中势
个体私营企业数增长率	8	11	-3	中势
万人个体私营企业数	22	22	0	劣势
万人商标注册件数	12	12	0	中势
查处商标侵权假冒案件	20	20	0	中势
每十万人交通事故发生数	6	6	0	优势
罚没收入占财政收入比重	12	8	4	优势
社会捐赠款物	4	4	0	优势

7. 四川省政府作用竞争力指标排名变化情况

表23-11 2017~2018年四川省政府作用竞争力指标组排位及变化趋势

指　标	2017年	2018年	排位升降	优劣势
7　政府作用竞争力	15	10	5	优势
7.1　政府发展经济竞争力	18	16	2	中势
财政支出用于基本建设投资比重	12	12	0	中势
财政支出对GDP增长的拉动	15	15	0	中势
政府公务员对经济的贡献	17	14	3	中势
政府消费对民间消费的拉动	7	7	0	优势
财政投资对社会投资的拉动	20	17	3	中势

续表

指　标	2017 年	2018 年	排位升降	优劣势
7.2　政府规调经济竞争力	27	15	12	中势
物价调控	11	5	6	优势
调控城乡消费差距	8	6	2	优势
统筹经济社会发展	20	21	−1	劣势
规范税收	22	17	5	中势
固定资产投资价格指数	31	29	2	劣势
7.3　政府保障经济竞争力	9	8	1	优势
城镇职工养老保险收支比	7	7	0	优势
医疗保险覆盖率	7	7	0	优势
养老保险覆盖率	2	3	−1	强势
失业保险覆盖率	15	12	3	中势
最低工资标准	26	9	17	优势
城镇登记失业率	4	10	−6	优势

8. 四川省发展水平竞争力指标排名变化情况

表 23 - 12　2017～2018 年四川省发展水平竞争力指标组排位及变化趋势

指　标	2017 年	2018 年	排位升降	优劣势
8　发展水平竞争力	13	17	−4	中势
8.1　工业化进程竞争力	9	11	−2	中势
工业增加值占 GDP 比重	21	20	1	中势
工业增加值增长率	19	14	5	中势
高技术产业占工业增加值比重	8	19	−11	中势
高技术产品占商品出口额比重	6	4	2	优势
信息产业增加值占 GDP 比重	12	9	3	优势
工农业增加值比值	23	23	0	劣势
8.2　城市化进程竞争力	24	24	0	劣势
城镇化率	24	24	0	劣势
城镇居民人均可支配收入	20	20	0	中势
城市平均建成区面积比重	13	13	0	中势
人均拥有道路面积	23	21	2	劣势
人均日生活用水量	7	14	−7	中势
人均公共绿地面积	18	18	0	中势

指　标	2017 年	2018 年	排位升降	优劣势
8.3　市场化进程竞争力	16	18	-2	中势
非公有制经济产值占全社会总产值比重	10	11	-1	中势
社会投资占投资总额比重	23	22	1	劣势
私有和个体企业从业人员比重	19	28	-9	劣势
亿元以上商品市场成交额	13	13	0	中势
亿元以上商品市场成交额占全社会消费品零售总额比重	17	16	1	中势
居民消费支出占总消费支出比重	7	7	0	优势

9. 四川省统筹协调竞争力指标排名变化情况

表 23 - 13　2017～2018 年四川省统筹协调竞争力指标组排位及变化趋势

指　标	2017 年	2018 年	排位升降	优劣势
9　统筹协调竞争力	14	10	4	优势
9.1　统筹发展竞争力	18	15	3	中势
社会劳动生产率	23	21	2	劣势
能源使用下降率	14	23	-9	劣势
万元 GDP 综合能耗下降率	11	13	-2	中势
非农用地产出率	19	19	0	中势
居民收入占 GDP 比重	19	18	1	中势
二三产业增加值比例	9	7	2	优势
固定资产投资额占 GDP 比重	13	17	-4	中势
固定资产投资增长率	21	10	11	优势
9.2　协调发展竞争力	7	1	6	强势
资源竞争力与宏观经济竞争力比差	15	18	-3	中势
环境竞争力与宏观经济竞争力比差	8	3	5	强势
人力资源竞争力与宏观经济竞争力比差	14	3	11	强势
环境竞争力与工业竞争力比差	13	15	-2	中势
资源竞争力与工业竞争力比差	12	2	10	强势
城乡居民家庭人均收入比差	15	15	0	中势
城乡居民人均现金消费支出比差	8	6	2	优势
全社会消费品零售总额与外贸出口总额比差	19	17	2	中势

B.25

24

贵州省经济综合竞争力评价分析报告

贵州省简称黔，地处我国西南地区云贵高原，东靠湖南，南邻广西，西毗云南，北连四川和贵州。全省总面积 17.6 万平方公里，山地面积占 80% 以上。2018 年全省常住人口为 3600 万人，地区生产总值为 14806 亿元，同比增长 9.1%，人均 GDP 达 41244 元。本部分通过分析 2017～2018 年贵州省经济综合竞争力以及各要素竞争力的排名变化，从中找出贵州省经济综合竞争力的推动点及影响因素，为进一步提升贵州省经济综合竞争力提供决策参考。

24.1 贵州省经济综合竞争力总体分析

1. 贵州省经济综合竞争力一级指标概要分析

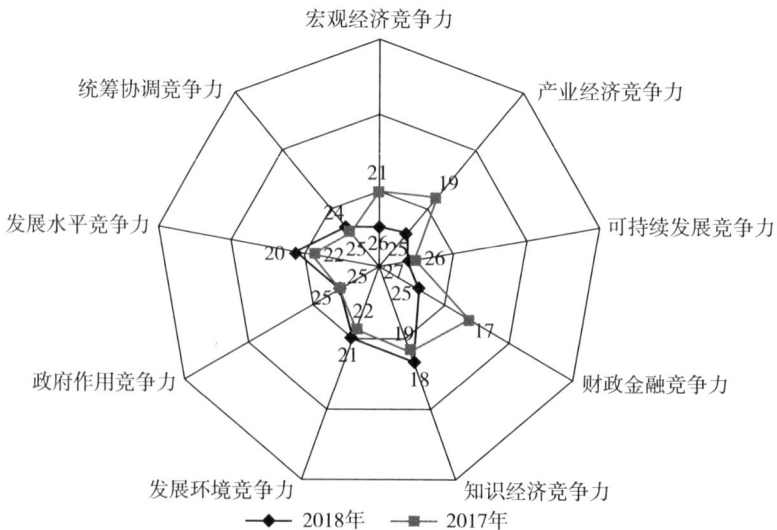

图 24-1 2017～2018 年贵州省经济综合竞争力二级指标比较

表24-1　2017~2018年贵州省经济综合竞争力二级指标表现情况

项目\年份	宏观经济竞争力	产业经济竞争力	可持续发展竞争力	财政金融竞争力	知识经济竞争力	发展环境竞争力	政府作用竞争力	发展水平竞争力	统筹协调竞争力	综合排位
2017	21	19	26	17	19	22	25	22	25	24
2018	26	25	27	25	18	21	25	20	24	24
升降	-5	-6	-1	-8	1	1	0	2	1	0
优劣度	劣势	劣势	劣势	劣势	中势	劣势	劣势	中势	劣势	劣势

（1）从综合排位看，2018年贵州省经济综合竞争力综合排位在全国居第24位，这表明其在全国处于劣势地位；与2017年相比，综合排位没有发生变化。

（2）从指标所处区位看，没有指标处于上游区；有2个指标处于中游区，分别为知识经济竞争力和发展水平竞争力；其余7个指标处于下游区，分别为宏观经济竞争力、产业经济竞争力、可持续发展竞争力、财政金融竞争力、发展环境竞争力、政府作用竞争力和统筹协调竞争力。

（3）从指标变化趋势看，9个二级指标中，有4个指标处于上升趋势，分别为知识经济竞争力、发展环境竞争力、发展水平竞争力和统筹协调竞争力，这些是贵州省经济综合竞争力的上升动力所在；政府作用竞争力指标排位没有发生变化；有4个指标处于下降趋势，分别为宏观经济竞争力、产业经济竞争力、可持续发展竞争力和财政金融竞争力，是贵州省经济综合竞争力的下降拉力所在。

2.贵州省经济综合竞争力各级指标动态变化分析

表24-2　2017~2018年贵州省经济综合竞争力各级指标排位变化情况

单位：个，%

二级指标	三级指标	四级指标数	上升指标数	比重	保持指标数	比重	下降指标数	比重	变化趋势
宏观经济竞争力	经济实力竞争力	12	4	33.3	7	58.3	1	8.3	上升
	经济结构竞争力	6	1	16.7	4	66.7	1	16.7	保持
	经济外向度竞争力	9	3	33.3	4	44.4	2	22.2	下降
	小　计	27	8	29.6	15	55.6	4	14.8	下降

续表

二级指标	三级指标	四级指标数	上升		保持		下降		变化趋势
			指标数	比重	指标数	比重	指标数	比重	
产业经济竞争力	农业竞争力	10	2	20.0	5	50.0	3	30.0	上升
	工业竞争力	10	4	40.0	2	20.0	4	40.0	下降
	服务业竞争力	10	2	20.0	4	40.0	4	40.0	上升
	企业竞争力	10	4	40.0	3	30.0	3	30.0	下降
	小 计	40	12	30.0	14	35.0	14	35.0	下降
可持续发展竞争力	资源竞争力	9	1	11.1	8	88.9	0	0.0	保持
	环境竞争力	8	2	25.0	5	62.5	1	12.5	保持
	人力资源竞争力	7	2	28.6	0	0.0	5	71.4	下降
	小 计	24	5	20.8	13	54.2	6	25.0	下降
财政金融竞争力	财政竞争力	12	4	33.3	2	16.7	6	50.0	下降
	金融竞争力	10	5	50.0	2	20.0	3	30.0	下降
	小 计	22	9	40.9	4	18.2	9	40.9	下降
知识经济竞争力	科技竞争力	9	5	55.6	3	33.3	1	11.1	上升
	教育竞争力	10	3	30.0	5	50.0	2	20.0	保持
	文化竞争力	10	1	10.0	2	20.0	7	70.0	下降
	小 计	29	9	31.0	10	34.5	10	34.5	上升
发展环境竞争力	基础设施竞争力	9	4	44.4	5	55.6	0	0.0	上升
	软环境竞争力	9	2	22.2	4	44.4	3	33.3	下降
	小 计	18	6	33.3	9	50.0	3	16.7	上升
政府作用竞争力	政府发展经济竞争力	5	3	60.0	2	40.0	0	0.0	保持
	政府规调经济竞争力	5	2	40.0	0	0.0	3	60.0	上升
	政府保障经济竞争力	6	3	50.0	3	50.0	0	0.0	上升
	小 计	16	8	50.0	5	31.3	3	18.8	保持
发展水平竞争力	工业化进程竞争力	6	3	50.0	0	0.0	3	50.0	上升
	城市化进程竞争力	6	3	50.0	2	33.3	1	16.7	上升
	市场化进程竞争力	6	3	50.0	2	33.3	1	16.7	上升
	小 计	18	9	50.0	4	22.2	5	27.8	上升
统筹协调竞争力	统筹发展竞争力	8	4	50.0	2	25.0	2	25.0	上升
	协调发展竞争力	8	3	37.5	2	25.0	3	37.5	下降
	小 计	16	7	43.8	4	25.0	5	31.3	上升
合 计		210	73	34.8	78	37.1	59	28.1	保持

从表24-2可以看出，210个四级指标中，上升指标有73个，占指标总数的34.8%；下降指标有59个，占指标总数的28.1%；保持不变的指标

有 78 个，占指标总数的 37.1%。综上所述，虽然贵州省上升指标数量大于下降指标，但保持指标占较大比例，2017～2018 年贵州省经济综合竞争力排位保持不变。

3. 贵州省经济综合竞争力各级指标优劣势结构分析

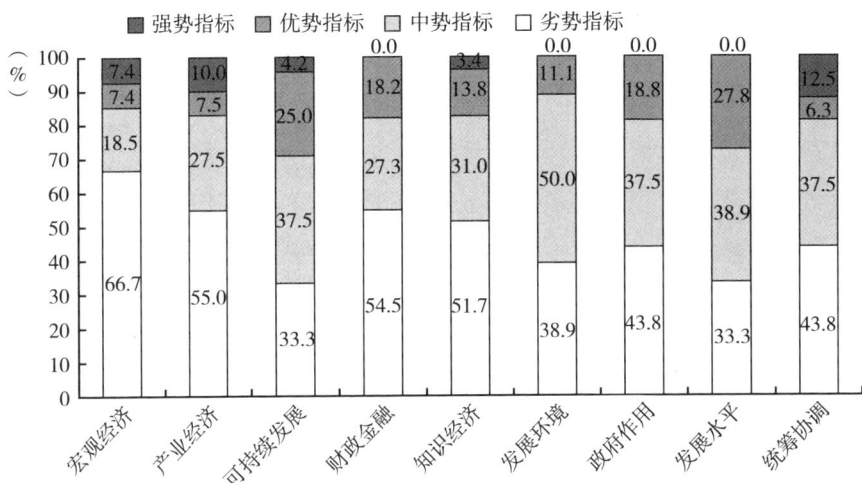

图 24 - 2　2018 年贵州省经济综合竞争力各级指标优劣势比较

表 24 - 3　2018 年贵州省经济综合竞争力各级指标优劣势情况

单位：个，%

二级指标	三级指标	四级指标数	强势指标		优势指标		中势指标		劣势指标		优劣势
			个数	比重	个数	比重	个数	比重	个数	比重	
宏观经济竞争力	经济实力竞争力	12	2	16.7	0	0.0	3	25.0	7	58.3	中势
	经济结构竞争力	6	0	0.0	1	16.7	2	33.3	3	50.0	劣势
	经济外向度竞争力	9	0	0.0	1	11.1	0	0.0	8	88.9	劣势
	小　计	**27**	2	7.4	2	7.4	5	18.5	18	66.7	劣势
产业经济竞争力	农业竞争力	10	2	20.0	0	0.0	4	40.0	4	40.0	中势
	工业竞争力	10	1	10.0	2	20.0	0	0.0	7	70.0	劣势
	服务业竞争力	10	1	10.0	1	10.0	2	20.0	6	60.0	中势
	企业竞争力	10	0	0.0	0	0.0	5	50.0	5	50.0	劣势
	小　计	**40**	4	10.0	3	7.5	11	27.5	22	55.0	劣势

续表

二级指标	三级指标	四级指标数	强势指标		优势指标		中势指标		劣势指标		优劣势
			个数	比重	个数	比重	个数	比重	个数	比重	
可持续发展竞争力	资源竞争力	9	0	0.0	4	44.4	5	55.6	0	0.0	中势
	环境竞争力	8	1	12.5	1	12.5	2	25.0	4	50.0	中势
	人力资源竞争力	7	0	0.0	1	14.3	2	28.6	4	57.1	劣势
	小　计	**24**	1	4.2	6	25.0	9	37.5	8	33.3	劣势
财政金融竞争力	财政竞争力	12	0	0.0	3	25.0	6	50.0	3	25.0	中势
	金融竞争力	10	0	0.0	1	10.0	0	0.0	9	90.0	劣势
	小　计	**22**	0	0.0	4	18.2	6	27.3	12	54.5	劣势
知识经济竞争力	科技竞争力	9	0	0.0	1	11.1	4	44.4	4	44.4	中势
	教育竞争力	10	1	10.0	2	20.0	3	30.0	4	40.0	中势
	文化竞争力	10	0	0.0	1	10.0	2	20.0	7	70.0	劣势
	小　计	**29**	1	3.4	4	13.8	9	31.0	15	51.7	中势
发展环境竞争力	基础设施竞争力	9	0	0.0	1	11.1	5	55.6	3	33.3	中势
	软环境竞争力	9	0	0.0	1	11.1	4	44.4	4	44.4	劣势
	小　计	**18**	0	0.0	2	11.1	9	50.0	7	38.9	劣势
政府作用竞争力	政府发展经济竞争力	5	0	0.0	1	20.0	2	40.0	2	40.0	中势
	政府规调经济竞争力	5	0	0.0	1	20.0	2	40.0	2	40.0	中势
	政府保障经济竞争力	6	0	0.0	1	16.7	2	33.3	3	50.0	劣势
	小　计	**16**	0	0.0	3	18.8	6	37.5	7	43.8	劣势
发展水平竞争力	工业化进程竞争力	6	0	0.0	2	33.3	2	33.3	2	33.3	中势
	城市化进程竞争力	6	0	0.0	1	16.7	2	33.3	3	50.0	劣势
	市场化进程竞争力	6	0	0.0	2	33.3	3	50.0	1	16.7	中势
	小　计	**18**	0	0.0	5	27.8	7	38.9	6	33.3	中势
统筹协调竞争力	统筹发展竞争力	8	2	25.0	1	12.5	3	37.5	2	25.0	中势
	协调发展竞争力	8	0	0.0	0	0.0	3	37.5	5	62.5	劣势
	小　计	**16**	2	12.5	1	6.3	6	37.5	7	43.8	劣势
合　计		**210**	10	4.8	30	14.3	68	32.4	102	48.6	劣势

　　基于图 24－2 和表 24－3，具体到四级指标，强势指标 10 个，占指标总数的 4.8%；优势指标 30 个，占指标总数的 14.3%；中势指标 68 个，

占指标总数的 32.4%；劣势指标 102 个，占指标总数的 48.6%。三级指标中，没有强势指标和优势指标；中势指标 14 个，占三级指标总数的 56.0%；劣势指标 11 个，占三级指标总数的 44.0%。从二级指标看，没有强势指标和优势指标；中势指标有 2 个，占二级指标总数的 22.2%；劣势指标有 7 个，占二级指标总数的 77.8%。综合来看，由于劣势指标在指标体系中居于主导地位，2018 年贵州省经济综合竞争力处于劣势地位。

4. 贵州省经济综合竞争力四级指标优劣势对比分析

表 24 - 4　2018 年贵州省经济综合竞争力各级指标优劣势情况

二级指标	优劣势	四级指标
宏观经济 竞争力 (27 个)	强势指标	地区生产总值增长率、固定资产投资增长率(2 个)
	优势指标	就业结构优化度、实际 FDI 增长率(2 个)
	劣势指标	地区生产总值、人均地区生产总值、财政总收入、人均财政收入、全社会消费品零售总额、全社会消费品零售总额增长率、人均全社会消费品零售总额、产业结构优化度、城乡经济结构优化度、贸易结构优化度、进出口总额、进出口增长率、出口总额、出口增长率、实际 FDI、外贸依存度、外资企业数、对外直接投资额(18 个)
产业经济 竞争力 (40 个)	强势指标	农业增加值增长率、农民人均纯收入增长率、工业收入利润率、限额以上批零企业利税率(4 个)
	优势指标	工业增加值增长率、工业全员劳动生产率、服务业增加值增长率(3 个)
	劣势指标	农民人均纯收入、农产品出口占农林牧渔总产值比重、人均主要农产品产量、农村人均用电量、工业增加值、人均工业增加值、工业资产总额、工业资产总额增长率、规模以上工业主营业务收入、工业成本费用率、规模以上工业利润总额、服务业增加值、人均服务业增加值、限额以上批发零售企业主营业务收入、限额以上餐饮企业利税率、旅游外汇收入、电子商务销售额、规模以上企业平均资产、规模以上企业平均收入、规模以上企业劳动效率、新产品销售收入占主营业务收入比重、中国驰名商标持有量(22 个)
可持续发展 竞争力 (24 个)	强势指标	人均废水排放量(1 个)
	优势指标	人均年水资源量、人均耕地面积、主要能源矿产基础储量、人均主要能源矿产基础储量、森林覆盖率、人口健康素质(6 个)
	劣势指标	人均工业废气排放量、人均工业固体废物排放量、人均治理工业污染投资额、生活垃圾无害化处理率、15～64 岁人口比例、文盲率、大专以上教育程度人口比例、平均受教育程度(8 个)

二级指标	优劣势	四级指标
财政金融竞争力(22个)	强势指标	(0个)
	优势指标	地方财政收入占GDP比重、地方财政支出占GDP比重、税收收入占GDP比重、国内上市公司市值(4个)
	劣势指标	地方财政收入、人均地方财政收入、税收收入增长率、存款余额、人均存款余额、贷款余额、人均贷款余额、中长期贷款占贷款余额比重、保险费净收入、保险密度、保险深度、国内上市公司数(12个)
知识经济竞争力(29个)	强势指标	公共教育经费占财政支出比重(1个)
	优势指标	高技术产品出口额占商品出口额比重、教育经费占GDP比重、人均教育经费、农村居民人均文化娱乐支出占消费性支出比重(4个)
	劣势指标	R&D人员、R&D经费、R&D经费投入强度、发明专利授权量、人均文化教育支出、万人中小学专任教师数、高校专任教师数、万人高等学校在校学生数、文化制造业营业收入、文化批零售业营业收入、图书和期刊出版数、电子出版物品种、印刷用纸量、城镇居民人均文化娱乐支出、农村居民人均文化娱乐支出(15个)
发展环境竞争力(18个)	强势指标	(0个)
	优势指标	人均邮电业务总量、外资企业数增长率(2个)
	劣势指标	铁路网线密度、全社会货物周转量、网站数、万人外资企业数、个体私营企业数增长率、万人商标注册件数、每十万人交通事故发生数(7个)
政府作用竞争力(16个)	强势指标	(0个)
	优势指标	政府消费对民间消费的拉动、物价调控、城镇职工养老保险收支比(3个)
	劣势指标	财政支出对GDP增长的拉动、政府公务员对经济的贡献、调控城乡消费差距、统筹经济社会发展、医疗保险覆盖率、养老保险覆盖率、失业保险覆盖率(7个)
发展水平竞争力(18个)	强势指标	(0个)
	优势指标	工业增加值增长率、高技术产品占商品出口额比重、人均公共绿地面积、亿元以上商品市场成交额占全社会消费品零售总额比重、居民消费支出占总消费支出比重(5个)
	劣势指标	高技术产业占工业增加值比重、工农业增加值比值、城镇化率、城镇居民人均可支配收入、人均拥有道路面积、社会投资占投资总额比重(6个)
统筹协调竞争力(16个)	强势指标	万元GDP综合能耗下降率、固定资产投资增长率(2个)
	优势指标	能源使用下降率(1个)
	劣势指标	社会劳动生产率、固定资产投资额占GDP比重、环境竞争力与宏观经济竞争力比差、资源竞争力与工业竞争力比差、城乡居民家庭人均收入比差、城乡居民人均现金消费支出比差、全社会消费品零售总额与外贸出口总额比差(7个)

24.2 贵州省经济综合竞争力各级指标具体分析

1. 贵州省宏观经济竞争力指标排名变化情况

表 24 - 5 2017 ~ 2018 年贵州省宏观经济竞争力指标组排位及变化趋势

指　标	2017 年	2018 年	排位升降	优劣势
1 宏观经济竞争力	21	26	- 5	劣势
1.1 经济实力竞争力	20	19	1	中势
地区生产总值	25	25	0	劣势
地区生产总值增长率	1	1	0	强势
人均地区生产总值	29	29	0	劣势
财政总收入	21	21	0	劣势
财政总收入增长率	26	17	9	中势
人均财政收入	26	25	1	劣势
固定资产投资额	17	17	0	中势
固定资产投资额增长率	4	1	3	强势
人均固定资产投资额	21	16	5	中势
全社会消费品零售总额	25	25	0	劣势
全社会消费品零售总额增长率	5	31	- 26	劣势
人均全社会消费品零售总额	31	31	0	劣势
1.2 经济结构竞争力	28	28	0	劣势
产业结构优化度	23	23	0	劣势
所有制经济结构优化度	17	19	- 2	中势
城乡经济结构优化度	30	30	0	劣势
就业结构优化度	7	6	1	优势
资本形成结构优化度	17	17	0	中势
贸易结构优化度	27	27	0	劣势
1.3 经济外向度竞争力	12	29	- 17	劣势
进出口总额	27	27	0	劣势
进出口增长率	1	30	- 29	劣势
出口总额	24	24	0	劣势
出口增长率	2	27	- 25	劣势
实际FDI	26	24	2	劣势
实际FDI增长率	9	4	5	优势
外贸依存度	29	29	0	劣势
外资企业数	28	27	1	劣势
对外直接投资额	30	30	0	劣势

2. 贵州省产业经济竞争力指标排名变化情况

表 24 - 6　2017~2018 年贵州省产业经济竞争力指标组排位及变化趋势

指　标	2017 年	2018 年	排位升降	优劣势
2　产业经济竞争力	19	25	-6	劣势
2.1　农业竞争力	20	19	1	中势
农业增加值	14	14	0	中势
农业增加值增长率	1	1	0	强势
人均农业增加值	12	13	-1	中势
农民人均纯收入	30	30	0	劣势
农民人均纯收入增长率	2	2	0	强势
农产品出口占农林牧渔总产值比重	27	25	2	劣势
人均主要农产品产量	19	24	-5	劣势
农业机械化水平	19	17	2	中势
农村人均用电量	22	22	0	劣势
财政支农资金比重	9	13	-4	中势
2.2　工业竞争力	13	23	-10	劣势
工业增加值	23	22	1	劣势
工业增加值增长率	3	8	-5	优势
人均工业增加值	26	25	1	劣势
工业资产总额	25	25	0	劣势
工业资产总额增长率	8	21	-13	劣势
规模以上工业主营业务收入	24	25	-1	劣势
工业成本费用率	4	31	-27	劣势
规模以上工业利润总额	23	23	0	劣势
工业全员劳动生产率	8	5	3	优势
工业收入利润率	6	3	3	强势
2.3　服务业竞争力	17	16	1	中势
服务业增加值	25	25	0	劣势
服务业增加值增长率	1	4	-3	优势
人均服务业增加值	28	28	0	劣势
服务业从业人员数	19	20	-1	中势
限额以上批发零售企业主营业务收入	22	22	0	劣势
限额以上批零企业利税率	2	1	1	强势
限额以上餐饮企业利税率	29	31	-2	劣势
旅游外汇收入	27	27	0	劣势
商品房销售收入	22	19	3	中势
电子商务销售额	19	21	-2	劣势

续表

指　标	2017 年	2018 年	排位升降	优劣势
2.4　企业竞争力	29	30	−1	劣势
规模以上工业企业数	19	19	0	中势
规模以上企业平均资产	21	21	0	劣势
规模以上企业平均收入	29	31	−2	劣势
规模以上企业平均利润	24	19	5	中势
规模以上企业劳动效率	24	26	−2	劣势
城镇就业人员平均工资	9	11	−2	中势
新产品销售收入占主营业务收入比重	27	23	4	劣势
产品质量抽查合格率	18	16	2	中势
工业企业 R&D 经费投入强度	23	20	3	中势
中国驰名商标持有量	28	28	0	劣势

3. 贵州省可持续发展竞争力指标排名变化情况

表 24 - 7　2017~2018 年贵州省可持续发展竞争力指标组排位及变化趋势

指　标	2017 年	2018 年	排位升降	优劣势
3　可持续发展竞争力	26	27	−1	劣势
3.1　资源竞争力	16	16	0	中势
人均国土面积	12	12	0	中势
人均可使用海域和滩涂面积	13	13	0	中势
人均年水资源量	9	8	1	优势
耕地面积	15	15	0	中势
人均耕地面积	9	9	0	优势
人均牧草地面积	14	14	0	中势
主要能源矿产基础储量	5	5	0	优势
人均主要能源矿产基础储量	6	6	0	优势
人均森林储积量	13	13	0	中势
3.2　环境竞争力	14	14	0	中势
森林覆盖率	15	10	5	优势
人均废水排放量	3	3	0	强势
人均工业废气排放量	25	25	0	劣势
人均工业固体废物排放量	22	22	0	劣势
人均治理工业污染投资额	28	28	0	劣势
一般工业固体废物综合利用率	16	16	0	中势
生活垃圾无害化处理率	24	25	−1	劣势
自然灾害直接经济损失	15	12	3	中势

421

指　标	2017 年	2018 年	排位升降	优劣势
3.3　人力资源竞争力	28	30	-2	劣势
常住人口增长率	12	16	-4	中势
15~64 岁人口比例	27	31	-4	劣势
文盲率	30	28	2	劣势
大专以上教育程度人口比例	25	29	-4	劣势
平均受教育程度	29	30	-1	劣势
人口健康素质	9	8	1	优势
职业学校毕业生数	10	12	-2	中势

4. 贵州省财政金融竞争力指标排名变化情况

表 24 - 8　2017 ~ 2018 年贵州省财政金融竞争力指标组排位及变化趋势

指　标	2017 年	2018 年	排位升降	优劣势
4　财政金融竞争力	17	25	-8	劣势
4.1　财政竞争力	12	16	-4	中势
地方财政收入	23	22	1	劣势
地方财政支出	21	18	3	中势
地方财政收入占 GDP 比重	10	10	0	优势
地方财政支出占 GDP 比重	7	8	-1	优势
税收收入占 GDP 比重	8	10	-2	优势
税收收入占财政总收入比重	12	16	-4	中势
人均地方财政收入	20	21	-1	劣势
人均地方财政支出	15	15	0	中势
人均税收收入	19	20	-1	中势
地方财政收入增长率	24	15	9	中势
地方财政支出增长率	18	16	2	中势
税收收入增长率	16	26	-10	劣势
4.2　金融竞争力	20	28	-8	劣势
存款余额	22	22	0	劣势
人均存款余额	24	25	-1	劣势
贷款余额	23	22	1	劣势
人均贷款余额	22	21	1	劣势
中长期贷款占贷款余额比重	3	23	-20	劣势
保险费净收入	27	26	1	劣势
保险密度	30	30	0	劣势
保险深度	30	28	2	劣势
国内上市公司数	22	27	-5	劣势
国内上市公司市值	11	8	3	优势

5. 贵州省知识经济竞争力指标排名变化情况

表 24－9　2017～2018 年贵州省知识经济竞争力指标组排位及变化趋势

指　　标	2017 年	2018 年	排位升降	优劣势
5　知识经济竞争力	19	18	1	中势
5.1　科技竞争力	21	18	3	中势
R&D 人员	24	21	3	劣势
R&D 经费	25	23	2	劣势
R&D 经费投入强度	27	24	3	劣势
发明专利授权量	24	24	0	劣势
技术市场成交合同金额	21	18	3	中势
财政科技支出占地方财政支出比重	12	13	− 1	中势
高技术产业主营业务收入	21	20	1	中势
高技术产业收入占工业增加值比重	20	20	0	中势
高技术产品出口额占商品出口额比重	6	6	0	优势
5.2　教育竞争力	12	12	0	中势
教育经费	14	15	− 1	中势
教育经费占 GDP 比重	4	4	0	优势
人均教育经费	11	6	5	优势
公共教育经费占财政支出比重	2	2	0	强势
人均文化教育支出	19	26	− 7	劣势
万人中小学学校数	14	14	0	中势
万人中小学专任教师数	24	22	2	劣势
高等学校数	18	18	0	中势
高校专任教师数	23	23	0	劣势
万人高等学校在校学生数	26	25	1	劣势
5.3　文化竞争力	20	28	− 8	劣势
文化制造业营业收入	21	21	0	劣势
文化批发零售业营业收入	22	23	− 1	劣势
文化服务业企业营业收入	20	20	0	中势
图书和期刊出版数	25	26	− 1	劣势
电子出版物品种	28	24	4	劣势
印刷用纸量	25	26	− 1	劣势
城镇居民人均文化娱乐支出	9	26	− 17	劣势
农村居民人均文化娱乐支出	16	24	− 8	劣势
城镇居民人均文化娱乐支出占消费性支出比重	3	14	− 11	中势
农村居民人均文化娱乐支出占消费性支出比重	2	5	− 3	优势

6. 贵州省发展环境竞争力指标排名变化情况

表 24 – 10   2017 ～ 2018 年贵州省发展环境竞争力指标组排位及变化趋势

指　　标	2017 年	2018 年	排位升降	优劣势
6　发展环境竞争力	22	21	1	劣势
6.1　基础设施竞争力	19	17	2	中势
铁路网线密度	23	23	0	劣势
公路网线密度	13	13	0	中势
人均内河航道里程	12	12	0	中势
全社会旅客周转量	15	14	1	中势
全社会货物周转量	25	24	1	劣势
人均邮电业务总量	12	10	2	优势
电话普及率	24	20	4	中势
网站数	25	25	0	劣势
人均耗电量	18	18	0	中势
6.2　软环境竞争力	26	28	– 2	劣势
外资企业数增长率	6	4	2	优势
万人外资企业数	31	31	0	劣势
个体私营企业数增长率	14	28	– 14	劣势
万人个体私营企业数	15	17	– 2	中势
万人商标注册件数	28	28	0	劣势
查处商标侵权假冒案件	17	17	0	中势
每十万人交通事故发生数	31	31	0	劣势
罚没收入占财政收入比重	23	16	7	中势
社会捐赠款物	13	16	– 3	中势

7. 贵州省政府作用竞争力指标排名变化情况

表 24 – 11   2017 ～ 2018 年贵州省政府作用竞争力指标组排位及变化趋势

指　　标	2017 年	2018 年	排位升降	优劣势
7　政府作用竞争力	25	25	0	劣势
7.1　政府发展经济竞争力	20	20	0	中势
财政支出用于基本建设投资比重	15	14	1	中势
财政支出对 GDP 增长的拉动	25	24	1	劣势
政府公务员对经济的贡献	27	27	0	劣势
政府消费对民间消费的拉动	5	5	0	优势
财政投资对社会投资的拉动	18	14	4	中势

续表

指　　标	2017 年	2018 年	排位升降	优劣势
7.2　政府规调经济竞争力	20	18	2	中势
物价调控	1	6	−5	优势
调控城乡消费差距	28	25	3	劣势
统筹经济社会发展	24	26	−2	劣势
规范税收	11	15	−4	中势
固定资产投资价格指数	23	19	4	中势
7.3　政府保障经济竞争力	23	21	2	劣势
城镇职工养老保险收支比	6	6	0	优势
医疗保险覆盖率	25	24	1	劣势
养老保险覆盖率	25	23	2	劣势
失业保险覆盖率	24	23	1	劣势
最低工资标准	14	14	0	中势
城镇登记失业率	18	18	0	中势

8. 贵州省发展水平竞争力指标排名变化情况

表 24 − 12　2017 ~ 2018 年贵州省发展水平竞争力指标组排位及变化趋势

指　　标	2017 年	2018 年	排位升降	优劣势
8　发展水平竞争力	22	20	2	中势
8.1　工业化进程竞争力	19	16	3	中势
工业增加值占 GDP 比重	19	17	2	中势
工业增加值增长率	4	8	−4	优势
高技术产业占工业增加值比重	20	28	−8	劣势
高技术产品占商品出口额比重	15	6	9	优势
信息产业增加值占 GDP 比重	23	18	5	中势
工农业增加值比值	24	25	−1	劣势
8.2　城市化进程竞争力	28	27	1	劣势
城镇化率	30	30	0	劣势
城镇居民人均可支配收入	28	26	2	劣势
城市平均建成区面积比重	15	16	−1	中势
人均拥有道路面积	29	26	3	劣势
人均日生活用水量	17	13	4	中势
人均公共绿地面积	7	7	0	优势

续表

指　标		2017 年	2018 年	排位升降	优劣势
8.3	市场化进程竞争力	21	17	4	中势
	非公有制经济产值占全社会总产值比重	17	19	-2	中势
	社会投资占投资总额比重	24	24	0	劣势
	私有和个体企业从业人员比重	17	11	6	中势
	亿元以上商品市场成交额	19	18	1	中势
	亿元以上商品市场成交额占全社会消费品零售总额比重	14	8	6	优势
	居民消费支出占总消费支出比重	5	5	0	优势

9. 贵州省统筹协调竞争力指标排名变化情况

表 24 - 13　2017～2018 年贵州省统筹协调竞争力指标组排位及变化趋势

指　标		2017 年	2018 年	排位升降	优劣势
9	**统筹协调竞争力**	25	24	1	劣势
9.1	统筹发展竞争力	22	17	5	中势
	社会劳动生产率	25	25	0	劣势
	能源使用下降率	14	9	5	优势
	万元 GDP 综合能耗下降率	2	1	1	强势
	非农用地产出率	20	20	0	中势
	居民收入占 GDP 比重	15	17	-2	中势
	二三产业增加值比例	17	16	1	中势
	固定资产投资额占 GDP 比重	28	29	-1	劣势
	固定资产投资增长率	28	1	27	强势
9.2	协调发展竞争力	27	29	-2	劣势
	资源竞争力与宏观经济竞争力比差	10	11	-1	中势
	环境竞争力与宏观经济竞争力比差	24	29	-5	劣势
	人力资源竞争力与宏观经济竞争力比差	16	15	1	中势
	环境竞争力与工业竞争力比差	15	13	2	中势
	资源竞争力与工业竞争力比差	16	26	-10	劣势
	城乡居民家庭人均收入比差	30	30	0	劣势
	城乡居民人均现金消费支出比差	28	25	3	劣势
	全社会消费品零售总额与外贸出口总额比差	25	25	0	劣势

B.26
25

云南省经济综合竞争力评价分析报告

云南省简称滇，位于中国西南地区云贵高原，东部与广西、贵州相连，北部与四川和重庆为邻，西北紧靠西藏，西部与缅甸接壤，南与老挝、越南毗邻，是中国通往东南亚、南亚的门户。全省面积39.4万平方公里，国境线长4060公里。2018年总人口为4830万人，全省地区生产总值达17881亿元，同比增长8.9%，人均GDP达37136元。本部分通过分析2017~2018年云南省经济综合竞争力以及各要素竞争力的排名变化，从中找出云南省经济综合竞争力的推动点及影响因素，为进一步提升云南省经济综合竞争力提供决策参考。

25.1 云南省经济综合竞争力总体分析

1. 云南省经济综合竞争力一级指标概要分析

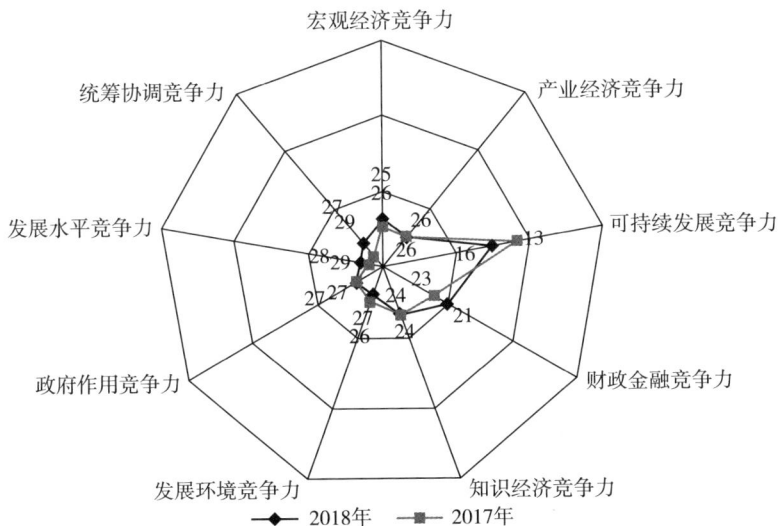

图 25 – 1 2017~2018 年云南省经济综合竞争力二级指标比较雷达图

表 25 - 1　2017～2018 年云南省经济综合竞争力二级指标比较

项目 年份	宏观经济竞争力	产业经济竞争力	可持续发展竞争力	财政金融竞争力	知识经济竞争力	发展环境竞争力	政府作用竞争力	发展水平竞争力	统筹协调竞争力	综合排位
2017 年	26	26	13	23	24	26	27	29	29	28
2018 年	25	26	16	21	24	27	27	28	27	26
升降	1	0	- 3	2	0	- 1	0	1	2	2
优劣度	劣势	劣势	中势	劣势	劣势	劣势	劣势	劣势	劣势	劣势

（1）从综合排位看，2018 年云南省经济综合竞争力综合排位在全国居第 26 位，这表明其在全国处于劣势地位；与 2017 年相比，综合排位上升了2 位。

（2）从指标所处区位看，没有指标处于上游区；处于中游区的指标有 1个，为可持续发展竞争力；其他 8 个指标处于下游区。

（3）从指标变化趋势看，9 个二级指标中，有 4 个指标处于上升趋势，分别为宏观经济竞争力、财政金融竞争力、发展水平竞争力和统筹协调竞争力，这些是云南省经济综合竞争力的上升动力所在；有 3 个指标排位没有发生变化，为产业经济竞争力、知识经济竞争力和政府作用竞争力；有 2 个指标处于下降趋势，分别为可持续发展竞争力和发展环境竞争力，这些是云南省经济综合竞争力的下降拉力所在。

2. 云南省经济综合竞争力各级指标动态变化分析

表 25 - 2　2017～2018 年云南省经济综合竞争力各级指标排位变化态势比较

单位：个，%

二级指标	三级指标	四级指标数	上升		保持		下降		变化趋势
			指标数	比重	指标数	比重	指标数	比重	
宏观经济竞争力	经济实力竞争力	12	4	33.3	6	50.0	2	16.7	上升
	经济结构竞争力	6	2	33.3	4	66.7	0	0.0	保持
	经济外向度竞争力	9	3	33.3	4	44.4	2	22.2	上升
	小　计	27	9	33.3	14	51.9	4	14.8	上升

续表

二级指标	三级指标	四级指标数	上升		保持		下降		变化趋势
			指标数	比重	指标数	比重	指标数	比重	
产业经济竞争力	农业竞争力	10	1	10.0	7	70.0	2	20.0	上升
	工业竞争力	10	5	50.0	3	30.0	2	20.0	下降
	服务业竞争力	10	3	30.0	5	50.0	2	20.0	下降
	企业竞争力	10	4	40.0	4	40.0	2	20.0	上升
	小　计	**40**	13	32.5	19	47.5	8	20.0	保持
可持续发展竞争力	资源竞争力	9	1	11.1	8	88.9	0	0.0	上升
	环境竞争力	8	2	25.0	5	62.5	1	12.5	下降
	人力资源竞争力	7	4	57.1	0	0.0	3	42.9	保持
	小　计	**24**	7	29.2	13	54.2	4	16.7	下降
财政金融竞争力	财政竞争力	12	4	33.3	4	33.3	4	33.3	下降
	金融竞争力	10	4	40.0	5	50.0	1	10.0	下降
	小　计	**22**	8	36.4	9	40.9	5	22.7	上升
知识经济竞争力	科技竞争力	9	7	77.8	1	11.1	1	11.1	保持
	教育竞争力	10	5	50.0	5	50.0	0	0.0	保持
	文化竞争力	10	3	30.0	2	20.0	5	50.0	上升
	小　计	**29**	15	51.7	8	27.6	6	20.7	保持
发展环境竞争力	基础设施竞争力	9	1	11.1	4	44.4	4	44.4	保持
	软环境竞争力	9	2	22.2	4	44.4	3	33.3	保持
	小　计	**18**	3	16.7	8	44.4	7	38.9	下降
政府作用竞争力	政府发展经济竞争力	5	2	40.0	3	60.0	0	0.0	上升
	政府规调经济竞争力	5	2	40.0	1	20.0	2	40.0	上升
	政府保障经济竞争力	6	2	33.3	3	50.0	1	16.7	上升
	小　计	**16**	6	37.5	7	43.8	3	18.8	保持
发展水平竞争力	工业化进程竞争力	6	4	66.7	2	33.3	0	0.0	上升
	城市化进程竞争力	6	2	33.3	3	50.0	1	16.7	上升
	市场化进程竞争力	6	3	50.0	2	33.3	1	16.7	上升
	小　计	**18**	9	50.0	7	38.9	2	11.1	上升
统筹协调竞争力	统筹发展竞争力	8	5	62.5	2	25.0	1	12.5	上升
	协调发展竞争力	8	3	37.5	1	12.5	4	50.0	保持
	小　计	**16**	8	50.0	3	18.8	5	31.3	上升
合　计		**210**	78	37.1	88	41.9	44	21.0	上升

从表25-2可以看出，210个四级指标中，上升指标有78个，占指标总数的37.1%；下降指标有44个，占指标总数的21.0%；保持不变的指标

有 88 个，占指标总数的 41.9%。综上所述，上升指标多于下降指标，2017～2018 年云南省经济综合竞争力排位呈上升趋势。

3. 云南省经济综合竞争力各级指标优劣势结构分析

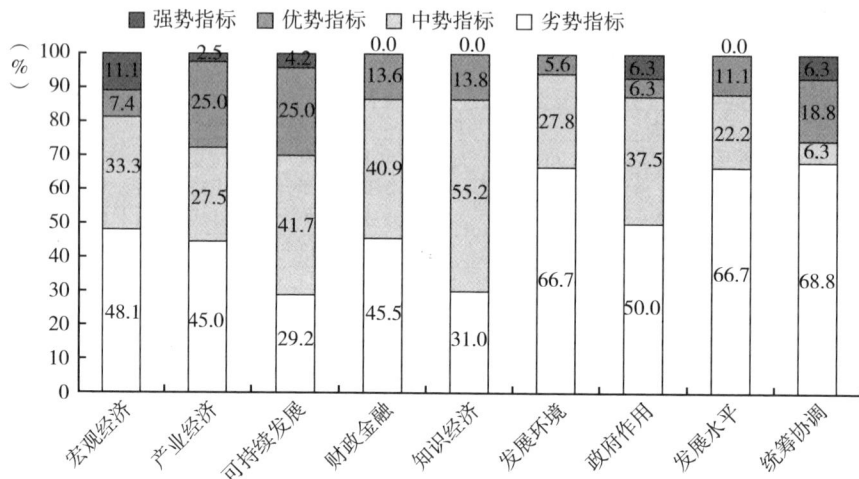

图 25 - 2　2018 年云南省经济综合竞争力各级指标优劣势比较

表 25 - 3　2018 年云南省经济综合竞争力各级指标优劣势比较

单位：个，%

二级指标	三级指标	四级指标数	强势指标		优势指标		中势指标		劣势指标		优劣势
			个数	比重	个数	比重	个数	比重	个数	比重	
宏观经济竞争力	经济实力竞争力	12	2	16.7	1	8.3	5	41.7	4	33.3	中势
	经济结构竞争力	6	0	0.0	0	0.0	1	16.7	5	83.3	劣势
	经济外向度竞争力	9	1	11.1	1	11.1	3	33.3	4	44.4	中势
	小　计	27	3	11.1	2	7.4	9	33.3	13	48.1	劣势
产业经济竞争力	农业竞争力	10	1	10.0	3	30.0	4	40.0	2	20.0	中势
	工业竞争力	10	0	0.0	3	30.0	1	10.0	6	60.0	劣势
	服务业竞争力	10	0	0.0	2	20.0	3	30.0	5	50.0	劣势
	企业竞争力	10	0	0.0	2	20.0	3	30.0	5	50.0	劣势
	小　计	40	1	2.5	10	25.0	11	27.5	18	45.0	劣势

续表

二级指标	三级指标	四级指标数	强势指标		优势指标		中势指标		劣势指标		优劣势
			个数	比重	个数	比重	个数	比重	个数	比重	
可持续发展竞争力	资源竞争力	9	1	11.1	4	44.4	4	44.4	0	0.0	优势
	环境竞争力	8	0	0.0	2	25.0	2	25.0	4	50.0	中势
	人力资源竞争力	7	0	0.0	0	0.0	4	57.1	3	42.9	劣势
	小　计	24	1	4.2	6	25.0	10	41.7	7	29.2	中势
财政金融竞争力	财政竞争力	12	0	0.0	2	16.7	6	50.0	4	33.3	中势
	金融竞争力	10	0	0.0	1	10.0	3	30.0	6	60.0	劣势
	小　计	22	0	0.0	3	13.6	9	40.9	10	45.5	劣势
知识经济竞争力	科技竞争力	9	0	0.0	0	0.0	3	33.3	6	66.7	劣势
	教育竞争力	10	0	0.0	2	20.0	6	60.0	2	20.0	中势
	文化竞争力	10	0	0.0	2	20.0	7	70.0	1	10.0	中势
	小　计	24	0	0.0	4	13.8	16	55.2	9	31.0	中势
发展环境竞争力	基础设施竞争力	9	0	0.0	0	0.0	3	33.3	6	66.7	劣势
	软环境竞争力	9	0	0.0	1	11.1	2	22.2	6	66.7	劣势
	小　计	18	0	0.0	1	5.6	5	27.8	12	66.7	劣势
政府作用竞争力	政府发展经济竞争力	5	0	0.0	1	20.0	1	20.0	3	60.0	劣势
	政府规调经济竞争力	5	1	20.0	0	0.0	3	60.0	1	20.0	优势
	政府保障经济竞争力	6	0	0.0	0	0.0	2	33.3	4	66.7	劣势
	小　计	16	1	6.3	1	6.3	6	37.5	8	50.0	劣势
发展水平竞争力	工业化进程竞争力	6	0	0.0	1	16.7	1	16.7	4	66.7	劣势
	城市化进程竞争力	6	0	0.0	1	16.7	1	16.7	4	66.7	劣势
	市场化进程竞争力	6	0	0.0	0	0.0	2	33.3	4	66.7	劣势
	小　计	18	0	0.0	2	11.1	4	22.2	12	66.7	劣势
统筹协调竞争力	统筹发展竞争力	8	1	12.5	1	12.5	1	12.5	5	62.5	劣势
	协调发展竞争力	8	0	0.0	2	25.0	0	0.0	6	75.0	劣势
	小　计	16	1	6.3	3	18.8	1	6.3	11	68.8	劣势
合　计		210	7	3.3	32	15.2	71	33.8	100	47.6	劣势

　　基于图 25-2 和表 25-3，从四级指标来看，强势指标 7 个，占指标总数的 3.3%；优势指标 32 个，占指标总数的 15.2%；中势指标 71 个，占指标总数的 33.8%；劣势指标 100 个，占指标总数的 47.6%。

　　从三级指标来看，没有强势指标；优势指标有 2 个，占三级指标总数的 8.0%；中势指标有 5 个，占三级指标总数的 20.0%；劣势指标有 18 个，占三级指标总数的 72.0%。反映到二级指标上，没有强势指标和优势指标；中势指标 1 个，占二级指标总数的 11.11%；劣势指标有 8 个，占二级指标总数的 88.9%。综合来看，由于劣势指标居于主导地位，2018 年云南省经济综合竞争力处于劣势地位。

4. 云南省经济综合竞争力四级指标优劣势对比分析

表 25 - 4　2018 年云南省经济综合竞争力各级指标优劣势比较

二级指标	优劣势	四级指标
宏观经济 竞争力 （27 个）	强势指标	地区生产总值增长率、固定资产投资额增长率、实际 FDI 增长率（3 个）
	优势指标	全社会消费品零售总额增长率、进出口增长率（2 个）
	劣势指标	人均地区生产总值、人均财政收入、全社会消费品零售总额、人均全社会消费品零售总额、产业结构优化度、所有制经济结构优化度、城乡经济结构优化度、资本形成结构优化度、贸易结构优化度、进出口总额、出口总额、实际 FDI、外资企业数（13 个）
产业经济 竞争力 （40 个）	强势指标	农业增加值增长率（1 个）
	优势指标	农民人均纯收入增长率、农产品出口占农林牧渔总产值比重、财政支农资金比重、工业增加值增长率、工业全员劳动生产率、工业收入利润率、限额以上批零企业利税率、旅游外汇收入、规模以上企业平均利润、规模以上企业劳动效率（10 个）
	劣势指标	农民人均纯收入、农村人均用电量、工业增加值、人均工业增加值、工业资产总额、规模以上工业主营业务收入、工业成本费用率、规模以上工业利润总额、服务业增加值、服务业增加值增长率、人均服务业增加值、限额以上餐饮企业利税率、电子商务销售额、规模以上工业企业数、新产品销售收入占主营业务收入比重、产品质量抽查合格率、工业企业 R&D 经费投入强度、中国驰名商标持有量（18 个）
可持续发展 竞争力 （24 个）	强势指标	人均年水资源量（1 个）
	优势指标	人均国土面积、耕地面积、人均耕地面积、人均森林储积量、森林覆盖率、人均废水排放量（6 个）
	劣势指标	人均治理工业污染投资额、一般工业固体废物综合利用率、生活垃圾无害化处理率、自然灾害直接经济损失、文盲率、大专以上教育程度人口比例、平均受教育程度（7 个）
财政金融 竞争力 （22 个）	强势指标	（0 个）
	优势指标	地方财政支出占 GDP 比重、税收收入增长率、中长期贷款占贷款余额比重（3 个）
	劣势指标	税收收入占财政总收入比重、人均地方财政收入、人均税收收入、地方财政支出增长率、人均存款余额、人均贷款余额、保险费净收入、保险密度、国内上市公司数、国内上市公司市值（10 个）

二级指标	优劣势	四级指标
知识经济 竞争力 (29个)	强势指标	(0个)
	优势指标	教育经费占 GDP 比重、公共教育经费占财政支出比重、城镇居民人均文化娱乐支出占消费性支出比重、农村居民人均文化娱乐支出占消费性支出比重(4个)
	劣势指标	R&D 经费投入强度、发明专利授权量、技术市场成交合同金额、财政科技支出占地方财政支出比重、高技术产业主营业务收入、高技术产业收入占工业增加值比重、高校专任教师数、万人高等学校在校学生数、农村居民人均文化娱乐支出(9个)
发展环境 竞争力 (18个)	强势指标	(0个)
	优势指标	社会捐赠款物(1个)
	劣势指标	铁路网线密度、公路网线密度、全社会货物周转量、电话普及率、网站数、人均耗电量、外资企业数增长率、万人外资企业数、个体私营企业数增长率、万人个体私营企业数、万人商标注册件数、罚没收入占财政收入比重(12个)
政府作用 竞争力 (16个)	强势指标	物价调控(1个)
	优势指标	财政支出用于基本建设投资比重(1个)
	劣势指标	财政支出对 GDP 增长的拉动、政府公务员对经济的贡献、财政投资对社会投资的拉动、调控城乡消费差距、城镇职工养老保险收支比、医疗保险覆盖率、养老保险覆盖率、失业保险覆盖率(8个)
发展水平 竞争力 (18个)	强势指标	(0个)
	优势指标	工业增加值增长率、城市平均建成区面积比重(2个)
	劣势指标	工业增加值占 GDP 比重、高技术产业占工业增加值比重、信息产业增加值占 GDP 比重、工农业增加值比值、城镇化率、人均拥有道路面积、人均日生活用水量、人均公共绿地面积、非公有制经济产值占全社会总产值比重、社会投资占投资总额比重、亿元以上商品市场成交额、亿元以上商品市场成交额占全社会消费品零售总额比重(12个)
统筹协调 竞争力 (16个)	强势指标	固定资产投资增长率(1个)
	优势指标	万元 GDP 综合能耗下降率、资源竞争力与宏观经济竞争力比差、环境竞争力与工业竞争力比差(3个)
	劣势指标	社会劳动生产率、能源使用下降率、非农用地产出率、居民收入占 GDP 比重、固定资产投资额占 GDP 比重、环境竞争力与宏观经济竞争力比差、人力资源竞争力与宏观经济竞争力比差、资源竞争力与工业竞争力比差、城乡居民家庭人均收入比差、城乡居民人均现金消费支出比差、全社会消费品零售总额与外贸出口总额比差(11个)

433

25.2 云南省经济综合竞争力各级指标具体分析

1. 云南省宏观经济竞争力指标排名变化情况

表 25-5 2017~2018 年云南省宏观经济竞争力指标组排位及变化趋势

指标	2017 年	2018 年	排位升降	优劣势
1 宏观经济竞争力	26	25	1	劣势
1.1 经济实力竞争力	19	18	1	中势
地区生产总值	20	20	0	中势
地区生产总值增长率	3	3	0	强势
人均地区生产总值	30	30	0	劣势
财政总收入	20	18	2	中势
财政总收入增长率	24	15	9	中势
人均财政收入	27	28	−1	劣势
固定资产投资额	15	15	0	中势
固定资产投资额增长率	3	3	0	强势
人均固定资产投资额	23	20	3	中势
全社会消费品零售总额	23	23	0	劣势
全社会消费品零售总额增长率	3	6	−3	优势
人均全社会消费品零售总额	28	26	2	劣势
1.2 经济结构竞争力	30	30	0	劣势
产业结构优化度	21	21	0	劣势
所有制经济结构优化度	26	25	1	劣势
城乡经济结构优化度	29	29	0	劣势
就业结构优化度	21	20	1	中势
资本形成结构优化度	23	23	0	劣势
贸易结构优化度	30	30	0	劣势
1.3 经济外向度竞争力	23	16	7	中势
进出口总额	21	21	0	劣势
进出口增长率	7	7	0	优势
出口总额	22	22	0	劣势
出口增长率	17	19	−2	中势
实际 FDI	24	22	2	劣势
实际 FDI 增长率	22	3	19	强势
外贸依存度	22	20	2	中势
外资企业数	21	21	0	劣势
对外直接投资额	15	16	−1	中势

2. 云南省产业经济竞争力指标排名变化情况

表 25 - 6　2017 ~ 2018 年云南省产业经济竞争力指标组排位及变化趋势

指　标	2017 年	2018 年	排位升降	优劣势
2　产业经济竞争力	26	26	0	劣势
2.1　农业竞争力	16	15	1	中势
农业增加值	12	12	0	中势
农业增加值增长率	2	2	0	强势
人均农业增加值	20	20	0	中势
农民人均纯收入	28	28	0	劣势
农民人均纯收入增长率	4	4	0	优势
农产品出口占农林牧渔总产值比重	9	9	0	优势
人均主要农产品产量	18	18	0	中势
农业机械化水平	11	14	- 3	中势
农村人均用电量	27	29	- 2	劣势
财政支农资金比重	14	9	5	优势
2.2　工业竞争力	18	25	- 7	劣势
工业增加值	24	23	1	劣势
工业增加值增长率	2	4	- 2	优势
人均工业增加值	28	27	1	劣势
工业资产总额	21	21	0	劣势
工业资产总额增长率	16	16	0	中势
规模以上工业主营业务收入	23	23	0	劣势
工业成本费用率	3	30	- 27	劣势
规模以上工业利润总额	24	22	2	劣势
工业全员劳动生产率	9	8	1	优势
工业收入利润率	15	9	6	优势
2.3　服务业竞争力	23	25	- 2	劣势
服务业增加值	23	23	0	劣势
服务业增加值增长率	12	22	- 10	劣势
人均服务业增加值	30	30	0	劣势
服务业从业人员数	18	18	0	中势
限额以上批发零售企业主营业务收入	18	18	0	中势
限额以上批零企业利税率	12	10	2	优势
限额以上餐饮企业利税率	30	30	0	劣势
旅游外汇收入	8	5	3	优势
商品房销售收入	20	17	3	中势
电子商务销售额	20	22	- 2	劣势

指 标	2017 年	2018 年	排位升降	优劣势
2.4　　企业竞争力	31	27	4	劣势
规模以上工业企业数	21	21	0	劣势
规模以上企业平均资产	14	14	0	中势
规模以上企业平均收入	24	13	11	中势
规模以上企业平均利润	18	10	8	优势
规模以上企业劳动效率	17	7	10	优势
城镇就业人员平均工资	13	14	− 1	中势
新产品销售收入占主营业务收入比重	26	26	0	劣势
产品质量抽查合格率	31	30	1	劣势
工业企业 R&D 经费投入强度	18	21	− 3	劣势
中国驰名商标持有量	21	21	0	劣势

3. 云南省可持续发展竞争力指标排名变化情况

表 25 − 7　2017～2018 年云南省可持续发展竞争力指标组排位及变化趋势

指 标	2017 年	2018 年	排位升降	优劣势
3　可持续发展竞争力	13	16	− 3	中势
3.1　　资源竞争力	9	8	1	优势
人均国土面积	8	8	0	优势
人均可使用海域和滩涂面积	13	13	0	中势
人均年水资源量	4	3	1	强势
耕地面积	8	8	0	优势
人均耕地面积	8	8	0	优势
人均牧草地面积	12	12	0	中势
主要能源矿产基础储量	13	13	0	中势
人均主要能源矿产基础储量	11	11	0	中势
人均森林储积量	4	4	0	优势
3.2　　环境竞争力	11	16	− 5	中势
森林覆盖率	7	6	1	优势
人均废水排放量	8	8	0	优势
人均工业废气排放量	16	16	0	中势
人均工业固体废物排放量	19	19	0	中势
人均治理工业污染投资额	30	30	0	劣势
一般工业固体废物综合利用率	25	25	0	劣势
生活垃圾无害化处理率	28	24	4	劣势
自然灾害直接经济损失	18	27	− 9	劣势

指　标	2017 年	2018 年	排位升降	优劣势
3.3　人力资源竞争力	23	23	0	劣势
常住人口增长率	15	13	2	中势
15～64 岁人口比例	13	15	-2	中势
文盲率	27	26	1	劣势
大专以上教育程度人口比例	28	26	2	劣势
平均受教育程度	28	29	-1	劣势
人口健康素质	10	13	-3	中势
职业学校毕业生数	12	11	1	中势

4. 云南省财政金融竞争力指标排名变化情况

表 25 - 8　2017～2018 年云南省财政金融竞争力指标组排位及变化趋势

指　标	2017 年	2018 年	排位升降	优劣势
4　财政金融竞争力	23	21	2	劣势
4.1　财政竞争力	13	18	-5	中势
地方财政收入	19	20	-1	中势
地方财政支出	13	13	0	中势
地方财政收入占 GDP 比重	12	12	0	中势
地方财政支出占 GDP 比重	6	7	-1	优势
税收收入占 GDP 比重	17	13	4	中势
税收收入占财政总收入比重	28	22	6	劣势
人均地方财政收入	27	27	0	劣势
人均地方财政支出	20	18	2	中势
人均税收收入	26	26	0	劣势
地方财政收入增长率	19	20	-1	中势
地方财政支出增长率	1	23	-22	劣势
税收收入增长率	17	7	10	优势
4.2　金融竞争力	22	25	-3	劣势
存款余额	20	20	0	中势
人均存款余额	28	30	-2	劣势
贷款余额	19	19	0	中势
人均贷款余额	27	27	0	劣势
中长期贷款占贷款余额比重	11	7	4	优势
保险费净收入	22	22	0	劣势
保险密度	28	28	0	劣势
保险深度	21	18	3	中势
国内上市公司数	25	24	1	劣势
国内上市公司市值	22	21	1	劣势

5. 云南省知识经济竞争力指标排名变化情况

表 25 - 9　2017～2018 年云南省知识经济竞争力指标组排位及变化趋势

指　标	2017 年	2018 年	排位升降	优劣势
5　知识经济竞争力	24	24	0	劣势
5.1　科技竞争力	24	24	0	劣势
R&D 人员	22	20	2	中势
R&D 经费	22	20	2	中势
R&D 经费投入强度	23	21	2	劣势
发明专利授权量	22	22	0	劣势
技术市场成交合同金额	20	23	- 3	劣势
财政科技支出占地方财政支出比重	25	24	1	劣势
高技术产业主营业务收入	24	23	1	劣势
高技术产业收入占工业增加值比重	27	26	1	劣势
高技术产品出口额占商品出口额比重	17	16	1	中势
5.2　教育竞争力	24	24	0	劣势
教育经费	12	11	1	中势
教育经费占 GDP 比重	6	6	0	优势
人均教育经费	20	16	4	中势
公共教育经费占财政支出比重	13	8	5	优势
人均文化教育支出	27	16	11	中势
万人中小学学校数	16	16	0	中势
万人中小学专任教师数	20	19	1	中势
高等学校数	18	18	0	中势
高校专任教师数	22	22	0	劣势
万人高等学校在校学生数	27	27	0	劣势
5.3　文化竞争力	22	21	1	劣势
文化制造业营业收入	19	19	0	中势
文化批发零售业营业收入	14	16	- 2	中势
文化服务业企业营业收入	18	19	- 1	中势
图书和期刊出版数	19	20	- 1	中势
电子出版物品种	20	18	2	中势
印刷用纸量	20	20	0	中势
城镇居民人均文化娱乐支出	22	16	6	中势
农村居民人均文化娱乐支出	23	25	- 2	劣势
城镇居民人均文化娱乐支出占消费性支出比重	9	8	1	优势
农村居民人均文化娱乐支出占消费性支出比重	5	6	- 1	优势

6. 云南省发展环境竞争力指标排名变化情况

表 25 – 10　2017～2018 年云南省发展环境竞争力指标组排位及变化趋势

指　　标	2017 年	2018 年	排位升降	优劣势
6　发展环境竞争力	26	27	– 1	劣势
6.1　基础设施竞争力	27	27	0	劣势
铁路网线密度	28	28	0	劣势
公路网线密度	22	22	0	劣势
人均内河航道里程	17	16	1	中势
全社会旅客周转量	19	20	– 1	中势
全社会货物周转量	23	23	0	劣势
人均邮电业务总量	11	14	– 3	中势
电话普及率	27	28	– 1	劣势
网站数	23	23	0	劣势
人均耗电量	22	23	– 1	劣势
6.2　软环境竞争力	21	21	0	劣势
外资企业数增长率	12	28	– 16	劣势
万人外资企业数	25	25	0	劣势
个体私营企业数增长率	28	27	1	劣势
万人个体私营企业数	24	24	0	劣势
万人商标注册件数	23	25	– 2	劣势
查处商标侵权假冒案件	15	15	0	中势
每十万人交通事故发生数	11	11	0	中势
罚没收入占财政收入比重	24	21	3	劣势
社会捐赠款物	6	8	– 2	优势

7. 云南省政府作用竞争力指标排名变化情况

表 25 – 11　2017～2018 年云南省政府作用竞争力指标组排位及变化趋势

指　　标	2017 年	2018 年	排位升降	优劣势
7　政府作用竞争力	27	27	0	劣势
7.1　政府发展经济竞争力	23	21	2	劣势
财政支出用于基本建设投资比重	9	6	3	优势
财政支出对 GDP 增长的拉动	26	25	1	劣势
政府公务员对经济的贡献	25	25	0	劣势
政府消费对民间消费的拉动	20	20	0	中势
财政投资对社会投资的拉动	24	24	0	劣势

指　标	2017 年	2018 年	排位升降	优劣势
7.2　政府规调经济竞争力	11	10	1	优势
物价调控	2	2	0	强势
调控城乡消费差距	27	28	−1	劣势
统筹经济社会发展	21	20	1	中势
规范税收	19	14	5	中势
固定资产投资价格指数	10	15	−5	中势
7.3　政府保障经济竞争力	30	29	1	劣势
城镇职工养老保险收支比	24	24	0	劣势
医疗保险覆盖率	29	31	−2	劣势
养老保险覆盖率	30	30	0	劣势
失业保险覆盖率	30	30	0	劣势
最低工资标准	22	19	3	中势
城镇登记失业率	19	13	6	中势

8. 云南省发展水平竞争力指标排名变化情况

表 25 - 12　2017～2018 年云南省发展水平竞争力指标组排位及变化趋势

指　标	2017 年	2018 年	排位升降	优劣势
8　发展水平竞争力	29	28	1	劣势
8.1　工业化进程竞争力	25	23	2	劣势
工业增加值占 GDP 比重	26	26	0	劣势
工业增加值增长率	17	4	13	优势
高技术产业占工业增加值比重	27	25	2	劣势
高技术产品占商品出口额比重	17	16	1	中势
信息产业增加值占 GDP 比重	29	25	4	劣势
工农业增加值比值	28	28	0	劣势
8.2　城市化进程竞争力	30	29	1	劣势
城镇化率	28	28	0	劣势
城镇居民人均可支配收入	16	17	−1	中势
城市平均建成区面积比重	9	9	0	优势
人均拥有道路面积	28	23	5	劣势
人均日生活用水量	23	23	0	劣势
人均公共绿地面积	25	23	2	劣势

续表

指 标	2017 年	2018 年	排位升降	优劣势
8.3 市场化进程竞争力	28	27	1	劣势
非公有制经济产值占全社会总产值比重	26	25	1	劣势
社会投资占投资总额比重	29	28	1	劣势
私有和个体企业从业人员比重	24	18	6	中势
亿元以上商品市场成交额	25	25	0	劣势
亿元以上商品市场成交额占全社会消费品零售总额比重	26	28	− 2	劣势
居民消费支出占总消费支出比重	20	20	0	中势

9. 云南省统筹协调竞争力指标排名变化情况

表 25 – 13 2017 ～ 2018 年云南省统筹协调竞争力指标组排位及变化趋势

指 标	2017 年	2018 年	排位升降	优劣势
9 统筹协调竞争力	29	27	2	劣势
9.1 统筹发展竞争力	28	26	2	劣势
社会劳动生产率	29	29	0	劣势
能源使用下降率	27	24	3	劣势
万元 GDP 综合能耗下降率	14	10	4	优势
非农用地产出率	25	24	1	劣势
居民收入占 GDP 比重	30	30	0	劣势
二三产业增加值比例	11	15	− 4	中势
固定资产投资额占 GDP 比重	29	28	1	劣势
固定资产投资增长率	29	3	26	强势
9.2 协调发展竞争力	28	28	0	劣势
资源竞争力与宏观经济竞争力比差	6	7	− 1	优势
环境竞争力与宏观经济竞争力比差	29	25	4	劣势
人力资源竞争力与宏观经济竞争力比差	26	24	2	劣势
环境竞争力与工业竞争力比差	11	9	2	优势
资源竞争力与工业竞争力比差	19	25	− 6	劣势
城乡居民家庭人均收入比差	29	29	0	劣势
城乡居民人均现金消费支出比差	27	28	− 1	劣势
全社会消费品零售总额与外贸出口总额比差	21	22	− 1	劣势

B.27
26
西藏自治区经济综合竞争力评价分析报告

西藏自治区简称藏，位于我国西南边疆，东靠四川省，北连新疆维吾尔自治区、青海省，南部和西部与缅甸、印度、不丹、尼泊尔等国接壤。西藏自治区地处青藏高原，素有"世界屋脊"之称。全区土地面积为122万多平方公里，是中国五大牧区之一。2018年总人口为344万人，全区地区生产总值达1478亿元，同比增长9.1%，人均GDP达43398元。本部分通过分析2017~2018年西藏自治区经济综合竞争力以及各要素竞争力的排名变化，从中找出西藏自治区经济综合竞争力的推动点及影响因素，为进一步提升西藏自治区经济综合竞争力提供决策参考。

26.1 西藏自治区经济综合竞争力总体分析

1. 西藏自治区经济综合竞争力一级指标概要分析

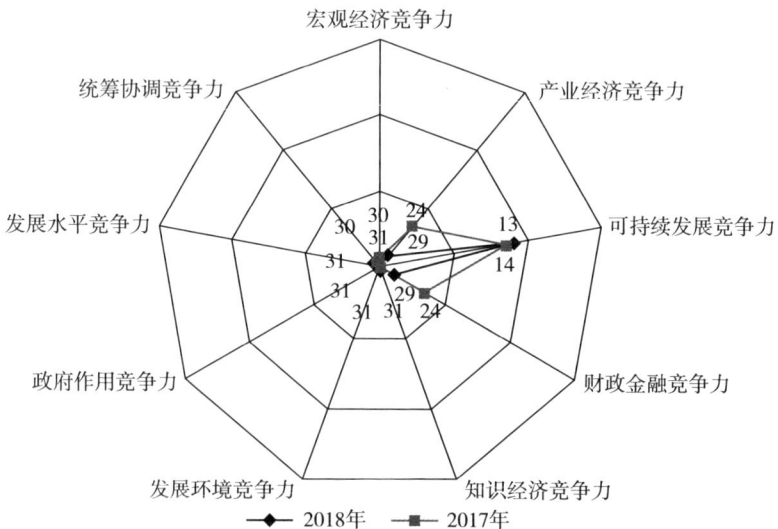

图 26-1　2017~2018年西藏自治区经济综合竞争力二级指标比较雷达图

表 26 - 1　2017～2018 年西藏自治区经济综合竞争力二级指标比较

项目 年份	宏观经济竞争力	产业经济竞争力	可持续发展竞争力	财政金融竞争力	知识经济竞争力	发展环境竞争力	政府作用竞争力	发展水平竞争力	统筹协调竞争力	综合排位
2017	30	24	14	24	31	31	31	31	30	31
2018	31	29	13	29	31	31	31	31	30	31
升降	-1	-5	1	-5	0	0	0	0	0	0
优劣度	劣势	劣势	中势	劣势	劣势	劣势	劣势	劣势	劣势	劣势

（1）从综合排位看，2018 年西藏自治区经济综合竞争力综合排位在全国处于第 31 位，表明其在全国处于劣势地位；与 2017 年相比，综合排位保持不变。

（2）从指标所处区位看，处于中游区的指标有 1 个，为可持续发展竞争力；处于下游区的指标有 8 个，分别为宏观经济竞争力、产业经济竞争力、财政金融竞争力、知识经济竞争力、发展环境竞争力、政府作用竞争力、发展水平竞争力、统筹协调竞争力。

（3）从指标变化趋势看，9 个二级指标中，有 1 个指标处于上升趋势，为可持续发展竞争力，这是西藏自治区经济综合竞争力的上升动力所在；有 5 个指标排位没有发生变化，分别为知识经济竞争力、发展环境竞争力、政府作用竞争力、发展水平竞争力和统筹协调竞争力；有 3 个指标处于下降趋势，分别为宏观经济竞争力、产业经济竞争力、财政金融竞争力，这些是西藏自治区经济综合竞争力的下降拉力所在。

2. 西藏自治区经济综合竞争力各级指标动态变化分析

表 26 - 2　2017～2018 年西藏自治区经济综合竞争力各级指标排位变化态势比较

单位：个，%

二级指标	三级指标	四级指标数	上升		保持		下降		变化趋势
			指标数	比重	指标数	比重	指标数	比重	
宏观经济竞争力	经济实力竞争力	12	4	33.3	6	50.0	2	16.7	保持
	经济结构竞争力	6	1	16.7	5	83.3	0	0.0	下降
	经济外向度竞争力	9	2	22.2	5	55.6	2	22.2	保持
	小　计	27	7	25.9	16	59.3	4	14.8	下降

二级指标	三级指标	四级指标数	上升		保持		下降		变化趋势
			指标数	比重	指标数	比重	指标数	比重	
产业经济竞争力	农业竞争力	10	1	10.0	6	60.0	3	30.0	上升
	工业竞争力	10	1	10.0	6	60.0	3	30.0	下降
	服务业竞争力	10	0	0.0	6	60.0	4	40.0	下降
	企业竞争力	10	4	40.0	4	40.0	2	20.0	下降
	小　计	40	6	15.0	22	55.0	12	30.0	下降
可持续发展竞争力	资源竞争力	9	0	0.0	9	100.0	0	0.0	保持
	环境竞争力	8	1	12.5	5	62.5	2	25.0	上升
	人力资源竞争力	7	1	14.3	5	71.4	1	14.3	保持
	小　计	24	2	8.3	19	79.2	3	12.5	上升
财政金融竞争力	财政竞争力	12	7	58.3	4	33.3	1	8.3	下降
	金融竞争力	10	1	10.0	8	80.0	1	10.0	下降
	小　计	22	8	36.4	12	54.5	2	9.1	下降
知识经济竞争力	科技竞争力	9	0	0.0	9	100.0	0	0.0	保持
	教育竞争力	10	1	10.0	8	80.0	1	10.0	保持
	文化竞争力	10	1	10.0	9	90.0	0	0.0	保持
	小　计	29	2	6.9	26	89.7	1	3.4	保持
发展环境竞争力	基础设施竞争力	9	1	11.1	7	77.8	1	11.1	保持
	软环境竞争力	9	5	55.6	3	33.3	1	11.1	上升
	小　计	18	6	33.3	10	55.6	2	11.1	保持
政府作用竞争力	政府发展经济竞争力	5	0	0.0	4	80.0	1	20.0	保持
	政府规调经济竞争力	5	1	20.0	2	40.0	2	40.0	保持
	政府保障经济竞争力	6	2	33.3	3	50.0	1	16.7	保持
	小　计	16	3	18.8	9	56.3	4	25.0	保持
发展水平竞争力	工业化进程竞争力	6	2	33.3	3	50.0	1	16.7	保持
	城市化进程竞争力	6	3	50.0	1	16.7	2	33.3	保持
	市场化进程竞争力	6	2	33.3	4	66.7	0	0.0	保持
	小　计	18	7	38.9	8	44.4	3	16.7	保持
统筹协调竞争力	统筹发展竞争力	8	4	50.0	3	37.5	1	12.5	上升
	协调发展竞争力	8	2	25.0	2	25.0	4	50.0	保持
	小　计	16	6	37.5	5	31.3	5	31.3	保持
合　计		210	47	22.4	127	60.5	36	17.1	保持

从表 26 - 2 可以看出，210 个四级指标中，上升指标有 47 个，占指标总数的 22.4%；下降指标有 36 个，占指标总数的 17.1%；保持不变

的指标有 127 个，占指标总数的 60.5%。综上所述，由于保持指标在指标体系中占据主导地位，2018 年西藏自治区经济综合竞争力排位保持不变。

3. 西藏自治区经济综合竞争力各级指标优劣势结构分析

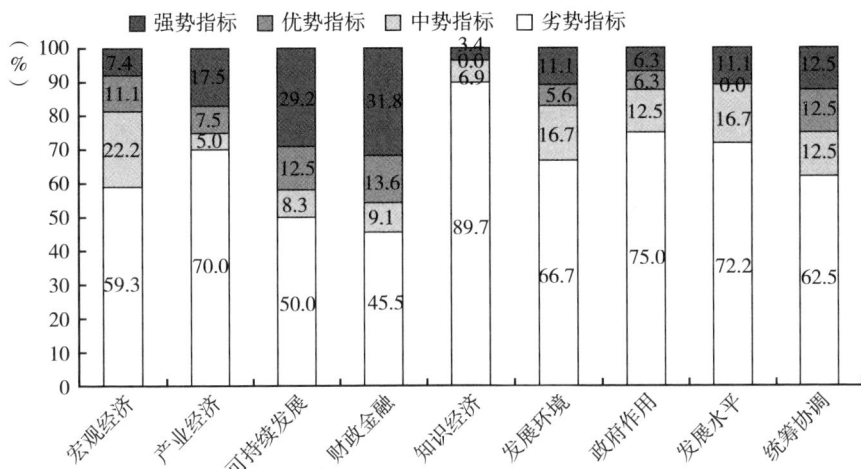

图 26-2　2018 年西藏自治区经济综合竞争力各级指标优劣势比较

表 26-3　2018 年西藏自治区经济综合竞争力各级指标优劣势比较

单位：个，%

二级指标	三级指标	四级指标数	强势指标		优势指标		中势指标		劣势指标		优劣势
			个数	比重	个数	比重	个数	比重	个数	比重	
宏观经济竞争力	经济实力竞争力	12	2	16.7	2	16.7	2	16.7	6	50.0	劣势
	经济结构竞争力	6	0	0.0	1	16.7	3	50.0	2	33.3	劣势
	经济外向度竞争力	9	0	0.0	0	0.0	1	11.1	8	88.9	劣势
	小　计	**27**	2	7.4	3	11.1	6	22.2	16	59.3	劣势
产业经济竞争力	农业竞争力	10	2	20.0	0	0.0	2	20.0	6	60.0	中势
	工业竞争力	10	2	20.0	2	20.0	0	0.0	6	60.0	劣势
	服务业竞争力	10	1	10.0	1	10.0	0	0.0	8	80.0	劣势
	企业竞争力	10	2	20.0	0	0.0	0	0.0	8	80.0	劣势
	小　计	**40**	7	17.5	3	7.5	2	5.0	28	70.0	劣势

二级指标	三级指标	四级指标数	强势指标		优势指标		中势指标		劣势指标		优劣势
			个数	比重	个数	比重	个数	比重	个数	比重	
可持续发展竞争力	资源竞争力	9	4	44.4	1	11.1	1	11.1	3	33.3	强势
	环境竞争力	8	2	25.0	2	25.0	0	0.0	4	50.0	劣势
	人力资源竞争力	7	1	14.3	0	0.0	1	14.3	5	71.4	劣势
	小　计	**24**	7	29.2	3	12.5	2	8.3	12	50.0	中势
财政金融竞争力	财政竞争力	12	6	50.0	1	8.3	2	16.7	3	25.0	劣势
	金融竞争力	10	1	10.0	2	20.0	0	0.0	7	70.0	劣势
	小　计	**22**	7	31.8	3	13.6	2	9.1	10	45.5	劣势
知识经济竞争力	科技竞争力	9	0	0.0	0	0.0	0	0.0	9	100.0	劣势
	教育竞争力	10	1	10.0	0	0.0	2	20.0	7	70.0	劣势
	文化竞争力	10	0	0.0	0	0.0	0	0.0	10	100.0	劣势
	小　计	**29**	1	3.4	0	0.0	2	6.9	26	89.7	劣势
发展环境竞争力	基础设施竞争力	9	0	0.0	0	0.0	0	0.0	9	100.0	劣势
	软环境竞争力	9	2	22.2	1	11.1	3	33.3	3	33.3	中势
	小　计	**18**	2	11.1	1	5.6	3	16.7	12	66.7	劣势
政府作用竞争力	政府发展经济竞争力	5	1	20.0	0	0.0	0	0.0	4	80.0	劣势
	政府规调经济竞争力	5	0	0.0	1	20.0	2	40.0	2	40.0	劣势
	政府保障经济竞争力	6	0	0.0	0	0.0	0	0.0	6	100.0	劣势
	小　计	**16**	1	6.3	1	6.3	2	12.5	12	75.0	劣势
发展水平竞争力	工业化进程竞争力	6	1	16.7	0	0.0	0	0.0	5	83.3	劣势
	城市化进程竞争力	6	0	0.0	0	0.0	3	50.0	3	50.0	劣势
	市场化进程竞争力	6	1	16.7	0	0.0	0	0.0	5	83.3	劣势
	小　计	**18**	2	11.1	0	0.0	3	16.7	13	72.2	劣势
统筹协调竞争力	统筹发展竞争力	8	1	12.5	1	12.5	2	25.0	4	50.0	劣势
	协调发展竞争力	8	1	12.5	1	12.5	0	0.0	6	75.0	劣势
	小　计	**16**	2	12.5	2	12.5	2	12.5	10	62.5	劣势
合　计		**210**	31	14.8	16	7.6	24	11.4	139	66.2	劣势

　　基于图 26 - 2 和表 26 - 3，从四级指标来看，强势指标 31 个，占指标总数的 14.8%；优势指标 16 个，占指标总数的 7.6%；中势指标 24 个，占指标总数的 11.4%；劣势指标 139 个，占指标总数的 66.2%。从三级指标来看，强势指标 1 个，占三级指标总数的 4%；没有优势指标；中势指标 2 个，占三级指标总数的 8%；劣势指标 22 个，占三级指标总数的 88%。反映到二级指标，中势指标 1 个，占二级指标总数的 11.11%；劣势指标有 8 个，占二级指标总数的 88.9%。综合来看，劣势指标居于主导地位，2018 年西藏自治区经济综合竞争力处于劣势地位。

4. 西藏自治区经济综合竞争力四级指标优劣势对比分析

表 26 - 4　2018 年西藏自治区经济综合竞争力各级指标优劣势比较

二级指标	优劣势	四级指标
宏观经济竞争力（27 个）	强势指标	地区生产总值增长率、全社会消费品零售总额增长率（2 个）
	优势指标	财政总收入增长率、人均固定资产投资额、资本形成结构优化度（3 个）
	劣势指标	地区生产总值、人均地区生产总值、财政总收入、固定资产投资额、全社会消费品零售总额、人均全社会消费品零售总额、所有制经济结构优化度、城乡经济结构优化度、进出口总额、进出口增长率、出口总额、实际 FDI、实际 FDI 增长率、外贸依存度、外资企业数、对外直接投资额（16 个）
产业经济竞争力（40 个）	强势指标	农民人均纯收入增长率、财政支农资金比重、工业增加值增长率、工业资产总额增长率、限额以上批零企业利税率、规模以上企业平均资产、城镇就业人员平均工资（7 个）
	优势指标	工业全员劳动生产率、工业收入利润率、限额以上餐饮企业利税率（3 个）
	劣势指标	农业增加值、人均农业增加值、农民人均纯收入、农产品出口占农林牧渔总产值比重、农业机械化水平、农村人均用电量、工业增加值、人均工业增加值、工业资产总额、规模以上工业主营业务收入、工业成本费用率、规模以上工业利润总额、服务业增加值、服务业增加值增长率、人均服务业增加值、服务业从业人员数、限额以上批发零售企业主营业务收入、旅游外汇收入、商品房销售收入、电子商务销售额、规模以上工业企业数、规模以上企业平均收入、规模以上企业平均利润、规模以上企业劳动效率、新产品销售收入占主营业务收入比重、产品质量抽查合格率、工业企业 R&D 经费投入强度、中国驰名商标持有量（28 个）
可持续发展竞争力（24 个）	强势指标	人均国土面积、人均年水资源量、人均牧草地面积、人均森林储积量、人均废水排放量、人均工业固体废物排放量、常住人口增长率（7 个）
	优势指标	人均耕地面积、人均工业废气排放量、自然灾害直接经济损失（3 个）
	劣势指标	耕地面积、主要能源矿产基础储量、人均主要能源矿产基础储量、森林覆盖率、人均治理工业污染投资额、一般工业固体废物综合利用率、生活垃圾无害化处理率、文盲率、大专以上教育程度人口比例、平均受教育程度、人口健康素质、职业学校毕业生数（12 个）
财政金融竞争力（22 个）	强势指标	地方财政收入占 GDP 比重、地方财政支出占 GDP 比重、人均地方财政支出、地方财政收入增长率、地方财政支出增长率、税收收入增长率、中长期贷款占贷款余额比重（7 个）
	优势指标	税收收入占 GDP 比重、人均存款余额、人均贷款余额（3 个）
	劣势指标	地方财政收入、地方财政支出、税收收入占财政总收入比重、存款余额、贷款余额、保险费净收入、保险密度、保险深度、国内上市公司数、国内上市公司市值（10 个）

447

二级指标	优劣势	四级指标
知识经济 竞争力 (29 个)	强势指标	教育经费占 GDP 比重(1 个)
	优势指标	(0 个)
	劣势指标	R&D 人员、R&D 经费、R&D 经费投入强度、发明专利授权量、技术市场成交合同金额、财政科技支出占地方财政支出比重、高技术产业主营业务收入、高技术产业收入占工业增加值比重、高技术产品出口额占商品出口额比重、教育经费、人均教育经费、公共教育经费占财政支出比重、人均文化教育支出、万人中小学专任教师数、高校专任教师数、万人高等学校在校学生数、文化制造业营业收入、文化批发零售业营业收入、文化服务业企业营业收入、图书和期刊出版数、电子出版物品种、印刷用纸量、城镇居民人均文化娱乐支出、农村居民人均文化娱乐支出、城镇居民人均文化娱乐支出占消费性支出比重、农村居民人均文化娱乐支出占消费性支出比重(26 个)
发展环境 竞争力 (18 个)	强势指标	个体私营企业数增长率、查处商标侵权假冒案件(2 个)
	优势指标	每十万人交通事故发生数(1 个)
	劣势指标	铁路网线密度、公路网线密度、人均内河航道里程、全社会旅客周转量、全社会货物周转量、人均邮电业务总量、电话普及率、网站数、人均耗电量、万人外资企业数、万人商标注册件数、社会捐赠款物(12 个)
政府作用 竞争力 (16 个)	强势指标	财政支出用于基本建设投资比重(1 个)
	优势指标	物价调控(1 个)
	劣势指标	财政支出对 GDP 增长的拉动、政府公务员对经济的贡献、政府消费对民间消费的拉动、财政投资对社会投资的拉动、调控城乡消费差距、统筹经济社会发展、城镇职工养老保险收支比、医疗保险覆盖率、养老保险覆盖率、失业保险覆盖率、最低工资标准、城镇登记失业率(12 个)
发展水平 竞争力 (18 个)	强势指标	工业增加值增长率、私有和个体企业从业人员比重(2 个)
	优势指标	(0 个)
	劣势指标	工业增加值占 GDP 比重、高技术产业占工业增加值比重、高技术产品占商品出口额比重、信息产业增加值占 GDP 比重、工农业增加值比值、城镇化率、人均拥有道路面积、人均公共绿地面积、非公有制经济产值占全社会总产值比重、社会投资占投资总额比重、亿元以上商品市场成交额、亿元以上商品市场成交额占全社会消费品零售总额比重、居民消费支出占总消费支出比重(13 个)
统筹协调 竞争力 (16 个)	强势指标	能源使用下降率、人力资源竞争力与宏观经济竞争力比差(2 个)
	优势指标	居民收入占 GDP 比重、环境竞争力与工业竞争力比差(2 个)
	劣势指标	社会劳动生产率、万元 GDP 综合能耗下降率、非农用地产出率、固定资产投资额占 GDP 比重、资源竞争力与宏观经济竞争力比差、环境竞争力与宏观经济竞争力比差、资源竞争力与工业竞争力比差、城乡居民家庭人均收入比差、城乡居民人均现金消费支出比差、全社会消费品零售总额与外贸出口总额比差(10 个)

26.2 西藏自治区经济综合竞争力各级指标具体分析

1. 西藏自治区宏观经济竞争力指标排名变化情况

表26－5 2017～2018年西藏自治区宏观经济竞争力指标组排位及变化趋势

指　标	2017年	2018年	排位升降	优劣势
1 宏观经济竞争力	30	31	－1	劣势
1.1 经济实力竞争力	31	31	0	劣势
地区生产总值	31	31	0	劣势
地区生产总值增长率	2	1	1	强势
人均地区生产总值	27	26	1	劣势
财政总收入	31	31	0	劣势
财政总收入增长率	31	5	26	优势
人均财政收入	15	16	－1	中势
固定资产投资额	31	31	0	劣势
固定资产投资额增长率	1	12	－11	中势
人均固定资产投资额	6	6	0	优势
全社会消费品零售总额	31	31	0	劣势
全社会消费品零售总额增长率	1	1	0	强势
人均全社会消费品零售总额	25	23	2	劣势
1.2 经济结构竞争力	22	23	－1	劣势
产业结构优化度	18	18	0	中势
所有制经济结构优化度	29	28	1	劣势
城乡经济结构优化度	26	26	0	劣势
就业结构优化度	18	18	0	中势
资本形成结构优化度	5	5	0	优势
贸易结构优化度	16	16	0	中势
1.3 经济外向度竞争力	30	30	0	劣势
进出口总额	30	30	0	劣势
进出口增长率	28	29	－1	劣势
出口总额	30	30	0	劣势
出口增长率	31	20	11	中势
实际FDI	31	31	0	劣势
实际FDI增长率	8	30	－22	劣势
外贸依存度	30	30	0	劣势
外资企业数	31	31	0	劣势
对外直接投资额	31	27	4	劣势

2. 西藏自治区产业经济竞争力指标排名变化情况

表 26 - 6　2017 ～ 2018 年西藏自治区产业经济竞争力指标组排位及变化趋势

指　　标	2017 年	2018 年	排位升降	优劣势
2　产业经济竞争力	24	29	- 5	劣势
2.1　农业竞争力	23	20	3	中势
农业增加值	29	29	0	劣势
农业增加值增长率	12	15	- 3	中势
人均农业增加值	28	28	0	劣势
农民人均纯收入	26	26	0	劣势
农民人均纯收入增长率	1	1	0	强势
农产品出口占农林牧渔总产值比重	21	30	- 9	劣势
人均主要农产品产量	16	17	- 1	中势
农业机械化水平	27	27	0	劣势
农村人均用电量	31	31	0	劣势
财政支农资金比重	7	2	5	强势
2.2　工业竞争力	12	24	- 12	劣势
工业增加值	31	31	0	劣势
工业增加值增长率	1	2	- 1	强势
人均工业增加值	31	31	0	劣势
工业资产总额	31	31	0	劣势
工业资产总额增长率	1	1	0	强势
规模以上工业主营业务收入	31	31	0	劣势
工业成本费用率	5	22	- 17	劣势
规模以上工业利润总额	31	31	0	劣势
工业全员劳动生产率	5	4	1	优势
工业收入利润率	1	10	- 9	优势
2.3　服务业竞争力	19	28	- 9	劣势
服务业增加值	31	31	0	劣势
服务业增加值增长率	7	31	- 24	劣势
人均服务业增加值	24	27	- 3	劣势
服务业从业人员数	31	31	0	劣势
限额以上批发零售企业主营业务收入	31	31	0	劣势
限额以上批零企业利税率	1	2	- 1	强势
限额以上餐饮企业利税率	9	10	- 1	优势
旅游外汇收入	28	28	0	劣势
商品房销售收入	31	31	0	劣势
电子商务销售额	31	31	0	劣势

续表

指 标	2017 年	2018 年	排位升降	优劣势
2.4 企业竞争力	30	31	−1	劣势
规模以上工业企业数	31	31	0	劣势
规模以上企业平均资产	2	2	0	强势
规模以上企业平均收入	30	28	2	劣势
规模以上企业平均利润	11	21	−10	劣势
规模以上企业劳动效率	27	22	5	劣势
城镇就业人员平均工资	3	3	0	强势
新产品销售收入占主营业务收入比重	29	25	4	劣势
产品质量抽查合格率	30	31	−1	劣势
工业企业 R&D 经费投入强度	31	30	1	劣势
中国驰名商标持有量	31	31	0	劣势

3. 西藏自治区可持续发展竞争力指标排名变化情况

表 26 −7　2017～2018 年西藏自治区可持续发展竞争力指标组排位及变化趋势

指 标	2017 年	2018 年	排位升降	优劣势
3 可持续发展竞争力	14	13	1	中势
3.1 资源竞争力	2	2	0	强势
人均国土面积	1	1	0	强势
人均可使用海域和滩涂面积	13	13	0	中势
人均年水资源量	1	1	0	强势
耕地面积	28	28	0	劣势
人均耕地面积	7	7	0	优势
人均牧草地面积	1	1	0	强势
主要能源矿产基础储量	30	30	0	劣势
人均主要能源矿产基础储量	27	27	0	劣势
人均森林储积量	1	1	0	强势
3.2 环境竞争力	25	22	3	劣势
森林覆盖率	25	27	−2	劣势
人均废水排放量	1	1	0	强势
人均工业废气排放量	5	5	0	优势
人均工业固体废物排放量	1	1	0	强势
人均治理工业污染投资额	31	31	0	劣势
一般工业固体废物综合利用率	31	31	0	劣势
生活垃圾无害化处理率	23	27	−4	劣势
自然灾害直接经济损失	9	5	4	优势

指　标		2017 年	2018 年	排位升降	优劣势
3.3	人力资源竞争力	31	31	0	劣势
	常住人口增长率	2	1	1	强势
	15~64 岁人口比例	20	20	0	中势
	文盲率	31	31	0	劣势
	大专以上教育程度人口比例	30	30	0	劣势
	平均受教育程度	31	31	0	劣势
	人口健康素质	28	29	-1	劣势
	职业学校毕业生数	31	31	0	劣势

4. 西藏自治区财政金融竞争力指标排名变化情况

表 26－8　2017~2018 年西藏自治区财政金融竞争力指标组排位及变化趋势

指　标		2017 年	2018 年	排位升降	优劣势
4	**财政金融竞争力**	24	29	-5	劣势
4.1	财政竞争力	19	28	-9	劣势
	地方财政收入	31	31	0	劣势
	地方财政支出	28	28	0	劣势
	地方财政收入占 GDP 比重	4	3	1	强势
	地方财政支出占 GDP 比重	1	1	0	强势
	税收收入占 GDP 比重	6	4	2	优势
	税收收入占财政总收入比重	25	30	-5	劣势
	人均地方财政收入	14	11	3	中势
	人均地方财政支出	1	1	0	强势
	人均税收收入	18	14	4	中势
	地方财政收入增长率	2	1	1	强势
	地方财政支出增长率	23	1	22	强势
	税收收入增长率	2	1	1	强势
4.2	金融竞争力	24	29	-5	劣势
	存款余额	31	31	0	劣势
	人均存款余额	7	7	0	优势
	贷款余额	31	31	0	劣势
	人均贷款余额	6	6	0	优势
	中长期贷款占贷款余额比重	1	3	-2	强势
	保险费净收入	31	31	0	劣势
	保险密度	31	31	0	劣势
	保险深度	31	31	0	劣势
	国内上市公司数	29	29	0	劣势
	国内上市公司市值	30	28	2	劣势

5. 西藏自治区知识经济竞争力指标排名变化情况

表26-9　2017~2018年西藏自治区知识经济竞争力指标组排位及变化趋势

指　标	2017 年	2018 年	排位升降	优劣势
5　知识经济竞争力	31	31	0	劣势
5.1　科技竞争力	31	31	0	劣势
R&D 人员	31	31	0	劣势
R&D 经费	31	31	0	劣势
R&D 经费投入强度	31	31	0	劣势
发明专利授权量	31	31	0	劣势
技术市场成交合同金额	31	31	0	劣势
财政科技支出占地方财政支出比重	31	31	0	劣势
高技术产业主营业务收入	31	31	0	劣势
高技术产业收入占工业增加值比重	29	29	0	劣势
高技术产品出口额占商品出口额比重	30	30	0	劣势
5.2　教育竞争力	31	31	0	劣势
教育经费	29	29	0	劣势
教育经费占 GDP 比重	1	1	0	强势
人均教育经费	21	22	-1	劣势
公共教育经费占财政支出比重	31	30	1	劣势
人均文化教育支出	31	31	0	劣势
万人中小学学校数	17	17	0	中势
万人中小学专任教师数	30	30	0	劣势
高等学校数	18	18	0	中势
高校专任教师数	31	31	0	劣势
万人高等学校在校学生数	30	30	0	劣势
5.3　文化竞争力	31	31	0	劣势
文化制造业营业收入	31	31	0	劣势
文化批发零售业营业收入	31	31	0	劣势
文化服务业企业营业收入	31	31	0	劣势
图书和期刊出版数	30	30	0	劣势
电子出版物品种	28	22	6	劣势
印刷用纸量	30	30	0	劣势
城镇居民人均文化娱乐支出	31	31	0	劣势
农村居民人均文化娱乐支出	31	31	0	劣势
城镇居民人均文化娱乐支出占消费性支出比重	31	31	0	劣势
农村居民人均文化娱乐支出占消费性支出比重	31	31	0	劣势

6. 西藏自治区发展环境竞争力指标排名变化情况

表 26 - 10   2017～2018 年西藏自治区发展环境竞争力指标组排位及变化趋势

指 标	2017 年	2018 年	排位升降	优劣势
6 发展环境竞争力	31	31	0	劣势
6.1 基础设施竞争力	31	31	0	劣势
铁路网线密度	31	31	0	劣势
公路网线密度	31	31	0	劣势
人均内河航道里程	28	28	0	劣势
全社会旅客周转量	31	31	0	劣势
全社会货物周转量	31	31	0	劣势
人均邮电业务总量	31	30	1	劣势
电话普及率	22	25	- 3	劣势
网站数	31	31	0	劣势
人均耗电量	31	31	0	劣势
6.2 软环境竞争力	12	11	1	中势
外资企业数增长率	14	16	- 2	中势
万人外资企业数	29	29	0	劣势
个体私营企业数增长率	2	2	0	强势
万人个体私营企业数	16	15	1	中势
万人商标注册件数	27	21	6	劣势
查处商标侵权假冒案件	2	2	0	强势
每十万人交通事故发生数	8	7	1	优势
罚没收入占财政收入比重	15	11	4	中势
社会捐赠款物	31	27	4	劣势

7. 西藏自治区政府作用竞争力指标排名变化情况

表 26 - 11   2017～2018 年西藏自治区政府作用竞争力指标组排位及变化趋势

指 标	2017 年	2018 年	排位升降	优劣势
7 政府作用竞争力	31	31	0	劣势
7.1 政府发展经济竞争力	31	31	0	劣势
财政支出用于基本建设投资比重	1	3	- 2	强势
财政支出对 GDP 增长的拉动	31	31	0	劣势
政府公务员对经济的贡献	31	31	0	劣势
政府消费对民间消费的拉动	31	31	0	劣势
财政投资对社会投资的拉动	31	31	0	劣势

指　标	2017 年	2018 年	排位升降	优劣势
7.2　政府规调经济竞争力	31	31	0	劣势
物价调控	21	4	17	优势
调控城乡消费差距	31	31	0	劣势
统筹经济社会发展	31	31	0	劣势
规范税收	7	13	− 6	中势
固定资产投资价格指数	14	17	− 3	中势
7.3　政府保障经济竞争力	31	31	0	劣势
城镇职工养老保险收支比	31	31	0	劣势
医疗保险覆盖率	26	28	− 2	劣势
养老保险覆盖率	31	31	0	劣势
失业保险覆盖率	31	31	0	劣势
最低工资标准	30	24	6	劣势
城镇登记失业率	26	23	3	劣势

8. 西藏自治区发展水平竞争力指标排名变化情况

表 26 – 12　2017～2018 年西藏自治区发展水平竞争力指标组排位及变化趋势

指　标	2017 年	2018 年	排位升降	优劣势
8　发展水平竞争力	31	31	0	劣势
8.1　工业化进程竞争力	31	31	0	劣势
工业增加值占 GDP 比重	31	31	0	劣势
工业增加值增长率	3	2	1	强势
高技术产业占工业增加值比重	28	31	− 3	劣势
高技术产品占商品出口额比重	31	30	1	劣势
信息产业增加值占 GDP 比重	31	31	0	劣势
工农业增加值比值	30	30	0	劣势
8.2　城市化进程竞争力	31	31	0	劣势
城镇化率	31	31	0	劣势
城镇居民人均可支配收入	21	16	5	中势
城市平均建成区面积比重	22	20	2	中势
人均拥有道路面积	18	28	− 10	劣势
人均日生活用水量	2	19	− 17	中势
人均公共绿地面积	31	30	1	劣势

指　标	2017 年	2018 年	排位升降	优劣势
8.3　市场化进程竞争力	31	31	0	劣势
非公有制经济产值占全社会总产值比重	29	28	1	劣势
社会投资占投资总额比重	31	31	0	劣势
私有和个体企业从业人员比重	12	2	10	强势
亿元以上商品市场成交额	31	31	0	劣势
亿元以上商品市场成交额占全社会消费品零售总额比重	30	30	0	劣势
居民消费支出占总消费支出比重	31	31	0	劣势

9. 西藏自治区统筹协调竞争力指标排名变化情况

表 26 - 13　2017～2018 年西藏自治区统筹协调竞争力指标组排位及变化趋势

指　标	2017 年	2018 年	排位升降	优劣势
9　统筹协调竞争力	30	30	0	劣势
9.1　统筹发展竞争力	30	28	2	劣势
社会劳动生产率	30	30	0	劣势
能源使用下降率	4	1	3	强势
万元 GDP 综合能耗下降率	30	29	1	劣势
非农用地产出率	31	31	0	劣势
居民收入占 GDP 比重	8	7	1	优势
二三产业增加值比例	8	20	- 12	中势
固定资产投资额占 GDP 比重	31	31	0	劣势
固定资产投资增长率	31	12	19	中势
9.2　协调发展竞争力	30	30	0	劣势
资源竞争力与宏观经济竞争力比差	31	28	3	劣势
环境竞争力与宏观经济竞争力比差	30	31	- 1	劣势
人力资源竞争力与宏观经济竞争力比差	6	1	5	强势
环境竞争力与工业竞争力比差	5	10	- 5	优势
资源竞争力与工业竞争力比差	10	22	- 12	劣势
城乡居民家庭人均收入比差	26	26	0	劣势
城乡居民人均现金消费支出比差	31	31	0	劣势
全社会消费品零售总额与外贸出口总额比差	26	27	- 1	劣势

B.28

27

陕西省经济综合竞争力评价分析报告

陕西省简称陕，东隔黄河与山西相望，西连甘肃、宁夏回族自治区，北邻内蒙古自治区，南连四川、重庆，东南与河南、湖北接壤。全省土地面积为20.6万平方公里，2018年总人口为3864万人，全省地区生产总值达24438亿元，同比增长8.3%，人均GDP达63477元。本部分通过分析2017~2018年陕西省经济综合竞争力以及各要素竞争力的排名变化，从中找出陕西省经济综合竞争力的推动点及影响因素，为进一步提升陕西省经济综合竞争力提供决策参考。

27.1 陕西省经济综合竞争力总体分析

1. 陕西省经济综合竞争力一级指标概要分析

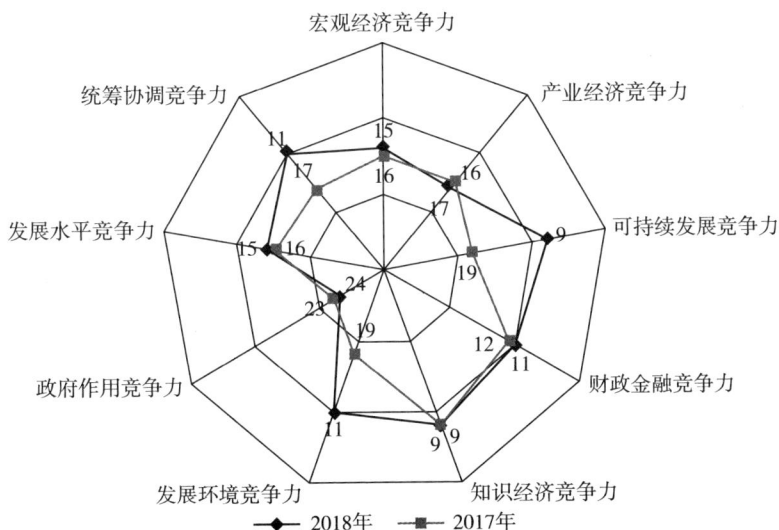

图 27 - 1　2017~2018 年陕西省经济综合竞争力二级指标比较雷达图

表 27 - 1   2017 ~ 2018 年陕西省经济综合竞争力二级指标比较

项目 \ 年份	宏观经济竞争力	产业经济竞争力	可持续发展竞争力	财政金融竞争力	知识经济竞争力	发展环境竞争力	政府作用竞争力	发展水平竞争力	统筹协调竞争力	综合排位
2017	16	16	19	12	9	19	23	16	17	15
2018	15	17	9	11	9	11	24	15	11	14
升降	1	-1	10	1	0	8	-1	1	6	1
优劣度	中势	中势	优势	中势	优势	中势	劣势	中势	中势	中势

（1）从综合排位变化来看，2018 年陕西省经济综合竞争力综合排位在全国处于第 14 位，表明其在全国处于中势地位，与 2017 年相比，综合排位上升 1 位。

（2）从指标所处区位看，处于上游区的指标有 2 个，为可持续发展竞争力和知识经济竞争力；处于中游区的指标有 6 个，为宏观经济竞争力、产业经济竞争力、财政金融竞争力、发展环境竞争力和发展水平竞争力、统筹协调竞争力；处于下游区的指标有 1 个，为政府作用竞争力。

（3）从指标变化趋势看，9 个二级指标中，有 6 个指标处于上升趋势，为宏观经济竞争力、可持续发展竞争力、财政金融竞争力、发展环境竞争力、发展水平竞争力和统筹协调竞争力，这些是陕西省经济综合竞争力的上升动力所在；有 2 个指标处于下降趋势，为产业经济竞争力和政府作用竞争力，这些是陕西省经济综合竞争力的下降拉力所在。

2. 陕西省经济综合竞争力各级指标动态变化分析

表 27 - 2   2017 ~ 2018 年陕西省经济综合竞争力各级指标排位变化态势比较

单位：个，%

二级指标	三级指标	四级指标数	上升		保持		下降		变化趋势
			指标数	比重	指标数	比重	指标数	比重	
宏观经济竞争力	经济实力竞争力	12	5	41.7	5	41.7	2	16.7	上升
	经济结构竞争力	6	2	33.3	4	66.7	0	0.0	上升
	经济外向度竞争力	9	5	55.6	2	22.2	2	22.2	上升
	小　计	27	12	44.4	11	40.7	4	14.8	上升

续表

二级指标	三级指标	四级指标数	上升		保持		下降		变化趋势
			指标数	比重	指标数	比重	指标数	比重	
产业经济竞争力	农业竞争力	10	3	30.0	4	40.0	3	30.0	保持
	工业竞争力	10	5	50.0	3	30.0	2	20.0	下降
	服务业竞争力	10	5	50.0	3	30.0	2	20.0	上升
	企业竞争力	10	2	20.0	4	40.0	4	40.0	下降
	小　计	**40**	15	37.5	14	35.0	11	27.5	下降
可持续发展竞争力	资源竞争力	9	0	0.0	7	77.8	2	22.2	保持
	环境竞争力	8	2	25.0	4	50.0	2	25.0	上升
	人力资源竞争力	7	4	57.1	0	0.0	3	42.9	上升
	小　计	**24**	6	25.0	11	45.8	7	29.2	上升
财政金融竞争力	财政竞争力	12	5	41.7	5	41.7	2	16.7	上升
	金融竞争力	10	7	70.0	2	20.0	1	10.0	上升
	小　计	**22**	12	54.5	7	31.8	3	13.6	上升
知识经济竞争力	科技竞争力	9	1	11.1	4	44.4	4	44.4	保持
	教育竞争力	10	2	20.0	5	50.0	3	30.0	保持
	文化竞争力	10	5	50.0	2	20.0	3	30.0	上升
	小　计	**29**	8	27.6	11	37.9	10	34.5	保持
发展环境竞争力	基础设施竞争力	9	2	22.2	5	55.6	2	22.2	下降
	软环境竞争力	9	5	55.6	3	33.3	1	11.1	上升
	小　计	**18**	7	38.9	8	44.4	3	16.7	上升
政府作用竞争力	政府发展经济竞争力	5	2	40.0	2	40.0	1	20.0	上升
	政府规调经济竞争力	5	3	60.0	1	20.0	1	20.0	下降
	政府保障经济竞争力	6	1	16.7	4	66.7	1	16.7	保持
	小　计	**16**	6	37.5	7	43.8	3	18.8	下降
发展水平竞争力	工业化进程竞争力	6	4	66.7	1	16.7	1	16.7	上升
	城市化进程竞争力	6	2	33.3	1	16.7	3	50.0	下降
	市场化进程竞争力	6	3	50.0	2	33.3	1	16.7	上升
	小　计	**18**	9	50.0	4	22.2	5	27.8	上升
统筹协调竞争力	统筹发展竞争力	8	4	50.0	4	50.0	0	0.0	上升
	协调发展竞争力	8	3	37.5	3	37.5	2	25.0	上升
	小　计	**16**	7	43.8	7	43.8	2	12.5	上升
合　计		**210**	82	39.0	80	38.1	48	22.9	上升

从表27－2可以看出，210个四级指标中，上升指标有82个，占指标总数的39%；下降指标有48个，占指标总数的22.9%；保持不变的

指标有 80 个，占指标总数的 38.1%。综上所述，陕西省经济综合竞争力上升的动力大于下降的拉力，2017～2018 年陕西省经济综合竞争力排位上升。

3. 陕西省经济综合竞争力各级指标优劣势结构分析

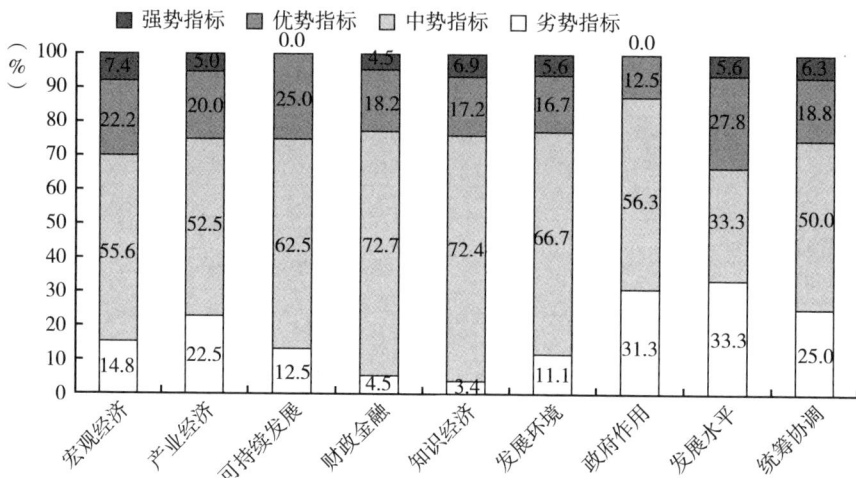

图 27-2　2018 年陕西省经济综合竞争力各级指标优劣势比较

表 27-3　2018 年陕西省经济综合竞争力各级指标优劣势比较

单位：个，%

二级指标	三级指标	四级指标数	强势指标		优势指标		中势指标		劣势指标		优劣势
			个数	比重	个数	比重	个数	比重	个数	比重	
宏观经济竞争力	经济实力竞争力	12	1	8.3	4	33.3	7	58.3	0	0.0	中势
	经济结构竞争力	6	0	0.0	0	0.0	2	33.3	4	66.7	劣势
	经济外向度竞争力	9	1	11.1	2	22.2	6	66.7	0	0.0	优势
	小　计	27	2	7.4	6	22.2	15	55.6	4	14.8	中势
产业经济竞争力	农业竞争力	10	0	0.0	1	10.0	6	60.0	3	30.0	劣势
	工业竞争力	10	2	20.0	2	20.0	5	50.0	1	10.0	优势
	服务业竞争力	10	0	0.0	2	20.0	7	70.0	1	10.0	劣势
	企业竞争力	10	0	0.0	3	30.0	3	30.0	4	40.0	中势
	小　计	40	2	5.0	8	20.0	21	52.5	9	22.5	中势

续表

二级指标	三级指标	四级指标数	强势指标		优势指标		中势指标		劣势指标		优劣势
			个数	比重	个数	比重	个数	比重	个数	比重	
可持续发展竞争力	资源竞争力	9	0	0.0	3	33.3	5	55.6	1	11.1	中势
	环境竞争力	8	0	0.0	0	0.0	6	75.0	2	25.0	中势
	人力资源竞争力	7	0	0.0	3	42.9	4	57.1	0	0.0	优势
	小　计	24	0	0.0	6	25.0	15	62.5	3	12.5	优势
财政金融竞争力	财政竞争力	12	1	8.3	2	16.7	8	66.7	1	8.3	优势
	金融竞争力	10	0	0.0	2	20.0	8	80.0	0	0.0	中势
	小　计	22	1	4.5	4	18.2	16	72.7	1	4.5	中势
知识经济竞争力	科技竞争力	9	1	11.1	1	11.1	7	77.8	0	0.0	中势
	教育竞争力	10	1	10.0	2	20.0	7	70.0	0	0.0	优势
	文化竞争力	10	0	0.0	2	20.0	7	70.0	1	10.0	中势
	小　计	29	2	6.9	5	17.2	21	72.4	1	3.4	优势
发展环境竞争力	基础设施竞争力	9	0	0.0	1	11.1	7	77.8	1	11.1	中势
	软环境竞争力	9	1	11.1	2	22.2	5	55.6	1	11.1	优势
	小　计	18	1	5.6	3	16.7	12	66.7	2	11.1	中势
政府作用竞争力	政府发展经济竞争力	5	0	0.0	1	20.0	4	80.0	0	0.0	中势
	政府规调经济竞争力	5	0	0.0	1	20.0	2	40.0	2	40.0	中势
	政府保障经济竞争力	6	0	0.0	0	0.0	3	50.0	3	50.0	劣势
	小　计	16	0	0.0	2	12.5	9	56.3	5	31.3	劣势
发展水平竞争力	工业化进程竞争力	6	1	16.7	4	66.7	0	0.0	1	16.7	优势
	城市化进程竞争力	6	0	0.0	1	16.7	4	66.7	1	16.7	中势
	市场化进程竞争力	6	0	0.0	0	0.0	2	33.3	4	66.7	劣势
	小　计	18	1	5.6	5	27.8	6	33.3	6	33.3	中势
统筹协调竞争力	统筹发展竞争力	8	1	12.5	3	37.5	2	25.0	2	25.0	优势
	协调发展竞争力	8	0	0.0	0	0.0	6	75.0	2	25.0	中势
	小　计	16	1	6.3	3	18.8	8	50.0	4	25.0	中势
合　计		210	10	4.8	42	20.0	123	58.6	35	16.7	中势

基于图 27-2 和表 27-3，从四级指标来看，强势指标 10 个，占指标总数的 4.8%；优势指标 42 个，占指标总数的 20%；中势指标 123 个，占指标总数的 58.6%；劣势指标 35 个，占指标总数的 16.7%。从三级指标来看，优势指标 8 个，占三级指标总数的 32%；中势指标 12 个，占三级指标总数的 48%；劣势指标 5 个，占三级指标总数的 20%。反映到二级指标，

优势指标 2 个，占二级指标总数的 22.2%；中势指标有 6 个，占二级指标总数的 66.7%；劣势指标 1 个，占二级指标总数的 11.1%。综合来看，由于中势指标在指标体系中居主导地位，2018 年陕西省经济综合竞争力处于中势地位。

4. 陕西省经济综合竞争力四级指标优劣势对比分析

表 27 - 4　2018 年陕西省经济综合竞争力各级指标优劣势比较

二级指标	优劣势	四级指标
宏观经济 竞争力 (27 个)	强势指标	全社会消费品零售总额增长率、实际 FDI 增长率(2 个)
	优势指标	地区生产总值增长率、财政总收入增长率、固定资产投资额增长率、人均固定资产投资额、进出口增长率、出口增长率(6 个)
	劣势指标	产业结构优化度、所有制经济结构优化度、城乡经济结构优化度、贸易结构优化度(4 个)
产业经济 竞争力 (40 个)	强势指标	工业全员劳动生产率、工业收入利润率(2 个)
	优势指标	农民人均纯收入增长率、工业增加值增长率、人均工业增加值、服务业增加值增长率、旅游外汇收入、规模以上企业平均收入、规模以上企业平均利润、规模以上企业劳动效率(8 个)
	劣势指标	农民人均纯收入、农产品出口占农林牧渔总产值比重、人均主要农产品产量、工业成本费用率、限额以上餐饮企业利税率、城镇就业人员平均工资、新产品销售收入占主营业务收入比重、产品质量抽查合格率、中国驰名商标持有量(9 个)
可持续发展 竞争力 (24 个)	强势指标	(0 个)
	优势指标	人均牧草地面积、主要能源矿产基础储量、人均主要能源矿产基础储量、15 ～ 64 岁人口比例、大专以上教育程度人口比例、平均受教育程度(6 个)
	劣势指标	人均年水资源量、一般工业固体废物综合利用率、生活垃圾无害化处理率(3 个)
财政金融 竞争力 (22 个)	强势指标	税收收入增长率(1 个)
	优势指标	税收收入占财政总收入比重、地方财政收入增长率、中长期贷款占贷款余额比重、保险密度(4 个)
	劣势指标	地方财政收入占 GDP 比重(1 个)
知识经济 竞争力 (29 个)	强势指标	高技术产品出口额占商品出口额比重、万人高等学校在校学生数(2 个)
	优势指标	技术市场成交合同金额、高等学校数、高校专任教师数、城镇居民人均文化娱乐支出占消费性支出比重、农村居民人均文化娱乐支出占消费性支出比重(5 个)
	劣势指标	电子出版物品种(1 个)

续表

二级指标	优劣势	四级指标
发展环境 竞争力 (18个)	强势指标	个体私营企业数增长率(1个)
	优势指标	电话普及率、万人商标注册件数、罚没收入占财政收入比重(3个)
	劣势指标	人均内河航道里程、社会捐赠款物(2个)
政府作用 竞争力 (16个)	强势指标	(0个)
	优势指标	财政支出用于基本建设投资比重、规范税收(2个)
	劣势指标	调控城乡消费差距、固定资产投资价格指数、医疗保险覆盖率、养老保险覆盖率、失业保险覆盖率(5个)
发展水平 竞争力 (18个)	强势指标	高技术产品占商品出口额比重(1个)
	优势指标	工业增加值占GDP比重、工业增加值增长率、信息产业增加值占GDP比重、工农业增加值比值、城市平均建成区面积比重(5个)
	劣势指标	高技术产业占工业增加值比重、人均公共绿地面积、非公有制经济产值占全社会总产值比重、社会投资占投资总额比重、私有和个体企业从业人员比重、亿元以上商品市场成交额(6个)
统筹协调 竞争力 (16个)	强势指标	居民收入占GDP比重(1个)
	优势指标	社会劳动生产率、万元GDP综合能耗下降率、固定资产投资增长率(3个)
	劣势指标	二三产业增加值比例、固定资产投资额占GDP比重、城乡居民家庭人均收入比差、城乡居民人均现金消费支出比差(4个)

27.2 陕西省经济综合竞争力各级指标具体分析

1.陕西省宏观经济竞争力指标排名变化情况

表27-5 2017~2018年陕西省宏观经济竞争力指标组排位及变化趋势

指标	2017年	2018年	排位升降	优劣势
1 宏观经济竞争力	16	15	1	中势
1.1 经济实力竞争力	12	11	1	中势
地区生产总值	15	15	0	中势
地区生产总值增长率	9	5	4	优势
人均地区生产总值	12	12	0	中势
财政总收入	18	17	1	中势
财政总收入增长率	7	9	-2	优势

续表

指　　标	2017 年	2018 年	排位升降	优劣势
人均财政收入	21	19	2	中势
固定资产投资额	12	12	0	中势
固定资产投资额增长率	5	9	−4	优势
人均固定资产投资额	5	5	0	优势
全社会消费品零售总额	16	16	0	中势
全社会消费品零售总额增长率	7	3	4	强势
人均全社会消费品零售总额	16	15	1	中势
1.2　经济结构竞争力	27	26	1	劣势
产业结构优化度	31	31	0	劣势
所有制经济结构优化度	23	22	1	劣势
城乡经济结构优化度	27	27	0	劣势
就业结构优化度	14	13	1	中势
资本形成结构优化度	13	13	0	中势
贸易结构优化度	22	22	0	劣势
1.3　经济外向度竞争力	10	8	2	优势
进出口总额	17	16	1	中势
进出口增长率	4	6	−2	优势
出口总额	17	15	2	中势
出口增长率	1	4	−3	优势
实际 FDI	18	13	5	中势
实际 FDI 增长率	6	2	4	强势
外贸依存度	16	16	0	中势
外资企业数	18	18	0	中势
对外直接投资额	23	18	5	中势

2. 陕西省产业经济竞争力指标排名变化情况

表 27 - 6　2017 ~ 2018 年陕西省产业经济竞争力指标组排位及变化趋势

指　　标	2017 年	2018 年	排位升降	优劣势
2　产业经济竞争力	16	17	−1	中势
2.1　农业竞争力	24	24	0	劣势
农业增加值	18	18	0	中势
农业增加值增长率	7	18	−11	中势
人均农业增加值	13	14	−1	中势
农民人均纯收入	27	27	0	劣势

续表

指　　标	2017 年	2018 年	排位升降	优劣势
农民人均纯收入增长率	6	6	0	优势
农产品出口占农林牧渔总产值比重	23	22	1	劣势
人均主要农产品产量	24	23	1	劣势
农业机械化水平	17	18	−1	中势
农村人均用电量	13	13	0	中势
财政支农资金比重	18	16	2	中势
2.2　工业竞争力	5	10	−5	优势
工业增加值	12	12	0	中势
工业增加值增长率	7	5	2	优势
人均工业增加值	8	8	0	优势
工业资产总额	15	15	0	中势
工业资产总额增长率	11	20	−9	中势
规模以上工业主营业务收入	16	15	1	中势
工业成本费用率	1	29	−28	劣势
规模以上工业利润总额	13	11	2	中势
工业全员劳动生产率	4	3	1	强势
工业收入利润率	3	1	2	强势
2.3　服务业竞争力	25	21	4	劣势
服务业增加值	17	17	0	中势
服务业增加值增长率	19	10	9	优势
人均服务业增加值	16	16	0	中势
服务业从业人员数	21	19	2	中势
限额以上批发零售企业主营业务收入	13	13	0	中势
限额以上批零企业利税率	18	19	−1	中势
限额以上餐饮企业利税率	27	28	−1	劣势
旅游外汇收入	11	8	3	优势
商品房销售收入	19	16	3	中势
电子商务销售额	21	20	1	中势
2.4　企业竞争力	17	19	−2	中势
规模以上工业企业数	16	16	0	中势
规模以上企业平均资产	12	12	0	中势
规模以上企业平均收入	10	10	0	优势
规模以上企业平均利润	4	5	−1	优势
规模以上企业劳动效率	15	9	6	优势
城镇就业人员平均工资	20	21	−1	劣势
新产品销售收入占主营业务收入比重	24	22	2	劣势
产品质量抽查合格率	20	27	−7	劣势
工业企业 R&D 经费投入强度	15	16	−1	中势
中国驰名商标持有量	22	22	0	劣势

3. 陕西省可持续发展竞争力指标排名变化情况

表 27 - 7　2017～2018 年陕西省可持续发展竞争力指标组排位及变化趋势

指　　标	2017 年	2018 年	排位升降	优劣势
3　可持续发展竞争力	19	9	10	优势
3.1　资源竞争力	15	15	0	中势
人均国土面积	11	11	0	中势
人均可使用海域和滩涂面积	13	13	0	中势
人均年水资源量	20	21	-1	劣势
耕地面积	19	19	0	中势
人均耕地面积	12	12	0	中势
人均牧草地面积	8	8	0	优势
主要能源矿产基础储量	4	4	0	优势
人均主要能源矿产基础储量	5	5	0	优势
人均森林储积量	10	11	-1	中势
3.2　环境竞争力	15	12	3	中势
森林覆盖率	10	13	-3	中势
人均废水排放量	19	19	0	中势
人均工业废气排放量	19	19	0	中势
人均工业固体废物排放量	16	15	1	中势
人均治理工业污染投资额	13	13	0	中势
一般工业固体废物综合利用率	30	30	0	劣势
生活垃圾无害化处理率	18	23	-5	劣势
自然灾害直接经济损失	28	18	10	中势
3.3　人力资源竞争力	17	8	9	优势
常住人口增长率	18	12	6	中势
15～64 岁人口比例	11	9	2	优势
文盲率	19	20	-1	中势
大专以上教育程度人口比例	11	5	6	优势
平均受教育程度	15	9	6	优势
人口健康素质	15	16	-1	中势
职业学校毕业生数	18	19	-1	中势

4. 陕西省财政金融竞争力指标排名变化情况

表 27 - 8　2017 ～ 2018 年陕西省财政金融竞争力指标组排位及变化趋势

指　　标	2017 年	2018 年	排位升降	优劣势
4　财政金融竞争力	12	11	1	中势
4.1　财政竞争力	10	8	2	优势
地方财政收入	18	18	0	中势
地方财政支出	17	17	0	中势
地方财政收入占 GDP 比重	23	23	0	劣势
地方财政支出占 GDP 比重	20	20	0	中势
税收收入占 GDP 比重	21	20	1	中势
税收收入占财政总收入比重	11	7	4	优势
人均地方财政收入	17	17	0	中势
人均地方财政支出	16	17	－ 1	中势
人均税收收入	14	12	2	中势
地方财政收入增长率	6	4	2	优势
地方财政支出增长率	8	12	－ 4	中势
税收收入增长率	3	2	1	强势
4.2　金融竞争力	15	13	2	中势
存款余额	15	15	0	中势
人均存款余额	12	11	1	中势
贷款余额	17	17	0	中势
人均贷款余额	16	15	1	中势
中长期贷款占贷款余额比重	7	6	1	优势
保险费净收入	16	13	3	中势
保险密度	17	10	7	优势
保险深度	17	13	4	中势
国内上市公司数	17	18	－ 1	中势
国内上市公司市值	18	16	2	中势

5. 陕西省知识经济竞争力指标排名变化情况

表 27 - 9　2017 ～ 2018 年陕西省知识经济竞争力指标组排位及变化趋势

指　　标	2017 年	2018 年	排位升降	优劣势
5　知识经济竞争力	9	9	0	优势
5.1　科技竞争力	13	13	0	中势
R&D 人员	18	18	0	中势
R&D 经费	18	18	0	中势
R&D 经费投入强度	17	18	－ 1	中势

续表

指　标	2017 年	2018 年	排位升降	优劣势
发明专利授权量	10	11	−1	中势
技术市场成交合同金额	4	5	−1	优势
财政科技支出占地方财政支出比重	15	16	−1	中势
高技术产业主营业务收入	16	16	0	中势
高技术产业收入占工业增加值比重	19	18	1	中势
高技术产品出口额占商品出口额比重	1	1	0	强势
5.2　教育竞争力	8	8	0	优势
教育经费	18	18	0	中势
教育经费占 GDP 比重	13	17	−4	中势
人均教育经费	13	15	−2	中势
公共教育经费占财政支出比重	11	13	−2	中势
人均文化教育支出	18	13	5	中势
万人中小学学校数	19	19	0	中势
万人中小学专任教师数	16	15	1	中势
高等学校数	5	5	0	优势
高校专任教师数	10	10	0	优势
万人高等学校在校学生数	3	3	0	强势
5.3　文化竞争力	17	16	1	中势
文化制造业营业收入	18	17	1	中势
文化批发零售业营业收入	16	15	1	中势
文化服务业企业营业收入	16	16	0	中势
图书和期刊出版数	17	17	0	中势
电子出版物品种	16	29	−13	劣势
印刷用纸量	17	19	−2	中势
城镇居民人均文化娱乐支出	14	13	1	中势
农村居民人均文化娱乐支出	21	17	4	中势
城镇居民人均文化娱乐支出占消费性支出比重	5	7	−2	优势
农村居民人均文化娱乐支出占消费性支出比重	13	9	4	优势

6. 陕西省发展环境竞争力指标排名变化情况

表 27 – 10　2017～2018 年陕西省发展环境竞争力指标组排位及变化趋势

指　标	2017 年	2018 年	排位升降	优劣势
6　发展环境竞争力	19	11	8	中势
6.1　基础设施竞争力	17	18	−1	中势
铁路网线密度	17	18	−1	中势
公路网线密度	19	19	0	中势
人均内河航道里程	21	21	0	劣势

续表

指　　标	2017 年	2018 年	排位升降	优劣势
全社会旅客周转量	14	15	−1	中势
全社会货物周转量	17	17	0	中势
人均邮电业务总量	13	11	2	中势
电话普及率	9	6	3	优势
网站数	15	15	0	中势
人均耗电量	17	17	0	中势
6.2　软环境竞争力	18	9	9	优势
外资企业数增长率	28	19	9	中势
万人外资企业数	14	14	0	中势
个体私营企业数增长率	18	1	17	强势
万人个体私营企业数	20	13	7	中势
万人商标注册件数	11	10	1	优势
查处商标侵权假冒案件	18	18	0	中势
每十万人交通事故发生数	18	18	0	中势
罚没收入占财政收入比重	9	4	5	优势
社会捐赠款物	15	21	−6	劣势

7. 陕西省政府作用竞争力指标排名变化情况

表 27-11　2017~2018 年陕西省政府作用竞争力指标组排位及变化趋势

指　　标	2017 年	2018 年	排位升降	优劣势
7　政府作用竞争力	23	24	−1	劣势
7.1　政府发展经济竞争力	16	15	1	中势
财政支出用于基本建设投资比重	7	10	−3	优势
财政支出对 GDP 增长的拉动	12	12	0	中势
政府公务员对经济的贡献	19	13	6	中势
政府消费对民间消费的拉动	19	19	0	中势
财政投资对社会投资的拉动	15	13	2	中势
7.2　政府规调经济竞争力	16	20	−4	中势
物价调控	20	17	3	中势
调控城乡消费差距	22	22	0	劣势
统筹经济社会发展	18	17	1	中势
规范税收	16	10	6	优势
固定资产投资价格指数	13	21	−8	劣势

指　标		2017 年	2018 年	排位升降	优劣势
7.3	政府保障经济竞争力	25	25	0	劣势
	城镇职工养老保险收支比	16	16	0	中势
	医疗保险覆盖率	27	26	1	劣势
	养老保险覆盖率	24	25	− 1	劣势
	失业保险覆盖率	26	26	0	劣势
	最低工资标准	14	14	0	中势
	城镇登记失业率	17	17	0	中势

8. 陕西省发展水平竞争力指标排名变化情况

表 27 - 12　2017 ~ 2018 年陕西省发展水平竞争力指标组排位及变化趋势

指　标		2017 年	2018 年	排位升降	优劣势
8	**发展水平竞争力**	16	15	1	中势
8.1	工业化进程竞争力	10	7	3	优势
	工业增加值占 GDP 比重	5	4	1	优势
	工业增加值增长率	5	5	0	优势
	高技术产业占工业增加值比重	18	26	− 8	劣势
	高技术产品占商品出口额比重	3	1	2	强势
	信息产业增加值占 GDP 比重	18	7	11	优势
	工农业增加值比值	12	10	2	优势
8.2	城市化进程竞争力	12	14	− 2	中势
	城镇化率	17	17	0	中势
	城镇居民人均可支配收入	18	19	− 1	中势
	城市平均建成区面积比重	5	4	1	优势
	人均拥有道路面积	15	17	− 2	中势
	人均日生活用水量	19	18	1	中势
	人均公共绿地面积	17	24	− 7	劣势
8.3	市场化进程竞争力	26	25	1	劣势
	非公有制经济产值占全社会总产值比重	23	22	1	劣势
	社会投资占投资总额比重	27	27	0	劣势
	私有和个体企业从业人员比重	23	25	− 2	劣势
	亿元以上商品市场成交额	22	21	1	劣势
	亿元以上商品市场成交额占全社会消费品零售总额比重	23	20	3	中势
	居民消费支出占总消费支出比重	19	19	0	中势

9. 陕西省统筹协调竞争力指标排名变化情况

表 27 － 13 2017 ~ 2018 年陕西省统筹协调竞争力指标组排位及变化趋势

指　标	2017 年	2018 年	排位升降	优劣势
9　统筹协调竞争力	17	11	6	中势
9.1　统筹发展竞争力	14	10	4	优势
社会劳动生产率	11	10	1	优势
能源使用下降率	21	15	6	中势
万元 GDP 综合能耗下降率	17	8	9	优势
非农用地产出率	12	12	0	中势
居民收入占 GDP 比重	3	3	0	强势
二三产业增加值比例	31	31	0	劣势
固定资产投资额占 GDP 比重	24	24	0	劣势
固定资产投资增长率	27	9	18	优势
9.2　协调发展竞争力	23	20	3	中势
资源竞争力与宏观经济竞争力比差	12	13	－ 1	中势
环境竞争力与宏观经济竞争力比差	15	15	0	中势
人力资源竞争力与宏观经济竞争力比差	21	17	4	中势
环境竞争力与工业竞争力比差	18	16	2	中势
资源竞争力与工业竞争力比差	4	12	－ 8	中势
城乡居民家庭人均收入比差	27	27	0	劣势
城乡居民人均现金消费支出比差	22	22	0	劣势
全社会消费品零售总额与外贸出口总额比差	15	13	2	中势

B.29

28

甘肃省经济综合竞争力评价分析报告

　　甘肃省简称甘，地处黄河上游的青藏高原、蒙新高原、黄土高原交汇地带，位于我国地理中心。甘肃省东接陕西省，东北与宁夏回族自治区相邻，南靠四川省，西连青海省、新疆维吾尔自治区，北与内蒙古自治区交界，并与蒙古国接壤，总面积45.4万平方公里，2018年全省常住人口为2637万人，地区生产总值为8246亿元，同比增长6.3%，人均GDP达31336元。本部分通过分析2017~2018年甘肃省经济综合竞争力以及各要素竞争力的排名变化，从中找出甘肃省经济综合竞争力的推动点及影响因素，为进一步提升甘肃省经济综合竞争力提供决策参考。

28.1　甘肃省经济综合竞争力总体分析

1. 甘肃省经济综合竞争力一级指标概要分析

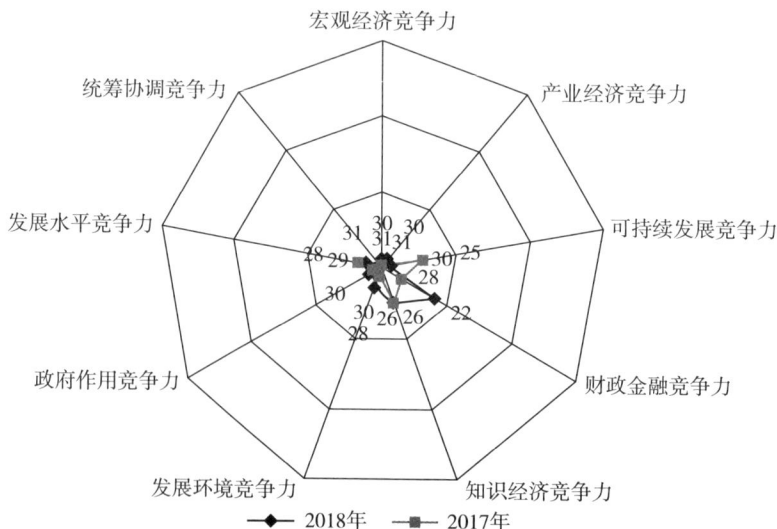

图28-1　2017~2018年甘肃省经济综合竞争力二级指标比较

表 28 – 1　2017 ~ 2018 年甘肃省经济综合竞争力二级指标表现情况

项目 年份	宏观 经济 竞争力	产业 经济 竞争力	可持续 发展 竞争力	财政 金融 竞争力	知识 经济 竞争力	发展 环境 竞争力	政府 作用 竞争力	发展 水平 竞争力	统筹 协调 竞争力	综合 排位
2017	31	31	25	28	26	30	30	28	31	30
2018	30	30	30	22	26	28	30	29	31	30
升降	1	1	– 5	6	0	2	0	– 1	0	0
优劣度	劣势	劣势	劣势	劣势	劣势	劣势	劣势	劣势	劣势	劣势

（1）从综合排位看，2018 年甘肃省经济综合竞争力综合排位在全国居第 30 位，这表明其在全国处于劣势地位；与 2017 年相比，综合排位没有发生变化。

（2）从指标所处区位看，9 个二级指标均处于下游区。

（3）从指标变化趋势看，9 个二级指标中，有 4 个指标处于上升趋势，分别为宏观经济竞争力、产业经济竞争力、财政金融竞争力和发展环境竞争力，这些是甘肃省经济综合竞争力的上升动力所在；有 3 个指标排位没有发生变化，分别为知识经济竞争力、政府作用竞争力和统筹协调竞争力；有 2 个指标处于下降趋势，为可持续发展竞争力和发展水平竞争力，这些是甘肃省经济综合竞争力的下降拉力所在。

2. 甘肃省经济综合竞争力各级指标动态变化分析

表 28 – 2　2017 ~ 2018 年甘肃省经济综合竞争力各级指标排位变化情况

单位：个，%

二级指标	三级指标	四级 指标数	上升		保持		下降		变化 趋势
			指标 数	比重	指标 数	比重	指标 数	比重	
宏观经济 竞争力	经济实力竞争力	12	3	25.0	8	66.7	1	8.3	上升
	经济结构竞争力	6	0	0.0	5	83.3	1	16.7	保持
	经济外向度竞争力	9	3	33.3	4	44.4	2	22.2	上升
	小　计	**27**	6	22.2	17	63.0	4	14.8	上升

二级指标	三级指标	四级指标数	上升		保持		下降		变化趋势
			指标数	比重	指标数	比重	指标数	比重	
产业经济竞争力	农业竞争力	10	5	50.0	4	40.0	1	10.0	保持
	工业竞争力	10	4	40.0	5	50.0	1	10.0	保持
	服务业竞争力	10	2	20.0	6	60.0	2	20.0	上升
	企业竞争力	10	4	40.0	5	50.0	1	10.0	上升
	小　计	**40**	15	37.5	20	50.0	5	12.5	上升
可持续发展竞争力	资源竞争力	9	1	11.1	8	88.9	0	0.0	保持
	环境竞争力	8	1	12.5	4	50.0	3	37.5	下降
	人力资源竞争力	7	1	14.3	0	0.0	6	85.7	下降
	小　计	**24**	3	12.5	12	50.0	9	37.5	下降
财政金融竞争力	财政竞争力	12	5	41.7	5	41.7	2	16.7	上升
	金融竞争力	10	4	40.0	5	50.0	1	10.0	上升
	小　计	**22**	9	40.9	10	45.5	3	13.6	上升
知识经济竞争力	科技竞争力	9	1	11.1	3	33.3	5	55.6	下降
	教育竞争力	10	3	30.0	5	50.0	2	20.0	保持
	文化竞争力	10	5	50.0	2	20.0	3	30.0	保持
	小　计	**29**	9	31.0	10	34.5	10	34.5	保持
发展环境竞争力	基础设施竞争力	9	3	33.3	5	55.6	1	11.1	上升
	软环境竞争力	9	4	44.4	3	33.3	2	22.2	保持
	小　计	**18**	7	38.9	8	44.4	3	16.7	上升
政府作用竞争力	政府发展经济竞争力	5	0	0.0	4	80.0	1	20.0	下降
	政府规调经济竞争力	5	2	40.0	1	20.0	2	40.0	上升
	政府保障经济竞争力	6	1	16.7	3	50.0	2	33.3	下降
	小　计	**16**	3	18.8	8	50.0	5	31.3	保持
发展水平竞争力	工业化进程竞争力	6	3	50.0	1	16.7	2	33.3	下降
	城市化进程竞争力	6	2	33.3	2	33.3	2	33.3	下降
	市场化进程竞争力	6	1	16.7	5	83.3	0	0.0	保持
	小　计	**18**	6	33.3	8	44.4	4	22.2	下降
统筹协调竞争力	统筹发展竞争力	8	2	25.0	4	50.0	2	25.0	下降
	协调发展竞争力	8	5	62.5	2	25.0	1	12.5	保持
	小　计	**16**	7	43.8	6	37.5	3	18.8	保持
合　计		**210**	65	31.0	99	47.1	46	21.9	保持

从表 28 - 2 可以看出，210 个四级指标中，上升指标有 65 个，占指标总数的 31.0%；下降指标有 46 个，占指标总数的 21.9%；保持不变的指标

有99个，占指标总数的47.1%。综上所述，甘肃省经济综合竞争力上升的动力大于下降的拉力，但由于保持指标比重较大，2017~2018年甘肃省经济综合竞争力排位保持不变。

3. 甘肃省经济综合竞争力各级指标优劣势结构分析

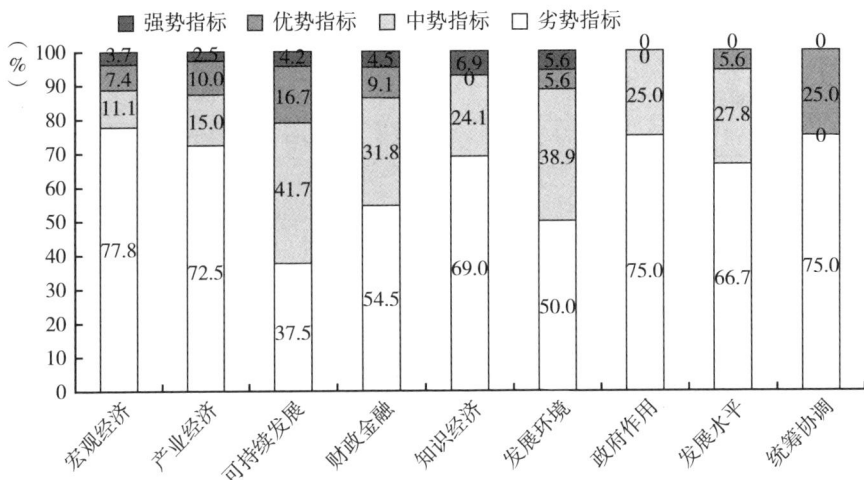

图 28-2　2018 年甘肃省经济综合竞争力各级指标优劣势比较

表 28-3　2018 年甘肃省经济综合竞争力各级指标优劣势情况

单位：个，%

二级指标	三级指标	四级指标数	强势指标		优势指标		中势指标		劣势指标		优劣势
			个数	比重	个数	比重	个数	比重	个数	比重	
宏观经济竞争力	经济实力竞争力	12	0	0.0	0	0.0	1	8.3	11	91.7	劣势
	经济结构竞争力	6	0	0.0	1	16.7	1	16.7	4	66.7	劣势
	经济外向度竞争力	9	1	11.1	1	11.1	1	11.1	6	66.7	中势
	小　计	27	1	3.7	2	7.4	3	11.1	21	77.8	劣势
产业经济竞争力	农业竞争力	10	1	10.0	1	10.0	2	20.0	6	60.0	劣势
	工业竞争力	10	0	0.0	0	0.0	2	20.0	8	80.0	劣势
	服务业竞争力	10	0	0.0	0	0.0	1	10.0	9	90.0	劣势
	企业竞争力	10	0	0.0	3	30.0	1	10.0	6	60.0	劣势
	小　计	40	1	2.5	4	10.0	6	15.0	29	72.5	劣势

续表

二级指标	三级指标	四级指标数	强势指标		优势指标		中势指标		劣势指标		优劣势
			个数	比重	个数	比重	个数	比重	个数	比重	
可持续发展竞争力	资源竞争力	9	0	0.0	4	44.4	5	55.6	0	0.0	中势
	环境竞争力	8	1	12.5	0	0.0	3	37.5	4	50.0	劣势
	人力资源竞争力	7	0	0.0	0	0.0	2	28.6	5	71.4	劣势
	小　计	24	1	4.2	4	16.7	10	41.7	9	37.5	劣势
财政金融竞争力	财政竞争力	12	1	8.3	1	8.3	5	41.7	5	41.7	中势
	金融竞争力	10	0	0.0	1	10.0	2	20.0	7	70.0	劣势
	小　计	22	1	4.5	2	9.1	7	31.8	12	54.5	劣势
知识经济竞争力	科技竞争力	9	0	0.0	0	0.0	2	22.2	7	77.8	劣势
	教育竞争力	10	1	10.0	0	0.0	3	30.0	6	60.0	劣势
	文化竞争力	10	1	10.0	0	0.0	2	20.0	7	70.0	劣势
	小　计	29	2	6.9	0	0.0	7	24.1	20	69.0	劣势
发展环境竞争力	基础设施竞争力	9	0	0.0	0	0.0	6	66.7	3	33.3	劣势
	软环境竞争力	9	1	11.1	1	11.1	1	11.1	6	66.7	劣势
	小　计	18	1	5.6	1	5.6	7	38.9	9	50.0	劣势
政府作用竞争力	政府发展经济竞争力	5	0	0.0	0	0.0	1	20.0	4	80.0	劣势
	政府规调经济竞争力	5	0	0.0	0	0.0	2	40.0	3	60.0	劣势
	政府保障经济竞争力	6	0	0.0	0	0.0	1	16.7	5	83.3	劣势
	小　计	16	0	0.0	0	0.0	4	25.0	12	75.0	劣势
发展水平竞争力	工业化进程竞争力	6	0	0.0	0	0.0	2	33.3	4	66.7	劣势
	城市化进程竞争力	6	0	0.0	1	16.7	2	33.3	3	50.0	劣势
	市场化进程竞争力	6	0	0.0	0	0.0	1	16.7	5	83.3	劣势
	小　计	18	0	0.0	1	5.6	5	27.8	12	66.7	劣势
统筹协调竞争力	统筹发展竞争力	8	0	0.0	2	25.0	0	0.0	6	75.0	劣势
	协调发展竞争力	8	0	0.0	2	25.0	0	0.0	6	75.0	劣势
	小　计	16	0	0.0	4	25.0	0	0.0	12	75.0	劣势
合　计		210	7	3.3	18	8.6	49	23.3	136	64.8	劣势

基于图 28 - 2 和表 28 - 3，具体到四级指标，强势指标 7 个，占指标总数的 3.3%；优势指标 18 个，占指标总数的 8.6%；中势指标 49 个，占指标总数的 23.3%；劣势指标 136 个，占指标总数的 64.8%。三级指标中，没有强势指标和优势指标；中势指标 3 个，占三级指标总数的 12%；劣势指标 22 个，占三级指标总数的 88%。从二级指标看，劣势指标 9 个，占二

级指标总数的 100%。综合来看，由于劣势指标在指标体系中居于主导地位，2018 年甘肃省经济综合竞争力处于劣势地位。

4. 甘肃省经济综合竞争力四级指标优劣势对比分析

表 28-4　2018 年甘肃省经济综合竞争力各级指标优劣势情况

二级指标	优劣势	四级指标
宏观经济 竞争力 (27 个)	强势指标	出口增长率(1 个)
	优势指标	产业结构优化度、进出口增长率(2 个)
	劣势指标	地区生产总值、地区生产总值增长率、人均地区生产总值、财政总收入、人均财政收入、固定资产投资额、固定资产投资额增长率、人均固定资产投资额、全社会消费品零售总额、全社会消费品零售总额增长率、人均全社会消费品零售总额、所有制经济结构优化度、城乡经济结构优化度、就业结构优化度、资本形成结构优化度、进出口总额、出口总额、实际 FDI、外贸依存度、外资企业数、对外直接投资额(21 个)
产业经济 竞争力 (40 个)	强势指标	财政支农资金比重(1 个)
	优势指标	农业增加值增长率、规模以上企业平均资产、规模以上企业平均收入、规模以上企业劳动效率(4 个)
	劣势指标	农业增加值、人均农业增加值、农民人均纯收入、农民人均纯收入增长率、农产品出口占农林牧渔总产值比重、农村人均用电量、工业增加值、人均工业增加值、工业资产总值、工业资产总值增长率、规模以上工业主营业务收入、规模以上工业利润总额、工业全员劳动生产率、工业收入利润率、服务业增加值、人均服务业增加值、服务业从业人员数、限额以上批发零售企业主营业务收入、限额以上批零企业利税率、限额以上餐饮企业利税率、旅游外汇收入、商品房销售收入、电子商务销售额、规模以上工业企业数、规模以上企业平均利润、城镇就业人员平均工资、新产品销售收入占主营业务收入比重、工业企业 R&D 经费投入强度、中国驰名商标持有量(29 个)
可持续发展 竞争力 (24 个)	强势指标	人均废水排放量(1 个)
	优势指标	人均国土面积、耕地面积、人均耕地面积、人均牧草地面积(4 个)
	劣势指标	森林覆盖率、人均工业废气排放量、人均治理工业污染投资额、自然灾害直接经济损失、常住人口增长率、文盲率、大专以上教育程度人口比例、平均受教育程度、职业学校毕业生数(9 个)
财政金融 竞争力 (22 个)	强势指标	地方财政支出占 GDP 比重(1 个)
	优势指标	地方财政支出增长率、保险深度(2 个)
	劣势指标	地方财政收入、地方财政支出、税收收入占财政总收入比重、人均地方财政收入、人均税收收入、存款余额、人均存款余额、贷款余额、保险费净收入、保险密度、国内上市公司数、国内上市公司市值(12 个)

二级指标	优劣势	四级指标
知识经济 竞争力 (29个)	强势指标	教育经费占 GDP 比重、农村居民人均文化娱乐支出占消费性支出比重(2个)
	优势指标	(0个)
	劣势指标	R&D 人员、R&D 经费、R&D 经费投入强度、发明专利授权量、财政科技支出占地方财政支出比重、高技术产业主营业务收入、高技术产业收入占工业增加值比重、教育经费、人均文化教育支出、万人中小学学校数、万人中小学专任教师数、高校专任教师数、万人高等学校在校学生数、文化制造业营业收入、文化批发零售业营业收入、文化服务业企业营业收入、图书和期刊出版数、印刷用纸量、城镇居民人均文化娱乐支出、农村居民人均文化娱乐支出(20个)
发展环境 竞争力 (18个)	强势指标	外资企业数增长率(1个)
	优势指标	每十万人交通事故发生数(1个)
	劣势指标	铁路网线密度、公路网线密度、网站数、万人外资企业数、个体私营企业数增长率、万人个体私营企业数、万人商标注册件数、罚没收入占财政收入比重、社会捐赠款物(9个)
政府作用 竞争力 (16个)	强势指标	(0个)
	优势指标	(0个)
	劣势指标	财政支出对 GDP 增长的拉动、政府公务员对经济的贡献、政府消费对民间消费的拉动、财政投资对社会投资的拉动、调控城乡消费差距、统筹经济社会发展、规范税收、医疗保险覆盖率、养老保险覆盖率、失业保险覆盖率、最低工资标准、城镇登记失业率(12个)
发展水平 竞争力 (18个)	强势指标	(0个)
	优势指标	城市平均建成区面积比重(1个)
	劣势指标	工业增加值占 GDP 比重、高技术产业占工业增加值比重、信息产业增加值占 GDP 比重、工农业增加值比值、城镇化率、城镇居民人均可支配收入、人均日生活用水量、非公有制经济产值占全社会总产值比重、社会投资占投资总额比重、亿元以上商品市场成交额、亿元以上商品市场成交额占全社会消费品零售总额比重、居民消费支出占总消费支出比重(12个)
统筹协调 竞争力 (16个)	强势指标	(0个)
	优势指标	二三产业增加值比例、固定资产投资额占 GDP 比重、资源竞争力与宏观经济竞争力比差、环境竞争力与工业竞争力比差(4个)
	劣势指标	社会劳动生产率、能源使用下降率、万元 GDP 综合能耗下降率、非农用地产出率、居民收入占 GDP 比重、固定资产投资增长率、环境竞争力与宏观经济竞争力比差、人力资源竞争力与宏观经济竞争力比差、资源竞争力与工业竞争力比差、城乡居民家庭人均收入比差、城乡居民人均现金消费支出比差、全社会消费品零售总额与外贸出口总额比差(12个)

28.2　甘肃省经济综合竞争力各级指标具体分析

1. 甘肃省宏观经济竞争力指标排名变化情况

表 28 – 5　2017~2018 年甘肃省宏观经济竞争力指标组排位及变化趋势

指　　标	2017 年	2018 年	排位升降	优劣势
1　宏观经济竞争力	31	30	1	劣势
1.1　经济实力竞争力	30	29	1	劣势
地区生产总值	27	27	0	劣势
地区生产总值增长率	30	23	7	劣势
人均地区生产总值	31	31	0	劣势
财政总收入	27	26	1	劣势
财政总收入增长率	11	16	− 5	中势
人均财政收入	29	29	0	劣势
固定资产投资额	27	27	0	劣势
固定资产投资额增长率	30	24	6	劣势
人均固定资产投资额	29	29	0	劣势
全社会消费品零售总额	26	26	0	劣势
全社会消费品零售总额增长率	25	25	0	劣势
人均全社会消费品零售总额	29	29	0	劣势
1.2　经济结构竞争力	31	31	0	劣势
产业结构优化度	6	6	0	优势
所有制经济结构优化度	31	31	0	劣势
城乡经济结构优化度	31	31	0	劣势
就业结构优化度	23	24	− 1	劣势
资本形成结构优化度	31	31	0	劣势
贸易结构优化度	20	20	0	中势
1.3　经济外向度竞争力	20	13	7	中势
进出口总额	28	28	0	劣势
进出口增长率	19	4	15	优势
出口总额	29	29	0	劣势
出口增长率	29	1	28	强势
实际 FDI	28	27	1	劣势
实际 FDI 增长率	3	14	− 11	中势
外贸依存度	28	28	0	劣势
外资企业数	26	26	0	劣势
对外直接投资额	24	25	− 1	劣势

2. 甘肃省产业经济竞争力指标排名变化情况

表 28 – 6 2017 ~ 2018 年甘肃省产业经济竞争力指标组排位及变化趋势

指　标	2017 年	2018 年	排位升降	优劣势
2　产业经济竞争力	31	30	1	劣势
2.1　农业竞争力	26	26	0	劣势
农业增加值	24	24	0	劣势
农业增加值增长率	3	4	− 1	优势
人均农业增加值	27	26	1	劣势
农民人均纯收入	31	31	0	劣势
农民人均纯收入增长率	26	26	0	劣势
农产品出口占农林牧渔总产值比重	24	24	0	劣势
人均主要农产品产量	17	16	1	中势
农业机械化水平	21	20	1	中势
农村人均用电量	29	28	1	劣势
财政支农资金比重	4	3	1	强势
2.2　工业竞争力	31	31	0	劣势
工业增加值	27	27	0	劣势
工业增加值增长率	31	19	12	中势
人均工业增加值	29	29	0	劣势
工业资产总额	27	27	0	劣势
工业资产总额增长率	26	22	4	劣势
规模以上工业主营业务收入	27	27	0	劣势
工业成本费用率	24	11	13	中势
规模以上工业利润总额	27	27	0	劣势
工业全员劳动生产率	25	26	− 1	劣势
工业收入利润率	31	30	1	劣势
2.3　服务业竞争力	31	29	2	劣势
服务业增加值	27	27	0	劣势
服务业增加值增长率	28	15	13	中势
人均服务业增加值	31	31	0	劣势
服务业从业人员数	25	26	− 1	劣势
限额以上批发零售企业主营业务收入	24	24	0	劣势
限额以上批零企业利税率	27	26	1	劣势
限额以上餐饮企业利税率	21	23	− 2	劣势
旅游外汇收入	31	31	0	劣势
商品房销售收入	27	27	0	劣势
电子商务销售额	28	28	0	劣势

续表

指　标	2017 年	2018 年	排位升降	优劣势
2.4　企业竞争力	24	22	2	劣势
规模以上工业企业数	27	27	0	劣势
规模以上企业平均资产	9	9	0	优势
规模以上企业平均收入	6	6	0	优势
规模以上企业平均利润	27	22	5	劣势
规模以上企业劳动效率	6	4	2	优势
城镇就业人员平均工资	24	22	2	劣势
新产品销售收入占主营业务收入比重	30	31	−1	劣势
产品质量抽查合格率	25	15	10	中势
工业企业 R&D 经费投入强度	25	25	0	劣势
中国驰名商标持有量	24	24	0	劣势

3. 甘肃省可持续发展竞争力指标排名变化情况

表 28－7　2017～2018 年甘肃省可持续发展竞争力指标组排位及变化趋势

指　标	2017 年	2018 年	排位升降	优劣势
3　可持续发展竞争力	25	30	−5	劣势
3.1　资源竞争力	12	12	0	中势
人均国土面积	5	5	0	优势
人均可使用海域和滩涂面积	13	13	0	中势
人均年水资源量	21	20	1	中势
耕地面积	10	10	0	优势
人均耕地面积	5	5	0	优势
人均牧草地面积	5	5	0	优势
主要能源矿产基础储量	15	15	0	中势
人均主要能源矿产基础储量	12	12	0	中势
人均森林储积量	14	14	0	中势
3.2　环境竞争力	23	29	−6	劣势
森林覆盖率	27	29	−2	劣势
人均废水排放量	2	2	0	强势
人均工业废气排放量	22	22	0	劣势
人均工业固体废物排放量	15	16	−1	中势
人均治理工业污染投资额	21	21	0	劣势
一般工业固体废物综合利用率	18	18	0	中势
生活垃圾无害化处理率	20	18	2	中势
自然灾害直接经济损失	22	28	−6	劣势

指　标	2017 年	2018 年	排位升降	优劣势
3.3　人力资源竞争力	25	28	-3	劣势
常住人口增长率	16	21	-5	劣势
15～64 岁人口比例	15	18	-3	中势
文盲率	28	30	-2	劣势
大专以上教育程度人口比例	16	21	-5	劣势
平均受教育程度	25	27	-2	劣势
人口健康素质	13	11	2	中势
职业学校毕业生数	21	23	-2	劣势

4. 甘肃省财政金融竞争力指标排名变化情况

表 28 - 8　2017～2018 年甘肃省财政金融竞争力指标组排位及变化趋势

指　标	2017 年	2018 年	排位升降	优劣势
4　财政金融竞争力	28	22	6	劣势
4.1　财政竞争力	24	19	5	中势
地方财政收入	27	27	0	劣势
地方财政支出	26	26	0	劣势
地方财政收入占 GDP 比重	15	16	-1	中势
地方财政支出占 GDP 比重	3	3	0	强势
税收收入占 GDP 比重	18	18	0	中势
税收收入占财政总收入比重	24	26	-2	劣势
人均地方财政收入	31	31	0	劣势
人均地方财政支出	17	13	4	中势
人均税收收入	31	30	1	劣势
地方财政收入增长率	23	17	6	中势
地方财政支出增长率	27	5	22	优势
税收收入增长率	24	12	12	中势
4.2　金融竞争力	25	24	1	劣势
存款余额	27	27	0	劣势
人均存款余额	27	27	0	劣势
贷款余额	26	25	1	劣势
人均贷款余额	18	18	0	中势
中长期贷款占贷款余额比重	15	12	3	中势
保险费净收入	26	27	-1	劣势
保险密度	26	26	0	劣势
保险深度	8	6	2	优势
国内上市公司数	26	24	2	劣势
国内上市公司市值	27	27	0	劣势

5. 甘肃省知识经济竞争力指标排名变化情况

表 28-9　2017~2018 年甘肃省知识经济竞争力指标组排位及变化趋势

指　标	2017 年	2018 年	排位升降	优劣势
5　知识经济竞争力	26	26	0	劣势
5.1　科技竞争力	23	25	-2	劣势
R&D 人员	26	26	0	劣势
R&D 经费	26	26	0	劣势
R&D 经费投入强度	22	23	-1	劣势
发明专利授权量	25	25	0	劣势
技术市场成交合同金额	15	17	-2	中势
财政科技支出占地方财政支出比重	28	29	-1	劣势
高技术产业主营业务收入	26	27	-1	劣势
高技术产业收入占工业增加值比重	28	27	1	劣势
高技术产品出口额占商品出口额比重	15	19	-4	中势
5.2　教育竞争力	26	26	0	劣势
教育经费	24	24	0	劣势
教育经费占 GDP 比重	2	2	0	强势
人均教育经费	12	14	-2	中势
公共教育经费占财政支出比重	8	14	-6	中势
人均文化教育支出	29	24	5	劣势
万人中小学学校数	31	31	0	劣势
万人中小学专任教师数	29	28	1	劣势
高等学校数	18	18	0	中势
高校专任教师数	25	25	0	劣势
万人高等学校在校学生数	25	24	1	劣势
5.3　文化竞争力	27	27	0	劣势
文化制造业营业收入	29	30	-1	劣势
文化批发零售业营业收入	23	22	1	劣势
文化服务业企业营业收入	28	27	1	劣势
图书和期刊出版数	21	21	0	劣势
电子出版物品种	28	14	14	中势
印刷用纸量	26	27	-1	劣势
城镇居民人均文化娱乐支出	23	24	-1	劣势
农村居民人均文化娱乐支出	27	21	6	劣势
城镇居民人均文化娱乐支出占消费性支出比重	20	20	0	中势
农村居民人均文化娱乐支出占消费性支出比重	9	2	7	强势

6. 甘肃省发展环境竞争力指标排名变化情况

表28－10　2017～2018年甘肃省发展环境竞争力指标组排位及变化趋势

指　标	2017 年	2018 年	排位升降	优劣势
6　发展环境竞争力	30	28	2	劣势
6.1　基础设施竞争力	29	28	1	劣势
铁路网线密度	26	27	−1	劣势
公路网线密度	27	27	0	劣势
人均内河航道里程	20	20	0	中势
全社会旅客周转量	16	16	0	中势
全社会货物周转量	20	20	0	中势
人均邮电业务总量	21	16	5	中势
电话普及率	23	19	4	中势
网站数	27	27	0	劣势
人均耗电量	16	15	1	中势
6.2　软环境竞争力	30	30	0	劣势
外资企业数增长率	26	2	24	强势
万人外资企业数	28	27	1	劣势
个体私营企业数增长率	31	29	2	劣势
万人个体私营企业数	25	28	−3	劣势
万人商标注册件数	31	31	0	劣势
查处商标侵权假冒案件	13	13	0	中势
每十万人交通事故发生数	9	9	0	优势
罚没收入占财政收入比重	25	24	1	劣势
社会捐赠款物	19	24	−5	劣势

7. 甘肃省政府作用竞争力指标排名变化情况

表28－11　2017～2018年甘肃省政府作用竞争力指标组排位及变化趋势

指　标	2017 年	2018 年	排位升降	优劣势
7　政府作用竞争力	30	30	0	劣势
7.1　政府发展经济竞争力	28	29	−1	劣势
财政支出用于基本建设投资比重	14	15	−1	中势
财政支出对 GDP 增长的拉动	29	29	0	劣势
政府公务员对经济的贡献	29	29	0	劣势
政府消费对民间消费的拉动	21	21	0	劣势
财政投资对社会投资的拉动	28	28	0	劣势

指　　标	2017 年	2018 年	排位升降	优劣势
7.2　政府规调经济竞争力	30	27	3	劣势
物价调控	10	15	− 5	中势
调控城乡消费差距	29	29	0	劣势
统筹经济社会发展	27	28	− 1	劣势
规范税收	24	22	2	劣势
固定资产投资价格指数	21	11	10	中势
7.3　政府保障经济竞争力	29	30	− 1	劣势
城镇职工养老保险收支比	12	12	0	中势
医疗保险覆盖率	28	29	− 1	劣势
养老保险覆盖率	28	28	0	劣势
失业保险覆盖率	28	27	1	劣势
最低工资标准	20	26	− 6	劣势
城镇登记失业率	25	25	0	劣势

8. 甘肃省发展水平竞争力指标排名变化情况

表 28 - 12　2017～2018 年甘肃省发展水平竞争力指标组排位及变化趋势

指　　标	2017 年	2018 年	排位升降	优劣势
8　发展水平竞争力	28	29	− 1	劣势
8.1　工业化进程竞争力	23	27	− 4	劣势
工业增加值占 GDP 比重	27	27	0	劣势
工业增加值增长率	26	19	7	中势
高技术产业占工业增加值比重	29	27	2	劣势
高技术产品占商品出口额比重	12	19	− 7	中势
信息产业增加值占 GDP 比重	25	23	2	劣势
工农业增加值比值	26	27	− 1	劣势
8.2　城市化进程竞争力	21	26	− 4	劣势
城镇化率	29	29	0	劣势
城镇居民人均可支配收入	30	30	0	劣势
城市平均建成区面积比重	3	5	− 2	优势
人均拥有道路面积	14	12	2	中势
人均日生活用水量	27	24	3	劣势
人均公共绿地面积	9	15	− 6	中势

续表

指　标		2017 年	2018 年	排位升降	优劣势
8.3	市场化进程竞争力	29	29	0	劣势
	非公有制经济产值占全社会总产值比重	31	31	0	劣势
	社会投资占投资总额比重	25	25	0	劣势
	私有和个体企业从业人员比重	20	20	0	中势
	亿元以上商品市场成交额	28	28	0	劣势
	亿元以上商品市场成交额占全社会消费品零售总额比重	27	24	3	劣势
	居民消费支出占总消费支出比重	21	21	0	劣势

9. 甘肃省统筹协调竞争力指标排名变化情况

表 28 - 13　2017～2018 年甘肃省统筹协调竞争力指标组排位及变化趋势

指　标		2017 年	2018 年	排位升降	优劣势
9	**统筹协调竞争力**	31	31	0	劣势
9.1	统筹发展竞争力	25	29	- 4	劣势
	社会劳动生产率	31	31	0	劣势
	能源使用下降率	18	26	- 8	劣势
	万元 GDP 综合能耗下降率	29	25	4	劣势
	非农用地产出率	28	28	0	劣势
	居民收入占 GDP 比重	31	31	0	劣势
	二三产业增加值比例	5	5	0	优势
	固定资产投资额占 GDP 比重	11	8	3	优势
	固定资产投资增长率	2	24	- 22	劣势
9.2	协调发展竞争力	31	31	0	劣势
	资源竞争力与宏观经济竞争力比差	5	6	- 1	优势
	环境竞争力与宏观经济竞争力比差	31	28	3	劣势
	人力资源竞争力与宏观经济竞争力比差	31	29	2	劣势
	环境竞争力与工业竞争力比差	9	8	1	优势
	资源竞争力与工业竞争力比差	31	27	4	劣势
	城乡居民家庭人均收入比差	31	31	0	劣势
	城乡居民人均现金消费支出比差	29	29	0	劣势
	全社会消费品零售总额与外贸出口总额比差	31	29	2	劣势

青海省经济综合竞争力评价分析报告

青海省简称青，位于青藏高原东北部，分别与甘肃省、四川省、西藏自治区、新疆维吾尔自治区相连。境内的青海湖是中国最大的内陆高原咸水湖，也是长江、黄河源头所在。青海省土地面积72万平方公里，2018年全省常住人口为603万人，地区生产总值为2865亿元，同比增长7.2%，人均GDP达47689元。本部分通过分析2017~2018年青海省经济综合竞争力以及各要素竞争力的排名变化，从中找出青海省经济综合竞争力的推动点及影响因素，为进一步提升青海省经济综合竞争力提供决策参考。

29.1 青海省经济综合竞争力总体分析

1. 青海省经济综合竞争力一级指标概要分析

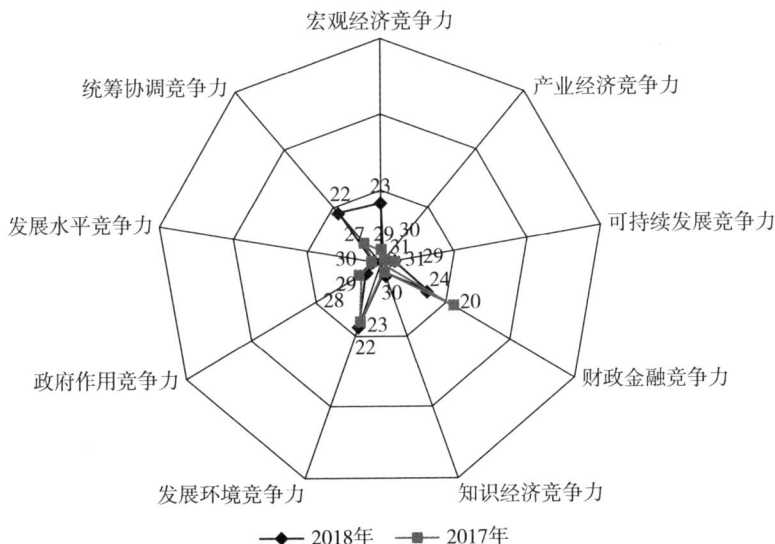

图 29-1 2017~2018年青海省经济综合竞争力二级指标比较

表 29 - 1　2017～2018 年青海省经济综合竞争力二级指标表现情况

项目 年份	宏观经济竞争力	产业经济竞争力	可持续发展竞争力	财政金融竞争力	知识经济竞争力	发展环境竞争力	政府作用竞争力	发展水平竞争力	统筹协调竞争力	综合排位
2017	29	30	31	20	30	23	28	30	27	29
2018	23	31	29	24	30	22	29	30	22	29
升降	6	-1	2	-4	0	1	-1	0	5	0
优劣度	劣势	劣势	劣势	劣势	劣势	劣势	劣势	劣势	劣势	劣势

（1）从综合排位看，2018 年青海省经济综合竞争力综合排位在全国居第 29 位，这表明其在全国处于劣势地位；与 2017 年相比，综合排位没有发生变化。

（2）从指标所处区位看，9 个二级指标均处于下游区。

（3）从指标变化趋势看，9 个二级指标中，有 4 个指标处于上升趋势，分别为宏观经济竞争力、可持续发展竞争力、发展环境竞争力和统筹协调竞争力，这些是青海省经济综合竞争力的上升动力所在；有 2 个指标排位没有发生变化，分别为发展水平竞争力和知识经济竞争力；有 3 个指标处于下降趋势，为产业经济竞争力、财政金融竞争力和政府作用竞争力，是青海省经济综合竞争力的下降拉力所在。

2. 青海省经济综合竞争力各级指标动态变化分析

表 29 - 2　2017～2018 年青海省经济综合竞争力各级指标排位变化情况

单位：个，%

二级指标	三级指标	四级指标数	上升		保持		下降		变化趋势
			指标数	比重	指标数	比重	指标数	比重	
宏观经济竞争力	经济实力竞争力	12	6	50.0	2	16.7	4	33.3	上升
	经济结构竞争力	6	0	0.0	6	100.0	0	0.0	下降
	经济外向度竞争力	9	3	33.3	5	55.6	1	11.1	上升
	小　计	27	9	33.3	13	48.2	5	18.5	上升

续表

二级指标	三级指标	四级指标数	上升		保持		下降		变化趋势
			指标数	比重	指标数	比重	指标数	比重	
产业经济竞争力	农业竞争力	10	2	20.0	6	60.0	2	20.0	保持
	工业竞争力	10	1	10.0	5	50.0	4	40.0	上升
	服务业竞争力	10	0	0.0	6	60.0	4	40.0	下降
	企业竞争力	10	4	40.0	4	40.0	2	20.0	下降
	小　计	**40**	7	17.5	21	52.5	12	30.0	下降
可持续发展竞争力	资源竞争力	9	0	0.0	9	100.0	0	0.0	保持
	环境竞争力	8	0	0.0	7	87.5	1	12.5	保持
	人力资源竞争力	7	5	71.4	2	28.6	0	0.0	上升
	小　计	**24**	5	20.8	18	75.0	1	4.2	上升
财政金融竞争力	财政竞争力	12	5	41.7	4	33.3	3	25.0	下降
	金融竞争力	10	1	10.0	8	80.0	1	10.0	上升
	小　计	**22**	6	27.3	12	54.6	4	18.2	下降
知识经济竞争力	科技竞争力	9	2	22.2	5	55.6	2	22.2	保持
	教育竞争力	10	1	10.0	8	80.0	1	10.0	保持
	文化竞争力	10	1	10.0	1	10.0	8	80.0	保持
	小　计	**29**	4	13.8	14	48.3	11	37.9	保持
发展环境竞争力	基础设施竞争力	9	2	22.2	5	55.6	2	22.2	上升
	软环境竞争力	9	2	22.2	2	22.2	5	55.6	保持
	小　计	**18**	4	22.2	7	38.9	7	38.9	上升
政府作用竞争力	政府发展经济竞争力	5	1	20.0	4	80.0	0	0.0	上升
	政府规调经济竞争力	5	1	20.0	1	20.0	3	60.0	下降
	政府保障经济竞争力	6	1	16.7	2	33.3	3	50.0	下降
	小　计	**16**	3	18.8	7	43.8	6	37.5	下降
发展水平竞争力	工业化进程竞争力	6	2	33.3	0	0.0	4	66.7	下降
	城市化进程竞争力	6	2	33.3	1	16.7	3	50.0	下降
	市场化进程竞争力	6	1	16.7	4	66.7	1	16.7	保持
	小　计	**18**	5	27.8	5	27.8	8	44.4	保持
统筹协调竞争力	统筹发展竞争力	8	1	12.5	2	25.0	5	62.5	下降
	协调发展竞争力	8	4	50.0	2	25.0	2	25.0	上升
	小　计	**16**	5	31.3	4	25.0	7	43.8	上升
合　计		**210**	48	22.9	101	48.1	61	29.0	保持

从表 29 - 2 可以看出，210 个四级指标中，上升指标有 48 个，占指标总数的 22.9%；下降指标有 61 个，占指标总数的 29.0%；保持不变的指标

有 101 个,占指标总数的 48.1%。综上所述,青海省经济综合竞争力下降的拉力大于上升的动力,但排位保持不变的指标占较大比重,2017～2018年青海省经济综合竞争力排位保持不变。

3. 青海省经济综合竞争力各级指标优劣势结构分析

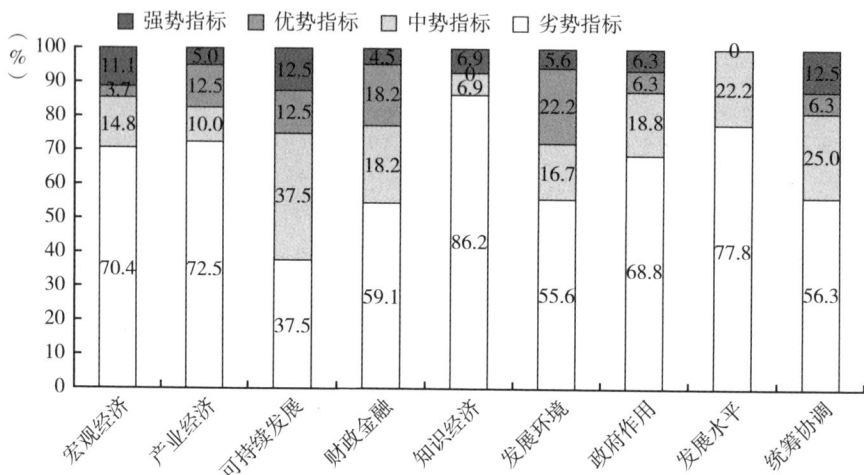

图 29 - 2　2018 年青海省经济综合竞争力各级指标优劣势比较

表 29 - 3　2018 年青海省经济综合竞争力各级指标优劣势情况

单位:个,%

二级指标	三级指标	四级指标数	强势指标		优势指标		中势指标		劣势指标		优劣势
			个数	比重	个数	比重	个数	比重	个数	比重	
宏观经济竞争力	经济实力竞争力	12	2	16.7	0	0.0	3	25.0	7	58.3	劣势
	经济结构竞争力	6	1	16.7	0	0.0	0	0.0	5	83.3	劣势
	经济外向度竞争力	9	0	0.0	1	11.1	1	11.1	7	77.8	劣势
	小　计	**27**	3	11.1	1	3.7	4	14.8	19	70.4	劣势
产业经济竞争力	农业竞争力	10	0	0.0	3	30.0	0	0.0	7	70.0	劣势
	工业竞争力	10	1	10.0	0	0.0	2	20.0	7	70.0	劣势
	服务业竞争力	10	0	0.0	0	0.0	1	10.0	9	90.0	劣势
	企业竞争力	10	1	10.0	2	20.0	1	10.0	6	60.0	劣势
	小　计	**40**	2	5.0	5	12.5	4	10.0	29	72.5	劣势

续表

二级指标	三级指标	四级指标数	强势指标		优势指标		中势指标		劣势指标		优劣势
			个数	比重	个数	比重	个数	比重	个数	比重	
可持续发展竞争力	资源竞争力	9	3	33.3	1	11.1	4	44.4	1	11.1	优势
	环境竞争力	8	0	0.0	1	12.5	2	25.0	5	62.5	劣势
	人力资源竞争力	7	0	0.0	1	14.3	3	42.9	3	42.9	劣势
	小　计	24	3	12.5	3	12.5	9	37.5	9	37.5	劣势
财政金融竞争力	财政竞争力	12	1	8.3	2	16.7	3	25.0	6	50.0	中势
	金融竞争力	10	0	0.0	2	20.0	1	10.0	7	70.0	劣势
	小　计	22	1	4.5	4	18.2	4	18.2	13	59.1	劣势
知识经济竞争力	科技竞争力	9	0	0.0	0	0.0	0	0.0	9	100.0	劣势
	教育竞争力	10	2	20.0	0	0.0	2	20.0	6	60.0	劣势
	文化竞争力	10	0	0.0	0	0.0	0	0.0	10	100.0	劣势
	小　计	29	2	6.9	0	0.0	2	6.9	25	86.2	劣势
发展环境竞争力	基础设施竞争力	9	1	11.1	2	22.2	1	11.1	5	55.6	劣势
	软环境竞争力	9	0	0.0	2	22.2	2	22.2	5	55.6	中势
	小　计	18	1	5.6	4	22.2	3	16.7	10	55.6	劣势
政府作用竞争力	政府发展经济竞争力	5	1	20.0	0	0.0	0	0.0	4	80.0	劣势
	政府规调经济竞争力	5	0	0.0	1	20.0	1	20.0	3	60.0	劣势
	政府保障经济竞争力	6	0	0.0	0	0.0	2	33.3	4	66.7	劣势
	小　计	16	1	6.3	1	6.3	3	18.8	11	68.8	劣势
发展水平竞争力	工业化进程竞争力	6	0	0.0	0	0.0	1	16.7	5	83.3	劣势
	城市化进程竞争力	6	0	0.0	0	0.0	3	50.0	3	50.0	劣势
	市场化进程竞争力	6	0	0.0	0	0.0	0	0.0	6	100.0	劣势
	小　计	18	0	0.0	0	0.0	4	22.2	14	77.8	劣势
统筹协调竞争力	统筹发展竞争力	8	0	0.0	0	0.0	3	37.5	5	62.5	劣势
	协调发展竞争力	8	2	25.0	1	12.5	1	12.5	4	50.0	中势
	小　计	16	2	12.5	1	6.3	4	25.0	9	56.3	劣势
合　计		210	15	7.1	19	9.0	37	17.6	139	66.2	劣势

　　基于图 29 - 2 和表 29 - 3，具体到四级指标，强势指标 15 个，占指标总数的 7.1%；优势指标 19 个，占指标总数的 9.0%；中势指标 37 个，占指标总数的 17.6%；劣势指标 139 个，占指标总数的 66.2%。三级指标中，没有强势指标；优势指标 1 个，占三级指标总数的 4%；中势指标 3 个，占三级指标总数的 12%；劣势指标 21 个，占三级指标总数的 84%。

从二级指标看，劣势指标有 9 个，占二级指标总数的 100%。综合来看，由于劣势指标在指标体系中居主导地位，2018 年青海省经济综合竞争力处于劣势地位。

4. 青海省经济综合竞争力四级指标优劣势对比分析

表 29 - 4　2018 年青海省经济综合竞争力各级指标优劣势情况

二级指标	优劣势	四级指标
宏观经济 竞争力 (27 个)	强势指标	财政总收入增长率、人均固定资产投资额、资本形成结构优化度(3 个)
	优势指标	进出口增长率(1 个)
	劣势指标	地区生产总值、人均地区生产总值、财政总收入、固定资产投资额、全社会消费品零售总额、全社会消费品零售总额增长率、人均全社会消费品零售总额、产业结构优化度、所有制经济结构优化度、城乡经济结构优化度、就业结构优化度、贸易结构优化度、进出口总额、出口总额、实际 FDI、实际 FDI 增长率、外贸依存度、外资企业数、对外直接投资额(19 个)
产业经济 竞争力 (40 个)	强势指标	工业成本费用率、规模以上企业平均资产(2 个)
	优势指标	农业增加值增长率、农民人均纯收入增长率、财政支农资金比重、规模以上企业平均收入、城镇就业人员平均工资(5 个)
	劣势指标	农业增加值、人均农业增加值、农民人均纯收入、农产品出口占农林牧渔总产值比重、人均主要农产品产量、农业机械化水平、农村人均用电量、工业增加值、人均工业增加值、工业资产总额、工业资产总额增长率、规模以上工业主营业务收入、规模以上工业利润总额、工业收入利润率、服务业增加值、服务业增加值增长率、人均服务业增加值、服务业从业人员数、限额以上批发零售企业主营业务收入、限额以上餐饮企业利税率、旅游外汇收入、商品房销售收入、电子商务销售额、规模以上工业企业数、规模以上企业平均利润、规模以上企业劳动效率、新产品销售收入占主营业务收入比重、工业企业 R&D 经费投入强度、中国驰名商标持有量(29 个)
可持续发展 竞争力 (24 个)	强势指标	人均国土面积、人均年水资源量、人均牧草地面积(3 个)
	优势指标	人均主要能源矿产基础储量、自然灾害直接经济损失、常住人口增长率(3 个)
	劣势指标	耕地面积、森林覆盖率、人均工业废气排放量、人均工业固体废物排放量、人均治理工业污染投资额、生活垃圾无害化处理率、文盲率、平均受教育程度、职业学校毕业生数(9 个)
财政金融 竞争力 (22 个)	强势指标	地方财政支出占 GDP 比重(1 个)
	优势指标	人均地方财政支出、地方财政收入增长率、人均贷款余额、中长期贷款占贷款余额比重(4 个)
	劣势指标	地方财政收入、地方财政支出、地方财政收入占 GDP 比重、税收收入占 GDP 比重、人均地方财政收入、人均税收收入、存款余额、贷款余额、保险费净收入、保险密度、保险深度、国内上市公司数、国内上市公司市值(13 个)

续表

二级指标	优劣势	四级指标
知识经济竞争力（29个）	强势指标	教育经费占GDP比重、人均教育经费（2个）
	优势指标	（0个）
	劣势指标	R&D人员、R&D经费、R&D经费投入强度、发明专利授权量、技术市场成交合同金额、财政科技支出占地方财政支出比重、高技术产业主营业务收入、高技术产业收入占工业增加值比重、高技术产品出口额占商品出口额比重、教育经费、公共教育经费占财政支出比重、人均文化教育支出、万人中小学学校数、高校专任教师数、万人高等学校在校学生数、文化制造业营业收入、文化批发零售业营业收入、文化服务业企业营业收入、图书和期刊出版数、电子出版物品种、印刷用纸量、城镇居民人均文化娱乐支出、农村居民人均文化娱乐支出、城镇居民人均文化娱乐支出占消费性支出比重、农村居民人均文化娱乐支出占消费性支出比重（25个）
发展环境竞争力（18个）	强势指标	人均耗电量（1个）
	优势指标	人均内河航道里程、人均邮电业务总量、外资企业数增长率、查处商标侵权假冒案件（4个）
	劣势指标	铁路网线密度、公路网线密度、全社会旅客周转量、全社会货物周转量、网站数、万人外资企业数、万人个体私营企业数、万人商标注册件数、每十万人交通事故发生数、社会捐赠款物（10个）
政府作用竞争力（16个）	强势指标	财政支出用于基本建设投资比重（1个）
	优势指标	固定资产投资价格指数（1个）
	劣势指标	财政支出对GDP增长的拉动、政府公务员对经济的贡献、政府消费对民间消费的拉动、财政投资对社会投资的拉动、物价调控、调控城乡消费差距、统筹经济社会发展、城镇职工养老保险收支比、医疗保险覆盖率、失业保险覆盖率、最低工资标准（11个）
发展水平竞争力（18个）	强势指标	（0个）
	优势指标	（0个）
	劣势指标	工业增加值占GDP比重、高技术产业占工业增加值比重、高技术产品占商品出口额比重、信息产业增加值占GDP比重、工农业增加值比、城镇化率、城镇居民人均可支配收入、人均公共绿地面积、非公有制经济产值占全社会总产值比重、社会投资占投资总额比重、私有和个体企业从业人员比重、亿元以上商品市场成交额、亿元以上商品市场成交额占全社会消费品零售总额比重、居民消费支出占总消费支出比重（14个）
统筹协调竞争力（16个）	强势指标	资源竞争力与宏观经济竞争力比差、环境竞争力与工业竞争力比差（2个）
	优势指标	环境竞争力与宏观经济竞争力比差（1个）
	劣势指标	能源使用下降率、万元GDP综合能耗下降率、非农用地产出率、二三产业增加值比例、固定资产投资额占GDP比重、人力资源竞争力与宏观经济竞争力比差、城乡居民家庭人均收入比差、城乡居民人均现金消费支出比差、全社会消费品零售总额与外贸出口总额比差（9个）

29.2 青海省经济综合竞争力各级指标具体分析

1. 青海省宏观经济竞争力指标排名变化情况

表 29-5 2017~2018 年青海省宏观经济竞争力指标组排位及变化趋势

指　标	2017 年	2018 年	排位升降	优劣势
1　宏观经济竞争力	29	23	6	劣势
1.1　经济实力竞争力	27	21	6	劣势
地区生产总值	30	30	0	劣势
地区生产总值增长率	18	12	6	中势
人均地区生产总值	22	23	-1	劣势
财政总收入	30	29	1	劣势
财政总收入增长率	30	2	28	强势
人均财政收入	18	11	7	中势
固定资产投资额	29	28	1	劣势
固定资产投资额增长率	13	14	-1	中势
人均固定资产投资额	4	3	1	强势
全社会消费品零售总额	30	30	0	劣势
全社会消费品零售总额增长率	21	27	-6	劣势
人均全社会消费品零售总额	26	27	-1	劣势
1.2　经济结构竞争力	26	27	-1	劣势
产业结构优化度	21	21	0	劣势
所有制经济结构优化度	30	30	0	劣势
城乡经济结构优化度	28	28	0	劣势
就业结构优化度	25	25	0	劣势
资本形成结构优化度	3	3	0	强势
贸易结构优化度	26	26	0	劣势
1.3　经济外向度竞争力	31	26	5	劣势
进出口总额	31	31	0	劣势
进出口增长率	31	5	26	优势
出口总额	31	31	0	劣势
出口增长率	30	11	19	中势
实际 FDI	30	30	0	劣势
实际 FDI 增长率	30	27	3	劣势
外贸依存度	31	31	0	劣势
外资企业数	30	30	0	劣势
对外直接投资额	29	31	-2	劣势

2. 青海省产业经济竞争力指标排名变化情况

表 29 – 6　2017～2018 年青海省产业经济竞争力指标组排位及变化趋势

指　　标	2017 年	2018 年	排位升降	优劣势
2　产业经济竞争力	30	31	– 1	劣势
2.1　农业竞争力	28	28	0	劣势
农业增加值	27	27	0	劣势
农业增加值增长率	5	6	– 1	优势
人均农业增加值	25	22	3	劣势
农民人均纯收入	29	29	0	劣势
农民人均纯收入增长率	7	7	0	优势
农产品出口占农林牧渔总产值比重	30	31	– 1	劣势
人均主要农产品产量	26	26	0	劣势
农业机械化水平	29	28	1	劣势
农村人均用电量	30	30	0	劣势
财政支农资金比重	5	5	0	优势
2.2　工业竞争力	29	28	1	劣势
工业增加值	29	29	0	劣势
工业增加值增长率	9	15	– 6	中势
人均工业增加值	24	24	0	劣势
工业资产总额	29	29	0	劣势
工业资产总额增长率	12	25	– 13	劣势
规模以上工业主营业务收入	29	29	0	劣势
工业成本费用率	30	2	28	强势
规模以上工业利润总额	30	30	0	劣势
工业全员劳动生产率	11	13	– 2	中势
工业收入利润率	27	31	– 4	劣势
2.3　服务业竞争力	30	31	– 1	劣势
服务业增加值	30	30	0	劣势
服务业增加值增长率	23	24	– 1	劣势
人均服务业增加值	21	23	– 2	劣势
服务业从业人员数	30	30	0	劣势
限额以上批发零售企业主营业务收入	30	30	0	劣势
限额以上批零企业利税率	14	14	0	中势
限额以上餐饮企业利税率	17	22	– 5	劣势
旅游外汇收入	29	30	– 1	劣势
商品房销售收入	30	30	0	劣势
电子商务销售额	30	30	0	劣势

指　标	2017 年	2018 年	排位升降	优劣势
2.4　企业竞争力	25	26	−1	劣势
规模以上工业企业数	29	29	0	劣势
规模以上企业平均资产	3	3	0	强势
规模以上企业平均收入	11	9	2	优势
规模以上企业平均利润	21	31	−10	劣势
规模以上企业劳动效率	25	21	4	劣势
城镇就业人员平均工资	8	7	1	优势
新产品销售收入占主营业务收入比重	28	28	0	劣势
产品质量抽查合格率	19	17	2	中势
工业企业 R&D 经费投入强度	28	31	−3	劣势
中国驰名商标持有量	27	27	0	劣势

3. 青海省可持续发展竞争力指标排名变化情况

表 29 − 7　2017 ~ 2018 年青海省可持续发展竞争力指标组排位及变化趋势

指　标	2017 年	2018 年	排位升降	优劣势
3　可持续发展竞争力	31	29	2	劣势
3.1　资源竞争力	6	6	0	优势
人均国土面积	2	2	0	强势
人均可使用海域和滩涂面积	13	13	0	中势
人均年水资源量	2	2	0	强势
耕地面积	27	27	0	劣势
人均耕地面积	13	13	0	中势
人均牧草地面积	2	2	0	强势
主要能源矿产基础储量	18	18	0	中势
人均主要能源矿产基础储量	7	7	0	优势
人均森林储积量	15	15	0	中势
3.2　环境竞争力	31	31	0	劣势
森林覆盖率	30	30	0	劣势
人均废水排放量	18	18	0	中势
人均工业废气排放量	28	28	0	劣势
人均工业固体废物排放量	31	31	0	劣势
人均治理工业污染投资额	22	22	0	劣势
一般工业固体废物综合利用率	17	17	0	中势
生活垃圾无害化处理率	26	26	0	劣势
自然灾害直接经济损失	8	9	−1	优势

指　标	2017 年	2018 年	排位升降	优劣势
3.3　人力资源竞争力	29	26	3	劣势
常住人口增长率	11	10	1	优势
15～64 岁人口比例	16	13	3	劣势
文盲率	29	29	0	劣势
大专以上教育程度人口比例	22	14	8	中势
平均受教育程度	30	28	2	劣势
人口健康素质	18	15	3	中势
职业学校毕业生数	30	30	0	劣势

4. 青海省财政金融竞争力指标排名变化情况

表 29－8　2017～2018 年青海省财政金融竞争力指标组排位及变化趋势

指　标	2017 年	2018 年	排位升降	优劣势
4　财政金融竞争力	20	24	－4	劣势
4.1　财政竞争力	9	13	－4	中势
地方财政收入	30	30	0	劣势
地方财政支出	29	30	－1	劣势
地方财政收入占 GDP 比重	22	21	1	劣势
地方财政支出占 GDP 比重	2	2	0	强势
税收收入占 GDP 比重	20	21	－1	劣势
税收收入占财政总收入比重	10	13	－3	中势
人均地方财政收入	25	25	0	劣势
人均地方财政支出	4	4	0	优势
人均税收收入	23	22	1	劣势
地方财政收入增长率	25	6	19	优势
地方财政支出增长率	30	20	10	中势
税收收入增长率	23	11	12	中势
4.2　金融竞争力	31	30	1	劣势
存款余额	30	30	0	劣势
人均存款余额	13	14	－1	中势
贷款余额	30	30	0	劣势
人均贷款余额	9	9	0	优势
中长期贷款占贷款余额比重	10	8	2	优势
保险费净收入	30	30	0	劣势
保险密度	27	27	0	劣势
保险深度	27	27	0	劣势
国内上市公司数	31	31	0	劣势
国内上市公司市值	29	29	0	劣势

5. 青海省知识经济竞争力指标排名变化情况

表 29 - 9　2017～2018 年青海省知识经济竞争力指标组排位及变化趋势

指　　标	2017 年	2018 年	排位升降	优劣势
5　知识经济竞争力	30	30	0	劣势
5.1　科技竞争力	29	29	0	劣势
R&D 人员	30	30	0	劣势
R&D 经费	29	30	- 1	劣势
R&D 经费投入强度	29	29	0	劣势
发明专利授权量	30	30	0	劣势
技术市场成交合同金额	24	25	- 1	劣势
财政科技支出占地方财政支出比重	29	28	1	劣势
高技术产业主营业务收入	29	29	0	劣势
高技术产业收入占工业增加值比重	23	22	1	劣势
高技术产品出口额占商品出口额比重	31	31	0	劣势
5.2　教育竞争力	28	28	0	劣势
教育经费	30	30	0	劣势
教育经费占 GDP 比重	3	3	0	强势
人均教育经费	3	3	0	强势
公共教育经费占财政支出比重	28	28	0	劣势
人均文化教育支出	22	27	- 5	劣势
万人中小学学校数	21	21	0	劣势
万人中小学专任教师数	21	20	1	中势
高等学校数	18	18	0	中势
高校专任教师数	30	30	0	劣势
万人高等学校在校学生数	31	31	0	劣势
5.3　文化竞争力	30	30	0	劣势
文化制造业营业收入	26	28	- 2	劣势
文化批发零售业营业收入	25	28	- 3	劣势
文化服务业企业营业收入	29	28	1	劣势
图书和期刊出版数	30	31	- 1	劣势
电子出版物品种	24	29	- 5	劣势
印刷用纸量	29	29	0	劣势
城镇居民人均文化娱乐支出	17	27	- 10	劣势
农村居民人均文化娱乐支出	28	29	- 1	劣势
城镇居民人均文化娱乐支出占消费性支出比重	12	27	- 15	劣势
农村居民人均文化娱乐支出占消费性支出比重	22	24	- 2	劣势

6. 青海省发展环境竞争力指标排名变化情况

表 29 – 10　2017 ~ 2018 年青海省发展环境竞争力指标组排位及变化趋势

指　标	2017 年	2018 年	排位升降	优劣势
6　发展环境竞争力	23	22	1	劣势
6.1　基础设施竞争力	24	22	2	劣势
铁路网线密度	30	30	0	劣势
公路网线密度	29	30	− 1	劣势
人均内河航道里程	10	10	0	优势
全社会旅客周转量	28	28	0	劣势
全社会货物周转量	30	30	0	劣势
人均邮电业务总量	9	6	3	优势
电话普及率	16	11	5	中势
网站数	30	30	0	劣势
人均耗电量	2	3	− 1	强势
6.2　软环境竞争力	19	19	0	中势
外资企业数增长率	13	7	6	优势
万人外资企业数	27	28	− 1	劣势
个体私营企业数增长率	13	17	− 4	中势
万人个体私营企业数	19	21	− 2	劣势
万人商标注册件数	26	27	− 1	劣势
查处商标侵权假冒案件	5	5	0	优势
每十万人交通事故发生数	21	21	0	劣势
罚没收入占财政收入比重	18	17	1	中势
社会捐赠款物	27	29	− 2	劣势

7. 青海省政府作用竞争力指标排名变化情况

表 29 – 11　2017 ~ 2018 年青海省政府作用竞争力指标组排位及变化趋势

指　标	2017 年	2018 年	排位升降	优劣势
7　政府作用竞争力	28	29	− 1	劣势
7.1　政府发展经济竞争力	29	26	3	劣势
财政支出用于基本建设投资比重	2	1	1	强势
财政支出对 GDP 增长的拉动	30	30	0	劣势
政府公务员对经济的贡献	28	28	0	劣势
政府消费对民间消费的拉动	29	29	0	劣势
财政投资对社会投资的拉动	30	30	0	劣势

续表

指　标	2017 年	2018 年	排位升降	优劣势
7.2　政府规调经济竞争力	22	28	-6	劣势
物价调控	13	31	-18	劣势
调控城乡消费差距	20	24	-4	劣势
统筹经济社会发展	29	29	0	劣势
规范税收	8	11	-3	中势
固定资产投资价格指数	22	7	15	优势
7.3　政府保障经济竞争力	24	28	-4	劣势
城镇职工养老保险收支比	29	29	0	劣势
医疗保险覆盖率	24	22	2	劣势
养老保险覆盖率	17	18	-1	中势
失业保险覆盖率	27	28	-1	劣势
最低工资标准	26	30	-4	劣势
城镇登记失业率	20	20	0	中势

8. 青海省发展水平竞争力指标排名变化情况

表 29 - 12　2017～2018 年青海省发展水平竞争力指标组排位及变化趋势

指　标	2017 年	2018 年	排位升降	优劣势
8　发展水平竞争力	30	30	0	劣势
8.1　工业化进程竞争力	27	28	-1	劣势
工业增加值占 GDP 比重	24	23	1	劣势
工业增加值增长率	29	15	14	中势
高技术产业占工业增加值比重	24	29	-5	劣势
高技术产品占商品出口额比重	22	31	-9	劣势
信息产业增加值占 GDP 比重	19	30	-11	劣势
工农业增加值比值	21	22	-1	劣势
8.2　城市化进程竞争力	27	28	-1	劣势
城镇化率	23	23	0	劣势
城镇居民人均可支配收入	26	27	-1	劣势
城市平均建成区面积比重	17	18	-1	中势
人均拥有道路面积	19	18	1	中势
人均日生活用水量	14	15	-1	中势
人均公共绿地面积	27	26	1	劣势

续表

指　标	2017 年	2018 年	排位升降	优劣势
8.3　市场化进程竞争力	30	30	0	劣势
非公有制经济产值占全社会总产值比重	30	30	0	劣势
社会投资占投资总额比重	28	29	−1	劣势
私有和个体企业从业人员比重	22	22	0	劣势
亿元以上商品市场成交额	29	29	0	劣势
亿元以上商品市场成交额占全社会消费品零售总额比重	28	27	1	劣势
居民消费支出占总消费支出比重	29	29	0	劣势

9. 青海省统筹协调竞争力指标排名变化情况

表 29 - 13　2017～2018 年青海省统筹协调竞争力指标组排位及变化趋势

指　标	2017 年	2018 年	排位升降	优劣势
9　统筹协调竞争力	27	22	5	劣势
9.1　统筹发展竞争力	26	27	−1	劣势
社会劳动生产率	19	19	0	中势
能源使用下降率	11	25	−14	劣势
万元 GDP 综合能耗下降率	15	21	−6	劣势
非农用地产出率	29	30	−1	劣势
居民收入占 GDP 比重	13	14	−1	中势
二三产业增加值比例	23	24	−1	劣势
固定资产投资额占 GDP 比重	30	30	0	劣势
固定资产投资增长率	19	14	5	中势
9.2　协调发展竞争力	24	13	11	中势
资源竞争力与宏观经济竞争力比差	1	3	−2	强势
环境竞争力与宏观经济竞争力比差	18	7	11	优势
人力资源竞争力与宏观经济竞争力比差	24	21	3	劣势
环境竞争力与工业竞争力比差	3	1	2	强势
资源竞争力与工业竞争力比差	23	16	7	中势
城乡居民家庭人均收入比差	28	28	0	劣势
城乡居民人均现金消费支出比差	20	24	−4	劣势
全社会消费品零售总额与外贸出口总额比差	30	30	0	劣势

B.31

30

宁夏回族自治区经济综合竞争力评价分析报告

宁夏回族自治区简称宁，是中国五大自治区之一，是中华文明的发祥地之一。位于中国西部的黄河上游地区，东邻陕西省，西部、北部接内蒙古自治区，南部与甘肃省相连。南北相距约456公里，东西相距约250公里，全区面积6.6万平方公里。2018年全市常住人口为688万人，地区生产总值为3705亿元，同比增长7%，人均GDP达54094元。本部分通过分析2017～2018年宁夏回族自治区经济综合竞争力以及各要素竞争力的排名变化，从中找出宁夏回族自治区经济综合竞争力的推动点及影响因素，为进一步提升宁夏回族自治区经济综合竞争力提供决策参考。

30.1 宁夏回族自治区经济综合竞争力总体分析

1. 宁夏回族自治区经济综合竞争力一级指标概要分析

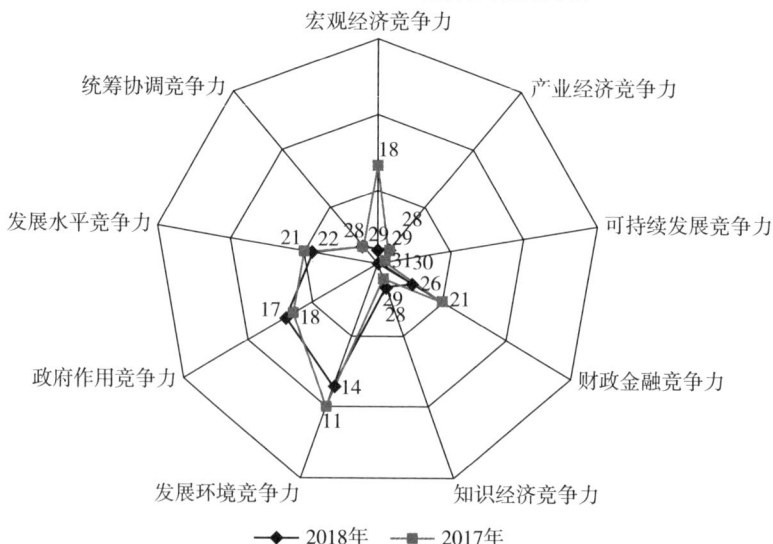

图30-1 2017～2018年宁夏回族自治区经济综合竞争力二级指标比较

502

表 30-1 2017~2018 年宁夏回族自治区经济综合竞争力二级指标表现情况

项目 年份	宏观 经济 竞争力	产业 经济 竞争力	可持续 发展 竞争力	财政 金融 竞争力	知识 经济 竞争力	发展 环境 竞争力	政府 作用 竞争力	发展 水平 竞争力	统筹 协调 竞争力	综合 排位
2017	18	29	30	21	29	11	18	21	28	25
2018	29	28	31	26	28	14	17	22	28	27
升降	-11	1	-1	-5	1	-3	1	-1	0	-2
优劣度	劣势	劣势	劣势	劣势	劣势	中势	中势	劣势	劣势	劣势

（1）从综合排位看，2018 年宁夏回族自治区经济综合竞争力综合排位在全国居第 27 位，这表明其在全国处于劣势地位；与 2017 年相比，综合排位下降了 2 位。

（2）从指标所处区位看，9 个指标均处于中下游区，其中发展环境竞争力和政府作用竞争力 2 个指标为宁夏回族自治区经济综合竞争力的中势指标。

（3）从指标变化趋势看，9 个二级指标中，有 3 个指标处于上升趋势，分别为产业经济竞争力、知识经济竞争力和政府作用竞争力，这些是宁夏回族自治区经济综合竞争力的上升动力所在；有 1 个指标排位没有发生变化，为统筹协调竞争力；有 5 个指标处于下降趋势，为宏观经济竞争力、可持续发展竞争力、财政金融竞争力、发展环境竞争力和发展水平竞争力，其中宏观经济竞争力下降尤为显著，这些是宁夏回族自治区经济综合竞争力的下降拉力所在。

2. 宁夏回族自治区经济综合竞争力各级指标动态变化分析

表 30-2 2017~2018 年宁夏回族自治区经济综合竞争力各级指标排位变化情况

单位：个，%

二级指标	三级指标	四级 指标数	上升		保持		下降		变化 趋势
			指标 数	比重	指标 数	比重	指标 数	比重	
宏观经济 竞争力	经济实力竞争力	12	0	0.0	4	33.3	8	66.7	下降
	经济结构竞争力	6	0	0.0	5	83.3	1	16.7	保持
	经济外向度竞争力	9	0	0.0	3	33.3	6	66.7	下降
	小 计	27	0	0.0	12	44.4	15	55.6	下降

二级指标	三级指标	四级指标数	上升		保持		下降		变化趋势
			指标数	比重	指标数	比重	指标数	比重	
产业经济竞争力	农业竞争力	10	1	10.0	6	60.0	3	30.0	保持
	工业竞争力	10	2	20.0	5	50.0	3	30.0	保持
	服务业竞争力	10	2	20.0	6	60.0	2	20.0	下降
	企业竞争力	10	6	60.0	3	30.0	1	10.0	上升
	小 计	**40**	11	27.5	20	50.0	9	22.5	上升
可持续发展竞争力	资源竞争力	9	0	0.0	9	100.0	0	0.0	保持
	环境竞争力	8	2	25.0	5	62.5	1	12.5	上升
	人力资源竞争力	7	1	14.3	1	14.3	5	71.4	下降
	小 计	**24**	3	12.5	15	62.5	6	25.0	下降
财政金融竞争力	财政竞争力	12	1	8.3	6	50.0	5	41.7	下降
	金融竞争力	10	4	40.0	5	50.0	1	10.0	上升
	小 计	**22**	5	22.7	11	50.0	6	27.3	下降
知识经济竞争力	科技竞争力	9	5	55.6	4	44.4	0	0.0	上升
	教育竞争力	10	4	40.0	6	60.0	0	0.0	保持
	文化竞争力	10	2	20.0	5	50.0	3	30.0	保持
	小 计	**29**	11	37.9	15	51.7	3	10.3	上升
发展环境竞争力	基础设施竞争力	9	2	22.2	7	77.8	0	0.0	保持
	软环境竞争力	9	1	11.1	4	44.4	4	44.4	下降
	小 计	**18**	3	16.7	11	61.1	4	22.2	下降
政府作用竞争力	政府发展经济竞争力	5	0	0.0	3	60.0	2	40.0	下降
	政府规调经济竞争力	5	2	40.0	0	0.0	3	60.0	上升
	政府保障经济竞争力	6	2	33.3	3	50.0	1	16.7	保持
	小 计	**16**	4	25.0	6	37.5	6	37.5	上升
发展水平竞争力	工业化进程竞争力	6	2	33.3	0	0.0	4	66.7	下降
	城市化进程竞争力	6	3	50.0	2	33.3	1	16.7	上升
	市场化进程竞争力	6	0	0.0	3	50.0	3	50.0	保持
	小 计	**18**	5	27.8	5	27.8	8	44.4	下降
统筹协调竞争力	统筹发展竞争力	8	3	37.5	2	25.0	3	37.5	上升
	协调发展竞争力	8	2	25.0	1	12.5	5	62.5	下降
	小 计	**16**	5	31.3	3	18.8	8	50.0	保持
合 计		**210**	47	22.4	98	46.7	65	31.0	下降

　　从表30-2可以看出，210个四级指标中，上升指标有47个，占指标总数的22.4%；下降指标有65个，占指标总数的31.0%；保持不变的指标

有 98 个，占指标总数的 46.7%。综上所述，宁夏回族自治区经济综合竞争力上升的动力小于下降的拉力，2017~2018 年宁夏回族自治区经济综合竞争力排位下降。

3. 宁夏回族自治区经济综合竞争力各级指标优劣势结构分析

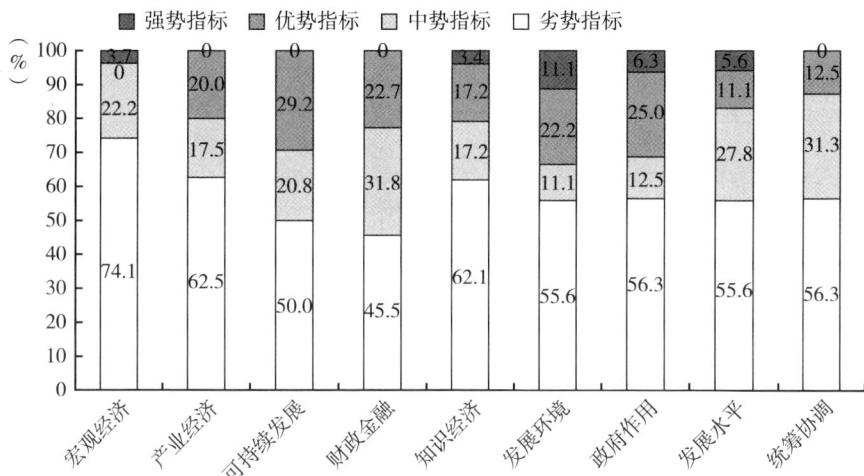

图 30-2　2018 年宁夏回族自治区经济综合竞争力各级指标优劣势比较

表 30-3　2018 年宁夏回族自治区经济综合竞争力各级指标优劣势情况

单位：个，%

二级指标	三级指标	四级指标数	强势指标		优势指标		中势指标		劣势指标		优劣势
			个数	比重	个数	比重	个数	比重	个数	比重	
宏观经济竞争力	经济实力竞争力	12	0	0.0	0	0.0	4	33.3	8	66.7	劣势
	经济结构竞争力	6	1	16.7	0	0.0	2	33.3	3	50.0	中势
	经济外向度竞争力	9	0	0.0	0	0.0	0	0.0	9	100.0	劣势
	小　计	**27**	1	3.7	0	0.0	6	22.2	20	74.1	劣势
产业经济竞争力	农业竞争力	10	0	0.0	3	30.0	1	10.0	6	60.0	劣势
	工业竞争力	10	0	0.0	1	10.0	2	20.0	7	70.0	劣势
	服务业竞争力	10	0	0.0	1	10.0	1	10.0	8	80.0	劣势
	企业竞争力	10	0	0.0	3	30.0	3	30.0	4	40.0	劣势
	小　计	**40**	0	0.0	8	20.0	7	17.5	25	62.5	劣势

二级指标	三级指标	四级指标数	强势指标		优势指标		中势指标		劣势指标		优劣势
			个数	比重	个数	比重	个数	比重	个数	比重	
可持续发展竞争力	资源竞争力	9	0	0.0	4	44.4	2	22.2	3	33.3	中势
	环境竞争力	8	0	0.0	2	25.0	1	12.5	5	62.5	劣势
	人力资源竞争力	7	0	0.0	1	14.3	2	28.6	4	57.1	劣势
	小　计	**24**	0	0.0	7	29.2	5	20.8	12	50.0	劣势
财政金融竞争力	财政竞争力	12	0	0.0	3	25.0	4	33.3	5	41.7	劣势
	金融竞争力	10	0	0.0	2	20.0	3	30.0	5	50.0	劣势
	小　计	**22**	0	0.0	5	22.7	7	31.8	10	45.5	劣势
知识经济竞争力	科技竞争力	9	0	0.0	1	11.1	1	11.1	7	77.8	劣势
	教育竞争力	10	0	0.0	3	30.0	2	20.0	5	50.0	劣势
	文化竞争力	10	1	10.0	1	10.0	2	20.0	6	60.0	劣势
	小　计	**29**	1	3.4	5	17.2	5	17.2	18	62.1	劣势
发展环境竞争力	基础设施竞争力	9	1	11.1	2	22.2	0	0.0	6	66.7	中势
	软环境竞争力	9	1	11.1	2	22.2	2	22.2	4	44.4	中势
	小　计	**18**	2	11.1	4	22.2	2	11.1	10	55.6	中势
政府作用竞争力	政府发展经济竞争力	5	0	0.0	0	0.0	1	20.0	4	80.0	劣势
	政府规调经济竞争力	5	1	20.0	0	0.0	1	20.0	3	60.0	中势
	政府保障经济竞争力	6	0	0.0	4	66.7	0	0.0	2	33.3	优势
	小　计	**16**	1	6.3	4	25.0	2	12.5	9	56.3	中势
发展水平竞争力	工业化进程竞争力	6	0	0.0	0	0.0	3	50.0	3	50.0	劣势
	城市化进程竞争力	6	1	16.7	1	16.7	1	16.7	3	50.0	中势
	市场化进程竞争力	6	0	0.0	1	16.7	1	16.7	4	66.7	中势
	小　计	**18**	1	5.6	2	11.1	5	27.8	10	55.6	劣势
统筹协调竞争力	统筹发展竞争力	8	0	0.0	1	12.5	2	25.0	5	62.5	劣势
	协调发展竞争力	8	0	0.0	1	12.5	3	37.5	4	50.0	劣势
	小　计	**16**	0	0.0	2	12.5	5	31.3	9	56.3	劣势
合　计		**210**	6	2.9	37	17.6	44	21.0	123	58.6	劣势

　　基于图30-2和表30-3，具体到四级指标，强势指标6个，占指标总数的2.9%；优势指标37个，占指标总数的17.6%；中势指标44个，占指标总数的21.0%；劣势指标123个，占指标总数的58.6%。三级指标中，没有强势指标；优势指标1个，占三级指标总数的4%；中势指标7个，占三级指标总数的28%；劣势指标17个，占三级指标总数的68%。从二级指

标看，没有强势指标和优势指标；中势指标有 2 个，占二级指标总数的 22.2%；劣势指标 7 个，占二级指标总数的 77.8%。综合来看，由于劣势指标在指标体系中居主导地位，2018 年宁夏回族自治区经济综合竞争力处于劣势地位。

4. 宁夏回族自治区经济综合竞争力四级指标优劣势对比分析

表 30 - 4　2018 年宁夏回族自治区经济综合竞争力四级指标优劣势情况

二级指标	优劣势	四级指标
宏观经济竞争力（27 个）	强势指标	资本形成结构优化度（1 个）
	优势指标	（0 个）
	劣势指标	地区生产总值、财政总收入、财政总收入增长率、固定资产投资额、固定资产投资额增长率、全社会消费品零售总额、全社会消费品零售总额增长率、人均全社会消费品零售总额、城乡经济结构优化度、就业结构优化度、贸易结构优化度、进出口总额、进出口增长率、出口总额、出口增长率、实际 FDI、实际 FDI 增长率、外贸依存度、外资企业数、对外直接投资额（20 个）
产业经济竞争力（40 个）	强势指标	（0 个）
	优势指标	农业增加值增长率、人均主要农产品产量、财政支农资金比重、工业成本费用率、限额以上餐饮企业利税率、规模以上企业平均资产、规模以上企业劳动效率、城镇就业人员平均工资（8 个）
	劣势指标	农业增加值、人均农业增加值、农民人均纯收入、农产品出口占农林牧渔总产值比重、农业机械化水平、农村人均用电量、工业增加值、工业增加值增长率、工业资产总额、规模以上工业主营业务收入、规模以上工业利润总额、工业全员劳动生产率、工业收入利润率、服务业增加值、服务业增加值增长率、服务业从业人员数、限额以上批发零售企业主营业务收入、限额以上批零企业利税率、旅游外汇收入、商品房销售收入、电子商务销售额、规模以上工业企业数、规模以上企业平均利润、产品质量抽查合格率、中国驰名商标持有量（25 个）
可持续发展竞争力（24 个）	强势指标	（0 个）
	优势指标	人均国土面积、人均耕地面积、人均牧草地面积、人均主要能源矿产基础储量、人均治理工业污染投资额、自然灾害直接经济损失、常住人口增长率（7 个）
	劣势指标	人均年水资源量、耕地面积、人均森林储量值、森林覆盖率、人均工业废气排放量、人均工业固体废物排放量、一般工业固体废物综合利用率、生活垃圾无害化处理率、文盲率、平均受教育程度、人口健康素质、职业学校毕业生数（12 个）

续表

二级指标	优劣势	四级指标
财政金融竞争力（22个）	强势指标	（0个）
	优势指标	地方财政收入占GDP比重、地方财政支出占GDP比重、人均地方财政支出、保险密度、保险深度（5个）
	劣势指标	地方财政收入、地方财政支出、税收收入占财政总收入比重、地方财政收入增长率、地方财政支出增长率、存款余额、贷款余额、保险费净收入、国内上市公司数、国内上市公司市值（10个）
知识经济竞争力（29个）	强势指标	城镇居民人均文化娱乐支出占消费性支出比重（1个）
	优势指标	财政科技支出占地方财政支出比重、教育经费占GDP比重、人均教育经费、人均文化教育支出、城镇居民人均文化娱乐支出（5个）
	劣势指标	R&D人员、R&D经费、发明专利授权量、技术市场成交合同金额、高技术产业主营业务收入、高技术产业收入占工业增加值比重、高技术产品出口额占商品出口额比重、教育经费、公共教育经费占财政支出比重、万人中小学学校数、万人中小学专任教师数、高校专任教师数、文化制造业营业收入、文化批发零售业营业收入、文化服务业企业营业收入、图书和期刊出版数、电子出版物品种、印刷用纸量（18个）
发展环境竞争力（18个）	强势指标	人均耗电量、查处商标侵权假冒案件（2个）
	优势指标	人均邮电业务总量、电话普及率、万人个体私营企业数、罚没收入占财政收入比重（4个）
	劣势指标	铁路网线密度、公路网线密度、人均内河航道里程、全社会旅客周转量、全社会货物周转量、网站数、外资企业数增长率、个体私营企业数增长率、每十万人交通事故发生数、社会捐赠款物（10个）
政府作用竞争力（16个）	强势指标	固定资产投资价格指数（1个）
	优势指标	医疗保险覆盖率、养老保险覆盖率、失业保险覆盖率、城镇登记失业率（4个）
	劣势指标	财政支出用于基本建设投资比重、财政支出对GDP增长的拉动、政府公务员对经济的贡献、政府消费对民间消费的拉动、物价调控、统筹经济社会发展、规范税收、城镇职工养老保险收支比、最低工资标准（9个）
发展水平竞争力（18个）	强势指标	人均公共绿地面积（1个）
	优势指标	人均拥有道路面积、亿元以上商品市场成交占全社会消费品零售总额比重（2个）
	劣势指标	工业增加值增长率、高技术产品占商品出口额比重、信息产业增加值占GDP比重、城镇居民人均可支配收入、城市平均建成区面积比重、人均日生活用水量、社会投资占投资总额比重、私有和个体企业从业人员比重、亿元以上商品市场成交额、居民消费支出占总消费支出比重（10个）
统筹协调竞争力（16个）	强势指标	（0个）
	优势指标	居民收入占GDP比重、资源竞争力与宏观经济竞争力比差（2个）
	劣势指标	能源使用下降率、万元GDP综合能耗下降率、非农用地产出率、二三产业增加值比例、固定资产投资增长率、环境竞争力与宏观经济竞争力比差、人力资源竞争力与宏观经济竞争力比差、资源竞争力与工业竞争力比差、城乡居民家庭人均收入比差（9个）

30.2 宁夏回族自治区经济综合竞争力各级指标具体分析

1. 宁夏回族自治区宏观经济竞争力指标排名变化情况

表 30 – 5 2017～2018 年宁夏回族自治区宏观经济竞争力指标组排位及变化趋势

指　　标	2017 年	2018 年	排位升降	优劣势
1　宏观经济竞争力	18	29	− 11	劣势
1.1　经济实力竞争力	22	28	− 6	劣势
地区生产总值	29	29	0	劣势
地区生产总值增长率	11	14	− 3	中势
人均地区生产总值	15	15	0	中势
财政总收入	29	30	− 1	劣势
财政总收入增长率	10	22	− 12	劣势
人均财政收入	17	20	− 3	中势
固定资产投资额	30	30	0	劣势
固定资产投资额增长率	26	29	− 3	劣势
人均固定资产投资额	12	19	− 7	中势
全社会消费品零售总额	29	29	0	劣势
全社会消费品零售总额增长率	20	24	− 4	劣势
人均全社会消费品零售总额	27	28	− 1	劣势
1.2　经济结构竞争力	18	18	0	中势
产业结构优化度	19	19	0	中势
所有制经济结构优化度	16	17	− 1	中势
城乡经济结构优化度	23	23	0	劣势
就业结构优化度	22	22	0	劣势
资本形成结构优化度	2	2	0	强势
贸易结构优化度	23	23	0	劣势
1.3　经济外向度竞争力	8	31	− 23	劣势
进出口总额	29	29	0	劣势
进出口增长率	2	31	− 29	劣势
出口总额	28	28	0	劣势
出口增长率	4	29	− 25	劣势
实际 FDI	27	29	− 2	劣势
实际 FDI 增长率	1	31	− 30	劣势
外贸依存度	24	26	− 2	劣势
外资企业数	29	29	0	劣势
对外直接投资额	25	29	− 4	劣势

2. 宁夏回族自治区产业经济竞争力指标排名变化情况

表 30-6　2017～2018 年宁夏回族自治区产业经济竞争力指标组排位及变化趋势

指　　标	2017 年	2018 年	排位升降	优劣势
2　产业经济竞争力	29	28	1	劣势
2.1　农业竞争力	25	25	0	劣势
农业增加值	26	26	0	劣势
农业增加值增长率	8	9	-1	优势
人均农业增加值	22	21	1	劣势
农民人均纯收入	25	25	0	劣势
农民人均纯收入增长率	12	12	0	中势
农产品出口占农林牧渔总产值比重	19	21	-2	劣势
人均主要农产品产量	5	5	0	优势
农业机械化水平	25	25	0	劣势
农村人均用电量	21	21	0	劣势
财政支农资金比重	3	6	-3	优势
2.2　工业竞争力	27	27	0	劣势
工业增加值	28	28	0	劣势
工业增加值增长率	12	24	-12	劣势
人均工业增加值	20	20	0	中势
工业资产总额	28	28	0	劣势
工业资产总额增长率	2	15	-13	中势
规模以上工业主营业务收入	28	28	0	劣势
工业成本费用率	29	7	22	优势
规模以上工业利润总额	28	28	0	劣势
工业全员劳动生产率	16	22	-6	劣势
工业收入利润率	30	29	1	劣势
2.3　服务业竞争力	29	30	-1	劣势
服务业增加值	29	29	0	劣势
服务业增加值增长率	16	21	-5	劣势
人均服务业增加值	17	17	0	中势
服务业从业人员数	29	29	0	劣势
限额以上批发零售企业主营业务收入	29	29	0	劣势
限额以上批零企业利税率	25	27	-2	劣势
限额以上餐饮企业利税率	11	9	2	优势
旅游外汇收入	30	29	1	劣势
商品房销售收入	29	29	0	劣势
电子商务销售额	29	29	0	劣势

指　标	2017 年	2018 年	排位升降	优劣势
2.4　企业竞争力	22	21	1	劣势
规模以上工业企业数	28	28	0	劣势
规模以上企业平均资产	7	7	0	优势
规模以上企业平均收入	15	12	3	中势
规模以上企业平均利润	29	23	6	劣势
规模以上企业劳动效率	14	10	4	优势
城镇就业人员平均工资	11	10	1	优势
新产品销售收入占主营业务收入比重	21	16	5	中势
产品质量抽查合格率	15	23	- 8	劣势
工业企业 R&D 经费投入强度	20	17	3	中势
中国驰名商标持有量	25	25	0	劣势

3. 宁夏回族自治区可持续发展竞争力指标排名变化情况

表 30 - 7　2017～2018 年宁夏回族自治区可持续发展竞争力指标组排位及变化趋势

指　标	2017 年	2018 年	排位升降	优劣势
3　可持续发展竞争力	30	31	- 1	劣势
3.1　资源竞争力	18	18	0	中势
人均国土面积	7	7	0	优势
人均可使用海域和滩涂面积	13	13	0	中势
人均年水资源量	28	28	0	劣势
耕地面积	25	25	0	劣势
人均耕地面积	6	6	0	优势
人均牧草地面积	6	6	0	优势
主要能源矿产基础储量	14	14	0	中势
人均主要能源矿产基础储量	4	4	0	优势
人均森林储积量	26	26	0	劣势
3.2　环境竞争力	28	25	3	劣势
森林覆盖率	26	26	0	劣势
人均废水排放量	17	16	1	中势
人均工业废气排放量	31	31	0	劣势
人均工业固体废物排放量	28	28	0	劣势
人均治理工业污染投资额	4	4	0	优势
一般工业固体废物综合利用率	26	26	0	劣势
生活垃圾无害化处理率	16	21	- 5	劣势
自然灾害直接经济损失	6	4	2	优势

指　标	2017 年	2018 年	排位升降	优劣势
3.3　人力资源竞争力	26	29	-3	劣势
常住人口增长率	5	6	-1	优势
15~64 岁人口比例	12	19	-7	中势
文盲率	26	27	-1	劣势
大专以上教育程度人口比例	9	18	-9	中势
平均受教育程度	16	24	-8	劣势
人口健康素质	29	25	4	劣势
职业学校毕业生数	29	29	0	劣势

4. 宁夏回族自治区财政金融竞争力指标排名变化情况

表 30 - 8　2017~2018 年宁夏回族自治区财政金融竞争力指标组排位及变化趋势

指　标	2017 年	2018 年	排位升降	优劣势
4　财政金融竞争力	21	26	-5	劣势
4.1　财政竞争力	11	25	-14	劣势
地方财政收入	29	29	0	劣势
地方财政支出	31	31	0	劣势
地方财政收入占 GDP 比重	8	8	0	优势
地方财政支出占 GDP 比重	5	5	0	优势
税收收入占 GDP 比重	12	12	0	中势
税收收入占财政总收入比重	29	29	0	劣势
人均地方财政收入	11	13	-2	中势
人均地方财政支出	6	5	1	优势
人均税收收入	13	16	-3	中势
地方财政收入增长率	11	23	-12	劣势
地方财政支出增长率	13	27	-14	劣势
税收收入增长率	6	17	-11	中势
4.2　金融竞争力	30	26	4	劣势
存款余额	29	29	0	劣势
人均存款余额	20	20	0	中势
贷款余额	29	29	0	劣势
人均贷款余额	10	12	-2	中势
中长期贷款占贷款余额比重	23	20	3	中势
保险费净收入	29	29	0	劣势
保险密度	11	7	4	优势
保险深度	10	4	6	优势
国内上市公司数	30	30	0	劣势
国内上市公司市值	31	30	1	劣势

5. 宁夏回族自治区知识经济竞争力指标排名变化情况

表 30 - 9　2017～2018 年宁夏回族自治区知识经济竞争力指标组排位及变化趋势

指　标	2017 年	2018 年	排位升降	优劣势
5　知识经济竞争力	29	28	1	劣势
5.1　科技竞争力	26	23	3	劣势
R&D 人员	27	27	0	劣势
R&D 经费	28	28	0	劣势
R&D 经费投入强度	18	16	2	中势
发明专利授权量	28	28	0	劣势
技术市场成交合同金额	28	28	0	劣势
财政科技支出占地方财政支出比重	13	10	3	优势
高技术产业主营业务收入	27	26	1	劣势
高技术产业收入占工业增加值比重	24	21	3	劣势
高技术产品出口额占商品出口额比重	24	23	1	劣势
5.2　教育竞争力	30	30	0	劣势
教育经费	31	31	0	劣势
教育经费占 GDP 比重	9	8	1	优势
人均教育经费	9	9	0	优势
公共教育经费占财政支出比重	29	27	2	劣势
人均文化教育支出	12	10	2	优势
万人中小学学校数	29	29	0	劣势
万人中小学专任教师数	26	26	0	劣势
高等学校数	18	18	0	中势
高校专任教师数	29	29	0	劣势
万人高等学校在校学生数	22	20	2	中势
5.3　文化竞争力	26	26	0	劣势
文化制造业营业收入	27	27	0	劣势
文化批发零售业营业收入	30	30	0	劣势
文化服务业企业营业收入	30	30	0	劣势
图书和期刊出版数	27	27	0	劣势
电子出版物品种	28	29	- 1	劣势
印刷用纸量	31	31	0	劣势
城镇居民人均文化娱乐支出	11	10	1	优势
农村居民人均文化娱乐支出	13	14	- 1	中势
城镇居民人均文化娱乐支出占消费性支出比重	4	3	1	强势
农村居民人均文化娱乐支出占消费性支出比重	10	11	- 1	中势

6. 宁夏回族自治区发展环境竞争力指标排名变化情况

表 30 - 10　2017～2018 年宁夏回族自治区发展环境竞争力指标组排位及变化趋势

指　标	2017 年	2018 年	排位升降	优劣势
6　发展环境竞争力	11	14	- 3	中势
6.1　基础设施竞争力	16	16	0	中势
铁路网线密度	22	22	0	劣势
公路网线密度	25	24	1	劣势
人均内河航道里程	22	22	0	劣势
全社会旅客周转量	30	30	0	劣势
全社会货物周转量	29	29	0	劣势
人均邮电业务总量	7	7	0	优势
电话普及率	10	8	2	优势
网站数	29	29	0	劣势
人均耗电量	1	1	0	强势
6.2　软环境竞争力	9	14	- 5	中势
外资企业数增长率	5	22	- 17	劣势
万人外资企业数	20	20	0	中势
个体私营企业数增长率	15	21	- 6	劣势
万人个体私营企业数	8	8	0	优势
万人商标注册件数	18	20	- 2	中势
查处商标侵权假冒案件	1	1	0	强势
每十万人交通事故发生数	29	29	0	劣势
罚没收入占财政收入比重	8	10	- 2	优势
社会捐赠款物	25	22	3	劣势

7. 宁夏回族自治区政府作用竞争力指标排名变化情况

表 30 - 11　2017～2018 年宁夏回族自治区政府作用竞争力指标组排位及变化趋势

指　标	2017 年	2018 年	排位升降	优劣势
7　政府作用竞争力	18	17	1	中势
7.1　政府发展经济竞争力	27	28	- 1	劣势
财政支出用于基本建设投资比重	20	21	- 1	劣势
财政支出对 GDP 增长的拉动	27	27	0	劣势
政府公务员对经济的贡献	23	23	0	劣势
政府消费对民间消费的拉动	28	28	0	劣势
财政投资对社会投资的拉动	16	19	- 3	中势

续表

指　　标	2017 年	2018 年	排位升降	优劣势
7.2　政府规调经济竞争力	21	16	5	中势
物价调控	18	25	−7	劣势
调控城乡消费差距	15	17	−2	中势
统筹经济社会发展	28	24	4	劣势
规范税收	10	23	−13	劣势
固定资产投资价格指数	19	3	16	强势
7.3　政府保障经济竞争力	7	7	0	优势
城镇职工养老保险收支比	30	30	0	劣势
医疗保险覆盖率	12	9	3	优势
养老保险覆盖率	4	4	0	优势
失业保险覆盖率	7	7	0	优势
最低工资标准	18	23	−5	劣势
城镇登记失业率	6	4	2	优势

8. 宁夏回族自治区发展水平竞争力指标排名变化情况

表 30 – 12　2017～2018 年宁夏回族自治区发展水平竞争力指标组排位及变化趋势

指　　标	2017 年	2018 年	排位升降	优劣势
8　发展水平竞争力	21	22	−1	劣势
8.1　工业化进程竞争力	24	25	−1	劣势
工业增加值占 GDP 比重	17	19	−2	中势
工业增加值增长率	23	24	−1	劣势
高技术产业占工业增加值比重	23	20	3	中势
高技术产品占商品出口额比重	26	23	3	劣势
信息产业增加值占 GDP 比重	20	26	−6	劣势
工农业增加值比值	15	17	−2	中势
8.2　城市化进程竞争力	15	13	2	中势
城镇化率	15	15	0	中势
城镇居民人均可支配收入	25	24	1	劣势
城市平均建成区面积比重	27	27	0	劣势
人均拥有道路面积	5	4	1	优势
人均日生活用水量	16	21	−5	劣势
人均公共绿地面积	2	1	1	强势

指标	2017 年	2018 年	排位升降	优劣势
8.3 市场化进程竞争力	19	19	0	中势
非公有制经济产值占全社会总产值比重	16	17	-1	中势
社会投资占投资总额比重	22	23	-1	劣势
私有和个体企业从业人员比重	9	21	-12	劣势
亿元以上商品市场成交额	27	27	0	劣势
亿元以上商品市场成交额占全社会消费品零售总额比重	6	6	0	优势
居民消费支出占总消费支出比重	28	28	0	劣势

9. 宁夏回族自治区统筹协调竞争力指标排名变化情况

表 30 - 13 2017 ~ 2018 年宁夏回族自治区统筹协调竞争力指标组排位及变化趋势

指标	2017 年	2018 年	排位升降	优劣势
9 统筹协调竞争力	28	28	0	劣势
9.1 统筹发展竞争力	31	30	1	劣势
社会劳动生产率	15	15	0	中势
能源使用下降率	31	30	1	劣势
万元 GDP 综合能耗下降率	31	30	1	劣势
非农用地产出率	24	25	-1	劣势
居民收入占 GDP 比重	10	10	0	优势
二三产业增加值比例	24	25	-1	劣势
固定资产投资额占 GDP 比重	22	16	6	中势
固定资产投资增长率	6	29	-23	劣势
9.2 协调发展竞争力	9	24	-15	劣势
资源竞争力与宏观经济竞争力比差	14	10	4	优势
环境竞争力与宏观经济竞争力比差	10	27	-17	劣势
人力资源竞争力与宏观经济竞争力比差	11	25	-14	劣势
环境竞争力与工业竞争力比差	10	12	-2	中势
资源竞争力与工业竞争力比差	27	23	4	劣势
城乡居民家庭人均收入比差	23	23	0	劣势
城乡居民人均现金消费支出比差	15	17	-2	中势
全社会消费品零售总额与外贸出口总额比差	12	16	-4	中势

新疆维吾尔自治区经济综合竞争力评价分析报告

新疆维吾尔自治区简称新，地处中国西北边疆，东部与甘肃、青海相连，南部与西藏相邻，西部和北部分别与巴基斯坦、印度、阿富汗、塔吉克斯坦、吉尔吉斯斯坦、哈萨克斯坦、俄罗斯、蒙古等国接壤，是国境线最长、交界邻国最多的省区。新疆维吾尔自治区总面积为 166 万多平方公里，是全国土地面积最大的省区。2018 年全区常住人口为 2487 万人，地区生产总值为 12199 亿元，同比增长 6.1%，人均 GDP 达 49475 元。本部分通过分析 2017~2018 年新疆维吾尔自治区经济综合竞争力以及各要素竞争力的排名变化，从中找出新疆维吾尔自治区经济综合竞争力的推动点及影响因素，为进一步提升新疆维吾尔自治区经济综合竞争力提供决策参考。

31.1 新疆维吾尔自治区经济综合竞争力总体分析

1. 新疆维吾尔自治区经济综合竞争力一级指标概要分析

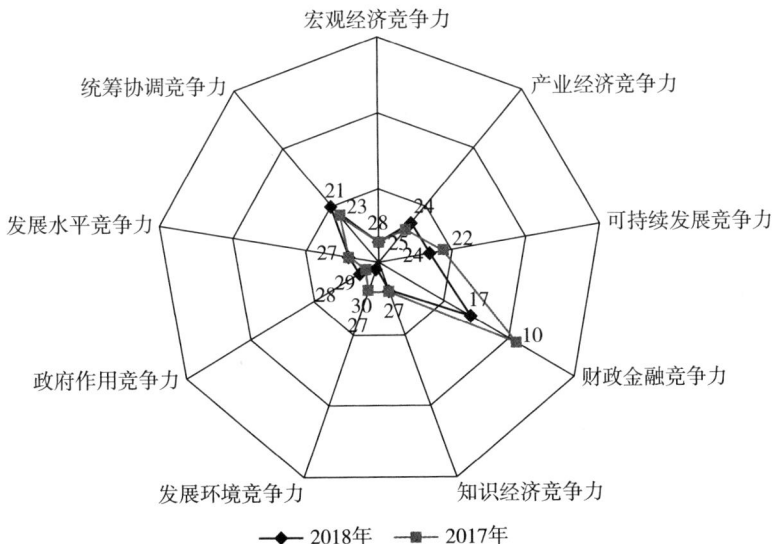

图 31-1 2017~2018 年新疆维吾尔自治区经济综合竞争力二级指标比较

表 31 - 1　2017～2018 年新疆维吾尔自治区经济综合竞争力二级指标表现情况

项目 年份	宏观经济竞争力	产业经济竞争力	可持续发展竞争力	财政金融竞争力	知识经济竞争力	发展环境竞争力	政府作用竞争力	发展水平竞争力	统筹协调竞争力	综合排位
2017	28	25	22	10	27	27	29	27	23	27
2018	28	24	24	17	27	30	28	27	21	28
升降	0	1	-2	-7	0	-3	1	0	2	-1
优劣度	劣势	劣势	劣势	中势	劣势	劣势	劣势	劣势	劣势	劣势

（1）从综合排位看，2018 年新疆维吾尔自治区经济综合竞争力综合排位在全国居第 28 位，这表明其在全国处于劣势地位；与 2017 年相比，综合排位下降了 1 位。

（2）从指标所处区位看，有 1 个指标处于中游区，为财政金融竞争力，其余 8 个指标为新疆维吾尔自治区经济综合竞争力的劣势指标。

（3）从指标变化趋势看，9 个二级指标中，有 3 个指标处于上升趋势，分别为产业经济竞争力、政府作用竞争力和统筹协调竞争力，这些是新疆维吾尔自治区经济综合竞争力的上升动力所在；有 3 个指标排位没有发生变化，分别为宏观经济竞争力、知识经济竞争力和发展水平竞争力；有 3 个指标处于下降趋势，为发展环境竞争力、财政金融竞争力和可持续发展竞争力，是新疆维吾尔自治区经济综合竞争力的下降拉力所在。

2. 新疆维吾尔自治区经济综合竞争力各级指标动态变化分析

表 31 - 2　2017～2018 年新疆维吾尔自治区经济综合竞争力各级指标排位变化情况

单位：个，%

二级指标	三级指标	四级指标数	上升		保持		下降		变化趋势
			指标数	比重	指标数	比重	指标数	比重	
宏观经济竞争力	经济实力竞争力	12	5	41.7	3	25.0	4	33.3	下降
	经济结构竞争力	6	2	33.3	4	66.7	0	0.0	保持
	经济外向度竞争力	9	2	22.2	2	22.2	5	55.6	下降
	小　计	27	9	33.3	9	33.3	9	33.3	保持

续表

二级指标	三级指标	四级指标数	上升		保持		下降		变化趋势
			指标数	比重	指标数	比重	指标数	比重	
产业经济竞争力	农业竞争力	10	4	40.0	6	60.0	0	0.0	上升
	工业竞争力	10	8	80.0	1	10.0	1	10.0	上升
	服务业竞争力	10	1	10.0	5	50.0	4	40.0	下降
	企业竞争力	10	5	50.0	4	40.0	1	10.0	上升
	小　计	**40**	18	45.0	16	40.0	6	15.0	上升
可持续发展竞争力	资源竞争力	9	0	0.0	7	77.8	2	22.2	保持
	环境竞争力	8	2	25.0	6	75.0	0	0.0	下降
	人力资源竞争力	7	3	42.9	0	0.0	4	57.1	下降
	小　计	**24**	5	20.8	13	54.2	6	25.0	下降
财政金融竞争力	财政竞争力	12	4	33.3	2	16.7	6	50.0	下降
	金融竞争力	10	4	40.0	3	30.0	3	30.0	上升
	小　计	**22**	8	36.4	5	22.7	9	40.9	下降
知识经济竞争力	科技竞争力	9	0	0.0	7	77.8	2	22.2	保持
	教育竞争力	10	4	40.0	6	60.0	0	0.0	保持
	文化竞争力	10	3	30.0	2	20.0	5	50.0	保持
	小　计	**29**	7	24.1	15	51.7	7	24.1	保持
发展环境竞争力	基础设施竞争力	9	2	22.2	5	55.6	2	22.2	保持
	软环境竞争力	9	2	22.2	3	33.3	4	44.4	下降
	小　计	**18**	4	22.2	8	44.4	6	33.3	下降
政府作用竞争力	政府发展经济竞争力	5	0	0.0	4	80.0	1	20.0	保持
	政府规调经济竞争力	5	1	20.0	1	20.0	3	60.0	上升
	政府保障经济竞争力	6	4	66.7	1	16.7	1	16.7	上升
	小　计	**16**	5	31.3	6	37.5	5	31.3	上升
发展水平竞争力	工业化进程竞争力	6	5	83.3	1	16.7	0	0.0	保持
	城市化进程竞争力	6	3	50.0	1	16.7	2	33.3	上升
	市场化进程竞争力	6	2	33.3	2	33.3	2	33.3	下降
	小　计	**18**	10	55.6	4	22.2	4	22.2	保持
统筹协调竞争力	统筹发展竞争力	8	5	62.5	2	25.0	1	12.5	上升
	协调发展竞争力	8	1	12.5	4	50.0	3	37.5	下降
	小　计	**16**	6	37.5	6	37.5	4	25.0	上升
合　计		**210**	72	34.3	82	39.0	56	26.7	下降

从表 31-2 可以看出，210 个四级指标中，上升指标有 72 个，占指标总数的 34.3%；下降指标有 56 个，占指标总数的 26.7%；保持不变的指标

有 82 个，占指标总数的 39.0%。综上所述，新疆维吾尔自治区经济综合竞争力上升的动力大于下降的拉力，但受其他因素的综合影响，2017～2018年新疆维吾尔自治区经济综合竞争力排位略有下降。

3. 新疆维吾尔自治区经济综合竞争力各级指标优劣势结构分析

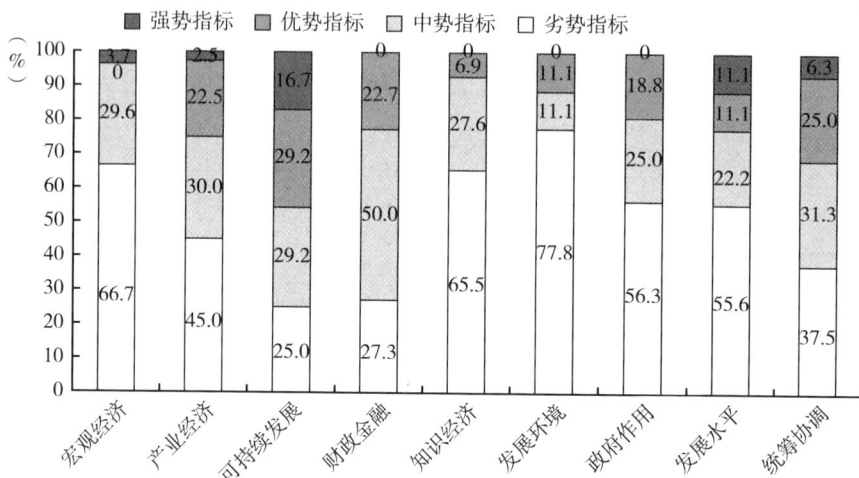

图 31 - 2　2018 年新疆维吾尔自治区经济综合竞争力各级指标优劣势比较

表 31 - 3　2018 年新疆维吾尔自治区经济综合竞争力各级指标优劣势情况

单位：个，%

二级指标	三级指标	四级指标数	强势指标		优势指标		中势指标		劣势指标		优劣势
			个数	比重	个数	比重	个数	比重	个数	比重	
宏观经济竞争力	经济实力竞争力	12	0	0.0	0	0.0	3	25.0	9	75.0	劣势
	经济结构竞争力	6	0	0.0	0	0.0	1	16.7	5	83.3	劣势
	经济外向度竞争力	9	1	11.1	0	0.0	4	44.4	4	44.4	劣势
	小　计	27	1	3.7	0	0.0	8	29.6	18	66.7	劣势
产业经济竞争力	农业竞争力	10	0	0.0	4	40.0	4	40.0	2	20.0	中势
	工业竞争力	10	1	10.0	2	20.0	2	20.0	5	50.0	中势
	服务业竞争力	10	0	0.0	0	0.0	4	40.0	6	60.0	劣势
	企业竞争力	10	0	0.0	3	30.0	2	20.0	5	50.0	劣势
	小　计	40	1	2.5	9	22.5	12	30.0	18	45.0	劣势

续表

二级指标	三级指标	四级指标数	强势指标		优势指标		中势指标		劣势指标		优劣势
			个数	比重	个数	比重	个数	比重	个数	比重	
可持续发展竞争力	资源竞争力	9	3	33.3	4	44.4	2	22.2	0	0.0	优势
	环境竞争力	8	0	0.0	2	25.0	2	25.0	4	50.0	劣势
	人力资源竞争力	7	1	14.3	1	14.3	3	42.9	2	28.6	劣势
	小　计	24	4	16.7	7	29.2	7	29.2	6	25.0	劣势
财政金融竞争力	财政竞争力	12	0	0.0	4	33.3	5	41.7	3	25.0	中势
	金融竞争力	10	0	0.0	1	10.0	6	60.0	3	30.0	中势
	小　计	22	0	0.0	5	22.7	11	50.0	6	27.3	中势
知识经济竞争力	科技竞争力	9	0	0.0	0	0.0	0	0.0	9	100.0	劣势
	教育竞争力	10	0	0.0	2	20.0	4	40.0	4	40.0	劣势
	文化竞争力	10	0	0.0	0	0.0	4	40.0	6	60.0	劣势
	小　计	29	0	0.0	2	6.9	8	27.6	19	65.5	劣势
发展环境竞争力	基础设施竞争力	9	0	0.0	1	11.1	1	11.1	7	77.8	劣势
	软环境竞争力	9	0	0.0	1	11.1	1	11.1	7	77.8	劣势
	小　计	18	0	0.0	2	11.1	2	11.1	14	77.8	劣势
政府作用竞争力	政府发展经济竞争力	5	0	0.0	1	20.0	0	0.0	4	80.0	劣势
	政府规调经济竞争力	5	0	0.0	1	20.0	1	20.0	3	60.0	劣势
	政府保障经济竞争力	6	0	0.0	1	16.7	3	50.0	2	33.3	中势
	小　计	16	0	0.0	3	18.8	4	25.0	9	56.3	劣势
发展水平竞争力	工业化进程竞争力	6	1	16.7	0	0.0	1	16.7	4	66.7	劣势
	城市化进程竞争力	6	0	0.0	2	33.3	2	33.3	2	33.3	中势
	市场化进程竞争力	6	1	16.7	0	0.0	1	16.7	4	66.7	劣势
	小　计	18	2	11.1	2	11.1	4	22.2	10	55.6	劣势
统筹协调竞争力	统筹发展竞争力	8	0	0.0	1	12.5	4	50.0	3	37.5	劣势
	协调发展竞争力	8	1	12.5	3	37.5	1	12.5	3	37.5	中势
	小　计	16	1	6.3	4	25.0	5	31.3	6	37.5	劣势
合　计		210	9	4.3	34	16.2	61	29.0	106	50.5	劣势

基于图 31-2 和表 31-3，具体到四级指标，强势指标 9 个，占指标总数的 4.3%；优势指标 34 个，占指标总数的 16.2%；中势指标 61 个，占指标总数的 29.0%；劣势指标 106 个，占指标总数的 50.5%。三级指标中，没有强势指标；优势指标 1 个，占三级指标总数的 4%；中势指标 8 个，占三级指标总数的 32%；劣势指标 16 个，占三级指标总数的 64%。从二级指标看，没有

强势指标和优势指标；中势指标有 1 个，占二级指标总数的 11.1%；劣势指标有 8 个，占二级指标总数的 88.9%。综合来看，由于劣势指标在指标体系中居于主导地位，2018 年新疆维吾尔自治区经济综合竞争力处于劣势地位。

4. 新疆维吾尔自治区经济综合竞争力四级指标优劣势对比分析

表 31 – 4　2018 年新疆维吾尔自治区经济综合竞争力各级指标优劣势情况

二级指标	优劣势	四级指标
宏观经济竞争力(27 个)	强势指标	实际 FDI 增长率(1 个)
	优势指标	(0 个)
	劣势指标	地区生产总值、地区生产总值增长率、财政总收入、人均财政收入、固定资产投资额、固定资产投资额增长率、人均固定资产投资额、全社会消费品零售总额、人均全社会消费品零售总额、产业结构优化度、所有制经济结构优化度、城乡经济结构优化度、就业结构优化度、贸易结构优化度、出口总额、出口增长率、实际 FDI、外资企业数(18 个)
产业经济竞争力(40 个)	强势指标	工业增加值增长率(1 个)
	优势指标	农业增加值增长率、人均农业增加值、人均主要农产品产量、财政支农资金比重、工业全员劳动生产率、工业收入利润率、规模以上企业平均资产、规模以上企业平均利润、规模以上企业劳动效率(9 个)
	劣势指标	农民人均纯收入、农民人均纯收入增长率、工业增加值、人均工业增加值、规模以上工业主营业务收入、工业成本费用率、规模以上工业利润总额、服务业增加值、人均服务业增加值、服务业从业人员数、限额以上批零企业利税率、商品房销售收入、电子商务销售额、规模以上工业企业数、新产品销售收入占主营业务收入比重、产品质量抽查合格率、工业企业 R&D 经费投入强度、中国驰名商标持有量(18 个)
可持续发展竞争力(24 个)	强势指标	人均国土面积、主要能源矿产基础储量、人均主要能源矿产基础储量、常住人口增长率(4 个)
	优势指标	人均年水资源量、人均耕地面积、人均牧草地面积、人均森林储积量、人均废水排放量、人均治理工业污染投资额、大专以上教育程度人口比例(7 个)
	劣势指标	森林覆盖率、人均工业废气排放量、人均工业固体废物排放量、生活垃圾无害化处理率、15 ~ 64 岁人口比例、人口健康素质(6 个)
财政金融竞争力(22 个)	强势指标	(0 个)
	优势指标	地方财政收入占 GDP 比重、地方财政支出占 GDP 比重、税收收入占 GDP 比重、人均地方财政支出、保险深度(5 个)
	劣势指标	地方财政收入、税收收入占财政总收入比重、地方财政收入增长率、存款余额、贷款余额、保险费净收入(6 个)

续表

二级指标	优劣势	四级指标
知识经济竞争力（29个）	强势指标	（0个）
	优势指标	教育经费占GDP比重、人均教育经费（2个）
	劣势指标	R&D人员、R&D经费、R&D经费投入强度、发明专利授权量、技术市场成交合同金额、财政科技支出占地方财政支出比重、高技术产业主营业务收入、高技术产业收入占工业增加值比重、高技术产品出口额占商品出口额比重、万人中小学学校数、万人中小学专任教师数、高校专任教师数、万人高等学校在校学生数、文化制造业营业收入、文化批发零售业营业收入、文化服务业企业营业收入、电子出版物品种、印刷用纸量、农村居民人均文化娱乐支出（19个）
发展环境竞争力（18个）	强势指标	（0个）
	优势指标	人均耗电量、查处商标侵权假冒案件（2个）
	劣势指标	铁路网线密度、公路网线密度、人均内河航道里程、全社会旅客周转量、全社会货物周转量、人均邮电业务总量、网站数、外资企业数增长率、万人外资企业数、万人个体私营企业数、万人商标注册件数、每十万人交通事故发生数、罚没收入占财政收入比重、社会捐赠款物（14个）
政府作用竞争力（16个）	强势指标	（0个）
	优势指标	财政支出用于基本建设投资比重、固定资产投资价格指数、最低工资标准（3个）
	劣势指标	财政支出对GDP增长的拉动、政府公务员对经济的贡献、政府消费对民间消费的拉动、财政投资对社会投资的拉动、调控城乡消费差距、统筹经济社会发展、规范税收、城镇职工养老保险收支比、城镇登记失业率（9个）
发展水平竞争力（18个）	强势指标	工业增加值增长率、亿元以上商品市场成交额占全社会消费品零售总额比重（2个）
	优势指标	城市平均建成区面积比重、人均拥有道路面积（2个）
	劣势指标	高技术产业占工业增加值比重、高技术产品占商品出口额比重、信息产业增加值占GDP比重、工农业增加值比值、城镇化率、城镇居民人均可支配收入、非公有制经济产值占全社会总产值比重、社会投资占投资总额比重、私有和个体企业从业人员比重、居民消费支出占总消费支出比重（10个）
统筹协调竞争力（16个）	强势指标	资源竞争力与宏观经济竞争力比差（1个）
	优势指标	能源使用下降率、环境竞争力与工业竞争力比差、资源竞争力与工业竞争力比差、全社会消费品零售总额与外贸出口总额比差（4个）
	劣势指标	非农用地产出率、二三产业增加值比例、固定资产投资增长率、人力资源竞争力与宏观经济竞争力比差、城乡居民家庭人均收入比差、城乡居民人均现金消费支出比差（6个）

31.2 新疆维吾尔自治区经济综合竞争力各级指标具体分析

1.新疆维吾尔自治区宏观经济竞争力指标排名变化情况

表31-5 2017～2018年新疆维吾尔自治区宏观经济竞争力指标组排位及变化趋势

指　标	2017年	2018年	排位升降	优劣势
1 宏观经济竞争力	28	28	0	劣势
1.1 经济实力竞争力	24	26	-2	劣势
地区生产总值	26	26	0	劣势
地区生产总值增长率	15	24	-9	劣势
人均地区生产总值	20	19	1	中势
财政总收入	25	24	1	劣势
财政总收入增长率	27	18	9	中势
人均财政收入	23	21	2	劣势
固定资产投资额	20	22	-2	劣势
固定资产投资额增长率	2	30	-28	劣势
人均固定资产投资额	13	26	-13	劣势
全社会消费品零售总额	27	27	0	劣势
全社会消费品零售总额增长率	24	14	10	中势
人均全社会消费品零售总额	30	30	0	劣势
1.2 经济结构竞争力	29	29	0	劣势
产业结构优化度	25	25	0	劣势
所有制经济结构优化度	28	27	1	劣势
城乡经济结构优化度	24	24	0	劣势
就业结构优化度	30	29	1	劣势
资本形成结构优化度	11	11	0	中势
贸易结构优化度	29	29	0	劣势
1.3 经济外向度竞争力	17	22	-5	劣势
进出口总额	19	20	-1	中势
进出口增长率	8	18	-10	中势
出口总额	19	21	-2	劣势
出口增长率	8	30	-22	劣势
实际FDI	29	28	1	劣势
实际FDI增长率	7	1	6	强势
外贸依存度	13	13	0	中势
外资企业数	27	28	-1	劣势
对外直接投资额	20	20	0	中势

2. 新疆维吾尔自治区产业经济竞争力指标排名变化情况

表 31 - 6　2017～2018 年新疆维吾尔自治区产业经济竞争力指标组排位及变化趋势

指　　标	2017 年	2018 年	排位升降	优劣势
2　产业经济竞争力	25	24	1	劣势
2.1　农业竞争力	18	13	5	中势
农业增加值	20	20	0	中势
农业增加值增长率	6	5	1	优势
人均农业增加值	8	8	0	优势
农民人均纯收入	23	23	0	劣势
农民人均纯收入增长率	21	21	0	劣势
农产品出口占农林牧渔总产值比重	20	19	1	中势
人均主要农产品产量	4	4	0	优势
农业机械化水平	14	13	1	中势
农村人均用电量	11	11	0	中势
财政支农资金比重	10	7	3	优势
2.2　工业竞争力	21	20	1	中势
工业增加值	26	25	1	劣势
工业增加值增长率	19	1	18	强势
人均工业增加值	23	22	1	劣势
工业资产总额	20	19	1	中势
工业资产总额增长率	14	12	2	中势
规模以上工业主营业务收入	25	24	1	劣势
工业成本费用率	6	27	- 21	劣势
规模以上工业利润总额	25	25	0	劣势
工业全员劳动生产率	7	6	1	优势
工业收入利润率	7	5	2	优势
2.3　服务业竞争力	21	26	- 5	劣势
服务业增加值	26	26	0	劣势
服务业增加值增长率	12	17	- 5	中势
人均服务业增加值	22	22	0	劣势
服务业从业人员数	22	25	- 3	劣势
限额以上批发零售企业主营业务收入	20	20	0	中势
限额以上批零企业利税率	28	29	- 1	劣势
限额以上餐饮企业利税率	4	14	- 10	中势
旅游外汇收入	19	19	0	中势
商品房销售收入	28	28	0	劣势
电子商务销售额	25	24	1	劣势

指　标	2017 年	2018 年	排位升降	优劣势
2.4　企业竞争力	28	25	3	劣势
规模以上工业企业数	25	25	0	劣势
规模以上企业平均资产	8	8	0	优势
规模以上企业平均收入	16	11	5	中势
规模以上企业平均利润	9	8	1	优势
规模以上企业劳动效率	12	8	4	优势
城镇就业人员平均工资	15	15	0	中势
新产品销售收入占主营业务收入比重	31	30	1	劣势
产品质量抽查合格率	27	26	1	劣势
工业企业 R&D 经费投入强度	27	28	−1	劣势
中国驰名商标持有量	25	25	0	劣势

3. 新疆维吾尔自治区可持续发展竞争力指标排名变化情况

表 31 −7　2017～2018 年新疆维吾尔自治区可持续发展竞争力指标组排位及变化趋势

指　标	2017 年	2018 年	排位升降	优劣势
3　可持续发展竞争力	22	24	−2	劣势
3.1　资源竞争力	5	5	0	优势
人均国土面积	3	3	0	强势
人均可使用海域和滩涂面积	13	13	0	中势
人均年水资源量	5	7	−2	优势
耕地面积	11	11	0	中势
人均耕地面积	4	4	0	优势
人均牧草地面积	4	4	0	优势
主要能源矿产基础储量	3	3	0	强势
人均主要能源矿产基础储量	3	3	0	强势
人均森林储积量	8	9	−1	优势
3.2　环境竞争力	29	30	−1	劣势
森林覆盖率	31	31	0	劣势
人均废水排放量	12	10	2	优势
人均工业废气排放量	29	29	0	劣势
人均工业固体废物排放量	23	23	0	劣势
人均治理工业污染投资额	9	9	0	优势
一般工业固体废物综合利用率	19	19	0	中势
生活垃圾无害化处理率	29	29	0	劣势
自然灾害直接经济损失	20	15	5	中势

续表

指　标	2017 年	2018 年	排位升降	优劣势
3.3　人力资源竞争力	16	22	-6	劣势
常住人口增长率	1	2	-1	强势
15~64 岁人口比例	23	21	2	劣势
文盲率	10	11	-1	中势
大专以上教育程度人口比例	5	6	-1	优势
平均受教育程度	9	12	-3	中势
人口健康素质	31	30	1	劣势
职业学校毕业生数	23	20	3	中势

4. 新疆维吾尔自治区财政金融竞争力指标排名变化情况

表 31 - 8　2017~2018 年新疆维吾尔自治区财政金融竞争力指标组排位及变化趋势

指　标	2017 年	2018 年	排位升降	优劣势
4　财政金融竞争力	10	17	-7	中势
4.1　财政竞争力	6	14	-8	中势
地方财政收入	24	24	0	劣势
地方财政支出	20	19	1	中势
地方财政收入占 GDP 比重	5	6	-1	优势
地方财政支出占 GDP 比重	4	4	0	优势
税收收入占 GDP 比重	10	9	1	优势
税收收入占财政总收入比重	30	27	3	劣势
人均地方财政收入	13	15	-2	中势
人均地方财政支出	7	6	1	优势
人均税收收入	15	17	-2	中势
地方财政收入增长率	4	24	-20	劣势
地方财政支出增长率	3	19	-16	中势
税收收入增长率	10	14	-4	中势
4.2　金融竞争力	21	18	3	中势
存款余额	26	26	0	劣势
人均存款余额	18	19	-1	中势
贷款余额	27	27	0	劣势
人均贷款余额	17	19	-2	中势
中长期贷款占贷款余额比重	22	19	3	中势
保险费净收入	25	25	0	劣势
保险密度	20	18	2	中势
保险深度	9	8	1	优势
国内上市公司数	14	15	-1	中势
国内上市公司市值	16	14	2	中势

5. 新疆维吾尔自治区知识经济竞争力指标排名变化情况

表 31 - 9   2017 ~ 2018 年新疆维吾尔自治区知识经济竞争力指标组排位及变化趋势

指　标	2017 年	2018 年	排位升降	优劣势
5　知识经济竞争力	27	27	0	劣势
5.1　科技竞争力	30	30	0	劣势
R&D 人员	28	28	0	劣势
R&D 经费	27	27	0	劣势
R&D 经费投入强度	28	28	0	劣势
发明专利授权量	26	26	0	劣势
技术市场成交合同金额	29	30	- 1	劣势
财政科技支出占地方财政支出比重	26	27	- 1	劣势
高技术产业主营业务收入	30	30	0	劣势
高技术产业收入占工业增加值比重	31	31	0	劣势
高技术产品出口额占商品出口额比重	28	28	0	劣势
5.2　教育竞争力	17	17	0	中势
教育经费	19	19	0	中势
教育经费占 GDP 比重	5	5	0	优势
人均教育经费	5	4	1	优势
公共教育经费占财政支出比重	20	17	3	中势
人均文化教育支出	24	17	7	中势
万人中小学学校数	23	22	1	劣势
万人中小学专任教师数	31	31	0	劣势
高等学校数	15	15	0	中势
高校专任教师数	27	27	0	劣势
万人高等学校在校学生数	29	29	0	劣势
5.3　文化竞争力	29	29	0	劣势
文化制造业营业收入	30	29	1	劣势
文化批发零售业营业收入	24	24	0	劣势
文化服务业企业营业收入	21	23	- 2	劣势
图书和期刊出版数	18	18	0	中势
电子出版物品种	26	28	- 2	劣势
印刷用纸量	24	25	- 1	劣势
城镇居民人均文化娱乐支出	12	17	- 5	中势
农村居民人均文化娱乐支出	30	28	2	劣势
城镇居民人均文化娱乐支出占消费性支出比重	15	19	- 4	中势
农村居民人均文化娱乐支出占消费性支出比重	25	18	7	中势

6. 新疆维吾尔自治区发展环境竞争力指标排名变化情况

表 31 - 10　2017~2018 年新疆维吾尔自治区发展环境竞争力指标组排位及变化趋势

指　标	2017 年	2018 年	排位升降	优劣势
6　发展环境竞争力	27	30	- 3	劣势
6.1　基础设施竞争力	30	30	0	劣势
铁路网线密度	29	29	0	劣势
公路网线密度	30	29	1	劣势
人均内河航道里程	28	28	0	劣势
全社会旅客周转量	21	22	- 1	劣势
全社会货物周转量	21	21	0	劣势
人均邮电业务总量	30	29	1	劣势
电话普及率	15	17	- 2	中势
网站数	28	28	0	劣势
人均耗电量	4	4	0	优势
6.2　软环境竞争力	17	29	- 12	劣势
外资企业数增长率	3	30	- 27	劣势
万人外资企业数	30	30	0	劣势
个体私营企业数增长率	10	15	- 5	中势
万人个体私营企业数	23	23	0	劣势
万人商标注册件数	14	22	- 8	劣势
查处商标侵权假冒案件	6	6	0	优势
每十万人交通事故发生数	24	23	1	劣势
罚没收入占财政收入比重	16	22	- 6	劣势
社会捐赠款物	29	25	4	劣势

7. 新疆维吾尔自治区政府作用竞争力指标排名变化情况

表 31 - 11　2017~2018 年新疆维吾尔自治区政府作用竞争力指标组排位及变化趋势

指　标	2017 年	2018 年	排位升降	优劣势
7　政府作用竞争力	29	28	1	劣势
7.1　政府发展经济竞争力	30	30	0	劣势
财政支出用于基本建设投资比重	4	8	- 4	优势
财政支出对 GDP 增长的拉动	28	28	0	劣势
政府公务员对经济的贡献	30	30	0	劣势
政府消费对民间消费的拉动	30	30	0	劣势
财政投资对社会投资的拉动	29	29	0	劣势

指标		2017 年	2018 年	排位升降	优劣势
7.2	政府规调经济竞争力	28	23	5	劣势
	物价调控	30	14	16	中势
	调控城乡消费差距	30	30	0	劣势
	统筹经济社会发展	25	27	−2	劣势
	规范税收	15	25	−10	劣势
	固定资产投资价格指数	3	5	−2	优势
7.3	政府保障经济竞争力	19	18	1	中势
	城镇职工养老保险收支比	26	26	0	劣势
	医疗保险覆盖率	16	12	4	中势
	养老保险覆盖率	23	19	4	中势
	失业保险覆盖率	16	13	3	中势
	最低工资标准	17	8	9	优势
	城镇登记失业率	28	29	−1	劣势

8. 新疆维吾尔自治区发展水平竞争力指标排名变化情况

表 31 − 12　2017 ～ 2018 年新疆维吾尔自治区发展水平竞争力指标组排位及变化趋势

指标		2017 年	2018 年	排位升降	优劣势
8	**发展水平竞争力**	27	27	0	劣势
8.1	工业化进程竞争力	26	26	0	劣势
	工业增加值占 GDP 比重	23	18	5	中势
	工业增加值增长率	2	1	1	强势
	高技术产业占工业增加值比重	31	30	1	劣势
	高技术产品占商品出口额比重	30	28	2	劣势
	信息产业增加值占 GDP 比重	24	24	0	劣势
	工农业增加值比值	25	24	1	劣势
8.2	城市化进程竞争力	16	15	1	中势
	城镇化率	26	26	0	劣势
	城镇居民人均可支配收入	19	22	−3	劣势
	城市平均建成区面积比重	7	6	1	优势
	人均拥有道路面积	6	7	−1	优势
	人均日生活用水量	13	11	2	中势
	人均公共绿地面积	16	12	4	中势

续表

指　标	2017 年	2018 年	排位升降	优劣势
8.3　市场化进程竞争力	27	28	-1	劣势
非公有制经济产值占全社会总产值比重	28	27	1	劣势
社会投资占投资总额比重	30	30	0	劣势
私有和个体企业从业人员比重	21	29	-8	劣势
亿元以上商品市场成交额	15	14	1	中势
亿元以上商品市场成交额占全社会消费品零售总额比重	2	3	-1	强势
居民消费支出占总消费支出比重	30	30	0	劣势

9. 新疆维吾尔自治区统筹协调竞争力指标排名变化情况

表 31 - 13　2017～2018 年新疆维吾尔自治区统筹协调竞争力指标组排位及变化趋势

指　标	2017 年	2018 年	排位升降	优劣势
9　统筹协调竞争力	23	21	2	劣势
9.1　统筹发展竞争力	29	24	5	劣势
社会劳动生产率	17	17	0	中势
能源使用下降率	30	6	24	优势
万元 GDP 综合能耗下降率	28	14	14	中势
非农用地产出率	30	29	1	劣势
居民收入占 GDP 比重	17	13	4	中势
二三产业增加值比例	16	21	-5	劣势
固定资产投资额占 GDP 比重	27	11	16	中势
固定资产投资增长率	30	30	0	劣势
9.2　协调发展竞争力	11	16	-5	中势
资源竞争力与宏观经济竞争力比差	2	2	0	强势
环境竞争力与宏观经济竞争力比差	20	20	0	中势
人力资源竞争力与宏观经济竞争力比差	29	31	-2	劣势
环境竞争力与工业竞争力比差	2	4	-2	优势
资源竞争力与工业竞争力比差	8	6	2	优势
城乡居民家庭人均收入比差	24	24	0	劣势
城乡居民人均现金消费支出比差	30	30	0	劣势
全社会消费品零售总额与外贸出口总额比差	7	9	-2	优势

专题分析报告

Special Reports

B.33

1

"十四五"时期中国区域经济
高质量发展前景展望

陈伟雄 郑 蔚 李成宇*

摘 要： 区域经济高质量发展是以创新为第一动力、以协调为内生特
点、以绿色为普遍形态、以开放为必由之路、以共享为根本
目的的发展，具有系统性、复杂性、动态性、长期性等特征。
实现区域经济高质量发展，必须要加快推进科技创新、构建
现代化经济体系、完善政府制度供给、发挥市场机制作用。
"十三五"时期中国区域经济高质量发展取得了积极的成效，
但仍然存在区域产业结构趋同、地方政府管理体制不健全、

* 陈伟雄，福建师范大学经济学院国贸系副主任，副教授，硕士生导师；郑蔚，福建师范大学
经济学院副教授，硕士生导师；李成宇，福建师范大学经济学院讲师。

区域发展不平衡现象比较突出、城市群生态环境建设依然任重而道远等问题。"十四五"时期应进一步将实施区域协调发展战略作为贯彻新发展理念、建设现代化经济体系的重要组成部分,以区域协调发展战略为区域经济高质量发展提供战略指引,以新旧动能转换为区域经济高质量发展提供强劲动力,以绿色发展理念为区域经济高质量发展提供要素保障,加快推动实现区域经济高质量发展。

关键词: "十四五"时期 区域经济 高质量发展

十九大报告明确指出:"我国经济已由高速增长阶段转向高质量发展阶段",推动高质量发展成为当前和今后一个时期确定发展思路、制定经济政策、实施宏观调控的根本要求。2019年中央经济工作会议再次强调:"新时代抓发展,必须更加突出发展理念,坚定不移贯彻创新、协调、绿色、开放、共享的新发展理念,推动高质量发展。"准确把握区域经济高质量发展的内涵与特征,探讨区域经济高质量发展的实现路径与测度评价,分析区域经济高质量发展的成效及存在的问题,展望"十四五"时期中国区域经济高质量发展的趋势与政策保障,具有重要的现实意义。

1.1 区域经济高质量发展的内涵与特征

1.1.1 区域经济高质量发展的内涵

改革开放以来,中国经济保持了40年的高速增长,跃升为全球第二大经济体,创造了经济发展的奇迹。然而,随着国内外发展环境的变化,原来的粗放型增长模式已不适应新时代推动经济持续健康发展和全面建设社会主义现代化强国的要求，迫切需要转变发展方式。党的十九大报告指出，我国经济已由高速增长阶段转向高质量发展阶段，正处在转变发展方式、优化经济结构、转换增长动力的攻关期，这一论断为今后我国区域经济发展指明了前进方向、明确了主要任务。推动区域经济实现高质量发展，必须按照创新、协调、绿色、开放、共享的新发展理念，坚持质量第一、效益优先，深化供给侧结构性改革，推动区域经济发展质量变革、效率变革、动力变革，加快构建现代化经济体系，不断满足人民对美好生活的需要。因此，概括来讲，区域经济高质量发展就是体现新发展理念的发展，是以创新为第一动力、以协调为内生特点、以绿色为普遍形态、以开放为必由之路、以共享为根本目的的发展，是能够很好地满足人民日益增长的美好生活需要的发展。区域经济高质量发展必然要求从过去侧重"有没有""快不快"的发展转向"好不好""优不优"的发展，是更平衡更充分的发展。具体来看，区域经济高质量发展的内涵包括以下五方面。

第一，区域经济高质量发展是以创新为第一动力的发展。创新是引领发展的第一动力，是推动实现区域经济高质量发展的战略支撑。区域经济发展要实现质量变革、效率变革、动力变革，要提高供给体系的质量和效率，最根本的还是要依靠创新驱动，充分发挥创新第一动力、人才第一资源的重要作用，以科技创新引领区域经济高质量发展。

第二，区域经济高质量发展是以协调为内生特点的发展。协调发展是区域经济高质量发展的内在要求。随着中国特色社会主义进入新时代，我国社会主要矛盾已经转化为人民日益增长的美好生活需要和不平衡不充分的发展之间的矛盾。其中，我国区域经济发展不平衡、不协调的问题依然相对突出。要实现区域经济高质量发展，必须推动区域经济协调发展，缩小区域发展差距，更大限度释放不同区域发展潜力。

第三，区域经济高质量发展是以绿色为普遍形态的发展。区域经济高质量发展就是要改变过去高投入、高消耗、高污染的粗放型发展模式，实现以较少资源消耗和较低的污染排放获取最大的经济社会效益，提高投入产出效率，降低生态环境成本，推动区域经济可持续发展。因此，经济发展的绿色化、生态化是区域经济高质量发展的题中应有之义，绿色是高质量发展的永恒底色。

第四，区域经济高质量发展是以开放为必由之路的发展。改革开放是坚持和发展中国特色社会主义的必由之路，对外开放是中国的基本国策。开放带来进步，开放激发活力，开放倒逼创新。推动区域经济高质量发展，必然要求进一步提高对外开放水平，提升对外开放层次，不断优化区域开放布局，加快形成全面开放新格局，充分利用国际国内两个市场、两种资源，推动区域实现更高质量、更有效率、更加全面的发展。

第五，区域经济高质量发展是以共享为根本目的的发展。区域经济高质量发展不仅强调发展的质量和效益，还关注发展成果的普惠与共享。高质量发展的根本目的就是要增进民生福祉，满足人民群众日益增长的美好生活需要，就是要促进社会公平正义，在幼有所育、学有所教、劳有所得、病有所医、老有所养、住有所居、弱有所扶上不断取得新进展，实现全体人民共同富裕的目标。因此，区域经济高质量发展必然要求坚持以人民为中心的发展思想，坚持发展为了人民、发展依靠人民、发展成果由人民共享的理念，不断促进人的全面发展。

1.1.2　区域经济高质量发展的特征

一是系统性特征。区域经济高质量发展是一项系统性工程，需要综合考虑供给与需求两端、投入与产出两方面、宏观与微观不同层面、短期与长期两个视角的系统性变化，因此要以系统性思想和战略性思维来推进区域经济高质量发展。其中包括供给端的产业结构优化、需求端的消费升级换挡，投入方面的生产要素质量提高、产出方面的产品质量性能提升，宏观层面的全要素生产率提升、微观层面的要素使用效率提高，短期来看强调动力转换、效率提升，长期来看关注更加公平、更可持续发展[1]。只有从这些方面系统推进，才能实现区域经济高质量发展。

二是复杂性特征。对应系统性特征，区域经济高质量发展涉及政治、经

---

[1] 史丹、赵剑波、邓洲：《从三个层面理解高质量发展的内涵》，《经济日报》2019年9月9日，第14版。

济、社会、文化、生态等方方面面，还具有复杂性的特征。区域经济高质量发展不仅追求经济规模的扩大和经济增长速度，而且更加强调经济、社会、生态、环境的均衡协调发展，强调营造有利于高质量发展的政治生态和文化氛围。因此，必须坚持新发展理念，加强对区域经济高质量发展的理论研究，科学谋划、统筹设计、有序推进。

三是动态性特征。区域经济高质量发展是不断变化的动态过程。由于人民群众对美好生活的需要是动态发展的，满足人们消费需求的生产的高质量发展必然也是动态的。随着区域经济高质量发展的理论创新和实践认识的不断推进，高质量发展的目标思路和政策举措等也需要不断丰富和完善。

四是长期性特征。实现区域经济高质量发展是一个缓慢演进、从量变到质变的长期过程，不可能一蹴而就。尤其是当前我国面临的矛盾、障碍、困难和挑战还较多，需要在有效防控经济社会各种风险的前提下持续用力、久久为功，推动区域经济高质量发展①。

1.2 区域经济高质量发展的实现机理与测度评价

1.2.1 区域经济高质量发展的实现机理

1. 加快推进科技创新是实现区域经济高质量发展的根本动力

创新是引领发展的第一动力。实现区域经济高质量发展，最根本的是要通过转变发展方式、优化经济结构、转换增长动力来提高发展质量。在此过程中，创新发挥着关键性、基础性的作用。首先，加快推进科技创新，有利于推动区域经济发展方式由粗放型向集约型转变，实现以较低要素投入、较低资源消耗和较少污染排放来获取较高的经济社会收益，促进更有效率、更可持续的发展。其次，加快推进科技创新，有利于形成新产品、新技术、新业态、新模式，进一步深化区域经济供给侧结构性改革，构建高质量的供给

---

① 何立峰：《深入贯彻新发展理念 推动中国经济迈向高质量发展》，《宏观经济管理》2018 年第 4 期。

体系,提升区域经济发展质量。再次,加快推进科技创新,进一步释放创新作为第一动力的潜力,提升科技创新对区域经济发展的贡献,加快实现新旧动能转换,促进区域经济高质量发展。此外,就创新发展而言,发挥人的积极性是最关键的。习近平总书记强调指出,"走创新发展之路,首先要重视集聚创新人才"。因此,加快实施创新驱动发展战略,推进科技创新,有利于更好地发挥人才第一资源的重要作用,为区域经济高质量发展提供人才支撑。

2. 构建现代化经济体系是实现区域经济高质量发展的重要支撑

实现区域经济高质量发展的战略目标离不开现代化经济体系的重要支撑。经济体系的现代化,首要的是实体经济的现代化。实体经济是区域经济高质量发展的根本,是构筑区域未来发展战略优势的重要支撑。构建现代化经济体系,必然要求大力发展实体经济,加快建设实体经济、科技创新、现代金融、人力资源协同发展的产业体系,提高供给体系质量,推动区域经济高质量发展。其次,构建现代化经济体系也要求加快实施创新驱动发展战略,着力培育和壮大新动能,推动实体经济做实、做强、做优,提升区域经济发展质量。再次,构建现代化经济体系要求实施区域协调发展战略,优化现代化经济体系的空间布局,不断增强发展的整体性、协同性,促进区域发展质量的提升。同时,构建现代化经济体系还要着力发展开放型经济,推动形成全面开放新格局,提高现代化经济体系的国际竞争力。最后,构建现代化经济体系也要求进一步深化经济体制改革,构建市场机制有效、微观主体有活力、宏观调控有度的经济体制,完善现代化经济体系的制度保障,从而更好地推动区域经济高质量发展。

3. 完善政府制度供给是实现区域经济高质量发展的基本保障

高质量发展需要强有力的制度保障。习近平在第二届中国国际进口博览会开幕式上的主旨演讲中指出,中国将继续针对制约经济发展的突出矛盾,在关键环节和重要领域加快改革步伐,以国家治理体系和治理能力现代化为高水平开放、高质量发展提供制度保障。促进区域经济高质量发展,也必须要进一步完善政府制度供给,推进区域治理体系和治理能力现代化。首先要充分发挥中央政府顶层设计的引领作用，按照新发展理念的要求制定区域经济高质量发展的战略规划，促进区域经济创新发展、协调发展、绿色发展、开放发展、共享发展，提高区域经济发展质量。其次要更好地发挥地方政府在政策及制度体系建设方面的积极作用，根据地方政府发展的实际情况，科学合理制定有利于区域经济高质量发展的政策，加快形成推动高质量发展的指标体系、绩效评价体系，有效解决区域经济发展过程中存在的不平衡不充分问题，促进区域经济朝着更高质量、更有效率、更加协调、更可持续的方向发展。

4. 发挥市场机制作用是实现区域经济高质量发展的关键所在

实现区域经济高质量发展必须发挥市场在资源配置中的决定性作用。习近平总书记指出："要破除资源流动障碍，使市场在资源配置中起决定性作用，促进各类生产要素自由流动并向优势地区集中，提高资源配置效率"，强调要"形成全国统一开放、竞争有序的商品和要素市场"[1]。因此，健全市场一体化发展机制，充分发挥市场机制作用，有利于商品和要素资源实现跨区域自由流动，更好地发挥各地区比较优势，优化区域产业结构，提高资源要素配置效率，减少要素市场扭曲。同时，健全市场一体化发展机制还有利于深化区域经济合作，加强不同区域的企业分工与合作、技术传播与扩散，辐射和带动区域经济发展，推动形成优势互补、高质量发展的区域经济布局，促进区域经济协调发展，提高区域经济发展质量。

1.2.2 区域经济高质量发展的测度评价

在系统把握区域经济高质量发展内涵与特点的基础上，加快形成推动高质量发展的指标体系、政策体系、标准体系、统计体系、绩效评价、政绩考核，加强对区域经济高质量发展的测度评价，对于深化区域经济高质量发展理论研究、推动区域经济高质量发展具体实践具有重要意义。国内许多学者对区域经济高质量发展的测度评价进行了深入研究，取得了积极的成果，为

---

[1] 习近平：《推动形成优势互补　高质量发展的区域经济布局》，《求是》2019 年第 24 期。

指引未来区域经济高质量发展提供了依据。魏敏、李书昊（2018）构建了涵盖经济结构优化、创新驱动发展、资源配置高效、市场机制完善、经济增长稳定、区域协调共享、产品服务优质、基础设施完善、生态文明建设和经济成果惠民 10 个方面的经济高质量发展水平测度体系。师博、任保平（2018）构建了包括增长的基本面和社会成果两个维度的中国省际经济高质量发展指标体系，其中基本面分解为增长的强度、稳定性、合理化、外向性 4 个方面，社会成果分解为人力资本和生态资本两个方面。黄庆华等（2019）以"五大发展理念"为指引，构建了包括经济发展水平、创新驱动能力、生态文明建设、社会民生发展和基础设施完善 5 个子系统 20 个测度指标的重庆经济高质量发展水平测度体系。史丹、李鹏（2019）也以"五大发展理念"为指引，构建了包含创新驱动、协调发展、绿色生态、开放稳定、共享和谐 5 个一级指标、20 个二级指标、62 个基础指标的高质量发展评价指标体系。马茹、罗晖、王宏伟等（2019）基于经济高质量发展的内涵，构建了包括高质量供给、高质量需求、发展效率、经济运行和对外开放 5 个一级指标、15 个二级指标以及 28 个三级指标的中国经济高质量发展评价指标体系。

总体来看，对区域经济高质量发展的测度评价，都内含着贯彻落实新发展理念的基本导向。新发展理念内嵌于区域经济高质量发展的过程中，对区域经济运行模式、区域经济动力转换、区域经济形态演进以及区域经济结构调整等产生影响。对区域经济高质量发展的测度评价，不仅包括经济指标，也涉及民生、社会、环境等指标，且更加注重社会效益、生态环境效益、民生效益。实施供给侧结构性改革是区域经济高质量发展的重要内容。质量变革、效率变革、动力变革是区域经济高质量发展测度评价的三个主要维度。区域经济高质量发展既要解决区域不平衡、不充分发展的问题，又要更好地满足人民日益增长的美好生活需要，可以说，促进区域经济高质量发展是解决新时代我国社会主要矛盾的必然选择。因此，构建科学合理的区域经济高质量发展测度评价体系，必须以新发展理念为引领，以解决社会主要矛盾为目标导向，以实施供给侧结构性改革为主线，以推动质量变革、效率变革、动力变革为着力点，更好地推动区域经济高质量发展。

1.3 "十三五"时期中国区域经济高质量发展的主要成就

1.3.1 "十三五"时期中国区域经济发展水平

"十三五"时期，东部、中部、西部和东北四个地区的经济发展水平都实现稳步提升。表1-1给出了2016～2018年东部、中部、西部和东北四个地区的地区生产总值及其增长率、三次产业占地区生产总值的比重。第一，地区生产总值不断提高。相较于2015年，2016年，东部、中部、西部和东北四个地区的地区生产总值分别增长7.58%、7.96%、8.22%、2.14%[①]。到2018年，四个地区的地区生产总值进一步提高，年均增长7.13%、7.91%、7.69%、4.13%。第二，产业结构不断优化。相较于2015年，2018年，东部、中部、西部和东北四个地区第一产业占地区生产总值的比重分别下降1.06、2.40、0.93、0.52个百分点，第二产业比重下降2.70、2.81、4.14、6.91个百分点，第三产业比重提高3.76、5.21、3.27、7.43个百分点。总的来说，"十三五"时期，东部地区的地区生产总值仍然居全国首位，但增长速度低于中部地区和西部地区；在四个地区中，中部地区的经济发展速度最快，其次是西部、东部和东北；东北地区的经济发展速度远落后于其他三个地区；四个地区的第一、二产业比重都降低，第三产业的比重显著上升；在四个地区中，东北地区第三产业的比重上升最快，且第二产业"萎缩"也最快；中部地区第三产业的比重在2017年超过第二产业。

[①] 2015年，辽宁省地区生产总值为22097.47亿元，2016年仅为21545.03亿元，下降2.5%。而吉林省和黑龙江省分别增长6.9%、6.1%。因此，辽宁省地区生产总值的负增长是东北地区显著低于其他三个地区的主要原因。

表1-1 "十三五"时期中国区域经济发展水平

地 区	年 份	GDP(亿元)	GDP增长率(%)	第一产业比重(%)	第二产业比重(%)	第三产业比重(%)
东 部	2016	410186.44	7.58	5.35	42.28	52.37
	2017	447835.47	7.16	4.72	41.60	53.68
	2018	480995.84	6.66	4.57	40.84	54.58
中 部	2016	160645.57	7.96	10.45	45.41	44.14
	2017	176486.61	8.00	8.95	45.29	45.75
	2018	192657.9	7.79	8.40	43.99	47.61
西 部	2016	156828.17	8.22	11.87	42.95	45.18
	2017	168561.57	7.59	11.39	41.19	47.42
	2018	184302.13	7.25	11.05	40.50	48.45
东 北	2016	52409.79	2.14	12.10	38.18	49.72
	2017	54256.45	5.13	10.99	37.34	51.67
	2018	56751.59	5.11	10.92	36.06	53.02

数据来源：国家统计局。

1.3.2 从五大发展理念看"十三五"时期中国区域经济发展成就

从五大发展理念看，"十三五"时期，东部、中部、西部和东北四个地区实现了长足发展。表1-2给出了与五大发展理念相关的部分指标数据。首先，创新投入不断增加，创新产出不断提高。相较于2015年，2018年，东部、中部、西部三个地区的地方财政科技支出占一般预算支出的比重分别提高0.77、0.82、0.09个百分点，规模以上工业企业R&D经费增加18103141万元、7683165万元、3596654万元，规模以上工业企业专利申请数增加238765件、60531件、15971件。不同的是，自2016年以来，东北地区的科技支出比重不断下降，规模以上工业企业R&D经费先升后降，规模以上工业企业专利申请数不断上升。其次，城乡协调发展。自2016年以来，东部、西部和东北四个地区的城镇居民人均可支配收入与农村居民人均可支配收入的比值逐渐下降。这说明中国区域内城乡收入差距正在逐渐缩小。而且，西部地区的城乡收入差距最小，其次是中部地区，东部地区和东北非常接近。第三，环境水平不断提高。自 2016 年以来，东部、中部、西部和东北四个地区的城市绿地面积不断扩大。到 2018 年，四个地区的城市绿地面积年均增长 3.71%、6.77%、5.33%、4.59%。第四，开放水平不断提高。自 2016 年以来，除中部地区外，其他三个地区的对外贸易依存度逐渐提高①。而且，东部地区的对外贸易依存度远高于其他三个地区，中部地区最低。这说明，四个地区中东部地区开放程度最高，中部地区最低②。最后，共享水平不断提高。自 2016 年以来，东部地区和东北的地方财政社会保障和就业支出占一般预算支出的比重逐渐增加，中部地区和西部地区在 2016 年和 2017 年是增加的，但在 2018 年出现下降。在四个地区中，东北地区的社会保障和就业支出比重最高。

表 1-2　"十三五"时期中国区域经济发展综合水平

地区	年份	创新			协调	绿色	开放	共享
		科技支出比重（%）	规模以上工业企业 R&D 经费（万元）	规模以上工业企业专利申请数（件）	城乡收入比	城市绿地面积（万公顷）	对外贸易依存度（%）	社会保障和就业支出比重（%）
东部	2016	3.66	74843900	504750	1∶0.43	152.69	50.11	10.49
	2017	3.84	81502032	574528	1∶0.44	157.42	51.71	11.35
	2018	4.19	86976795	681754	1∶0.44	164.21	52.10	11.45
中部	2016	2.18	18969299	121451	1∶0.41	43.75	10.77	14.23
	2017	2.42	21729998	142627	1∶0.41	48.57	11.35	14.73
	2018	2.61	24674933	170267	1∶0.41	49.8	11.32	14.71
西部	2016	1.11	11419224	72705	1∶0.34	59.7	11.52	13.82
	2017	1.19	12572272	81996	1∶0.35	63.6	13.34	14.11
	2018	1.24	13709826	86695	1∶0.35	66.22	14.56	14.04
东北	2016	1.19	4214164	16491	1∶0.43	24.02	20.13	19.17
	2017	1.14	4325289	17886	1∶0.43	24.08	22.33	21.29
	2018	1.13	4186709	18582	1∶0.44	26.23	24.40	22.61

数据来源：国家统计局。

---

① 对外贸易依存度是指进出口总额占地区生产总值的比重。

② 中部省份都是内陆省份。受地理区位的影响，对外贸易发展相对滞后，对外贸易依存度不高。

1.4 "十四五"时期中国区域经济高质量发展的制约因素

1.4.1 区域产业结构趋同

区域产业结构趋同是制约中国区域经济高质量发展的重要因素。产业结构趋同主要体现在各地区片面追求"大而全""小而全",忽视比较优势、产业结构优化,进行低水平重复建设。这势必会造成巨大的资源浪费、资源错配等问题,难以形成规模经济。同时,产业结构趋同又会导致产品同质化,形成激烈的同业竞争。为保护本地企业,各地区会倾向于实行地方保护。这将导致市场分割,难以形成统一市场,经济效益低下。合理的产业布局一方面应该发挥区域内资源禀赋优势,如土地资源、矿产资源、基础设施、地理位置等;另一方面,应该遵循区域发展的内在机制,并在中央宏观调控下,参与区域分工合作。中国区域间产业结构趋同问题由来已久,既有历史原因,也有政策原因。首先,新中国成立初期,"以钢为纲""独立的工业省""大办五小工业"等政策直接导致各地区工业生产布局分散化,忽视了比较优势和生产效率。而且,各地区强调自给自足,产业布局"门类齐全"、自成体系。其次,20 世纪 80 年代,市场价格的误导和特定行政绩效考核机制的推动。一方面,加工工业产品的价格高于基础工业产品,使得各地区大力发展同类加工工业,以获取最大收益。另一方面,职务晋升与地方经济发展密切相关,使得地方政府盲目追求"兴地富民"、经济"上台阶",而不是去参与区域分工。最后,在新旧体制转轨过程中,地方政府的自主权益不断扩张,中央政府的宏观调控功能弱化。作为一个相对独立的"经济人",地方政府在进行产业选择时,主要关注本地区的经济利益。因此,导致产业政策难以落实,不能发挥约束和整治功能,产业结构趋同问题也就无法得到矫治。总的来说,"十三五"时期区域产业结构趋同问题仍然存在,促进区域经济一体化、建立区域分工协作新体系是中国区域经济实现高质量发展的必然选择。

1.4.2　地方政府管理体制不健全

当前的地方政府管理体制仍然存在不足，制约区域经济高质量发展。首先，行政区划不适应。中国的行政区与经济区是一致的。保护本地利益、追求政绩导致地方政府倾向于使用行政权力干预市场经济，地区间要素流动受到抑制，出现市场分割、"行政区经济"现象。企业也会产生寻租行为，寻求本地政府的保护，以在竞争性市场中获取超额或垄断利润，这是违反基本经济规律的。企业是市场经济的主体，应该加强创新，提高竞争力，而不是一味寻求保护。其次，行政机构设置不健全，行政职能不到位。地方政府会优先发展本地经济，保护本地企业，限制区域间的财政投入，刻意规避区域间共同的经济事务、公共关系、基础设施等。这会导致区域共同发展问题缺乏有效应对措施，造成职能缺失，阻碍区域分工合作，不利于实现区域经济一体化和区域间协调发展。地方政府没有打破行政区划的限制，尚未形成区域间合作机制，也会阻碍区域合作，甚至形成恶性竞争。最后，地方政府职能转变不到位。地方政府对区域经济的过度干预，体现的是高度集权的政府行为，会造成"强政府、弱市场"问题，也会抑制区域发展。实际上，地方政府在区域发展中起着至关重要的作用。地方政府应加强对市场经济的引导和管理，发挥"经济调节、市场监管、社会管理和公共服务"功能。在行使管理权时，地方政府也要遵循科学和规范，不仅要促进本地经济发展，也要带动相邻地区发展。地方政府应从国家宏观角度出发，利用行政权力解决区域间矛盾，平衡区域间关系，营造开放的市场环境，完善区域间公共基础设施，积极推动区域合作，实现高质量发展。总的来说，地方政府职能转变迫在眉睫。只有建立适应市场经济体制的政府职能关系，才能激发活力，实现区域经济高质量发展。

1.4.3　区域发展不平衡问题比较突出

区域发展不平衡主要表现在四个方面。第一，区域经济增速发展差距较大。东部地区经济发展依然处于全国领先水平，整体运行平稳。在"一带一路"倡议、长江经济带等国家战略的叠加效应下,中西部地区经济实现快速发展,增长强劲。但东北地区经济发展始终保持低位。东北振兴战略的优势仍未显现。从南北地区差异来看,南方地区经济发展活力要优于北方地区,创新驱动发展、产业升级成效明显;而北方地区普遍面临传统产业收缩、资源能源瓶颈突出、生态环境压力凸显等问题,经济发展下行压力较大。第二,城乡发展不平衡。城乡要素配置不平衡、城乡收入差距、基本公共服务差距、基础设施差距等问题依然突出。其中城乡基本公共服务差距主要源于教育发展不平衡和卫生发展不平衡,"城市优先"政策是造成这些不平衡和差距产生并扩大的主要原因。第三,区域产业结构不平衡依然严重。东部地区在经济结构调整、产业转型升级中的引领作用进一步凸显,先进制造业、服务业以及新业态、新产业发展迅速。而西部、东北地区仍然以传统产业、重工业为主导,高附加值的产业少,战略性新兴产业起步较晚,发展滞后。第四,劳动力结构不平衡。东部地区人才密集,而西部、东北地区人才匮乏,人才流失严重。这种不平衡产生的原因有多方面。比如:东部地区教育经费投入大、教育水平高,本身培养了大批高技能、高学历的人才;东部地区经济发达,工资水平高,吸引了区域外大批人才流入;等等。造成区域发展不平衡的原因是多方面的。有自然因素的影响。比如:东部地区交通便利、地理位置优越、资源丰富等;而中西部地区交通不发达、地理位置不占优、水资源短缺等。有政治因素的影响。比如,改革开放初期,国家给予东部地区更多的政策支持。有历史因素的影响。比如,在清朝洋务运动时期,东部沿海地区率先接触西方先进的科学技术;一些近代军事工业和民用企业也主要集中在东部地区。总的来说,中国区域发展不平衡问题依然存在,亟待解决。统筹区域发展是实现经济高质量发展的必然选择,更是全面建成小康社会的必然要求。

1.4.4 城市群生态环境建设依然任重而道远

城市的空间集聚有利于促进要素自由流动,形成规模经济;有利于促进区域协调发展,形成产业分工合作;有利于促进创新和知识产出,形成正外部效应。因此，城市群是经济增长的新引擎，更是区域经济高质量发展的重要标志。中国的城市群发展如火如荼，长三角和珠三角城市群已经进入成熟期。但不可否认的是，伴随城市群的扩张，生态退化、环境污染等问题逐渐显现。具体来说，中国城市群的生态环境问题表现在三个方面。第一，城市生态绿化危机，即城市建设用地和工业用地不断侵占城市的生态绿化面积，城市群的扩张破坏了生态系统的稳定性。第二，城市环境污染。雾霾、水污染、土壤污染、固体废弃物污染、光污染、噪声污染等，已经严重影响城市居民的生活质量。城市群的扩张破坏了生态环境。第三，城市生态入侵。外来物种的入侵正在破坏本地的生态平衡。这些问题不局限于单个城市，而是跨区域交叉污染，即生态环境问题在城市间逐渐蔓延，城市群趋于共性化。比如，长三角城市群出现矿物资源严重短缺，工业原材料大都仰赖外部供给；耕地资源被大规模工矿建设占用，受重金属、有机物等污染的土壤增多等。这主要是因为中国城市群的发展模式仍然是简单的粗放式，中国的城市群规划仍然存在粗放简陋、相互因袭和大而无当等问题。这也直接导致城市群发展理念、发展路径的混乱，进而造成城市群产业结构与空间形态的同质竞争。较高的城市聚集程度必然会造成对资源环境的大量消耗。如果合理拓展城市群、推动城市经济均衡增长、综合创新管理体制，是可以实现城市群持续发展的。一味追求城市群的扩张，即空间上的扩展，而忽视资源环境的可持续性、承载力，就会造成城市群发展与生态环境保护严重失衡。总的来说，中国的城市群发展正面临生态环境恶化的挑战，也严重影响了区域经济发展质量。只有基于城市群的地理位置、资源优势，合理制定发展规划，才能引导城市群健康发展。城市群发展不能局限于规模和速度，更要注重效率和质量，尤其是生态环境问题。

1.5 "十四五"时期中国区域经济高质量发展趋势展望

党的十九大作出了我国经济已由高速增长阶段转入高质量发展阶段的重大判断，并将实施区域协调发展战略作为贯彻新发展理念、建设现代化经济体系的重要组成部分。我国由全面建成小康社会向基本实现社会主义现代化迈进重要关口,"十四五"时期我国将会在"十三五"发展方向、目标和原则的基础上,延续五大发展理念、"五位一体"总体布局以及改革开放重大方针政策和重大决策部署,持续扎实有效推进京津冀协同发展、粤港澳大湾区建设、长江经济带发展、长江三角洲区域一体化建设、"一带一路"建设以及黄河流域生态保护和高质量发展等重大战略,充分发挥四大区域板块的支撑作用。

1.5.1　以中心城市和城市群为依托引领区域协调发展

中心城市和城市群不仅是引领区域经济增长的新动力源,也是推动区域协调发展的重要平台。《关于建立更加有效的区域协调发展新机制的意见》明确指出,以国家中心城市引领粤港澳大湾区、京津冀、长三角、成渝、长江中游、中原、关中平原等城市群与国家重大战略融合发展,充分发挥中心城市和城市群的集聚作用,建立以中心城市引领城市群,以城市群带动区域发展新模式。当前我国经济发展的空间结构正在发生深刻变化,中心城市和城市群作为中国现代经济体系建设中承载发展要素的主要空间形式,要围绕五大发展理念,按照客观经济规律调整完善区域政策体系,充分发挥各地区比较优势,促进各类要素合理流动,建立现代产业体系,实现中心城市和城市群高质量发展。同时,以区域协调发展战略为基础,实现与"一带一路"建设、京津冀协同发展、长江经济带发展、粤港澳大湾区建设、长江三角洲区域一体化等一系列跨区域发展战略的对接,在空间上先集聚成点、后扩散于带、再辐射为面,推动区域板块融合互动发展。"十四五"时期我国区域发展格局应以发挥各地区比较优势、缩小区域差距为导向,以区域协调发展战略为引领,统筹东中西,协调南北方,促进资源要素合理流动,顺应乡村、城镇、大都市梯次发展趋势,构建中心城市、城市群、经济带、区域板块等功能清晰、协调联动的区域发展新格局。

1.5.2　以区域一体化为方向构建区域协调发展新格局

囿于区域利益的区域排他性,地方政府在激励机制下形成"行政区经济"模式，引发"地方保护""行政壁垒""市场分割"等行为，导致区域经济结构不协调、一体化发展程度低，对优化资源配置、促进要素合理流动和推进区域协调发展构成了障碍。新时代，在我国推动形成海陆联动、东西双向的全面开放新格局背景下，加强区域合作、促进区域经济一体化建设有助于释放区域经济活力、优化区域经济结构、强化区域产业分工合作和区域联系，带动资源和要素跨区域流动，从而实现区域经济协调发展。市场一体化是区域经济一体化的题中应有之义，市场一体化扩大了市场范围、消除了资源与要素流动壁垒。市场范围的扩大与要素壁垒消除有助于实现规模经济、发挥区域间各经济主体的比较优势、提升资源配置效率，推动区域经济持续增长。同时区域经济一体化变革了传统的以竞争为主的区域关系，强调发挥区域优势，加强区域联系，提升区域经济依赖度，这种区域间的良性互动离不开区域开放合作。因此新时代要以市场为导向、政府为补充、企业为主体、产业发展为基础，将区域开放合作和经济一体化有机结合起来，通过二者的双轮驱动，推进区域经济协调和高质量发展。

1.5.3 以区域经济结构互补为抓手促进区域协调发展

受自然条件和历史因素的影响，优越的地理条件或优势要素及其对经济活动影响的差异形成了区域经济不平衡的产业结构。区域产业在加快增长的同时调整自身结构实现区域产业功能、产业链条交叉互补，能够充分发挥各地区比较优势，促进各类要素合理流动，而且在一定程度上能够克服先进地区的虹吸效应，实现先进技术、优势人力资源等流向相对落后地区。中国地域辽阔，东部、中部、西部和东北地区形成梯次发展格局，各地区可以根据资源禀赋、竞争优势、要素价格差异等选择本地区主导产业，提高专业化分工水平。东北地区应加大创新投入，加强传统制造业技术改造，为产业多元化发展提供新动力，同时有效整合资源，主动调整经济结构，形成新的均衡发展的产业结构；东部沿海发达地区应推动产业转型升级和创新性发展，将传统产业向中西部转移；欠发达地区则依托资源丰富、生态负担小、市场潜力大等优势,结合资本和吸收先进产业加快发展进程,逐渐缩小发展差距。这种经济发展方式不仅符合区域经济发展规律,实现中心城市辐射周围城市、发达地区带动欠发达地区,而且随着各地区专业化水平的提高,区域间产业互补使区域经济联系更加紧密,最终实现区域经济协调发展。因此,未来区域经济发展,一方面要充分考虑各地区的发展条件,发挥各地区的比较优势;另一方面,也要综合考虑不同区域的协调性和互补性,走合理分工、优化发展的路子。

1.5.4 以城乡融合为落脚点推动区域协调发展

农业农村现代化是社会主义现代化建设最大的短板,没有农业农村的现代化,就没有社会主义中国的现代化。改革开放以来,我国在统筹城乡发展、推动新型城镇化建设等方面取得了显著进步,但城乡要素流动不畅通、公共资源配置不合理、城乡发展不平衡不充分仍然是制约城乡区域协调发展的主要因素。具体表现为,在城乡二元经济结构下,通过虹吸效应,城镇化单方面吸收农村劳动力、土地、资本等资源要素,导致农村空心化、老龄化,城乡要素流通不畅、不充分,基础设施、教育、医疗等公共资源失衡明显,严重阻碍了城乡融合发展和一体化进程。当前我国农村有 5.64 亿常住人口,即使到 2035 年我国基本实现现代化,农村也会有 4 亿常住人口,如果不尽快破解城乡二元结构,缩小城乡差距,将对乡村振兴和农业农村现代化造成巨大挑战。因此,新时期应该树立城乡一体化理念,以协调推进乡村振兴战略和新型城镇化战略为抓手。一方面,根据城乡产业及比较优势,加强城乡产业联系,促进产业互补,实现现代农业、新型工业和现代服务业有机融合、相互促进。同时推进城乡社会服务一体化发展,构建城乡一体的基本公共服务体系,实现城乡居民基本权益均等化。另一方面,全面推进户籍制度改革,消除长期以来形成的二元户籍制度,加快农民市民化进程。同时也要深化土地制度改革,统筹推进城乡土地、资本等要素流转,坚持发挥市场在资源配置中的决定性作用,同时更好地发挥政府的作用。

1.6 "十四五"时期中国区域经济高质量发展的政策保障

"十四五"时期将继续深入推进区域协调发展战略，建立更加高效的区域协调发展机制，充分发挥市场的决定性作用和政府的引导作用，实现区域治理能力和治理体系现代化，激发区域内生增长动力，以推动区域经济高质量发展，从容应对百年未有之大变局。

1.6.1 区域协调发展战略为区域经济高质量发展提供战略指引

1. 推进区域发展战略的针对性、精细化

十九大报告将"区域协调发展战略"上升为国家七大战略之一，主要目的在于解决区域发展不平衡、不充分的问题。各区域协调发展是中国区域经济高质量发展的关键。当前，我国区域协调发展四大板块格局全面形成，各板块分别采取不同的区域经济发展政策，大大促进了各区域的发展。"十四五"时期，伴随着我国区域经济向高质量发展转变，区域协调发展应以实现全面现代化为导向，促进经济要素在各区域间的流动与合理分配，制定针对性、精细化的区域发展战略，改善区域空间结构不合理状况，提高资源配置效率。一是完善空间治理。落实主体功能区战略，根据细分的主体功能区精准施策。重点突破革命老区、少数民族地区、边疆地区、贫困地区、产业衰退地区、资源枯竭地区等类型区域经济的发展，制定针对性政策。保障形成主体功能约束有效、国土开发有序的空间发展格局。二是明确提出城乡联动，将支持乡村振兴发展提升到新高度。中共中央、国务院印发的《乡村振兴战略规划（2018~2022年)》指出，尽管城市辐射带动农村的能力进一步增强，但大量农民仍然生活在农村的国情不会改变，迫切需要重塑城乡关系。要以保障民生为底线，以实现基本公共服务均等化为目标，促进相邻区域的公共服务共享，使各地居民享受到公平的服务。三是加强区域的协同性和整体性。培育和发挥区域比较优势，加强区域的优势互补。实施导向型的区域政策，通过完善快速交通联结网络、经济互利共赢、产业协调对接、

生态文明共建,进一步消除行政壁垒,突破城市行政边界,促进相邻区域全方位一体化。

2. 加快推进"深度城市化"

"十四五"时期,城市化进入新的发展阶段。面对经济高质量发展的挑战,应当加快推进"深度城市化",充分发掘、发挥城市发展潜力。首先要以新技术和创新制度改革为支撑,注重新需求,加快培育形成中心城市和大都市圈的创新驱动力。应加紧研究并适时出台都市圈发展的国家级规划,加快打造设施完善、品质优良的现代化都市圈,为经济高质量发展提供动能。与此同时,城市建设应以保障民生为底线,注重社会治理现代化,提高城市生活品质。一是应当着眼于兼顾效率与公平,实现区域基本公共服务均等化。要消除农民工的流动障碍,放宽城市准入门槛,加快户籍制度改革,完善土地、转移支付等配套政策。确保迁移人口能够以居民身份进入城市。二是加快土地管理制度改革,推动城市有机更新。习近平总书记明确要求,"建设用地资源向中心城市和重点城市群倾斜",要使"优势地区有更大发展空间"。

3. 实现区域对外开放的高层次发展

党的十九届四中全会决定明确提出,坚持和完善社会主义基本经济制度,需要更加完善的适应发展开放型经济要求的体制机制,构建新型现代化开放经济体系。"十四五"时期,要以"一带一路"建设为重点,加速形成统筹双边、多边以及区域次区域开放合作,形成陆海内外联动、东西双向互济的开放格局,促进中国区域经济与全球经济协调发展。围绕投资、金融、贸易和事中事后监管等方面提出各有特色的改革试点任务,推动实现区域经济高质量发展。加快高标准自贸区网络构建,推进区域全面经济伙伴关系协定、中日韩自贸区、中欧投资协定谈判,继续推动中美经贸磋商,促进贸易和投资自由化便利化,进一步扩大对外开放。

1.6.2 新旧动能转换为区域经济高质量发展提供强劲动力

1. 优化市场制度环境

党的十九届四中全会决定强调,新形势下促进区域协调发展,要充分发挥市场在资源配置中的决定性作用，全面贯彻新发展理念，坚持以供给侧结构性改革为主线，加快建设现代化经济体系，推动经济高质量发展。"十四五"时期，一是要充分协调财政政策与货币政策。政策要松紧适度，并与宏观审慎政策相配合。解决好民营企业投资难、融资贵以及税费负担重的问题，充分调动市场消费群体与投资主体的积极性，壮大民营企业群体。二是形成全国统一开放、竞争有序的商品和要素市场。深化"放管服"改革，实行全国统一市场准入负面清单制度，解决"准入不准营"的现象，消除歧视性、隐蔽性的区域市场壁垒，打破行政性垄断，坚决破除地方保护主义。三是以改革推动降低企业收费以及制度性交易成本。规范、清理行政事业性收费，加快收费清单"一张网"建设，使收费公开透明，充分调动市场主体的积极性，激发市场主体的活力。四是保障市场公平竞争。公正监管是公平竞争的保障，政府机构要以公正监管为手段促进公平竞争，改革完善公平竞争审查以及公正监管制度，有效促进各类市场主体守法诚信经营，提高市场活力和效率，为市场主体打造优越的营商环境。五是完善知识产权保护制度。从"严保护、大保护、快保护、同保护"四个方向，促进知识产权保护能力和水平整体提升，优化创新保护环境，激励各行业创新发展。

2. 完善高端要素支撑体系

当前，新旧能动转换的制约因素主要是人才和技术缺乏。无论是新动能的培育，还是旧动能的改造，都离不开高端人才的供给以及创新能力的支撑。在全球竞争日益激烈的新形势下，提升区域创新能力能够有效提升区域竞争力，促进区域经济增长。自我国实施创新驱动发展战略以来，国家级新区和自主创新示范区等创新型新区建设为创新产业发展提供了平台，科技创新能力也大大提升，但仍面临企业主体缺乏创新意识、研发资金投入不足、重大关键技术自主研发能力弱等问题。"十四五"时期，要在不断提升创新能力的基础上进一步实现高质量发展，进一步促进创新动能的形成，完善创新保障体系。第一，坚持实施创新驱动发展战略，提升自主创新能力，构建富有活力的创新生态。针对各地实际情况提出规划政策，鼓励产学研密切交流与有效合作，促进政府、研发机构以及企业的互惠互通，培育企业的创新精神。继续加强创新型科技基础设施建设，重点支持前沿学科研究平台建设。以改革创新为目的，构建创新性试验平台，进一步破除各种体制机制障碍，促进创新要素的持续聚集、高效整合。重视重大科技创新和重大科研项目在试验平台的规划布局，给予优惠政策空间，加强财税金融政策指导，为创新发展提供有力保障。第二，健全人才支撑体系。完善人才引进政策，优化人才培养、使用、评价机制。结合推动经济高质量发展要求，善用各类人才，对于急需型人才的培养和引进要加大财政投入力度和政策支持力度。在集聚人才要素的基础上，对人才进行整体统筹、科学配置，合理分配人才资源，着眼于组建高水平研发团队，加大重大关键项目的资金投入力度，加强重大关键技术的自主研发。

3. 破除体制壁垒和政策障碍

从我国经济体制改革的历程可以看出，政府职能转变是市场发挥作用以及经济体制完善中至关重要的环节。社会主义市场经济高质量发展的关键是处理好政府与市场的关系，政府职能转变对经济高质量发展有重要推动作用。同时，政府工作效能建设能够有效促进发展环境改善，促进经济社会发展，是推动经济高质量发展的保障。中国经济面临转型升级，迫切需要加快政府职能转变，提升政府工作效能，完善科学规范、适时有效的监督机制。"十四五"时期，各级政府要积极改革政府治理方式，建设公开透明、服务型政府。首先，应当科学合理地界定政府职责、加强行政效能建设。推动政府部门结构规范化、职能合理化，正确处理政府与市场的关系。深化"放管服"改革，充分审核、清理、下放行政审批事项，真正做到"简政放权"，减少对市场主体的约束，从源头上发挥市场机制的作用，激发市场主体活力。完善行政决策制度以及机关办事制度，实现决策科学化、办事流程高效化，各方面工作全面升级，各部门各司其职、各负其责，为经济高质量发展打好基础。其次，要建立科学有效的监督机制。紧紧围绕经济高质量发展主题，加强政党监督、司法监督、政府自身监督以及人民群众监督等监督机制建设，建立健全监督保障长效机制，形成监督的整体合力，为促进经济高质量发展提供强有力的保障。全面加强知识产权保护，完善科技成果评价机制。

1.6.3　绿色发展理念为区域经济高质量发展提供要素保障

在推动区域经济高质量发展的过程中，要以绿色低碳发展为着力点，处理好经济社会发展与生态环境保护的关系。中国在改革开放初期开始重视生态保护，形成生态保护理念，提出可持续发展战略，鼓励发展循环经济，支持环保产业技术革新，减轻生态环境压力。党的十九大报告首次提出，"绿水青山就是金山银山"的生态文明理念，探索了一条符合中国特色的生态文明建设道路。当前，我国已经实施了一系列"蓝天""碧水""净土"保卫战、生态修复、构建绿色低碳循环产业体系等生态环境保护治理计划，取得了明显效果。

2019年3月，国务院印发的意见提出，要持续推进污染防治，坚持源头治理，巩固扩大蓝天保卫战的成果，加强生态系统保护和修复，持续抓好国土绿化，继续开展退耕还林还草还湿。持续开展各区域大气污染治理攻坚战，加强工业、机动车以及燃煤三大污染源治理，加快重污染行业达标排放改造。

"十四五"时期要促进实现经济高质量发展的可持续性。第一，要加快创新环境治理方式改革。进一步优化产业空间布局，鼓励发展环保型战略性新兴产业，加强多主体共同参与环境治理，提高绿色发展能力，强化资源综合利用，利用好自然净化功能，保障自然生态环境容量稳定，努力将对生态环境的破坏降到最低程度。第二，完善环境保护的法律法规与保障机制。完善生态环境损害责任追究制度，全国各区域开展环保督察工作，查处典型案例。做好企业监管工作，既要整治散乱污企业，提高产业环境准入标准，又要重视企业的诉求，给予需要达标整改的企业一定的整改过渡期。第三，全面建立生态补偿制度。健全利益补偿机制，形成受益者付费、保护者得到合理补偿的良性局面。要健全纵向生态补偿机制，加大对森林、草原、湿地和重点生态功能区的转移支付力度。建立健全市场化、多元化生态补偿机制，在长江流域开展生态产品价值实现机制试点等。

"十四五"时期中国金融业高质量开放的测度与前瞻

易小丽 郑清英[*]

摘　要： 金融对外开放是我国对外开放格局的重要组成部分，扩大金融高水平开放是深化金融供给侧结构性改革、推动经济高质量发展的内在要求。改革开放四十年来，我国金融开放先后经历了探索期、转变期、提升期、加速期四个阶段。金融开放取得了显著的成绩，金融机构双向开放程度不断提高，金融市场互联互通不断升级，人民币汇率形成机制不断完善，金融国际影响力不断扩大。金融开放度的提升无疑会增加系统性金融风险防控的难度，进一步推动"十四五"期间我国金融高质量开放，应深化国内金融体系改革，有序推进资本项目开放，加强金融监管，提高金融治理能力。

关键词： 金融开放　高质量发展　金融风险

金融开放是我国对外开放格局的重要组成部分，推动金融高水平开放是深化金融供给侧结构性改革、推动经济高质量发展的内在要求。当前中国经济正处于从高速增长到高质量发展的转型期，通过引入境外金融机构业务产

---

* 易小丽，福建师范大学经济学院讲师；郑清英，福建师范大学经济学院副教授。

品，增加金融有效供给，提高我国金融业的运行效率，促进经济结构优化转型。本文通过回顾梳理改革开放以来的金融开放历程，总结其取得的显著成效并给予客观评价，深入探究扩大金融开放面临的风险，最后提出相关对策建议，为"十四五"期间中国金融开放提供有益的参考。

2.1 中国金融业开放的发展历程

金融是现代经济的核心。党中央、国务院高度重视金融开放相关工作。扩大金融开放，既是多年来中国经济持续健康发展的宝贵经验，也是中国未来始终坚持的基本原则。从广义看，金融开放主要包括两方面内容：一是金融服务业开放，即允许外资到境内设立机构和提供金融业务，允许境外投资者参与境内各类金融市场交易；二是资本账户开放，即放开跨境资本在交易环节和汇兑环节的限制。纵观改革开放四十多年的发展，我国金融开放历程可以划分为以下几个阶段。

2.1.1 1978~1993年：探索期

改革开放初期，我国金融业百废待兴，政府把主要精力放在重建国内金融体系上，金融开放主要表现为在经济特区设立外资银行。1979 年，日本输出入银行在北京设立代表处，成为第一家在我国设立代表处的外资银行。1980 年，南洋商业银行在深圳设立分行。随着经济发展需求增多，金融开放逐步扩展到沿海城市。1985 年，《经济特区外资银行、中外合资银行管理条例》颁布，允许外资银行在深圳、珠海、厦门、汕头、海南设立营业性分支机构。截至 1985 年底，我国有 157 家外国银行代表机构和 17 家外资、侨资、合资银行。

在外汇管理方面，1979 年我国实行外贸管理体制改革，对外经贸活动由外贸部门一家垄断转为多家经营。1981 年正式实行双重汇率制度，随着人民币兑美元官方汇率不断下调，1985 年宣布取消贸易和非贸易双重汇率，恢复以贸易汇率为基础的单一汇率制度。到 1993 年，基本建立了计划管理与市场调节相结合的外汇管理模式。

总的来说，这一阶段的金融开放具有较强的计划色彩，金融开放主要表现为引入外资金融机构，满足对外贸易发展需要，但对外资金融机构的资格、经营地域、业务范围仍有管制，处于一种"碎片式"开放状态。

2.1.2　1994~2001年：转变期

1992年邓小平南方谈话后，对外资银行开放逐步扩大，取消了设立机构的地域限制。1993年我国实施"以市场换技术"的外国直接投资政策，1994年颁布规范外资银行的第一部法规——《外资金融机构管理条例》，为外资金融机构在我国经营提供了法律规范。1996年，允许外资银行在上海浦东试点经营人民币业务。1998年，允许外资银行加入全国同业拆借市场，从事人民币同业拆借和现券交易。1999年，放宽对外资银行人民币业务客户的地域限制和人民币业务的规模限制，允许外资银行向同业借入一年期以上的人民币资金。在证券业，1990年和1991年我国分别设立了上海、深圳两个证券交易所，1991年底B股开始试点。1995年，中国建设银行、摩根士丹利、中国投资担保有限公司、新加坡政府投资公司、名力集团联合成立的中金公司是我国第一家中外合资的证券公司。相比之下，保险业开放步伐更大。1992年，上海保险市场开始试点对外开放，随后美国友邦保险在上海设立分公司。1994年，中国平安保险引进摩根斯坦利和高盛，成为国内第一家外资入股的保险公司。1996年加拿大宏利人寿保险和外经贸信托合资成立的中宏人寿保险公司是我国第一家中外合资保险公司。

在外汇管理方面，从1994年开始，我国实行了新一轮外汇管理体制改革，建立了以市场供求为基础、单一的、有管理的浮动汇率制度。通过实行强制性结售汇，增加外汇储备，维持人民币汇率稳定。1996年12月，人民币实现了经常项目可兑换。

总的来说，这一阶段的金融开放实现了从计划经济到市场经济的转变，金融业走上了市场化道路，对外开放力度逐渐加大，外汇市场也逐步放开，人民币汇率市场化改革正式起步。

2.1.3 2002～2017年：提升期

加入WTO是我国金融开放进程中的里程碑事件。根据加入WTO时的承诺，自2001年12月11日起，允许外国金融机构向所有客户从事外汇业务。2002年1月，颁布《外资金融机构管理条例实施细则（修订）》。2003年12月，颁布《境外金融机构投资入股中资金融机构管理办法》，规定入股中资银行的资格条件和持股比例。2006年11月，颁布《外资银行管理条例》和《外资银行管理条例实施细则》。同年12月，取消外资银行经营人民币业务的地域和客户限制，允许外资银行对所有客户提供人民币服务。加入WTO后我国银行体系进行了重要的股份制改革并上市，2004年初，中国建设银行和中国银行开始试点股份制改革，之后，四大国有商业银行逐步进行资产重组、注资等。到2010年7月，四大国有商业银行全部实现上市，具备了良好的与国际接轨的条件。该阶段的开放不仅涵盖银行业，还涉及保险和证券业等多个方面。2002年我国证券业出台了一系列扩大开放的政策措施，包括《证券公司管理办法》《外资参股证券公司设立规则》《外资参股基金管理公司设立规则》等，证券公司外资股比限制不断放宽。这一阶段进入我国的外资保险机构数量不断增多。2003年，我国基本取消外资保险业务地域限制，允许外资非寿险公司设立独资子公司。2005年之后，除合资寿险公司外方股比不得超过50%、外资财险公司不得经营法定保险以外，在业务方面外资保险公司已享受国民待遇。与此同时，中国人寿保险、中国人民财产保险、中国再保险（集团）先后在纽交所、港交所等境外市场挂牌上市。

在外汇管理方面，2005年7月21日，我国开始实行以市场供求为基础、参考一篮子货币进行调节、有管理的浮动汇率制度，在外汇市场引入做市商制度和询价交易机制等。这是我国汇率形成机制迈向市场化的又一重大改革。为加快实现人民币资本项目可兑换，增强人民币汇率中间价形成机制的市场化和透明度，2015年8月11日，我国建立"收盘汇率＋一篮子货币汇率变化"的汇率中间价形成机制，做市商参考上一日银行间外汇市场收盘汇率提供中间价报价。2017年5月，为减少外汇市场存在的顺周期行为，进一步将中间价报价调整为"收盘汇率＋一篮子货币汇率变化＋逆周期因子"。此外，2002年12月，中国证监会和中国人民银行联合发布《合格境外机构投资者境内证券投资管理暂行办法》，QFII制度正式在中国实施，这给外资直接参与国内股票市场提供机会。2006年开始推行合格境内机构投资者（QDII）制度，符合条件的境内银行等机构可在核定投资额度内开展境外证券投资。2011年开始实施人民币合格境外机构投资者（RQFII）制度，符合条件的境外机构投资者可使用跨境人民币投资境内证券市场。2014年又推出人民币合格境内机构投资者（RQDII）制度。同年11月，沪港通启动，2016年12月，深港通启动。2017年7月，香港与内地债券市场互联互通合作（简称"债券通"）正式上线。在这些开放举措的推动下，我国资本账户对外开放进程取得了实质性进展。

总的来说，这一阶段的金融开放实现了稳步向前发展，银行业、证券业、保险业以及金融市场和资本账户实现了全方位开放。国内金融机构不断走向世界，外资金融机构不断涌入国内，双向开放取得了显著成效。但是，这一阶段金融服务业对外资机构资产规模、持股比例、业务范围仍存在一些限制，仍有不小的开放空间。

2.1.4　2018年至今：加速期

进入2018年以来，美国依"美国优先"思维单方面挑起中美经贸摩擦。2018年中国政府工作报告提到，"有序开放银行卡清算等市场，放开外资保险经纪公司经营范围限制，放宽或取消银行、证券、基金管理、期货、金融资产管理公司等外资股比限制，统一中外资银行市场准入标准"。2018年4月10日，在博鳌亚洲论坛上习近平总书记指出，过去40年中国经济发展是在开放条件下取得的，未来必须在更加开放的条件下进行，中国将大幅度放宽包括金融业在内的市场准入。4 月 11 日，中国人民银行行长宣布了进一步扩大金融业对外开放的时间表和 11 项金融开放具体措施。2018 年 6 月，国家发展改革委和商务部发布了《外商投资准入特别管理措施（负面清单）（2018 年版)》，取消了银行和金融资产管理公司的外资持股比例限制，对内外资一视同仁。2018 年 6 月，我国 A 股正式纳入 MSCI 新兴市场指数和全球指数，为境外主体配置人民币股票资产提供便利，也是我国股票市场迈向国际化的重要一步。2019 年 5 月，银保监会发布 12 条银行业、保险业新开放政策措施；7 月，国务院金融稳定发展委员会宣布了 11 条金融业进一步对外开放的政策措施，其中涉及进一步放开外资准入限制，进一步扩大外资业务范围；10 月，国务院决定对《外资保险公司管理条例》和《外资银行管理条例》部分条款予以修改，修改后的条例进一步放宽了外资银行和保险公司的准入条件。2019 年 12 月 6 日，银保监会将外资人身险公司外方股比放宽至 51%。9 日又发布《关于明确取消合资寿险公司外资股比限制时点的通知》，自 2020 年 1 月 1 日起，正式取消经营人身保险业务的合资保险公司的外资比例限制，合资寿险公司的外资比例可达 100%。

在外汇管理方面，自 QFII 和 RQFII 制度实施以来，来自全球 31 个国家和地区超过 400 家机构投资者投资到中国金融市场。一直以来，国家外汇管理局在有效防范风险的前提下，持续推动合格境外投资者制度外汇管理改革，于 2018 年取消相关汇兑限制，2019 年 9 月全面取消合格境外投资者投资额度限制。今后，具备相应资格的境外机构投资者，只需进行登记就可以自主汇入资金参与境内金融市场。10 月，允许同一境外主体 QFII/RQFII 和直接入市渠道下的债券进行非交易过户，进一步提高境外机构投资者入市投资的便利性。

总的来说，这一阶段金融开放取得了实质性突破，金融开放的广度和深度是之前任何一个阶段都无法比拟的。当前对金融服务业的外资持股比例基本取消，在市场准入方面也给予外资国民待遇，并大幅扩大了各类外资金融机构的业务范围。站在新一轮金融开放的起点上，我国金融开放度将进一步提升。

2.2 中国金融业开放取得显著成效

改革开放 40 年的经验表明，对外开放越充分，竞争越激烈，进步也越快。随着各国经济社会发展相互联系日益加强，进一步扩大对外开放是必然选择。通过引入外资金融机构，加强行业内竞争，我国金融机构的创新能力和防控风险能力明显提高。通过不断改善人民币汇率形成机制，资本项目可兑换程度不断提高，人民币国际化进程不断加速。

2.2.1 金融机构双向开放不断扩大，竞争力显著增强

金融机构双向开放包括"引进来"和"走出去"两方面内容。"引进来"代表着放宽对外资金融机构的准入限制，"走出去"代表着支持中资金融机构对外布局。

从"引进来"看，截至 2019 年 10 月底，外资银行在华共设立了 41 家外资法人机构、114 家外国银行分行和 151 家代表处，外资银行营业机构总数达到 976 家，资产总额为 3.37 万亿元。图 2-1 显示了近年来外资银行总资产及其占银行业金融机构总资产的比重情况，外资银行总资产从 2007 年的 12525 亿元增加到 2018 年的 44177 亿元，资产规模不断扩大；受国际金融危机影响，外资银行总资产占比呈现下降趋势，但在 2017 年、2018 年有所回升，2018 年外资银行总资产占比为 1.65%，开放水平仍有待提升。过去一段时间，通过取消外资股权比例上限，目前我国已基本实现了股权准入和业务准入层面内资和外资完全一致，在机构层面的开放已做好相关准备工作，预计未来将有更多的外资金融机构进入国内。目前保险业基本实现全面对外开放，外资保险机构在华发展迅速。截至 2019 年 10 月底，境外保险公司在我国共设立了 59 家外资保险法人机构、131 家代表处和 18 家保险专业中介机构。外资保险公司原保险保费收入为 2513.63 亿元，总资产达 12847.47 亿元。图 2-1 还显示了近年来外资保险公司资产及其占比情况，外资保险公司资产从 2007 年的 1256.51 亿元增加到 2018 年的 11609.41 亿

元，外资保险公司资产占保险业资产总额的比重从 2007 年的 4.35% 增加到 2018 年的 6.33%，外资保险公司已成为我国保险市场发展的重要组成部分。相比银行、保险业，我国证券业历时较短，但对外开放步伐不慢。2019 年 10 月，证监会明确表示，自 2020 年 1 月 1 日起取消期货公司外资股比限制，自 2020 年 4 月 1 日起取消基金管理公司外资股比限制，自 2020 年 12 月 1 日起取消证券公司外资股比限制。可以预计，未来必将有大批外资券商涌入国内资本市场。外资金融机构的进入，无疑会给国内金融业带来冲击，压缩我国金融机构利润空间，对我国金融机构同质化业务模式构成挑战，但外资金融机构在混业经营、机构客户服务、产品创新等多个领域的先进经验和管理理念，也会倒逼国内金融业提高运营效率和服务水平，提升我国金融机构在国际竞争环境中的生存能力。在双向开放过程中，随着中外金融机构合作的深入，通过与国际同行进行金融服务对接，实现优势互补，可以促进我国金融市场多层次、多元化发展。

从"走出去"看，当前金融机构"走出去"以银行为主。截至 2018 年 6 月底，共有 27 家中资银行在 67 个国家和地区设立了 263 家一级机构，其中有 11 家中资银行在 27 个"一带一路"沿线国家和地区设立 71 家一级分支机构，累计发放贷款 2000 多亿美元，有力地支持了实体经济发展。根据美国《财富》杂志发布的 2019 年世界 500 强排行榜，共有 11 家中国银行业公司上榜，按排名先后顺序分别为中国工商银行、中国建设银行、中国农业银行、中国银行、国家开发银行、交通银行、招商银行、兴业银行、上海浦东发展银行、中国民生银行、中国光大银行。这 11 家银行业公司中，国家开发银行首次上榜，除了中国工商银行、中国建设银行外，其余 8 家银行排名较上年均取得不同程度的提升，中国银行业竞争能力有了较大改善。根据《2019 全球银行国际化报告》[①]，相比全球性银行，中资银行国际化水平总体偏低，但稳步增长态势明显，报告指出大型中资银行约有 1/3 高管拥有境

---

① 该报告由中国人民大学国际货币研究所携手浙江大学互联网金融研究院、浙江大学金融研究所以及万得信息技术股份有限公司联合发布。

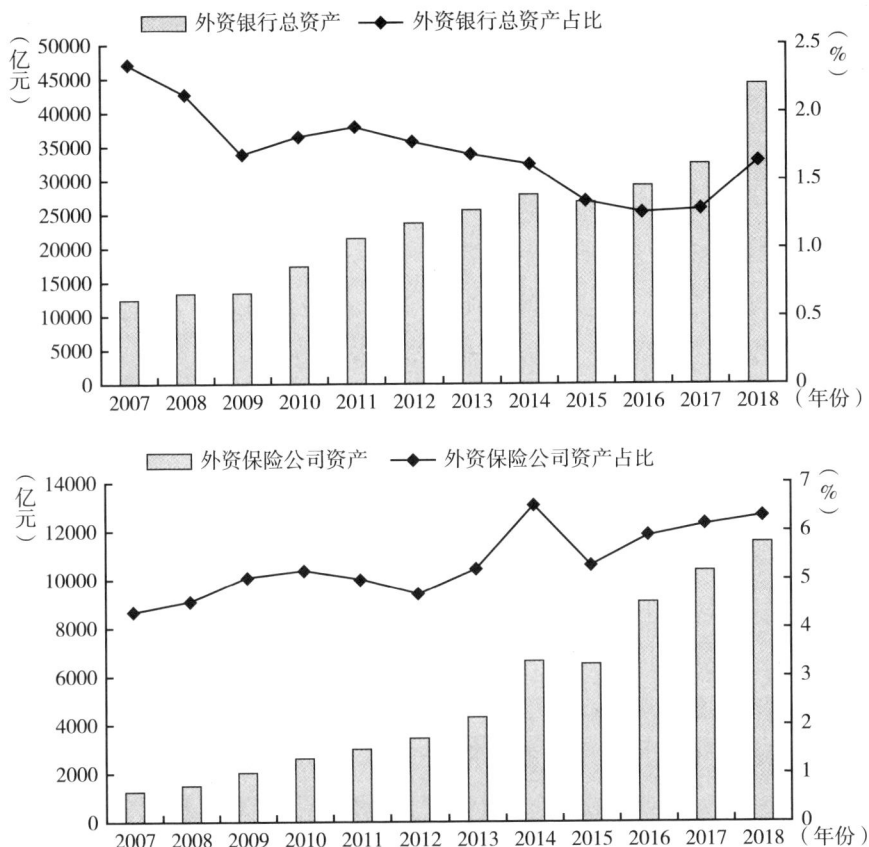

图 2-1 外资银行和外资保险公司总资产情况

数据来源:国家统计局。

外教育及工作经历,国际化人才不断积累,未来发展可期。随着"一带一路"倡议的落实,中资保险公司也逐步围绕"走出去"的保险需求,积极探索新的产品和服务。

2.2.2 金融市场互联互通不断升级,人民币资产关注度显著提升

近年来,我国金融市场开放步伐不断加快,现已形成以境外投资者直接入市和境内外交易机制互联互通的多渠道双向开放框架。目前,境外投资者

可以通过 QFII/RQFII 直接入市以及通过沪港通、深港通、沪伦通、基金互认、债券通、黄金国际板、特定品种期货等多个渠道投资我国金融市场，RQDII 可按相关规定投资境外金融市场的人民币计价产品，也可通过沪港通、深港通、基金互认等渠道投资香港金融市场。目前，沪港通与深港通已覆盖了上交所、深交所、港交所 2000 多只挂牌股票，跨境持仓额屡创新高。2018 年，沪深港通业务跨境收付金额达 8415 亿元，同比增长 30%。与此同时，中国 A 股、国债、政策性金融债等资产被纳入明晟、富时罗素、标普道琼斯、彭博巴克莱等多个国际主流股票债券指数。

随着我国金融市场双向开放不断升级，境外非居民持有境内金融资产总额保持上升态势。截至 2018 年底，非居民持有境内人民币金融资产总额为 48471.4 亿元，同比增长 13.1%。图 2-2 显示了境外非居民持有境内股票、债券、贷款和存款占其持有的境内人民币金融资产的比重情况。非居民持有境内存款比例呈现下降趋势，从 2014 年 3 月的 55.69% 下降到 2018 年 12 月的 21.85%；而债券和股票资产比例呈现逐渐上升趋势，股票占非居民持有人民币资产的比重从 2014 年 3 月的 8.96% 增加到 2018 年 12 月的 23.76%，债券占非居民持有人民币资产的比重从 2014 年 3 月的 14.38% 增加到 2018 年 12 月的 35.31%，境内股票和债券成为境外主体配置人民币资产的主要品种。

2.2.3 人民币汇率形成机制不断完善，人民币汇率弹性显著增强

从 1994 年汇率并轨开始我国就确立了以市场供求为基础、有管理的浮动汇率制度。之后，汇率市场化改革不断推进。2005 年建立以市场供求为基础、参考一篮子货币进行调节、有管理的浮动汇率制度，2015 年汇改明确"收盘汇率 + 一篮子货币汇率变化"的人民币对美元汇率中间价形成机制，2017 年以来进一步完善以市场供求为基础、双向浮动、有弹性的汇率运行机制。随着汇率市场化程度提高，升贬值压力可以得到及时释放，避免形成持续的升值或贬值预期，实现市场主导的双向波动。近年来，人民币一篮子汇率在全球货币中一直表现较为稳健，得到了国际社会的广泛认可。目前，中国人民银行已与 38

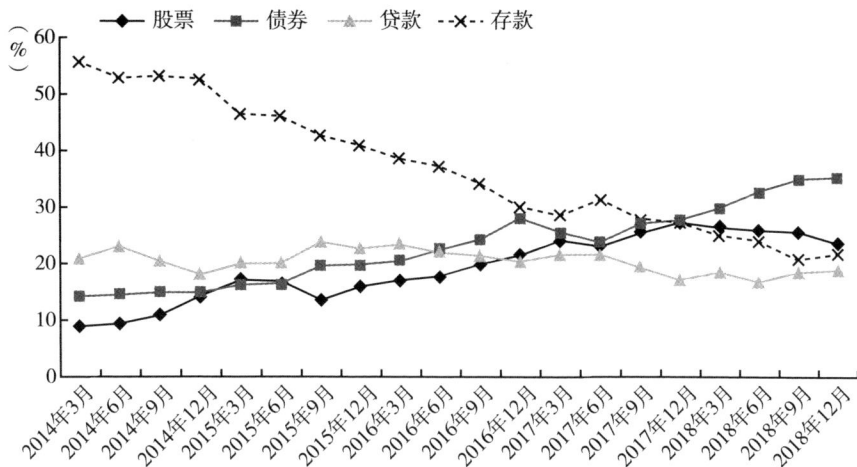

图 2 - 2 境外非居民持有境内人民币金融资产配置情况

数据来源：中国人民银行。

个国家和地区签署了货币互换协议，协议总额达到 36787 亿元人民币。保持人民币汇率在合理均衡水平上基本稳定，进一步提高人民币可自由使用程度，扩大与境外央行的货币互换合作，有力地支持和促进了人民币离岸市场发展。

从理论上讲，金融开放与汇率稳定的关系会涉及经典的蒙代尔"不可能三角"理论，即一国在货币政策独立性、资本自由流动、汇率稳定之间只能选择两个，如果要保持货币政策独立性，并进一步扩大金融开放，那么就只能接受汇率的频繁波动。随着我国金融开放水平的提高，人民币汇率波动也在上升。图 2 - 3 显示了近年来人民币汇率指数的变化情况，人民币汇率指数呈现波动起伏走势，特别是近两年受外部因素影响，人民币汇率波动态势更加明显，人民币汇率的弹性和韧性显著提高。从 2014 年开始，人民币对美元汇率连续 3 年走低；进入 2017 年后，人民币汇率企稳回升；2018年中美贸易战触发人民币汇率贬值压力，人民币汇率中间价年内低点相对高点的最大跌幅达到 9.9%；2019 年人民币对美元汇率曾几度升破 7 元，但是"破七"之后，人民币汇率没有大幅贬值，外汇市场虽出现一些波动，但市场总体预期保持平稳。2019 年底，人民币对美元汇率中间价为 6.9762。人民币汇率波动加大正是人民币弹性汇率机制应对外部冲击的合理反应，未来人民币汇率的弹性空间将继续保持。

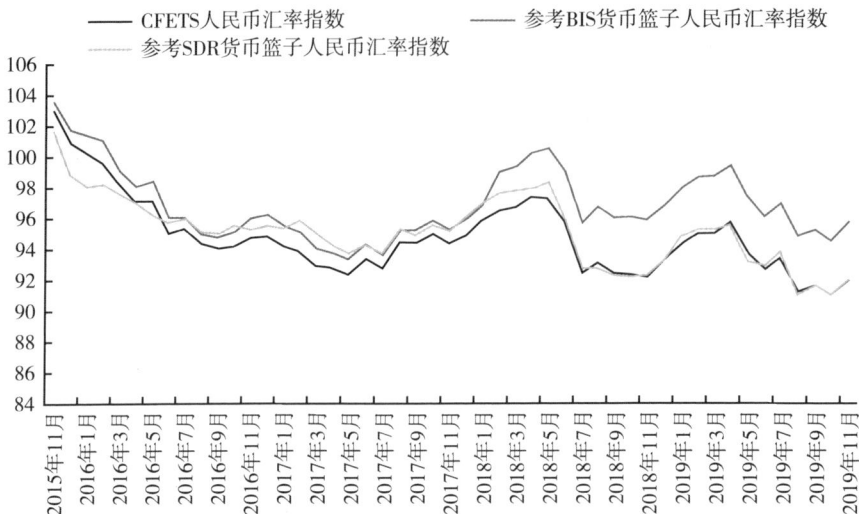

图 2-3 人民币汇率指数变化

数据来源：中国外汇交易中心。

2.2.4 金融国际影响力不断扩大，金融话语权明显增强

长期以来，国际金融体系的话语权一直都掌握在发达国家手中，游戏规则完全由它们制定。2008 年国际金融危机爆发以后，发展中国家经济率先走出低谷，成为拉动全球经济增长的重要力量。随着经济实力的增强，发展中国家在国际金融体系中的话语权得到了较大提升。2013 年 10 月，我国发起成立了亚洲基础设施投资银行（亚投行），得到了众多国家的广泛响应和大力支持。亚投行是第一个由中国倡导发起设立的国际金融机构，展现了中国的国际影响力。2014 年 7 月 15 日，金砖国家在第六次领导人会晤期间，宣布设立金砖国家开发银行，总部设在中国上海。2014 年 11 月 8 日，我国成立丝路基金。2015 年 12 月，国际货币基金组织（IMF）决定将人民币纳入 SDR 货币篮子，并于 2016 年 10 月 1 日生效。根据 IMF 发布的"官方外汇储备货币构成"

（COFER）报告，截至2018年底，人民币储备规模达到2027.9亿美元，在外汇储备总额中的占比为1.89%，排名超过澳大利亚货币和加拿大货币，位居全球第六大储备货币。根据伦敦金融城发布的《全球金融中心指数》，中国金融中心入选排名的城市不断增多，截至2017年，已有上海、北京、深圳、广州、青岛、大连、成都等七个城市入选，中国金融国际影响力不断扩大。与此同时，人民币国际化进程也不断推进。2009年底，人民币国际化指数为0.02%，截至2018年底，该指数达到2.95%①。具体来看，2018年，人民币跨境收付金额合计15.85万亿元，其中收款8万亿元，付款7.85万亿元，收付比为1∶0.98。人民币跨境收付占同期本外币跨境收付总金额的比例达32.6%，创历史新高。据环球同业银行金融电信协会（SWIFT）官方数据，截至2018年底，人民币已成为全球第五大支付货币，占全球所有货币支付金额的比重为2.07%，排名仅次于美元、欧元、英镑和日元。

2.3　中国金融业开放水平的测度与比较

　　尽管我国金融开放取得了显著成效，但与国际先进水平相比，金融开放程度与我国在世界经济中的大国地位和国际影响力严重不匹配。作为世界第二大经济体和第一大出口国，我国金融开放程度的国际排名不仅远落后于主要发达经济体，甚至被诸多发展中国家超越。根据世界经济论坛发布的最新数据，2018年我国金融体系发展竞争力指标在统计的140个经济体中排名第30位，这与我国经济体量和全球地位不匹配。接下来本文将利用金融开放指标对中国与世界其他国家和地区的金融开放水平进行比较。

2.3.1　金融开放指标的选择

　　关于如何衡量一国金融开放程度，现有研究方法并未达成一致，归纳起来主要有两类方法。一是法定开放度，即官方承诺的开放水平，采用一国或

---

　　①　数据来源：中国人民大学国际货币研究所发布的《人民币国际化报告》。

地区所颁布的关于金融开放的法律生效时间或法律数量来衡量，主要从资本账户开放和金融服务贸易开放两个维度展开测量。资本账户开放度测量的基础是 IMF 发布的《汇兑安排与汇兑限制年报》（AREAER），该年报根据各国政府管理汇率和跨国资本流动的各种法规编制，IMF 对资本项目可兑换的评估分为 7 类，共 11 个大项和 43 个子项，采用二元法测量一国开放度，略显粗糙。自 IMF 发布 AREAER 后，学者们不断改进更新测量方法，目前国内外学者最广泛采用的方法是金（Chinn）和伊藤（Ito）（2006）[1] 基于 AREAER 构建的 KAOPEN 开放度指标。该指数反映了资本账户交易管制、经常账户交易管制、多重汇率、出口收入上缴管制等四个方面的信息，有效衡量了一国或地区金融开放的广度。二是实际开放度，即利用经济金融变量来衡量。一国的金融开放不仅包含对其他国家取消资本账户进入限制即"引进来"，也包含本国境内的金融资本"走出去"，许多学者从资本流动的角度来测度一国金融开放水平[2]。雷恩（Lane）和弗莱提（Milesi - Ferretti）（2007）[3] 用各类国外金融资产和负债存量与 GDP 的比值来衡量金融开放度。由于法定开放度是基于官方承诺开放的信息，从法律生效到产生实施结果存在一定的时滞，为保证分析结果的稳健性，本文给出了两种测量方法的结果，其中 KAOPEN 指标来源于金和伊藤个人主页，数据更新至 2017 年；LMF 指数借鉴 Lane 和 Milesi - Ferretti（LMF）的方法，利用国际投资头寸表中的资产和负债之和与名义 GDP 的比值来衡量实际金融开放度。

从图 2 - 4 可以看出，2007 ~ 2018 年，从金融开放度指标来看，我国金融开放度一直没有变化，更准确地说，我国的金融开放度指标从 1993 年以后一直保持不变，始终为 - 1.21。这表明，按照严格的法定测量，我国近些

---

[1] Chinn M D，Ito H. "What Matters for Financial Development? Capital Controls，Institutions，and Interactions"，*Journal of Development Economics*，2006（81）：163 - 192.

[2] 张金清、管华雨、连端清、刘庆富：《金融开放程度指标评价体系及其在我国的应用研究》，《产业经济研究》2008 年第 3 期。

[3] Lane P R，Milesi - Ferretti G. "The External Wealth of Nations Mark II：Revised and Extended Estimates of Foreign Assets and Liabilities，1970 - 2004"，*Journal of International Economics*，2007（73）：223 - 250.

年的金融开放度基本没有发生变化,资本账户存在严格的管制。很显然,这并不符合我国实际情况,也体现了这一指标的局限性。根据IMF《汇兑安排与汇兑限制年报》(2018),2017年我国资本账户不可兑换项目有两大项,而2018年又推出了多项金融开放措施,实际开放度应该在上升。从LMF指数来看,近些年我国资产和负债增长迅速,2007~2018年我国对外资产负债总额占GDP比重的均值为102.95%,超过100%,表明我国实际开放度较高。需要注意的是,自2015年起,我国开始根据《国际收支平衡表和国际投资头寸手册》(第六版)(BMP6)公布国际投资头寸数据,由于2014年以前的数据是根据BPM5编制的,不同年份比重在进行比较时,应着重分析2015年以后的变化。2016~2018年我国对外资产负债总额占GDP比重分别为98.56%、101.01%、93.66%,金融开放度呈现波动起伏变化。

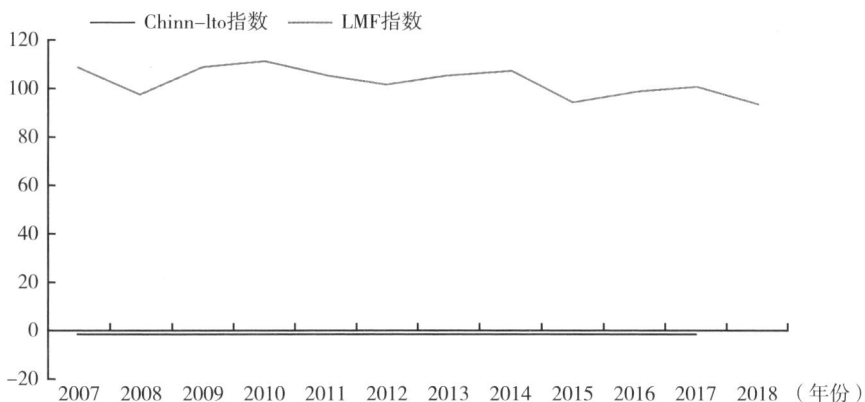

图 2 - 4 2007~2018 年中国金融开放度变化

2.3.2 金融开放度比较分析

为更加清楚地认识我国金融开放水平,本文选择部分国家作为参考对象,对我国金融开放水平进行比较。从图 2 - 5 可以看到,无论金和伊藤的KAOPEN指数还是LMF指数,我国金融开放水平都远低于美国、英国等发达国家。与金砖国家相比,我国金融开放水平也不高。

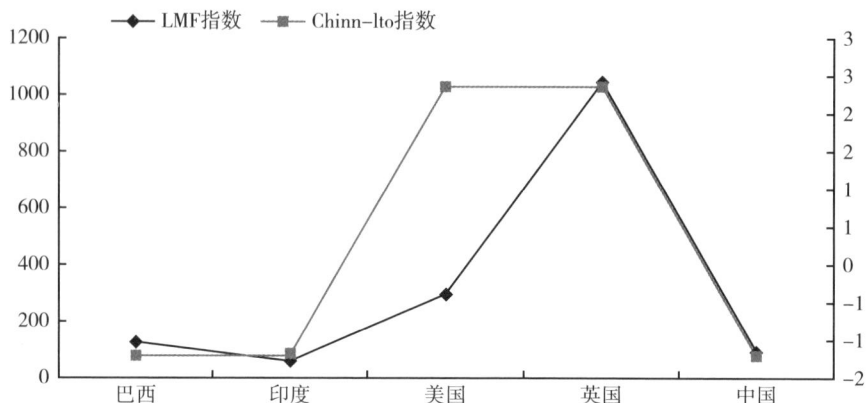

图 2 - 5　2018 年部分国家金融开放度比较

综上可见，我国金融开放面临的主要问题是对外开放程度不够。例如，我国外资金融机构资产占比一直徘徊在 2% 左右，发达国家和其他金砖国家该比例已超过 10% ，中国"走出去"的企业覆盖了全球 189 个国家和地区，但中资金融机构仅在 60 多个国家和地区设点。尽管金融市场开放推动境外主体增持了人民币金融资产，但考虑到我国金融市场规模，境外投资者持有量占比仍然偏低，当前外资持有我国境内股票市值占总流通市值的比重仅为 3.8% ，外资持有我国境内人民币债券市值占债券总市值的比重仅为 2.2% ，开放潜力巨大。

2.4　中国金融业开放面临的风险

金融系统是现代信用经济体系的核心，对经济和社会整体发展有"牵一发而动全身"的重要影响。就目前我国所处的发展阶段和国际环境来看，扩大金融开放是大势所趋、不可避免。这一过程也将伴随着金融脆弱性和金融风险复杂性的加剧，做好系统性金融风险防范工作是"十四五"期间金融发展的关键任务，对我国经济整体的高质量转型和可持续发展有重要意义。

2.4.1　系统性金融风险影响

金融领域的合作与交流一直是各国经济交流活动的重要组成部分，世界银行数据显示，2017 年全球跨境资本流动总规模 5.9 万亿美元，占当年全球 GDP 总量（80.89 万亿美元）的 7.3%。金融市场参与者众多，小到消费者个人、大到一国政府，都在以或直接或间接的方式影响着金融系统和被金融系统影响着。2017 年 7 月，习近平总书记在全国金融工作会议上强调，做好金融工作除了要回归金融服务实体经济这一本源，深化金融改革、扩大金融对外开放，发挥市场的决定性作用，不断提高金融资源配置效率外，还应当把主动防范化解系统性金融风险放在更加重要的位置。

虽然系统性金融风险被提起也广为人知，但目前系统性金融风险的定义上尚无一致定论。一般来说，系统性金融风险指的是可能导致大量金融机构或整个金融市场受到明显冲击，从而影响金融系统正常运行和经济社会稳定增长的风险事件。金融体系中数量庞大的参与主体和错综复杂的资金链条注定了金融系统天然具有复杂性和脆弱性的特点，加之其承担着为社会提供资金融通的业务，如果缺乏恰当的风险防控和隔离机制，一旦金融系统中的某一主体或环节出现问题，风险很容易顺着系统中纷繁复杂的资金链条向外蔓延并扩大，严重时甚至可能造成区域性的或者全球性的金融或经济危机。2008 年由美国"次贷危机"引发的全球性金融危机就是系统性金融风险破坏力的有力证明，也正是此次全球性金融危机的发生使得系统性金融风险防控日益成为世界各国关注的重点。

2.4.2　系统性金融风险来源

从历史来看，区域性或全球性金融危机的发生均来自某一外部冲击或内部风险事件的蔓延和扩大。从造成危机发生的冲击或风险事件的属性出发，系统性金融风险的主要来源可以归纳为以下四个方面。

1. 宏观经济或政策风险，即一国内部宏观层面的变化对金融体系造成的不良影响

房地产市场风险是宏观经济风险的重要构成，历史上很多国家的金融危机就始于房地产市场泡沫。20 世纪末的房地产市场改革拉开了我国房地产市场飞速发展的序幕，近几年各地房价更是普遍上涨，房地产开始从原来的

商品属性向资本属性转变，社会资金不断涌入房地产市场，造成全国大多数城市房价高企、过度投资的现象，房地产市场出现了不同程度的泡沫。这一现象一方面造成金融整体呈现"脱实向虚"的趋势，不利实体经济发展；另一方面强化了房地产市场的金融化，强化了其与金融市场的联系，如果房地产市场出现大的波动（如泡沫破裂），金融市场也难以避免地受到影响，为金融系统的稳定埋下了隐忧。

地方债务风险是宏观经济或政策风险的另一重要代表。1994 年我国分税制改革以来，地方政府事权和财权不匹配的问题一直存在。具体表现为财权上归属地方的税收规模降低，事权上归属地方政府的事务又偏重，地方财政普遍存在财政压力，而这两年提高社会福利和减税降费的政策又进一步加大了地方的财政负担。在这种情况下，很多地方政府出于发展的需要或非发展的需要过度依赖土地财政和债务融资。未来一旦房价出现大幅下跌、房地产市场向下，地方政府的债务将很难偿还，一方面将给地方经济发展造成重大影响，另一方面也会给国内金融体系带来巨大冲击，系统性金融风险由此发生。

2. 系统内部风险，即由于金融系统自身业态演化和制度不健全可能带来的金融系统稳定风险隐患

影子银行问题就是典型代表。影子银行指的是脱离传统银行监管体系、可能诱发系统性金融风险和监管套利的信用中介机构以及各类相关业务活动。2008 年国际金融危机爆发后，对影子银行的监管被各国政府提上日程。2018 年穆迪发布的《中国影子银行季度监测报告》指出，截至 2017 年底中国的影子银行规模排名全球第三（仅次于美国和欧盟），达到了 65.6 万亿人民币，年增速 1.7%。相比发达国家，我国影子银行与传统银行部门的联系更为密切。一方面，影子银行的风险极易通过这一联系传导到传统银行部门并通过传统银行部门向金融系统内外扩散；另一方面，在我国当前分业监管体系下，影子银行跨界混业经营中存在的责任主体不清晰、制度性错配、监管真空等问题进一步加剧了系统性金融风险发生的可能和危害。

3. 国际冲击,即国际环境变化对一国金融系统稳定所造成的不良影响

我国既是全球第二大经济体,又是最大的发展中国家。改革开放四十年来,我国在全球经济中的参与度越来越高。国家统计局的年度统计数据显示(见表2-1),我国对外直接投资存量和实际利用外商直接投资金额分别从2008年的18397071万美元和9239500万美元上升到2018年的198226585万美元和13496589万美元,年均增速分别约为98%和4.6%。其中,金融业对外直接投资存量和实际利用外商直接投资金额分别从2008年的3669388万美元和57255万美元分别上升到2018年的21789544万美元和870366万美元,年均增速分别约为49%和142%。境外资本的持续流入和境内资本的持续输出不断强化我国经济与全球经济的联系,国际环境变化对国内金融系统发展的传导通道和可能造成的影响必然随之不断增强。

表2-1 2008~2018年我国对外投资及利用外资情况

单位:亿美元

年份	金融业对外直接投资存量	对外直接投资存量	金融业实际利用外商直接投资金额	实际利用外商直接投资金额
2008	366.94	1839.71	5.73	923.95
2009	459.94	2457.55	4.56	900.33
2010	552.53	3172.11	11.23	1057.35
2011	673.93	4247.81	19.10	1160.11
2012	964.53	5319.41	21.19	1117.16
2013	1170.80	6604.78	23.30	1175.86
2014	1376.25	8826.42	41.82	1195.62
2015	1596.60	10978.65	149.69	1262.67
2016	1773.42	13573.90	102.89	1260.01
2017	2027.93	18090.37	79.21	1310.35
2018	2178.95	19822.66	87.04	1349.66

数据来源:国家统计局。

4. 科技风险,即金融和技术的融合可能带来的不良冲击

近十年,信息技术的飞速发展对金融行业的发展产生了很大影响,以大数据、云计算、人工智能、区块链等为代表的新兴科技极大地提升了金融机

构在运营服务、客户开发、风险控制、创新研发等核心环节的效率，很好地帮助金融机构实现了对成本的控制和效益的提升。但信息技术在金融行业各环节的广泛运用也给金融系统稳定带来了隐患，直接的包括技术和系统漏洞以及客户信息的泄露、盗取和被误用，间接的还包括金融科技带来的金融组织形式变更可能引起的监管套利、数字货币、电子支付及互联网金融可能对传统货币体系和支付结算体系造成的冲击以及行业发展所带来的数据统计难题和政策传导机制改变可能给当局实施宏观政策调控带来的困难和挑战等。

2.4.3 扩大金融开放对系统性金融风险的影响

改革开放 40 年来，特别是近两年我国扩大金融对外开放相关的一系列政策措施表明，以金融机构国际化、金融交易国际化、金融市场国家化为主要特征的金融国际化是我国金融系统未来发展的必然趋势。换言之，随着金融对外开放的进一步深入发展，金融机构将呈现如下特点。一方面，国内金融机构在开展国内业务的同时将分支机构和业务服务范围向国际市场拓展；另一方面，国外金融机构进驻国内金融市场，成为国内金融市场的重要构成。金融交易活动方面，各类金融交易不再局限于某一区域，而是根据交易主体的需要和各地的风险收益情况拓展至全球；而金融市场方面也将呈现各国金融市场逐渐融合的特点。

系统性金融风险区别于非系统性金融风险的关键之处在于其传播速度快、波及范围广，之所以会呈现这样的特点，原因在于金融机构之间、金融机构与实体经济之间以及金融市场与金融市场之间的联系为系统性金融风险的传导提供了渠道。扩大金融对外开放必然强化国内金融机构与国际金融机构、国际金融机构与国内实体经济、国内金融市场与国际金融市场之间的联系，结合系统性金融风险发生的机理，很容易得出扩大金融对外开放将进一步加大我国系统性金融风险防控的难度。

首先，扩大金融开放将增强国际冲击对国内金融系统的影响，主要表现在以下两个方面。一是抵御国际金融危机的能力被削弱。新中国成立至今国际社会发生过数次金融危机，但数次金融危机都未对我国造成很大影响。这主要是由于我国采取的是渐进式的对外开放，危机发生时我国对外开放程度不高，对资本市场的管制仍然较强，因此虽然无法完全抵御国际金融危机对我国金融和经济系统造成的冲击，但金融和经济总体上还是保持稳定。新阶段，随着金融对外开放力度的不断加大，我国金融市场与国际金融市场的深度融合必将强化我国金融市场与国际金融市场的风险溢出效益，弱化我国金融和经济系统对国际金融危机的抵御能力。二是可能强化跨境资本流动对国内金融系统的冲击。跨境资本流动是指期限一年内的国际资本流动，主要受宏观经济、利率、汇率、政策变动等因素影响，偏好投资房地产市场和证券市场，具有规模大、投机性和波动性强、方向易变等显著特点。跨境资本流动对于一国金融和经济系统的影响主要有以下两点。一方面，大规模国际资本在短期内快进快出容易导致资产泡沫的产生和破裂，引起公众恐慌，给金融和经济系统带来强烈冲击；另一方面，国际市场的冲击很多时候是借由国际资本流动实现对国内金融和经济系统的传导。相应地，未来进一步扩大金融对外开放，特别是如果放开资本项目，一方面将增加短期国际资本大规模流动的可能和波动，加剧跨境资本流动对国内金融系统稳定性的冲击，另一方面将弱化资本管制在抵御国际冲击时的防火墙作用。

其次，扩大金融开放对监管部门的监管能力提出了新挑战。习近平总书记在2017年世界经济论坛年会上曾指出，国际金融危机并不是经济全球化发展的必然产物，而是金融资本过度逐利、金融监管严重缺失的结果。扩大金融对外开放对我国金融监管能力的冲击主要表现在两个方面。第一个方面，扩大金融对外开放将加剧国际游资的进出，给金融监管带来挑战。这些资本出于对利润的追求，利用一些金融市场的体制漏洞开展对应交易，在实现自身获利的同时给一国、地区甚至全球的经济造成不同程度的损失，甚至引起或者推动全球性金融危机的发生。维护一国、地区乃至全球金融稳定，必须对这部分国际资本实施监管，规范和打击国际资本的不当行为。然而对这部分国际资本的监管涉及国家与国家的监管合作，也就是国际金融治理体系的建立和完善。就目前来看，全球金融治理仍然存在短板，现有的国际组织架构和国际金融规则还不能有效应对国际游资监管问题，扩大金融对外开放也必然给我国的国际游资监管工作带来挑战。第二个方面，扩大金融对外开放将进一步推动金融创新，给金融监管带来新的挑战。国际金融机构的加入，一方面可能直接带来新的技术或业务模式，另一方面将加剧金融市场竞争，并推动金融创新。新的金融技术或业务模式会对已有的、传统的金融监管架构和制度安排造成冲击。如不及时调整、适时提高，系统性金融风险诱发的可能性将不断上升。

2.5 "十四五"时期中国金融业高质量开放的对策建议

"当今世界正处于百年未有之大变局。"习近平总书记这一重要论断深刻揭示了世界新的时代特征。面对当今世界正在经历的百年未有之大变局，要从金融大国向金融强国迈进，以金融的高质量发展推动实体经济高质量发展。当前我国正处于金融业全方位开放的新阶段，但金融业的整体状况还不能很好地满足实体经济高质量发展和高水平参与激烈国际竞争的需要。习近平总书记强调，"提高金融业全球竞争能力，扩大金融高水平双向开放，提高开放条件下经济金融管理能力和防控风险能力，提高参与国际金融治理能力"。这为"十四五"期间我国金融开放指明了方向和路径。

2.5.1 金融开放与金融改革同步推进，实现二者良性互动

金融是现代经济体系的子系统，金融开放必须与行业存量状况、宏观环境等联系起来，以开放促改革，以改革保障开放，实现二者的良性互动。目前我国正持续深化金融供给侧结构性改革，金融对外开放已取得实质性进展，未来将朝着更加开放、包容、普惠、平衡、共赢的方向发展。通过扩大开放，引进外资金融机构，提升我国金融体系的活力和竞争力。首先，扩大金融开放是金融供给侧结构性改革的组成部分。扩大金融开放，引入多样化金融机构、金融服务和金融产品，可以有效推动国内体制机制方面的改革。其次，坚持"引进来"和"走出去"双管齐下。金融开放既是将外资金融机构和企业"引进来"的过程，也是国内金融机构和企业"走出去"的过

程。近年来,按照"宜快不宜慢、宜早不宜迟"的要求,我国金融开放新举措频繁落地,吸引了一大批外资银行、保险公司、券商等来华"掘金",外资机构加速在中国布局。与此同时,越来越多的中资金融机构布局海外,主要的大型商业银行已基本完成全球的经营布局,中资金融机构和企业以"一带一路"建设为契机,积极参与国际竞争。再次,推动各开放渠道政策整合。现行的管道式、多渠道开放有效地满足了不同类型机构的需求和偏好,但各渠道相互隔离、政策不一致,也在一定程度上导致了交易成本高、监管困难等问题。为更好地落实高质量发展的要求,要对各个渠道的政策进行整合。中国人民银行副行长在"2019~2020中国经济年会"上表示,新时代的金融开放各项制度安排要逐渐走向成熟定型,需要从管道式的开放逐步转变为制度性、系统性开放①。目前,境外机构投资者可通过QFII、RQFII、直接入市、沪港通、深港通、债券通等多种渠道投资我国金融市场,2019年10月央行出台《关于进一步便利境外机构投资者投资银行间债券市场有关事项的通知》,允许同一境外主体QFII/RQFII和直接入市渠道下的债券进行非交易过户,资金账户之间可以直接划转,进一步提高了境外机构投资者入市投资的便利性。

2.5.2 金融开放与资本项目可兑换协同推进,稳妥推动人民币国际化

金融开放不是一蹴而就,而是一个渐进的过程。在国内金融体制不完善、风险防控水平不高的情况下,贸然放开资本项目,会引起跨境资本大规模进出,不断冲击国内经济体系,最终可能产生金融危机,因此,要审慎对待资本项目开放。首先,要深化外汇管理体制改革。从资本管制到资本项目可兑换,是我国外汇管理体制改革的重要内容之一,在1996年实现经常项目可兑换后,外汇管理部门稳妥有序推进资本项目开放,从支持企业境外上市、

① 陈雨露:《新时代金融业对外开放需把握好三项原则》,http://finance.eastmoney.com/a/201912141323973359.html。

改革合格机构投资者制度、推出两地互联互通机制、落实内地与香港基金互认等开放措施,有效提升了贸易投资自由化便利化水平。未来要继续深化外汇管理改革,扩大外汇市场开放,为全球投资者提供更广阔的市场。其次,充分发挥自贸试验区先行先试作用。作为金融开放的前沿阵地,自贸试验区是我国金融创新改革比拼的舞台,很多金融创新举措都在自贸试验区涌现。从2013年上海自贸试验区设立开始,我国就开始推出了一系列先行先试措施来推动资本项目可兑换,这些试点取得了非常好的效果,自贸试验区在完善金融管理、放宽市场准入、优化金融环境、服务实体经济发展中发挥了示范引领作用。再次,稳妥推进人民币国际化。金融开放和人民币国际化存在相互促进关系。多年来,人民币国际化取得了重要进展,增强了国际上对人民币的信心,但人民币的国际地位与我国在世界经济和贸易中的份额不匹配,人民币的国际使用程度仍有较大提升空间。继续推进资本项目可兑换,进一步提升跨境交易和投资的便利性,可以更好地发挥人民币国际储备货币的作用。考虑到当期国际环境的复杂性,要注意把握资本项目可兑换的节奏和力度。

2.5.3 金融开放与金融监管相互配合,强化宏观审慎管理

金融开放是一个双向的过程,需要根据本国实际情况设计金融开放的节奏和路径。米什金(Mishkin)[①]的研究表明,金融开放可能使得资本流动更为容易,导致金融机构承担较多风险,从而使得金融风险更快地在各国间传递。2008年国际金融危机的历史教训表明,金融市场存在极为显著的顺周期性和传染性,必须建立健全宏观审慎政策才能真正守住不发生系统性金融风险的底线。首先,要继续把防控金融风险作为金融工作重点。世界其他国家金融开放的经历表明,合理有序推进金融开放,能够给一国带来繁荣和发展,反之则可能导致危机和衰退。国内学者达成共识的是,在加速推进金融

---

① Mishkin, F. *The Great Globalization: How Disadvantaged Nations Can Harness Their Financial Systems to Get Rich.* Princeton: Princeton University Press, 2006, pp. 156 – 158.

开放过程中,防范金融风险仍是重中之重。其次,要加强金融监管。当前,QFII 主要是养老基金、公益基金、保险基金等长期机构投资者,经由沪港通和深港通进出 A 股市场的境外投资者种类和身份更加复杂,甚至包括部分国际游资,其活力和风险意识更强。因此,在不断扩大开放的同时,既要防范可能发生的系统性风险,又要提升金融监管能力。关系到国家安全,涉及核心金融基础设施的内容,一定要保持审慎态度,切实做好金融数据综合统计、风险波动实时监测等各项工作,确保跨境资金流动的平稳有序。此外,金融监管还要适应金融机构数字转型需要。随着 5G、物联网、工业互联网技术的不断突破,科技手段可能重塑金融业新格局和新形态。目前在金融科技领域做得最好的是美国和中国,科技成为我国发展的一个优势,未来要继续鼓励和推动创新,将科技和创新融入金融服务中,在坚守风险底线的前提下,合理延伸监管边界。再次,要加强金融基础设施建设。"加强对重要金融基础设施的统筹监管,统一监管标准,健全准入管理,优化设施布局,健全治理结构,推动形成布局合理、治理有效、先进可靠、富有弹性的金融基础设施体系。"① 这是我国加快完善金融基础设施体系的一项重要举措,未来要进一步加强金融基础设施建设,建立符合国际惯例和国际市场规则的金融基础设施体系,确保金融稳定发展。

2.5.4 金融开放与金融治理相互促进,提升国际影响力

随着传统金融治理话语权日趋分散化和多元化,全球金融治理格局势必发生较大变动。面对这一格局,我国应积极迎难而上,主动作为。只有金融进一步开放,才能增强我国在全球金融治理体系中的话语权和金融治理规则制定权。首先,加快布局金融强国建设。将金融强国战略纳入国家发展战略,从战略角度和国家层面进行科学的顶层设计。近年来,我国提出"一带一路""人类命运共同体"等发展战略,发起设立上合组织开发银行、金砖国家开发银行、亚洲基础设施开发银行,未来要充分利用好这些跨区域合

---

① 中央全面深化改革委员会第十次会议审议通过的《统筹监管金融基础设施工作方案》。

作平台，加强与国际金融组织的合作，推动国际金融治理改革，提升国际金融治理的影响力。其次，加大金融领域的科技创新。第四次工业革命对于推动我国金融开放进程是一个非常好的机遇，依托大数据、云计算、区块链等新技术，拓展金融市场的广度和深度，加快互联网对传统金融部门的改造，提高金融行业整体运行效率。再次，加强国际金融合作。积极开展与发展中国家和新兴国家的合作，逐步改变美元本位下的世界金融格局。加强双边和多边金融监管当局之间的合作，共同应对金融市场的波动，维护金融安全稳定。

B.35

3

"十四五"时期面向5G时代
我国制造业发展趋势与应对之策

林寿富 叶琪 张宝英*

摘 要： 在数字经济时代，"5G＋工业互联网"赋能我国制造业高质量
发展，助力我国制造业朝数字化、网络化和智能化方向转型。
"十四五"时期，我国面向5G时代制造业高质量发展的国内外
环境发生了复杂变化，既面临新一轮技术变革和产业变革的机
遇，也面临国际格局百年未有之大变局和国内实体经济之大变
革的挑战。从整体来看，我国制造业仍然走在智能化落地的路
上，相关法律法规、行业标准的缺乏，科技安全、科技伦理的
挑战，以及硬件成本高和专业人才匮乏并存，成为5G时代我
国制造业转型和发展的现实阻碍。随着5G技术在制造业领域
的广泛应用，我国制造业要充分拓展新动能和新空间，借鉴发
达国家智能制造的经验，通过建立有效的资金支持机制、制定
统一的5G技术标准、构建5G开放合作新生态、健全人才培育
机制和创新商业模式，加速形成我国智能制造推进体系，持续
深入推进我国制造业供给侧结构性改革和高质量发展。

关键词： 5G时代 制造业 新动能 新空间

---

* 林寿富，福建师范大学经济学院教授，博士生导师；叶琪，福建师范大学经济学院副教授，
硕士生导师；张宝英，福建师范大学经济学院讲师。

当前,以互联网、大数据、人工智能等为代表的现代信息技术创新推动人类步入技术创新历史中最辉煌、最闪耀的时刻,现代信息技术与实体经济、生产生活的深度融合催生了一大批新技术、新产业、新应用,对经济社会的发展与进步、全球治理体系完善等方面正产生着重大而深远的影响。具有高速率、高可靠、大连接、低功耗等特征的新一代通信技术5G技术是现代信息技术的代表之一,不仅可以为互联网、人工智能等应用提供加速度,使人类生产生活从实体化进入数字化时代,而且5G把工业互联网作为最重要的应用场景,颠覆着人类对产业发展的认知,塑造了新一轮产业发展周期。

2019年6月6日,中国电信、中国移动、中国联通、中国广电成为我国率先获颁5G牌照的企业,标志着我国正式进入5G时代,同年11月1日,中国电信、中国移动、中国联通三大运营商同时宣布开通5G套餐业务,标志着我国正式进入5G商用时代,我国也成为继韩国、美国、瑞士、英国之后第五个正式5G商用的国家。5G是第五代移动通信技术的简称,在前四代移动通信技术中,1G实现了模拟语音通信,以大哥大的使用为代表;2G实现了语音通信数字化,如手机不仅能通话,还能发短信;3G实现了图片等多媒体通信,如手机可以收发、查看图片;4G实现了局域高速上网,如智能手机可以看视频。从1G到4G,移动通信技术实现了人与人沟通从声音世界进入画面世界,从意念想象进入了实时互动,大大拉近了人与人之间的距离,为人们的生活提供了极大的便利。5G时代的到来对移动通信技术产生了革命性的颠覆,从技术上来看,5G运用了大规模天线、网络切片、边缘计算等前沿技术,具有高速率、高可靠性、大连接、低时延等特征,与4G相比,在传输速率方面,5G提升了10~20倍,用户体验速率提升了10~100倍;流量密度方面,5G提升了100倍;网络能效方面,5G提升了100倍;可连接数密度方面,5G每平方公里可联网设备的数量提升了10倍;端到端时延方面,5G提升了10倍,可见,5G是通信技术的一次巨大飞跃。从应用上来看,4G及之前的技术主要着眼于人与人之间联系方式的改进,5G则把应用场景从移动互联网扩展到物联网以及人工智能等领域,实现人与物、物与物之间的联通,让更多的设备实现联网和数据互通,如智慧城市、智能家居、物联网、车联网、工业互联网等,实现了从人人互联到万物互联,从生活便利到生产智能,从物理世界到数字世界的转变。如果说3G提升了速度,4G改变了生活,那么,5G则将改变社会。5G不仅为万物智能提供了技术上的支持,而且也为未来人们生产生活的改变提供了无限的遐想空间,5G也必然与实体经济紧密融合才能更加凸显这一技术的价值性和实用性。

3.1 5G时代来临推动实体经济发展大变革

技术只有与实体经济发展融合才能转化为生产力,创造新的产品,催生新的产业部门,真正体现技术的价值所在。一系列5G直播和体验使广大消费者切身感受到5G带来的视觉盛宴以及在实体经济领域应用带来的便利性和高效性,5G开始卸下神秘外衣,与大数据、互联网、云计算、人工智能等现代信息技术交织并进,并深度嵌入实体经济发展,赋予实体经济发展新的动力,为设备赋智、为企业赋值、为产业赋能,推动实体经济的创新变革。

3.1.1 5G将重塑全球产业链格局

新一代信息技术被认为是新一轮科技革命和产业变革的核心动力,而信息技术运用的关键在于速度,5G作为高速度、高带宽、低延时的信息技术,契合了现代信息社会发展的速度需求,速度又决定着经济发展和社会进步。受制于资源的有限性,市场的占有、资源的获取、创新的引领、话语的争夺都是速度比拼,创造速度的5G必将成为各个国家和地区竞争的焦点。2019年8月,全球移动供应商协会(GSA)发布的5G数据显示,已经有100个国家的296家运营商获得许可或正在启动、演示、试验5G技术。发达国家和发展中大国已经投入大量资源研发5G,韩国、美国、中国、日本与欧盟是推进5G较为积极的国家和地区,又以韩国和美国的节奏最快,5G俨然成为各国技术竞争的焦点领域。高通的研究报告预计,到2035年,5G相关产品和服务将高达 12 万亿美元，全球 5G 价值链创造的产出将达 3.5 万亿美元，有 2200 万个工作岗位将被创造。5G 引发的国际竞争已不仅仅是技术领域的较量，未来更多是聚焦 5G 运用的产业领域和实体经济领域，并带动一批新兴产业崛起。5G 速度已经为经济社会生产方式和生活方式的发展变革按下了快捷键，必将通过产业变革引发全球产业链和价值链发生根本性变革（见图 3 – 1）。

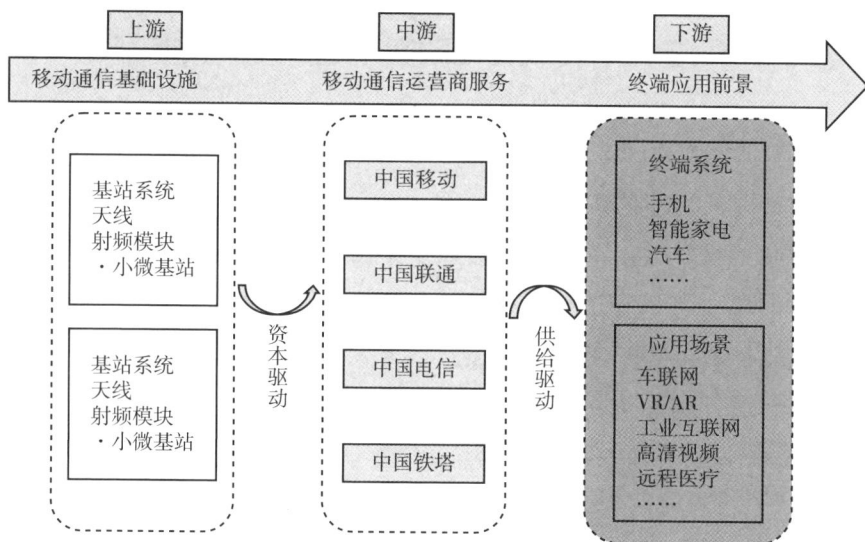

图 3 – 1 5G 产业链解析

从图 3 – 1 可以看出，5G 产业链是由上游通信基础设施、中游通信移动运营商和下游终端应用前景三大部分构成，和 4G 相比，5G 最大的创新和变革是在下游的应用层面。4G 最普遍的应用场景是一个硬件 + 多个应用，如一个智能手机 + 多个 App，5G 则大大扩展了应用领域范畴，实现多个硬件品类 + 多场景服务，如智能手机、智能电视、智能耳机等诸多硬件的智能化 + 物联网、车联网、医疗、制造等广泛应用，打造出智慧家庭、智慧工厂、智慧城市，形成更加多元有机的智慧生态圈。这也将大大改变全球产业链格局，当前的产业链分工很大程度上受资本和劳动力要素的影响，技术的影响主要是与产品生产以及服务直接相关的技术,因此,长期以来,发达国家凭借先进的研发与生产技术牢牢占据产业链分工的顶端。5G带来的是应用前景的智能化,它会解构传统的生产与要素之间的结构关系,更多实现技术要素对资本与劳动力要素的替代,大大弱化生产对实物要素的依赖性。5G还把技术要素从应用领域更多向基础领域聚焦,应用场景的技术不仅取决于改进生产和服务的自身技术,而且还取决于推动其自身技术改进的基础技术,如5G技术以及处于5G产业链上游的移动通信基础设施技术,基础技术在一定程度上决定着应用技术。可见,5G的应用将打破传统产业链分工格局,使长期处于产业链中下游的发展中国家可以通过5G技术研发突破步入5G应用场景的前列,通过上游技术的间接作用提升产业地位。

3.1.2 5G与实体经济融合的应用领域

应用场景是5G落地的最后一环,也是5G与实体经济发展融合的具体应用领域,是人类对5G可能带来的生产生活巨大变化的期待,这可能会在人们的预期范围内,也可能会由于技术的跨越发展而大大超出人们的预期。2015年,国际电信联盟(ITU)主要从三个方面定义了5G应用前景(见图3-2):增强移动宽带(eMBB)、超高可靠低时延通信(uRLLC)和大规模物联网(mMTC)。其中,eMBB是5G最早商用场景的实现,主要面向超高清视频、虚拟现实(VR)、增强现实(AR)、高速移动上网等高速率、大带宽的业务,是4G移动宽带场景增强版,给用户带来更真实、更快速、全角度的体验。uRLLC则着眼于5G低时延和高可靠性的特征,满足车联网、工业控制、远程医疗等垂直行业的特殊应用需求,应用更加安全精准。mMTCB具有海量数据连接、强化基站间合作等特征,以传感和数据采集为目标的物联网应用场景为主,满足海量物联通信要求,万物互联更加顺畅。5G从三大场景运用中衍生出更多的具体应用场景,在实体经济发展中发挥越来越大的作用。

5G作为一项通信技术必须与实体经济融合才能体现其价值所在,其对人类生产生活的改变也主要通过作用于实体经济发展、推动实体产业变革而实现。5G是基础性的技术,在实体经济运用场景中,5G作为现代信息技术和应

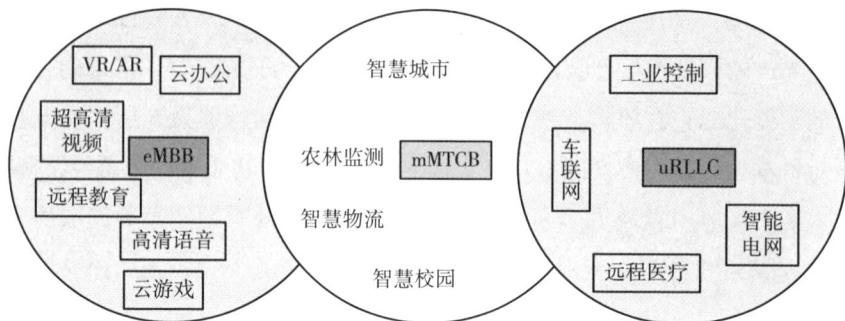

图 3 - 2   5G 三大应用场景

用终端的联结性技术，可以确保云计算、大数据、人工智能等技术作用的充分发挥；5G 又是关键性的技术，打通了现代信息技术与实体经济融合的"最后一公里"，在容量、覆盖率、安全、道德规范、通信交互等方面具有无可比拟的优势，确保各项技术运用的高效精准。5G 时代将赋予实体经济发展新的动力、模式，推动实体经济数字化、网络化、智能化升级进一步加快。

3.2   5G 赋予我国制造业发展的新动能与新空间

制造业是我国实体经济发展的主体，是技术创新的载体，也是高质量发展的根本支撑。发达国家经历了"脱实向虚"发展模式造成的危机后，制造业重新回归了经济发展的视野，并且成为全球新旧动能转变和引发新一轮技术革命和产业革命的主战场，重新成为制造业竞争的焦点。新一轮制造业竞争不再是传统竞争模式的承继，在互联网、大数据、人工智能等现代信息技术浪潮的推动下，制造业更多比拼的是现代信息技术运用后的制造模式、生产效率、产品质量等。2018 年世界智能制造大会发布的《2017 ~ 2018 中国智能制造发展年度报告》提出，智能制造已成为全球主要国家制造业竞争的焦点。发达国家已经对制造业的智能化转型进行了部署，德国的"工业 4.0"战略、美国的"先进制造业国家战略计划"、日本的"互联工业"、英国的"英国制造 2050"战略、法国的"新工业法国"战略等发达国家的制造业发展战略规划都把制造业的智能化转型作为其发展战略的重点方向。2017年，以智能制造为主要支撑的产业在全球已形成了4300亿美元的规模，预计到2025年将达到1万亿美元。据统计，智能化工厂使用机械臂会使企业生产成本降低20%左右，节省劳动力30%～50%，提高生产效率30%～50%，出厂合格率提高约5%，企业产品品质进一步提升，品牌形象与竞争力进一步强化。5G为智能制造提供重要的技术支持，5G把智能设备与制造业生产过程连通在一起，确保数字指令和计算指令能准确到达制造环节，各制造环节物物相连，信息时时相通，实现全要素、全过程互联互通，确保生产过程高度精益化。很多发达国家也着手部署5G在工业生产中的应用，如美国的工业贸易组织"5G美洲"通过发布5G+工业应用白皮书推动美洲工业领域对5G的应用；欧盟在2018年成立了工业互联网与自动化5G联盟，推动5G生态系统建设以及在工业领域的应用；韩国发布的5G+战略把智慧工厂确定为五项核心业务之一。我国也重视5G与工业的融合发展，2017年出台的《关于深化"互联网+先进制造业"发展工业互联网的指导意见》就明确把5G列为工业互联网络基础设施，部署5G在工业企业中的应用。5G为我国制造业发展赋予新动能与新空间。

3.2.1 5G赋予我国制造业发展的新动能

1.技术动能

5G作为一项高速传输网络技术首先直接赋予我国制造业技术创新动能。5G本身既是先进的通信技术，同时又是其他信息技术应用的基础设施，在这一基础之上实现了云计算、大数据、物联网、人工智能等先进技术的汇聚，通过5G把这些技术串联在一起形成集成创新，极大改变了以往技术创新的单线传导方式，形成现代信息技术创新体系。这一创新体系在制造业中的覆盖式、链条式应用形成了推动我国制造业发展的强大技术动能。例如，在工厂自动化控制环节，自动化的核心是闭环控制系统，现有的网络由于速度慢等问题很难做到对每个设备进行同时控制，一般的做法是先测量每个设备的传感器，然后测量数据传输给控制器，控制器根据数据来设定执行器。

5G可以提供毫秒级端到端的时延，同时完成数据采集、传导和应用分析的全过程，极大提升了自动化控制的效率。未来制造业工厂中的各个设备都会装上越来越多的传感器，变得越来越智能，计算、存储、网络等模块通过5G相互连接，技术的控制和运用会更加精准。

2. 质量动能

我国是全世界唯一拥有联合国产业分类中全部工业门类的国家，制造业增加值自2010年起多年来稳居世界第一，成为名副其实的"世界工厂"和世界制造业第一大国。然而在制造业产品质量和竞争力方面，我们与美德等发达国家相比还存在一定差距，5G为我国制造业质量赶超提供了难得的机遇。从生产的过程来看，5G有利于推进工业互联网平台建设，推进关键基础软件、工业设计软件和平台软件开发应用，提升基础设施的智能化水平，确保安装了大量传感器的生产设备更加智能化，使产品从设计到生产再到包装的过程都严格遵守既定的高标准、高品质要求，误差率几乎降为零。从品质管控来看，5G催生了视频安防、视觉智能、在线质检、移动巡检等新功能，让工业系统的虚拟现实、预测维护等变为现实，因此，5G可以实现对生产全过程产品品质的严密监管，并对可能发生的问题进行事前预测和处理，极大提高产品质量水平。5G及其工业互联网的发展为我国从工业大国向工业强国转变提供了重要的技术保证。

3. 需求动能

随着人们生活水平的提高，消费者对商品的需求转向多样化、个性化，倒逼生产方式从传统大批量生产向个性化生产转变。然而，需求引致生产结构调整是滞后且被动的，不利于企业把握市场主动权，企业往往成为市场变化的跟随者，在国际竞争中不占优势。5G的运用可以极大推动制造业装备转型升级，主动朝个性化、柔性化方向发展。在5G时代，从产品的研发阶段开始，企业就与用户的数据对接，实时掌握消费者需求的动态变化，实现按需生产，并且消费者可以直接与企业的生产网络连接，通过电脑或手机消费端口，消费者可以把自己对产品的要求直接向生产网络表达，企业生产网络记下这些信息后向生产系统发出指令，最后生产出与消费者需求相匹配的产品,真正实现个性化生产。此外,5G还可以使生产过程向消费过程延伸,消费者在产品消费过程中产生的数据流会传回生产者,使生产者根据消费需求、消费习惯的变化及时调整。可见,5G的运用使生产企业从适应需求不断向创造需求转变。

4. 效率动能

5G通过万物互联实现制造生产过程中不同设备点对点的通信、数据实时共享、横向多工厂协同、纵向供应链互联,把原来物理空间上庞大的生产规模体系变成了网络空间上的零距离沟通,这是对原有工业生产模式和生产组织方式的根本性变革,各产业部门无缝对接,同步推进,极大强化了产业链协作。5G实现的互联是无限的互联,机器设备摆脱了传统线缆的束缚,可以自由在工厂车间内运行,节约生产时间的同时也促进了资源设备的优化调配,有效提高企业生产效率。在5G赋能下,每个车间都可以拥有自己可存储的"云",每个生产设备都可以发挥"服务器"作用,每条生产线都可以对庞大的数据体系进行采集和处理,由此工业生产可以最大限度地实现独立性和可控性,生产操作更加稳定可靠。5G还可以实现工厂智慧化管理,减少管理层级,提高管理决策和执行的效率。此外,设备和部件连入5G网络,一旦发生故障,维修方可以第一时间获取故障信息,并利用VR等技术指导工厂进行技术处理,及时排除故障恢复生产。

5. 成本节约动能

5G前期基础设施建设需要较高的投入,但是一旦大规模商用后,大量用户的接入会产生明显的规模经济效应,降低平均成本。基于5G的制造业工厂技术改造和互联网建设会短期内增加企业的生产成本,但是由于可以减少数据传输过程中复杂电缆的使用,也不需要过多的人员进行设备管理和生产过程控制,减少线缆引发的安全隐患等,可以极大节约管理成本、企业人力资源成本、员工培训成本等。技术改造和互联网建设投入的成本是一次性的,后续只要投入一些维护成本即可。随着产量的增加平均成本会不断下降,而成本的节约是源源不断的,产量越大,节约的成本越多,因此,从长期来看节约的成本显然大于增加的成本。此外,5G还可以实现从仓储到物流的配送再到全生命周期管理，实现物流的低功耗和低成本。节约成本就是增加利润，直接刺激生产者使用现代信息技术，促进 5G 与工业互联网进一步深度融合。

3.2.2 5G 赋予我国制造业发展的新空间

5G 开启了万物互联、人机交互的新时代，GSMA 预测到 2025 年，全球 5G 连接数量将达到 14 亿，占全球总人数的 15%。5G 跨行业、跨领域、全方位的运用可以释放互联网、数字化对经济社会发展的放大、倍增和叠加作用。在产业领域，5G 与互联网、大数据、人工智能等技术深度融合，相互作用叠加倍增，支撑传统产业在研发设计、生产制造、管理服务等环节发生深刻变革，促进传统产业提质增效，同时也会衍生出工业数据分析、智能算法开发、智能机器人等新兴产业，进而通过产业关联和产业波及带动国民经济各行业、各领域高质量发展。据预测，2020~2025 年，我国 5G 商用会间接拉动经济总产出约 24.8 万亿元，间接带动经济增加值 8.4 万亿元。就工业范畴而言，5G 将推动工业控制、工厂自动化、远程运维等对可靠性和时延性要求极高的垂直环节向纵深发展。可见，5G 将从纵向延伸产业链和横向拓展相关产业部门不断拓展我国制造业发展的新空间。

1.5G 赋予我国制造业发展无限想象空间

当前，我国正处于制造业转型升级的关键期，5G 技术不断走向成熟和商用范围的扩大为我国制造业转型升级提供了可靠的技术平台和创新动力。随着与制造业融合程度的不断加深，5G 技术推动制造业向绿色化、智能化和网络化等纵深方向发展，为我国制造业未来发展提供了无限可能和想象空间。图 3-3 显示，得益于 5G 技术和互联网技术的支撑，我国制造业从物理到网络、从硬件到软件、从普通到智能化实现升级落地的过程。从横向时间轴来看，借助 5G 技术，制造业企业的设备从传统的物理化、机械化运行到相互的物物相连，又从物理的相连到智能化运转，而后再进一步向云、GPS、定制化服务等更高速化、网络化的趋势转变。从纵向组织轴来看，制造业企业从着力于硬件建设到软件建设，从执行层到大数据层，推动制造业企业发展从实体空间不断向虚拟空间延展，摆脱实体空间的边界约束，在无限虚拟空间中争取更多的发展机会，这为我国制造业发展提供无限想象空间。技术创新是瞬息万变的，5G技术也会随着研发深入而不断走向成熟，5G与制造业融合给制造业发展带来的变化可能会大大超过我们的想象，蕴藏着未来发展无限的可能。

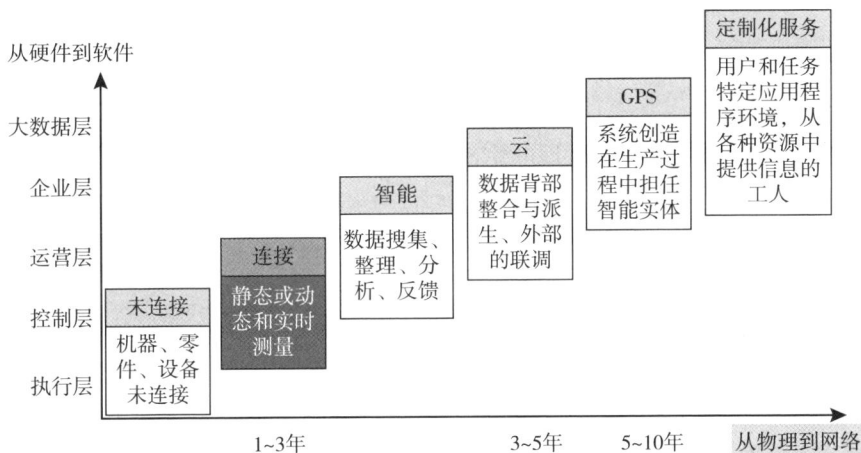

图3－3 从普通制造到智能制造的落地过程

2.5G带动制造业相关产业的发展

5G在制造业中的应用可以带动与之相关的一批产业发展，特别是我国制造业规模庞大，无论是改造更新，还是换代升级，都是一个庞大的产业市场。传统的机器设备要适应工厂网络化、智能化的要求需要进行技术改造，要安装可感应和信息传递的传感器，这会极大推动工业设备传感器产业的发展，一些没有改造价值的设备必须进行更新，这会带动智能生产设备产业的发展，形成庞大的产业投资。5G还会推动我国制造业与服务业的深度融合，助推制造业服务化发展，形成一系列新兴产业部门。例如，出现设计、研发、实验等专门为制造业提供研发服务和适应工业互联网发展需求的服务部门，以及检测、维修、部件定制、第三方物流、供应链管理优化等利用5G技术为制造业发展提供专业化服务的产业部门。为适应5G带动整个社会的万物互联，制造业也会顺应这一形势，使生产的产品更加智能化或生产出更多新的智能产品，依托这些智能产品又会开发出一系列可在智能产品上使用的新产业和新商业模式，不仅延长了产业链，也创造了许多新兴的产业部门。因此，5G极大拓展了与制造业相关产业的发展空间。

3.3 5G在我国制造业发展中的应用场景

当前，5G已经成为促进产业优化升级、驱动经济持续增长的新引擎，是世界大国争夺科技发展高地的主战场之一，对推动我国经济社会高质量发展以及谋求新一轮产业革命中更高的发展地位、更大的发展机遇至关重要。与4G相比，5G的变化是革命性的，它突破人与人、物与物、人与物之间的空间限制，促进万物互联以及为万物的相互作用赋予新的动能，拓展万物发展的空间，推动各领域由相互独立的割裂状态向相互联动的协同互通状态转变，人、物、资金和信息"四流"汇聚、高效协同，大大提升了各要素的聚集效应和规模效应，创造了以智能化为核心的新业态和新模式。同时，5G也高度契合垂直行业的需求，加速推进现代信息技术与产业融合，加快传统产业转型并催生一大批新兴产业部门，为产业变革和数字化转型提供基础设施支撑，充分释放数字化应用对经济社会发展的放大、叠加和倍增效应。

5G目前在我国正处于商用初始阶段，更多地局限于消费领域，但5G是专为工业互联网而生的，其大移动带宽、广覆盖大连接、超可靠低时延的特性决定了它的应用并不仅限于消费领域，向工业生产领域延伸是必然趋势，尤其是制造业生产，让制造业更加高效、更加智能、对创新更加友好，并促进融合发展，最终走向所有的实体经济。工信部部长表示，未来80%的5G应用场景都将在工业互联网方面[①]。从某种程度上说，5G将推动智能

---

① 《工信部部长苗圩：未来5G应用场景的80%在工业互联网》. 新京报网，2019年9月20日，http://www.bjnews.com.cn/finance/2019/09/20/627931.html。

连接和云网融合深入贯穿实体产业生产的各个环节,联合各行各业协同创新,打造无数个应用场景,全面加速各行各业的数字化、网络化和智能化转型,给各行各业带来全新的发展空间,有效提升全要素生产率,开启数字经济新时代,对我国经济高质量发展产生全面而深刻的影响,这也是我国提高综合国力的一个重要契机。

中国是制造业大国,按照联合国工业统计的标准,中国是全球唯一的覆盖所有工业门类的国家,中国工业的产能规模只有美国可以比拟。从制造业角度,中国有最完整的、各种类型的制造业企业模板。因此,制造业转型升级和生产效率提升非常关键,如何运用最先进的技术促进制造业转型升级和提升生产效率,实现新旧动能转换,是一个非常重要的命题。而5G能更好地助力我国制造业朝着数字化、网络化和智能化方向转型,有效提升生产效率,促进制造业高质量发展。目前,我国化工、机械、汽轮、飞机制造等多个行业和企业已经在5G与制造业的跨界融合和应用方面做了许多有益的尝试,并且取得了显著的效果。5G与制造业融合的初步成效显示了5G技术应用具有广阔的前景,对推动工业互联网的实施以及智能制造的深化转型具有积极意义。

3.3.1 应用于无线自动化控制

通过数字化基础设施建设和完善,5G可以打通数据孤岛,促进数据和信息的联通以及驱动数据高效流通,为制造业的生产过程提供更加有序、中立、高效、安全的数据开放和运用平台,5G具备的大带宽、低时延、海量链接和网络切片、边缘计算能力等特征为制造业智能化生产和转型提供较大的空间,为数据的高效连接提供了充分的技术保障,使无线自动化控制具有较大的可能。

自动化控制是制造工厂中最基础、最直接的应用,其根本性质就是闭环控制系统,需要通过连续测量和对信息数据的反复捕捉来完成这一过程,把测量和捕捉的信息数据传导至控制器以及所设定的执行器中需要有高效的网络保障,以实现实时传导和信息反馈,自动化控制才能确保无缝演进。典型的闭环控制过程周期低至毫秒级别，这意味着要实现对控制系统的精确控制，系统通信的时延需要达到毫秒级别以下，同时也要求整个系统具有较强的可靠性。如果由于生产过程中时延过长，或者信息网络的滞后或不畅通导致信息数据传递延迟甚至失真，则可能会导致机器运转失灵甚至停止，造成的财务损失是巨大的。此外，在工厂大规模生产中，为降低生产成本获得更多的规模经济效应，自动控制被应用于大多数生产环节，意味着有高密度海量的控制器、传感器、执行器等需要通过无线网络实现信息的适时传递和沟通。华为5G的实测表明，现有的移动通信网络中仅有5G网络可满足闭环控制对网络的要求。5G的应用将会最大程度上保证无线自动化控制更加灵敏、更加精确、可靠性更强。

3.3.2 应用于智能制造柔性生产线

柔性生产线可以根据借助计算机数控机床等先进的制造设备，适应需求的变化和订单的变化灵活调整产品生产，采用多品种、小批量的生产方式，推动现代制造向多样化、个性化、定制化的生产方式转变。传统的制造企业自动化生产中，由于物理空间中的网络部署限制，制造企业在进行混线生产时始终受到网络和网线的限制。5G将主要从两个方面对制造业柔性生产线赋能。一是提高生产线的灵活部署能力。在实际生产应用场景中，5G在工厂的应用将会使柔性生产线上的制造模块有更加灵活快速的部署能力，同时改造的成本较为低廉。生产线上的各个设备、各个环节之间的信息数据传输也不需要复杂的线缆，而是可以直接借助云平台进行无线传输、无线控制，进行功能的快速更新和拓展，并且自由移动和拆分组合，在短期内实现生产线的灵活改造。随着线缆的消失，制约机器人移动的"绳索"消失了，利用高可靠性网络的连续覆盖，机器人可以装上轮子（或其他装置）随心所欲地在工厂里移动，按需到达各个地点，这将给工厂的生产模式带来极大的想象空间。尤其是在当下愈发强调"柔性制造"的时代，一条能灵活调整各设备位置、灵活分配任务的柔性生产线将成为生产者的新神器，助力柔性化生产的大规模普及。二是网络部署方式更有弹性。5G网络中的软件定义网络（SDN）、网络功能虚拟化（NFV）和网络切片功能，能够根据不同的业务场景支持制造企业对网络架构进行灵活编排，形成适合企业生产需求的传输网络，同时还可以对网络资源进行调配，通过对网络的合理设置为不同生产环节提供适当的网络功能。在这样的架构下，柔性生产线的工序可以灵活地改变，设备之间的联网和通信关系也会随之相应调整。

此外，5G使"工厂设备"与"工业互联网大脑"两端实现直接的数据交互，通过5G技术连接、收集生产各环节的数据，并且数据采集更全面可靠、传输更稳定高效，克服了工厂常常出现的"Wi-Fi信号互相干扰""存在信号盲点""传输速率不稳定"等缺点，进一步通过分析数据，可以得到设备实时运行信息。而且5G速度大大提高，将简化数据收集并实现对工作流程的全面和持续监控，这将有助于降低生产本身的运营和管理成本。另外，5G连接无线控制使生产过程中不需要线缆，工厂和生产线的建设施工更加便捷，其购买和维护成本大大降低，由线缆引起的安全隐患也将极大减少，使生产的安全性能更高。总之，5G将使柔性生产线更具灵活性和成本优势，最终可达到提质、增效、降成本的效果。

3.3.3 应用于工业云化机器人

在很多生产流程中，机器人的应用已经很常见。机器人本质上也是一种智能设备，它主要是按照指令执行各项工作。但在智能制造生产场景中，对机器人的自组织和协同能力的要求很高，这对工业云化机器人有了更高的期待。与传统的机器人相比，工业云化机器人的网络性和智能性更加突出，必须与云端控制中心的网络相连接，并借助云端网络，把数据信息和各种指令向机器人传输，实现对云化机器人的实时运算控制，实现工业机器人的基本功能与高性能的计算系统进行实时协同。通过工业云化机器人将大量运算功能和数据存储功能移到云端，形成庞大的数据库，这将有助于系统计算能力的扩展和提升，还可以进行自主学习和精确判断，规划最佳生产模式，作出最利于全局的决策，应用效率和人工智能的学习进度也将大大提高。这将大大缩短生产制造各环节的时间，形成更优更妥善的解决方案，以及大幅度提高生产制造效率。此外，5G赋予机器人智能和动力的高效化会大大降低机器人的硬件成本和功耗，对节能是极大的贡献。

5G网络的高精确度、高速度的特征可以达到低至1毫秒的端到端通信时延，为工业云化机器人应用提供端到端的定制化、高效化的网络支撑，并且支持99.999%的连接可靠性，不仅高效，而且具有极高的准确率。5G将在三个方面赋能工业云化机器人。一是促进机器人之间的工作协同。工业机器人可以借助5G网络实现相互之间高速的信息沟通，智能化的加注使整个机器人体系具备自组织与协同能力，工业机器人之间相互合作，密切分工，既专注于每个擅长的环节，又加强协作以完成生产的相应环节，快速完成过去由单个机器人无法完成的任务。此外，可以实现机器人对机器人的控制，领导型机器人可以借助5G网络对执行型机器人进行指挥和操控。二是保障机器人与人之间的合作更加安全。5G可以更可靠地保障机器人能感知工人的动作，并根据工人动作的变化与之密切配合，适时调整工作方式，使人机合作更加顺畅，也使人的工作在更加安全的环境下进行，提高生产过程的安全性。三是实现机器人远程实时控制。工业生产中一些高温、高压、高空等高危生产环境不适合人直接进入和参与，可以借助5G监督和控制机器人在特定环境下进行生产，同步、安全地完成预定工作目标，极大降低了工厂生产的风险，又能有效提高生产效率。

3.3.4 应用于工业AR/VR

由于未来工厂具有高度的灵活性、多功能性和弹性，对工厂运行的人和机器设备等都提出了较高要求，面对新任务和生产活动的需求，增强现实AR将发挥关键作用。工业AR在智能制造中的应用场景主要是：监控生产流程、分步指引生产任务、指导手动装配过程、远程专家指导业务、检修设备、远程监测、远程维护等。这些应用场景具有多样性和复杂性，要求辅助AR设施要较为灵活轻便，既灵敏又准确，既能精准判断问题所在，又能快速高效解决问题，将通过虚拟影像与真实视觉叠加直观地呈现操作步骤，缩短作业时间,降低错误率。要实现这些的前提是要在云端上获取设备处理的功能,但 AR 设备仅能连接和显示,要使 AR 设备和云端对接还需要借助无线网络。AR 设备通过无线网络从云端获取实时信息数据,如生产环境数据、生产设备数据以及故障处理指导信息等。在这种场景下 AR 眼镜的显示内容必须与 AR 设备中摄像头的运动同步。而工业 VR 将辅助工业设计,使远程的工作人员进入同一个虚拟场景协同设计产品,也可以实现工厂的三维立体虚拟化展示,使管理人员全面了解工厂生产情况。

通常从视觉移动到 AR/VR 图像的同步反应时间要控制在 20 毫秒以下,意味着从摄像头把数据传送到云端,再到 AR/VR 显示内容的云端回传,其总时间要小于 20 毫秒,考虑云端处理可能的时延和屏幕反应的时延,无线网络的双向传输时延要控制在 10 毫秒内才能满足基本要求,但目前 4G 和 Wi-Fi 网络不能满足要求,只有 5G 网络才能同时具备稳定、流畅、实时三个方面特征。5G 将在三个方面赋能工业 AR/VR。一是使工业 AR/VR 终端更加轻便、成本更经济。在复杂的工厂环境里,VR/AR 终端对灵活性和轻便性的要求较高。基于 5G 的工业云 VR/AR 可以在云端处理数据和计算密集型任务,仅把连接和显示功能保留在终端,大大降低终端的成本及负荷。二是提升工业 AR/VR 的显示效果。5G 网络高速率、大容量的特性将使海量数据交互在 AR/VR 高清图像中得以实现,大大提升 AR/VR 设备的流畅度和清晰度,让使用者有更好的视觉感受。三是使工业 AR/VR 的交互体验得以实现。工业 AR/VR 的发展方向借助交互设备,使用者与虚拟或现实环境进行实时互动,5G 将使这种交互体验更好地呈现。随着 5G 的大量应用,越来越多的问题可以通过在线方式解决,既提高效率,也降低了成本。目前,位于爱沙尼亚塔林的爱立信工厂采用 AR 进行故障排除,以帮助降低故障成本并减少生产停机时间。据报道,采用 AR 可将生产率提高 50%。

3.4 5G 在我国制造业广泛应用面临的问题及挑战

5G 时代,大数据、物联网和人工智能等技术和产品加速平民化,在市场和需求的共同推动下，制造业生产走向智能化、数字化、自动化。可见，随着5G新技术、新产品和新应用在制造业领域的推广应用，我国制造业智能化升级将更为全面和深入，推动我国制造业从全球价值链低端向全球价值链高端升级，加快推进我国制造业高质量发展，成为新时期经济发展的重要推动力。但从整体来看，我国制造业仍然在智能化落地的路上，相关法律法规、行业标准的缺乏，科技安全、科技伦理的挑战，硬件成本高和专业人才匮乏并存，我国制造业实现5G智能化应用的规范化和保障严重不足，是5G时代我国制造业转型和发展的现实阻碍。

3.4.1　5G建设成本高，智能制造落地资本需求大

5G网络通信系统建设是推进5G在我国制造业广泛应用的前提。5G技术具有高频段特性，要充分发挥5G低延时、容量大、低功耗和大连接的能效，对5G基站的数量、密度和用电量提出了更高的要求。相关数据显示，当前，中国5G基站的需求数量将至少是4G的2倍，5G基站成本也将超过4G基站的2倍，功耗则是4G基站的3倍，急需大量技术、人力、财力和物力支撑。一方面，当前5G建设成本高、周期长。据工信部专家测算，单从基站建设角度看，5G投资大约是4G的1.5倍，全国总体投资规模将达到1.2万亿元，投资周期超过8年[①]。另一方面，近年我国仍处于4G网络建设期，双网双重成本投入大，2G、3G、4G、5G多代多网移动通信运营管理成本高，资本和收益回收慢。总体而言，为适应5G在我国制造业的场景应用需求，5G在制造业应用落地将面临建设规模大、建设成本高、投资和收益周期长等挑战。同时，5G落地应用的风险尚难以准确预估和防范，大规模和广泛落地应用的成本和效益匹配也尚不明确，影响了现有资本市场和企业组织对5G在我国制造业大规模广泛应用的预期和研判。因此，当前我国资本市场对5G在制造业的广泛应用仍处于观望期和试水期，前期研发和投资的资金渠道相对狭窄，保障智能制造落地应用先发优势和后发动力的市场资

---

① 黄鑫：《5G全面商用还要多久》，《经济日报》2019年4月29日，第11版。

本均较为薄弱。可见,当前我国智能制造落地应用生态仍然不成熟,从而进一步导致5G网络建设、应用落地和市场潜力的实现一再延迟。

3.4.2 5G标准碎片化,行业内部5G应用差距大

技术标准是实现产业集聚、产业革命和规模化生产的基础,5G技术标准化是推进5G技术在我国制造业中广泛应用的前提。2018年6月,3GPP公布了5G第一阶段标准——第五代移动通信技术标准(5GR15),是大带宽相关标准。但当前世界各国对5G在工业物联网、5G终端能力等涉及5G在制造业广泛应用的标准仍处于研究和试验阶段,即第六代移动通信技术标准(5GR16)尚未真正成熟和落地。这个过程中存在两种极端现象,不同国家不同制造业企业5G应用或是采用国际标准、国家标准、行业标准、企业标准等多种不同标准,或者没有标准,技术设备的选择无长期战略规划。可见,当前制造业智能化、数字化转型缺乏基于5G的工业无线技术标准,5G标准碎片化现象较为普遍,制造业行业内部5G应用存在明显差距。从现实情况来看,根据5G在制造业生产领域的不同应用场景,为实现移动通信网络的高频段、低延时、大容量,整个制造工业生产领域需要大量的传感器、执行器等智能设备,而这些智能设备在生产技术标准设定、价值链定位、市场选择等方面有所差异。从纵向价值链来看,技术设备供应商与移动通信运营商没有设定统一的5G技术标准,导致技术设备供应商在生产设备时已经限定了该设备的频段标准和应用范围,在某种程度上制约了5G技术设备的应用和普及范围。从横向价值链来看,规模以上工业企业与小微企业面临不同的5G技术标准压力,尤其是小微工业企业在5G应用领域资金、技术和人才的匮乏,短期内可能会影响其退而选择非5G技术生产标准,而保留其现有传统的生产技术标准和设备。此外,我国制造业企业生产设备尤其规模以上工业企业的生产设备多来自不同国家的进口产品,面临不同国家不同5G技术和数据标准问题。可见,在短期内制造业领域5G标准碎片化和应用差异将持续存在。

3.4.3 行业间壁垒高，5G跨界融合不充分不均衡

5G时代，不断拓展5G技术与制造业跨界融合的深度与广度，是新一轮产业组织变革的核心内容，也是我国制造业高质量发展的必然选择。当前，跨界融合不充分不均衡是5G大规模商用及在制造业应用场景的重点难题。其中，运营商、设备商、制造业企业间的行业壁垒仍然较高，尤其是我国运营商和设备商对制造业的行业特性和专业壁垒尚无明确把握和突破。我国通信运营商和设备商对不同制造业企业的主要业务流程、工艺流程和管理流程缺少统筹掌握，也缺乏将先进技术与知识、工艺、流程等融会贯通的服务经验，5G技术为制造业提供的技术、产品和解决方案可能难以准确、有效地满足制造业企业的实际运营功能需求。随着5G在我国制造业的广泛应用，未来制造业发展及其工业互联网的运行过程对5G相关应用场景的个性化、定制化需求不断提升，需要提供不同应用场景的无线连接规划方案和无线网络供电方案等，对制造业企业的供应链提出更高的要求。总体来看，5G在我国不同行业间融合融通、相互促进的产业生态尚未成熟，5G跨界融合发展还未形成有效的机制，仍存在相当大的数字鸿沟和跨界鸿沟，5G与相关垂直行业的跨界合作和共融共同面临诸多挑战。

3.4.4 5G人才需求猛增，应用人才供给增长滞后

人才结构性矛盾是我国近年来推进高质量发展面临的一个重大问题。同时，5G是一个高科技交叉领域，推动其在制造业广泛应用，对5G人才综合素质和能力的要求也较高。随着人才市场结构性短缺不断加剧，尤其是数字领域、5G领域、金融领域、制造业领域等多领域的高端人才和复合型人才的匮乏，5G在制造业的广泛应用缺乏实践主体，现有的先进技术设备等资源也没有得到充分利用。当前，5G与制造业的融合型技术人才数量和质量落后于制造业和市场对人才数量和质量的要求。根据《2019年中国5G人才需求大数据报告》统计，2018年5G细分领域人才需求分布显示，5G应

用的人才需求占比最大，高达72.81%，其次是终端和运营商、元器件及材料、传输网络三个领域，人才需求占比分别为12.49%、9.82%和4.87%，其中，5G应用的人才需求远远高于其他领域（见图3-4）。此外，该报告还指出，互联网、电子通信与机械制造三大行业5G人才需求分布比例最高，分别达41.57%、36.96%和14.56%。《中国制造业高质量发展人才白皮书》指出，全国制造业人才紧缺指数（TSI）排名最高的前十个职位都具有较高的科技含量，与互联网研发、产品技术、质量、性能、设计等密切相关，也与国家对制造业未来发展的导向吻合。值得注意的是，软件工程师的TSI为4.84，最为紧缺，这意味着制造业的软件工程师严重供不应求①。与迅速增加的5G人才需求动态相比，我国5G应用人才供给增长相对滞后，尤其是5G人才的"选、用、育、留"管理制度和机制保障尚不成熟。这主要是由于我国5G人才培养落后于产业发展步伐、人才引进长效激励机制不足、人才使用理念存在偏差等，进而大幅提高了5G与制造业的对接成本。

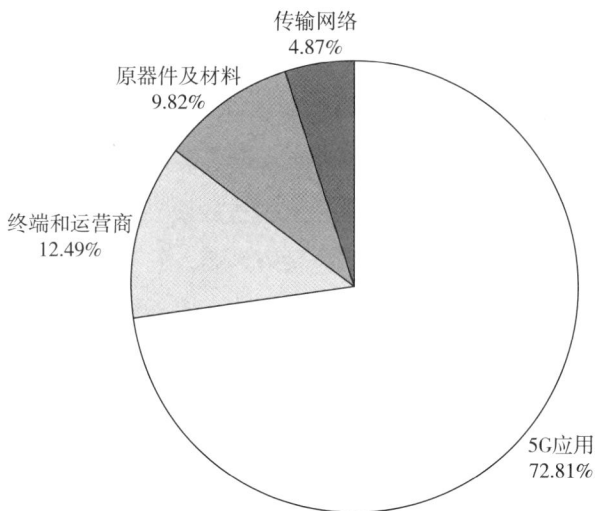

图3-4 中国5G细分领域人才需求分布情况

数据来源：《2019年中国5G人才需求大数据报告》，猎聘网。

---

① 李文博：《智能制造人才重要性日益凸显》，《重庆科技报》2019年7月4日，第8版。

3.5 面向5G时代我国智能制造发展的应对之策

新时代，5G为我国制造业转型升级和智能制造赋能，助力实现我国制造业高质量发展。5G时代，随着5G技术在制造业领域的广泛应用，我国制造业要立足我国制造业发展的新动能和新空间，借鉴发达国家智能制造的经验，通过建立有效的资金支持机制、制定统一的5G技术标准、构建5G开放合作新生态、健全人才培育机制和创新商业模式，加速形成我国智能制造推进体系，持续深入推进我国制造业供给侧结构性改革和高质量发展。

3.5.1 建立有效的资金支持机制，加快5G基础设施建设

构建适应"5G+制造业"特点的投融资体系，建立有效的资金支持机制，满足5G赋能制造业智能制造发展的资本需求和制度需求，以进一步保障我国5G基础设施建设。一是要构建以政府产业引导资金为指引、金融机构为主体、企业投入为支撑、风险投资为助力、社会化多元投入为基础的多层次、多渠道、多元化的投融资体系。二是要围绕5G与制造业产业链发展的需求开展科技金融产品创新，如发展"5G"贷专属金融产品、知识产权质押贷款、信用贷款、科技贷款保险等金融服务产品，在风险可控前提下有效增加制造业企业中长期贷款、提升信用贷款水平，优化提升5G产业综合金融服务水平，满足制造业智能制造融资需要。三是要加强5G基础设施建设统筹指导，尤其是稳步推进5G、人工智能、工业互联网、物联网等新型基础设施建设，从先行示范区试点到全区域5G网络全覆盖，加速5G商用化进程。其中，5G基站建设，可以采用基站重建或升级改造相结合的方式，达到降低生产成本、高效利用资本和资源的目的。四是要强化5G安全保障。5G时代，要统筹做好5G网络安全、设施安全、信息安全、系统安全、数据安全等工作，实现5G从技术到监管的系统性全方位保障。

3.5.2 制定统一的5G技术标准，加速5G规模化示范应用

为确保中国在5G技术领域的话语权，我国要积极参与ITU、3GPP等国

际组织的相关活动,积极参与5G相关标准的制定,尤其是积极参与近期5GR16标准的制定和落地,促进5G标准的全球统一,加快5G商用步伐建设。我国制造业应当率先从5G技术和标准层面,处理好5G与制造业融合的问题,才能真正加快实现5G在制造业领域的推广应用。如果5G与制造业的融合仅停留在实验室与场景设想,就无法实现5G在制造业领域和市场范围的推广应用。一方面,我国可孵化培育一批5G应用领域创新型制造业企业,开展系列5G业务示范应用,形成可复制、可推广、可持续的典型案例。另一方面,我国要坚持在开放中扩大共同利益,深化多层次全方位的5G国际合作。尤其是可继续深入与美国、韩国、日本、欧盟等国家的技术交流与合作,共同为全球5G发展与应用提速,共促全球形成统一的5G技术标准。此外,5G技术在制造业的规模化示范应用还需要成立相关行业标准化组织,并在广泛应用的实践过程中进一步修订5G技术标准,推进5G技术在制造业进一步成熟落地。

3.5.3 构建5G开放合作新生态,赋能制造业高质量发展

从国际经验来看,制造业高质量发展主要依赖科技创新和开放合作,5G技术与制造业需要在开放、合作、竞争进程中实现突破与发展。面向5G时代,我国智能制造发展的重点是开放与合作。因此,5G时代,我国要着重强调企业创新主体地位,加快建设多方协作生态体系,着力解决好跨行业、跨领域的关键共性技术问题,扎实推动制造业质量变革、效率变革、动力变革,以提高制造业全要素生产率,实现整个供应链的协同发展。一是要深入推动5G技术与制造业深度融合,尤其是通过联合"5G+工业互联网",跨界激发创新动能,赋能我国制造业智能制造,推动制造业数字化转型。二是要加强制造业国际交流和产能合作,共享全球技术创新红利。尤其要把握好"一带一路"、自贸区自由港建设等发展新机遇,积极推动全球投资贸易自由化便利化,为我国制造业企业进入和发展5G商用创造良好的营商环境,积极推动我国企业5G技术应用与服务走出去,共建共享5G时代红利。三是要构建产业互联网+智能制造新生态。通过利用5G技术搭建工业互联

网平台，引领5G与线下制造业充分融合，大力推动智能制造深入发展。四是积极探索开放共赢的新型商业模式。5G与制造业的深度融合将会推动商业转变，要强调通过重新构建一些商业模式和商业合作，共同打造一个共建、共生、共享、共赢的生态体系，发挥各领域、各主体的积极性、主动性和创造性，共同推动我国经济高质量发展，特别是制造业高质量发展。

3.5.4 健全融合发展人才培养机制，打造智能制造人才队伍

当前，随着机械与信息技术的发展，制造业已从流水线生产趋向精细化生产。在5G时代，5G技术将推进我国制造业更加高度精细化，推动我国制造业从精细化生产走向智能制造，并进一步完善现代化制造业体系。从现实情况来看，智能制造涉及大型精密仪器设备、先进制造模式、数字化技术以及熟练掌握上述设备、技术、OT＋ICT语言的专业人才，这是我国制造业实现智能制造升级的关键。新时代，为突破我国智能制造发展的"智能制造人才危机"，我国应当健全融合发展人才培养机制，围绕设计人才、应用人才和服务人才三个层次加速培养制造领域人工智能专业人才，积极打造智能制造人才队伍。一是强化高等教育。通过支持高校设置"互联网＋""人工智能"等相关专业，进一步完善高等院校专业学位建设，强化"5G＋制造业""人工智能＋制造业"复合型人才培养模式，拓展高层次应用型专门人才培养的广度与深度。二是推进产学研用合作机制建设。可以通过依托产业技术研究院在大学、企业和产业园区的桥梁作用，采用合作交流与培训等多种渠道，与企业、产业园区联合共建一批专业人才培训基地，积极开展企业新型学徒制试点。三是强化人才交流。通过加强国内外5G领域和制造行业专业人才互动交流，进一步加快新时代智能型制造技术工人培养，包括5G专业技术人才和智能产业操作人员的培养。四是完善人才激励制度。通过深化人才体制机制改革，完善激励创新的股权、期权等风险共担和收益分享机制，营造更加优良的人才环境，吸引并留住跨界人才、复合型人才、交叉学科人才以及国际人才等。

"十四五"时期中国跨国公司
对外直接投资竞争力提升研究

余官胜　杨玲莉　王灿玺*

摘　要： "十四五"时期，国际投资保护主义将继续在全球范围内蔓延，全球跨国公司对外直接投资都将受到较大程度的阻碍，竞争力提升成为对外直接投资可持续发展的重要因素。中国商务管理部门的对外直接投资审批政策经历了从规模促进到质量提升的转变，为中国跨国公司对外直接投资竞争力的提升创造了有利的条件。"十四五"时期，中国商务管理部门应通过创造良好的国际营商环境、增加创新激励、保障海外资产安全等宏观层面完善跨国公司提升对外直接投资竞争力的外部条件；中国跨国公司自身应从改善产品服务质量、培育核心优势、攀升全球价值链、融入东道国等微观层面提升对外直接投资竞争力。

关键词： 跨国公司　对外直接投资　竞争力　"十四五"时期

　　自21世纪初中央政府提出"走出去"战略以来，中国跨国公司对外直接投资规模迅速增长，已成为全球跨国投资中不可忽视的力量。多年来，中

---

* 余官胜，福建师范大学经济学院教授；杨玲莉、王灿玺，福建师范大学经济学院硕士研究生。

国政府以规模增长为导向的政策推动跨国公司对外直接投资，竞争力提升未得到充分重视。"十四五"期间，全球经济复苏仍显缓慢，不确定因素较多拖累了全球跨国投资的增长。同时，逆全球化趋势未见收敛，国际投资保护行为在全球蔓延。这些因素均对中国跨国公司对外直接投资的进一步增长造成了阻碍，实现量增到质优的转换迫在眉睫，这需要中国跨国公司提升对外直接投资竞争力，保持对外直接投资发展的持续性。因此，在国际经济形势的不利背景下，中国跨国公司在"十四五"期间应以竞争力提升为导向转变发展战略。

4.1 中国对外直接投资政策转变特征

在国际投资保护主义兴起之前，我国企业开展对外直接投资受到的外部阻挠较小，主要限制在于国内烦琐的行政审批程序。为促进对外直接投资发展，商务管理部门不断简化行政审批程序，提高服务效率。国际投资保护主义兴起之后，对外直接投资规模的扩大伴随着风险提升，此时需要管理部门紧抓投资质量，需要在一定程度上从内部限制对外直接投资规模的无序增长，引导企业提升投资项目质量并防范外部风险。本部分以 2016 年逆全球化正式催生国际投资保护主义为节点，阐述我国对外直接投资行政管理的转变。

4.1.1 国际投资保护主义前我国对外直接投资行政管理简化历程

改革开放初期，由于资本缺乏，我国对企业开展对外直接投资管制较为严格，以防止资本外流，投资项目要经过商务管理部门对经济效益的评估审批才能通过。自 2000 年中央提出"走出去"战略后，我国开始鼓励企业从事对外直接投资，并开始在行政管理上简化审批程序。2004 年，国务院发布了《国务院关于投资体制改革的决定》，开始着手简化投资管理；同年，国家发展改革委发布了《境外投资项目核准管理暂行管理办法》，商务部也发布了首个对外直接投资规范性管理文件《关于境外投资开办企业核准事项的规定》，标志着我国对外直接投资行政管理开始从审批制转向核准制。

在核准制下，对外直接投资项目在经济和技术上的可行性由企业自身负责，管理部门仅核准投资项目政治与安全等外部因素。在核准制前，中方投资额超过100万美元的项目均需国家发展改革委或国务院其他部门审批；在核准制后，央企3000万美元以下资源类项目和1000万美元以下的非资源类项目仅需国家发展改革委等核准；地方企业则仅需省级部门核准。核准制的实行意味着对外直接投资的自主权由政府下放至企业，是否开展投资业务取决于企业经济效益，市场因素开始起主导作用，行政管理呈宽松化发展。核准制通过简化行政程序推动了我国企业对外直接投资的快速发展，但同时也出现了部分投资的无序增长，为此商务部于2009年出台了《境外投资管理办法》，旨在进一步完善核准制。《境外投资管理办法》从三个主要方面规范了核准措施：第一，明确了不予核准的对外直接投资项目，主要涉及危害国家利益和损害国际关系等的项目；第二，划定国家管理部门和地方管理部门的核准范围，明确分工；第三，确定核准时间期限，规定管理部门完成核准的时间不超过15个工作日。

尽管核准制为我国企业对外直接投资提供了便捷，但快速增长的对外直接投资发展趋势迫切需要管理部门进一步提升行政服务效率。随着"一带一路"倡议的提出和实施，我国开展对外直接投资的企业及项目数量不断增加。为顺应这种趋势，国家发展改革委于2014年发布了《境外投资项目核准和备案管理办法》，商务部也在同年更新了《境外投资管理办法》，两个文件开始提出实施对外直接投资的备案管理制度。文件规定了实施核准制和备案制的对外直接投资项目范围，仅对涉及敏感国家地区和敏感行业的项目实施核准制，其他一般项目则采用备案制管理。其中，中央企业对外直接投资项目报国家部门备案，地方企业报省级部门备案；同时缩短了服务时间，企业只需如实完整填报上交"境外投资备案表"，便可在三个工作日内完成备案。与核准制相比，备案制管理为企业提供了更为简易高效的行政服务，更进一步体现了企业对外直接投资的自主权，也标志着我国对外直接投资行政管理转向备案制。表4-1概括了上文所述的程序简化阶段对外直接投资行政管理政策文件及主要职能。

表 4-1　各阶段我国对外直接投资行政管理主要政策文件

阶段	年份	政策文件	主要职能
程序简化阶段	2004	《境外投资项目核准管理暂行管理办法》	实施对外直接投资核准制
		《关于境外投资开办企业核准事项的规定》	
	2009	《境外投资管理办法》	规范对外直接投资核准制
	2014	《境外投资项目核准和备案管理办法》	实施对外直接投资备案制
		新《境外投资管理办法》	
质量提升阶段	2017	《关于进一步引导和规范境外投资方向的指导意见》	引导对外直接投资项目方向
	2018	《对外投资备案（核准）报告暂行办法》	实行对外直接投资报告制
	2019	《对外直接投资备案（核准）报告实施规程》	细化对外直接投资报告制

数据来源：商务部、国家发展改革委网站。

4.1.2　国际投资保护主义背景下我国对外直接投资行政管理转变

行政管理的简化降低了审批成本，有效调节了政府和市场的关系，激发企业活力。对外直接投资领域亦是如此，从审批制到核准制再到备案制的演变推动了我国对外直接投资的快速发展，增加了海外资产并使我国成为全球资本输出大国。对外直接投资规模的扩大同时也意味着企业承担的风险程度提升，2016 年后伴随着逆全球化蔓延的国际投资保护主义进一步加大了风险。在这种背景下，为减少对外直接投资无序增长带来的潜在风险并规范投资行为，国务院办公厅于 2017 年发布了国家发展改革委、商务部、中国人民银行以及外交部联合署名的《关于进一步引导和规范境外投资方向的指导意见》。该指导意见的核心在于将对外直接投资项目进行分类，分为鼓励开展、限制开展和禁止开展三类，对鼓励开展的项目提供更为便利的行政服务，对限制开展的项目进行有效引导，对禁止开展的项目进行严格管控。其中，鼓励开展的项目类别主要包括有助于推动"一带一路"建设、深化国际产能合作、弥补能源短缺等高质量的对外直接投资行为，限制开展的项目类别包括不符合宏观调控等投资行为，禁止开展的项目类别主要包括危害国家利益安全等投资行为。该指导意见的发布切合了国际经济政治形势变化的时代背景，通过引导企业对外直接投资方向对国际投资保护行为进行规避应对，在宏观上降低了我国整体对外直接投资风险。

在微观上，国际投资保护主义蔓延增加了企业在海外的经营风险，管理部门需要对项目运行过程进行监测以掌控风险状况。在这种情况下，商务部联合中国人民银行等六个部门于 2018 年初发布了《对外投资备案（核准）报告暂行办法》，增加了企业报告对外直接投资项目进展情况的要求。该暂行办法一方面按"鼓励发展＋负面清单"模式健全对外直接投资备案（核准）办法；另一方面，也要求按"凡备案（核准）必报"的原则定期报送投资进展关键环节信息。企业报告的主要内容包括对外直接投资并购进展情况，以及对外直接投资过程中遵守东道国法律、环境资源保护、履行社会责任、安全保护制度等一系列情况。与此同时，要求主管部门对所负责的对外直接投资项目进行监管，对规模较大、投资地敏感、出现重大事件等项目进行重点监管，实时掌控可能出现的风险。该暂行办法的出台实施意味着我国对外直接投资行政管理从仅关注事前审批转向同时兼顾事中事后监管，同时也是我国从行政管理层面强化对外直接投资风险防范的体现。

为进一步贯彻落实该暂行办法，规范对外直接投资事中事后监管措施，商务部于 2019 年 7 月发布了《对外直接投资备案（核准）报告实施规程》。该实施规程出台的背景：当前国际投资保护主义使我国对外直接投资面临的风险不断加大，需准确及时全面获取对外直接投资项目的发展动态，引导企业有效防范风险。该实施规程要求，对外直接投资主体每半年报送合规建设情况和投资保障情况；对于中方投资规模超过 1 亿美元的项目，每半年需报送境外企业的经营及财务状况；遇到突发事件和重大不利事件时，投资企业应在 24 小时内报送相关情况。同时，该实施规程也提供了报送内容的模块以及对未及时报送企业的处罚措施。该实施规程事实上是《对外投资备案（核准）报告暂行办法》的实施细则，两个文件的共同目的在于加强对投资项目进展的事中事后监督，为应对国际投资保护主义对我国对外直接投资产生的不利影响提供科学依据。

4.2 "十四五"时期中国跨国公司对外直接投资
面临的国际形势

4.2.1 全球跨国投资规模下滑趋势明显

跨国投资深受国际经济周期的影响，跨国公司依据各国经济形势开展对外直接投资。2008年全球金融危机爆发以来，全球经济复苏较为缓慢，不确定因素增加。发达国家利用宏观政策调控经济增长的空间越来越小，未来五年出现大幅度回暖的可能性较低，拖累全球经济的概率较大。图4-1显示了全球金融危机后全球经济增长趋势，可以发现无论是发达经济体还是新兴市场和发展中经济体，除了2010年的短暂复苏外，之后经济增长一直呈低迷状态。国际货币基金组织预测，未来五年全球经济增长未见明显的改善因素。其中对发达经济体2019年和2020年的增长预期放缓至1.7%，主要是认为刺激政策空间收窄和贸易壁垒增加不利于发达经济体采用政策手段调控经济。新兴市场和发展中经济体仍被认为是未来推动全球经济增长的主要动力，但是受外部不利因素影响，国际货币基金组织预计新兴市场和发展中经济体2019年经济增长率会触及底部3.9%，并在2020年上升至4.6%。在这些国家中，亚洲新兴市场和发展中经济体是最主要的经济增长引擎，但由于中国经济增长的结构性放缓，增速逐步减慢，中美贸易摩擦进一步增加了不确定性；其他发展中经济体由于内部不稳定难以呈现快速崛起势头。同时，全球经济不平衡也增加了经济增长下滑风险，中美经贸关系恶化、英国脱欧、全球金融系统脆弱等一系列问题构成了全球经济下行的潜在不利因素。

全球经济不景气减少了投资机会，资本跨国流动的预期收益减少，从而也影响了跨国公司对外直接投资的积极性。图4-2体现了21世纪以来全球对外直接投资流量的总体趋势，可以据此对未来五年的发展预期进行判断。首先，2008年金融危机爆发前，全球跨国投资规模呈现一波快速增长势头，

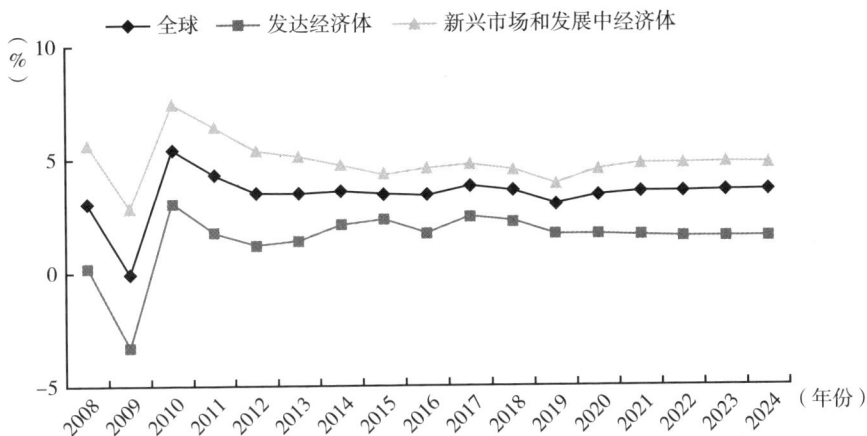

图 4 - 1　全球经济增长趋势

说明：2019 年后为预测值。
数据来源：国际货币基金组织。

但随着金融危机的爆发而大幅度下降，与经济周期形成了呼应。其次，尽管经过调整，全球对外直接投资规模在金融危机后有所复苏，但随着 2016 年全球出现逆全球化趋势后再次大幅度下滑，尤其是 2018 年出现更为明显的下滑。再次，尽管发达经济体仍是全球跨国投资的主导者，但随着新兴市场和发展中经济体跨国公司的崛起，发达国家跨国公司对外直接投资在全球跨国投资中的份额有所下降。虽然新兴市场和发展中经济体对外直接投资近年来下滑趋势不如发达国家明显，但受全球经济不景气拖累，也在 2018 年呈现下降趋势。美国企业一直是跨国投资输出的引领者，大量资本流向海外，随着 2017 年底特朗普政府颁布《减税与就业法案》，取消美国跨国公司汇回利润的税收，进而促使 2018 年大量美国跨国公司出现投资逆流，导致该年美国对外直接投资净流出量为负值，拖累了全球跨国投资规模。特朗普减税政策产生的影响在短期内将会持续，也减弱了美国跨国公司的跨国投资动机，在一定时期内构成了全球跨国投资难以复苏的影响因素之一。未来五年，由于全球经济增长形势仍不明朗，各国难以在短期内出现高效益的投资项目。因此，全球跨国投资规模在"十四五"期间难以呈现大规模增长态势。

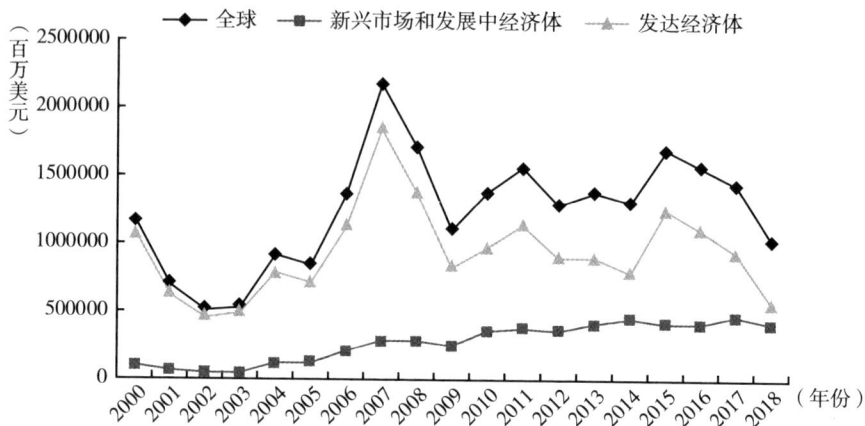

图4-2　全球对外直接投资流量规模趋势

注：数据来源于联合国贸发会议。

4.2.2　国际投资保护行为兴起

国际投资保护行为与全球经济形势发展密切相关，20世纪八九十年代在经济繁荣的背景下，西方国家对外国直接投资采取自由鼓励政策，出台一系列优惠措施吸引外资流入。进入21世纪后，随着新兴市场国家不断崛起和西方国家经济持续下滑，尽管各国外资政策仍以促进为主，但限制政策开始出现。根据联合国贸发会议统计，较为典型的是全球各国出台的外资限制措施从2003年的12项陡增至2004年的24项。2008年全球金融危机爆发更迫使西方国家为保护本国产业不断增加对外资的限制，国际投资保护行为开始蔓延，并呈现与以往截然不同的特征，从而危害跨国投资的正常发展。这一阶段特征体现为全球限制性外资政策出台数量进一步增加，并在2010年达到顶峰，所产生的政策不确定性在一定程度上影响了全球跨国投资的发展。在国际组织的合作及制约下，外资限制政策的出台在2010年后有所缓解，但超出政策范围的无序限制行为开始增加。尤其是2016年逆全球化态势形成后，西方国家开始脱离国际组织的约束肆意限制外资进入，以国家安全为由对外商直接投资项目进行超出政策范围的审查，破坏了国际投资秩序,标志着国际投资保护主义的形成。在此之后,西方国家以各种名目不断出台限制对外直接投资的政策措施,如美国、欧盟国家和澳大利亚等均从不同方面增加了对技术获取型外资进入的限制力度。图4-3绘制了21世纪以来全球新出台促进型和限制型外资进入政策的占比情况,反映了国际投资保护行为的发展动态。

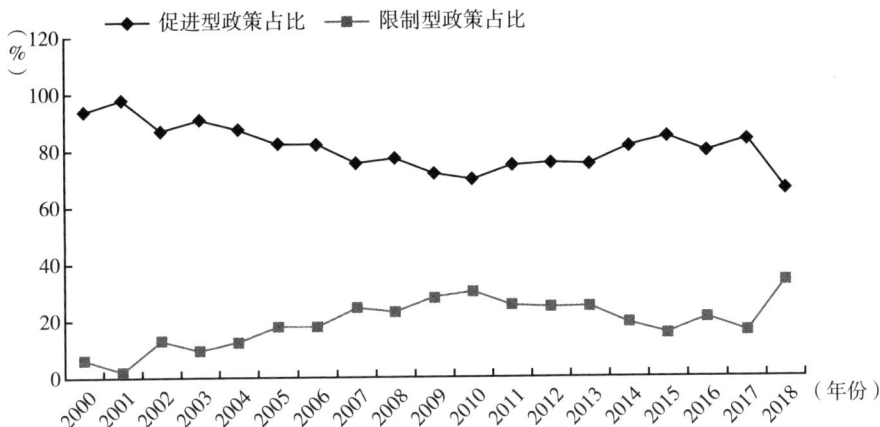

图4-3 全球促进型和限制型外资政策占比

数据来源:UNCTAD。

与早年一些国家采用国有化的方式相比,当前各国大多以限制进入的方式进行投资保护,主要特征是以产业政策之名行保护之实。根据《2012年世界投资报告》分析,新一代的投资政策正在兴起,主要将投资政策植入发展战略和可持续发展目标中,政府开始更多地干预国际投资,并以发展质量为由限制外资进入。全球金融危机爆发后,国际投资保护的表现形式发生了较大变化,主要包括国家安全审查、市场垄断调查、行业准入规制和国有企业歧视等,但在操作过程中主观性较大,各国往往超出政策范围肆意进行投资保护。以美国负责外资审查的外国投资委员会为例,尽管名义上审查重点为国家经济安全和关键技术等,但时常出于政治目的和商业竞争扩大审查范围,加大外资进入的难度。无独有偶,其他发达国家也通过扩大审查范围进行投资保护,如德国于2017年以防止技术外流为由扩大了对非欧盟国家收购德国企业的审查范围和时限,澳大利亚也于 2018 年提高了外国投资者收购本国资产的门槛。这类现象均表明了当前国际投资保护行为的主观性和针对性,政策的可预期性不断降低,提高了企业对外直接投资风险。

与发达国家相比,因为资本缺乏,发展中国家对外资主要采取鼓励措施,但仍有部分国家在特定领域采取投资保护行为。发展中国家投资保护的动机既与发达国家存在相似之处,也有根植于经济政治落后的不同原因。相似之处在于对能源和关键产业进行安全保护,确保本国机构具有一定的控制权。比如,坦桑尼亚于 2017 年出台政策要求,在外资的能源与采矿项目中,本国政府至少需占有 16% 以上的股份。相似之处也包括对基础设施和关键技术行业的限制,如印度尼西亚将 4G 智能手机制造生产的本国企业最低控股要求从 20% 提升到 30%。不同之处在于,部分发展中国家由于政治体系不完善,出于惧怕外商干预政治造成政局动荡而制定投资限制政策,如委内瑞拉出台政策不允许外商直接或间接参与政治活动。由于发展阶段差异,发达国家投资保护更倾向于产业政策,而发展中国家投资保护更倾向于国家需求,相同点在于都会对国际投资造成极大的不确定影响。

在这种背景下,中国企业对外直接投资更易受到阻碍,图 4-4 绘制了中国 1 亿美元以上大型对外直接投资项目受阻数量变化情况。从图中可以发现,尽管近年来中国大型对外直接投资项目受阻数量有所起伏,但相比而言明显多于全球金融危机爆发前及爆发初期。在受阻项目东道国分布中,多数年份是发展中国家东道国居多,但在 2016 年和 2017 年中国企业多数受阻对外直接投资项目发生在发达国家,这跟逆全球化背景下发达国家加强投资保护密不可分。2016 年,由发达国家主导出现了经济逆全球化,在此趋势下,全球贸易和投资保护形势更为严峻,尤其是发达国家加强了对外资流入的限制。根据《世界投资报告》统计,由于发达国家安全审查更为严格,2016 年和 2017 年跨国并购中,中国买家成为最大的受影响者,多起由中国企业发起的高科技企业并购被以涉及国家安全为由宣告失败。其中多起案例具有典型性和影响力,如中资资本发起对美国晶片制造商莱迪斯半导体的并购,被美国外国投资委员会以国家安全为由加以阻挠;全球最大的半导体存储及影像产品制造商之一美光科技因担心美国政府不批准而拒绝了清华紫光的巨额收购；因涉及美国市场业务，美国政府以安全为由否决福建宏芯投资基金对爱思强发起的收购；等等。发达国家政府的阻挠严重影响了中国企业的海外布局，阻碍了中国企业攀升全球价值链的进程。

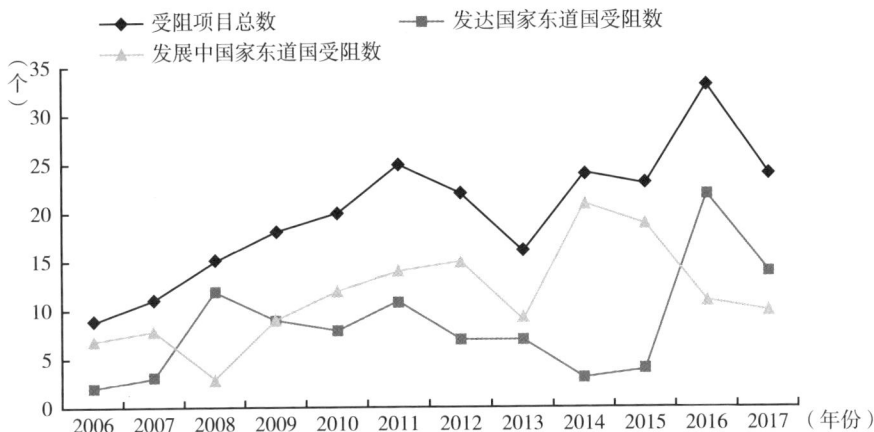

图4-4　中国受阻大型对外直接投资项目数

数据来源：根据《中国全球投资追踪》数据库整理汇总。

4.3　"十四五"时期中国跨国公司对外直接投资竞争力表现

4.3.1　中国跨国公司对外直接投资竞争力表现形式

不同于以往，"十四五"期间国际经济形势更为扑朔迷离，中国跨国公司对外直接投资面临更大的风险。在这种情况下，竞争力的提升不仅表现在利用企业实力开拓国际市场等方面，更表现在降低风险以及融入东道国等可持续发展维度。作为国际市场上的新兴力量，中国跨国公司对外直接投资具有一定的先天优势，包括母国优势和资金优势等，但同时也存在一定的劣势，包括经验不足和抗风险能力较弱等。因此，与其他国家跨国公司相比，中国跨国公司对外直接投资的表现形式更为多元化。

1. 核心技术能力

按照海默的垄断优势理论，只有具有垄断优势的企业才有能力开展对外直接投资，而垄断优势的关键在于企业拥有核心技术能力。尽管新兴市场国家在20世纪90年代后涌现出了大量不具备技术优势的小规模对外直接投资企业，并快速进入国际市场，但这类企业主要借助对外直接投资实现获取战略资源和先进技术的目的，在全球价值链中仍处于低端位置。目前，在对外直接投资中起主导作用的仍是发达国家的优势跨国公司，凭借核心技术优势占据全球价值链的高端并获取高额附加值。难以复制的核心技术能力能保障优势跨国公司在各国占据一定的市场份额，开展对外直接投资能获得稳定的预期收入，因而这类企业也是跨国投资中最为活跃的主体。对于新兴市场国家跨国公司而言，尽管作为后发者在国际市场上不具备核心技术能力，但通过对发达国家的直接投资能获取先进技术，逐步提升核心技术自主开发能力，从而提升竞争力。

改革开放至今，中国企业通过进出口贸易、引进外资以及对外直接投资等方式积极融入全球经济，核心技术能力不断增强，综合竞争实力也得到了大幅度提升。《财富》杂志2019年发布的世界500强企业榜单中，中国（包含港澳台地区）大公司数量（129家）历史上首次超过美国（121家）；即使去除台湾地区的企业，中国企业（包括港澳）也达到119家。其中，中国石化列第二位，中国石油和国家电网分列第四、第五位，充分体现了中国跨国公司综合竞争实力的大幅度提升。中国互联网企业借助技术能力的全球领先排名不断攀升，其中小米首次进入榜单，京东、阿里巴巴和腾讯的排名均比2018年有大幅度提升。但是由于总体核心技术能力仍落后于发达国家企业，中国大型跨国公司的经营效益仍相对较低，上榜中国企业的平均销售收益率为5.3%，低于美国企业的7.7%和全球平均值6.6%；平均净资产收益率是9.9%，低于美国企业的15%，也低于全球平均值12.1%。

2. 融资能力

与境内投资不同，跨国公司开展对外直接投资面临更大的融资约束，主要由以下因素导致：一方面，母国金融机构因难以获取境外项目信息及效益状况，降低了为对外直接投资企业提供信贷的积极性；另一方面，由于东道国金融发展水平落后或本地企业偏向等问题，东道国金融机构难以为外资提供充足的信贷支持。在这种情况下，能否获得充足资金构成了跨国公司能否顺利开展对外直接投资项目以及提升竞争力的必备条件，这取决于跨国公司融资能力的高低。融资能力的提升既取决于宏观层面母国及东道国金融发展程度，也取决于微观层面跨国公司自身所具备的相应条件。因此，在对外直接投资中，金融机构的支持和跨国公司获取信贷资源的能力均构成了竞争力提升的重要因素。

在中国，尽管金融发展市场化程度的提高为企业开展对外直接投资提供了各种新的融资渠道来源，企业获取信贷的能力也在不断提高，但是相比发达国家跨国公司仍存在一定差距。根据国务院发展研究院的调查，近三分之二的企业认为融资能力不足是对外直接投资的主要障碍，超过半数的企业希望政府部门改善企业的融资环境。造成中国跨国公司融资能力相对较低的原因，一方面在于中国金融体系多元化程度仍不够高，为对外直接投资企业提供信贷的专项金融服务及专门金融机构仍较为缺乏，并且多数大型商业银行和政策性金融机构主要服务于大企业对外直接投资项目，中小企业对外直接投资融资难度更大；另一方面，中国跨国公司由于融入国际市场程度不高，对国际融资规则的掌握和利用不够熟练，造成在国际市场上直接和间接融资的规模仍显不足。同时，由于中国存在金融发展的二元结构问题，国有金融机构仍是信贷资源的主要提供者，对外直接投资企业从国有金融机构获得的融资反而成为西方发达国家进行审查的重点，间接不利于竞争力提升。

3. 抗风险能力

当今世界经济政治局势较为动荡，跨国公司对外直接投资面临更大的风险，包括东道国经济政治波动对项目效益的影响以及国别经济政治关系不稳定等对项目实施产生的影响。在这种情况下，能否有效抵御外部风险构成了对外直接投资项目可持续发展的重要因素，也是跨国公司对外直接投资竞争力的表现形式之一。跨国公司抗风险能力既体现在雄厚的资金资源储备上，也体现在应对效率上。一方面，强储备实力能使跨国公司建立完善的抗风险体系，拥有充足的资源应对不确定性；另一方面，高应对效率能使跨国公司在遭遇外部风险时进行快速调整，避免造成过多损失。同时，抗风险能力也体现在母国政策体系中，及时的风险信息发布能使跨国公司有针对性地选择对外直接投资项目东道国，从而在布局阶段避免过高的风险；完善的保险体系则能使跨国公司对外直接投资项目在遭遇风险时降低损失，增强抵御风险能力。因此，美国、日本等对外直接投资经验丰富的国家均在本国建有完善的保险体系助力跨国公司对外直接投资，在宏观层面上提升了跨国公司的竞争力。

中国企业对外直接投资经历了快速的规模增长，现已成为全球跨国投资的主要输出国之一，防范和抵御风险的重要性开始凸显。在宏观层面上，为助力企业降低对外直接投资风险，商务部门采取了一系列措施，主要包括如下几个方面。一是制定对外直接投资项目指导意见，分类引导不同类别项目，从源头上保障对外直接投资质量和安全。二是定期发布东道国风险指南，为跨国公司对外直接投资区位选择提供理性参考，防范潜在风险。三是通过政策性金融机构推出对外直接投资保险业务，提升跨国公司风险承担能力。但是，在微观层面上，中国跨国公司对外直接投资的风险防范意识和抗风险能力相比发达国家企业仍存在一定差距。一方面，出于获取资源的动机，较多跨国公司对高风险东道国进行对外直接投资，增加了资产风险；同时，也有较多跨国公司对外资限制程度较高的东道国进行直接投资，增加了项目失败风险。另一方面，中国跨国公司国际化经营经验不足，缺乏应对国际经济政治系统风险的经历，导致企业低估或漏估风险因素，以及在遭遇风险时应对不及时，从而造成对外直接投资项目损失。

4. 本土化能力

随着全球整体经济发展程度的提高，各国对外商的要求不断提高，在吸引外资的同时也要求外资遵守当地的法律法规和社会文化。因此，跨国公司在东道国能否实现本土化并深层次融入东道国社会也是影响对外直接投资可持续发展的重要因素。在经营上，本土化能力要求跨国公司提供的产品及服务符合东道国的需求特征，以此不断增加在东道国的市场份额；在社会上，本土化能力要求跨国公司承担东道国社会责任，生产经营活动应符合东道国的环境、文化、道德以及宗教等要求，以此保障对外直接投资不受东道国社会排斥。本土化能力是跨国公司对外直接投资能否在东道国扎根的重要因素，是保障对外直接投资长期竞争力的基本要求。跨国公司提升本土化能力不仅需要在对外直接投资战略中结合东道国社会经济因素进行规划，也需要在项目实施中根据东道国文化环境进行不断调整适应。当今世界越来越注重经济发展质量，跨国公司只有提升对外直接投资本土化能力才能契合东道国的质量要求，才能维系竞争力的持续性。

相比西方发达国家，中国市场化发展时间较短，加上政府是公共服务的主要供给者，企业服务社会并承担社会责任的意识仍较为缺乏。企业更为关注自身短期利益，忽略了与社会融合的长期收益，进而在生产经营过程中较少主动考虑造成的社会问题。这种意识的缺乏也体现在中国跨国公司对外直接投资中，较多投资项目因忽视东道国本土因素而遭到阻挠。例如，中国较多能源开发对外直接投资项目被指破坏东道国环境而受到限制，较多在西方发达国家的技术型对外直接投资项目被指不遵守知识产权保护法律而夭折，等等。这种情况导致尽管中国跨国公司对外直接投资规模增长迅速，但与东道国本土的契合程度不高，东道国社会对企业的接受和认可程度也较低，间接影响了长期竞争力提升。

4.3.2 中国跨国公司对外直接投资竞争力现状分析

1. 宏观层面竞争力现状

在宏观层面上，伴随着整体经济实力的提升和政府政策助力，中国跨国公司对外直接投资总体竞争力已有较大提升。自 2000 年中央提出"走出去"战略以来，中国跨国公司对外直接投资在全球跨国投资中的地位越来越高，流量规模从 2002 年的 27 亿美元增加到了 2018 年的 1430.4 亿美元，全球排名从 2002 年的第 26 位提升到了 2018 年的第 2 位；存量规模从 2002 年的 299 亿美元增加到了 2018 年的 19822.7 亿美元，排名也从 2002 年的第 25 位上升至 2018 年的第 3 位。排名位次的上升间接反映了中国跨国公司对外直接投资综合竞争力的提高，体现了中国跨国公司相对其他国家跨国公司对外直接投资地位的提升（见图 4 - 5）。

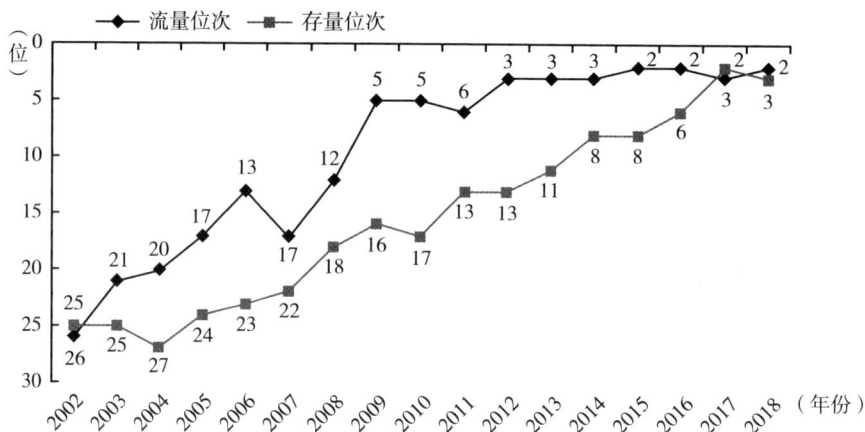

图 4 - 5　中国对外直接投资流量和存量排位变化趋势

数据来源：历年《中国对外直接投资统计公报》。

　　中国跨国公司对外直接投资竞争力提升也体现在结构优化上，随着各国对外商质量的要求不断提高，仅有规模上的优势无法保持长期的竞争力，需要以优质的结构在跨国投资中保持竞争力。在产业结构上，租赁和商业服务业以及批发零售业在对外直接投资中占据较大比重（见图 4 - 6），这是因为中国较多跨国公司对外直接投资的功能在于助力出口贸易增长。2010 年以来，这两个行业在对外直接投资中的占比虽有起伏但仍较为稳定。能体现我国对外直接投资产业结构逐步优化的是采矿业、制造业和信息技术服务业的相对份额变化。在国内政策的刺激和国外经济不景气的背景下，较多国有企业和大型非国有企业以获取资源为目的开展对外直接投资，大大增加了采矿业在对外直接投资中的占比，2013 年一度高达 23%。采矿业对外直接投资发展背后的推动力是政府粗放型的财政支持，面临较大的安全审查和项目被东道国国有化的风险，因而较难具备发展的可持续性，属于难以提升总体质量的产业。随着各国对资源型外商投资的限制增加和我国政府及企业的主动调整，采矿业在对外直接投资中的占比已于2014年开始快速下降，在2017年由于流回量大于流出量，净投资额为负值，因而占比也呈现负值，降低了粗放型对外直接投资的占比，有助于优化总体结构。制造业自改革开放以来便是我国最具竞争优势的产业，但在我国对外直接投资兴起之初相对于其他产业并未呈现积极的跨国经营态势。2010年以后，在我国对外直接投资逐步成熟的背景下，制造业加快对外直接投资步伐，总体占比虽有起伏，但仍是提升趋势，并在2014年后大幅度提升，于2017年达到18%以上的占比，此后在2018年有所下降。与此同时，作为高科技代表的信息技术服务业对外直接投资也从微不足道的占比增加到2016年的9.5%，虽然在2017年和2018年相对有所下降，但也体现出我国信息技术产业在近年来的快速发展。制造业和信息技术服务业分别代表我国当前和未来的优势产业，这两个产业对外直接投资占比的持续提升意味着我国企业在海外市场的总体竞争优势也不断增强，与粗放型产业占比下降相结合表明，我国对外直接投资的结构愈发合理，在产业结构上步入综合竞争实力不断提升阶段。

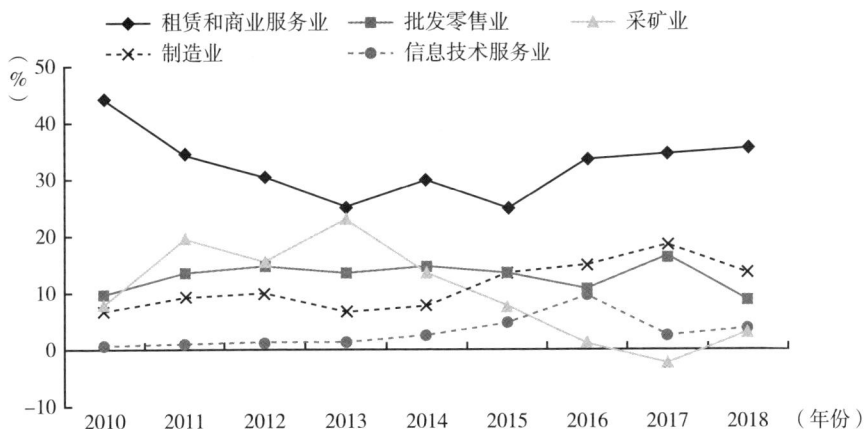

图4-6 中国跨国公司对外直接投资产业结构发展趋势

数据来源：历年《中国对外直接投资统计公报》。

2. 微观层面竞争力现状

在微观层面上，跨国公司对外直接投资竞争力的持续提升依赖于技术水平的提高，要求不断增加研发投入。在宏观层面上，受益于战略政策调整，中国跨国公司对外直接投资综合竞争力已显示出提升的势头，在微观层面上跨国公司的实力也有所提升。尽管相比其他发展中国家，中国跨国公司研发投资占据一定的领先地位，但相比发达国家仍存在一定差距。表4－2列出了2018年全球前100强跨国公司中研发支出规模最大的20家公司，可以发现这20家公司中，中国跨国公司仅华为一家排在第四位，其他19家均为发达国家大型跨国公司。相比发达国家，中国跨国公司研发投入仍显不足，不利于对外直接投资长期竞争力的维持和提升，间接显示了微观层面上中国跨国公司对外直接投资竞争力相对较弱的现状。尽管如此，华为仍是唯一排名前20的发展中国家跨国公司，说明相对于其他发展中国家，中国跨国公司对外直接投资的长期竞争力仍处在相对领先的位置。

表4－2　2018年全球前100强跨国公司研发支出排行

排名	跨国公司名称	所属国家	所处行业	支出（亿美元）
1	亚马逊	美国	技术	288
2	谷歌	美国	技术	214
3	三星	韩国	技术	165
4	华为	中国	技术	153
5	微软	美国	技术	147
6	苹果	美国	技术	142
7	英特尔	美国	技术	135
8	罗氏	瑞士	医药	123
9	强生	美国	医药	108
10	丰田	日本	汽车	100
11	大众	德国	汽车	96
12	诺华	瑞士	医药	91
13	罗伯特博世	德国	汽车	87
14	福特	美国	汽车	82

续表

排名	跨国公司名称	所属国家	所处行业	支出(亿美元)
15	瑞辉	美国	医药	80
16	通用	美国	汽车	78
17	戴勒姆	德国	汽车	75
18	本田	日本	汽车	73
19	赛诺菲	法国	医药	67
20	西门子	德国	工业	64

数据来源:联合国贸发会议《2019年世界投资报告》。

比较跨国公司的跨国指数排名也可以得出中国跨国公司微观层面的竞争力现状,跨国指数由跨国公司的国外资产占比、国外销售占比和国外员工占比综合得出。在全球资产规模最大的前100家跨国公司中,中国大陆有6家企业,但这6家企业的资产规模排名和跨国指数排名并不一致(见图4-7)。6家企业的资产规模排名均高于跨国指数排名,表明相对而言中国企业的国际化程度仍低于同等规模实力的发达国家跨国公司。国际化程度反映了跨国公司对国际市场的占有率情况,也能间接体现对外直接投资竞争力状况。

4.4 "十四五"期间中国跨国公司对外直接投资竞争力提升对策

4.4.1 政府层面

1. 政府应进一步加强国际经贸合作,打造对外直接投资的良好外部营商环境

"十四五"期间,受西方发达国家投资保护行为的限制,中国跨国公司在"一带一路"沿线国家的对外直接投资将在一定程度上替代对发达国家的投资。其中大部分国家发展水平较低,制度环境不稳定,使得中国跨国公司对这类国家开展的直接投资面临复杂的东道国形势,项目维护成本将会增

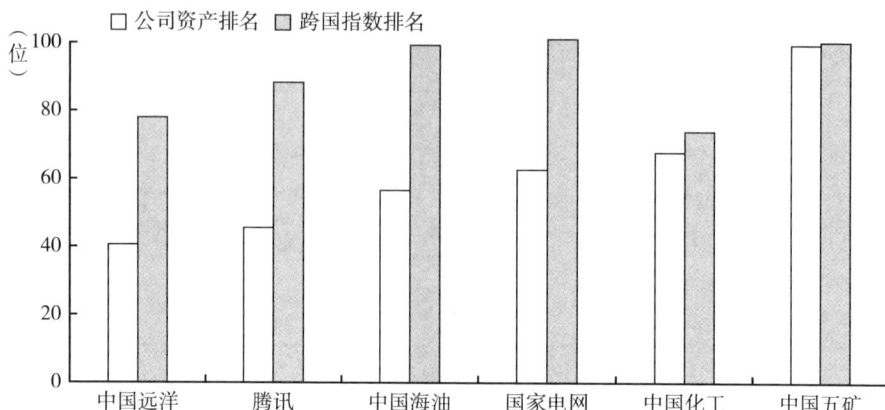

图 4 - 7　中国大陆跨国公司在全球前 100 强跨国公司资产和跨国指数排名

数据来源：联合国贸发会议《2019 年世界投资报告》。

加，不利于竞争力的长期提升。因此，中国政府部门应加强与"一带一路"沿线国家的交流合作，搭建多边合作平台，为跨国公司对外直接投资做好后盾。一方面，应进一步加大境外经贸合作区的建设力度，鼓励跨国公司以入驻合作区的形式获取配套资源、规避系统风险等，以此支撑对外直接投资竞争力的提升；同时，境外合作区的建设应具有社会包容性，兼顾东道国社会利益，形成互惠互利格局，保障跨国公司的融入性。另一方面，应与"一带一路"沿线国建立更为广泛的投资协定，从政府层面为中国跨国公司对外直接投资争取更多的资源，包括金融、基础设施等；同时，通过政府之间的合作为中国跨国公司对外直接投资项目提供防护网，借助政府力量保障跨国公司基本权益，在宏观层面上为对外直接投资竞争力提升提供支撑。

在与发达国家的经贸关系上，由于国际投资保护在"十四五"期间仍难以缓和，中美贸易摩擦仍将长期持续，增加了中国跨国公司对发达国家对外直接投资的不确定性，阻碍了竞争力提升。因此，政府部门应积极加强与发达国家的经贸磋商，努力降低发达国家对中国跨国公司直接投资的针对性限制，排除外部因素对中国跨国公司对外直接投资竞争力提升造成的障碍。一方面，应推动国内对外开放程度不断提高，并促进国内经济改革，以协调合作为导向与西方发达国家缓和经贸关系；同时，在审批上应进一步突出质量导向，严把对外直接投资质量关，以向发达国家开展高质量的对外直接投资项目应对国际投资保护行为。另一方面，应不断提高在国际投资规则制定中的话语权，以话语权保障中国跨国公司对外直接投资的合法权益，在程序和规则上防范西方发达国家对中国跨国公司的不公待遇，从构造公平公正营商环境的角度保障中国跨国公司对外直接投资竞争力提升。

2. 政府应当转变创新政策激励方式，推动跨国公司自主创新能力提升

推动产业高质量发展、实现新旧动能顺畅接续转换、抢占全球产业发展制高点成为"十四五"时期的重要课题。在面临美国为首的发达国家加大国际投资保护力度、印度为首的新兴发展中国家技术创新追赶、国内经济下行压力增大的严峻形势下，提升自主创新能力是中国跨国公司尤其是高新技术领域企业保障对外直接投资可持续发展的重要因素，是实现产业高质量发展的关键。在自主创新体系中，政府政策层面的激励对企业加大创新投入有重要影响，由于跨国公司可以通过对外直接投资扩大自主创新成果的市场收益，更易受政策刺激加大创新投入，为此政府应制定合理的创新政策激励跨国公司加大创新投入力度。

传统的创新政策主要通过减免税收、增加补贴、信贷优惠等方式对企业创新行为进行扶持。跨国公司因将生产布局在全球各地，创新行为也与国内企业存在差异，因此母国政策激励措施也应有所区别。首先，中国政府应激励跨国公司对高技术东道国进行对外直接投资，增加先进技术的反向溢出效应，利用发达国家的领先技术反哺国内创新，实现自主创新的正外部性。其次，中国政府应为跨国公司在国内设立研发中心提供适当补贴，增强跨国公司在国内的自主创新投入，以培育国内竞争优势的方式提升跨国公司对外直接投资竞争力。再次，中国政府应与东道国建立广泛的科技合作，在宏观层面上保障跨国公司融入东道国当地研发网，提高东道国创新资源的利用效率，以此提高中国跨国公司对外直接投资在东道国当地的竞争力。同时，中国政府应在政策上引导高技术人员流入跨国公司，为跨国公司提供充足的人力资源保障，补齐中国跨国公司对外直接投资竞争力提升的人才短板。

3. 政府应多维度增强金融安全保障，防范跨国对外直接投资中的金融市场风险

跨国公司提升竞争力需要稳定的金融市场保障，防范国际金融波动对跨国公司对外直接投资顺利实施产生不利影响。总体上，金融发展程度较高的国家拥有完善的金融系统，能够提供更为多样化、综合性的保障，因此对发达国家的对外直接投资可以利用发达金融市场提供的金融产品对冲投资过程中的金融风险。但在"十四五"期间，随着"一带一路"倡议的深入实践，中国跨国公司对发展中国家的对外直接投资将会持续增加，其中大部分国家存在金融管制力度较大以及金融市场资本配置效率低下等问题，难以保障对跨国公司金融风险防范形成保障。中国跨国公司国际化经验尚且不足，部分跨国公司规模较小且自身抗风险能力较弱，因此无论从东道国角度还是母公司角度均存在金融安全隐患。为保障中国跨国公司对外直接投资竞争力提升的稳定环境，中国政府应构建相对完善的对外直接投资金融保障体系，并建立国际金融市场风险预警机制，防范潜在风险对跨国公司对外直接投资竞争力提升造成的不利影响。

"十四五"期间，在宏观上，中国应深化金融改革，进一步优化金融资源配置效率，以整体金融发展程度的提升辐射对外直接投资金融风险防范。同时，政府部门应针对性地为跨国公司对外直接投资金融安全风险防范提供配套政策措施。一方面，在宏观层面应建立完善的国际金融市场预警体系，实时监测各国金融发展状况，设立指标体系预测各国金融风险并及时发布，为中国跨国公司对外直接投资金融风险规避提供参考。另一方面，在审批程序上加强对跨国公司对外直接投资金融风险的评估，激励跨国公司重视金融风险，并通过推出对外直接投资金融专项服务业务，提升跨国公司对抗金融风险的能力。在外部，中国政府部门在双边及多边经贸协定中应加强金融合作，充分利用东道国政府力量为中国跨国公司对外直接投资提供稳定的金融环境。

4.4.2 企业层面

1. 中国跨国公司在对外直接投资中应实施品牌战略，提升产品质量与服务水平

2018 年世界品牌实验室推出的《世界品牌 500 强》中，入选的中国企

业仅 38 家，而进入前 100 名的中国企业只有 8 家，凸显了中国企业品牌建设能力不足，影响对外直接投资竞争力提升。从投资规模上，中国跨国公司目前对外直接投资主要领域为租赁和商业服务业以及批发零售业，制造业对外直接投资总体规模普遍较小，因此中国对外直接投资产业仍处在全球价值链低端。"十四五"期间，为实现制造强国目标，中国跨国公司对外直接投资在把握产业转型升级任务的同时还需提升品牌建设能力，提高企业知名度、提升海外消费者忠诚度、降低企业营销成本并帮助企业获取更高的品牌溢价，从而提升中国跨国公司对外直接投资国际竞争力。

为此，企业可采取如下具体措施来提升品牌价值：①提高产品质量和服务水平，加快产业结构调整和布局，提升我国产品价值链地位；②打造中国特色的文化渗透式产品，借鉴发达国家品牌建设的经验，借助传媒或影视业的国际影响力推销中国特色的文化产品，凭借文化产业输出带动中国企业品牌形象提升；③创新品牌推广手段和营销理念，适当改进目前国内流行的品牌宣传方式与营销策略，因地制宜推广至国际范围。

2. 中国跨国公司应主动培育核心竞争优势，提升产业全球价值链地位

"十四五"时期，受制于外部因素，中国跨国公司通过对外直接投资攀升全球价值链面临较多阻力。一方面，企业向发展中国家的投资不再是单纯的资源获取与市场占领目的，中国跨国公司对发展中国家的投资应以合作共赢为基础，企业必须充分考虑东道国资源禀赋，研究其比较优势以及东道国当前的迫切需求，对东道国进行适合当地持续发展的产业转移和投资，以竞争优势在东道国立足并实现长期发展。另一方面，中国跨国公司对发达国家企业并购中获取的逆向技术溢出与先进知识受到发达国家的限制，发达国家对中国企业越来越多的投资阻碍和知识产权保护要求使得中国跨国公司在未来通过技术创新攀升全球价值链的路径阻力重重。为此，跨国公司必须加强自主创新能力培育核心竞争优势，以此作为对外直接投资竞争力提升的重要支撑。

当前我国跨国公司对外直接投资基本形成了国内生产要素低成本优势、依托国内市场的规模优势、部分行业技术优势以及"走出去"、"一带一路"

政策优势。未来，跨国公司应在以上四大优势的基础上，继续拓展公司内部核心竞争优势，如发展5G、6G移动互联网通信技术优势，发展跨境电商营销模式优势，发挥人工智能生产效率优势，发展研发人才储备的研发优势等。在发展新优势提升企业产业链位置过程中，中国跨国公司应当注意不盲目转移原有成熟产业，在获得产业转移带来的低成本优势的同时，保留国内依赖智力要素的高附加值生产环节，通过技术提升提高国内产业生产效率。

3. 中国跨国公司应加强社会责任意识，服务好东道国

跨国公司在东道国的投资有助于东道国学习企业管理经验、当地产业结构调整和升级、促进东道国就业增长等，对东道国经济和社会发展发挥了积极作用。但是跨国公司的利润最大化目标可能与东道国的社会发展目标存在利益冲突，跨国公司为东道国创造经济收益往往使其忽视产业活动外部性对东道国造成的社会负面影响。由于市场化历程相对发达国家较短，社会责任意识较为单薄，中国跨国公司在东道国承担的社会发展责任较少，本土化能力不足，影响了对外直接投资竞争力的可持续提升。

为此，中国跨国公司在对外直接投资中应从以下几个方面着手，主动承担社会责任。①加强企业文化建设，包括构建多样、包容的企业文化；在当地培养高素质的管理人员，管理决策要兼顾社会利益；组织员工学习了解东道国当地文化，约束不符合当地文化的行为习惯。②产品设计充分考虑东道国当地因素，产品设计人员在设计时考虑是否环保、是否与当地文化冲突等多方面社会文化因素，在保证企业利润的前提下将产品与服务对社会的负面影响降到最低。③积极投身环境保护和治理，中国跨国公司应积极承担生产过程中污染排放的治理责任和义务，在生产中应充分兼顾东道国的环境因素。④积极开展公益活动，中国跨国公司应主动发起或加入东道国当地的扶贫、环保、教育等公益事业，主动承担社会责任的同时在国际上树立负责任的企业形象，为中国对外直接投资赢得良好声誉。

B.37

5

"十四五"时期中国平台经济发展展望与策略选择

唐杰 黄新焕 韩莹 陈莹*

摘 要: 本文分析了平台经济的基本模式、特征和价值,总结我国平台经济发展状况和存在的问题,探讨"十四五"时期我国平台经济发展趋势和重点领域。"十四五"期间,我国平台经济的发展模式将由单边、双边向多边发展,平台服务功能由资源连接转向资源配置,平台交易逐渐由线上向线上线下融合发展,平台体系逐步由价值链体系向生态体系转变。中国平台经济发展的重点领域为:积极推动服务业平台建设,满足群众多样化需求;全力打造工农业生产平台,促进大中小企业融通发展;深入推进创业创新服务平台建设,提升创业创新效能。最后提出推动平台经济健康快速发展的策略建议。

关键词: 平台经济 重点领域 策略选择

2015年,李克强总理提出"互联网+"计划,要求促进互联网平台

---

* 唐杰,福建师范大学经济学院副教授;黄新焕,福建师范大学经济学院副教授;韩莹,福建师范大学经济学院讲师;陈莹,福建师范大学经济学院讲师。

与各行业的跨界融合，国务院印发《国务院关于加快构建大众创业万众创新支撑平台的指导意见》，要求加快构建大众创业万众创新支撑平台，进一步促进了我国平台经济的发展①。平台经济是一种以虚拟或真实的交易场所为基础，整合多边资源，向多边提供差异化服务，构建新型多边关系，从而为多边主体创造价值的一种经济形式。"十三五"期间，我们见证了中国平台经济的蓬勃发展，打造了令世界瞩目的新平台、新模式、新业态，但也出现了一些平台"野蛮发展"滋生的各类社会和经济问题。2019 年 8 月 1 日，国务院印发《国务院办公厅关于促进平台经济规范健康发展的指导意见》，引发市场强烈反响，将该指导意见视为重大利好，新一轮的"平台经济热潮"即将到来②。在"十四五"计划制定之际，本文从平台经济的特征和价值切入，分析当前我国平台经济发展的状况和问题，展望"十四五"时期我国平台经济发展的重点领域与方向，最后提出进一步推动平台经济健康快速发展的策略建议。

5.1 平台经济及其价值

随着数字技术的飞速发展，平台经济迅速崛起，互联网平台已成为新经济的引领者。截至 2017 年 12 月，全球十大平台经济主体的市场价值已经远远超过世界 500 强中的传统跨国企业（见表 5-1），其中中国平台占据了三席。平台经济为中国经济持续增长描绘了美好前景。因此，我国在"十四五"时期要成功实现经济转型发展，理应顺应经济潮流，认清平台经济的内涵与基本模式，识别平台经济的基本特征与价值，谋求平台经济的大发展。

---

① World Economic Forum. The Global Competitiveness Report, 2012 ~ 2013、2013 ~ 2014、2014 ~ 2015、2015 ~ 2016、2016 ~ 2017、2017 ~ 2018.

② 黄群慧、余菁、王涛：《培育世界一流企业：国际经验与中国情境》，《中国工业经济》2017 年第 11 期，第 7 ~ 27 页。

表 5 - 1 2017 年全球十大平台经济体及其市值

名称	国家	市值(亿美元)	成立时间
苹果	美国	8986	1976
谷歌	美国	7396	1998
微软	美国	6597	1975
亚马逊	美国	5630	1995
Facebook	美国	5149	2004
腾讯	中国	4938	1998
阿里巴巴	中国	4459	1999
Priceline. com	美国	866	1998
百度	中国	832	2000
Netflix	美国	822	1997

资料来源：阿里研究院公开资料。

5.1.1 平台经济的内涵

平台是一个虚拟或真实的空间，能够引导或促进多个客户间的交易，其核心是联结、架桥或媒合①。交易各方借助平台进行交易从而产生了平台市场，通常而言市场中包括买方和卖方两类用户。任意一方加入平台所能获得的收益取决于加入该平台的另一方的数量，双方各自通过平台与另一方用户交换而获取价值，形成"双边市场"。双方都通过使用平台而受益，平台经济由此形成。基于数字技术发展而形成的平台经济基本内涵也是如此，如信用卡市场、在线销售平台、在线拍卖平台等。国内也有学者对基于互联网技术的平台经济进行了更为具体的界定：基于电子信息技术快速发展而逐渐兴起，以信息技术和第三方支付为手段，在虚拟或真实的交易空间或场所，促成双方或多方之间的交易，并通过重构产业链、价值链的关联性，促进三系产业融合发展的一种创新型经济发展形式②。

从平台经济的运作方式来看，自上而下可以分为基础层、平台层、应

---

① 徐晋、张祥建：《平台经济学初探》，《中国工业经济》2006 年第 5 期，第 42~49 页。
② 张鹏：《发展平台经济 助推转型升级》，《宏观经济管理》2014 年第 7 期，第 47~49 页。

用层和用户层，其功能与关系见图 5 - 1。这些不同层级的众多参与者都有明确分工。其中，平台企业是核心，负责聚集买卖合作双方以及所需社会资源，通过为外部用户提供好的产品聚集人气，推动内外部用户规模增长，使平台内部的参与各方受益，实现平台价值、服务价值和内外部用户价值的最大化。

如图 5 - 1 所示，平台经济系统中各个组成部分及其价值实现机理如下。

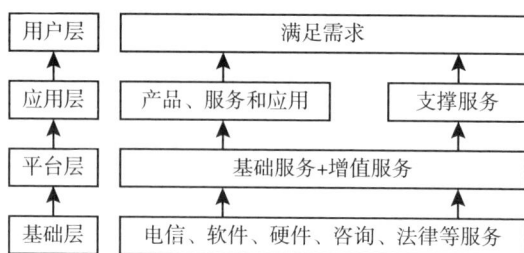

图 5 - 1　平台经济的构成

资料来源：叶秀敏：《平台经济的特点分析》，《河北师范大学学报》（哲学社会科学版）2016 年第 2 期。

第一层是基础层，为平台顺利建设和运营提供了基础设施，是先决条件。基础层的常见主体包括电信运营商、软硬件供应商、中介服务商和政府部门等。

第二层是平台层，即平台企业，负责提供虚拟服务空间及基础和增值服务，如淘宝和微信。平台企业负责平台层的建设、运营和管理，是平台经济生态系统中的核心环节。例如：淘宝平台为消费者提供账户注册和管理、商品搜索、签约、支付等服务，为内部网商和服务商提供开店、广告支付、数据分析等服务；微信平台为用户提供信息发布、浏览和回复等服务，为中小企业提供商品销售、广告、支付等服务。

第三层是应用层，是建立在平台层之上，借助平台提供的各类服务，直接为消费者和企业及服务商提供各种情境下的应用服务。例如：在淘宝平台上，商家向消费者提供的各种产品和服务，交易服务商提供物流和代运营服务；苹果手机商店由开发者提供给用户上百万的各种 App。

第四层是用户层，是指在平台上接受各种服务的用户集合，既包括个人用户，也包括企业用户。在买方市场条件下，只有满足用户的需求，才能获得市场认可和竞争优势。因此，用户层是其他各层主体争夺的主战场。

综上，平台经济结构具有层次性，平台生态系统中的各个主体通过分工合作，逐步在不同层次形成了专业化职能，最终演化为层次清晰的平台经济架构。

5.1.2 平台经济的基本模式

不同于传统市场模式中企业间普遍存在的竞争关系的单边市场理念，平台经济从诞生之日起就是基于双边市场的理念构建。在平台生态中，买卖双方、平台企业和中介方关系密切。每个交易主体都同时面对多个其他利益主体。比如，平台企业一边要面对外部用户，即消费者，另一边要面对商家，而每个商家也同时要面对平台企业和消费者。因此，平台经济目前有双边模式和三边（多边）模式两类。

一种是双边模式。建立平台企业的第一步，便是确定这些不同的用户群体是谁，以及他们的原始需要是什么，图 5-2 展示了双边模式的基本架构。位于中心的"平台"象征着交易服务的中心，两边连接着特定的"边"，即使用者群体。这表明双边群体通过平台联系在一起，形成一个以双边模式为核心的平台基础概念图。eBay 当初正是发现有一些想要收购古董级二手产品的人找不到有效购买渠道，而有些想要抛售的人也找不到合适的买家，因此才建立起了电子商务交易平台，让买卖双方的需求能够得到有效对接。也就是说，eBay 构建的平台使想要卖二手产品的市场群体和想要买二手产品的市场群体联系在了一起，即建立起了双边平台模式。除此之外，研究发现，无论是多么复杂的平台系统，其最基本的构成元素都是基于双边模式搭建而成的。换言之，即使一个平台企业同时连接四五个不同边的群体，"双边"始终是最基本的建构单位。

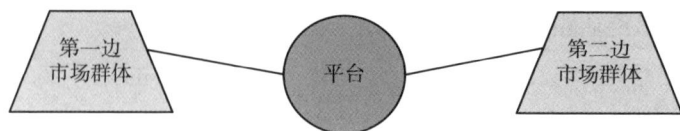

图 5 - 2   双边模式的基本架构

另一种是三边模式。三边模式不仅考虑在双边模式基础上再增加一边市场群体，而且必须是三个群体间相互吸引、缺一不可，若拿掉其中任何一边，这样的商业模型都无法成立，在此基础上形成了以三个边为平台系统的基础模式，图 5 - 3 展示了三边模式的基本架构。"使用者"被"内容"所吸引，"广告商"被"使用者"所吸引。以内容产业平台为例，报纸以其内容吸引读者，由于读者的集聚效应，又会吸引广告商在报纸上刊登广告。又如电视台吸引了观众，观众又吸引了广告商，同样，其他媒体类产业也形成了"内容—使用者—广告"三边模式的平台系统。除此之外，还有搜索引擎连接了"网站—网民—广告商"，第三方支付平台形成了"使用者—便利店—收账机构"三边模式。

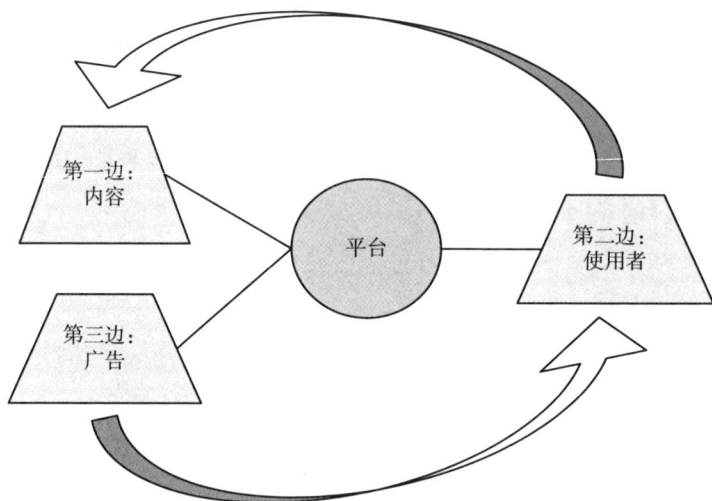

图 5 - 3   三边模式的基本架构

一般情况下，在双边模式基础上可能进一步形成三边模式，第三边群体间的核心引力是单向的，原因在于第三边群体若和第一边或第三边群体形成跨边网络效应，就有可能导致其中一边群体被剔除，从而模型又简化为双边模式①。但在现实中的某些情况下，三边模式中偶尔也存在相互吸引的例子，如时装杂志广告为吸引读者而来，但读者往往也会对杂志中的广告内容感兴趣。无论是双边模式还是三边模式，这两种平台经济模式都彰显了平台经济的双边（多边）市场属性。

5.1.3 平台经济的特征

1. 网络外部性

经济学家庇古在 20 世纪 20 年代提出"外部性"的概念，是指一个经济主体的活动可能会对他人的福利产生影响②。平台生态中存在买和卖两种类型的用户，其中任意一方的规模变化都会显著影响另一方用户使用平台产生的效用，这两种用户互相依存、互相影响、互相促进，从而体现独特的平台网络外部性。平台生态为买卖双方提供服务，搭建交易合作平台，卖家和买家越多，平台的价值就越大，买卖双方可能获得的价值就越大，网络外部性的特征就越发明显。比如，购物平台上商家数量越多，提供的商品就会越丰富，同类产品竞争就会越激烈，对消费者的吸引力和价值就会越大。消费者越多，所体现的购买力就越强，平台对商户的吸引力就越大。在这种情况下，越多的主体参与同一个平台，这个平台创造的价值就会呈现指数增长，而平台本身价值也将成倍增加，平台企业与平台内部的企业都呈现强者恒强、弱者恒弱的竞争态势。

可见，平台能否繁荣取决于内外部用户的多寡。平台的用户规模越大，其品牌效应也就越明显，平台自身也从中获得了极大的回报。可以说，这其中存在一种"鸡生蛋、蛋生鸡"的关系。因此，用户在选择参与的平台时，

---

① 陈威如、余卓轩：《平台战略》，中信出版社，2013。
② 余文涛：《地理租金、网络外部性与互联网平台经济》，《财经研究》2019 年第 3 期，第 141~153 页。

不仅会看平台本身的规模和服务情况，主要考虑平台其他参与用户的数量和需求。平台要不断平衡买卖双方用户的需求，根据用户的数量和需求的变化采用不同的价格策略并提供差异化的服务。

2. 共享共赢性

平台为价值链的专业化分工和协作架起了桥梁。平台上不同层次的主体通过专业化分工，促进合作共赢。互联网技术的发展为平台在全球范围内跨时空合作提供了保障。由于资源的稀缺性，企业难以向所有用户提供多种高质量的产品和服务，专业化分工、流程再造、高效沟通和快速反馈是未来企业竞争的发展方向，这些变革能够增强单个企业抗风险能力、竞争力。平台一方面为这些变革提供了先天条件，另一方面也创造了自身的生存空间。平台企业的生存之道就是为双边或三边市场创造额外价值。平台的价值是通过使用平台的主体来实现的，通过提供共享服务为使用主体创造额外价值，并在多方共赢的同时实现自身价值。比如，百度一方面为所有用户提供免费的、共享的搜索服务，另一方面，通过分析用户数据，提供能够精准投放广告的信息给其他用户，创造广告收益。因此，百度能够提供的共享服务越好，就能够吸引越多的用户使用，并增强用户使用黏性，这会促使更多商家购买广告产品，而商家也能够获得更准确的用户信息，三方实现共赢。

3. 开放性

平台经济的显著特点就是平台生态与资源的对外开放性，从而吸引各类主体和资源的加入。加入平台的合作伙伴越多，平台生态的价值就越大。借助移动互联网技术，一方面，平台技术能够支持更大程度、更便利、不受地域限制的开放；另一方面，平台使用者也能够随时随地使用。因此，持续开放的平台能够快速实现跨区域的迅猛发展。

平台开放自身资源，能够吸引更多的利益主体参与平台生态，提供更加丰富的资源和服务。更多利益主体接入平台后，能够活跃平台，提供多种多样的独特服务和产品，能够满足更多个性化的需求，从而为平台吸引更多的消费者。此外，利益主体间的开放、对接和交换，也能够促进合作共赢，实现平台整体价值。平台各利益主体与外界不断进行信息、资源和物质的交换，这种互利互动使整个平台充满生机与活力，不断学习和优化，从而构成一个自适应、自组织的社会生态系统，实现资源的优化配置。

4. 免费基础服务

平台通常提供两种类型的服务：免费基础服务与收费增值服务。免费基础服务只包括需求最广的基本产品和服务项目，收费增值服务则针对用户更深层次的需求提供产品和服务。比如，搜索引擎提供的基础搜索服务、微信提供的信息传递服务，都是免费的，但增值的部分，如广告、支付、搜索排名都是要收费的。所以免费提供某一种产品或服务的目的是为服务体系开凿入口，创造更大的需求。通常来说，平台先提供免费基础服务，吸引价格敏感的一方或多方利益主体使用平台的产品和服务，聚集足够大规模的用户群体，从而吸引其他利益主体用户的加盟。当平台具备了足够多的用户和流量之后，再推出收费增值服务，来获得利润，实现平台的持续发展。这样来看，免费基础服务正是平台打破传统商业隔阂、贴近消费的创新策略，可以改变用户对最初产品或服务的心态，从而快速创造新的市场。一方面，任何一个加入平台的利益主体都成为平台企业提供免费基础服务的组成部分，如购买搜索服务和竞价排名的企业，本身也会成为被基础服务搜索到的产品；另一方面，平台企业用付费服务的收入来补贴免费基础服务的供给成本，即由付费用户来给免费用户提供补贴，通过这两种差别服务模式，使免费用户成为信息和资源的供给者，而收费用户成为成本的补贴者，多方用户都获得效用增值，平台自身也获得了发展，实现共赢。

5. 聚合性与带动性

平台的聚合性表现为：一是平台聚集了多方参与交易的利益主体，如商业平台聚集了买家、卖家和中间商，社交平台汇聚了个人、各类社会团体和广告主，工业云平台则汇聚了各类企业和工业服务提供商；二是平台聚集了巨量数字信息，如商业平台聚集了各类产品信息、动态价格信息和商业竞争信息，社交平台聚集了个人信息、交友信息、社交动态信息等；三是聚集了利益主体的社会网络关系，如好友关系、伙伴关系和竞争关系等。

平台在聚集多种资源的基础上，还具备整合利益主体间关系、重塑价值链的特性。平台沟通各类利益主体，让他们直接对接、沟通、寻找最佳合作伙伴和合作方式，重构传统价值链关系。在平台作用下，传统价值链上下游关系被更高效的新型合作关系所取代。这就是价值链重构。通过取消冗长的中间环节，让商品流、信息流和价值流运转得更加便捷和流畅，实现资源的更合理配置，从而降低成本，提高运作效率。平台通过汇聚大量的主体和信息，辐射了较长的产业链，提升了信息利用效率，提升了资金流和物流运转效率，自然会带动相关产业链的共同发展。因而，平台对企业、行业和地方经济发展都有较强的带动作用，能够促进地方经济发展。以淘宝平台为例，其吸引了数百万人参与网络创业，带动了数千万人就业，促进了传统快递、包装等工业服务业的革新与发展。

6. 零成本复制性

平台经济具备了数字经济可低成本、无限复制的特性，从而能够将边际成本降低趋近零。边际成本是一个经济学概念，是指在事先投入固定成本的前提下，如制造设备或平台服务器，额外每生产一单位产品带来成本的增加量。杰里米·里夫金在《零成本社会》中指出，"在互联网领域，趋近于零的边际成本让互联网这种新的经济模式成为可能"[①]。接近零成本的复制能力，就是平台企业得以快速成长和平台经济快速繁荣的基础。比如，淘宝平台，在开设之初投入有限的服务器建设成本之后，平台上的网商店铺可以以几乎零成本无限复制。淘宝平台可以在商家提出申请之后，快速、极低成本地新开设一家店铺。另一边，商家再根据自己的需求、销售产品和服务对店铺进行相应的设置，也不需要付出额外的成本。目前，淘宝平台已经汇聚千万数量级的店铺，虽然所需投入的固定成本也大幅度增加，但每增加一个店铺的成本仍然低到可以忽略不计，这样的商业模式在传统零售领域是不可能实现的。与此相似，在微信平台上，个人和团体的账号已经超过 5 亿个，但每新增一个账号的成本几乎是零。相比而言，传统线下商业每新增一个店铺，就会导致增加高达 60% 的店铺租金成本。正如杰里米·里夫金所认为

---

① 杰里米·里夫金：《零成本社会》，中信出版社，2014。

的:"通讯网络、能源网络和交通网络通过物联网进行整合,将大大提高生产率,让接近零的边际成本成为可能。"①

5.1.4 平台经济的价值

我国的宏观经济正处在增长速度换挡期、结构调整阵痛期、前期刺激政策消化期"三期叠加"阶段。促进产业转型升级,转变经济增长方式,仍将是"十四五"时期经济工作的重中之重。在全球范围内,平台企业已经成为驱动经济转型与刺激复苏的重要力量。平台经济作为信息服务、交易中介、利益协调和产业组织的载体,对推进我国经济转型发展具有重大价值②,具体体现在以下几个方面。

1.扩充组织边界,助力现代市场体系建设

党的十八届三中全会明确指出,统一开放、竞争有序的现代市场体系是使市场在资源配置中起决定性作用的基础。平台经济伴随着互联网发展而形成,突破了土地、资金、人力、环境等基本生产要素的地理空间刚性约束,极大弱化了产业组织的地理依赖性,有效促进了要素跨区域配置与整合。相比传统企业,平台企业具有更显著的外部性和开放性、独特的免费性和聚合性,能够更有效地推动多边信息交流和即时交易,无形中不断扩大了组织边界,将共赢的多方主体纳入利益共同体。同时,平台经济所具有的内部竞争性和价格杠杆作用可有效打破传统企业的垄断,降低了市场进入门槛,为中小微企业的发展壮大提供了空间,同时提升了社会资源配置的公平和效率。

2.构建平台经济生态圈,推动数字经济高速发展

平台企业通过对市场信息和资源的整合,能够构筑全新的经济生态圈,为企业提供全新的发展空间,并激励商业模式和业态的创新,这些创新甚至可能导致经济的整个微观基础发生改变。平台经济通过创造和聚集创新价值,正日益成为宏观经济体系中最具生命力和活力的一部分。在全

---

① 杰里米·里夫金:《零成本社会》,中信出版社,2014。

② 张鹏:《发展平台经济 助推转型升级》,《宏观经济管理》2014 年第 7 期,第 47~49 页。

球十大平台经济体中，苹果公司的平台打造了汇聚数字内容与交易的中心，谷歌公司的平台打造了分享个人信息与资源的网络，这些平台各自体现了平台经济不同方面的潜在巨大价值。平台企业在构筑平台经济生态圈的基础上，不但孕育了更多新的经济概念和经营方式，还催生了模式和业态创新。比如，在线商业交易平台利用第三方支付突破自身内外部交易瓶颈的同时，还培育涌现出支付宝和银联等适合数字时代的大型第三方支付公司。

平台经济作为一种现代服务经济形式，推动数字经济高速发展的同时，还促进了数字技术与传统产业、传统经济运作方式的融合发展，并在改造提升传统产业和经济运作方式的同时获得自身增值。事实上，各类工业和服务业的价值链上都存在搭建平台经济圈的机遇。平台生态圈一旦建立，通过吸引各类资源的加入，发挥集聚和规模效应，逐步吸引整个产业的组织运作向平台倾斜，创造更大价值。伴随着越来越多平台经济生态圈的构建，许多企业的组织模式也逐步发生变化，开始把搭建平台、构筑平台经济生态圈作为战略导向和终极目标。

3. 促进产销协同，引领产业和商业模式创新

平台经济本身就是对 B2C、B2B、O2O、C2C 等多种新商业模式的整合，从而能够更广范围和更高效地沟通价值链上下游的供应商、生产者与消费者，实现了多方交易的即时进行。在这一过程中，生产、消费、运输都通过平台加以整合，融合了制造和服务产业。在经济竞争日益激烈的背景下，制造企业利用有效的平台生态能够突破制造和流通之间的瓶颈，推动产品制造链和商品流通链的快速衔接。比如，国际知名的玩具公司乐高集团通过为用户搭建产品交互体验平台，提供用户间的互换与游戏合作等服务，并打造全新的产品线，从而创造了新的盈利点，成功应对了电子游戏、平板电脑等多媒体娱乐对传统玩具业的冲击。可见，平台经济为制造企业服务化转型、引领新业态与新商业模式提供了重要契机。平台所蕴含的新的交流方式和交易模式，推动了人们日常生活和社交方式的变革，这种变革带来消费方式的改变，推动数字消费迅猛发展，也使基于数字交换的商业活动开始成为社会

经济活动的主要组成部分。

4.革新流通方式,助推区域合作

当前世界经济发展的主要动力是数字化和全球化,在过去的半个多世纪这"两化"彻底改变了国际经济政治格局,也创造了平台经济发展的战略性机遇。全球化的本质是资源配置的全球化,进而带动生产和销售过程的全球化。工业经济时代,资源配置与整合发生在单个组织、单个区域,但数字资源的配置与整合突破了单一组织和地域的限制,通过互联网走向全球范围。在此背景下,数字资源从后台走向前台,从工业经济时代所扮演的信息保障角色转向数字时代企业战略发展方向的引路人角色。在大数据挖掘、人工智能、5G技术和物联网等前沿科技持续创新的推动下,平台通过数字资源跨区域的整合与共享,实现线上线下一体化、内贸外贸一体化和流通生产一体化的"三位一体化"功能,推动流通方式革新,加强区域合作,构建合作新模式,为像我国这样的大型经济体的高质量发展提供持续的增长动力。

5.2　中国平台经济发展的特征与问题

党的十八大以来,随着数字技术的普及,以互联网为代表的平台经济加速发展,催生了新一轮平台经济浪潮,推动我国平台经济在互联网时代获得了全新的规模、内涵与影响力,并将延伸至更多领域,向传统经济加速渗透。近年来,我国平台经济形式多样,多样的平台经济形式凸显了我国平台经济的特征及面临的主要问题(见表5-2)。

表5-2　我国平台经济形式

类别	形式	举例
电商类	B2B、B2C、C2C……	敦煌网、亚马逊、微商
共享类	闲置、房产……	咸鱼、小猪短租、Airbnb
搜索类	引擎、推送……	百度、今日头条、360 搜索
技术支持类	云计算、数据中心、运营……	阿里云、AWS

类别	形式	举例
约车类	拼车、打车、租车……	滴滴打车、Uber
物流类	物流平台	菜鸟、传化、卡行天下、货车帮
文娱类	网游、电影、音乐、文学……	优酷、时光网
工具类	浏览、翻译、统计、下载……	UC、有道、友盟
社交类	社交、直播、微博……	微信、斗鱼、知乎
门户类	综合、生活、个人……	新浪、58同城、佳缘
服务类	健康、体育、咨询、旅游、教育、法律、招聘……	春雨医生、途牛、百动、部落网、智联招聘
互联网金融类	支付、P2P、基金、众筹……	比特币中国、余额宝、人人贷、众筹网、陆金所、支付宝

资料来源：阿里研究院。

5.2.1 中国平台经济发展的特征

1. 平台双边用户成本差异大

平台的双边用户会因平台对其价格结构的调整使得一边用户相比另一边支付更高的价格，甚至使某一边用户完全免费，从而吸引更多的用户实现平台利润最大化，又称为价格的"非对称性"[1]。一般情况下，平台企业往往向消费者端提供补贴，而向商户端收取费用，以非对称的定价方式形成平台的战略选择，淘宝、京东、当当等大多都是采取该种战略，使消费者作为被补贴用户可以免费登录平台网站，搜索、浏览相关产品信息、进行相关产品的交易与支付，而网上商铺则需要向平台支付年金、活动费、服务费等形式的费用，以获得在网站销售商品的许可和其他增值服务。

2. 平台发展形成规模经济

我国的平台经济往往表现出规模收益递增现象。平台的规模经济性主

---

[1] 温孝卿、张健：《我国第三方支付市场平台商定价研究——基于平台经济特征的探析》，《价格理论与实践》2015年第11期，第147~149页。

要体现在两方面。一方面,网络外部性使平台用户数量不断增多,基数庞大的平台基于客户依赖性,形成强者更强的局面,而弱者只能瓜分残羹,或在竞争中被淘汰。用户对平台形成稳定偏好和使用习惯后,平台企业将拥有自我增值和规模扩张的内在动力,甚至形成强者愈强、赢者通吃的局面。平台一边联系着消费者,一边联系着商家,形成双边市场效应和平台群聚效应,不同边的参与者有不同的分工,为平台作出自己的贡献,通过聚集人气,扩大用户规模,使各方参与者均能获得收益,实现平台价值、客户价值和服务价值最大化。另一方面,互联网技术的发展是以信息通信科技为基础的,平台边际成本极低,即使是庞大的用户数量也不易增大平台的运营成本。相反,随着越来越多的用户加入平台,平台规模效应更强,这一特征在电子商务平台、搜索平台、门户网站等互联网平台上最为显著。

3. 平台构建实现多产业融合

跨界与开放是平台经济得以蓬勃发展的关键所在。一方面,平台经济是跨界融合的载体[①]。在共享理念的指引下,平台涵盖的产业、行业范围越来越广,融合程度越来越深,内部界限越来越模糊,不同企业、行业和产业越发有目的性地通过平台实现跨界融合。在新经济格局下,产业界限越来越模糊,平台企业通过连接两个或多个市场群体,整合多方资源,满足多边群体的需求,通过规则与机制的设立,发挥连接与整合作用,打破原有产业边界。另一方面,平台经济对边界没有明确的限制,秉承开放包容的原则,吸引有价值的市场群体。跨界导致平台的边界越发模糊,使其更能发挥"筑巢引凤"的作用,能够吸引各种资源加入平台,不断提高合作伙伴的质量,创造更多价值,实现多方共赢。例如,淘宝、腾讯、京东商城、奇虎360、百度等纷纷加入开放的行列,提升聚焦效应和平台价值,开放使这些平台型企业更有竞争力。

[①] 王法涛:《演化视角下电子商务多边平台网络效应及竞争策略选择》,《中国流通经济》2019年第11期,第54~64页。

5.2.2 中国平台经济面临的主要问题

1. 信息有失客观性，平台经济面临信用危机

对于平台企业而言，本身并不需要其他厂商的产品或服务，而是将需求方和供给方的信息进行匹配，因此平台企业对信息的匹配程度是平台得以正常运转的"有形的手"。例如，对于搜索引擎、电商平台、外卖平台等平台企业而言，用户希望通过平台搜寻到满足自身需求的产品与服务，而厂商希望通过平台找到需求客户，信息能否得到匹配直接影响消费者的购买决策和厂商的经营决策，故如何判断消费者的需求、如何识别生产者的供给、如何将两者进行匹配是平台要解决的核心问题，也是平台的价值所在。而现实中，平台往往都会接受第三方商家的广告赞助或广告竞价，第三方商家支付的费用在平台设定的搜索算法中往往占有相当比例，即付费越高，商家的信息越能在页面前列显示，越可能被消费者所注意。但如果平台受利益驱使，平台提供给消费者的信息有时客观性不足，会产生机会主义行为。如果放松对第三方商户资质、信誉的审查和监管，一方面影响消费者的购买决策，另一方面也不利于降低平台发展风险。对于用户而言，往往默认平台为第三方商家进行背书，难以真正知晓信息是否正确，难以筛选出准确的信息。消费者轻则花了冤枉钱，重则引发安全事故，特别是这种非中立的信息问题出现在医疗、教育等关乎民生的领域时，后果不堪设想。由于信息质量问题产生的"劣币现象"在现实生活中屡见不鲜，如在美国贸易代表署 2016 年发布的"负面市场"清单中，淘宝网因假货治理问题再次被列入其中。对于互联网平台而言，虚假信息带来的负面影响需要平台与监管机构共同努力加以克服。

2. 用户隐私泄露，引发人生与财产风险

除了信息质量问题外，对于用户端而言，隐私安全也是平台发展过程中无法回避的问题。平台是用户进行信息匹配、交易和集聚的中心，在大数据时代，所有交易的匹配都以数据为依托被记录下来，数据具有规模经济性，越是丰富的数据集聚，越能够从中挖掘到有意义的信息，便于分析消费者的

行为习惯，从而方便平台为用户提供更加精准的服务。但与此同时，用户本身不希望平台对其隐私的交易信息或个人信息进行再处理，同时，用户提供给平台的信息本身就存在泄露的风险①。近年来，淘宝网、京东商城、当当网等电商平台信息泄露事件屡屡发生。消费者的个人信息、联系方式和购物订单等数据在这些电商平台大量集聚，一旦被黑客盗取或由内部人员泄露，就可能引发网络诈骗、账户丢失的问题，威胁消费者的财产安全甚至人身安全。

3. 不正当竞争行为频发，垄断局面严重

平台企业在发展的过程中往往通过价格战的方式扩大市场份额，但当价格战陷入囚徒困境时，为避免进一步内耗，平台企业之间常常以合并或者并购的方式握手言和，进而形成新的垄断性平台②。现实中已在多个产业出现了市场高度集中的情况，如在网约车大战下，滴滴、快的合并为滴滴出行并收购 Uber 在华业务，形成网约车出行垄断市场，导致对乘客和司机的补贴都大幅减少，这种情况同样在搜索引擎和电子商务市场屡见不鲜。同时，不同平台企业在竞争时往往表现出排他性，如电子商务领域的两大巨头天猫和京东屡起争端，在"双十一"、"6·18"等电商大促活动中，天猫胁迫商家"二选一"，以下架商家店铺、减少广告资源等方式，迫使商家在京东下架。这种平台"打架"的行为，对于商家而言，无疑减少了本应拥有的更多的交易机会，对于消费者而言，减少了选择机会，也相对增加了交易成本。共享单车之间的激烈竞争虽然短期内看似会给消费者带来价格补贴，但一旦市场被垄断后带来的是更高的价格与更差的便利性。

4. 相关法律配套不完善，监管机制缺失

平台经济的监管有私人监管者和公共监管者两种方式。其中，私人监管

① 李子文：《我国平台经济的发展现状和规制问题》，《中国经贸导刊》2018 年第 4 期，第 64～67 页。
② 孙晋、徐则林：《平台经济中最惠待遇条款的反垄断法规制》，《当代法学》2019 年第 5 期，第 98～108 页。

者即平台经营人自身，公共监管者是指政府等行政部门。从平台经济的发展来看，政府监管的力度要比平台经营者自身监管更有约束力，政府是推动平台企业发展的核心驱动力。但在平台经济高速发展的今天，很多规则还不透明，相关法律法规还比较欠缺，特别是互联网平台，其本身就极具虚拟性，交易规则灵活多变，使得政府对平台经济的监管面临诸多挑战[①]。一方面，平台监管中个人隐私有待维护。目前，我国平台交易的过程中往往涉及供应商与消费者的大量隐私信息，但我国法律关于个人隐私的保护还不够完善。特别是针对平台生态下个人隐私的数据保护在立法和机构层面亟待加强。在平台生态的规模和复杂性日益提升的背景下，政府需要从法治层面加强监督管理。另一方面，目前对平台市场势力的认定尚无规范的方法，对于滥用市场势力的判定也没有公认的标准。从平台企业的发展形势来看，其表现出的诸多特征与传统企业有明显差别，这也造成了平台厂商的市场势力与传统厂商存在显著差异，市场份额等传统方式可能带来很大的偏差。例如，当电商平台提出"卖家二选一"的要求时，这种排他性的竞争方式违反了《反垄断法》规定的自由交易原则。这种平台策略明显会削弱平台竞争力，损害市场自由交易原则，但法律又缺乏相关约束条文，难以对这种行为的法律裁量进行界定。即使用户在该种平台策略下选择了某一个平台，这种交易行为对市场和消费者影响的具体后果也无现实案例可供参考估量。除此之外，平台合并也会产生反竞争效应，如多个平台横向的并购形成"超级平台"，必然造成市场集中度提高，也往往会降低社会总福利，或至少一边用户的福利。最典型的是滴滴和优步公司的合并，若是在传统市场行业，第一大和第二大厂商进行合并往往难以通过监管机构的审核，但由于互联网平台企业的特殊性，规模经济带来的效率提高，可以给平台合并提供一个"合理"的理由。

---

① 王磊、马源:《新兴互联网平台的"设施"属性及监管》，《宏观经济管理》2019 年第 10 期，第 52 ~ 58 页。

5.3　"十四五"时期中国平台经济的发展趋势和重点发展领域

5.3.1　"十四五"时期中国平台经济的发展趋势

"十四五"时期是我国由全面建成小康社会向基本实现社会主义现代化迈进的关键时期，也是加快推进经济高质量发展的攻关期。在大数据、物联网、人工智能等科技创新背景下，平台经济能够通过资源整合、资源共享，促进我国经济的高质量发展。因此，加强平台经济建设，是当前政府和企业共同关注的热点。我国大数据、云计算、物联网、人工智能等技术的快速崛起，也为我国平台经济的发展提供了基础条件。"十四五"期间，我国产业和互联网将进一步融合，平台经济的发展将表现出如下趋势，包括平台模式将由原来的单边模式、双边模式向多边模式发展，平台服务功能由资源连接转向资源配置，平台交易模式逐渐由线上交易向线上线下融合发展，平台体系逐步由价值链体系向生态体系转变。

1. 平台模式由单边、双边向多边发展

多边平台是能够使多个归属其中的不同用户通过直接互动创造价值的组织[1]。越来越多的平台将采用多边平台模式，成为平台提供者，为平台利益相关者提供平台服务，从而获取一定的接入费或交易费来获利。传统的单边模式将逐渐消退，平台将不再拥有对产品的所有权和剩余索取权。相比双边平台，多边平台更加开放，能够将多元主体融合到平台上，从而产生更多的规模经济、网络效应。例如，三边模式在双边模式的基础上增加了一个市场群体，形成了三边平台模式。典型的例子包括视频平台，平台上的博主通过制作短视频来吸引观看者，然后再以观看者吸引广告商，从而形成博主、观看者、广告商三边模式。搜索引擎也是三边模式的经典例子，谷歌和百度等

---

[1] Hagiu, A., & Wright, J. (2015). "Multi-sided platforms". *International Journal of Industrial Organization*, 43, 162–174.

搜索引擎通过关键词将用户和广告商联系在一起，创建了内容搜索者、内容提供者和广告商三边模式。

2. 平台服务功能由资源连接转向资源配置

大数据、云计算、人工智能、物联网等新技术的发展为我国平台发展搭建了更强大的数字平台，借助这些硬件设备和软件设施，"十四五"期间我国平台将实现更大规模、更加精准的信息匹配，资源配置和价值交换将因此变得更加高效，平台服务的功能也将逐渐由供需方的简单连接转向更高阶的资源配置。越来越多的平台将能够通过与其他平台服务的资源共享，借助海量的历史数据，利用人工智能、大数据等技术进行数据计算、分析与预测，精准判断用户的需求并推送相应的服务，实现供需双方的精准匹配，有效满足用户的个性化需求。同时在线上线下的转化速度上，平台也能够对用户的需求作出更加快速的响应，如通过物联网和大数据实现资源的组织与调度，快速精准匹配满足用户需求的最近库存，从而进一步提高满足用户需求的速度。

3. 平台交易模式逐渐由线上转向线上线下融合发展

当前平台交易方式主要以线上交易为主，线上交易有很多线下交易无法实现的优势，如以电视网络为媒介，在推广上跨越时空且受众面广，但线上交易也存在用户购买产品前无法亲身体验的弊端。例如，对于服装行业的消费者来说，场景化的体验模式对于品牌的传播、提升用户的满意度具有重要作用，但这种模式显然在线上交易中难以实现。现有的企业已出现越来越多线上向线下融合的趋势，未来的线下模式将不再以销售为主，销售目标将主要由线上模式实现，而线下模式将主要以展示、体验为主，通过这样的O2O模式（online-to-offline），可以使客户真正做到"线下体验、线上购买"。可以预见，未来的新零售模式只有依赖线上线下一体化的融合发展，才能在竞争中脱颖而出。因此，线上企业必须积极融合线下，结合物流体系、大数据分析等创新技术，创造新的零售形态。

4. 平台体系逐步由价值链体系向生态体系转变

平台体系的构建主要包括两个阶段。首先是行业内平台体系逐渐向价值链全链条演变,其次是跨行业的生态体系构建。首先,同一行业的平台体系除了商家、消费者和平台提供者之外,将逐步向上下游领域扩张,引入产品开发者、服务开发者、渠道供给者、技术开发者等其他多元主体。对制造业企业平台来说,平台将通过向价值链的上下游延伸,参与设计研发、生产制造、销售流通的全链条价值体系,打造价值链平台,构建产业内的生态体系。其次,全链条平台体系将逐步向跨界平台生态体系转变。跨界平台生态体系正在逐渐发展、成熟,平台企业在发展到一定时期后,通常表现出跨界融合的策略,这种策略也能够融合更多相关的多元主体。例如,小米科技本身是开发和销售手机及操作系统的互联网平台企业,最近几年,依托手机及操作系统,小米科技首先构建了手机全价值链,在此基础上发展自己的平台,进入了智能家居、日用百货、个护健康等领域。

5.3.2 "十四五"时期中国平台经济的重点发展领域

"十四五"时期,我国经济发展将进入规模增长向质量提升的重要时期。把握新一轮的科技革命和产业变革机遇,培育新的经济增长点是抢占全球产业发展制高点的关键。平台经济作为引领"十四五"时期产业发展的核心力量之一,应在重点领域发展新业态,为中国经济注入新的增长动力。2019年8月,国务院办公厅发布了《国务院办公厅关于促进平台经济规范健康发展的指导意见》,为我国平台经济的发展指明了方向。我国企业应以该指导意见为发展导向,全面提高平台经济的发展质量和核心竞争力。

1. 积极推动服务业平台建设,满足群众多样化需求

目前我国的互联网服务平台已经在出行服务、餐饮服务、旅游服务、购物服务、房产中介、汽车中介等领域搭建了一些优质平台,为消费者的生活提供了便利。"十四五"期间,我国的互联网服务业平台还应大力发展医疗健康、教育培训、养老家政、文化、旅游、体育等。

推动"互联网+医疗健康"平台搭建。医疗企业应积极创新互联网医疗健康服务模式,搭建覆盖全生命周期的预防、治疗、康复和自主健康管理

一体化医疗健康服务平台①。将医药电商、互联网医院、用户纳入同一平台，对医疗资源进行整合和重新配置，打破传统医疗的时空界限，满足居民的医疗需求。例如，通过医疗健康平台实现远程医疗，将名医等资源进行整合，实现在线问诊、会诊与治疗。

促进"互联网＋教育培训"平台构建。教育机构应通过教育培训平台整合教育资源，实现教学、教务、管理、测评、学习等环节的一站式服务，实现互联网与传统教育培训的深度融合。应利用互联网技术进行教学课程的线上推广，打破时间和空间上的界限，整合优质师资资源，扩大优质教育资源的有效供给，促进优质的教师资源和信息资源从教育"高地"向"洼地"流动，从而促进教育质量和效率的提升。

推动"互联网＋养老家政"平台构建。我国从 1999 年开始进入老龄化社会，至今已 20 年，人口老龄化已经成为十分严峻的问题。面对巨大的老年人口体量，养老行业和家政行业迎来新的发展机遇。我国目前的养老行业和家政行业虽然发展迅速，但还存在高质量供给不足、行业发展不规范、群众满意度低等问题。养老家政企业应积极利用互联网技术，推动养老家政服务领域规范化，促进养老产业、家政产业高质量发展。

促进"互联网＋文化"平台构建。截至 2019 年 6 月，我国网络视频用户规模达 7.59 亿，占网民整体的 88.8%②。各大视频平台的内容以电视剧、电影等核心产品为基础，不断向文学、音乐、游戏、电竞等领域拓展。这些平台为中国传统文化带来了新的发展契机，推动传统文化"活起来"，并创造了新的消费业态。例如，《我在故宫修文物》等节目的走红，促进了博物馆文创产品等的文化消费。文化企业应大力发展文化平台经济，进一步推动中国传统文化传播、提升经济效应。

完善"互联网＋旅游"平台搭建。已有的携程、途牛、同程等旅游平台为人们的出行服务提供了便利，而随着互联网发展的深入，旅游产业将更

---

① 中共中央国务院印发《"健康中国2030"规划纲要》，2016。
② CNNIC发布第44次《中国互联网络发展状况统计报告》，2019。

加智慧化,通过移动云计算等新技术,终端上网设备将能够感知旅游者的相关信息,并及时安排和调整旅游计划。旅游企业应积极完善旅游平台的建设,推动智慧旅游的发展。

推动"互联网 + 体育"平台建设。国务院办公厅印发的《体育强国建设纲要》指出,到 2035 年要将体育产业建设成为国民经济支柱性产业。体育企业应积极探索体育产业的共享经济模式,从共享空间(如体育场馆运营)、共享知识教育(如网络体育培训)、共享饮食(如运动营养)、共享物品(如体育用品交易)、共享技能服务(如陪练)等方面探索体育产业发展的新业态。

2. 全力打造工农业生产平台,促进大中小企业融通发展

当前,我国的"互联网 + 农业"平台和"互联网 + 工业"平台建设仍处于初级阶段,为适应产业升级的需要,未来需要推动互联网平台与农业生产和工业生产的深度融合。现有的农业企业和工业企业应积极利用平台经济,通过物联网、大数据、人工智能等技术,深入推动平台经济在实体经济中的应用,加快跨行业、跨领域的互联网平台建设,推进农业、工业智能化发展,从而促进大中小企业的融通发展。

一方面,应壮大农业的网络服务平台,推动互联网平台与农业生产深度融合。首先,要加快农村互联网基础设施建设,包括提高农村的宽带普及率、加强农村公路建设和物流建设,为农业平台经济的稳步发展打下坚实基础。其次,要通过平台整合农业科技培训技能,提升农业职业素质。互联网农业平台应整合农业知识,融合技术支持平台,帮助农民提高种植技术,掌握正确防控虫害的方法。再次,除了整合农业科技资源,还要整合农业渠道资源,将互联网技术与农业生产、加工、销售等环节结合,实现农业发展的科技化、信息化和智能化。最后,搭建农村网络销售服务平台,推动电子商务平台向农村和乡镇延伸,打造农村电子商务平台,将农民和消费者聚集到平台上,促进农业的新业态形成。

另一方面,应壮大工业互联网平台,推动互联网平台与工业生产的深度融合。目前,在我国政府部门的积极引导下,基于平台化产品的产业生态已

经初步形成，代表性企业包括海尔 COSMOPlat 平台、航天科工 INDICS 平台和树根互联根云平台，这些平台促进了工业全要素资源的聚集、共享与协同。例如，作为全球首家引入用户全流程参与体验的工业互联网平台，海尔 COSMOPlat 为企业提供了互联工厂建设、大规模定制、大数据增值、供应链金融、协同制造、知识共享、检测与认证、设备智能维保等八大生态服务板块。但从全国层面来看，我国工业互联网平台经济还处于发展初期，未来还应在化工、纺织、冶金、建材、电子和机械等行业加快打造用户全流程参与体验的服务平台，不断加速智能化生产、个性化定制、网络化协同等新模式的探索，助力工业互联网平台发展。

3. 深入推进创业创新服务平台建设，进一步提升创业创新效能

在经济转型升级和创新驱动的大背景下，创业创新成为我国经济发展的重要战略决策。自 2014 年"大众创业、万众创新"提出以来，围绕创业创新的孵化器、创业园、科技园等如雨后春笋般在各地发展起来。根据科技部火炬中心发布的《中国创业孵化发展报告 2018》，2017 年我国孵化器总数达到了 4069 家，较上一年增长了 24.8%，取得了显著成效。但是我国科技孵化器的区域分布特征明显，主要分布在江苏、山东和广东等经济发达省份，欠发达地区的科技孵化器数量偏少，难以形成集聚效应。因此，"十四五"期间，面对我国高质量的服务需求，应加快打造"双创"升级版，积极利用大数据、5G 等技术，以"互联网+"、线上线下结合的方式促进全方位创业创新服务体系建设。

一方面，应利用互联网平台进一步提高孵化器、创业园等平台的资源整合能力，促进创业创新平台形成资源集聚效应，并充分发挥多元主体的网络效应。通过充分融合不同领域创业孵化机构、投资机构、服务机构、科研院所、创业企业、大中企业，打造网络化的生态系统，实现各项资源的有机结合，加强人才、资金、物资、信息、技术流通，从而达到促进孵化器与投资机构、科研机构、高校机构等的互动与合作的目的，提升创业创新服务体系的服务质量。

另一方面，利用互联网平台的跨时空特质和线上线下相结合方式，

充分促进孵化器上资源的跨区域融通。通过线上平台将东部地区先进的孵化理念引入中西部地区、东北地区,通过线下分区域布点,向更多的中小企业开放共享资源,通过平台的共享特点、跨界特点扩大跨区域合作范围,为人才、资金、技术等要素的流动提供物理基础,可以采用异地孵化、联合共建等方式开展跨区域的孵化器战略合作,支持跨区域的中小企业在产品、管理模式、商业模式方面的创新,为它们提供更快速、更精准、更多元的对接与融通服务,从而孵化出更多的中小企业,提高创业创新效能。

5.4 "十四五"时期中国平台经济发展的策略选择

"十四五"时期是我国由全面建成小康社会向基本实现社会主义现代化迈进的关键时期,也是加快推进经济高质量发展的攻关期。"十四五"期间,我国应不断优化市场准入条件,完善适应新业态新模式的监管办法,构建适应平台经济发展的治理体系,搭建数据共享平台,加大政策引导支持力度,优化平台企业融资环境,加强平台经济人才队伍建设,推动平台经济健康规范发展。

5.4.1 优化市场准入条件

积极推进平台市场主体登记注册便利化,改革优化开办平台企业流程,平台企业经营者可以使用网络经营场所申请个体工商户登记,简化平台企业分支机构设立手续;深化"证照分离"改革,探索"一照多址"改革;加快行政审批制度改革,促进审批标准化、规范化、透明化,实现相同信息"一次采集、一档管理";加快企业名称登记管理改革,放宽新模式新业态企业名称登记限制,企业名称允许使用反映新业态特征的字词,经营范围登记可反映新业态特征;全面推进商事登记全程电子化和电子营业执照应用;进一步完善市场主体退出制度,优化企业简易注销登记流程,维护企业相关利益者的合法权益。

合理放宽新业态行业准入条件，完善融合性产品和服务准入制度，合理减少和取消平台经济投资准入限制，探索平台经济负面清单，优先将涉及人身健康、公共安全、社会稳定和国家政策另有规定的金融、新闻等领域纳入负面清单，负面清单之外领域的投资实行备案制，让各类市场主体有机会公平参与市场竞争，提高平台经济投资的开放度、透明度、可预期性。在风险可控前提下，先行先试仍处于发展初期、有利于促进新旧动能转换的新模式和新业态，在合理的时机再出台市场准入政策。

加快完善新业态标准体系建设，各行业应积极建立新业态联盟，根据行业发展需求构建合理的新业态标准体系，围绕行业新业态提供的产品和服务开展综合标准化研究，为新产品新服务进入市场提供保障。行业新业态标准体系应在吸收行业标准体系基本准则的基础上再创新，实现与国家、地方、行业等各种标准的有效衔接。

5.4.2 完善适应新业态新模式的监管办法

按照鼓励创新、严密防范质量安全风险和最大便利化的原则，建立以业态为单元的分类监管模式，合理制定监管规则和标准，对具有较好发展态势的新业态新模式，分类量身定制适当的监管模式；对还处于"观察期"的新业态新模式，在确保有效监管的前提下合理放松监管力度；严格监管潜在风险大、可能造成严重不良后果的新业态新模式，坚决依法取缔利用新业态新模式非法经营的市场主体。根据鼓励创新与加强监管同步的要求，推进"互联网＋监管"，综合应用大数据、云计算、互联网和物联网等新技术，推动监管平台与企业平台的即时联通，使交易、支付、运输等环节的数据可快速识别和比对、证据可在线保存、数据可源头追溯、问题可全程监测，实现以网管网的线上线下一体化监管。

信用监管是着力点，革新监管理念、创新监管制度和方式，建立贯穿市场各利益主体全生命周期，衔接交易事前、事中、事后全监管环节的新型监管机制，不断提升监管能力和水平。鼓励平台经济主体在"信用中国"网站或其他渠道自愿注册信用信息，充分发挥"互联网＋"、大数据对信用监管的支撑作用，建立事前信用联动承诺、事中信用联动评价、事后信用联动奖惩的"三个信用联动"机制，实现信用管终身。完善平台企业信用信息公示系统，实施企业年度报告公示、经营异常名录和严重违法企业名单制度，对风险较低、信用较好的平台企业适当减少检查频次，对风险较高、信用较差的平台企业加大检查频次和力度。

5.4.3 构建适应平台经济发展的治理体系

在平台经济活动中，应建立一种新型的"政府+平台"合作治理体系。政府应合理界定平台责任，促使平台明确经营者准入和退出条件，认真核验平台商家的注册信息，建立健全交易规则和服务协议，严格把控平台经营产品和服务的质量、全面保护消费者权益和平台从业人员权益，保障数据安全和网络安全。明确平台与平台内经营者的责任，探索平台尽职免责的具体办法，平台依法承担合理的注意义务，但不能代替平台上海量第三方的行为承担民事责任。基于避风港原则，保护处于初创阶段的平台，保障新业态的健康发展。

互联网平台对经济活动和供需双方的深度了解，使其参与经济活动的治理效率和时效性都优于政府。为此，要在基本明确平台责任制度的基础上，推进平台治理制度建设，设计有效的平台治理机制，重视全过程管理，重视事前尤其是事中的责任履行。平台应通过购买保险产品分散风险，更好地保障各方权益。平台应强化知识产权和隐私保护意识，构建合理机制坚决打击假冒伪劣产品、网络欺诈行为和勒索行为，严厉打击泄露和滥用用户信息等损害消费者权益行为。平台应建立健全消费者投诉和举报机制，制定并公示争议解决规则，为消费者提供互联网、电话、信函、传真等投诉举报渠道，建立与市场监管部门投诉举报平台的信息共享机制，确保投诉举报电话有人接听，根据事实，依照法律法规规章，公平、公正、及时、高效地处理投诉举报。

5.4.4 搭建数据共享平台

依托全国一体化在线政务服务平台、国家数据共享交换平台、国家

"互联网＋监管"系统，打造电子证照共享服务系统。加强政府部门与互联网平台数据共享，构建政企数据互联互通机制。政府遵循一数一源、一源多用的原则，以共享方式获取其他政府职能部门已采集的数据，制定发布数据开放清单；互联网平台按照法律、法规和有关规定做好数据采集获取、目录编制、数据提供、更新维护、安全管理工作。平台企业通过共享平台获取的数据，应当按照共享范围和使用用途用于企业经营活动，全程加强数据使用的监督管理，不得以任何方式将数据提供给第三方，不得将数据用于其他目的。基于平台探索跨行业数据整合共享机制、数据共享范围，推动跨行业数据资源聚集和整合，在应用范围广、应用效果良好的领域开展试点示范。

以信用数据的指标化、标准化、信息化为导向，完善信用记录、发布、披露、风险预警等制度，构建以市场信用评价为核心的平台经济共治体系。依托全国信用信息共享平台和国家企业信用信息公示系统，加大平台企业信用信息开放力度，逐步向社会全面开放信用信息，提升平台企业管理水平。政府部门利用平台采集信用数据，与相关职能部门提供的信用数据进行比对，补充完善现有信用体系信息，加强对平台主体的守信联合激励和失信联合惩戒。

5.4.5　加大政策引导支持力度

充分用好各级政府对平台经济的扶持政策，在财政税收、土地利用等方面给予重点支持，创新扶持平台经济发展的专项政策，打好政策组合拳，形成政策合力。做大做强有优势、有潜力的平台企业，推动有条件的平台企业整合产业链，延伸服务链，推动相关产业链"建链、补链、强链"。采取"一企一策""一事一议"等方式重点扶持具有发展潜力的平台企业。制定促进总部经济发展的各项政策，积极引进一批新的平台经济总部企业，设立一批平台经济职能总部。利用专项资金重点吸引国外平台经济龙头企业在我国设立具有独立法人资格的机构。增加现代服务业引导资金、战略性新兴产业发展专项资金、工业和信息产业转型升级专项资金、产业发展资金等相关专项资金，对产业带动性强、发展潜力大的平台企业、平台经济示范和培育项目、新培育的平台经济集聚区予以倾斜支持。

积极保障平台经济发展用地,对利用存量房产或土地资源发展平台经济新业态、创新商业模式的,可享受按商业服务业用途落实用地、综合土地估价结果和产业政策确定土地出让底价、按土地用途或权利类型延期使用土地等政策。以租赁等多种方式供应平台企业用地,积极推行先租后让、租让结合等方式供应平台企业用地。

聚焦减税降费,积极支持符合条件的平台企业认定为高新技术企业,经认定后按规定减征企业所得税;降低平台企业相关运营成本,降低宽带接入、服务器租用托管、数据交易、数据中心运维、用电等方面收费标准,激发平台经济市场主体活力。

5.4.6 优化平台企业融资环境

鼓励金融机构基于互联网和大数据等技术手段,针对平台企业特点创新发展适应平台企业融资需求的金融产品和服务方式,为平台经济发展提供金融支持。金融机构在风险可控、商业可持续的前提下,开展知识产权质押融资、企业圈融资、产业链融资、商业圈融资等创新实践。鼓励相关产业投资基金、创业投资基金、社会风险投资、股权投资基金对处于种子期和初创期的平台企业给予支持,主导或参与平台企业项目投融资。搭建政银企合作平台,研究建立产融对接新模式,支持平台经济企业以多种方式筹措资金实施兼并重组,引导商业银行积极稳妥开展平台经济企业并购贷款业务。支持创新型、成长型平台企业以多种途径上市融资,稳步扩大企业债、公司债、短期融资券、中期票据和中小企业私募债券发行。探索设立互联网小贷公司,扩大小微企业融资渠道。

积极完善担保、质押、征信等服务,开展小微企业转贷方式创新试点,推动政策性融资担保机构主动为平台初创企业融资提供增信担保,鼓励金融机构探索开展基于企业信用的融资。允许有实力有条件的互联网平台申请保险兼业代理资质。依托重点工程项目,推动新经营模式的推广应用,完善承保理赔机制。

5.4.7　加强平台经济人才队伍建设

教育部门应立足平台经济人才需求方向，制定侧重实战性、创新性和综合性的人才培养政策，对不同教育层次学校的平台经济人才培养目标设置、培养途径与方式、人才方案审定等给予分类指导，控制不同层次平台经济人才的培养质量。高等院校应创建平台经济领域的高端研究机构，与平台企业建立各类产学研合作，深化平台经济研究，培养高层次领军人才；并在教学中将信息通信技术学科与经济管理学、法学、社会学、政治学等学科有机融合，培养一批既擅长平台企业管理又熟悉信息技术的复合型人才；组织学生到平台企业培训、实习和就业，支持学生围绕平台经济开展创新创业项目。职业教育应提高对平台经济实践的要求，满足现有职业和新业态不断变化的需求，为平台经济的发展储备一批门类齐全、技艺精湛、爱岗敬业的高技能人才。平台企业在职工职业进修管理中，应重视创造兼具灵活性和个性化的数字进修条件，强化员工进修的评估和认证，让员工掌握必备的平台企业运营技能。各级政府应支持平台企业引进高端人才，在住房货币补贴、安家费、科研启动经费、家庭成员就业、子女入学、医疗养护等方面酌情给予优惠政策。

"十四五"时期中国绿色
发展趋势分析与政策展望

吴武林　程俊恒　白　华*

摘　要： 新时代背景下，如何促进中国经济发展的绿色转型升级已成
为社会各界关注的重要议题。绿色发展理念的倡导与实践为
解决可持续发展问题提供了契机和方向，是实现中国经济高
质量发展目标的关键途径和内在要求。本文在综合评价"十
三五"时期中国绿色发展能力的基础上，着重分析"十四
五"时期绿色发展面临的机遇与挑战，深入剖析"十四五"
时期绿色发展的主要趋势与重点领域，并就此提出相应的政
策建议，以期为观察和把握中国绿色发展进程提供一个新的
视角，从而进一步推动环境保护与经济发展内在统一，助力
美丽中国建设迈上新台阶。

关键词： 绿色发展　评价体系　可持续发展

改革开放至今，中国经济取得了跨越式发展，但增长导向型的发展方式
也造成了资源枯竭、生态破坏、环境污染、社会公平欠佳、贫富差距扩大等

---

* 吴武林，福建师范大学经济学院讲师，经济学博士；程俊恒，福建师范大学经济学院副教授，
管理科学与工程博士；白华，福建师范大学经济学院讲师，管理科学与工程博士。

问题，成为制约中国经济社会持续健康发展的主要障碍。党的十九大报告明确指出，当前中国面临发展不平衡不充分、发展质量和效益不高、城乡区域发展和收入分配差距依然较大、生态环境保护任重而道远等突出问题。在新时代背景下，绿色发展理念的倡导与践行为中国解决可持续发展问题提供了契机和方向，是实现中国经济高质量发展目标的关键途径和内在要求。本文将立足"十三五"时期中国绿色发展能力的评价分析，展望"十四五"时期绿色发展的主要趋势与优化政策，以期为观察和把握中国经济发展的绿色转型与升级过程、理解和引导中国绿色发展战略提供一个新的视角。

6.1 新时代中国绿色发展的理念内涵与主要特征

6.1.1 绿色发展的提出背景与理念内涵

绿色发展是在经济增长伴随着资源耗竭和生态环境恶化的背景下提出的新发展理念。绿色发展理念最早源于英国环境经济学家大卫·皮尔斯1989年的著作《绿色经济的蓝图》中提出的"绿色经济"概念，认为它是一种在自然环境与人类承受范围之内，不因经济增长导致生态破坏、资源耗竭和社会分裂的可持续经济发展方式。此后，随着不断发展与演化，绿色发展逐渐成为当前世界性用语。2011年，经济合作与发展组织（OECD）发布《迈向绿色增长》报告，从七个方面构建了绿色增长政策框架。2012年，联合国可持续发展大会提出了"发展绿色经济"倡议，将绿色转型确定为全球经济的发展方向，至此绿色经济和绿色增长成为全球广泛共识。

绿色发展与绿色增长、绿色经济、生态经济、低碳经济、循环经济是紧密联系的六个概念，虽然提法不同、内涵各有侧重，但其理论基础、核心要义和追求目标都具有极多相似之处，都属于生态文明绿色发展时代的经济形态。尤其是绿色发展与绿色增长概念，人们普遍将两者视为拥有相同内涵的理念。绿色发展是在经济增长伴随着资源耗竭和生态环境恶化背景下产生的发展理念，其本质是以经济与环境协调发展为核心的可持续发展模式,其核心内涵是追求经济持续增长和社会稳步发展的同时,实现资源高效利用和生态环境质量改善。绿色发展是实现可持续发展的重要工具,它在强调经济系统、社会系统和环境系统共生性的同时,还强调经济增长过程中的社会包容性,因此绿色发展理念的内涵涵盖了包容性发展理念的一些内在要求。

6.1.2 绿色发展的外延范围与主要特征

根据绿色发展的理念内涵,本文将绿色发展的外延范围界定为经济发展、社会公平与生态环境保护三大领域的内容。结合绿色发展理念的理念内涵和外延范围,本文将绿色发展的主要特征概括为以下三个方面,后文在明确的内涵、清晰的外延和典型的特征范围之内,进行中国绿色发展能力的评价指标选取与评价体系构建。

第一,经济持续健康增长。经济持续健康增长是绿色发展理念的逻辑起点和重要保障,目的是通过发展经济促进发展理念变革、推动发展方式的绿色转型与升级,为长期践行和稳步落实绿色发展理念提供坚实的物质保障。

第二,社会包容性持续改善。社会包容性是绿色发展理念的价值追求和题中应有之义,具体包括绿色发展理念的全民共同维护、绿色发展过程的全民平等参与、绿色发展成果的全民公平分享,目的在于确保普通民众能够积极参与绿色发展理念的有效践行、平等获得绿色发展带来的应有权益。

第三,资源节约与生态环境改善。资源节约与生态环境改善是绿色发展理念的核心内涵与本质要求,实质是要求经济增长的同时要注重资源节约及有效利用、加强生态系统修复和环境污染防治,在尊重自然规律、善待生态环境、合理利用自然资源的前提下,推动经济发展与社会进步。

6.2 中国绿色发展能力评价体系的构建

根据绿色发展的内涵、外延和特征,绿色发展是一个综合性概念,涉及经济、社会、生态、资源和环境等众多方面,无法用某一个指标来衡量,必须构建一个由多维度和多指标组成的评价体系进行测算。鉴于此，本文在国内外相关经典文献的基础上，根据绿色发展的内涵、外延和特征，并结合中国发展现实与政策指向，构建中国绿色发展能力评价体系。

6.2.1 绿色发展能力评价体系的构建原则

关于评价指标的筛选，首先必须符合绿色发展的内涵、外延和特征要求。在指标类型方面，考虑全面性的要求，本文综合采用总量指标、比例指标、平均指标、强度指标和结构指标作为评价指标。在指标属性方面，鉴于适度指标与绿色发展能力没有直接的正相关或负相关关系，但正向指标与绿色发展能力存在正相关关系，即指标值越大，绿色发展能力越好；负向指标与绿色发展能力为负相关关系，即指标值越小，绿色发展能力越好，因此本文采用正向指标和负向指标。为使构建的评价体系更具有效性和应用性，本文严格按照以下四个原则来构建绿色发展能力评价体系。

第一，科学性原则。构建的评价体系应该能够科学地反映研究对象的本质含义，避免主观随意性错误，本着客观性和真实性的原则，选取能够衡量绿色发展能力真实状况的评价指标。

第二，代表性原则。根据评价指标的实际指向性含义，选取具有代表性的指标构建精简的指标评价体系，避免因指标信息冗余而导致结果偏差。

第三，全面性原则。构建的评价体系能够充分反映绿色发展各维度的内容，较好地体现绿色发展的理念内涵，克服指标种类过于单一的弊端。

第四，可操作性原则。根据中国经济社会发展的实际情况，选取数据容易获得的评价指标，以此构建有效性好和应用性强的绿色发展能力评价体系。

6.2.2 绿色发展能力评价体系的构建结果

本文根据绿色发展的内涵、外延与特征，从经济可持续发展、社会可持续发展、资源环境可持续发展三大维度来构建绿色发展能力评价体系。三大维度相互联系、相互影响、相互制约，当某一维度出现失衡并不断累积恶化时，必然会给其他维度带来负面影响。这种紧密结合内涵、外延与特征的概括性维度设置虽然并不完全严密,但做到了相对客观和内容丰富,同时能够较好地体现绿色发展能力评价体系的科学性和应用性特征。

本文通过比较分析人类发展指数(HDI)、人类绿色发展指数(HGDI)、环境绩效指数(EPI)、环境可持续性指数(ESI)等国际权威指标体系构成,并综合多个领域的专家意见、依据指标数据可获得性原则,对绿色发展能力评价体系的评价指标进行筛选,具体过程说明如下。

(1)经济可持续发展维度。该维度重点强调经济增长的健康、稳定和可持续性,主要体现在增长的规模及速度、收入水平、消费水平等方面,具体选择人均 GDP、GDP 增长率、农村居民人均纯收入、城镇居民人均可支配收入、农村居民人均消费支出、城镇居民人均消费支出等六个评价指标来衡量经济可持续发展维度。

(2)社会可持续发展维度。该维度重点强调就业机会、教育机会、医疗卫生资源、基础设施资源、社会保障机会等方面的公平性和可持续性,具体选择城镇登记失业率、文盲人口比重、每千人口卫生技术人员数、每千人口医疗卫生机构床位数、每万人运输线路长度、基本医疗保险支出比重等六个评价指标来衡量社会可持续发展维度。其中,文盲人口比重以"文盲人口占 15 岁以上人口的比重"来计算,每万人运输线路长度以"铁路和公路的总里程除以本地区年末常住人口"来计算,基本医疗保险支出比重以"基本医疗保险基金支出总额占地区生产总值的比重"来计算。

(3)资源环境可持续发展维度。该维度从能源、森林、水体、土地等方面的生态资源禀赋和生态环境保护筛选评价指标,具体评价指标包括单位产值电力消耗、森林覆盖率、人均用水量、人均水资源量、耕地面积、自然保护区面积比重等六个评价指标。

通过上述维度设置和评价指标筛选,最终构建了涵盖三大维度、18 项评价指标的中国绿色发展能力评价体系(见表 6-1)。评价体系涉及的评价指标数据来自 2017~2019 年《中国统计年鉴》《中国环境统计年鉴》《中国教育统计年鉴》《中国人口和就业统计年鉴》以及各省份统计年鉴。个别指标数据在少数年份缺失时采用平均值法补齐。

表 6-1　中国绿色发展能力评价体系

目标	维度	基础指标	指标单位	指标性质
绿色发展能力指数	经济可持续发展	人均 GDP	元/人	正向指标
		GDP 增长率	%	正向指标
		农村居民人均纯收入	元/人	正向指标
		城镇居民人均可支配收入	元/人	正向指标
		农村居民人均消费支出	元/人	正向指标
		城镇居民人均消费支出	元/人	正向指标
	社会可持续发展	城镇登记失业率	%	负向指标
		文盲人口比重	%	负向指标
		每千人口卫生技术人员数	人/千人	正向指标
		每千人口医疗卫生机构床位数	张/千人	正向指标
		每万人运输线路长度	公里/万人	正向指标
		基本医疗保险支出比重	%	正向指标
	资源环境可持续发展	单位产值电力消耗	千瓦时/元	负向指标
		森林覆盖率	%	正向指标
		人均用水量	立方米/人	负向指标
		人均水资源量	立方米/人	正向指标
		耕地面积	千公顷	正向指标
		自然保护区面积比重	%	正向指标

6.2.3　评价方法及步骤说明

量化评价绿色发展能力的关键环节是确定指标权重，当前赋权法主要有主观赋权法和客观赋权法。主观赋权法是根据专家经验与知识，对各指标进行主观判断并给出权重。客观赋权法是根据大量原始数据之间的关系，通过特定的数学方法来确定指标权重，因此具备良好的数学理论依据。本文借鉴周梅华[①]、蓝庆新和陈超凡[②]的做法，选择客观赋权法中的熵权法对指标进

---

① 周梅华:《可持续消费测度中的熵权法及其实证研究》,《系统工程理论与实践》2003 年第 12 期, 第 25~31 页。

② 蓝庆新、陈超凡:《新型城镇化推动产业结构升级了吗?——基于中国省级面板数据的空间计量研究》,《财经研究》2013 年第 12 期, 第 57~71 页。

行赋权。熵权法根据指标的信息熵和相关信息量,计算出系统中相应指标权重,然后基于权重将所有指标进行加权,最终得出综合指数。熵权法有精度高、适用范围广、不易受人为因素干扰等优点,因此计算结果更贴近实际。运用熵权法量化评价中国绿色发展能力包括以下三个步骤。

(1)指标数据的极差标准化处理。不同评价指标的原始数据存在数量级和属性方面的差异,如果直接进行计算会导致结果偏离实际,因此需要先对其进行标准化处理。本文借鉴人类发展指数(HDI)和全球竞争力指数(GCI)等国际权威指数的计算方法,并根据"正向指标值越大越好"和"负向指标值越小越好"原则,采用极差标准化法对原始数据进行无量纲化处理:

$$正向指标:X_{ij} = \frac{x_{ij} - \min(x_{ij})}{\max(x_{ij}) - \min(x_{ij})} \tag{1}$$

$$负向指标:X_{ij} = \frac{\max(x_{ij}) - x_{ij}}{\max(x_{ij}) - \min(x_{ij})} \tag{2}$$

公式(1)和公式(2)中,x_{ij} 表示第 i 个评价对象下第 j 个评价指标的原始数据;X_{ij} 表示 x_{ij} 经过极差标准化处理后的数值,且 $X_{ij} \in [0,1]$;$\max(x_{ij})$,$\min(x_{ij})$ 分别表示第 j 个评价指标下原始数据的最大值和最小值。

(2)计算评价指标的比重和信息熵。设 P_{ij} 表示第 j 个评价指标下第 i 个评价对象占该评价指标的比重,E_j 表示第 j 个评价指标的信息熵,计算公式如下:

$$P_{ij} = X_{ij} \Big/ \sum_{i=1}^{n} X_{ij}, i \in [1,n], j \in [1,m] \tag{3}$$

$$E_j = -[\ln(n)]^{-1} \times \sum_{i=1}^{n}[P_{ij} \times \ln(P_{ij})] \tag{4}$$

公式(3)和公式(4)中,根据信息熵定义可知:信息熵 $E_j \in [0,1]$,评价指标的信息熵越小,其离散程度越大,表明该评价指标提供的信息量就越大,所以指标权重也越大;反之,指标权重就越小。本文 n,m 分别为30和18,即 $i \in [1,30]$,$j \in [1,18]$;若比重值 $P_{ij} = 0$,则定义 $\lim_{P_{ij} \to 0} P_{ij} \times \ln(P_{ij}) = 0$。

(3)计算指标权重和评价对象的综合指数。设 W_j 表示第 j 项指标权重,

S_i 表示第 i 个评价对象的综合指数，计算公式如下：

$$W_j = (1 - E_j) / \sum_{j=1}^{m} (1 - E_j) \tag{5}$$

$$S_i = \sum_{j=1}^{m} (W_j \times X_{ij}) \tag{6}$$

根据上述公式，计算出各指标权重 $W_1, W_2, \cdots, W_m$，指标权重越大，表明该评价指标作用越大。然后，根据指标权重和标准化处理后的样本数据，计算出各评价对象的综合指数 $S_1, S_2, \cdots, S_n$，即为绿色发展能力指数。

6.3 中国绿色发展能力的测算结果及分析

根据上述步骤，测算出"十三五"时期中国绿色发展能力指数并进行评价分析，研究范围包括全国和省域两个层面，省域层面包括 30 个省份，西藏、香港、澳门和台湾由于相关指标数据缺失较多，暂不纳入研究范围。考虑到目前还无法获得 2019 年和 2020 年的国家统计数据，因此本文选择 2016~2018 年的时间序列与省域面板数据作为研究样本来反映"十三五"时期的发展情况。

6.3.1 全国绿色发展能力的测算结果及分析

图 6-1 显示了 2016~2018 年全国绿色发展能力及其三大维度指数的测算结果。从全国层面来看，绿色发展能力指数呈现逐年升高趋势，从 2016 年的 0.3522 升高至 2018 年的 0.5330，升高幅度达到 51.3%。从三大维度来看，样本期间三大维度指数均表现为不同程度的逐年升高趋势。其中，经济可持续发展维度从 2016 年的 0.1325 上升至 2018 年的 0.2011，上升幅度为 51.8%；社会可持续发展维度从 2016 年的 0.1024 上升至 2018 年的 0.1513，上升幅度为 47.8%；资源环境可持续发展维度从 2016 年的 0.1173 上升至 2018 年的 0.1806，上升幅度为 54.0%。此外，样本期间经济的可持续发展维度指数明显领先，三大维度指数总体呈现"经济可持续发展维度 > 资源环境可持续发展维度 > 社会可持续发展维度"分布。

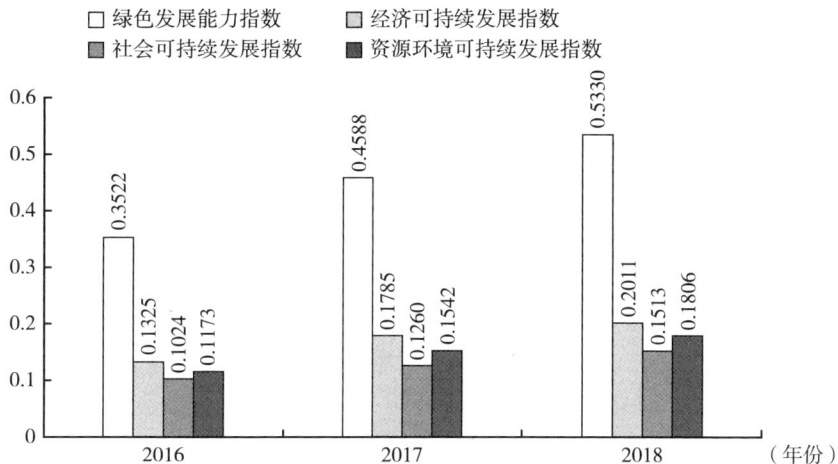

图 6 - 1 2016～2018 年全国绿色发展能力及其三大维度指数

6.3.2 省域绿色发展能力的测算结果及分析

表 6 - 2 显示了 2016～2018 年各省份绿色发展能力指数结果。从均值来看，省域绿色发展能力指数排名前十位的省份依次是北京、上海、浙江、新疆、江苏、青海、广东、内蒙古、黑龙江、天津；排名后十位的省份是江西、云南、陕西、宁夏、安徽、河南、贵州、甘肃、河北、山西。各省份绿色发展能力指数差距明显，排名前三位的北京 0.5921、上海 0.5069、浙江 0.4536 分别是排名末尾山西 0.1692 的 3.5 倍、3.0 倍、2.7 倍。

从具体年份来看，2016 年省域绿色发展能力指数排名前十位的省份依次是北京、上海、浙江、新疆、江苏、青海、广东、天津、福建、内蒙古；排名后十位的省份依次是广西、云南、陕西、宁夏、安徽、甘肃、贵州、河北、河南、山西。2017 年省域绿色发展能力指数排名前十位的省份依次是北京、上海、浙江、新疆、江苏、青海、广东、黑龙江、内蒙古、福建；排名后十位的省份依次是江西、山东、陕西、宁夏、河南、甘肃、贵州、安徽、河北、山西。2018 年省域绿色发展能力指数排名前十位的省份依次是北京、上海、浙江、青海、新疆、江苏、广东、内蒙古、黑龙江、天津；排名后十位的省份依次是陕西、江西、山东、河南、安徽、贵州、甘肃、宁夏、河北、山西。

进一步分析发现，各省份绿色发展能力指数具有明显的地区集中分布特征。从均值来看，排名前十位的省份中，东、中、西部地区分别有 7 个、1 个、2 个；排名后十位的省份中，东、中、西部地区分别有 1 个、4 个、5 个。从具体年份来看，2016 年，排名前十位的省份中，东、中、西部地区分别有 6 个、1 个、3 个；排名后十位的省份中，东、中、西部地区分别有 2 个、4 个、4 个。2017 年，排名前十位的省份中，东、中、西部地区分别有 7 个、0 个、3 个；排名后十位的省份中，东、中、西部地区分别有 1 个、3 个、6 个。2018 年，排名前十位的省份中，东、中、西部地区分别有 7 个、1 个、2 个；排名后十位的省份中，东、中、西部地区分别有 1 个、3 个、6 个。由此可见，绿色发展能力指数的地区差距明显，总体而言，东部省份明显领先，中部省份大多居中间水平，西部省份总体水平较低。

表 6 - 2　2016～2018 年各省份绿色发展能力指数结果

省份	2016 年	2017 年	2018 年	均值	排名	省份	2016 年	2017 年	2018 年	均值	排名
北京	0.6038	0.5904	0.5822	0.5921	1	湖南	0.2721	0.2880	0.2700	0.2767	16
上海	0.5098	0.5096	0.5013	0.5069	2	海南	0.2622	0.2476	0.2516	0.2538	17
浙江	0.4687	0.4530	0.4392	0.4536	3	吉林	0.2605	0.2454	0.2510	0.2523	18
新疆	0.3920	0.3848	0.3711	0.3827	4	广西	0.2324	0.2531	0.2484	0.2447	19
江苏	0.3738	0.3655	0.3564	0.3652	5	山东	0.2516	0.2440	0.2266	0.2408	20
青海	0.3479	0.3609	0.3731	0.3606	6	江西	0.2360	0.2452	0.2328	0.2380	21
广东	0.3476	0.3304	0.3255	0.3345	7	云南	0.2202	0.2511	0.2377	0.2364	22
内蒙古	0.3272	0.3140	0.3191	0.3201	8	陕西	0.2201	0.2348	0.2363	0.2304	23
黑龙江	0.3141	0.3297	0.3141	0.3193	9	宁夏	0.2155	0.2143	0.1894	0.2064	24
天津	0.3360	0.3104	0.3076	0.3180	10	安徽	0.1996	0.1932	0.2021	0.1983	25
福建	0.3342	0.3138	0.3015	0.3165	11	河南	0.1804	0.2078	0.2037	0.1973	26
湖北	0.2966	0.2872	0.2729	0.2856	12	贵州	0.1947	0.1934	0.1970	0.1950	27
辽宁	0.2980	0.2789	0.2778	0.2849	13	甘肃	0.1969	0.1942	0.1932	0.1948	28
四川	0.2754	0.2877	0.2763	0.2798	14	河北	0.1872	0.1907	0.1884	0.1888	29
重庆	0.2776	0.2952	0.2662	0.2796	15	山西	0.1555	0.1800	0.1721	0.1692	30

表 6 - 3 显示了 2016～2018 年各省份经济可持续发展维度指数结果。从均值来看，省域经济可持续发展维度指数排名前十位的依次是上海、北京、浙江、天津、江苏、广东、福建、内蒙古、山东、辽宁；排名后十位

的省份是江西、宁夏、青海、河南、黑龙江、广西、云南、山西、贵州、甘肃。进一步分析发现,各省份经济可持续发展维度指数具有明显的地区集中分布特征。从均值来看,经济可持续发展维度指数排名前十位的省份中,东、中、西部地区分别有9个、0个、1个;排名后十位的省份中,东、中、西部地区分别有0个、4个、6个。从具体年份来看,2016年,经济可持续发展维度指数均值排名前十位的省份中,东、中、西部地区分别有9个、0个、1个;排名后十位的省份中,东、中、西部地区分别有0个、4个、6个。2017年,排名前十位的省份中,东、中、西部地区分别有8个、0个、2个;排名后十位的省份中,东、中、西部地区分别有1个、3个、6个。2018年经济可持续发展维度指数分布情况与2016年一致。由此可见,经济可持续发展维度指数的地区差距明显,东部省份明显领先,中部省份次之,西部省份总体水平较低。

表6-3 2016~2018年各省份经济可持续发展维度指数结果

省份	2016年	2017年	2018年	均值	排名	省份	2016年	2017年	2018年	均值	排名
上海	0.3855	0.3792	0.3742	0.3796	1	陕西	0.0560	0.0745	0.0745	0.0684	16
北京	0.3717	0.3697	0.3676	0.3697	2	新疆	0.0552	0.0735	0.0657	0.0648	17
浙江	0.2846	0.2827	0.2769	0.2814	3	河北	0.0637	0.0661	0.0641	0.0646	18
天津	0.2497	0.2264	0.2205	0.2322	4	吉林	0.0651	0.0669	0.0604	0.0641	19
江苏	0.2211	0.2235	0.2196	0.2214	5	海南	0.0593	0.0678	0.0619	0.0630	20
广东	0.1800	0.1751	0.1696	0.1749	6	江西	0.0554	0.0669	0.0641	0.0621	21
福建	0.1671	0.1767	0.1761	0.1733	7	宁夏	0.0578	0.0657	0.0608	0.0615	22
内蒙古	0.1259	0.1151	0.1193	0.1201	8	青海	0.0525	0.0627	0.0612	0.0588	23
山东	0.1163	0.1157	0.1074	0.1131	9	河南	0.0480	0.0629	0.0598	0.0569	24
辽宁	0.1051	0.0960	0.0995	0.1002	10	黑龙江	0.0464	0.0562	0.0476	0.0501	25
湖南	0.0914	0.0973	0.0937	0.0941	11	广西	0.0393	0.0471	0.0433	0.0432	26
重庆	0.0894	0.1012	0.0855	0.0920	12	云南	0.0297	0.0484	0.0432	0.0404	27
湖北	0.0915	0.0922	0.0910	0.0916	13	山西	0.0284	0.0438	0.0397	0.0373	28
四川	0.0684	0.0763	0.0742	0.0730	14	贵州	0.0268	0.0404	0.0326	0.0333	29
安徽	0.0698	0.0722	0.0689	0.0703	15	甘肃	0.0163	0.0071	0.0174	0.0136	30

表6-4显示了2016~2018年各省份社会可持续发展维度指数结果。从均值来看,省域社会可持续发展维度指数排名前十位的省份依次是北京、新疆、青海、重庆、江苏、河南、海南、甘肃、陕西、上海;排名

后十位的省份是内蒙古、浙江、广东、安徽、湖南、河北、黑龙江、天津、山西、吉林。进一步分析发现，各省份社会可持续发展维度指数具有明显的地区集中分布特征。从均值来看，社会可持续发展维度指数排名前十位的省份中，东、中、西部地区分别有 4 个、1 个、5 个；排名后十位的省份中，东、中、西部地区分别有 4 个、5 个、1 个。从具体年份来看，2016 年，社会可持续发展维度指数均值排名前十位的省份中，东、中、西部地区分别有 3 个、1 个、6 个；排名后十位的省份中，东、中、西部地区分别有 2 个、6 个、2 个。2017 年，排名前十位的省份中，东、中、西部地区分别有 5 个、4 个、1 个；排名后十位的省份中，东、中、西部地区分别有 4 个、5 个、1 个。2018 年，社会可持续发展维度指数均值排名前十位的省份中，东、中、西部地区分别有 5 个、1 个、4 个；排名后十位的省份中，东、中、西部地区分别有 3 个、4 个、3 个。由此可见，社会可持续发展维度指数的地区差距明显，东部省份整体领先，西部省份次之，中部省份总体水平略低。

表 6 - 4　2016 ~ 2018 年各省份社会可持续发展维度指数结果

省份	2016 年	2017 年	2018 年	均值	排名	省份	2016 年	2017 年	2018 年	均值	排名
北京	0.1807	0.1695	0.1608	0.1703	1	湖北	0.0692	0.0870	0.0801	0.0788	16
新疆	0.1546	0.1407	0.1333	0.1428	2	广西	0.0792	0.0712	0.0813	0.0773	17
青海	0.1279	0.1208	0.1173	0.1220	3	贵州	0.0797	0.0683	0.0796	0.0759	18
重庆	0.1040	0.1110	0.1018	0.1056	4	云南	0.0679	0.0833	0.0758	0.0756	19
江苏	0.1039	0.0986	0.0944	0.0990	5	江西	0.0669	0.0790	0.0790	0.0750	20
河南	0.1040	0.0997	0.0929	0.0989	6	内蒙古	0.0607	0.0768	0.0861	0.0745	21
海南	0.0992	0.0947	0.0908	0.0949	7	浙江	0.0772	0.0667	0.0787	0.0742	22
甘肃	0.0919	0.0984	0.0856	0.0920	8	广东	0.0785	0.0711	0.0670	0.0722	23
陕西	0.0947	0.0880	0.0927	0.0918	9	安徽	0.0771	0.0707	0.0622	0.0700	24
上海	0.0884	0.0955	0.0901	0.0913	10	湖南	0.0719	0.0676	0.0696	0.0697	25
福建	0.0850	0.0970	0.0847	0.0889	11	河北	0.0667	0.0691	0.0684	0.0681	26
山东	0.0848	0.0914	0.0877	0.0880	12	黑龙江	0.0463	0.0599	0.0608	0.0557	27
四川	0.0847	0.0918	0.0799	0.0855	13	天津	0.0542	0.0518	0.0558	0.0539	28
宁夏	0.0993	0.0897	0.0669	0.0853	14	山西	0.0447	0.0442	0.0577	0.0489	29
辽宁	0.0797	0.0889	0.0857	0.0848	15	吉林	0.0402	0.0383	0.0355	0.0380	30

表6-5显示了2016～2018年各省份资源环境可持续发展维度指数结果。从均值来看,省域资源环境可持续发展维度指数排名前十位的省份依次是黑龙江、青海、新疆、广西、四川、云南、江西、吉林、海南、内蒙古;排名后十位的省份是江苏、陕西、河南、宁夏、山东、河北、北京、山西、上海、天津。进一步分析发现,各省份资源环境可持续发展维度指数具有明显的地区集中分布特征。从均值来看,资源环境可持续发展维度指数排名前十位的省份中,东、中、西部地区分别有1个、3个、7个;排名后十位的省份中,东、中、西部地区分别有6个、2个、2个。从具体年份来看,2016年,资源环境可持续发展维度指数均值排名前十位的省份中,东、中、西部地区分别有2个、3个、5个;排名后十位的省份中,东、中、西部地区分别有6个、2个、2个。2017年,排名前十位的省份中,东、中、西部地区分别有1个、4个、5个;排名后十位的省份中,东、中、西部地区分别有6个、2个、2个。2018年,资源环境可持续发展维度指数均值排名前十位的省份中,东、中、西部地区分别有1个、3个、6个;排名后十位的省份中,东、中、西部地区分别有6个、2个、2个。由此可见,资源环境可持续发展维度指数的地区差距明显,但与其他维度指数结果不同,西部省份资源环境可持续发展维度指数整体领先,东部、中部省份总体相对落后。

表6-5 2016～2018年各省份资源环境可持续发展维度指数结果

省份	2016年	2017年	2018年	均值	排名	省份	2016年	2017年	2018年	均值	排名
黑龙江	0.1827	0.1765	0.1818	0.1803	1	海南	0.1238	0.1085	0.1083	0.1135	9
青海	0.1676	0.1774	0.1946	0.1799	2	内蒙古	0.1129	0.1035	0.1097	0.1087	10
新疆	0.1822	0.1706	0.1722	0.1750	3	福建	0.1269	0.0988	0.0899	0.1052	11
广西	0.1324	0.1292	0.1191	0.1269	4	湖南	0.1115	0.1037	0.0962	0.1038	12
四川	0.1222	0.1195	0.1222	0.1213	5	湖北	0.1011	0.0953	0.0890	0.0951	13
云南	0.1226	0.1195	0.1187	0.1203	6	广东	0.0958	0.0877	0.0863	0.0899	14
江西	0.1343	0.1185	0.1079	0.1202	7	甘肃	0.0887	0.0886	0.0902	0.0892	15
吉林	0.1183	0.1119	0.1118	0.1140	8	贵州	0.0882	0.0847	0.0848	0.0859	16

省份	2016 年	2017 年	2018 年	均值	排名	省份	2016 年	2017 年	2018 年	均值	排名
辽宁	0.0889	0.0843	0.0839	0.0857	17	宁夏	0.0583	0.0588	0.0617	0.0596	24
重庆	0.0842	0.0830	0.0789	0.0820	18	山东	0.0582	0.0577	0.0570	0.0576	25
安徽	0.0852	0.0767	0.0755	0.0792	19	河北	0.0568	0.0554	0.0559	0.0560	26
浙江	0.0850	0.0755	0.0714	0.0773	20	北京	0.0514	0.0513	0.0537	0.0521	27
江苏	0.0742	0.0708	0.0698	0.0716	21	山西	0.0474	0.0473	0.0468	0.0472	28
陕西	0.0694	0.0722	0.0690	0.0702	22	上海	0.0394	0.0390	0.0394	0.0393	29
河南	0.0655	0.0659	0.0648	0.0654	23	天津	0.0320	0.0321	0.0313	0.0318	30

6.4 "十四五"时期中国绿色发展面临的机遇与挑战

建设生态文明关系全社会可持续发展和人民福祉，是实现中华民族伟大复兴的重要方面。习近平主席在多次讲话中强调，"我们既要绿水青山，也要金山银山。宁要绿水青山，不要金山银山，而且绿水青山就是金山银山"，深刻反映了党和政府对生态环境的重视。改善生态环境、保护自然环境，是我国的基本国策，社会主义生态文明建设在新时代被提到了前所未有的高度。在"十四五"期间，坚持绿色发展、推进社会主义生态文明建设，仍将是新时代我国现代化建设的重要内容。绿色发展将面临前所未有的机遇，同时也仍存在不少问题，以下就此进行分析。

6.4.1 "十四五"时期中国绿色发展面临的机遇

1. 政府高度重视生态文明，绿色发展深入人心

"万物各得其和以生，各得其养以成。"尊重自然、节约资源、保护环境、顺应自然规律，是我国的基本国策。党的十八大首次提出"美丽中国"，并提出经济建设、政治建设、文化建设、社会建设、生态文明建设五位一体新部署，明确了生态文明建设的基础地位，将生态文明建设贯穿和融

入经济、政治、文化和社会建设的各个方面和全过程。2013 年习近平在纳扎尔巴耶夫大学答学生问时明确指出，"绿水青山就是金山银山"，将我国坚持绿色发展、推进生态文明建设的决心和理念传向了全球。2015 年《关于加快推进生态文明建设的意见》通过，正式将"绿水青山就是金山银山"写入中央文件，为"十三五"期间大力推行绿色发展提供了理论指导。2017 年 1 月，习近平在联合国日内瓦发表题为《共同构建人类命运共同体》的主旨演讲，再次强调，"地球是人类唯一赖以生存的家园，珍爱和呵护地球是人类的唯一选择。我们要为当代人着想，还要为子孙后代负责。坚持绿色低碳，建设一个清洁美丽的世界，倡导绿色、低碳、循环、可持续的生产生活方式"。随后于 5 月份提出了推动形成绿色发展方式和生活方式的六项重点任务，即加快转变经济发展方式，加强环境污染综合治理，加快推进生态保护修复，全面促进资源节约集约利用，倡导推广绿色消费，完善生态文明制度体系。2018 年，生态文明建设被写入宪法，绿色发展成为全民共识。2019 年，习近平在北京世界园艺博览会开幕式发表题为《共谋绿色生活，共建美丽家园》的讲话，提出绿色发展"五个追求"，即追求人与自然和谐、追求绿色发展繁荣、追求热爱自然情怀、追求科学治理精神和追求携手合作应对。彰显了中国共产党推进人与自然和谐共生的理念，形成了习近平生态文明思想，为美丽中国建设提供了根本基础和行动指引。经过党和政府的持续倡导和强化，当前建设生态文明、践行绿色发展，推动可持续发展、建设美丽中国的理念深入人心。

2. 环境立法探索初显成效，法律规范确立原则

绿色发展是促进我国经济和社会可持续发展的重要理念，有利于平衡多年粗放式经济发展方式带来的生态环境问题，破解和改善社会面临的资源短缺和环境污染等问题。正确处理经济发展与环境保护的关系，正是绿色发展理念的核心。面临多年积累问题，如何在满足当代人需求的同时，不损害后代人的持续发展需要，不仅需要思想上的指引，更需要法律制度的保障。绿色发展理念从提出到通过法律条文加以规范经历了漫长的过程。1979 年出台的《环境保护法（试行）》提倡的主旋律是服务经济发展。1989 年《环

境保护法》的立法目的为"促进社会主义现代化建设的发展",指出环境保护工作与经济建设和社会发展相协调,确立了二者的关系。之后,全社会经历了环境保护与经济社会发展关系的激烈辩论。直到2012年,《环境保护法修正案(草案)》提出,"使经济建设和社会发展与环境保护相协调",强调以环境保护为主。2013年,《环境保护法》二审稿明确修改立法目的为"推进生态文明建设,促进经济社会可持续发展",并将保护环境列为我国的基本国策。2014年《环境保护法》正式通过,真正改变了过去用环境利益换取经济发展的观念,真正实现了绿色发展理念与环境立法的融合,也开启了我国法治绿色发展时代。随后,与环境保护相关的法律法规都结合绿色发展理念进行了修正,包括《土壤污染防治法》《大气污染防治法》《水污染防治法》《固体废物污染环境防治法》《环境噪声污染防治法》《煤炭管理法》等,甚至在《刑法》中新增加了破坏环境资源保护罪。各类法律法规的出台,为绿色发展提供了有效的制度保障,也确立了优先保护环境的原则,是"十四五"期间绿色发展的机遇。

3. 绿色技术进步提速,促进绿色产业快速发展

科学技术是第一生产力,绿色发展离不开绿色技术的支持。绿色技术主要包括环境工程、废物利用、清洁生产等有利于资源节约、避免或减少环境污染的技术。"十一五"期间,全国万元GDP能耗累计下降15.61%;"十二五"期间,累计下降18.2%,超额完成16%的目标;"十三五"前三年,全国万元GDP能耗累计下降达11.8%,2019年提前完成"十三五"期间节能减排目标。"十三五"规划确立了深化产业结构调整,构建创新力强、服务力优、协作紧密且环境友好的现代产业体系,有利于产业的绿色发展。近年来,我国高端装备创新发展工程、战略性新兴产业和现代化服务业取得了快速发展,推动了新能源、新材料、绿色低碳和高效节能环保等新兴前沿产业增长,绿色技术取得了长足进步,加快了钢铁、煤炭等高能耗过剩产能的淘汰和退出。同时,我国环境标准已逐步与世界接轨,中国正通过与其他大国的合作,不断加强经济技术交流,目前部分绿色技术已具备与世界一流国家竞争的能力,如高速铁路、风电、核电和智能电网等。2018年我国超低

排放的煤电机组 8.1 亿千瓦，占总煤电装机容量的 80%。这些技术方面的优势有利于进一步促进"十四五"期间绿色产业发展。

4. 新一代信息技术与绿色发展融合共生相互促进

随着现代信息技术的蓬勃发展，世界逐步跨入互联网和大数据时代，网络信息技术正渗透到各行各业，对绿色发展具有巨大的推动作用。绿色发展涉及产业面广，包括清洁能源、低碳技术、节能减排、循环经济等，需要整合能源流、信息流和物质流，而信息技术能够打通生产、流通、消费、回收和再利用的产业链全过程。因此，充分利用网络信息，运用互联网、大数据、物联网、云计算等新一代信息技术，推动其与绿色发展的有机结合，形成信息引领的绿色发展，对建立健全环境测评体系、应急系统、改善城市环境、推进绿色技术和绿色产业发展有重要作用。信息技术与绿色发展的融合，包括利用信息技术引领产业绿色化发展，通过信息化带动环保监测、管理和应急处理等机制的智能化，以及信息产业自身的绿色发展。因此，物联网、云计算、5G 技术和人工智能的快速发展，为绿色发展提供了良好的信息平台，是推动绿色发展关联性最强的高新技术。

5. 区域和行业示范区建设，提供了绿色发展借鉴模式

自十八届五中全会提出建立统一规范的国家生态文明示范区以来，全国确立了一个国家生态文明先行示范区建设名单，同时可持续发展实验区、循环经济试验区、环境模范城市、生态省（市、县）的建立，兴起了一个区域绿色发展新理念的浪潮。数年来，这些示范区在思想认识、挖掘区域优势、科学开发土地、优化产业布局、开展环境治理、改善生态环境等方面积累了很多经验。部分传统资源城市，在技术创新和提升资源利用效率方面，形成了符合地区经济发展需求的绿色产业链；部分地区通过合理统筹安排，实现区域特色产业和生态环境和谐共赢；此外，部分行业示范区通过行业联系，加强区域间优势互补，实现行业与环保有效融合。"十四五"期间，积累示范区绿色发展的成功经验，围绕改善生态环境、发展绿色技术，加强政策法规制度建设，发展循环经济，加大资金投入力度，因地制宜，大力促进全国绿色经济发展。

6.4.2 "十四五"时期中国绿色发展面临的挑战

1. 思想觉悟虽有进步，行动落实仍有差距

近年来，虽然生态文明建设理念深入人心，然而绿色发展的落实需要投入者、执行者、监管者和协调者的共同协作，具体落实中仍存在众多阻碍因素，包括制度、市场和文化方面的障碍①。制度方面，地方政府是贯彻落实绿色发展最直接的推动力，其落实强度直接影响最终的实施效果，但考核制度在部分地区仍存在重经济轻环境的现象，地方政府可能将有限的资源投入经济发展而忽略绿色发展。加上地方政府官员的任职期限经常较短，甚至短于环境政策生效时间，在政策落实上容易忽视长远发展。此外，不够科学的规划、低效的环境管理体制和不健全的监管机制都对绿色发展政策理念落实带来阻力。市场方面，我国污染排放的相关收费制度和排污权交易制度建设尚不完善，绿色消费市场发展尚不成熟。文化方面，我国绿色消费文化仍发展不足，企业作为以营利为目的的经济组织，社会责任意识仍然不强。消费者和企业的绿色发展理念贯彻落实力度不够，都将给"十四五"期间绿色发展理念的落实带来障碍。

2. 技术水平虽有提升，关键技术仍有待突破

近年我国绿色技术在多方面取得丰硕的成果，但关键领域技术与发达国家相比仍存在差距。多年来，我国出现大范围雾霾、土壤和水污染、固体废弃物等垃圾处理手段粗暴等问题，归根结底是受技术瓶颈的制约。与发达国家相比，我国的工业化进程属于爆炸式增长，在经济迅速发展的同时，也消耗了大量能源，排放了大量温室气体、固体和液体废弃物。据统计，2018年，我国能源消费总量达46.4亿吨标准煤，是2000年的3.16倍。我国排放一吨二氧化碳产生的经济价值约2150美元，而发达国家该值达4240美元②，我国能源利用效率与发达国家差距较大。同时，我国全要素生产率

---

① 段新、戴胜利：《地方政府落实绿色发展理念的阻碍因素及实践路径》，《湖北行政学院学报》2019年第1期，第68~72页。

② 王一鸣：《中国的绿色转型：进程和展望》，《中国经济报告》2019年第6期，第18~25页。

（即经济增长中排除劳动力、生产和自然资本投入的贡献）对经济增长的贡献度约30%，仅为经济合作与发展组织国家的一半，因此，我国经济增长对劳动力、资本和资源的依赖性仍较高。我国作为发展中国家，要实现经济从黑色到绿色、从高碳到低碳转变，仍需要加大力度突破核心技术、攻克技术瓶颈，全面提高整体科技水平，增强低碳技术的储备与开发，建设绿色产业体系。技术的全面提升和关键领域技术的攻克仍任重而道远，也是"十四五"期间需大力克服的难点。

3. 传统经济增长方式转变具有时滞性

我国几十年来经济增长方式较为粗放，呈现"三高三低"特征，即高投入低产出、高速度低质量、高消耗低收益。从经济结构看，2018年服务业占比已经超过50%，较1978年实现翻番，但较发达国家仍有差距，甚至比其他新兴经济体，如印度、巴西等仍然偏低。此外，近年我国制造业价值链有所提升，大体实现了从低端产品向中高端产品的升级，但由于制造能力基础薄弱，关键技术、工艺流程和信息管理等方面仍有不足，产业转型升级仍面临很多困难。总体来看，主要是长期粗放型经济增长方式的惯性、人口就业和生存压力、特定的资源禀赋结构等因素①，导致经济增长方式转型升级难以短时间内完成。

6.5　"十四五"时期中国绿色发展趋势分析

新中国成立70年来，我国生态文明建设经历了五个阶段②：1949年至1978年，主要从防治污染、保护和改善环境角度出发，对长期战乱后的国家进行绿化；1978年至1992年，我国确立了环境和经济社会协调发展的基本国策；1992年至2002年，我国提出实施可持续发展战略；2003~2012年

---

① 赵建军：《中国的绿色发展：机遇、挑战与创新战略》，《人民论坛·学术前沿》2013年第19期，第81~86、96页。
② 吴超：《从"绿化祖国"到"美丽中国"——新中国生态文明建设70年》，《中国井冈山干部学院学报》2019年第6期，第87~96页。

是落实科学发展观、推进生态文明建设的十年；2012年至今，环境污染治理、监管执法落实、建设美丽中国等生态文明建设相关政策紧密出台，生态文明建设被提到了空前高度。近年环境保护发生了转折性和全局性的变化，但"十四五"期间我国面临的资源和环境压力仍旧很大，大力开展生态文明建设，推动绿色发展，走出一条中国特色的绿色发展道路。以下简要分析"十四五"期间绿色发展的趋势。

6.5.1　高质量发展背景下的经济绿色转型

"十四五"期间是我国实现第一个百年奋斗目标——全面建成小康社会后全面建设现代化国家的起步期，推进经济由高速发展转向高质量发展，打赢污染防治攻坚战，建设美丽中国，需要走生态优先的绿色发展道路，加快建设资源节约型和环境友好型的"两型"社会。经济高质量发展将以绿色为底色，而坚持绿色发展可"逼"出高质量发展。当前我国社会的主要矛盾已经转化为人民日益增长的美好生活需要与不平衡不充分发展之间的矛盾，推动高质量发展，要兼顾人民的美好生活需要，坚持生态优先和环保优先，在保障良好环境效益的前提下，追求经济和社会效益。加强生态环境保护，倒逼煤炭、钢铁、水泥等行业淘汰和退出落后产能，加快产业绿色转型和新旧动能转换，实现经济高质量发展。

6.5.2　绿色发展制度与标准继续完善

我国绿色发展制度发展历程相对国外经历了初创、追赶、并跑和创新四个阶段[①]，形成了以《环境保护法》《固体废物污染环境防治法》《大气污染防治法》《水污染防治法》《可再生能源法》《循环经济促进法》等为主的法律法规体系；建立了市场经济制度，包括实施排污许可证制度、构建行业能效标准、实行差别电价、开通碳排放交易平台等；并采用行政命令型制

---

① 余颖、刘耀彬：《国内外绿色发展制度演化的历史脉络及启示》，《长江流域资源与环境》2018年第7期，第1490～1500页。

度加强产业引导，如出台《加快培育和发展战略性新兴产业的决定》《关于构建绿色金融体系的指导意见》等，推行生态文明先行示范区、循环经济示范区等绿色发展试点工作，以探索绿色发展区域特色模式，积累发展经验。我国绿色发展基本构建了在法律法规框架下以市场型制度为牵引、以行政命令为导向的立体式制度。"十四五"期间，政府将继续发挥战略引领作用，利用市场机制的配置功能，进一步完善绿色发展制度和标准。尤其要加强监管，通过建立有效的评价标准，推动绿色发展的全方位提升。

6.5.3　绿色发展产业链体系全面发展

在经济绿色转型背景下，随着绿色发展制度和标准的进一步完善，绿色发展产业链体系也将获得全面发展。产业结构调整步伐的加快，新产业、新业态、新商业模式"三新"经济的兴起，将成为推动新旧动能转换、经济转型升级和提质增效的重要力量。随着节能环保产业、清洁能源、生态循环农业、绿色服务业等产业的发展，绿色产业体系将逐步形成；同时绿色科技研发投入的增加和绿色技术产业化进程的加快，有利于绿色科创体系发展；随着绿色保险、绿色债券、绿色贷款、绿色基金等绿色金融工具的开发使用，绿色金融产业体系亦将获得大力发展；此外，碳排放权交易市场的发展和资源循环利用机制的完善，将推进绿色发展市场服务体系的完善；在消费端，随着绿色批发市场、节能超市、绿色商场的商业体出现，以及绿色产品在线上线下销售，逐步满足各类绿色消费需求，形成绿色生活消费体系；在环境监管方面，随着监管技术的进步和监管体制的深化改革，绿色发展监管体系也将进一步完善。从生产、流通到消费、监管等全方位绿色产业体系逐步完善，将推进绿色发展产业链体系实现全面发展。

6.5.4　绿色发展与战略性新兴产业深度融合

近年来，我国大力培育节能环保、新材料、新能源、新能源汽车、新一代信息技术等战略新兴产业，大力发展智能制造，推动"互联网＋"制造发展。"十四五"期间，绿色发展将贯穿新兴产业的壮大过程，同时优势互补，避免产业发展过程中的锁定效应，即机器设备、基础设施等耐用品一旦投入会因使用年限较长而被锁定。绿色发展本身即推动资源节约和环境保护，同时通过新能源新材料等技术更高效、可持续地利用自然资源，保护生态环境，因此与节能环保、新能源、新材料产业紧密相关。而新一代信息技术对各行各业的融入和支撑，可有效提高生产效率，节省资源、降低能耗。数据表明，信息技术的推广运用可将碳排放量降低 13% ~ 22%①。在大数据时代，建立绿色产业大数据库，通过与物联网、人工智能、区块链技术、硬件和软件技术相结合，促进产业绿色化，突破绿色发展关键技术，建立低碳循环产业体系和绿色生态产业链，是未来产业发展的主要趋势。

6.6 "十四五"时期中国绿色发展的重点领域

伴随着中国特色社会主义进入新时代，我国社会主要矛盾已经转化为人民日益增长的美好生活需要和不平衡不充分的发展之间的矛盾。生态产品是广大人民群众关切的公共产品，是具有普惠性的人民福祉，广大人民群众对美好生活的向往决定了绿色发展是民心所向、民生所依。改革开放40 年来，中国经济发展日新月异，伴随而来的还有日益严重的环境问题和资源约束，绿色发展着眼未来，成为破解环境危机、实现经济高质量发展的必然选择。

6.6.1 优化国土空间布局，服务城乡绿色发展

土地是国民经济发展的主要资源要素，是经济活动的重要载体，国土空间布局在地区绿色低碳发展过程中有举足轻重的影响。一方面，土地利用方式的变化和更替会直接影响碳排放总量；另一方面，不同的土地利用方式，同一块土地的温室气体排放和吸纳差异显著，土地利用方式也会间接影响不

---

① 陈庆修：《以信息化引领和带动绿色化》，《学习时报》2018 年 9 月 12 日，第 6 版。

同类型土地的碳排放水平。例如，建设用地的碳排放水平远高于农业用地和林业用地。因此，合理规划国土空间布局，控制国土开发强度是绿色、低碳发展方式的本质要求。根据"绿水青山就是金山银山"的理念，建立适宜城乡绿色发展的空间规划体系，融合此前的各项规划，制定统一的、绿色的"一张蓝图"，全盘统筹山水林田湖的用地性质，将绿色发展理念贯穿到国土空间开发保护的全过程。坚持以建设山水林田湖草生命共同体为根本目标，切实从服务城乡绿色发展角度出发，划定各类生态保护区及城镇建设用地控制区和环境综合治理区，规划点、线、面合理的国土空间布局，建设有机结合的绿色用地网络体系，打造人与自然和谐的生态环境，有效提高城乡的生态保护水平和生态修复能力。

6.6.2 积极建立绿色制造体系，促进中国绿色低碳转型

绿色制造是面向环境的现代化制造模式。从纵向看，绿色制造强调产品的全生命周期，综合考虑环境影响和资源利用效率，促进企业的经济效益和社会效益协调。从横向看，绿色制造要求各行各业积极进行绿色化改造，传统制造业要通过技术升级与改造降低资源消耗水平，减少环境污染排放量。当前，绿色化和智能化是中国制造业转型升级的主要方向。《中国制造2025》明确强调了我国制造业绿色发展的基本方针，提出建设"绿色制造工程"，全面推动构建中国绿色制造体系。传统制造业的绿色升级改造是全面构建绿色制造体系的关键环节。钢铁、化工、造纸等能耗高、污染重的传统制造业是绿色改造升级的重点行业，在绿色化过程中要支持研发并推广应用绿色技术装备对生产流程进行改造升级，降低终端能效，提高资源利用水平。积极引领新兴制造业在较高起点上实现绿色发展是全面构建绿色制造体系的核心抓手。要在信息通信、新能源、新材料等新兴领域打造绿色环保的全产业链，有效增强新兴产业的绿色设计、生产和管理能力，加速提升新兴领域的绿色产业价值链，通过政府和市场"两只手"的共同作用，逐步实现新兴产业与传统产业的绿色、协同、高速发展。

6.6.3　着力推动农业绿色发展，引领乡村振兴进程

我国是农业大国。改革开放以来，我国农业供给水平显著提升，粮食产量不断提高，农业现代化加快推进。然而，农业发展不断迈上新台阶的同时，也付出了很大的资源和环境代价，出现污染严重、过度开发、资源衰退及结构失衡等诸多问题。当前，要解决农业发展过程中的生态资源环境矛盾，必须加快转变农业发展方式，推动农业可持续绿色发展。"十三五"以来，党中央、国务院已经充分认识到农业绿色发展的重要性，进一步聚焦农业绿色发展的关键问题，启动实施"农业绿色发展五大行动"（2017 年）等一系列重大举措，在农业生产废弃物综合治理、化肥农药减量增效及畜禽粪污资源化利用和秸秆综合利用等方面取得了良好效果。"十四五"时期是我国经济社会发展的关键时期，全面落实绿色发展理念，推动中国农业实现新跨越，有利于切实保障人民群众的幸福感、获得感和安全感，是新时期中国农业发展的重中之重。党的十九大报告指出，我国要坚持农业农村优先发展，实施乡村振兴战略，绿色兴农是实现中国特色社会主义乡村振兴的重要路径。推动农业绿色发展，要坚持"绿水青山就是金山银山"理念，还要持续完善生态补偿机制，加大对农业的生态补偿力度，让农民参加农业生产真正有获得感，形成生态农业利益调节新格局。此外，农业经济受自然因素的影响较大、收益期较长，具有一定的投资风险，因此农业生产企业往往缺乏较强的绿色创新动力。就此，应从制度层面持续加大对绿色农业创新技术研发与应用的支持力度，从农业和农村的基本需求出发，鼓励形成绿色优先、生态兴农的科技创新成果，降低农业资源利用强度和农业面源污染的产生量和排放量，推动我国农业形成绿色发展方式，走上可持续发展道路。

6.6.4　大力投资清洁能源生产，优化绿色能源消费结构

面对气候变化的严峻局势，党中央和国务院在"十一五""十二五""十三五"规划中均明确提出了降低二氧化碳等温室气体排放量的发展目

标。清洁能源生产通过对绿色能源进行开发利用，克服传统不可再生能源耗竭的挑战和威胁，有效减少了生产和生活中污染物的排放。清洁能源既是一种生产方式，又是一种消费方式，可以有效减少温室气体排放，以较少的资源投入收获较大的能源效率，有利于充分发挥能源结构的基础性、先导性及服务性作用。改革开放以来，伴随着经济的快速增长，我国能源消费水平逐步提高，能源供给侧的生产能力显著提升，在生态保护政策的有力推动下，能源供给结构日趋改善。然而，还应注意，与供给侧清洁能源比例持续上升的趋势相比，我国能源消费结构还存在明显的不合理之处，化石能源依然主导能源消费结构。造成这一现象的主要原因在于中国清洁能源市场的全要素生产率较低，投入产出效率不足，清洁能源的行业增长过度依赖国家补贴等相关政策，市场机制不够健全，边际成本较高，未能充分发挥市场对资源配置的自发调节作用。"十四五"时期，中国需进一步完善清洁能源消费市场制度建设，着力健全清洁能源电力配额体系，加强清洁能源需求侧的顶层设计，全方位提高清洁能源的生产效率和利用效率，多措并举推动中国能源体系的清洁化、低碳化、绿色化发展。

6.6.5 加快完善绿色投融资体系，助力绿色发展迈上新台阶

生态环境和生态资源关乎人民福祉与民族未来，在环境、资源与经济的辩证关系中，"绿水青山就是金山银山"的绿色发展理念是我国未来发展的重要战略部署。近年来，我国绿色金融发展速度较快，承担了绿色发展的新使命和新任务，"十三五"规划明确提出，要建立绿色金融体系，并在一系列重要会议中相继提出绿色金融发展框架和路径。在逐步建立绿色金融体系的同时，绿色投融资的信贷工具和债券工具也实现了大跨越和大发展，工具类型日益丰富，工具数量显著增加。然而，在资源与环境的双重制约下，受行业收益期较长的影响，绿色发展仍然面临艰巨复杂的金融难题，尤其是绿色领域的投融资问题。目前，我国绿色投融资体系尚不完善，金融机构向绿色发展建设项目大额注资的动力不足，绿色投融资平台数量少，难以充分挖

掘市场潜力。加快制订绿色投融资标准，将绿色金融投融资试点与绿色发展试验区进行协同管理，成为助力绿色发展迈上新台阶的关键路径，也是完善绿色金融的重要内容。此外，在中国绿色发展的各行业中，民营企业发挥了生力军作用，在学习和应用方面具有天然优势，面对市场变化，适应能力强、转型快。建议出台针对绿色民营企业的投融资支持政策，试行服务中小民营企业的普惠式绿色投融资信保制度，探索鼓励地方建立相应的专项基金，助力民营企业的绿色转型与发展壮大。

6.7 "十四五"时期中国绿色发展的政策建议

"十四五"时期是我国"两个一百年"奋斗目标的历史交汇期，也是全面开启社会主义现代化强国建设新征程的重要机遇期。但是，受国内外诸多因素的影响，我国经济社会发展也将面临很多挑战。牢固树立绿色发展理念，积极探索绿色发展道路，有利于更好更快地满足广大人民群众对经济发展与生态环境的需求，有利于构建现代化经济体系，推动我国经济稳定高质量发展。在"十三五"时期已有成就的基础上，要坚持绿色发展之路，共筑生态文明之基。

6.7.1 强化制度体系与政策创新，充分发挥绿色发展的引导作用

"十四五"时期，我国城市化进程将进一步加快，整体经济总量进一步扩大，经济与环境之争将持续凸显。2018年，习近平总书记在全国生态环境保护大会上着重强调，"保护生态环境必须依靠制度、依靠法治；要加快制度创新，增加制度供给，完善制度配套，强化制度执行，让制度成为刚性的约束和不可触碰的高压线"。因此，"十四五"时期，面向生态文明建设的不平衡与不充分问题，要实现中国经济社会发展与生态环境保护深度融合，构建节约资源和保护环境的绿色发展格局，必须以"绿水青山就是金山银山"的绿色发展理念为指导，强化制度建设，推进政策创新，通过增强制度供给，提高政策执行能力，优化绿色发展的宏观环境，进一步充分发

挥生态文明建设在转变经济增长方式、调整产业结构、稳定经济增长中的重要作用,摆脱经济发展对资源环境的严重依赖,真正转向高质量的绿色发展。一是要注意加强生态管理部门与经济管理部门的信息交流,促进交流平台及信息共享渠道建设,寻求经济发展与环境保护的最大公约数。二是建立完善绿色发展监督体系和监督机制,加强监督、依法治理。绿色发展相关产业均为新兴产业,很多地区缺乏相关立法和规制,随着环保、新能源等行业的逐步发展壮大,"十四五"期间要进一步完善绿色发展相关监督机制和法律法规,抑制行业违规现象,用制度红线规范绿色发展行业的专业化与法制化。

6.7.2 大力推动绿色科技创新,积极培育绿色发展新动能

产业发展的关键推动力是科学技术进步和创新。与其他产业和产品相比,绿色产业中绿色科技产品开发具有典型的投入高、风险大、收益慢的特点。绿色发展领域相关企业的 R&D 投入规模有限,单纯依靠市场调节绿色发展领域的研发要素投入作用有限,政府财政应逐步加大对绿色科技创新项目的扶持力度,通过政府引导促进绿色发展核心技术的科技研发和应用,结合地域与行业特点,建立绿色技术研发与共享的公共应用平台,充分发挥产学研一体化的优势和作用,推动研发资源向绿色产业集中,提高资源配置效率,促进科技创新成为中国经济绿色发展的强大动能。近年来,尽管环保产业科技创新发展进步很快,前沿技术日益普及,但科技研发对低碳减排的支撑作用仍未充分发挥,亟待在资源利用效率及储能等领域实现关键技术突破,以生物循环利用技术、负排放技术等为目标,充分挖掘绿色产业相关领域科技创新的典型样本案例,总结与提炼可复制、可推广的绿色创新推进经验,加强绿色价值的市场化循环,完善绿色科技、绿色人才、绿色投资的平台生态链,将平台经济与绿色经济深入融合,以绿色创新链为抓手,推动绿色产业链、金融链和政策链稳步协同推进,完善健全从生产到消费的全循环绿色产业体系,有效提高绿色发展的效能。

6.7.3 着力打造绿色发展人才链，夯实绿色发展的人力根基

人才是产业发展的第一资源。近年来，随着绿色产业的快速发展和绿色技术的日新月异，我国绿色发展人才的供给不足也日益显现。这一不足主要体现在以下方面。一是人才供给总量不足，绿色发展人才培养需要的周期较长，难度较大，存在一定的学科跨度，高校及时适应社会需求变化面临较大阻力。二是人才供给结构失调，这一失调主要体现在人才培养和社会需求脱节上，具体表现为社会需求的专业及人才难以得到有效供给。受专业化人才紧缺的影响，我国绿色产业的研发人才严重不足，尤其是以绿色产品为主营业务的环保企业，自主研发能力较差，机器设备及技术应用严重依赖进口。为快速适应绿色产业对人才的紧迫需求，要着力推动人力资源的绿色化战略转型，制定针对性绿色人才培养计划，构建校企协同的绿色人才培养生态，为绿色产业人才培养和人才专业化评估提供科学有效的标准和评价体系。绿色发展是推动我国经济高质量发展的国家重大战略，要提升人才对绿色发展的科技支撑能力，就要大力提高绿色人才的科技创新能力，联合各高校、科研院所和相关企业，构建面向绿色产业具体需求的产学研人才培养体系，建立产业发展、科学研究和人才培养深度融合的环境，打造满足社会需求的绿色人才培养模式，引领我国绿色产业实现跨越式发展。

6.7.4 协调绿色发展区域差异，实现绿色发展的共保共赢

受经济发展速度和资源禀赋差异的影响，我国绿色发展在地域上具有较大差异。就全国范围而言，东部地区绿色发展意识相对先进，产业升级较快，能效利用表现突出，绿色发展水平显著高于中部地区和西部地区。因此，展望"十四五"时期，我国将巩固提高东部地区的绿色先行理念，加大对中西部地区的绿色产业投资力度和扶持力度，推动中西部地区加速向绿色发展模式变革，不断提高中部及西部省份的绿色发展水平。此外，就各大区域板块内部构成而言，受河流、工业园区等要素分布空间差异的影响，区域内的经济发展、产业分布、环境污染水平等方面也存在较大的空间差异。

因此，为走出一条跨行政区域共建共享、生态文明与经济社会发展相得益彰的新路径，"十三五"中后期（2019年11月），党中央、国务院批复在上海市、江苏省、浙江省建立"长三角生态绿色一体化发展示范区"，示范区将对传统的规划管理、土地管理、财税制度及公共服务等政府提供的公共产品进行一系列制度创新，通过建立一体化的发展机制，打破传统的部门间及行政区划间的行政壁垒，促进生态优势向经济优势有效转化，实现生态与经济的融合发展。可以展望，"十四五"期间，在长三角绿色一体化发展示范区的带动引领下，更多可复制的绿色发展经验逐步积累、推广，将为我国经济绿色高质量发展注入强劲动力。

IV 附 录

Appendix

B.39

附录一

中国省域经济综合竞争力评价指标体系

二级指标 (9个)	权重	三级指标 (25个)	权重	四级指标(210个)	权重
B1		C11		(12个)	
宏观经济 竞争力27	0.15	经济实力 竞争力	0.4	地区生产总值	0.105
				地区生产总值增长率	0.095
				人均地区生产总值	0.098
				财政总收入	0.090
				财政总收入增长率	0.088
				人均财政收入	0.088
				固定资产投资额	0.095
				固定资产投资额增长率	0.080
				人均固定资产投资额	0.077
				全社会消费品零售总额	0.080
				全社会消费品零售总额增长率	0.052
				人均全社会消费品零售总额	0.052

二级指标 (9 个)	权重	三级指标 (25 个)	权重	四级指标(210 个)	权重
宏观经济 竞争力27	0.15	C12		(6 个)	
		经济结构 竞争力	0.3	产业结构优化度	0.188
				所有制经济结构优化度	0.178
				城乡经济结构优化度	0.187
				就业结构优化度	0.158
				资本形成结构优化度	0.131
				贸易结构优化度	0.158
		C13		(9 个)	
		经济外向度 竞争力	0.3	进出口总额	0.150
				进出口增长率	0.100
				出口总额	0.120
				出口增长率	0.100
				实际 FDI	0.120
				实际 FDI 增长率	0.100
				外贸依存度	0.080
				外资企业数	0.080
				对外直接投资额	0.150
B2	权重	C21		(10 个)	
产业经济 竞争力40	0.125	农业竞争力	0.2	农业增加值	0.115
				农业增加值增长率	0.096
				人均农业增加值	0.102
				农民人均纯收入	0.116
				农民人均纯收入增长率	0.095
				农产品出口占农林牧渔总产值比重	0.088
				人均主要农产品产量	0.092
				农业机械化水平	0.092
				农村人均用电量	0.102
				财政支农资金比重	0.102
		C22		(10 个)	
		工业竞争力	0.3	工业增加值	0.163
				工业增加值增长率	0.098
				人均工业增加值	0.143
				工业资产总额	0.138
				工业资产总额增长率	0.083

二级指标 （9个）	权重	三级指标 （25个）	权重	四级指标（210个）	权重
产业经济 竞争力40	0.125	工业竞争力	0.3	规模以上工业主营业务收入	0.073
				工业成本费用率	0.076
				规模以上工业利润总额	0.089
				工业全员劳动生产率	0.073
				工业收入利润率	0.064
		C23		（10个）	
		服务业竞争力	0.25	服务业增加值	0.110
				服务业增加值增长率	0.090
				人均服务业增加值	0.110
				服务业从业人员数	0.090
				限额以上批发零售企业主营业务收入	0.100
				限额以上批零企业利税率	0.100
				限额以上餐饮企业利税率	0.100
				旅游外汇收入	0.100
				商品房销售收入	0.100
				电子商务销售额	0.100
		C24		（10个）	
		企业竞争力	0.25	规模以上工业企业数	0.135
				规模以上企业平均资产	0.089
				规模以上企业平均收入	0.101
				规模以上企业平均利润	0.085
				规模以上企业劳动效率	0.101
				城镇就业人员平均工资	0.090
				新产品销售收入占主营业务收入比重	0.080
				产品质量抽查合格率	0.098
				工业企业 R&D 经费投入强度	0.119
				中国驰名商标持有量	0.102
B3		C31		（9个）	
可持续 发展 竞争力24	0.1	资源竞争力	0.325	人均国土面积	0.108
				人均可使用海域和滩涂面积	0.100
				人均年水资源量	0.097
				耕地面积	0.110
				人均耕地面积	0.144
				人均牧草地面积	0.099

二级指标 (9个)	权重	三级指标 (25个)	权重	四级指标(210个)	权重
可持续 发展 竞争力24	0.1	资源竞争力	0.325	主要能源矿产基础储量	0.116
				人均主要能源矿产基础储量	0.117
				人均森林储积量	0.109
		C32		(8个)	
		环境竞争力	0.325	森林覆盖率	0.185
				人均废水排放量	0.110
				人均工业废气排放量	0.110
				人均工业固体废物排放量	0.110
				人均治理工业污染投资额	0.100
				一般工业固体废物综合利用率	0.100
				生活垃圾无害化处理率	0.100
				自然灾害直接经济损失	0.185
		C33		(7个)	
		人力资源竞争力	0.35	常住人口增长率	0.185
				15~64岁人口比例	0.145
				文盲率	0.11
				大专以上教育程度人口比例	0.165
				平均受教育程度	0.155
				人口健康素质	0.10
				职业学校毕业生数	0.145
B4		C41		(12个)	
财政金融 竞争力22	0.1	财政竞争力	0.55	地方财政收入	0.079
				地方财政支出	0.084
				地方财政收入占GDP比重	0.079
				地方财政支出占GDP比重	0.103
				税收收入占GDP比重	0.090
				税收收入占财政总收入比重	0.084
				人均地方财政收入	0.084
				人均地方财政支出	0.084
				人均税收收入	0.079
				地方财政收入增长率	0.080
				地方财政支出增长率	0.080
				税收收入增长率	0.078
		C42		(10个)	

续表

二级指标 （9个）	权重	三级指标 （25个）	权重	四级指标（210个）	权重
财政金融 竞争力22	0.1	金融竞争力	0.45	存款余额	0.110
				人均存款余额	0.110
				贷款余额	0.110
				人均贷款余额	0.110
				中长期贷款占贷款余额比重	0.090
				保险费净收入	0.110
				保险密度（人均保险费）	0.080
				保险深度（保险费占GDP的比重）	0.080
				国内上市公司数	0.080
				国内上市公司市值	0.120
B5		C51		（9个）	
知识经济 竞争力29	0.125	科技竞争力	0.425	R&D人员	0.180
				R&D经费	0.090
				R&D经费投入强度	0.090
				发明专利授权量	0.110
				技术市场成交合同金额	0.110
				财政科技支出占地方财政支出比重	0.090
				高技术产业主营业务收入	0.110
				高技术产业收入占工业增加值比重	0.110
				高技术产品出口额占商品出口额比重	0.110
		C52		（10个）	
		教育竞争力	0.425	教育经费	0.160
				教育经费占GDP比重	0.090
				人均教育经费	0.160
				公共教育经费占财政支出比重	0.090
				人均文化教育支出	0.060
				万人中小学学校数	0.050
				万人中小学专任教师数	0.050
				高等学校数	0.080
				高校专任教师数	0.130
				万人高等学校在校学生数	0.130
		C53		（10个）	
		文化竞争力	0.15	文化制造业营业收入	0.08
				文化批发零售业营业收入	0.13

续表

二级指标 (9个)	权重	三级指标 (25个)	权重	四级指标(210个)	权重
知识经济 竞争力29	0.125	文化竞争力	0.15	文化服务业企业营业收入	0.13
				图书和期刊出版数	0.10
				电子出版物品种	0.10
				印刷用纸量	0.10
				城镇居民人均文化娱乐支出	0.10
				农村居民人均文化娱乐支出	0.10
				城镇居民人均文化娱乐支出占消费性 支出比重	0.08
				农村居民人均文化娱乐支出占消费性 支出比重	0.08
B6		C61		(9个)	
发展环境 竞争力18	0.1	基础设施竞争力	0.55	铁路网线密度	0.13
				公路网线密度	0.13
				人均内河航道里程	0.09
				全社会旅客周转量	0.12
				全社会货物周转量	0.12
				人均邮电业务总量	0.102
				电话普及率	0.101
				网站数	0.095
				人均耗电量	0.112
		C62		(9个)	
		软环境竞争力	0.45	外资企业数增长率	0.110
				万人外资企业数	0.130
				个体私营企业数增长率	0.110
				万人个体私营企业数	0.130
				万人商标注册件数	0.110
				查处商标侵权假冒案件	0.080
				每十万人交通事故发生数	0.080
				罚没收入占财政收入比重	0.130
				社会捐赠款物	0.120
B7		C71		(5个)	
政府作用 竞争力16	0.1	政府发展 经济竞争力	0.366	财政支出用于基本建设投资比重	0.202
				财政支出对GDP增长的拉动	0.201
				政府公务员对经济的贡献	0.196

二级指标 （9个）	权重	三级指标 （25个）	权重	四级指标（210个）	权重
政府作用 竞争力16	0.1	政府发展 经济竞争力	0.366	政府消费对民间消费的拉动	0.197
				财政投资对社会投资的拉动	0.204
		C72		（5个）	
		政府规调 经济竞争力	0.317	物价调控	0.209
				调控城乡消费差距	0.211
				统筹经济社会发展	0.190
				规范税收	0.200
				固定资产投资价格指数	0.190
		C73		（6个）	
		政府保障 经济竞争力	0.317	城镇职工养老保险收支比	0.132
				医疗保险覆盖率	0.202
				养老保险覆盖率	0.202
				失业保险覆盖率	0.202
				最低工资标准	0.138
				城镇登记失业率	0.124
B8		C81		（6个）	
发展水平 竞争力18	0.1	工业化进程 竞争力	0.366	工业增加值占GDP比重	0.125
				工业增加值增长率	0.115
				高技术产业占工业增加值比重	0.215
				高技术产品占商品出口额比重	0.195
				信息产业增加值占GDP比重	0.155
				工农业增加值比值	0.195
		C82		（6个）	
		城市化进程 竞争力	0.317	城镇化率	0.28
				城镇居民人均可支配收入	0.26
				城市平均建成区面积比重	0.18
				人均拥有道路面积	0.09
				人均日生活用水量	0.09
				人均公共绿地面积	0.10
		C83		（6个）	
		市场化进程 竞争力	0.317	非公有制经济产值占全社会总产值比重	0.212
				社会投资占投资总额比重	0.191
				私有和个体企业从业人员比重	0.176
				亿元以上商品市场成交额	0.116

二级指标 （9个）	权重	三级指标 （25个）	权重	四级指标（210个）	权重
发展水平 竞争力18	0.1	市场化进 程竞争力	0.317	亿元以上商品市场成交额占全社会 消费品零售总额比重	0.112
				居民消费支出占总消费支出比重	0.193
B9		C91		（8个）	
统筹协调 竞争力16	0.1	统筹发展 竞争力	0.55	社会劳动生产率	0.160
				能源使用下降率	0.120
				万元GDP综合能耗下降率	0.160
				非农用地产出率	0.150
				居民收入占GDP比重	0.100
				二三产业增加值比例	0.110
				固定资产投资额占GDP比重	0.100
				固定资产投资增长率	0.100
		C92		（8个）	
		协调发展 竞争力	0.45	资源竞争力与宏观经济竞争力比差	0.125
				环境竞争力与宏观经济竞争力比差	0.125
				人力资源竞争力与宏观经济竞争力比差	0.125
				环境竞争力与工业竞争力比差	0.125
				资源竞争力与工业竞争力比差	0.125
				城乡居民家庭人均收入比差	0.125
				城乡居民人均现金消费支出比差	0.125
				全社会消费品零售总额与外贸出口 总额比差	0.125

B.40
附录二
2018年中国省域经济综合竞争力评价
指标得分和排名情况

一　2018年中国省域宏观经济竞争力及三级
指标得分和排名情况

	指标得分				指标排名			
	经济实力竞争力	经济结构竞争力	经济外向度竞争力	宏观经济竞争力	经济实力竞争力	经济结构竞争力	经济外向度竞争力	宏观经济竞争力
北　京	52.0	63.8	27.0	48.1	10	7	7	8
天　津	35.1	69.1	24.5	42.1	20	4	12	12
河　北	44.6	63.7	17.8	42.3	12	8	23	10
山　西	28.9	47.7	18.6	31.5	23	24	20	24
内蒙古	27.2	52.3	18.2	32.0	24	20	21	21
辽　宁	32.5	49.8	25.4	35.6	22	22	10	19
吉　林	25.9	58.0	14.0	32.0	25	17	28	22
黑龙江	22.1	45.8	18.9	28.2	27	25	18	27
上　海	54.6	66.1	51.9	57.2	6	6	2	4
江　苏	73.8	73.7	46.6	65.6	1	1	3	2
浙　江	63.0	73.2	45.9	60.9	4	2	4	3
安　徽	43.1	61.0	22.2	42.2	15	11	15	11
福　建	59.0	61.0	25.2	49.5	5	12	11	6
江　西	43.6	60.3	14.7	40.0	14	13	27	17
山　东	66.6	59.8	35.5	55.2	3	15	5	5

696

续表

	指标得分				指标排名			
	经济实力竞争力	经济结构竞争力	经济外向度竞争力	宏观经济竞争力	经济实力竞争力	经济结构竞争力	经济外向度竞争力	宏观经济竞争力
河　南	52.3	53.6	16.9	42.1	9	19	25	13
湖　北	54.0	61.6	17.6	45.3	7	10	24	9
湖　南	43.9	60.2	19.4	41.4	13	14	17	14
广　东	68.0	69.2	77.5	71.2	2	3	1	1
广　西	42.0	51.4	18.8	37.8	16	21	19	18
海　南	18.9	66.9	23.5	34.7	30	5	14	20
重　庆	38.4	58.8	26.3	40.9	17	16	9	16
四　川	53.0	63.2	28.4	48.7	8	9	6	7
贵　州	35.7	42.0	13.4	30.9	19	28	29	26
云　南	38.3	31.6	21.9	31.4	18	30	16	25
西　藏	16.9	49.1	8.1	23.9	31	23	30	31
陕　西	48.3	45.1	26.7	40.9	11	26	8	15
甘　肃	20.0	29.2	24.4	24.1	29	31	13	30
青　海	33.8	44.8	15.8	31.7	21	27	26	23
宁　夏	21.8	56.7	2.7	26.5	28	18	31	29
新　疆	22.7	40.3	18.0	26.6	26	29	22	28

二　2018年中国省域产业经济竞争力及三级
指标得分和排名情况

	指标得分				指标排名				
	农业竞争力	工业竞争力	服务业竞争力	企业竞争力	产业竞争力	农业竞争力	工业竞争力	服务业竞争力	企业竞争力	产业竞争力
北　京	24.7	44.5	53.2	70.2	49.1	29	12	4	1	5
天　津	20.5	49.2	23.3	48.9	36.9	30	6	17	7	11
河　北	37.1	43.7	28.2	33.0	35.8	8	13	12	15	13
山　西	19.6	36.7	21.5	32.9	28.5	31	19	20	16	21

续表

	指标得分					指标排名				
	农业竞争力	工业竞争力	服务业竞争力	企业竞争力	产业竞争力	农业竞争力	工业竞争力	服务业竞争力	企业竞争力	产业竞争力
内蒙古	44.3	40.9	18.2	39.9	35.7	3	16	24	9	14
辽　宁	29.2	39.4	18.8	39.9	32.4	22	17	23	8	16
吉　林	31.0	30.4	16.6	21.3	24.8	21	26	27	28	27
黑龙江	49.1	26.8	20.5	20.0	28.0	1	30	22	29	23
上　海	34.2	50.1	57.0	55.7	50.0	17	5	2	2	4
江　苏	43.0	83.8	54.1	52.6	60.4	4	1	3	4	2
浙　江	35.9	48.3	44.4	51.5	45.7	11	8	6	5	6
安　徽	34.7	46.7	29.9	35.6	37.3	14	9	10	13	10
福　建	35.9	54.6	29.5	35.7	39.9	12	4	11	11	7
江　西	29.0	41.2	25.6	24.3	30.6	23	15	14	23	18
山　东	46.7	64.6	45.1	49.1	52.3	2	3	5	6	3
河　南	42.3	45.6	34.2	30.6	38.4	5	11	8	18	9
湖　北	37.3	48.6	34.8	34.1	39.3	7	7	7	14	8
湖　南	36.1	37.3	28.2	31.1	33.2	9	18	13	17	15
广　东	33.9	81.7	76.8	55.0	64.2	18	2	1	3	1
广　西	35.9	32.9	23.0	22.2	28.3	10	21	18	24	22
海　南	34.4	27.0	22.2	35.7	29.4	16	29	19	12	20
重　庆	26.7	32.1	24.3	36.5	30.2	27	22	15	10	19
四　川	39.4	43.4	31.6	28.8	36.0	6	14	9	20	12
贵　州	32.3	31.7	23.6	18.6	26.5	19	23	16	30	25
云　南	34.5	31.2	17.8	21.4	26.0	15	25	25	27	26
西　藏	31.5	31.5	14.8	18.3	24.0	20	24	28	31	29
陕　西	28.2	46.2	20.6	28.9	31.9	24	10	21	19	17
甘　肃	27.6	24.3	14.1	25.9	22.8	26	31	29	22	30
青　海	25.4	27.3	11.9	21.9	21.7	28	28	31	26	31
宁　夏	27.8	28.7	13.9	25.9	24.1	25	27	30	21	28
新　疆	34.9	35.9	16.8	22.1	27.5	13	20	26	25	24

三　2018年中国省域可持续发展竞争力及三级指标得分和排名情况

	指标得分				指标排名			
	资源竞争力	环境竞争力	人力资源竞争力	可持续发展竞争力	资源竞争力	环境竞争力	人力资源竞争力	可持续发展竞争力
北　京	0.5	76.5	61.0	46.4	30	5	1	5
天　津	3.2	63.8	56.2	41.4	29	17	3	21
河　北	11.8	65.7	46.4	41.4	17	15	19	22
山　西	30.4	60.6	46.7	45.9	4	20	18	7
内蒙古	51.6	55.9	48.9	52.0	1	26	11	1
辽　宁	17.3	60.1	51.0	43.0	9	21	6	11
吉　林	21.0	57.1	40.9	39.7	7	24	25	25
黑龙江	36.5	57.5	46.2	46.7	3	23	20	3
上　海	0.5	71.8	53.8	42.3	31	8	4	15
江　苏	10.8	63.3	50.4	41.7	19	18	7	20
浙　江	6.7	77.7	53.6	46.2	25	4	5	6
安　徽	9.5	67.2	47.9	41.7	22	13	12	19
福　建	14.5	77.8	47.4	46.6	13	3	16	4
江　西	6.4	74.3	40.4	40.4	26	7	27	23
山　东	15.3	54.7	46.1	38.9	11	27	21	26
河　南	10.2	68.5	49.3	42.9	21	11	9	12
湖　北	7.8	69.3	47.8	41.8	23	10	14	17
湖　南	6.1	75.6	47.7	43.3	27	6	15	10
广　东	6.9	61.9	57.1	42.4	24	19	2	14
广　西	10.3	78.8	42.6	43.9	20	1	24	8
海　南	16.3	78.2	46.7	47.1	10	2	17	2
重　庆	5.8	71.0	47.9	41.7	28	9	13	18
四　川	13.2	52.0	49.2	38.4	14	28	10	28
贵　州	12.3	67.0	36.5	38.6	16	14	30	27
云　南	17.7	65.3	43.3	42.1	8	16	23	16
西　藏	45.8	59.7	24.1	42.7	2	22	31	13
陕　西	12.8	67.6	50.1	43.6	15	12	8	9
甘　肃	14.5	51.8	38.7	35.1	12	29	28	30
青　海	24.3	42.9	40.8	36.1	6	31	26	29
宁　夏	11.2	56.0	37.3	34.9	18	25	29	31
新　疆	25.3	47.9	45.8	39.8	5	30	22	24

四 2018年中国省域财政金融竞争力及三级指标得分和排名情况

	指标得分			指标排名		
	财政竞争力	金融竞争力	财政金融竞争力	财政竞争力	金融竞争力	财政金融竞争力
北　京	59.1	78.6	67.8	2	1	1
天　津	18.4	25.1	21.4	27	11	19
河　北	28.4	28.2	28.3	9	9	9
山　西	33.8	19.0	27.1	7	17	10
内蒙古	26.1	18.4	22.6	12	19	15
辽　宁	25.1	22.1	23.8	15	16	13
吉　林	13.5	17.4	15.3	31	23	30
黑龙江	16.2	18.3	17.1	29	20	27
上　海	67.0	55.3	61.8	1	3	2
江　苏	38.2	52.7	44.7	6	4	4
浙　江	42.9	46.1	44.4	3	5	5
安　徽	22.1	23.2	22.6	21	14	16
福　建	20.0	22.4	21.1	24	15	20
江　西	22.8	17.6	20.4	20	21	23
山　东	27.2	32.9	29.8	11	6	8
河　南	24.1	28.6	26.1	17	8	12
湖　北	21.0	27.0	23.7	22	10	14
湖　南	18.4	14.3	16.6	26	27	28
广　东	42.4	64.3	52.2	4	2	3
广　西	14.4	8.8	11.9	30	31	31
海　南	40.2	17.4	30.0	5	22	7
重　庆	20.3	24.0	22.0	23	12	18
四　川	28.3	32.4	30.1	10	7	6
贵　州	24.2	13.3	19.3	16	28	25
云　南	24.0	17.2	20.9	18	25	21
西　藏	17.9	13.3	15.8	28	29	29
陕　西	29.3	23.5	26.7	8	13	11
甘　肃	23.5	17.3	20.7	19	24	22
青　海	26.0	12.9	20.1	13	30	24
宁　夏	19.8	16.8	18.4	25	26	26
新　疆	25.5	18.8	22.4	14	18	17

五　2018年中国省域知识经济竞争力及三级
指标得分和排名情况

	指标得分				指标排名			
	科技 竞争力	教育 竞争力	文化 竞争力	知识经济 竞争力	科技 竞争力	教育 竞争力	文化 竞争力	知识经济 竞争力
北　京	55.4	57.4	51.7	55.7	3	1	5	3
天　津	28.8	39.1	26.4	32.8	12	7	22	8
河　北	13.7	27.0	29.5	21.7	21	18	12	19
山　西	14.7	22.4	25.1	19.5	19	27	23	22
内蒙古	6.8	24.6	27.0	17.4	27	25	20	25
辽　宁	15.8	28.5	33.2	23.8	17	14	9	17
吉　林	10.4	25.7	30.1	19.9	22	21	11	21
黑龙江	7.6	26.4	24.5	18.1	26	19	25	23
上　海	46.0	53.7	61.2	51.6	4	3	2	4
江　苏	77.1	55.9	58.7	65.3	2	2	3	2
浙　江	45.8	39.7	55.4	44.7	5	6	4	5
安　徽	30.8	25.5	29.4	28.3	9	23	13	14
福　建	24.1	28.7	27.9	26.6	14	13	18	15
江　西	19.9	27.2	27.1	24.1	16	15	19	16
山　东	43.7	42.9	50.2	44.3	6	5	6	6
河　南	30.3	26.2	32.4	28.9	10	20	10	13
湖　北	31.6	35.9	35.2	34.0	8	9	8	7
湖　南	22.0	30.9	45.3	29.3	15	11	7	12
广　东	84.3	47.3	63.2	65.4	1	4	1	1
广　西	14.1	25.6	28.4	21.1	20	22	15	20
海　南	4.6	20.6	24.9	14.4	28	29	24	29
重　庆	32.0	27.1	27.9	29.3	7	16	17	11
四　川	29.4	32.9	28.6	30.8	11	10	14	10
贵　州	15.0	29.7	22.8	22.4	18	12	28	18
云　南	8.3	24.7	26.5	18.0	24	24	21	24
西　藏	0.8	13.6	3.2	6.6	31	31	31	31
陕　西	27.1	36.6	27.9	31.3	13	8	16	9
甘　肃	8.0	22.6	24.1	16.6	25	26	27	26
青　海	3.5	20.7	15.8	12.7	29	28	30	30
宁　夏	8.7	17.5	24.2	14.7	23	30	26	28
新　疆	3.2	27.0	21.9	16.1	30	17	29	27

六　2018年中国省域发展环境竞争力及三级指标得分和排名情况

	指标得分			指标排名		
	基础设施竞争力	软环境竞争力	发展环境竞争力	基础设施竞争力	软环境竞争力	发展环境竞争力排名
北　京	50.1	57.3	53.4	5	4	4
天　津	33.4	34.0	33.7	8	13	9
河　北	31.3	28.3	29.9	11	18	13
山　西	20.4	26.0	22.9	24	23	23
内蒙古	23.5	28.5	25.8	19	17	20
辽　宁	29.0	25.0	27.2	14	27	17
吉　林	16.2	30.2	22.5	26	15	25
黑龙江	12.9	25.5	18.6	29	26	29
上　海	61.7	71.9	66.3	2	1	1
江　苏	52.1	57.7	54.6	4	3	3
浙　江	53.4	47.8	50.9	3	5	5
安　徽	30.6	26.9	28.9	13	22	16
福　建	32.1	47.3	39.0	9	6	6
江　西	22.3	21.7	22.1	21	31	26
山　东	38.4	37.5	38.0	6	8	7
河　南	35.4	28.1	32.1	7	20	10
湖　北	30.7	29.3	30.0	12	16	12
湖　南	27.8	25.6	26.8	15	25	19
广　东	64.6	58.3	61.7	1	2	2
广　西	20.2	26.0	22.8	25	24	24
海　南	20.7	35.2	27.2	23	12	18
重　庆	32.0	39.1	35.2	10	7	8
四　川	23.4	36.4	29.3	20	10	15
贵　州	25.1	24.8	25.0	17	28	21
云　南	15.3	27.3	20.7	27	21	27
西　藏	1.2	36.1	16.9	31	11	31
陕　西	25.0	36.8	30.3	18	9	11
甘　肃	14.4	24.7	19.0	28	30	28
青　海	21.3	28.3	24.5	22	19	22
宁　夏	26.0	33.8	29.5	16	14	14
新　疆	12.3	24.7	17.9	30	29	30

七 2018年中国省域政府作用竞争力及三级
指标得分和排名情况

	指标得分				指标排名			
	政府发展经济竞争力	政府规调经济竞争力	政府保障经济竞争力	政府作用竞争力	政府发展经济竞争力	政府规调经济竞争力	政府保障经济竞争力	政府作用竞争力排名
北 京	30.6	67.1	70.2	58.0	25	5	2	7
天 津	58.0	74.4	54.5	65.7	4	2	9	1
河 北	42.1	52.0	42.7	48.0	14	22	14	16
山 西	33.0	65.2	34.1	46.7	22	6	19	19
内蒙古	30.8	60.5	41.8	46.7	24	11	16	20
辽 宁	40.7	55.6	68.4	56.9	17	17	3	8
吉 林	38.9	50.6	48.0	48.0	19	24	11	15
黑龙江	31.2	69.0	44.7	50.9	23	3	13	12
上 海	45.2	67.8	67.2	62.6	9	4	4	3
江 苏	69.7	54.9	47.0	60.5	1	19	12	5
浙 江	52.3	62.0	62.0	61.5	5	9	5	4
安 徽	51.4	64.0	26.1	50.5	6	7	27	13
福 建	61.4	75.7	28.9	59.3	3	1	22	6
江 西	42.8	49.5	28.5	42.8	13	25	23	26
山 东	66.1	41.4	48.2	54.7	2	30	10	9
河 南	43.8	52.4	26.6	43.6	11	21	26	23
湖 北	47.8	56.9	31.9	48.4	8	13	20	14
湖 南	43.1	59.7	42.1	51.0	12	12	15	11
广 东	48.8	63.5	74.7	64.8	7	8	1	2
广 西	40.4	56.5	27.6	44.2	18	14	24	21
海 南	27.6	42.3	57.1	43.7	27	29	6	22
重 庆	44.2	49.2	41.4	47.3	10	26	17	18
四 川	40.9	56.2	56.1	53.3	16	15	8	10
贵 州	36.0	55.0	31.7	43.3	20	18	21	25
云 南	34.0	61.2	21.5	41.7	21	10	29	27
西 藏	12.8	39.8	14.8	23.9	31	31	31	31
陕 西	41.5	53.6	27.3	43.5	15	20	25	24
甘 肃	23.8	46.1	20.1	32.0	29	27	30	30
青 海	30.5	43.5	24.0	34.7	26	28	28	29
宁 夏	24.9	55.6	57.0	47.5	28	16	7	17
新 疆	20.2	51.6	40.3	39.0	30	23	18	28

八 2018年中国省域发展水平竞争力及三级
指标得分和排名情况

	指标得分				指标排名			
	工业化进程竞争力	城市化进程竞争力	市场化进程竞争力	发展水平竞争力	工业化进程竞争力	城市化进程竞争力	市场化进程竞争力	发展水平竞争力
北 京	64.5	66.4	54.5	65.2	2	1	21	3
天 津	52.8	48.3	52.1	53.5	4	7	24	9
河 北	25.5	35.7	74.1	45.9	22	20	6	18
山 西	35.2	33.2	52.8	41.8	14	25	22	21
内 蒙 古	23.3	42.7	52.1	40.7	24	10	23	23
辽 宁	33.5	37.4	66.5	47.0	18	19	14	16
吉 林	26.4	27.0	55.1	37.0	21	30	20	25
黑 龙 江	16.3	41.4	48.5	36.5	29	11	26	26
上 海	77.8	62.7	76.1	75.6	1	2	5	1
江 苏	51.4	57.3	91.5	68.8	5	4	1	2
浙 江	33.9	56.7	90.9	62.0	17	5	2	5
安 徽	43.9	40.6	71.2	53.5	9	12	10	10
福 建	37.0	52.7	73.6	56.2	12	6	7	7
江 西	33.0	46.6	72.7	52.2	19	8	9	11
山 东	35.8	43.9	78.3	54.0	13	9	4	8
河 南	45.2	35.1	66.9	50.6	8	22	13	13
湖 北	43.2	37.7	68.3	51.3	10	18	11	12
湖 南	35.1	38.0	67.8	48.2	15	17	12	14
广 东	54.6	58.1	73.2	64.4	3	3	8	4
广 西	31.3	35.6	64.0	44.8	20	21	15	19
海 南	16.2	33.5	63.7	38.3	30	23	16	24
重 庆	49.9	38.7	78.3	57.3	6	16	3	6
四 川	42.0	33.4	60.9	46.9	11	24	18	17
贵 州	34.3	31.0	62.5	43.7	16	27	17	20
云 南	24.4	28.3	45.3	33.7	23	29	27	28
西 藏	10.8	15.0	22.9	16.7	31	31	31	31
陕 西	48.7	39.6	48.7	47.8	7	14	25	15
甘 肃	20.0	31.3	40.7	31.7	27	26	29	29
青 海	17.8	30.9	35.3	29.0	28	28	30	30
宁 夏	23.2	40.0	57.1	41.2	25	13	19	22
新 疆	22.0	39.0	42.3	35.7	26	15	28	27

九 2018年中国省域统筹协调竞争力及三级 指标得分和排名情况

	指标得分			指标排名		
	统筹发展 竞争力	协调发展 竞争力	统筹协调 竞争力	统筹发展 竞争力	协调发展 竞争力	统筹协调 竞争力
北 京	76.7	51.3	65.3	2	25	5
天 津	74.3	63.2	69.3	4	11	3
河 北	48.6	64.8	55.9	16	9	13
山 西	48.1	65.8	56.0	18	6	12
内蒙古	23.2	56.6	38.2	31	19	29
辽 宁	45.7	59.1	51.7	21	18	19
吉 林	49.5	61.7	55.0	14	14	15
黑龙江	46.5	50.4	48.2	19	27	23
上 海	80.7	61.4	72.1	1	15	2
江 苏	74.8	69.7	72.5	3	2	1
浙 江	60.8	68.6	64.3	7	5	7
安 徽	46.4	64.9	54.7	20	8	16
福 建	61.3	68.9	64.7	6	4	6
江 西	44.8	60.4	51.8	22	17	18
山 东	60.4	68.9	64.3	8	3	8
河 南	50.0	62.0	55.4	13	12	14
湖 北	55.9	65.4	60.2	9	7	9
湖 南	51.2	52.0	51.6	12	23	20
广 东	68.3	63.6	66.2	5	10	4
广 西	40.5	53.7	46.4	25	22	26
海 南	43.4	50.7	46.7	23	26	25
重 庆	54.1	53.7	53.9	11	21	17
四 川	48.7	73.4	59.8	15	1	10
贵 州	48.4	45.0	46.9	17	29	24
云 南	39.0	48.9	43.5	26	28	27
西 藏	38.8	36.3	37.6	28	30	30
陕 西	55.9	56.6	56.2	10	20	11
甘 肃	37.5	35.3	36.5	29	31	31
青 海	38.8	61.9	49.2	27	13	22
宁 夏	33.0	52.0	41.6	30	24	28
新 疆	42.5	61.0	50.8	24	16	21

十 2018年中国省域经济综合竞争力及二级指标得分和排名情况

地区	指标得分										指标排名									
	宏观经济竞争力	产业经济竞争力	可持续发展竞争力	财政金融竞争力	知识经济竞争力	发展环境竞争力	政府作用竞争力	发展水平竞争力	统筹协调竞争力	经济综合竞争力	宏观经济竞争力	产业经济竞争力	可持续发展竞争力	财政金融竞争力	知识经济竞争力	发展环境竞争力	政府作用竞争力	发展水平竞争力	统筹协调竞争力	经济综合竞争力
北京	48.1	49.1	46.4	67.8	55.7	53.4	58.0	65.2	65.3	55.9	8	5	5	1	3	4	7	3	5	4
天津	42.1	36.9	41.4	21.4	32.8	33.7	65.7	53.5	69.3	43.5	12	11	21	19	8	9	1	9	3	8
河北	42.3	35.8	41.4	28.3	21.7	29.9	48.0	45.9	55.9	38.5	10	13	22	9	19	13	16	18	13	15
山西	31.5	28.5	45.9	27.1	19.5	22.9	46.7	41.8	56.0	34.8	24	21	7	10	22	23	19	21	12	19
内蒙古	32.0	35.7	52.0	22.6	17.4	25.8	46.7	40.7	38.2	34.0	21	14	1	15	25	20	20	23	29	20
辽宁	35.6	32.4	43.0	23.8	23.8	27.2	56.9	47.0	51.7	37.3	19	16	11	13	17	17	8	16	19	17
吉林	32.0	24.8	39.7	15.3	19.9	22.5	48.0	37.0	55.0	33.3	22	27	25	30	21	25	15	25	15	22
黑龙江	28.2	28.0	46.7	17.1	18.1	18.6	50.9	36.5	48.2	31.8	27	23	3	27	23	29	12	26	23	25
上海	57.2	50.0	42.3	61.8	51.6	66.3	62.6	75.6	72.1	59.4	4	4	15	2	4	1	3	1	2	3
江苏	65.6	60.4	41.7	44.7	65.3	54.6	60.5	68.8	72.5	59.8	2	2	20	4	2	3	5	2	1	2
浙江	60.9	45.7	46.2	44.4	44.7	50.9	61.5	62.0	64.3	53.4	3	6	6	5	5	5	4	5	7	5
安徽	42.2	37.3	41.7	22.6	28.3	28.9	50.5	53.5	54.7	39.7	11	10	19	16	14	16	13	10	16	12
福建	49.5	39.9	46.6	21.1	26.6	39.0	59.3	56.2	64.7	44.4	6	7	4	20	15	6	6	7	6	7
江西	40.0	30.6	40.4	20.4	24.1	22.1	42.8	52.2	51.8	35.8	17	18	23	23	16	26	26	11	18	18

续表

地区	指标得分										指标排名									
	宏观经济竞争力	产业经济竞争力	可持续发展竞争力	财政金融竞争力	知识经济竞争力	发展环境竞争力	政府作用竞争力	发展水平竞争力	统筹协调竞争力	经济综合竞争力	宏观经济竞争力	产业经济竞争力	可持续发展竞争力	财政金融竞争力	知识经济竞争力	发展环境竞争力	政府作用竞争力	发展水平竞争力	统筹协调竞争力	经济综合竞争力
山东	55.2	52.3	38.9	29.8	44.3	38.0	54.7	54.0	64.3	48.3	5	3	26	8	6	7	9	8	8	6
河南	42.1	38.4	42.9	26.1	28.9	32.1	43.6	50.6	55.4	39.8	13	9	12	12	13	10	23	13	14	11
湖北	45.3	39.3	41.8	23.7	34.0	30.0	48.4	51.3	60.2	41.5	9	8	17	14	7	12	14	12	9	9
湖南	41.4	33.2	43.3	16.6	29.3	26.8	51.0	48.2	51.6	37.8	14	15	10	28	12	19	11	14	20	16
广东	71.2	64.2	42.4	52.2	65.4	61.7	64.8	64.4	66.2	62.1	1	1	14	3	1	2	2	4	4	1
广西	37.8	28.3	43.9	11.9	21.1	22.8	44.2	44.8	46.4	33.3	18	22	8	31	20	24	21	19	26	23
海南	34.7	29.4	47.1	30.0	14.4	27.2	43.7	38.3	46.7	34.0	20	20	2	7	29	18	22	24	25	21
重庆	40.9	30.2	41.7	22.0	29.3	35.2	47.3	57.3	53.9	39.3	16	19	18	18	11	8	18	6	17	13
四川	48.7	36.0	38.4	30.1	30.8	29.3	53.3	46.9	59.8	41.4	7	12	28	6	10	15	10	17	10	10
贵州	30.9	26.5	38.6	19.3	22.4	25.0	43.3	43.7	46.9	32.4	26	25	27	25	18	21	25	20	24	24
云南	31.4	26.0	42.1	20.9	18.0	20.7	41.7	33.7	43.5	30.5	25	26	16	21	24	27	27	28	27	26
西藏	23.9	24.0	42.7	15.8	6.6	16.9	23.9	16.7	37.6	22.8	31	29	13	29	31	31	31	31	30	31
陕西	40.9	31.9	43.6	26.7	31.3	30.3	43.5	47.8	56.2	38.8	15	17	9	11	9	11	24	15	11	14
甘肃	24.1	22.8	35.1	20.7	16.6	19.0	32.0	31.7	36.5	26.0	30	30	30	22	26	28	30	29	31	30
青海	31.7	21.7	36.1	20.1	12.7	24.5	34.7	29.0	49.2	28.4	23	31	29	24	30	22	29	30	22	29
宁夏	26.5	24.1	34.9	18.4	14.7	29.5	47.5	41.2	41.6	30.2	29	28	31	26	28	14	17	22	28	27
新疆	26.6	27.5	39.8	22.4	16.1	17.9	39.0	35.7	50.8	30.0	28	24	24	17	27	30	28	27	21	28

B.41

附录三

2018年中国31个省份主要经济指标数据

统计资料（Ⅰ）

地 区	GDP（亿元）	GDP 增长率（%）	人均 GDP（元）	第一产业增加值(亿元)	第二产业增加值(亿元)	第三产业增加值(亿元)
北 京	30320	6.6	140211	119	5648	24554
天 津	18810	3.6	120711	173	7610	11027
河 北	36010	6.6	47772	3338	16040	16632
山 西	16818	6.7	45328	741	7089	8988
内蒙古	17289	5.3	68302	1754	6807	8728
辽 宁	25315	5.7	58008	2033	10025	13257
吉 林	15075	4.5	55611	1161	6411	7503
黑龙江	16362	4.7	43274	3001	4031	9330
上 海	32680	6.6	134982	104	9733	22843
江 苏	92595	6.7	115168	4142	41249	47205
浙 江	56197	7.1	98643	1967	23506	30724
安 徽	30007	8.0	47712	2638	13842	13527
福 建	35804	8.3	91197	2380	17232	16192
江 西	21985	8.7	47434	1877	10250	9857
山 东	76470	6.4	76267	4951	33642	37877
河 南	48056	7.6	50152	4289	22035	21732
湖 北	39367	7.8	66616	3548	17089	18730
湖 南	36426	7.8	52949	3084	14454	18889
广 东	97278	6.8	86412	3831	40695	52751

地　区	GDP （亿元）	GDP 增长率 （%）	人均 GDP （元）	第一产业增 加值（亿元）	第二产业增 加值（亿元）	第三产业增 加值（亿元）
广　西	20353	6.8	41489	3019	8073	9260
海　南	4832	5.8	51955	1000	1096	2736
重　庆	20363	6.0	65933	1378	8329	10656
四　川	40678	8.0	48883	4427	15323	20929
贵　州	14806	9.1	41244	2160	5756	6891
云　南	17881	8.9	37136	2499	6957	8425
西　藏	1478	9.1	43398	130	628	719
陕　西	24438	8.3	63477	1830	12157	10451
甘　肃	8246	6.3	31336	921	2795	4530
青　海	2865	7.2	47689	268	1247	1350
宁　夏	3705	7.0	54094	280	1650	1775
新　疆	12199	6.1	49475	1692	4923	5584

统计资料（Ⅱ）

地　区	地方财政 收入（亿元）	固定资产 投资（亿元）	全社会消费品 零售总额 （亿元）	进出口总额 （亿美元）	出口总额 （亿美元）	实际 FDI （亿美元）
北　京	12077	7910	11748	12742	2831	5477
天　津	4887	10657	5533	14174	4605	2906
河　北	9695	35411	16537	8747	4950	1087
山　西	4924	6385	7339	2465	1650	630
内蒙古	3910	10047	7311	1983	748	449
辽　宁	6869	6924	14143	13408	5799	3775
吉　林	3117	13496	7520	2154	559	490
黑龙江	1646	10761	9317	2374	482	427
上　海	13767	7623	12669	48586	18102	8849
江　苏	23313	56207	33230	71713	41716	10560
浙　江	20090	33946	25008	44145	32794	4458
安　徽	3483	32730	12100	5940	3649	1130
福　建	9332	29454	14317	17283	10499	2787

续表

地 区	地方财政收入(亿元)	固定资产投资(亿元)	全社会消费品零售总额(亿元)	进出口总额(亿美元)	出口总额(亿美元)	实际FDI(亿美元)
江 西	8419	24537	7566	4117	2694	877
山 东	23439	57466	33605	36411	17345	3452
河 南	10863	48101	20595	8749	5786	1054
湖 北	10133	35833	18334	5130	3166	1423
湖 南	9170	35155	15638	3546	2103	1832
广 东	25473	41802	39501	121125	70772	19235
广 西	10215	22713	8292	6073	1771	627
海 南	1644	3714	1717	1809	465	928
重 庆	6585	18765	7977	6819	4597	1107
四 川	14569	35156	18255	9323	4778	1256
贵 州	4171	17953	3971	836	574	453
云 南	4939	21133	6826	2718	1053	544
西 藏	571	2169	598	64	40	26
陕 西	5715	26297	8938	5225	3036	1188
甘 肃	2322	5600	3428	649	259	236
青 海	1116	4167	836	58	33	79
宁 夏	950	3050	936	405	275	185
新 疆	3322	9043	3187	3470	1538	212

统计资料（Ⅲ）

地 区	公共教育经费(亿元)	金融机构存款余额(亿元)	旅游外汇收入(百万美元)	铁路营业里程(公里)	公路里程(公里)	耕地面积(千公顷)	森林覆盖率(%)
北 京	956	157092	5516	1264	22256	214	43.8
天 津	435	30983	1110	1153	16257	437	12.1
河 北	1247	65910	647	7362	193252	6519	26.8
山 西	618	35340	378	5441	143326	4056	20.5
内蒙古	546	23261	1272	12766	202641	9271	22.1
辽 宁	647	59016	1740	6525	122974	4972	39.2
吉 林	504	22056	686	5043	105399	6987	41.5

续表

地　区	公共教育经费（亿元）	金融机构存款余额（亿元）	旅游外汇收入（百万美元）	铁路营业里程（公里）	公路里程（公里）	耕地面积（千公顷）	森林覆盖率（％）
黑龙江	595	25322	537	6894	167116	15846	43.8
上　海	836	121112	7261	466	13106	192	14.0
江　苏	1979	139718	4648	3062	158729	4573	15.2
浙　江	1413	116513	2596	2813	120662	1977	59.4
安　徽	1013	50677	3188	4324	208826	5867	28.7
福　建	850	45813	2828	3514	108901	1337	66.8
江　西	939	35070	745	4278	161941	3086	61.2
山　东	1889	96413	3293	6336	275642	7590	17.5
河　南	1441	63868	723	5410	268589	8112	24.1
湖　北	1037	55371	2380	4341	275039	5236	39.6
湖　南	1120	48995	1520	5070	240060	4151	49.7
广　东	2523	208051	20512	4524	217699	2600	53.5
广　西	912	29790	2778	5202	125449	4387	60.2
海　南	221	9610	771	1033	35023	722	57.4
重　庆	615	36887	2190	2326	157483	2370	43.1
四　川	1397	76689	1512	4950	331592	6725	38.0
贵　州	907	26473	318	3565	196908	4519	43.8
云　南	989	30554	4418	3848	252929	6213	55.0
西　藏	216	4928	247	785	97785	444	12.1
陕　西	814	40928	3127	5002	177128	3983	43.1
甘　肃	567	18679	28	4672	143228	5377	11.3
青　海	187	5755	36	2349	82137	590	5.8
宁　夏	167	6046	56	1373	35405	1290	12.6
新　疆	722	22011	946	5959	189050	5240	4.9

统计资料（Ⅳ）

地　区	年末人口（万人）	常住人口增长率（‰）	城镇化率（％）	平均受教育程度(年)	城镇登记失业率（％）	居民消费品零售价格指数（％）	城镇居民人均可支配收入（元）	农村居民人均可支配收入（元）
北　京	2154	2.66	86.5	12.6	1.4	102.5	67990	26490
天　津	1560	1.25	83.2	11.1	3.5	102.0	42976	23065
河　北	7556	4.88	56.4	9.2	3.3	102.4	32977	14031

续表

	年末人口（万人）	常住人口增长率（‰）	城镇化率（%）	平均受教育程度（年）	城镇登记失业率（%）	居民消费品零售价格指数（%）	城镇居民人均可支配收入（元）	农村居民人均可支配收入（元）
山　西	3718	4.31	58.4	9.9	3.3	101.8	31035	11750
内蒙古	2534	2.4	62.7	9.7	3.6	101.8	38305	13803
辽　宁	4359	-1	68.1	10.0	3.9	102.5	37342	14656
吉　林	2704	0.36	57.5	9.5	3.5	102.1	30172	13748
黑龙江	3773	-0.69	60.1	9.6	4.0	102.0	29191	13804
上　海	2424	1.8	88.1	11.3	3.5	101.6	68034	30375
江　苏	8051	2.29	69.6	9.4	3.0	102.3	47200	20845
浙　江	5737	5.44	68.9	9.3	2.6	102.3	55574	27302
安　徽	6324	6.45	54.7	8.9	2.8	102.0	34393	13996
福　建	3941	7	65.8	9.0	3.7	101.5	42121	17821
江　西	4648	7.37	56.0	9.0	3.4	102.1	33819	14460
山　东	10047	6.08	61.2	9.1	3.4	102.5	39549	16297
河　南	9605	4.92	51.7	9.0	3.0	102.3	31874	13831
湖　北	5917	4.54	60.3	9.6	2.6	101.9	34455	14978
湖　南	6899	5.11	56.0	9.4	3.6	102.0	36698	14093
广　东	11346	8.24	70.7	9.7	2.4	102.2	44341	17168
广　西	4926	8.16	50.2	8.8	2.3	102.3	32436	12435
海　南	934	8.47	59.1	9.8	2.3	102.5	33349	13989
重　庆	3102	3.48	65.5	9.3	3.0	102.0	34889	13781
四　川	8341	4.04	52.3	8.7	3.5	101.7	33216	13331
贵　州	3600	7.05	47.5	8.2	3.2	101.8	31592	9716
云　南	4830	6.87	47.8	8.3	3.4	101.6	33488	10768
西　藏	344	10.64	31.1	6.1	2.8	101.7	33797	11450
陕　西	3864	4.43	58.1	9.6	3.2	102.1	33319	11213
甘　肃	2637	4.42	47.7	8.6	2.8	102.0	29957	8804
青　海	603	8.06	54.5	8.4	3.0	102.5	31515	10393
宁　夏	688	7.78	58.9	8.8	3.9	102.3	31895	11708
新　疆	2487	6.13	50.9	9.5	2.4	102.0	32764	11975

B.42
参考文献

Chinn M D, Ito H. "What Matters for Financial Development? Capital Controls, Institutions, and Interactions", *Journal of Development Economics*, 2006.

Hagiu, A., & Wright, J. "Multi-Sided Platforms." *International Journal of Industrial Organization*, 2016.

Lane P R, Milesi – Ferretti G.. "The External Wealth of Nations Mark II: Revised and Extended Estimates of Foreign Assets and Liabilities", *Journal of International Economics*, 2007.

Mishkin, F. The Great Globalization. *How Disadvantaged Nations Can Harness Their Financial Systems to Get Rich*, Princeton: Princeton University Press, 2006.

Wagner K, Taylor A, Zablit H, et al. "The Most Innovative Companies 2014: Breaking Through is Hard to do", *Boston Consulting Group* 2014。

World Economic Forum. The Global Competitiveness Report, 2012 – 2013, 2013 – 2014, 2014 – 2015, 2015 – 2016, 2016 – 2017, 2017 – 2018.

《长江三角洲区域一体化发展规划纲要》，2019。

《关于建立健全城乡融合发展体制机制和政策体系的意见》，2019。

《中共中央关于坚持和完善中国特色社会主义制度、推进国家治理体系和治理能力现代化若干重大问题的决定》，2019。

《中共中央关于全面深化改革若干重大问题的决定》，2013。

《中华人民共和国国民经济和社会发展第十三个五年规划纲要》，2016年3月。

艾瑞研究院：《中国共享经济行业及用户研究报告》，艾瑞研究院，2017。

安晓明：《中国区域经济转型的历程回顾与"十三五"展望》，《区域经济评论》2015 年第 2 期。

蔡安宁、李婧、鲍捷等：《基于空间视角的陆海统筹战略思考》，《世界地理研究》2012 年第 1 期。

蔡奇：《推动京津冀协同发展》，《人民日报》2017 年 11 月 20 日。

曹忠祥：《陆海统筹优化国土空间开发战略布局》，《中国国土资源经济》2015 年第 1 期。

陈庆修：《以信息化引领和带动绿色化》，《学习时报》2018 年 9 月 12 日，第 6 版。

陈威如、余卓轩：《平台战略》，中信出版社，2013。

陈文玲：《在开放中增强我国发展新动能》，《求是》2016 年第 23 期。

陈夕：《大数据驱动全渠道供应链服务模式创新探讨》，《商业经济研究》2017 年第 11 期。

陈雨露：《新时代金融业对外开放需把握好三项原则》［EB/OL］，http：//finance. eastmoney. com/a/201912141323973359. html。

程承坪：《当前国企改革的方向：建立中国特色现代国有企业制度》，《学习与实践》2017 年第 2 期。

迟福林：《以实体经济为重点深化供给侧结构性改革》，《经济日报》2017 年 11 月 17 日。

邓志东：《关于发展我国人工智能技术与产业的建议》，《科技导报》2016 年第 7 期。

段新、戴胜利：《地方政府落实绿色发展理念的阻碍因素及实践路径》，《湖北行政学院学报》2019 年第 1 期。

冯天韬、徐金森：《提升中心城区可持续竞争力研究报告》，经济管理出版社，2016。

高国力：《深入实施区域协调发展战略》，《经济日报》2017 年 11 月 3

日。

高国力、曹忠祥：《陆海统筹发展的现状、问题及战略思路》，《中国科学报》2014 年 7 月 11 日。

高露：《国有企业改革与发展论坛·2016 会议综述》，《山东社会科学》2017 年第 1 期。

高奇琦：《人工智能时代的世界主义与中国》，《国外理论动态》2017 年第 9 期。

国家统计局：《中国统计年鉴 2018》，中国统计出版社，2018。

国家统计局：《中国统计年鉴 2019》，中国统计出版社，2019。

国家统计局：《中国统计年鉴》，中国统计出版社，2012、2013、2014、2015、2016、2017。

韩海雯：《人工智能产业建设与供给侧结构性改革：马克思分工理论视角》，《华南师范大学学报》（社会科学版）2016 年第 6 期。

贺胜兰、蔡圣楠：《学术界关于高质量发展评价体系的研究综述》，《国家治理》2019 年第 38 期。

侯永志：《从区域角度来看经济增长的"新动能"》，《中国经济时报》2017 年 4 月 24 日。

黄茂兴：《二十国集团（G20）经济热点分析报告（2017~2018）》，经济科学出版社，2018。

黄茂兴：《中国省域经济热点问题研究》，经济科学出版社，2014。

黄茂兴等：《改革开放四十年中国经济发展回眸与展望》，经济科学出版社，2018。黄茂兴等：《中国经济 70 年发展报告（1949~2019）》，经济科学出版社，2019。

黄庆华、时培豪、刘晗：《区域经济高质量发展测度研究：重庆例证》，《重庆社会科学》2019 年第 9 期。

黄群慧、王佳宁：《国有企业改革新进展与趋势观察》，《改革》2017 年第 5 期。

黄群慧、余菁、王涛：《培育世界一流企业：国际经验与中国情境》，

《中国工业经济》2017 年第 11 期。

黄群慧、余菁、王涛：《培育世界一流企业：国际经验与中国情境》，《中国工业经济》2017 年第 11 期。

黄世谨：《汤森路透详解 2014 年中国并购交易》，http://www. cnstock. com。

黄鑫：《5G 全面商用还要多久》，《经济日报》2019 年 4 月 29 日，第 11 版。

黄志勇、李京文：《实施自由贸易港战略研究》，《宏观经济管理》2012 年第 5 期。

杰里米·里夫金：《零成本社会》，中信出版社，2014。

金碚：《中国企业竞争力报告（2013）》，社会科学文献出版社，2013。

蓝庆新、陈超凡：《新型城镇化推动产业结构升级了吗？——基于中国省级面板数据的空间计量研究》，《财经研究》2013 年第 12 期。

李干杰：《十八大以来我国生态环境保护实现五个"前所未有"》，人民网，2017 年 10 月 23 日。

李宏伟：《以创新引领中国绿色发展》，《河南日报》2015 年 5 月 6 日。

李洪文：《我国创新驱动发展面临的问题与对策研究》，《科学管理研究》2013 年第 3 期。

李建平、李建建、黄茂兴等：《中国经济 60 年发展报告（1949～2009）》，经济科学出版社，2009。

李建平等主编《"十二五"中期中国省域环境竞争力发展报告》，社会科学文献出版社，2014。

李建平等主编《"十二五"中期中国省域经济综合竞争力发展报告》，社会科学文献出版社，2014。

李建平等主编《"十一五"时期中国省域经济综合竞争力发展报告》，社会科学文献出版社，2012。

李建平等主编《全球环境竞争力发展报告（2013）》，社会科学文献出版社，2014。

李建平等主编《全球环境竞争力发展报告（2015）》，社会科学文献出版社，2015。

李建平等主编《中国省域环境竞争力发展报告（2005～2009）》，社会科学文献出版社，2010。

李建平等主编《中国省域环境竞争力发展报告（2009～2010）》，社会科学文献出版社，2011。

李建平等主编《中国省域经济综合竞争力发展报告（2005～2006）》，社会科学文献出版社，2007。

李建平等主编《中国省域经济综合竞争力发展报告（2006～2007）》，社会科学文献出版社，2008。

李建平等主编《中国省域经济综合竞争力发展报告（2007～2008）》，社会科学文献出版社，2009。

李建平等主编《中国省域经济综合竞争力发展报告（2008～2009）》，社会科学文献出版社，2010。

李建平等主编《中国省域经济综合竞争力发展报告（2009～2010）》，社会科学文献出版社，2011。

李建平等主编《中国省域经济综合竞争力发展报告（2011～2012）》，社会科学文献出版社，2013。

李建平等主编《中国省域经济综合竞争力发展报告（2013～2014）》，社会科学文献出版社，2015。

李建平等主编《中国省域经济综合竞争力发展报告（2014～2015）》，社会科学文献出版社，2016。

李建平等主编《中国省域经济综合竞争力发展报告（2015～2016）》，社会科学文献出版社，2017。

李建平等主编《中国省域经济综合竞争力发展报告（2016～2017）》，社会科学文献出版社，2018。

李建平等主编《中国省域经济综合竞争力发展报告（2017～2018）》，社会科学文献出版社，2019。

李克强：十三届全国人大二次会议政府工作报告，2019 年 3 月 5 日。

李克强：十三届全国人大一次会议政府工作报告，2018 年 3 月 5 日。

李闽榕：《中国省域经济综合竞争力研究报告（1998~2004）》，社会科学文献出版社，2006。

李闽榕、李建平、黄茂兴：《中国省域经济综合竞争力评价与预测研究》，社会科学文献出版社，2007。

李闽榕、李建平、黄茂兴：《中国省域经济综合竞争力预测研究报告（2009~2012）》，社会科学文献出版社，2010。

李涛、高良谋：《"大数据"时代下开放式创新发展趋势》，《科研管理》2016 年第 7 期。

李文博：《〈中国制造业高质量发展人才白皮书〉发布：智能制造人才重要性日益凸显》，《重庆科技报》2019 年 7 月 4 日，第 8 版。

李先军：《供给侧结构性改革背景下中小企业内创业研究：模式选择与路径设计》，《商业研究》2017 年第 10 期。

李子文：《我国平台经济的发展现状和规制问题》，《中国经贸导刊》2018 年第 4 期。

梁黄光：《中国区域经济发展报告（2016~2017）》，社会科学文献出版社，2017。

林锋：《关于加快推进保税区、保税港区向自由贸易港城区转型升级的设想》，《港口经济》2012 年第 11 期。

刘国斌、宋瑾泽：《中国区域经济高质量发展研究》，《区域经济评论》2019 年第 2 期。

刘卫东：《"一带一路"战略的科学内涵与科学问题》，《地理科学进展》2015 年第 5 期。

刘伟：《经济新常态与供给侧结构性改革》，《管理世界》2016 年第 7 期。

刘小鲁：《产业政策视角下的国有企业分类改革与政策调整》，《经济理论与经济管理》2017 年第 7 期。

刘志彪：《建设现代化经济体系的基本框架、路径与方略》，《长江产经智库》，2017 年 10 月 21 日。

路阳：《建设海洋强国应陆海统筹》，《光明日报》2015 年 4 月 16 日。

吕本富、刘颖：《飞轮效应：数据驱动的企业》，电子工业出版社，2015。

马骏：《"十三五"时期绿色金融发展十大领域》，《中银行业》2016 年第 1 期。

马茹、罗晖、王宏伟等：《中国区域经济高质量发展评价指标体系及测度研究》，《中国软科学》2019 年第 7 期。

麦肯锡：《中国人工智能的未来之路》，中国发展高层论坛，2017 年。

宁吉喆：《建设现代化经济体系》，《人民日报》2017 年 12 月 5 日。

佘颖、刘耀彬：《国内外绿色发展制度演化的历史脉络及启示》，《长江流域资源与环境》2018 年第 7 期。

申现杰、肖金成：《国际区域经济合作新形势与我国"一带一路"合作战略》，《宏观经济研究》2014 年第 11 期。

师博、任保平：《中国省际经济高质量发展的测度与分析》，《经济问题》2018 年第 4 期。

时炳艳：《大数据将给电商发展带来哪些改变》，《人民论坛》2016 年第 36 期。

史丹、江飞涛、贺俊：《调整完善产业政策的思路与建议》，《经济日报》2017 年 8 月 9 日。

史丹、李鹏：《我国经济高质量发展测度与国际比较》，《东南学术》2019 年第 5 期。

宋超、刘芳、孟俊岐：《大数据驱动大众生态创新机制及对策》，《科技管理研究》2016 年第 21 期。

孙晋、徐则林：《平台经济中最惠待遇条款的反垄断法规制》，《当代法学》2019 年第 3 期。

孙久文、原倩：《京津冀协同发展战略的比较和演进重点》，《经济社会体制比较》2014年第5期。

孙久文、张可云、安虎森、贺灿飞、潘文卿：《"建立更加有效的区域协调发展新机制"笔谈》，《中国工业经济》2017年第11期。

汪洋：《推动形成全面开放新格局》，《人民日报》2017年11月10日。

汪洋：《推动形成全面开放新格局》，《人民日报》2017年11月10日。

汪洋：《推动形成全面开放新格局》，《人民日报》2017年11月10日。

王长峰：《大数据背景下企业创新模式变革》，《技术经济与管理研究》2016年第3期。

王法涛：《演化视角下电子商务多边平台网络效应及竞争策略选择》，《中国流通经济》2019年第11期。

王磊、马源：《新兴互联网平台的"设施"属性及监管》，《宏观经济管理》2019年第10期。

王业强、郭叶波、赵勇等：《科技创新驱动区域协调发展：理论基础与中国实践》，《中国软科学》2017年第11期。

王一鸣：《中国的绿色转型：进程和展望》，《中国经济报告》2019年第6期。

魏后凯：《中国城镇化进程中两极化倾向与规模格局重构》，《中国工业经济》2014年第3期。

魏后凯、高春亮：《中国区域协调发展态势与政策调整思路》，《河南社会科学》2012年第1期。

魏敏、李书昊：《新时代中国经济高质量发展水平的测度研究》，《数量经济技术经济研究》2018年第11期。

温孝卿、张健：《我国第三方支付市场平台商定价研究——基于平台经济特征的探析》，《价格理论与实践》2015年第11期。

吴超：《从"绿化祖国"到"美丽中国"——新中国生态文明建设70年》，《中国井冈山干部学院学报》2019年第6期。

吴撼地：《打造全面开放新格局》，《人民日报》2015年12月23日。

习近平：《决胜全面建成小康社会　夺取新时代中国特色社会主义伟大

胜利》，2017 年 10 月 18 日。

习近平：《习近平关于社会主义生态文明建设论述摘编》，人民网，2018 年 2 月。

习近平：《在深入推动长江经济带发展座谈会上的讲话》，2018 年 4 月 26 日。

肖恩·杜布拉瓦茨、姜昊骞：《数字命运》，李德坤译，电子工业出版社，2015。

肖金成：《"十四五"时期区域经济高质量发展的若干建议》，《区域经济评论》2019 年第 6 期。

徐晋、张祥建：《平台经济学初探》，《中国工业经济》2006 年第 5 期。

许娇、陈坤铭、杨书菲等：《"一带一路"交通基础设施建设的国际经贸效应》，《亚太经济》2016 年第 3 期。

杨焕荣：《"一带一路"新格局指引下我国对外贸易转型探讨》，《商业经济研究》2015 年第 31 期。

杨晶：《大力推进生态文明建设　努力走向社会主义生态文明新时代》，《行政管理改革》2017 年第 10 期。

叶秀敏：《平台经济的特点分析》，《河北师范大学学报》（哲学社会科学版）2016 年第 2 期。

于涛：《以人才优先发展引领产业转型升级》，《党建研究》2017 年第 1 期。

余文涛：《地理租金、网络外部性与互联网平台经济》，《财经研究》2019 年第 3 期。

张金清、管华雨、连端清、刘庆富：《金融开放程度指标评价体系及其在我国的应用研究》，《产业经济研究》2008 年第 3 期。

张璐晶、徐豪：《中央企业系统代表团：打造一批具有全球竞争力的世界一流企业》，《中国经济周刊》2017 年第 41 期。

张鹏：《发展平台经济助推转型升级》，《宏观经济管理》2014 年第 4 期。

张鹏:《我国参与美国基础设施建设的机遇与挑战》,《宏观经济管理》2015 年第 12 期。

张占斌:《新时代中国社会的主要矛盾与深化供给侧结构性改革》,《行政管理改革》2017 年第 11 期。

赵建军:《中国的绿色发展:机遇、挑战与创新战略》,《人民论坛·学术前沿》2013 年第 19 期。

赵磊:《有关"一带一路"的几个关键性问题》,《理论研究》2015 年第 5 期。

中共中央、国务院印发《"健康中国 2030"规划纲要》,2016 年。

中国(海南)改革发展研究院课题组:《以"一带一路"形成区域开放新格局》,《上海证券报》2017 年 5 月 12 日。

中国连锁经营协会:《中国可持续消费研究报告》,中国连锁经营协会,2017。

中国人民银行:《2019 中国区域金融运行报告》,2019。

中国人民银行等七部委:《关于构建绿色金融体系的指导意见》(银发〔2016〕228 号),2016 年 8 月 31 日。

中华人民共和国新闻出版总署:《2018 年新闻出版产业分析报告》。

周梅华:《可持续消费测度中的熵权法及其实证研究》,《系统工程理论与实践》2003 年第 12 期。

B.43
后　记

本书是课题组发布的第 14 部"中国省域竞争力蓝皮书"。14 年来,在各方的关怀和支持下,"中国省域竞争力蓝皮书"得到了社会各界的持续关注和认可,产生了积极的社会反响。2013 年 8 月,由中国社会科学院主办的"第十四次全国皮书年会"公布了首批中国社会科学院以外授权使用"中国社会科学院创新工程学术出版项目"标识的优秀皮书,"中国省域竞争力蓝皮书"光荣入列,这是对这部皮书的重要褒奖。承蒙社会各界的关心和鼓励,我们必将继续奋力前行。

本书是全国经济综合竞争力研究中心 2019 年重点项目研究成果、中国特色社会主义政治经济学研究中心(福建师范大学)2019 年重点项目研究成果、教育部科技委战略研究基地(福建师范大学世界创新竞争力研究中心)2019 年重点项目研究成果、中智科学技术评价研究中心 2019 年重点项目研究成果、中央组织部资助的首批青年拔尖人才支持计划(组厅字〔2013〕33 号)和中央组织部第 2 批"万人计划"哲学社会科学领军人才(组厅字〔2016〕37 号)2019 年资助的阶段性成果、中宣部 2014 年全国文化名家暨"四个一批"人才工程(中宣办发〔2015〕49 号)2019 年资助的阶段性研究成果、福建省首批高校特色新型智库——福建师范大学综合竞争力与国家发展战略研究院 2019 年研究成果、福建省社会科学研究基地——福建师范大学竞争力研究中心 2019 年重大项目研究成果、福建省高校哲学社会科学学科基础理论研究创新团队——福建师范大学竞争力基础理论研究创新团队 2019 年资助的阶段性研究成果和福建师范大学创新团队建设计划 2019 年资助的阶段性研究成果,以及福建省"双一流"建设学科福建师范大学理论经济学学科 2019 年重大研究成果。

自 2007 年起，由全国经济综合竞争力研究中心福建师范大学分中心具体承担研究的"中国省域经济综合竞争力发展报告"系列蓝皮书，已由社会科学文献出版社正式出版了 13 部，分别于 2007 年、2008 年、2009 年、2010 年、2011 年、2012 年、2013 年、2014 年、2015 年、2016 年、2017 年、2018 年和 2019 年全国两会期间或前夕在中国社会科学院第一学术报告厅举行新闻发布会，引起了各级政府、学术界和海内外新闻媒体的高度关注，产生了强烈的社会反响。为全面贯彻落实党的十九大以及 2019 年中央经济工作会议精神，结合国内外经济形势对我国各省域经济发展的影响，特别是"十四五"时期国际经济、国内和区域发展对省域经济综合竞争力的影响，进一步深化对中国省域经济综合竞争力问题的研究。值得高兴的是，在社会科学文献出版社等单位的大力支持下，全国经济综合竞争力研究中心福建师范大学分中心具体承担了《中国省域经济综合竞争力发展报告（2018～2019）——"十四五"趋势分析与政策展望》蓝皮书的研究工作，福建师范大学原校长李建平教授亲自担任课题组组长和本书的主编之一，直接指导和参与了本书的研究和审订书稿工作；本书主编之一福建省新闻出版广电局原党组书记、中智科学技术评价研究中心理事长、福建师范大学兼职教授李闽榕博士指导、参与了本书的研究和书稿统改、审订工作；中国农村劳动力资源开发研究会秘书长苏宏文同志为本书的顺利完成积极创造了条件。全国经济综合竞争力研究中心福建师范大学分中心常务副主任、福建师范大学经济学院院长黄茂兴教授为本课题的研究从策划到最终完稿做了大量具体工作。

2019 年 3 月以来，课题组着手对省域经济综合竞争力的创新内容、主攻方向、评价方法等问题展开了比较全面和深入的研究，跟踪研究 2017～2018 年中国各省份经济发展动态和指标数据，研究对象涉及全国 31 个省份，本书 70 多万字，数据采集、录入和分析工作庞杂而艰巨，采集、录入基础数据 1.2 万个，计算、整理和分析数据 4 多万个，共制作简图 100 多幅、统计表格 500 多个，竞争力地图 30 幅。这是一项复杂艰巨的工程，课题组的各位研究人员为完成这项工程付出了艰辛劳动，在此谨向全力支持并参与本项目研究的李军军博士（承担本书第一部分总报告和第二部分第 1~6 章，共计 6.15 万字①）、林寿富博士（承担本书第二部分第 7~10 章和第三部分"专题三"部分内容，共计 3.7 万字）、叶琪博士（承担本书第二部分第 11~14 章和第三部分"专题三"部分内容，共计 3.1 万字）、陈洪昭博士（承担本书第二部分第 15~18 章，共计 2.2 万字）、王珍珍博士（承担本书第二部分第 19~20 章，共计 2.05 万字）、余官胜博士（承担本书第二部分第 24 章和第三部分"专题四"部分内容，共计 2.25 万字）、陈伟雄博士（承担本书第二部分第 21~22 章和第三部分"专题一"部分内容，共计 2.15 万字）、唐杰博士（承担本书第二部分第 23 章和第三部分"专题六"部分内容，共计 2.1 万字）、黄新焕博士（承担本书第二部分第 24 章和第三部分"专题六"部分内容，共计 1.95 万字）、郑蔚博士（承担本书第二部分第 25 章和第三部分"专题一"部分内容，共计 1.75 万字）、易小丽博士（承担本书第二部分第 27 章和第三部分"专题二"部分内容，共计 1.8 万字）、白华博士（承担本书第二部分第 28 章和第三部分"专题五"部分内容，共计 1.73 万字）、张宝英博士（承担本书第二部分第 29 章和第三部分"专题三"部分内容，共计 2.05 万字）、郑清英博士（承担本书第二部分第 30 章和第三部分"专题二"部分内容，共计 1.73 万字）、李成宇博士（承担本书第二部分第 31 章第三部分"专题一"部分内容，共计 1.52 万字）、韩莹博士（承担本书第三部分"专题六"部分内容，共计 1.3 万字）、陈莹博士（承担本书第三部分"专题六"部分内容，共计 1.25 万字）、程俊恒博士（承担本书第三部分"专题五"部分内容，共计 1.43 万字）、吴武林博士（承担本书第三部分"专题五"部分内容，共计 1.16 万字），以及博（硕）士研究生张建威、柯炳金、昝琪、唐咏琦、冯稳珍、杨吉超、孙学聪、张婧、李屹、温园梦、杨玲莉、王灿玺、肖蕾等同志表示深深的谢意。他们放弃节假日休息时间，每天坚持工作 10 多个小时，为本报

---

① 此处字数按 Word 文件统计，仅作为课题组成员分工依据，与出版后的版面字数统计有区别。

告的数据采集、测算等做了许多细致的工作。

该书也是福建师范大学与福建省人民政府发展研究中心共同组织实施的福建省研究生教育创新基地建设项目——福建省政治经济学研究生教育创新基地的阶段性成果，福建师范大学经济学院各年级研究生通过积极参加本项目的研究，增强了科研意识，提高了创新能力，使经济学院研究生培养质量有了很大提高。

本书还直接或间接引用、参考了其他研究者相关研究文献，对这些文献的作者表示诚挚的感谢。

社会科学文献出版社的谢寿光社长，政法传媒分社王绯社长以及责任编辑曹长香，为本书的出版，提出了很好的修改意见，付出了辛苦的劳动，在此一并向他们表示由衷的谢意。

由于时间仓促，本书难免存在疏漏和不足，敬请读者批评指正。

作　者
2020 年 1 月

社会科学文献出版社

皮 书

智库报告的主要形式
同一主题智库报告的聚合

✤ 皮书定义 ✤

皮书是对中国与世界发展状况和热点问题进行年度监测，以专业的角度、专家的视野和实证研究方法，针对某一领域或区域现状与发展态势展开分析和预测，具备前沿性、原创性、实证性、连续性、时效性等特点的公开出版物，由一系列权威研究报告组成。

✤ 皮书作者 ✤

皮书系列报告作者以国内外一流研究机构、知名高校等重点智库的研究人员为主，多为相关领域一流专家学者，他们的观点代表了当下学界对中国与世界的现实和未来最高水平的解读与分析。截至2020年，皮书研创机构有近千家，报告作者累计超过7万人。

✤ 皮书荣誉 ✤

皮书系列已成为社会科学文献出版社的著名图书品牌和中国社会科学院的知名学术品牌。2016年皮书系列正式列入"十三五"国家重点出版规划项目；2013~2020年，重点皮书列入中国社会科学院承担的国家哲学社会科学创新工程项目。

中国皮书网

（网址：www.pishu.cn）

发布皮书研创资讯，传播皮书精彩内容
引领皮书出版潮流，打造皮书服务平台

栏目设置

◆ **关于皮书**

何谓皮书、皮书分类、皮书大事记、
皮书荣誉、皮书出版第一人、皮书编辑部

◆ **最新资讯**

通知公告、新闻动态、媒体聚焦、
网站专题、视频直播、下载专区

◆ **皮书研创**

皮书规范、皮书选题、皮书出版、
皮书研究、研创团队

◆ **皮书评奖评价**

指标体系、皮书评价、皮书评奖

◆ **互动专区**

皮书说、社科数托邦、皮书微博、留言板

所获荣誉

◆ 2008 年、2011 年、2014 年，中国皮书
网均在全国新闻出版业网站荣誉评选中
获得"最具商业价值网站"称号；
◆ 2012 年，获得"出版业网站百强"称号。

网库合一

2014年，中国皮书网与皮书数据库端口
合一，实现资源共享。

权威报告·一手数据·特色资源

皮书数据库
ANNUAL REPORT(YEARBOOK)
DATABASE

分析解读当下中国发展变迁的高端智库平台

所获荣誉

- 2019年，入围国家新闻出版署数字出版精品遴选推荐计划项目
- 2016年，入选"'十三五'国家重点电子出版物出版规划骨干工程"
- 2015年，荣获"搜索中国正能量 点赞2015""创新中国科技创新奖"
- 2013年，荣获"中国出版政府奖·网络出版物奖"提名奖
- 连续多年荣获中国数字出版博览会"数字出版·优秀品牌"奖

成为会员

通过网址www.pishu.com.cn访问皮书数据库网站或下载皮书数据库APP，进行手机号码验证或邮箱验证即可成为皮书数据库会员。

会员福利

- 已注册用户购书后可免费获赠100元皮书数据库充值卡。刮开充值卡涂层获取充值密码，登录并进入"会员中心"—"在线充值"—"充值卡充值"，充值成功即可购买和查看数据库内容。
- 会员福利最终解释权归社会科学文献出版社所有。

数据库服务热线：400-008-6695
数据库服务QQ：2475522410
数据库服务邮箱：database@ssap.cn
图书销售热线：010-59367070/7028
图书服务QQ：1265056568
图书服务邮箱：duzhe@ssap.cn

社会科学文献出版社 皮书系列
SOCIAL SCIENCES ACADEMIC PRESS (CHINA)

卡号：445133163324
密码：

S 基本子库
SUB DATABASE

中国社会发展数据库（下设 12 个子库）

　　整合国内外中国社会发展研究成果，汇聚独家统计数据、深度分析报告，涉及社会、人口、政治、教育、法律等 12 个领域，为了解中国社会发展动态、跟踪社会核心热点、分析社会发展趋势提供一站式资源搜索和数据服务。

中国经济发展数据库（下设 12 个子库）

　　围绕国内外中国经济发展主题研究报告、学术资讯、基础数据等资料构建，内容涵盖宏观经济、农业经济、工业经济、产业经济等 12 个重点经济领域，为实时掌控经济运行态势、把握经济发展规律、洞察经济形势、进行经济决策提供参考和依据。

中国行业发展数据库（下设 17 个子库）

　　以中国国民经济行业分类为依据，覆盖金融业、旅游、医疗卫生、交通运输、能源矿产等 100 多个行业，跟踪分析国民经济相关行业市场运行状况和政策导向，汇集行业发展前沿资讯，为投资、从业及各种经济决策提供理论基础和实践指导。

中国区域发展数据库（下设 6 个子库）

　　对中国特定区域内的经济、社会、文化等领域现状与发展情况进行深度分析和预测，研究层级至县及县以下行政区，涉及地区、区域经济体、城市、农村等不同维度，为地方经济社会宏观态势研究、发展经验研究、案例分析提供数据服务。

中国文化传媒数据库（下设 18 个子库）

　　汇聚文化传媒领域专家观点、热点资讯，梳理国内外中国文化发展相关学术研究成果、一手统计数据，涵盖文化产业、新闻传播、电影娱乐、文学艺术、群众文化等 18 个重点研究领域。为文化传媒研究提供相关数据、研究报告和综合分析服务。

世界经济与国际关系数据库（下设 6 个子库）

　　立足"皮书系列"世界经济、国际关系相关学术资源，整合世界经济、国际政治、世界文化与科技、全球性问题、国际组织与国际法、区域研究 6 大领域研究成果，为世界经济与国际关系研究提供全方位数据分析，为决策和形势研判提供参考。

法律声明

　　“皮书系列”（含蓝皮书、绿皮书、黄皮书）之品牌由社会科学文献出版社最早使用并持续至今，现已被中国图书市场所熟知。“皮书系列”的相关商标已在中华人民共和国国家工商行政管理总局商标局注册，如LOGO（　）、皮书、Pishu、经济蓝皮书、社会蓝皮书等。“皮书系列”图书的注册商标专用权及封面设计、版式设计的著作权均为社会科学文献出版社所有。未经社会科学文献出版社书面授权许可，任何使用与“皮书系列”图书注册商标、封面设计、版式设计相同或者近似的文字、图形或其组合的行为均系侵权行为。

　　经作者授权，本书的专有出版权及信息网络传播权等为社会科学文献出版社享有。未经社会科学文献出版社书面授权许可，任何就本书内容的复制、发行或以数字形式进行网络传播的行为均系侵权行为。

　　社会科学文献出版社将通过法律途径追究上述侵权行为的法律责任，维护自身合法权益。

　　欢迎社会各界人士对侵犯社会科学文献出版社上述权利的侵权行为进行举报。电话：010-59367121，电子邮箱：fawubu@ssap.cn。

社会科学文献出版社

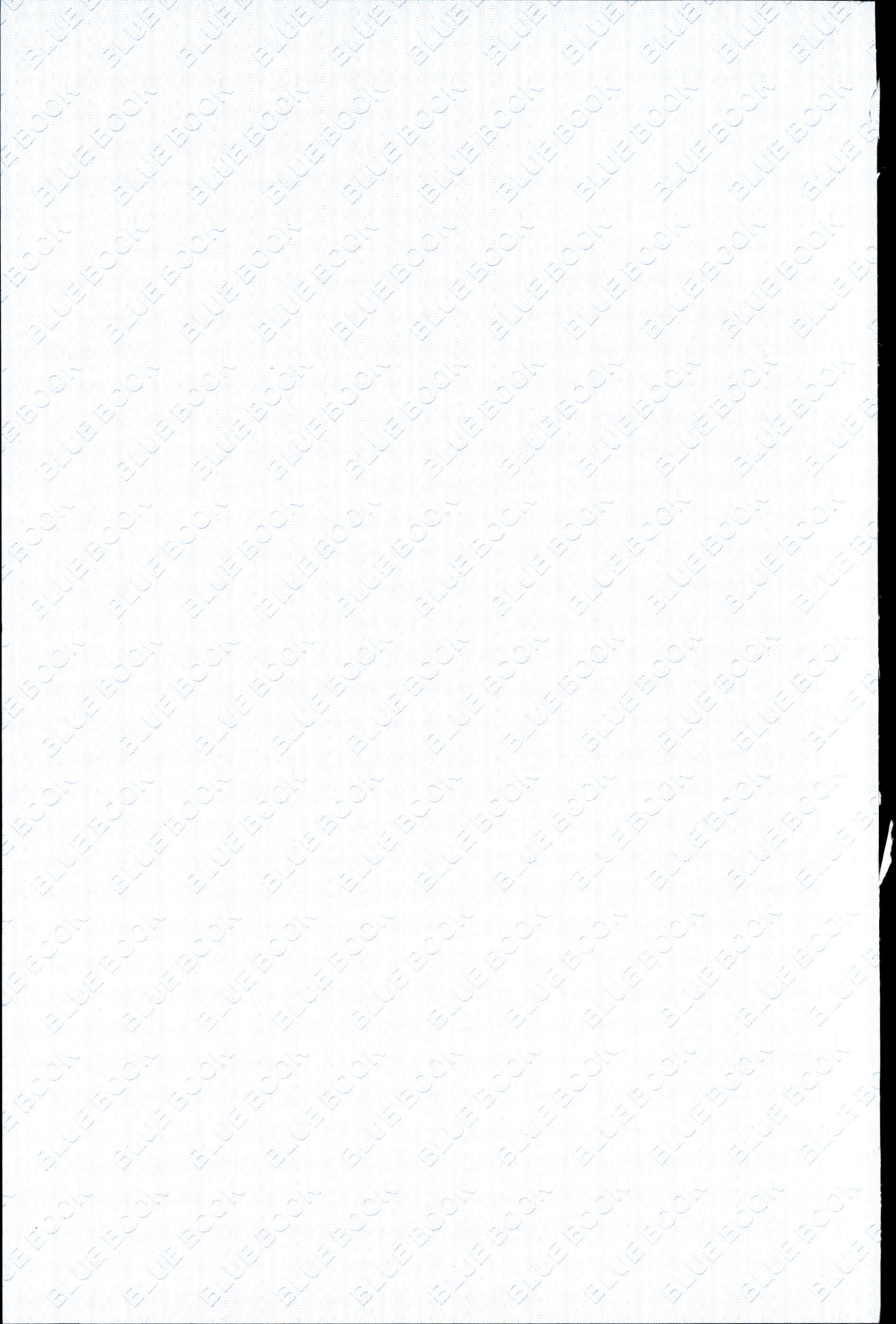